U0536326

甘肃省文化资源名录

（第三十四卷）

地名文化Ⅴ

村、社区

总 主 编：陈　青　王福生

副总主编：马廷旭

总 校 对：刘玉顺

本卷主编：胡圣方　李　骅

中国书籍出版社

China Book Press

图书在版编目（CIP）数据

甘肃省文化资源名录. 第三十四卷 / 陈青, 王福生总主编; 甘肃省社会科学院编. — 北京 : 中国书籍出版社, 2018.1

ISBN 978-7-5068-6718-4

Ⅰ. ①甘… Ⅱ. ①陈… ②王… ③甘… Ⅲ. ①文化遗产—甘肃—名录 Ⅳ. ①K294.2-62

中国版本图书馆CIP数据核字（2018）第027835号

甘肃省文化资源名录　第三十四卷

陈　青　王福生　　总主编

甘肃省社会科学院　编

责任编辑　王星舒

责任印制　孙马飞　马　芝

封面设计　东方美迪

出版发行　中国书籍出版社

地　　址　北京市丰台区三路居路 97 号（邮编：100073）

电　　话　（010）52257143（总编室）　　（010）52257140（发行部）

电子邮箱　eo@chinabp.com.cn

经　　销　全国新华书店

印　　刷　三河市顺兴印务有限公司

开　　本　787毫米×1092毫米　1/16

字　　数　790千字

印　　张　28.25

版　　次　2018 年 1 月第 1 版　2018 年 1 月第 1 次印刷

书　　号　ISBN 978-7-5068-6718-4

定　　价　330.00元

甘肃省文化资源普查
和分类分级评估工作领导小组

组　长　连　辑

副组长　张广智

成　员　俞建宁　张建昌　范　鹏　武来银　伏晓春　赵海林
王智平　周继尧　史志明　李宗锋　阿　布　李　堋
曹玉龙　陈　汉　梁文钊　陈德兴　妥建福　樊　辉
肖立群　王兰玲　肖学智　宋金圣　拜真忠　卢旺存
石生泰　柳　民　吴国生　火玉龙　车安宁　马少青
王福生　张智若

甘肃省文化资源普查
和分类分级评估工作领导小组办公室及下设机构

主　　任　范　鹏

常务副主任　王福生

副 主 任　李　堋　王兰玲　柳　民

执行副主任　侯拓野　马廷旭　陈月芳　廖士俊

成　　员　杨文福　丁　禄　田锡如　李含荣　路晓峰　刘效明
张建胜　徐麟辉　马志强　张春锋　梁朝阳　方剑平
黄国明　王银军　刘志忠　李拾良　王登渤　赵艳超
席浩林　王　钢　刘　晋　李军林　王景辉　邵　斌
杨彦斌　李素芬　李才仁加　王　旭　王治纲

综合协调组

组　长　王灵凤
成　员　庞　巍　马争朝　吴绍珍　巨　虹　王彦翔　唐莉萍
段翠清

普查业务组

组　长　谢增虎
成　员　马东平　侯宗辉　马亚萍　戚晓萍　魏学宏　李　骅
买小英　梁仲靖　王　屹　海　敬

技术保障组

组　长　刘玉顺
成　员　胡圣方　王　荟　谢宏斌　张博文　宋晓琴

专家联络组

组　长　郝树声　马步升
成　员　金　蓉　赵　敏

甘肃省文化资源名录
编纂委员会

前　言

丝绸之路三千里，华夏文明八千年。甘肃是华夏文明的重要发祥地之一，是中华民族重要的文化资源宝库，是国务院认定的“华夏文明传承创新区”。为了保护和传承甘肃恢宏的历史与当代文化资源，使之能够汇总展示给世界，并永久流传，甘肃省从2013年4月启动了全省文化资源普查工作。在甘肃省文化资源普查和分类分级评估工作领导小组组织下，动员全省各市（州）县（区）、31个厅局及省直单位的专业人员，数十位专家学者，历时两年，完成了普查和数据录入工作。对于全省文化资源普查成果，甘肃省社会科学院又经过两年时间整理完善、分类编辑、拾遗补阙、校对编排，现在终于有了《甘肃省文化资源名录》的付梓出版。

《甘肃省文化资源名录》集中展现了甘肃历史悠久、丰富多样的文化资源。甘肃历史文化遗存位列全国前茅，民族民俗文化特色鲜明，现代文化颇具实力。伏羲文化、大地湾文化、马家窑文化、齐家文化、寺洼文化、彩陶文化、周秦早期文化、长城文化、汉简文化、三国文化、五凉文化、敦煌文化、石窟文化、黄河文化等历史文化资源积淀深厚；道教文化、西夏文化、伊斯兰文化、藏传佛教文化等民族宗教文化资源星罗棋布；大革命文化、根据地文化、长征文化、抗日文化、解放区文化等红色文化资源耀眼夺目；工业文化、科技文化、歌舞文化、大众文化等现代文化资源特色鲜明。可以说，文化资源是历代生活在甘肃的华夏儿女留给这块大地的永不磨灭的最辉煌印记。

就甘肃省文化资源的精华而言，截至2017年初，全省馆藏可移动文物为195.84万件，各类不可移动文物16895处。有世界文化遗产7处，全国重点文物保护单位131处，省级文物保护单位556处，国家级非物质文化遗产代表性项目68项。有国家级历史文化名城4座，国家级历史文化名镇7座，中国历史文化名村 2 座，中国传统村落 36 个。莫高窟、嘉峪关、伏羲庙、麦积山、炳灵寺、阳关、玉门关、锁阳城、崆峒山、拉卜楞寺、中山桥……，都是甘肃文化的历史见证；敦煌汉简、悬泉汉简、铜奔马、牛肉面、剪纸、花儿、皮影、羊皮筏子、黄河水车……，都是甘肃永恒的文化名片；腊子口、哈达铺、会师楼、南梁……，都是甘肃代表性红色文化遗产；酒泉卫星发射中心、刘家峡水电站、玉门油田、《读者》《丝路花雨》《大梦敦煌》……，都是甘肃之所以为甘肃的鲜明标志；祁连山、雪山冰川、河西走廊，大漠戈壁、高原草原、天池梅园……，都是如意甘肃的生动写照。众多的历史、自然和现代文化资源犹如满天繁星，镶嵌在广袤的甘肃大地上熠熠生辉。

《甘肃省文化资源名录》汇总甘肃省文化资源的精华，完成了打造华夏文明传承创新区的基础工作。《名录》将文化资源分为二十大类，分别是：文物；红色文化；重要历史事件与人物；重要历史文献；民族语言文字；非物质文化遗产；自然景观文化；宗教文化；文学艺术；饮食文化；建筑文化；节庆、赛事文化；文化之乡；地名文化；文化传媒；社科研究；文化类高等教育；文化艺术机构团体；文化产业；文化人才。每类文化资源按属性又分若干子分类，每个子分类都有严格的界定。同时，将文化资源级别分为省级和市州级。省级文化资源是指国务院、国家有关部委、甘肃省政府和省直部门已经明确命名、认定、管理（或委托管理）的国家级和省级文化资源，以及甘肃省文化资源普查办公室评估认定并核定公布、报送备案的文化资源。市州级文化资源是指甘肃省各市州、县级政府及其管理部门已经明确命名、认定、管理的市县文化资源，以及甘肃省文化资源普查办公室评估认定并核定公布、报送备案的市县文化资源。甘肃省内世界级文化资源（遗产）纳入省级文化资源管理范围，暂未认定级别和不需认定级别的文化资源统一纳入市州级文化资源范围。

推出《甘肃省文化资源名录》，对于推进华夏文明传承创新区建设、甘肃文化大省建设、丝绸之路黄金段建设意义深远。《名录》不仅仅记录了甘肃文化资源的种类和数量，也使甘肃文化资源的资源类别、品相级别、蕴藏情况、流布地域、传承范围和衍变情况得以准确和清晰化。通过编辑出版《甘肃省文化资源名录》，形成一个科学完整的文化资源数据库、文化资源研究的学术平台、文化资源传承保护和开发利用的指南，有助于更好地挖掘那些具有世界影响、国家价值、显著特点、唯一仅存、开发潜力巨大的代表性文化资源，为文化资源的有效保护提供科学依据，为重点文化资源找到开发的机遇并重塑生长的价值，为文化产业项目的开发利用提供可靠的参考。所以，《名录》的推出，是甘肃省文化资源普查成果面向世界迈出的第一步，是文化实力助推甘肃转型发展的坚实步伐，它为甘肃省今后对文化资源进行保护传承、专题研究、数字展示、市场开发奠定了基础。

甘肃省社会科学院

2017 年 7 月

目　录

甘肃省文化资源名录

第三十四卷

地名文化V

村、社区

庆阳市

（一）西峰区

（二）正宁县

（三）华池县

（四）合水县

（五）宁县

（六）庆城县

（七）镇原县

（八）环县

定西市

（一）安定区

（二）通渭县

（三）陇西县

（四）漳县

（五）渭源县

（六）岷县

（七）临洮县

庆阳市

（一）西峰区

0001 董志镇野林村

简　　介：野林村位于董志镇政府西南约4公里处，该村地处平原，北接冯堡村，南与肖金王庄村接界，东邻周庄村，西靠罗杭村。总面积1200公顷，所辖17个自然村，932户，3951人，以汉族为主，有土家族和侗族少数民族，村委会驻地杭店自然村。

0002 温泉乡温泉村

简　　介：温泉村地处西峰区东郊9公里处，沿西合公路向东延伸，是温泉乡的中心地带，辖9个村民小组，465户，1975人，总耕地面积3494亩。是周代韩滩庙嘴遗址所在地。韩滩庙嘴遗址分布于韩滩庙嘴水沟顶部，此处不见文化层，只有零散的灰坑和住室，所见1处住室，长3.5米，距地表3米；另有一处墓穴，1981年8月该村西庄组韩家滩农民修庄时挖出鼎、爵、觚3件器物，属西周早期或商代晚期器物。

0003 后官寨乡马集村

简　　介：马集村位于后官寨乡西北处，距西环路4公里，全村辖10个村民小组，560户，2450人。全村土地面积5557亩，其中良田面积4789亩。全村以种植、养殖、果树为经济特色。

0004 肖金镇米王村

简　　介：米王村位于肖金镇北3公里处，202省道沿线，全村辖14个村民小组，786户，3695人，总土地面积3.2平方公里，总耕地面积6219亩，人均1.68亩。

0005 显胜乡冉李村

简　　介：冉李村现有12个村民小组，总人口2237人，劳动力1186人，596户，耕地面积5081亩，其中果树面积1500亩，机井5眼，压设浇地管道14公里，大口水窖35眼，沼气池75座。

0006 显胜乡铁楼村

简　　介：铁楼村位于显胜乡正南部，自然条件差，三面环沟，一面临塬，全村有9个村民小组，365户，1442人，劳动力989人，耕地面积5780亩，人均4亩，粮食作物播种面积4364亩，人均3亩。

0007 董志镇北门村

简　　介：北门村位于董志镇政府东北部大约2.5公里处，地处董志塬中心。北连周岭村，南与南庙村相连，西靠董志村，东接崔沟村，总面积900公顷，所辖17个自然村，837户，3346人，以汉族为主，有侗族少数民族，村委会驻地西庄自然村。小崆峒山位于该村。

0008 温泉乡齐楼村

简　　介：齐楼村地处西峰区东郊、西合公路沿线6公里处，全村辖9个村民小组，705户，2985人。

0009 什社乡永丰村

简　　介：位于什社乡东南部，有唢呐民间艺术，以小米、苹果产业为主。

0010 后官寨乡南佐村

简　　介：南佐村位于后官寨乡西南部，西镇公路五公里处，全村共辖12个村民小组，813户，5523人，耕地面积7116亩。

0011 显胜乡蒲河村

简　　介：蒲河村位于显胜乡西部，西接泾川，日照时间长，霜冻期短，适合蔬菜产业发展，全村共8个村民小组，335户，1335人，有劳动力757人，耕地面积3364亩，人均2.5亩。

0012 董志镇六年村

简　　介：六年村位于董志镇政府东南边约15公里处，三面环沟，北与温泉乡隔沟相望，东与什社乡相望，南与肖金镇老山隔沟相邻，西接八年村和田畔村。耕地面积4602亩，所辖8个自然村，403户，1712人，均系汉族，村委会驻地六年自然村。

0013 肖金镇脱坳村

简　　介：脱坳村位于肖金镇南部，距城区2公里，下辖8个村民小组，376户1531人，耕地面积2890亩。

0014 彭原乡下庄村

简　　介：下庄村位于西峰区东北部郊区，三面环沟，共辖13个村民小组，现有农户1069户，总人口4505人，主要有王、李、石、张、范、胡、柳七大姓氏，总面积19.24平方公里，耕地面积8730亩，以农耕为主，兼做牛、羊肉运销，加工、经营和运输业，并在逐步向现代农业、生态农业方向发展，建成蔬菜日光温室33座，发展前景良好。下庄村亦叫“下庄嘴”。

0015 温泉乡何坳村

简　　介：何坳村地处西峰城区东郊，距城区1.5公里，共辖10个村民小组，518户，2241人，耕地4232亩，是温泉乡“精品果业示范村”。

0016 董志镇寺里田村

简　　介：寺里田村位于董志镇政府的东南约6公里处，北连北门村，南靠陈户乡，西接南庙村，东与什社乡隔沟相望。总面积750公顷，所辖11个自然村，747户，3180人，村委会驻地郭西自然村。

0017 什社乡新庄村

简　　介：位于什社乡南部5公里处，三面环沟，主要产业有黄毛谷、苹果。

0018 后官寨乡中心村

简　　介：中心村位于西环路以西，西镇公路3.5公里处，全村辖10个村民小组，640户，2680人，耕地面积4724亩，以种粮为主。近年来栽植绿化苗木较多，并成立合作社1处。

0019 董志镇周岭村

简　　介：周岭村位于董志镇政府北部约8公里处，北连西峰区，南邻北门村，东靠温泉乡，西与后官寨乡接壤。总面积为800公顷，所辖11个自然村，682户，2682人，均系汉族，村委会驻地老庄自然村。

0020 董志镇罗杭村

简　　介：罗杭村位于董志镇政府西南部6公里处，北连南庄村，南邻肖金镇，东靠野林村，西与庄头村接壤。总面积600公顷，所辖9个自然村，503户，2015人，以汉族为主，有壮族少数民族，村委会驻地丰沟自然村。

0021 董志镇胡同赵村

简　　介：胡同赵村位于董志镇政府东南部，距镇政府约8.6公里，北接寺里田村，东邻八年村，南连田畔村，西与肖金镇芮岭村的马洼相望，交通十分便利，原陈户乡政府设在胡同赵村中心。耕地面积4200亩，所辖6个自然村，628户，2626口人，以汉族为主，有壮族少数民族。村委会驻地胡同赵自然村。

0022 肖金镇老山村

简　　介：老山村位于肖金镇东南部，距肖金镇区6公里，三面临沟。全村辖14个村民小组，588户，2420人，总耕地面积4896亩，人均2.02亩。

0023 肖金镇芮岭村

简　　介：肖金镇芮岭村位于肖金镇东南3公里区域，地势平坦，土壤肥沃，交通便利，是西峰区早期农业生产粮食主产区之一。

0024 什社乡什丰村

简　　介：位于什社乡街道，主要产业有苹果种植。

0025 后官寨乡王岭村

简　　介：王岭村位于西环路北段，属城郊村，距市中心1公里，全村11个村民小组，682户，2958人，耕地面积3848亩。

0026 温泉乡湫沟村

简　　介：湫沟村地处西合公路沿线4.5公里处，全村辖10个村民小组，565户，2349人。

0027 后官寨乡帅堡村

简　　介：帅堡村位于庆阳市西峰区西北西孔公路1.8公里处，全村450户，1918人。耕地面积3441亩。以种植、养殖、劳务输出为主要经济收入。

0028 董志镇崔沟村

简　　介：崔沟村位于董志镇政府东部，西高东低，三面环沟，西面靠塬，地形复杂，总面积450公顷，所辖8个自然村，421户，1791人，以汉族为主，有壮族少数民族，村委会驻地老庄自然村。

0029 什社乡塔头村

简　　介：塔头村位于什社乡西北部3公里处，是一个省级文明示范村，主要产业有苹果种植、养殖等。

0030 肖金镇李城村

简　　介：李城村位于肖金镇东端，凤甜高速公路纵贯全村，西邻肖金街区，北与王庄、米王村接址，东邻贺咀、芮岭村，南连肖金镇，距西峰区17公里。全村共辖7个村民小组，412户，1796人。全村总耕地面积3315亩，人均1.85亩。

0031 董志镇田畔村

简　　介：田畔村位于董志镇政府东南方向约10公里处，三面靠塬，西面临沟，与渠里张村合并，北靠胡同赵，东邻八年和六年村，南接吴庄村，西与肖金镇芮岭村隔沟相望。耕地面积6266亩，所辖10个自然村，476户，2045口人，均系汉族，村委会驻地田畔自然村。

0032 显胜乡毛寺村

简　　介：毛寺村位于显胜乡南部川区，南接泾川，日照时间长，霜冻期短，适合蔬菜产业发展，全村有8个村民小组，349户，1476人，劳动力977人，耕地面积5424亩，人均3.67亩。

0033 彭原乡刘岭村

简　　介：刘岭村位于西峰区北郊，彭原乡政府南端，东邻下庄村，西接后官寨乡李庄村，地势平坦，地理位置优越，辖8个村民小组，耕地面积6482亩，农户2396户，人口2396人，农民以种养殖和家庭小作坊为主要经济来源，年人均收入在2000元以上。刘岭村在上世纪八十年代以前，隶属庆阳县彭原人民公社，辖5个村民小组。在实行家庭承包责任制时，更名为刘岭村，将原有的5个村民小组分为现有的8个村民小组。刘岭村自2008年西峰北区开发以来，在区委、区政府的大力支持下，修建了两纵两横四条道路和周祖广场，西长凤高速公路和银西高铁贯穿全境，使当地农民的经济收入和文化生活得到了很大改善。

0034 彭原乡邵家寺村

简　　介：邵家寺村地处彭原西部，距乡政府约10公里，原有9个村民小组，后合并为6个，总户数420户，人口1823人，劳动力960人。有小学幼儿园各1处，在校学生168名，耕地面积4500目，其中果树栽植1056亩。有远近闻名的邵家寺集市。20世纪五六十年代周边群众自发组织畜禽农产品交易，目前已初具规模，每逢农历初一、初四、初七，远近群众纷纷前来。有大小摊点四十多家，日交易额3万元。因有邵家寺庙而得名邵家寺村，邵家寺庙始建于清光绪24年（即公元1884年），后几经修缮，现存壁画清晰可见，栩栩如生，三大殿内有塑像30尊，形态各异。

0035 彭原乡顾咀村

简　　介：顾咀村位于彭原乡政府西7公里处，全村下辖8个村民小组，404户，1851人，地势北高南低，共有土地面积5753亩，耕地4403亩。种植业为本村经济发展的支柱产业，现有果园1183亩，每年种植双垄沟地膜玉米1600余亩，现代农业科学技术的应用，极大提高了种植业的经济效益。顾咀原属邵家寺村，1979年与邵家寺村分村后，共有4个村民小组，后为方便管理，1980年按地理条件及村民意愿，将原有的4个小组一分为二，分成8个村民小组，此格局一直延续至今。

0036 彭原乡芦子渠村

简　　介：芦子渠村位于西峰区东北角，东与庆城县熊家庙村隔沟相望，南与彭原乡上何村南湾组隔沟相邻，西与上何村底坳组相邻，北与草滩村相邻，属于三面靠沟半山半塬区。全村面积约7平方公里，耕地面积4231亩，辖7个村民小组，474户，2238人，以种养殖为主。2002年以来，芦子渠村经济有了新的发展。石油开发进入芦子渠村，共钻井139眼，修通了乡村道路，解决了群众出行难的问题。2013年通过西峰区财政奖补“一事一议”项目修通了沟畎组至马山的村组道路。2014年，结合“联村联户，为民富民”政策的实施，在村中心新建一处农民文体广场，进一步丰富了群众的文化生活。

0037 温泉乡地庄村

简　　介：地庄村地处西峰东大门，西（峰）

合(水)公路沿线，交通便利，位置优越，发展城郊型区域经济得天独厚。全村共有11个村民小组，800户，3400口人，耕地8210亩，是陇东地区最高学府“陇东学院”所在地。

0038 肖金镇王庄村

简　　介：王庄村位于省道202沿线，庆阳市西峰区肖金镇北部2公里处，北与董志镇相接，距西峰区约15公里。全村共辖13个村民小组，842户，3563人。总面积9356亩，耕地面积7213亩。

0039 显胜乡夏刘村

简　　介：夏刘村位于显胜乡西北，肖显公路中段，全村辖11个村民小组，634户，总人口2690人，其中劳动力1500人；总土地面积17400亩，其中耕地面积6816亩，人均耕地2.6亩，林地10086亩。

0040 董志镇陈户村

简　　介：陈户村位于董志镇政府东南方向约8公里处，北接寺里田村，东邻温泉乡，南邻八年村，西连胡同赵村，交通较为便利，耕地面积3912亩，所辖9个自然村，480户，2140口人，均系汉族。村委会驻地陈户自然村。

0041 温泉乡八里庙村

简　　介：八里庙村地处温泉乡东部，距市中心4公里，交通便利。全村辖10个村民小组，4150人，耕地面积6120亩。

0042 肖金镇纸坊村

简　　介：纸坊村位于西峰区肖金镇以西的浦河沿岸，全村共8个村民小组，均分布在半山沟峁之中，其中河西村民小组位于蒲河西岸，同平凉的泾川、镇原的上肖接壤，冬季靠独木桥过河，夏季只能淌水过河，距肖金镇政府15公里，属黄土高原残塬沟壑区，平均海拔1000米左右，年均气温10–11.5℃，降雨量573.5毫米，属典型的半干半旱湿润温带大陆性气候。全村共8个自然村，412户，1725人。

0043 后官寨乡司官寨村

简　　介：司官寨村位于西峰城区西南部，属城郊村，全村共辖13个自然村，738户，3456人，耕地面积6270亩。

0044 什社乡任岭村

简　　介：任岭村位于什社乡东部，主要产业以苹果种植为主。

0045 彭原乡上何村

简　　介：上何村位于庆阳市西峰区彭原乡东北部，共辖13个村民小组，730户，3300多人，耕地面积8960亩，人均耕地2.5亩。果园面积1000亩，人均0.3亩果园，以盛果园为主，幼园为辅，本村产业以果园、中药材种植、苗木种植、养殖为主。2003年由原来的上何、南湾两村合并，南北地段长达8公里。2004年修建上何小学，新建上何村卫生所。2012年成立养殖农民专业合作社3个，果蔬合作社1个。2013年成立苗圃农民专业合作社1个，目前共培育各类苗木400多亩。2014年修建村级便民服务大厅1处，为群众办理各项业务提供了方便。

0046 西街办联合村

简　　介：位于气象局巷内。

0047 什社乡李岭村

简　　介：位于什社乡北部，西合公里沿线，著名的窑洞遗址、农耕文化园和农业观光示范园就位于李岭村。

0048 西街办寨子村

简　　介：寨子村位于长庆北路西侧。寨子村的社火演出团队、手工剪纸、面塑、书法、绘画及器乐表演等丰富了当地人民群众的文化娱乐生活。

0049 后官寨乡路堡村

简　　介：路堡村位于后官寨乡西部，距西环路7公里，全村共有2780口人，610户，辖11个自然村。

0050 肖金镇三不同村

简　　介：三不同村位于肖金镇最南端7公里处，沿202省道沿线。全村辖11个村民小组，共有632户，2487人，现有耕地6964亩，其中有效灌溉面积1700亩，人均占有耕地2.8亩，基本以旱作农业为主。

0051 肖金镇杨咀村

简　　介：杨咀村位于肖金镇西部5公里处，全村共辖7个村民小组，305户，1264人。总土地面积3405亩，其中耕地面积1767亩。

0052 彭原乡李家寺村

简　　介：李家寺村位于彭原乡中部，是彭原乡政府的所在地，全村共辖11个村民小组，现有农户668户，总人口2981人，总耕地面积6524亩，人均耕地2.3亩，其中粮田面积4200亩。彭原中学位于李家寺村，为全乡的学生就近上学读书提供了方便，庆阳机场也坐落于李家寺村的华岭组、缪岭组和沟畎组。在政府的大力支持引导下，已有数家企业在该村落户。位于该村庙头组的沃得利种猪养殖场，其占地50余亩，种猪养殖达10000头以上；江苏雨润集团在我村关路组及新庄组建成了肉类食品加工厂，带动养殖业的发展，对村经济发展起到促进作用。

0053 彭原乡义门村

简　　介：义门村位于庆阳市西峰区西北角，横穿义王公路，北与庆城县驿马镇隔沟相望，全村共12个村民小组，总面积38.7平方公里。总耕地7457亩，其中塬地6100亩，山地1357亩，粮食作物以小麦、玉米为主，苹果、马铃薯、黄花菜为主要的农副产品，有养殖大户30户，上年人均收入达3200元。2010年庆阳市西峰区工业集中区落户于该村，征地3700亩，全迁户225户，规划居民安置小区一处，占地128.32亩。

0054 肖金镇上刘村

简　　介：上刘村位于肖金镇西南侧，距离肖金镇3公里，全村共有10个自然村，农户648户，2671人。

0055 温泉乡刘店村

简　　介：刘店村地处西峰区东郊10公里处，经北关、何家坳、张家咀、新桥，抵刘家店村。辖13个村民小组，837户，3703人，总耕地面积8271亩。华夏公刘第一庙位于该村西庄组，为明代修建，是县级文物保护单位。

0056 董志镇董志村

简　　介：董志村位于董志镇政府中心，距西峰区10公里，北接北门村，南与肖金镇的米王村接界，东邻南庙村，西靠周庄村，西北与后官寨乡的新明村接壤，总面积2000公顷，所辖14个自然村，856户，3656人，以汉族为主，有回族和布依族少数民族，村委会驻地南门自然村。

0057 温泉乡黄官寨村

简　　介：黄官寨村地处西峰城区东南部，真宁东路、九龙南路、东环路等城市骨干道路穿村而过，交通便利，自然条件优越。辖8个村民小组，587户，2466人，耕地4231.4亩。

0058 肖金镇肖金村

简　　介：肖金村省道202沿线，全村共辖12个村民小组，686户，2983人，全村土地面积13.9平方公里，其中耕地面积4200亩，人均占有耕地1.5亩。

0059 温泉乡巨塬村

简　　介：巨塬村位于西赤公路东端，东与赤城相望，南与什社毗邻，北与熊家庙接壤（三面环沟，地属半塬半山区），全村下辖9个自然组，408户，1768人，耕地面积3730亩，其中山地面积2100亩。巨家原遗址位于该村赵家川龙骨沟内，在这里发现了一批哺乳动物化石和旧石器，时代定为更新世晚期，巨今约3万年左右。

0060 肖金镇贺咀村

简　　介：肖金镇贺咀村位于肖金镇东北方向五公里处，北接米王村，南接芮岭村，西邻李城村，东与董志陈户隔沟相望。全村共有6个村民小组，现有人口336户，1450人，耕地面积2801亩，土地流转面积2000亩，建设了蔬菜基地。全村主导产业以大棚蔬菜、养殖、果园、大中小型运输、劳务输出等为主。

0061 肖金镇南李村

简　　介：南李村位于肖金镇西南2公里处，肖显公路穿村而过。全村辖11个村民小组，726户，2809人，总土地面积2.5平方公里，总耕地面积5214亩，人均1.86亩。

0062 肖金镇张庄村

简　　介：张庄村位于肖金镇南3公里处，省道202穿村而过。共有6个自然组，人口486户，1948人，人均耕地面积2.03亩。

0063 后官寨乡沟畎村

简　　介：沟畎村位于后官寨乡西南部、西巴公路沿线，全村辖12个村民小组，总人口2888人，共计665户，主要由汉、回两大民族组成。全村共有耕地面积5811亩。

0064 肖金镇左咀村

简　　介：左咀村位于肖金镇西南5公里处，全村辖8个村民小组，393户，1691人，耕地面积4445亩，人均1.86亩。

0065 西街办火巷村

简　　介：位于西峰区东北角，是个发展相对滞后的直属村。

0066 温泉乡米堡村

简　　介：米堡村地处西峰区东郊、西合公路沿线5公里处，全村辖9个自然村，612户，2619人，有耕地6548亩。凤凰山陵园位于该村会庄组，距市中心9公里处，交通便利。凤凰山山势奇特，视野宽阔，三面临沟，依山傍水，举目远望山形似凤凰，故而得名。

0067 显胜乡显胜村

简　　介：显胜村位于显胜乡中心，为乡政府所在地。全村共辖13个村民小组，650户，2760人，有劳动力1830人，耕地面积4716亩，人均0.5亩，以种植粮食作物为主，林、经、果收入的极少。

0068 什社乡庆丰村

简　　介：位于什社乡西部10公里处，以苹果种植为主，著名的岳浩歌舞团就位于庆丰村。

0069 彭原乡草滩村

简　　介：草滩村位于彭原乡最北端，同庆城县接壤，东、西临山，南接义门，北接驿马全村农业人口568户，2406人，全村共有11个村民小组，总耕地面积5570亩，以农耕为主。庆西一级公路、雷西高速公路横贯南北，把草滩村划分成一个“川”字形结构，地理环境优越，交通方便。草滩村60年代曾名为新民大队，进入70年代后改名为草滩铺大队，改革开放后又更名为草滩铺村。

0070 肖金镇双桐村

简　　介：双桐村位于肖显公路沿线，属半山半塬的沟壑地带，全村共辖属11个村民小组，581户，2329人。总土地面积5435亩，其中耕地面积4352亩。

0071 董志镇庄头村

简　　介：庄头村位于董志镇政府西南大约9公里处，地处董志塬西部边沿地带。北连庄子洼村，南邻肖金镇，西隔蒲河，与镇原县相望，东靠罗杭村。总面积7.5平方公里，所辖8个自然村，235户，904人，均系汉族，村委会驻地沟畔自然村。

0072 董志镇冯堡村

简　　介：冯堡村位于董志镇政府的西北5公里处，距西峰区15公里，东与董志村为邻，西接庆阳市细羊毛场，北隔水与后官寨南佐村相望，南靠野林村。总面积900公顷，所辖15个自然村，890户，3541人，均系汉族，村委会驻地东庄自然村。

0073 温泉乡新桥村

简　　介：新桥村地处温泉乡西北端，全村共辖8个村民小组，418户，1724人，总耕地面积3698亩。

0074 董志镇吴庄村

简　　介：吴庄村位于董志镇政府东南约15公里处，东西临沟，南北靠塬，地形较为平坦，北靠田畔村，东隔沟与什社乡相望，南与宁县焦村乡隔沟相望，西与肖金三不同隔沟相望。耕地面积9446亩，所辖16个自然村，997户，401口人，以汉族为主，村委会驻地吴庄自然村。

0075 董志镇周庄村

简　　介：周庄村位于董志镇政府西南2.5公里处，北接冯堡村，南与肖金乡王庄村接界，东邻董志村，西靠野林村，总面积2000公顷，所辖16个自然村，824户，3675人，均系汉族，村委会驻地朱庄自然村。

0076 彭原乡鄢旗坳村

简　　介：鄢旗坳村位于西峰城区北郊2公里处，辖15个村民小组，912户，3825人，2012年人均纯收入6970元。全村总面积8392亩，耕地面积7961亩。境内交通便利，西长凤高速公路、庆西一级公路、刘杨路通村公路纵贯南北；地理条件优越，区位优势明显，是庆阳市新农村建设示范村、生态养殖专业村。近年来，走出了一条富有现代农业特色的发展道路。1、生产专业化。全村共组建养殖专业合作社8个，入社农户358户，建成占地600亩的标准化养殖小区8个、圈舍230幢，成为名副其实的全区“养殖第一村”；新建800立方大型沼气池1处；投资80余万元，建成农民科技培训中心大楼1栋；流转土地150亩，建成日光温室30幢，钢架大棚50座。初步形成了“畜、沼、菜”、“畜、沼、果”相结合的循环农业发展模式。2、环境田园化。全村道路硬化及绿化共计6.8公里；在居民小区、文化广场统一安装路灯80盏，景观照明灯20盏；栽植常青树2300株，绿化率达到100%；农村生活环境质量得到明显改善，村容村貌得到显著改观。3、居住社区化。结合新农村建设的要求，规划新农村居民点2处，建成占地170亩的马岭居民小区1处，现已安置农民50户。同时以陇东汽车城和北湖休闲娱乐园建设为核心，形成集商业、旅游、居住为一体的多功能居住区。

0077 彭原乡赵沟畎村

简　　介：赵沟畎村位于西峰区彭原乡的西北边，东邻本乡邵寺村坑台队，南邻五郎铺村，西邻镇原县王寨乡，北邻庆城县驿马镇，地形以山塬沟壑相接合为主。现有农户453户，2053口人，劳力1290人，8个村民小组。群众以种植小麦玉米为主导产业，以外出务工、养殖为主要经济收入来源。2005年实施了自来水家家入户工程，解决了群众吃水难的问题。2011年对新庄至南北田两组道路进行了拓宽整修，促进了群众致富步伐。2012年，庆阳市凌云服饰轩辕香包有限公司落户新庄组，总投资300多万元，建成了占地面积4000平方米，生产车间2000平方米，以“公司＋农户＋基地”为运作方式的香包刺绣厂一处，为妇女致富提供了广阔平台。2013年对闲置的旧村部全面进行改扩建，建成老年人幸福院和老年人日间照料中心一处，妇女之家一处，对农家书屋也进行了扩充布置。2014年积极响应党的号召，栽植油松，国槐等多种高效经济苗木，现已初具规模。发展小尾寒羊养殖户50多户，成立种植及养殖专业合作社各2个。鼓励农户种植药材优质核桃树等。经过多年发展，赵沟畎村从群众的衣食住行等各方面均已有了巨大变化。

0078 西街办老城村

简　　介：西峰区西街办老城村村委会位于康寿路25号。

0079 董志镇南庙村

简　　介：南庙村位于董志镇南部约1公里处，地处董志塬中心，北连董志镇政府，南接肖金镇，西靠董志村，东与寺里田接壤，总面积600公顷，所辖12个自然村，539户，2366人，以汉族为主，有回族和藏族少数民族。村委会驻地中心自然村。

0080 肖金镇胡同村

简　　介：胡同村位于肖金镇西部，距离肖金镇街道约2.5公里，全村共有8个村民小组，368户人，农业人口1572人，劳动力918人，共有耕地面积3250亩。

0081 什社乡新兴村

简　　介：位于什社乡东北部，主要产业有苹果树种植，新兴村武川以西甜瓜种植为主。

0082 后官寨乡东坪村

简　　介：东坪村位于后官寨乡西北角，距市中心5公里，全村辖12个村民小组，660户，2700人，耕地面积6164亩。以蔬菜种植和家庭养殖、香包制作等为主要产业。

0083 后官寨乡后官寨村

简　　介：后官寨村位于西环路南段属城郊村，距市中心2公里，全村7个村民小组，556户，2464人。耕地面积3200亩，以个体小型企业、门面房、物流货运、出租房屋为主要经济收入。

0084 西街办秦霸岭村

简　　介：西峰区南大街毛家饭店对面。

0085 后官寨乡赵咀村

简　　介：赵咀村地处巴家咀水库附近，东与沟畎村相连，南与董志镇接壤，西濒蒲河与镇原太平相望，北与孔塬村相接。省道318线横穿该村境内，距市中心11公里。该村地形“川、塬、峁”并举，耕地面积3600亩，401户，1843口人，其中少数民族23户，111口人（少数民族主要分布在刘兰峁组12户，61人，郭咀组6户，30人，艳咀组4户，15人，上庄组1户5人）。

0086 后官寨乡李庄村

简　　介：李庄村位于西峰城区西南郊、距市中心2.5公里，全村辖10个村民小组，526户，2227人。

0087 西街办东门村

简　　介：位于西峰区城区东部，解放初期因主体部分位于西峰旧城东门之外，故曰“东门”现位于安定东路。

0088 什社乡贺塬村

简　　介：位于什社乡西南部15公里处，以苹果和绒山羊养殖为主。

0089 董志镇南庄村

简　　介：南庄村位于董志镇政府西部8公里处，与庄子洼村合并，距西峰区16公里，北与后官寨乡后官寨村相连，南与罗杭村接界，东邻冯堡村，西隔蒲河，与镇原相望。总面积1650公顷，所辖22个自然村，657户，2855人，以汉族为主，有壮族、蒙古族和满族等少数民族，村委会驻地新庄自然村。北石窟寺位于该村。

0090 彭原乡彭原村

简　　介：彭原村位于西峰区北郊4公里处，西邻庆西公路，南邻刘岭村，北接李家寺村，村辖自然组10个，本村有彭原小学1处，村卫生所1处。全村共有土地面积4063亩，农户510户，人口2110人，地理条件优越，人杰地灵。现将宝塔寺路口至前头咀组、当庄路口至新庄路口主干道全部柏油硬化，为群众出行带来了方便。2012年新建农民专业合作社两个，种植樱桃园200多亩、奇艺花卉苗木100多亩，带动了彭原村经济的发展。1995年5月彭原宝塔寺大雄宝殿矗立于彭原古城内，据“彭原宝塔寺”古碑记载，寺院初建于西汉哀帝（刘欣）元年（公元前2年），当时寺名为“复图寺”，随着时代的变迁，时兴时衰。公元716年，唐高祖李渊在弘化任郡首时，将“复图寺”更名为“正觉寺”。

0091 彭原乡周寨村

简　　介：周寨村位于西峰区西北角，横义王公路北边于庆城市驿马镇隔沟相望，地理条件宽阔，地形优越，人杰地灵，是主要产粮区总面积约为6平方公里，所辖自然村9个，农户470户，总人口2148人，村办公场所1个，村办公小学1所，卫生所1个，村部门前两侧城镇化的商业门点20间，以种植小麦、玉米、油菜等粮食作物为主，苹果、黄花菜、马铃薯为主要农副产品，养殖大户12户，上年人均纯收入1800元。2014年实施一事一议工程1.5公里，水泥路5公里，2010—2014年流转土地2125亩，现已形成果树矮种植规模，原有老果园380亩，现有果园2505亩，被市、区定为果树栽植示范村，修建贮藏库两座，为周寨村果农创造了良好的条件。

0092 彭原乡杨坳村

简　　介：杨坳村位于西峰北部彭原乡政府西2公里处，全村共辖11个村民小组，606户，2727人，共有耕地6523亩，现有果园2000多亩。1953年成立的邵家寺初级合作社，1966年改为红卫大队，1970年又改名为杨坳大队，1982 再次改为杨坳村委会并沿用至今。改革开放以来全村面貌发生翻天覆地的变化，人民生活水平日益提高，庆阳机场坐落境内；全村以种植，养殖，果园及劳务输出为支柱产业；村内道路已全部硬化；自来水入户率达到 100%；小规模、大群体的养殖模式成效显著；地下石油资源丰富，正常开采的油井达 100 余口。

0093 什社乡文安村

简　　介：位于什社乡东部 8 公里处，西合公路沿线，处于三角地带，主要产业有苹果种植。

0094 彭原乡五郎铺村

简　　介：五郎铺村位于彭原乡最西面，沿义王公路向西，北与赵沟畎村相邻，南与后官寨乡米坪村相邻，西以黑河为界和镇原王寨相邻，共辖 9 个自然村，总耕面积 8126 亩，其中塬地 6450 亩，山地 1676 亩。全村共 612 户，2612 人。现有村办集体小学 1 所，卫生所 1 处，农民专业合作社 3 个，通过联村联户，扶贫攻坚工作的开展，帮联单位的协助，建成养殖专业合作社 1 个。通过“一事一议”财政奖补政策，通村油路 2.5 公里，级油路 5 公里，砂石硬化 10.33 公里；经多方筹资自来水已全部入户，解决了群众吃水难的问题；2014 年，规划建立五郎铺村便民服务大厅 1 处，村级文化广场 1 处。

0095 肖金镇小寨村

简　　介：小寨村位于肖金镇南 4 公里处，省道 202 穿村而过，全村共有 16 个村民小组，810 户，3242 人。全村总耕地面积 6598 万亩，人均纯收入 3011 元，贫困人口 145 户，565 人。

0096 显胜乡岳岭村

简　　介：岳岭村位于显胜乡北部，全村共 11 个村民小组，651 户，2731 口人，有劳动力 1021 人。耕地面积 5994 亩，人均耕地 2.4 亩，经济结构以种植为基础，主要作物有小麦、玉米、油菜等。

0097 显胜乡唐苟村

简　　介：唐苟村位于显胜乡东部，北接岳岭村，南接显胜村，东与宁县隔沟相望，西濒肖显公路，唐苟村辖 8 个村民小组，583 户，2279 人。全村总面积 13200 亩。其中耕地面积 5441 亩。

0098 后官寨乡孔塬村

简　　介：孔塬村地处后官寨乡西北部，地形以塬边嘴梢为主。全村辖 6 个村民小组，177 户，713 口人，总耕地面积 2283 亩。

0099 董志镇郭堡村

简　　介：郭堡村位于董志镇政府北部约 10 公里处，北邻温泉乡，南与崔沟村连界，东靠温泉乡，西接周岭村。总面积 625 公顷，所辖 9 个自然村，479 户，1962 人，以汉族为主，有回族少数民族，村委会驻地当庄自然村。

0100 董志镇八年村

简　　介：八年村位于董志镇政府东南部约 12 公里处，北靠陈户村，东接六年村，南连田畔村，西与胡同赵村相接，交通十分便利，耕地面积 5800 亩，所辖 9 个自然村，514 户，2135 口人，均系汉族，村委会驻地八年自然村。

（二）正宁县

0101 山河镇董庄村

简　　介：山河镇董庄村地处县城西郊，距县城2公里，辖4个村民小组，320户，1481人，耕地面积1867亩。2013年农民人均纯收入5154元。近年来，村党支部、村委会以构建和谐富裕新董庄为总目标，奋力拼搏，逐渐形成了以香包刺绣、种植养殖、劳务输转为特色优势产业，促进全村经济社会全面持续健康发展。在省科技厅的扶持下，建成康旺养殖有限公司，辐射带动生猪规模养殖户50户1万多头；新栽苹果树150亩，完成全村果树补植100亩，果园面积累计达到600亩；自来水入户率100%，主干道路硬化率95%，液化气、天然气、太阳能等洁净能源入户率达56%。新农合参合率达到98%以上，新农保参保率达到85%以上。

0102 湫头新庄子村

简　　介：新庄子村位于湫头乡西部，东临本乡双佛堂村，西接永和镇上南村，南与山嘉乡刘川村接壤，北与本乡西沟村村相毗邻，距县城31公里。全村共有9个村民小组，486户，2412人，行政村区域总面积12.3平方公里，耕地2599亩，人均耕地1.07亩。2013年农民人均纯收入4735元。

0103 湫头乡湫头村

简　　介：湫头村是湫头乡政府所在地，南罗公路穿村而过。全村共辖11个村民小组，810户，3467人，现有耕地4848亩，其中果园3425亩。2013年全村农民人均纯收入4755元。

0104 榆林子习仵村

简　　介：习仵村位于榆林子镇西北侧，距离榆林子镇4公里，全村共有9个村民小组，782户，3260人，耕地面积5300亩，人均1.6亩，2013年人均纯收入达5623元。

0105 永正乡路里村

简　　介：路里村共辖3个村民小组，347户，1526人。全村共有耕地3295亩，主导产业以烤烟、苹果、畜禽养殖、劳务输转为主。2013年农民人均纯收入4798元。路里村民风淳朴，村民勤劳致富意识强，村级基础设施建设完善，主导产业优势明显，经济基础位居全乡各村前列。

0106 宫河镇西里村

简　　介：西里村地处宫河镇政府东北部，东与东里村接壤，南与宫河村相连。全村辖7个村民小组，579户，2463人。耕地面积4017亩，人均耕地面积1.63亩。2013年农民人均纯收入5599元。全村主要产业为中药材、苹果、烤烟、劳务。2014年5月由返乡大学生张创业自筹资金，投资80万元，建成占地1200平方米养殖厂。

0107 周家乡芦堡村

简　介：芦堡村共辖7个村民小组，543户，2399人，耕地面积4994亩。

0108 周家乡周家村

简　介：周家村共辖8个村民小组，816户，3317人，耕地面积6717亩。

0109 永和镇寺村

简　介：永和镇寺村位于镇中心地段，上接上南村，下接于庄村，南罗线穿境而过，地理位置非常优越，交通运输方便快捷。全村共有13个村民小组，1063户，4477人，行政村区域总面积26000亩，耕地8300亩，其中山地1800亩，人均耕地1.8亩，2013年人均收入5570元。该村支柱产业以粮食种植、苹果、畜禽养殖和劳务输转为主。

0110 宫河镇南堡子村

简　介：南堡子村位于宫河镇东南部，距街区5.5公里，全村共8个村民小组，658户，2956人，耕地面积5234亩，人均耕地面积1.77亩，农民收入以中药材种植、果园、劳务输出和苗木繁育为主，2013年人均纯收入5593元。

0111 榆林子镇下沟村

简　介：下沟村位于榆林子镇街西，辖五个村民小组，576户，2382人，耕地面积3552亩。

0112 西坡乡高红村

简　介：高红村地处深山区，东接子午岭接，西接西坡行政村。距正宁县3公里，平均海拔1430米，年平均降水量660毫米。占地总面积15450亩，其中山地面积12048亩，川地面积30亩，原地面积3372亩，耕地面积6743亩。全村共8个村民小组，551户，2189人，其中劳动力1500人。以种植小麦、玉米、高粱为主，伴有小规模的养殖业，人均纯收入2982元。机电井4口。有高红村八组水利局人畜饮水工程、高红村四组扶贫供水工程、高红村六组扶贫供水工程、南桥村扶贫供水工程；有沟边上水1处，水塔4座，机井配套建设，运行状况均良好。

0113 周家乡乔坡村

简　介：乔坡村地处本乡西北部，为宁正煤田核桃峪煤矿副井和风井区。全村共辖5个村民小组，371户，1673人，耕地面积3406亩。

0114 五顷塬回族乡西头村

简　介：西头村地处五顷塬回族乡西北部，正铜公路穿境而过，全村辖6个村民小组，357户，1510人，耕地面积5435亩，人均3.6亩。今年我们坚持以种植业、林果生产和劳务输出为主，新栽果树500亩，补植300亩，重点加强新栽幼园管护力度，确保两个幼园示范点建设；坚持新村建设与旧村改造相结合，继续完善省列新农村西头试点村建设，栽植行道树500株，清理道路边沟3公里，建垃圾集中收集点4处，铺设自来水管道1000米；农民人均纯收入达到4298元。

0115 周家乡车家沟村

简　介：车家沟村地处正宁县周家乡西部，正长公路穿越而过，西南与陕西长武相连，北与宁县隔马莲河相望。全村共辖 5 个村民小组，198 户，830 人，耕地面积 2515 亩。

0116 榆林子镇高龙头村

简　　介：高龙头村位于榆林子镇东南部，全村现有 6 个村民小组，460 户，1870 人。耕地面积 4131 亩，其中塬地 2516 亩，山地 1615 亩，人均 2.2 亩，2011 年人均纯收入达 5435 元。

0117 周家乡房村

简　　介：房村共辖 5 个村民小组，345 户，1462 人，耕地面积 2806 亩。

0118 宫河镇东里村

简　　介：东里村位于宫河镇东北部，距镇政府 3.5 公里，全村共辖 7 个村民小组，665 户，农业人口 2976 人，耕地面积 4869 亩，人均耕地 1.64 亩，2013 年人均纯收入 5598 元，该村主导产业以药材、苹果、烤烟、劳务输出为主。特色产业主要是 2013 年秋季建成百亩苹果矮化密植示范园，主栽品种长富 2 号，在 2014 年庆阳市赛果赛园活动中获得一等奖。

0119 三嘉乡琅琊洼村

简　　介：琅琊洼村南邻陕西省旬邑县，辖内 5 个村民小组，共有 240 户，749 人，耕地面积 3600 亩，以种植玉米、土豆等农作物为主，玉米种植面积 1800 亩，土豆种植面积 900 亩，2011 年全村人均纯收入 2800 元。近年来，该村根据气候、土质等自然条件，扩大玉米、土豆种植面积，以农民增收为目的，引进良种，组织干部农民参加玉米、土豆等农产品种植培训。为了改善群众的住房情况，该村进行了以始终坚持“规划先行、因地制宜、有力生产、村民自主”的改造原则的危旧房改造工程，围绕节地、节材的方法，将“改危”与“改观”相结合，全村共完成危旧房改造 25 户。市建行确定以种植双垄沟播玉米、土豆为依托，不断扩大种植规模，增加农民收入，进一步帮助贫困户解决住房难，确定建成琅琊洼村秦曲组羊场 1 处，作为一个大学生村官创业项目来落实。目前，已完成顶凌覆膜 500 亩，羊场选址正在抓紧落实地块。

0120 宫河镇长口子村

简　　介：长口子村位于四郎河川区，全村共辖 6 个村民小组，482 户，2023 人，耕地面积 3740 亩，人均耕地面积 1.85 亩，2013 年人均纯收入 5586 元，农民收入地膜洋芋、苗木、劳务、畜禽养殖、秋季作物为主。

0121 榆林子镇党家村

简　　介：党家村位于榆林子镇长乐塬最西端，距县城 35 公里，全村辖 7 个村民小组，共 545 户，1945 口人，2013 年全村人均纯收入 5356 元。

0122 榆林子镇仁家村

简　　介：任家村共有 6 个村民小组，总户数 485 户，总人口 1981 人，劳动力 810 人；耕地面积 3035 亩，人均 1.53 亩；2013 年人均纯收入达 5415 元。

0123 榆林子镇小寺头

简　　介：榆林子镇小寺头村共 10 个村民小组，930 户，3909 人，耕地面积 7900 亩，是新一轮省列新农村建设试点村，2013 年人均纯收入达 5683 元。

0124 西坡乡西坡村

简　　介：西坡村地处深山区，位于西坡乡

行政中心，距正宁2.5公里，平均海拔1430米，年平均降水量660毫米。占地总面积8327亩，其中山地面积5974亩，川地面积200亩，塬地面积2153亩，耕地面积4306亩。全村共8个村民小组，共计551户，2189人，其中劳动力1480人。以种植小麦、玉米为主，伴有小规模的养殖业，人均纯收入3056元。机电井5口。有西坡村一组水利局机井供水工程、西坡村二组水利局机井供水工程、西坡村三组水利局机井供水工程、西坡村五组整村推进工程、西坡村六组人畜饮水工程；水塔5座，机井配套建设；沟边上水1个；供水人口2100人。

0125 三嘉乡关川村

简　　介：关川村北接湫头乡，东西分别与松树坪村和刘川村相接，张刘公路穿村而过。全村共有4个村民小组，198户，753人，耕地面积2622亩，以养殖、玉米等产业为主，玉米种植面积1520亩，养牛近500头，2011年全村人均纯收入2900元。近年来，该村大力实施地膜增粮工程，年均推广地膜双垄沟播玉米1500亩左右。结合农村“一池三改”能源建设项目，大力发展生态养牛模式，新建暖棚83户，166间，购进良种母牛127头，全村发展规模养牛户83户。

0126 三嘉乡松树坪村

简　　介：松树坪村西接关川村，北邻湫头乡，辖内7个村民小组，共有140户，498人，耕地面积2900亩，以栽种苹果为主，苹果栽种面积1000亩，2011年全村人均纯收入2700元。共有扶贫户107户，236人，占总人口的47.4%。近几年来，该村不断扩大苹果栽种面积，通过组织果农参观学习、举办培训班等形式，为果树实施定杆、拉枝、覆膜、浇水、套袋等一系列措施，有力提升了果园技术含量。同时，在新栽幼园间耕套种土豆，每亩地收入达2000元，既促进了苹果幼树的生长，又确保了幼园期果农有一定的收益，弥补了果业发展初期的群众收入问题。川区油路的全面贯通，彻底改变了该村无油路的历史，解决了全村120户，400多人出行难的问题，为该村经济发展提供了有利条件。

0127 永和镇安兴村

简　　介：安兴村位于永和镇西边，东临樊村村，西壤下南村，全村共有8个村民小组，592户，2393人，行政村区域总面积5200亩，耕地2400亩，其中山地1800亩，人均耕地1亩。2013年人均纯收入5310元。目前，该村支柱产业以粮食种植、苹果、畜禽养殖和劳务输转为主。

0128 永正乡纪村

简　　介：纪村距县城13公里，全村共辖6个组，614户，2256人，耕地面积3819亩，2013年农民人均纯收入5416元。

0129 永正乡佛堂村

简　　介：佛堂村位于四郎河川区中心位置，全村共有13个村民小组，783户，3355人，土地面积17573亩，耕地面积9900亩（其中山地7140亩、川台地2760亩）。林地面积8510.6亩，草地面积3688.2亩，农村居民住房用地177.5亩，交通用地226亩，其他用地285亩。

0130 山河镇移风村

简　　介：山河镇移风村位于县城西南1.5公里处，辖6个村民小组，500户，2142人，总耕地面积3231亩，人均1.5亩，2013年农民人均纯收入5512元。近年来，村党支部、村委会以构建和谐富裕为目标，抢抓机遇、夯实基础、求真务实，逐渐形成了以果业和养殖为主的特色优势产业，促进全村经济社会全面持续健康发展。建成移风空心砖厂、预制厂、饲料加工厂，已全部投入运营；新栽苹果树 150 亩，补植 100 亩，苗木成活率达到 95% 以上，果园面积累计达到 600 亩；发展规模养殖 40 户，建成暖棚猪舍 240 间，猪存栏数达到 3000 头以上，成立产业经济合作社 1 个，建办养殖专业合作社 1 个，发展会员 130 名，参与率 28%，户均收入达到 7000 元。

0131 湫头乡西沟村

简　　介：西沟村位于湫头乡西北部，共辖 8 个村民小组，474 户，2048 人，全村耕地面积 6236 亩，人均 3.044 亩，以果畜产业为主。2013 年农民人均纯收入 4738 元。

0132 榆林子镇中巷村

简　　介：中巷村位于榆林子镇街道，辖 6 个村民小组，624 户，2859 人，耕地面积 5304 亩，人均 1.86 亩；2013 年人均纯收入达 5852 元。

0133 西坡乡宋畔村

简　　介：宋畔村地处深山区，西坡乡最西边，距正宁 2.5 里路，平均海拔 1300 米，年平均降水量 610 毫米。占地总面积 8998 亩，其中山地面积 6644 亩，塬地面积 2354 亩，耕地面积 4000 亩。全村共 7 个村民小组，共计 539 户，2480 人，其中劳动力 1485 人。以种植小麦、玉米为主，伴有小规模的养殖业，人均纯收入 3058 元。机电井 3 口。有宋畔村二组扶贫供水工程、宋畔村六组扶贫供水工程、宋畔村五组人畜饮水工程，均已正常运行；水塔 4 座；供水人口 1700 人。2008 年建成 18 户新农村片区。

0134 永和镇上南村

简　　介：永和镇上南村地处本镇政府东部，与湫头乡新庄子组接壤，西与本镇寺村相连，距县城 35 公里，地理位置优越。全村共有 14 个村民小组，1028 户，4271 人，劳动力 2386 人。耕地面积 6740 亩，人均耕地面积 1.57 亩。2013 年人均纯收入 5095 元。该村支柱产业以粮食种植、苹果、畜禽养殖和劳务输转为主。

0135 永正乡刘堡子村

简　　介：刘堡子村共辖 6 个村民小组，562 户，2202 人。全村共有耕地 5600 亩，主导产业以烤烟、苹果、畜禽养殖、劳务输转为主。2013 年农民人均纯收入 4836 元。

0136 永正乡堡住村

简　　介：堡住村共辖 7 个村民小组，847 户，3444 人。全村共有耕地 6900 亩，其中栽植苹果 1000 亩，优质烤烟 3500 亩，种植马铃薯等旱作农业 1000 亩，每年输转劳务人员 800 人次。产业以烤烟、苹果、畜禽养殖、劳务输转为主。2013 年农民人均纯收入 5321 元。

0137 周家乡西庄村

简　　介：西庄村共辖 5 个村民小组，407 户，1817 人，耕地面积 3299 亩。

0138 永正乡上官庄村

简　　介：上官庄村共有 9 个村民小组，666 户，2796 人。总耕地面积 7900 亩，人均 2.82 亩（其中塬面 7321 亩，山地 579 亩，林区面积 2000 多亩）。烤烟、苹果、畜禽是该村的主导产业（其中烤烟 2100 亩，苹果 2700 亩，规模养猪户 20 多户，饲养量 1000 多头）。2013 年全村农民人均纯收入

5493元。

0139 永和镇房河村

简　　介：房河村位于永和镇北面，东临永正乡佛堂村，西接罗川村，南临樊村村，北靠永正乡，该村地处四郎河川区中游，辖7个村民小组，348户，1302人，耕地面积3780亩，其中山地2080亩，川地1700亩，2013年农民人均纯收入4662元。目前，该村支柱产业以蔬菜、粮食种植畜禽养殖和劳务输转为主。

0140 五顷塬回族乡孟河村

简　　介：孟河村位于五顷塬回族乡东南部、地处子午岭林区，是一个回民聚居村，全村辖5个村民小组，130户，486口人，其中回族83户，339口人，总土地面积12450亩，耕地3458.3亩。自2005年全村实施了扶贫整村推进工程以来，狠抓地膜粮食，草畜、劳务输转三大支柱产业，2013年粮食总产量1832吨，农民人均纯收入达3938元，今年，我们以产业结构调整为主线，以基础设施改善为主抓手，突出地膜玉米、种草养畜、劳务输转三大支柱产业，大力开展扶贫开发工作。

0141 三嘉乡后坡村

简　　介：后坡村西邻东庄村，东接狼牙洼村，辖内6个村民小组，共有216户，752人，耕地面积3700亩，以苹果、土豆产业为主，果园面积1200亩，土豆种植面积1100亩，2011年全村人均纯收入3020元。近年来，该村大力发展苹果、土豆产业，以建设绿色有机的食品为目标，2011年在原有果园的基础上，新建成苹果幼园管理示范点1处，主栽品种为红富士。通过组织干部群众参观学习、现场培训等形式，使群众掌握相关技术，确保幼苗成活率。引进土豆新品种，实施全膜覆盖、药物拌种子等技术，为全村群众增产增收提供了有力保障。

0142 永正乡王沟圈村

简　　介：王沟圈村位于永正乡东北部，全村共有6个村民小组，共431户，农村人口1905人，农村劳动力1260人，共有耕地面积4550亩，人均2.2亩，苹果树栽植800亩，主要种植烤烟、马铃薯、玉米、中药材等经济作物。全村大牲畜存栏350头。全村人均纯收人为2308元，以种植业为主要经济来源。

0143 山河镇解家川村

简　　介：解家川村位于四郎河川区，辖11个村民小组，共557户，2147人，人均现有耕地3.2亩。现有耕地面积10850亩，其中川台地4100亩，完成覆膜3800亩，山地6750亩，包含退耕还林3800亩，完成覆膜500亩。现有蔬菜拱棚110座，以种植黄瓜、西红柿、辣椒、甜瓜为主，棚均年收益均在1万元以上。畜牧养殖以牛、羊为主，其中养牛1-2头240户，5头以上3户，养羊50只以上2户。2013年农民人均纯收入5103元。

0144 五顷塬回族乡南邑村

简　　介：南邑村地处五顷塬回族乡西南部，是五顷塬乡政府所在地，正铜、南罗公路穿境而过，交通便利，全村有8个村民小组，548户，2390人，劳动力1319人，有耕地面积3701亩，农民经济收入以种植、果树、劳务三大产业为主，2013年底农民人均纯收入达到4201元。该村于2009年被确定为全省新农村建设试点村。2011年栽植苹果500亩，建成300亩果园示范点1个，实施果园套种洋芋400亩，推广全膜双垄沟玉米500亩，地膜洋芋1600亩；新修梯田530亩；

纵深推进南邑省列新农村建设，在吕沟圈集中建设二层住宅20户104间，同时在南邑西街新建7户38间，硬化1700平方米，绿化850平方米，安装太阳能路灯6盏。铺设自来水管道9000米，完成自来水入户220户；对村庄主干道路实施了绿化、美化、净化。2012年农民人均纯收入3817元。新建小康农宅建设示范点1处50户，有效提升了小城镇建设水平。

0145 山河镇李家川村

简　　介：山河镇李家川村位于嘉峪川河流域，全村辖8个村民小组，共278户，1078人，总耕地面积5200亩，人均耕地6.5亩，2013年人均纯收入3570元。

0146 周家乡大璋村

简　　介：大璋村共辖5个村民小组，437户，1865人，耕地面积4846亩。

0147 湫头乡苟仁村

简　　介：苟仁村地处湫头乡西部，东临本乡张村村，西接本乡新庄子村，南与本乡双佛堂村接壤，北与本乡西沟村相毗邻，距县城30公里。全村共有9个村民小组，697户，3078人，行政村区域总面积12.6平方公里，耕地4624亩，人均耕地1.5023亩。全村的主导产业是种养殖业和劳务输出，苹果园3052亩，其中成园1674.5亩，幼园1377.5亩。在外务工1100人，2013年农民人均纯收入4746元。

0148 西坡乡高红村

简　　介：高红村地处深山区，东接子午岭接，西接西坡行政村。距正宁县3公里，平均海拔1430米，年平均降水量660毫米。占地总面积15450亩，其中山地面积12048亩，川地面积30亩，塬地面积3372亩，耕地面积6743亩。全村共8个村民小组，共计551户，2189口人，其中劳动力1500人。以种植小麦、玉米、高粱为主，伴有小规模的养殖业，人均纯收入2982元。机电井4口。有高红村八组水利局人畜饮水工程、高红村四组扶贫供水工程、高红村六组扶贫供水工程、南桥村扶贫供水工程；沟边上水1处；水塔4座，机井配套建设，运行状况均良好；2011年建成年存栏量1000只羊场。

0149 宫河镇雷村

简　　介：雷村位于宫河镇南部，正周公路沿线。全村共辖6个村民小组，全村共632户，总人口2801人，耕地面积5029亩，人均耕地面积1.8亩，2013年度全村农民人均收入5599元。该村主导产业以药材、苹果、烤烟、劳务输出为主。

0150 榆林子镇文乐村

简　　介：文乐村位于榆林子镇北部，全村共有6个村民小组，644户，2768人，总耕地面积4302亩。2013年人均纯收入达5820元。

0151 周家乡燕家村

简　　介：燕家村位于正宁县周家乡西部，是华能正宁电厂建设中心区，二级运煤通道穿境而过，交通便利。全村共辖7个村民小组，户籍人口772户，2398人，耕地面积5900亩。

0152 榆林子镇马家村

简　　介：马家村地处正宁县西南部，长乐路沿线，全村辖7个村民小组，共668户，2970人。耕地面积6020亩，以种植烟叶、粮食、中药材、苹果和劳务输出为主，其中烤烟产业占65%，2013年全村人均纯收入5544元。

0153 宫河镇代店村

简　　介：代店村地处四郎河川区，共辖5个村民小组，512户，2138人，总耕地面积3240亩，其中山地2200亩，川台地1040亩，人均耕地面积1.52亩，2013年人均纯收入5587元。交通不便，基础设施差，人均耕地面积少，农民收入主要依靠设施蔬菜、地膜洋芋、露地蔬菜、劳务输出、畜禽养殖等。

0154 宫河镇东山头村

简　　介：东山头村是全省第二轮新农村建设试点村，全村共有6个村民小组，411户，1874人，耕地面积3595亩，人均耕地1.92亩，农民收入以烤烟、中药材、苹果、劳务为主，2013年人均纯收入5590元。

0155 山河镇佑苏村

简　　介：山河镇佑苏村辖8个村民小组，全村578户，2488口人，耕地面积3844亩，人均1.5亩，2013年底农民人均纯收入5276元。

0156 宫河镇南庄村

简　　介：南庄村位于宫河镇西北部，东临宫河村，南接王录村，西连周家乡，北与西里村隔沟相望。辖10个村民小组，总耕地面积6130亩，765户，共3328人，2013年人均纯收入5594元。农民收入以种植中药材、养殖、劳务输出和苗木繁育为主。

0157 三嘉乡东庄村

简　　介：东庄村是乡政府驻地村，辖内6个村民小组，共有443户，2038人，耕地面积4074亩，是全乡苹果生产的重点村之一，果园面积1926亩，2011年全村人均纯收入3120元。近年来，该村大力发展苹果产业，以建设绿色有机苹果生产基地为目标，建成200亩苹果示范点1处。该村南庄子新建小康农宅30户，工程以基础设施建设为主，与小城镇建设相结合，按照沿街一律为前店后院式，其他全部为四合院式进行建设，同时完成了小区内环境绿化、美化、硬化，极大改善了群众的居住环境。

0158 榆林子镇石家村

简　　介：石家村位于榆林子镇长乐塬中心地段，全村共有8个村民小组，685户，3017人，总耕地面积4855亩，2013年人均纯收入达5727元。

0159 五顷塬回族乡龙咀子村

简　　介：龙咀子村有8个村民小组，270户，1167人，土地面积127000亩，其中耕地面积4318亩。近年来，村党支部、村委会坚持以新农村建设为统领，村上进一步完善了发展“洋芋、玉米、劳务、草畜”的思路，组织和带领全村群众大力发展特色产业，使经济社会走上了全面提速、科学发展的快车道。在乡政府的引导扶持下，村上修建了小康农宅，有80多户群众住进了新居，生活水平稳步提高，社会事业较快发展。面对新农村建设历史机遇，全村种植全膜双垄沟玉米1000亩，全膜双垄沟洋芋1000亩。在大力发展农业经济的同时，充分利用地处子午岭林区的区位优势，引导农民积极发展畜牧养殖业，牛存栏842头，种草800亩，推促农业产业结构进一步优化，为全乡发展起到了示范带动作用。2013年全村人均纯收入4003元。

0160 山河镇王阁村

简　　介：山河镇王阁村地处正宁县城东南，

辖7个村民小组，总人口590户，2744人，耕地面积5937亩，人均耕地2.2亩。2013年农民人均纯收入达到5609元。

0161 山河镇东关村

简　　介：山河镇东关村位于县城以东，属县城郊区，是县城的东大门，交通位置极其优越。该村辖10个村民小组，总人口1144户，4630人，耕地面积5985亩，2011年农民人均纯收入4137元。多年来，在镇党委、政府的领导下，坚持把加快发展经济作为中心任务，加快城镇化建设步伐，加大旧村改造、新区开发力度，全面实施强村富民战略，充分利用城郊区位优势，通过招商引资，大力发展以建设工业集中区为中心，以畜牧养殖和建材加工等商贸服务为辅的经济模式。城郊经济实现跨越发展，现已基本建成县城工业园区，三产人员达到1000多人。农业结构调整步伐加快，果、畜产业发展前景广阔。基础设施改善全力推进。清洁能源利用率达到70%以上，广电网络覆盖率达到50%，自来水入户率达到了68%。社会事业发展全面进步，实施农村实用科技人才培训计划，科技贡献率提高了2.6个百分点。现有村级小学1所，学龄儿童入学率达到100%；建成农家书屋1处，村级卫生所1处，新农合参合率及社会保障覆盖面达到95%以上；村级调委会、治安联防队等群防群治组织健全，“十星级文明户评选”活动深入开展，经济社会和谐稳定。

0162 西坡乡月南村

简　　介：月南村地处月明深山区，距正宁县5.5公里，平均海拔1430米，年平均降水量660毫米。占地总面积11225亩，其中山地面积8946亩、川地面积400亩，塬地面积1879亩，耕地面积3757亩。全村共10个村民小组，共计416户，1916人，其中劳动力1221人。以种植小麦、玉米、为主，伴有小规模的养殖业，人均纯收入2975元。机电井4口。有月南村二组扶贫供水工程、月南村三组扶贫供水工程、月南村五组扶贫供水工程、月南村七组扶贫供水工程；沟边上水1处，水塔2座。

0163 榆林子镇乐安坊村

简　　介：乐安坊村地处榆林子镇东南部，正周路沿线，属于正宁县前塬村，全村共辖6个村民小组，492户，2163口人，总耕地面积4066亩，人均1.88亩，2013年人均纯收入达5792元。

0164 西坡乡伍畔村

简　　介：伍畔村地处西坡乡最北边深山区，距正宁县3里路，平均海拔1380米，年平均降水量610毫米。占地总面积7620亩，其中山地面积5683亩，塬地面积1937亩，耕地面积3874亩。全村共5个村民小组，共计458户，2462人，其中劳动力1400人。以种植小麦、玉米为主，伴有小规模的养殖业，人均纯收入3055元。机电井3口。有伍畔村三组整村推进工程、伍畔村四组整村推进工程、宋畔村五组整村推进工程；水塔3座，机井配套建设；水池1个，运行状况均良好；供水人口1900人。2008年建成20户新农村片区。

0165 宫河镇北堡子村

简　　介：北堡子村位于宫河镇东南部，全村共6个村民小组，479户，2194人，耕地面积3544亩，人均耕地面积1.62亩，农民收入以中药材种植、果园、劳务输出和苗木繁育为主，2013年人均纯收入5591元。

0166 西坡乡韩坳村

简　　介：韩坳村地处月明深山区，西坡乡行政中心，距正宁7.5公里，平均海拔1430米，年平均降水量660毫米。占地总面积17867亩，其中山地面积15552亩，川地面积180亩，塬地面积2153亩，耕地面积4270亩。全村共10个村民小组，共计392户，2018口人，其中劳动力1300口人。以种植小麦、玉米、高粱为主，伴有小规模的养殖业，人均纯收入2965元。

0167 湫头乡双佛堂村

简　　介：双佛堂村地处湫头乡西部，南罗公路穿村而过，辖7个村民小组，473户，2162人，耕地面积3688亩，人均1.7亩，全村以苹果和劳务为主导产业。2013年全村农民人均纯收入4747元。

0168 三嘉乡林坡村

简　　介：林坡村地处三嘉乡西南，东接东庄村，西接刘川村，南与旬邑县职田镇毗邻。全村共有8个村民小组，275户，1413人，耕地面积3600亩，以苹果、养殖产业为主，2011年全村人均纯收入3210元。近年来，该村按照全乡“以果带畜、以畜促果、果畜结合、科学发展”的思路，大力发展苹果产业和生猪养殖业，新建康塬子千亩幼园管理示范点和生猪养殖示范小区各1处，辐射带动全村发展苹果1926亩，5头以上的养殖规模户15户，养猪1310头。

0169 宫河镇宫河村

简　　介：宫河村位于宫河镇政府驻地，共有10个村民小组，863户，3485人，耕地面积6054亩，人均耕地1.7亩，2013年农民年人均纯收入6054元。农民收入以烤烟、苹果、中药材种植、养殖和劳务为主。现有标准化村部21间，农民文化广场3800平方米，农家书屋1处，村卫生室2间。

0170 永和镇下南村

简　　介：永和镇下南村位于镇政府西部约8公里处，东、西分别与本镇安兴村、罗沟圈村相连，211国道线、南罗公路穿境而过，地理位置优越，交通运输方便快捷。全村共有7个村民小组，513户，2211人，行政村区域总面积13550亩，耕地3700亩，其中山地1227亩，人均耕地1.68亩，2013年农民人纯收入5440元。该村支柱产业以粮食种植、苹果、畜禽养殖和劳务输转为主。

0171 永和镇罗沟圈村

简　　介：罗沟圈村位于永和镇西部10公里处，东接下南村，西南壤旬邑县底庙镇，西北临罗川村。该村地势平坦，交通便利，银西公路、南罗公路纵贯全村，自然经济条件优越，全村辖8个村民小组，561户，2496人，劳动力1336人，耕地面积4500亩，其中山地1922亩，人均1.8亩，2013年农民人均纯收入5590元，是省列新农村建设试点村之一。

0172 周家乡核桃峪村

简　　介：核桃峪村是周家工业集中区所在村，211国道和宁长二级煤炭通道贯村而过，地域优势明显。全村共辖4个村民小组，310户，1384人，耕地面积2233亩。

0173 周家乡徐家村

简　　介：徐家村是周家工业集中区所在村，211国道贯村而过，地域优势明显。全村共辖5个村民小组，412户，1762人，耕地面积2643亩。

0174 三嘉乡刘川村

简　　介：刘川村位于张刘公路以西，北接永和镇，南与旬邑县文家村相接。全村共有4个村民小组，157户，554人，耕地面积3020亩，以玉米、苹果产业为主，玉米种植面积1700亩，苹果面积600亩，2011年全村人均纯收入2800元。近年来，该村充分利用川区水资源丰富这一优势，不断扩大玉米种植面积，实施全膜双垄沟种植技术，提高了玉米的产量，农民的收入有了较大的提高。

0175 周家乡惠家塬村

简　　介：惠家塬村地处周家乡西部边缘，是宁正煤田核桃峪煤矿主井及选煤厂，全村共辖5个村民小组，202户，845人，耕地面积2246亩。

0176 湫头乡张村

简　　介：张村位于湫头乡中部，南罗公路穿村而过，共辖10个村民小组，671户，2910人，耕地总面积3934亩，人均1.3亩，以苹果和劳务输转为主导产业。2013年农民人均纯收入4748元。

0177 湫头乡王郎坡村

简　　介：王郎坡村位于湫头乡东北部，是全县新农村建设示范村，多次被县委、县政府授予"五好村"、"文明村"等荣誉称号，2007年被市委、市政府评为"市级文明村"。该村共辖10个村民小组，523户，2436人，耕地面积4877亩，林草地7755亩，苹果和畜牧养殖是农民增收致富的主导产业。2013年农民人均纯收入4746元。

0178 周家乡下冯村

简　　介：下冯村共辖6个村民小组，454户，1989人，耕地面积4755亩。

0179 榆林子镇乐兴村

简　　介：榆林子镇乐兴村，辖6个村民小组，618户，2620人，现有耕地面积3908亩，2013年人均纯收入达5825元。

0180 山河镇西关村

简　　介：山河镇西关村属省列新农村建设试点村，地处正宁县城，辖7个村民小组，总人口775户，3018人，劳动力1580人，可耕地面积567亩，人均耕地面积0.18亩，2013年农民人均纯收入达到7430元。

0181 永和镇樊村

简　　介：永和镇樊村位于镇政府西部约5公里处，东、西（南）、分别与本镇于家庄、安兴村相连，北接房河村，距县城45公里。全村辖11个村民小组，689户，2806人，行政村区域总面积8120亩，耕地面积5220亩，其中山地2314亩，人均耕地1.94亩，2013年农民人纯收入5440元。目前，该村支柱产业以粮食种植、苹果、畜禽养殖和劳务输转为主。

0182 宫河镇彭姚川村

简　　介：彭姚川村地处四郎河流域，全村有11个村民小组，775户，3201人，耕地面积6306亩，其中山地4284亩，川地2022亩，人均耕地1.97亩。农民收入以蔬菜、苗木繁育、养殖和劳务输出为主。2013年人均处收入5612元。

0183 五顷塬回族乡西渠村

简　　介：西渠村位于五顷塬回族乡东南部、地处子午岭林区，是一个回民聚居村，全村辖6个村民小组，202户，830人，其中回族190户，785人，耕地5318亩。自2005年全村实施了扶贫整村推进工程以来，狠抓地膜粮食、草畜养殖、劳务输转三大支柱产业，2013年粮食总产量1632吨，农民人均纯收入达3962元。

0184 宫河镇王录村

简　　介：王录村位于宫河镇西南部，正周公路纵贯全村。全村共辖7个村民小组，704户，共3016口人，耕地面积共5425亩，人均耕地面积1.8亩。该村主导产业以中药材、设施蔬菜、粮食作物为主。2013年度全村农民收入5599元。该村基础设施条件较好，建成设施水泥拱架大棚100座，小拱棚300座。村组主干道路全部硬化，村上建有农民文化广场，有邓小平旧居，景色秀丽的马鞍山。

0185 永和镇罗川村

简　　介：罗川村位于永和镇西南部，地处四朗河川区中游，东接房河村，西壤宫河代店村，南与底庙镇郭村相望，北靠榆林子镇，全村辖9个村民小组，440户，1956人，总耕地面积3200亩，人均1.6亩，其中山地2270亩，川地780亩，塬地150亩，2013年农民人均纯收入达到5060元。该村支柱产业以蔬菜、粮食种植、畜禽养殖和劳务输转为主。

0186 山河镇冯柳村

简　　介：山河镇冯柳村位于正宁县城西南方向，下辖8个村民小组，总人口671户，2457人。耕地面积4448亩，人均1.6亩，2013年农民人均纯收入5584元。

0187 周家乡梁家村

简　　介：梁家村共辖8个村民小组，502户，2175人，耕地面积5192亩。

0188 山河镇蔡峪村

简　　介：山河镇蔡峪村地处县城西北部，辖8个村民小组，695户，3049人，耕地面积4945亩，人均1.6亩。2011年农民人均纯收入4390元。

0189 永和镇于庄村

简　　介：于庄村位于永和镇以西，东与永和街区相连，西与樊村接壤，南罗公路穿境而过，东行40公里可达正宁县城，向西不足10公里便与G211国道相接直抵陕西，交通运输十分便利。本村共辖8个村民小组，836户，3620人，总面积6340亩，其中耕地面积4600亩，人均耕地约1.78亩，2013年人均收入5290元，目前，该村支柱产业以粮食种植、苹果、畜禽养殖和劳务输转为主。

0190 永正乡友好村

简　　介：友好村位于永正乡街道南侧，全村由4个自然村组成，总户数418户，总人口1745人，是典型的农业生产大村。全村总耕地面积2340（水+旱）亩，人均可耕地1.3亩。主要农作物有烤烟、苹果等，其中烤烟、苹果已成为远近闻名得农业拳头产品。全村以农业种植和劳务输出为主要经济来源。

0191 永正乡南住村

简　　介：南住村地处宫河塬、永正街西南1公里处，全村共有11个村民小组，918户，3856人，2013年农民人均纯收入4785元，产业以烟、果、中药材种植和劳务输出为主。目前，全村果园累计面积达到1000亩，其中成园面积100亩；种植优质烤烟3400亩、药材160亩；拥有20头以上养猪大户2户；年均输转劳务1260人。

0192 永正乡东龙头村

简　介：永正乡东龙头村位于县城西南侧，距离县城 8 公里，全村共有 7 个村民小组，608 户，2695 人，耕地面积 4300 亩，其中塬地 3822 亩，山地 447 亩。人均耕地面积 1.6 亩。年平均温度 9.5℃左右，年降雨量 590 毫米，全年无霜期平均 150 天左右，适宜苹果、烤烟等农作物种植。全村有劳动力 1233 人，外出务工 620 人。以劳务输出、果树、烤烟种植、生猪养殖为主导产业。现栽植果树 2180 亩，其中成园 680 亩，幼园 1500 亩；种植烤烟 1026 亩；粮食种植面积 2116 亩。2013 年农民人均纯收入 5145 元。

（三）华池县

0193 悦乐镇乔嵝岘村

简　　介：乔嵝岘村位于悦乐镇西北部14公里处，北接五蛟乡，西连上里塬乡，南通王咀子乡，是一个纯山区村。全村总面积17.35平房公里，耕地面积2300亩，辖区共有4个村民小组，115户，534人。以种植小麦、黄豆、小杂粮等农作物为主，农民主要收入来源于养殖业和工副业，是一个村集体经济收入为零的空壳村。

0194 王咀子乡宪塬村

简　　介：宪塬村位于王咀子乡东部，与庆城县接壤。该村共辖5个村民小组，202户，858人。总土地面积20104.8亩，耕地面积3525亩，人均耕地面积4.1亩。农作物以小麦、玉米、高粱、洋芋、油料、豆类为主。

0195 五蛟乡刘阳洼村

简　　介：刘阳洼村地处五蛟乡西部边缘，以前叫“贾阳洼”，但其渊源已无法考证，现刘氏家族居住，故得名，与环县八株接壤。全村共辖7个村民小组，242户，1142人，总土地面积29.2平方公里，耕地面积5300亩。近年来，全村以改善基础条件，调整产业结构，增加农民收入为目标，团结协作，艰苦奋斗，全村道路、梯田等设施条件明显改善，以草畜、洋芋等为主的产业开发成效日益突显。

0196 柔远镇黄岔村

简　　介：黄岔村位于县城西北部，康熙年间，农民们在山间地头干活，挖出了很多灵牌，上面的名字都是黄氏，由此，将此地命名为黄岔村。全村共辖3个村民小组，共138户，647人。黄岔村地处黄土高原丘陵沟壑区，由南向北逐渐升高。区域内地貌主要由丘陵沟壑构成，全村共有土地面积3.98万亩，其中耕地面积7408亩，荒山面积达15000多亩，退耕还林面积300多亩。以农业为主，主产小麦、黄豆，兼种洋芋、油料等。

0197 紫坊畔乡刘坪村

简　　介：刘坪村位于紫坊畔乡西部，南连庙沟村，西临山庄乡，北靠高庄村。因该村居民早期多居住于地势平坦的台地且多姓刘而得名。全村辖6个村民小组，305户，1348人。总土地面积63000亩，耕地面积14436亩。以农为主，主产地膜玉米、蔬菜大棚，兼种小麦、洋芋等小杂粮。1947年12月15日至30日，在刘坪村西庄白启祥家的院子里召开了著名的刘坪会议。

0198 乔川乡王掌子村

简　　介：王掌子村位于乔川乡西北部，与

环县和陕西省定边县接壤，属纯山区村，全县海拔最高之处位于该村。全村辖 5 个村民小组，134 户，628 人。全村土地总面积 46987 亩，耕地面积 5432 亩，人均占有耕地 8.6 亩，其中梯田 1366 亩，人均 2.2 亩。

0199 怀安乡小城子村

简　介：小城子村位于怀安乡东北部，与陕西省吴起县接壤，共辖 4 个村小组，145 户，702 人。全村耕地面积 5499 亩，人均 7.9 亩。该村属典型的山区村，农作物以小麦、玉米、高粱、洋芋、油料、豆类为主。小城子村由于地理条件差，交通不便致使人口大量外流，外出务工成农民主要经济来源。

0200 王咀子乡刘家畔村

简　介：刘家畔村位于王咀子乡西北部，距离乡政府约 12.5 公里，西与庆城县接壤，北与上里塬乡相邻，悦上公路横穿而过，山塬兼有。全村共辖 5 个村民小组，176 户，877 人。总土地面积 12.7 平方公里，其中耕地面积 4328 亩，人均耕地面积 4.9 亩。

0201 元城镇高桥村

简　介：高桥村地处元城镇中部，高氏家族人居多。传其境内桥砭之上居住一户高姓人家，人称高老八，因其为当时知名的富人且颇有善举，后人称其居住的村为高桥村。全村辖 4 个村民小组，133 户，632 人。共有耕地面积 3350 多亩，人均耕地 5.3 亩，粮食种植以小麦、糜子、荞麦、洋芋、豆类等作物为主。

0202 上里塬乡鸭口村

简　介：鸭口村位于上里塬乡北部，东临上里塬乡柳树和村，南接上里塬乡黄塬村，西连上里塬乡彭家寺村，北接五蛟乡南湾村。因该村入境处有五座山相连，远远看去若鸭嘴一般，故名鸭口。全村辖 7 个村民小组，共 207 户，871 人。地处黄土高原丘陵沟壑区，海拔 1100-1500 米，由南向北逐渐升高。区域内地貌主要由塬、梁、峁等构成。主要产业为种植和养殖业，种植业主要为全膜玉米、小杂粮等，养殖业主要为绒山羊、小尾寒羊等。

0203 五蛟乡杨咀子村

简　介：杨咀子村地处五蛟乡西部，初居杨姓居多而得名，位于五白公路沿线，全村共辖 7 个村民小组，215 户，879 人，总土地面积 19.2 平方公里，耕地面积 8114 亩。

0204 乔河乡火石沟门村

简　介：火石沟门村位于乔河乡南部，县内与柔远镇接壤，乡内与打扮、虎洼和张岔毗邻。明朝年间，住现乔河乡政府后面沟口的村民修河道时发现了大量的火石。火石，一般产自河滩，经过河水冲刷并于石头间相互碰撞、摩擦留下的质地比较坚硬，并在高速撞击时能产生火花的石头。村民为纪念火石给人们生火带来的方便就把该村命名为火石沟门村，并且一直沿用至今。总土地面积 24.39 平方公里，现有耕地面积 4556 亩。

0205 五蛟乡南湾村

简　介：南湾村是因位于五蛟东南部一个大湾故而得名，全村共辖 4 个村民小组，180 户，780 人。总土地面积 19.3 平方公里，耕地面积 4444 亩。全村在 2006 年实施新农村建设试点村项目建设以来，在市、县、乡的正确领导和大力支持下，村两委班子带领广大群众苦抓实干，全村取得了翻天覆地的变化，实现了“五个五”的目标，即五通（通路、通电、通邮、通话、通广播电视）；五建（建产业协会、建培训中心、建养蓄暖棚、建生态沼气、建早春大棚）；五改（改田、改宅、改灶、改厕、改民风）；五有（有粮吃、有水喝、有衣暖、有学上、有医就）；五变（人变和、山变绿、水变清、地边平、家变富）。

0206 白马乡东掌村

简　　介：东掌村位于白马乡东南角，东接怀安乡，南接本村杜寨子村，西、北接本乡马高庄村，全村共辖5个村民小组，128户，573人，全村共有耕地面积5800亩，其中梯田面积580亩，占10%。近年来，乡党委、政府将梯田整理、人畜饮水、舍饲养殖、地膜增粮工程等项目向该村倾斜，有效改善了基础设施条件，增加了农民收入水平。

0207 紫坊畔乡高庄村

简　　介：高庄行政村，地处紫坊畔乡东北部，东临陕西省志丹县吴堡乡，南连庙沟村，西界乔河乡，北靠陕西省吴起县白豹镇，相传秦朝时期这一庄住的都是姓高的人家而得名。全村辖8个村民小组，330户，1463人。总土地面积64500亩，耕地面积15600亩，其中坡耕地6240亩，人均耕地面积10.4亩。主要产业为种植和养殖业，种植业主要为全膜玉米、小杂粮等，养殖业主要为绒山羊、小尾寒羊等。

0208 王咀子乡银坪村

简　　介：银坪村位于华池县王咀子乡北部，是一个纯山区村，全村共辖6个村民小组，192户，811人。总土地面积15.35平方公里，其中，荒山地面积23450亩，耕地面积4360亩，人均耕地面积5.3亩。银坪自然村的洞洞沟是中国第一块旧石器出土的地方。

0209 五蛟乡吴塬村

简　　介：吴塬村是一个纯山区村，因靠近上里塬而无塬得名，后演变为“吴塬”，全村共辖4个村民小组，192户，873人，总土地面积26.8平方公里，耕地面积4600亩。近年来，全村以经济结构、产业发展为依托，狠抓了小杂粮基地建设，特别是红小豆、白瓜籽、糜谷等旱作农业发展成效明显。同时，农村道路、梯田、水利等基础设施建设也取得较好成绩。

0210 五蛟乡蒋塬村

简　　介：蒋塬村塬地居多，初居者姓蒋而得名，地处五蛟乡东部，全村共辖10个村民小组，283户，1373人，总土地面积35平方公里里，耕地面积7454亩。蒋塬村是全乡油田开发的一个重点村，去年以来，全村经济发展较快，农村道路、梯田、水利等基础设施改善明显，新农村建设、村级阵地建设进展快，标准高。

0211 林镇乡黄渠村

简　　介：黄渠村为林镇乡政府所在地，共辖5个村民小组，255户，1211人。耕地面积8400亩，其中山地5690亩，川台地2710亩。农作物以地膜玉米，豆类，洋芋，荞麦为主，经济作物以白瓜籽、胡麻、麻子为主。

0212 乔河乡齐庄子村

简　　介：齐庄子村位于华池县乔河乡南部，距乔河乡15公里。因古时有一户姓“齐”的人家在此建庄居住，后得名“齐庄子”。总土地面积20.14平方公里，平均海拔1517.5米，年平均降雨量500毫米，年平均气温8℃，无霜期150天左右。齐庄子村属半农半牧区，畜牧业是齐庄子村的支柱产业，舍饲养羊是农户的主要经济来源。共有耕地面积4110亩，农作物以豆类、玉米为主，小麦为辅，间作胡麻、荞麦、糜谷、洋芋等。

0213 王咀子乡刘家庙村

简　介：刘家庙村位于华池县王咀子乡西部，与庆城县接壤。全村共辖6个村民小组，365户，1624人。总土地面积18.22平方公里，其中，荒山地面积22626亩，耕地面积5250亩，人均耕地面积3.2亩。以农业为主，主产玉米，兼种小麦、洋芋等。

0214 柔远镇刘沟村

简　介：刘沟村位于柔远镇东部，是共和国将军刘懋功的故里。光绪年间，只有一户姓刘的人家居住，后来，又来了一户姓刘的人家，因此，将此地命名为刘沟村。全村辖5个村民小组，221户，997人。总土地面积4.6万亩，耕地面积8214.5亩，人均8.2亩。主要产业为种植和养殖业，种植业主要为全膜玉米、小杂粮等，养殖业主要为绒山羊、小尾寒羊等。

0215 五蛟乡李良子村

简　介：李良子村在土地改革前所有土地全属大地主李子良所有，土改打倒大地主后，将其名倒叫编为当地地名，地处五蛟乡南部，位于元悦公路沿线，是一个半山区村，全村共辖6个村民小组，298户，1286人，总土地面积17.5平方公里，耕地面积5419亩。先后被市、县、乡授予文明村称号。全村经济结构调整、产业开发、基础设施建设等发展都很快，特别是户洼子组特色瓜菜产业，现已形成独特的优势。

0216 柔远镇柳湾村

简　介：柳湾村地处柔远镇东南部，与悦乐、山庄、城壕乡接壤，相传古代有一条河由村中流过，此河弯弯曲曲，岸边柳树成荫，故名柳湾。全村共辖7个村民小组，410户，1883人。共有耕地面积13237亩，人均7.2亩。主要产业为农业，主产小麦、黄豆，兼种洋芋、油料等。

0217 柔远镇李庄村

简　介：李庄村位于柔远镇西北部，全村共辖6个村民小组，235户，1045人。总土地面积5.7万亩，其中耕地面积11087亩，人均10.6亩。产业以种植和养殖业为主，种植业主要为全膜玉米、小杂粮等，养殖业主要为绒山羊、小尾寒羊等。

0218 乔川乡艾蒿掌村

简　介：艾蒿掌村地处乔川乡西北部，距县城120公里，距乔川乡20公里。共辖4个村民小组，146户，627人。总土地面积34公顷，其中耕地面积8090亩(塬地2000亩，山地6090亩)，人均耕地面积9亩。

0219 悦乐镇田掌塬村

简　介：田掌塬村位于悦乐镇北部10公里处，距县城40公里，北接悦乐镇黄大湾村黄大湾组，南接城壕乡香山塬村，西接悦乐镇悦乐村庙良子组，东接城壕乡余家砭村马掌组。共辖田掌塬、杨崾岘、大塬、张坊塬4个村民小组。现有居民124户，共519人，本村以山区为主，总面积14.53平方公里，耕地面积2370亩，以种植小麦、玉米高粱为主，兼种马铃薯、黄豆、红小豆等经济作物，胡麻、油菜籽等油料作物。

0220 柔远镇城关村

简　介：城关村是华池县城所在地，位于柔远镇中心，东临柔远镇张川村，南接柔远镇孙家川村，西连柔远镇土坪村，北接柔远镇李庄村。“城关”是中国常见地名，因清末到民国时，每个县城重要的军事设施叫做镇，而每个城市都有关卡，于是城市的关卡名为城关。建国后，随政治经济的区域划分沿用至今。城关村地处黄土高原丘陵沟壑区，海拔1100-1500米，由南向北逐渐升高。区域内地貌主要由川、塬、山等构成，全村辖9个村民小组，396户，1612人。总土地面积5.7万亩，其中耕地面积9877.4亩，人均耕地面积6.1亩。

0221 悦乐镇温台村

简　　介：温台村位于悦乐镇北部，东连肖掌村，南接张桥村，西连店坪村，北接鸭洼村，距县城13公里，距悦乐镇18公里。温台村地处黄土高原丘陵沟壑区，海拔1100-1500米，由南向北逐渐升高。区域内地貌主要由川、塬、梁、峁等构成，全村辖6个村民小组，其中温台、新庄为川区组，白咀沟、青胡掌、高渠、刘沟为山区组，共215户，945人，其中劳动力561人，占总人口的59.4%。全村共有土地面积21.74平方公里，其中耕地面积4171亩（川地560亩，占13.4%；山地215亩，占5%；梯田3396亩，占81.4%。），人均耕地面积4.43亩，退耕还林面积200多亩。

0222 柔远镇杨岔村

简　　介：杨岔村位于柔远镇西北部，距离县城17公里。全村辖4个村民小组，134户，577人。地处黄土高原丘陵沟壑区，山峁相连，沟壑纵横，海拔1100-1500米，由南向北逐渐升高。区域内地貌主要由川、塬、山等构成。共有土地面积5.7万亩，其中耕地面积11087亩，退耕还林面积300多亩。

0223 柔远镇田庄村

简　　介：田庄村位于华池县柔远镇北部15公里处，属于纯山区村，成立于1955年，1970年更名为打扮村，1970年至1979年属于乔河乡政府管辖，1979年又恢复名称为田庄村，属庙巷乡政府管辖，2005年庙巷乡与柔远镇合并，现归属于柔远镇管辖。田庄村全境18平方公里，辖2个村民小组，87户，343人。总土地面积2.76万亩，其中耕地面积3463.9亩，草地15949.5亩，新修梯田3800亩，退耕还林682亩，公益林和天然林7128.8亩。

0224 紫坊畔乡庙沟村

简　　介：庙沟村位于我乡东南部，东与堡子山村相连，西与山庄乡接壤，南与南梁乡相界，北与高庄村毗邻，源于沟底有一个庙而得名。总土地面积8.6平方千米，共辖7个村民小组，355户，1588人。共有耕地面积12000亩，其中坡耕地8400亩，人均耕地面积7.8亩，主导产业以小杂粮种植为主。

0225 城壕乡张川村

简　　介：张川村位于城壕乡的中东部，张氏家族人居多，分布在川区一带，因此而得名。其辖5个村民小组，173户，815人。地形地貌山、川、塬兼有。总土地面积为42.97平方公里，其中耕地3553亩。主要产业为种植和养殖业，种植业主要为全膜玉米、小杂粮等，养殖业主要为绒山羊、小尾寒羊等。

0226 城壕乡定汉村

简　　介：定汉又名汉定，古为边关之地，相传成吉思汗曾将蒙民迁此定居，并盖有寺庙，取名为“定汗寺”，因“汗”与“汉”谐音，后俗传为定汉。定汉村地处城壕乡中部，东临林镇乡，南接余家砭村，西连庙湾村，北接张川村，距县城52公里，距城壕街道8公里。本村地处黄土高原丘陵沟壑区，平均海拔1436米，由南向北逐渐升高。区域内主要由川、梁、峁构成，全村辖3个村民组，210户，912人。新南二级路贯穿全境，是城壕乡重要的文化中心。

0227 五蛟乡五蛟村

简　　介：五蛟村地处五蛟乡政府所在地，是全乡政治、经济、文化活动的中心。全村共辖6个村民小组，301户，1238人，总土地面积29.71平方公里，耕地面积6374亩。

0228 悦乐镇新堡村

简　　介：新堡村位于悦乐镇南部12公里处，距县城28公里。总土地面积30.33平方公里，耕地面积8191亩。北临悦乐村朱堡子，东靠城壕乡香山塬村，南为庆城县林沟村。新堡村共辖12个村民小组，501户，2036人，其中贫困人口108户，407人。有塑料加工产、草场、养兔场、小杂粮加工厂、钻头厂五家企业和大学生创业工业园区。全村以舍饲养羊、全膜玉米为主要产业。

0229 王咀子乡井子塬村

简　　介：井子塬村位于华池县王咀子乡东北部，地处残塬边缘区。全村共辖9个村民小组，258户，1143人。总土地面积16.2平方公里。其中荒山地面积21400亩，耕地面积3441亩。农作物以小麦、玉米、高粱、洋芋、油料、豆类为主。

0230 乔川乡黄蒿掌村

简　　介：黄蒿掌村位于乔川乡东南部，与陕西省吴起庙沟乡相接，属纯山区村。辖4个村民小组，147户，692人。土地面积49820亩，耕地面积5190亩，其中梯田2300亩，人均3.3亩。

0231 五蛟乡上城壕村

简　　介：城壕者，护城河也。据传此地曾建护城池一座，古时战时频繁，乃屯兵之所而得名，地处五蛟乡西南部，是一个半山区村，共辖8个村民小组，136户，1202人，总土地面积35平方公里，耕地面积8357亩。全膜双垄玉米、草畜产业、洋芋产业、沼气能源及新农村建设成效显著，特别是沼气能源建设标准高，效益好，在全乡起到了示范带动作用。

0232 悦乐镇上堡子村

简　　介：上堡子村位于悦乐镇北部，东临黄大湾村，南接悦乐村，西连樊庄村，北接张桥村，距县城24公里，距悦乐镇3公里。上堡子村地处黄土高原丘陵沟壑区，海拔1100-1500米，由南向北逐渐升高。区域内地貌主要由川、塬、梁、峁等构成，全村辖分别为上堡子、小湾、南沟门、田洼子、张湾、咀子6个村民小组，均为川区组，共330户，1346人，其中劳动力760人，占总人口的58.1%。全村共有土地面积24.16平方公里，其中耕地面积4986亩（川地1200亩，占24%；山地1086亩，占21.8%；梯田220亩，占4.4%。），人均耕地面积3.83亩，退耕还林面积500多亩。

0233 悦乐镇杜河村

简　　介：杜河村位于悦乐镇东北部，与肖掌村、高河村接壤，属纯山区村。总土地面积23.47平方公里，耕地面积3401亩，其中梯田1410亩。全村辖5个村民小组，共170户，776人，其中劳动力520人，占总人口的55.6%。

0234 悦乐镇高河村

简　　介：高河村位于华池县悦乐镇东北部，距悦乐镇15公里，距县城27公里，总面积21.95平方公里，耕地面积3500亩。辖区5个村民小组，189户，805人，年平均气温12.4℃，年降水量450毫米，属温带半干旱半湿润气候区域。主要种植小麦、小杂粮、玉米等作物，经济作物以玉米、黄豆、红小豆为主，农民主要收入靠种植小杂粮和畜牧业养殖。

0235 元城镇龚河村

简　　介：龚河村地处元城镇西部，全村辖7个村民小组，164户，845人。共有耕地面积3700多亩，人均4.4亩。境内有菩萨山等名胜古迹，本地特产的黄酒、荞面、羊肉久负盛名。

0236 山庄乡山庄村

简　　介：山庄村位居南梁红色旅游沿线上，新南二级公路穿境而过。全村现辖4个村民小组，288户，1350人，总土地面积64平方公里，耕地面积占11400亩，其中川地3200亩。村内峦峁交错、沟壑纵横，有山地、川地、梯田地及二将川平地，平均海拔1440米。山庄村森林资源非常丰富，以油松、沙棘为主，覆盖率达到68%。近年来，通过加大产业结构调整力度，以全膜玉米种植为主的主导产业、以白瓜子种植为主的特色产业、以绒山羊舍饲养殖为主的后续产业、以劳务输转为主的辅助产业已初具规模。

0237 白马乡杜寨子村

简　　介：杜寨子村地处白马乡南端，全村共辖8个村民小组，249户，1071人，全村耕地面积12000亩。其中梯田面积1300亩，占11%。为了加快该村经济社会各项事业快速发展，早日实现群众脱贫致富，乡党委、政府主要从以下四方面入手促进该村全面发展。一是大力加强基础设施建设；二是加大新农村建设力度；三是加大产业富民力度；四是大力推行科技强乡战略，加大教育经费投入，改善村学教学条件。

0238 悦乐镇悦乐村

简　　介：悦乐村位于华池县悦乐镇以南，打庆公路沿线，全村辖6个村民小组，252户，1054人，劳动力580人，总土地面积14.01平方公里，现有耕地面积3920亩，人均3.7亩，其中山地1780亩，川地680亩，梯田1460亩。

0239 城壕乡香山塬村

简　　介：香山塬村位于城壕西南方向，与悦乐镇相邻，1949年前名为香山寺，1949年后改名香山塬至今。全村土地面积19.53平方公里，耕地面积为3782亩，辖6个村民小组，245户，1049人。地形以山塬、峁主为主。以农为主，主产玉米，兼种小麦、洋芋、油料等。村内石油资源丰富，是采油二厂最早开发的油区之一。

0240 悦乐镇黄大湾村

简　　介：黄大湾村位于悦乐镇东部，东临城壕乡庙湾村龙门庄组，南接悦乐镇田掌塬村田掌塬组，西接悦乐镇上堡子村田洼子组，北接悦乐镇高河村高洼子组，距悦乐镇7公里，距县城35公里。黄大湾村地处黄土高原丘陵沟壑区，海拔1100−1400米，由南向北逐渐升高。区域内地貌主要由塬、梁、峁等构成，全村辖5个村民小组，属纯山区村，共158户，709人，其中劳动力418人，占总人口的59%。全村共有土地面积17.7平方公里，其中耕地面积3810亩（山坡地1650亩，占43.3%；梯田2160亩，占56.7%），人均耕地面积 5.37 亩。

0241 城壕乡庙湾村

简　　介：庙湾村位于城壕乡的东北部，东南与张川村、定汉村、余家砭村衔接，西北与悦乐镇、杨寺岔村毗邻。共辖 5 个村民小组，242 户，1109 人。地形地貌主要是山、川、塬兼有。总土地面积为 31.08 平方公里，其中耕地面积为 3923 亩。以农为主，主产玉米，兼种小麦、洋芋、油料等。

0242 林镇乡张岔村

简　　介：张岔村共辖 3 个村民小组，89 户，489 人。共有耕地面积 11200 亩，农作物以地膜玉米、豆类、洋芋、荞麦为主，经济作物以白瓜籽、胡麻、麻子为主，农业产出率较低。辖区生态环境优美，森林覆盖率高。

0243 城壕乡余家砭村

简　　介：余家砭村是城壕乡政府所在地，位于南梁红色旅游沿线，余氏家族人居多。全村辖 9 个村民小组，518 户，1682 人，总土地面积 24.6 平方公里，其中耕地面积 5452 亩。以农为主，主产玉米，兼种小麦、洋芋、油料等。

0244 南梁镇高台村

简　　介：高台村位于华池县南梁镇东北部，北与陕西志丹县义正乡接壤，东、西、南分别与华池县林镇乡、南梁镇白马庙、荔园堡村为邻；境内九（窑口）—南（梁）-义（正）道路连接至陕西志丹县义正乡，辖 7 个村民小组，507 户，2234 人，全村总土地面积 89.4 平方公里，其中耕地面积 14000 亩。石油、天然气资源丰富，长庆油田采油二厂南梁作业区坐落在该村王大沟门组。产业发展以草畜养羊、苗林培育为主导，以玉米种植为区域优势产业。积极调整产业结构，大力发展现代农业。近年来，该村依托“一乡三村”现代农业示范工程、双联行动等，积极调整产业结构。一是以发展绿化苗木、园林苗木、用材苗木为重点，大力发展苗林培育产业。二是全面更新玉米种植品种，采用全膜双垄集雨沟播栽培模式，提高单产，增加总产。该村属典型山区村，部分群众居住分散。2013 年该村依托异地搬迁项目、新农村建设等项目，在王大沟门组实施了新农村建设项目，该工程的实施，在全村新农村建设中起到了引领示范作用。依托财政“一事一议”项目，组织劳力，实施了人畜饮水工程，新建紫坊河漫水桥 1 座，改善了居民的出行条件。实施荒山造林工程和道路绿化，人居环境得到进一步改善。各项社会事业得到长足发展，社会和谐稳定。

0245 悦乐镇肖掌村

简　　介：肖掌村位于悦乐镇东北部，东临柔远镇，南接我镇杜河村，西连温台村，北接柔远镇柳湾村，距县城 25 公里，距悦乐镇 27 公里，属黄土高原丘陵沟壑区纯山区村，海拔 1100—1500 米，由南向北逐渐升高。区域内地貌主要由沟、梁、峁等构成。全村辖 5 个村民小组，195 户，853 人，其中劳动力 420 人，占总人口的 49.2%。共有土地面积 16.22 平方公里，其中耕地面积 5100 亩，人均耕地面积 6 亩。肖掌村地处内陆，属大陆性气候，年平均降雨量 450 毫米，降雨分配不均，主要集中在七、八、九月份，约占全年降水总量的 62% 左右，并多以暴雨的形式出现。

0246 怀安乡杨坪村

简　　介：杨坪村位于悦乔公路沿线，共辖 5 个村民小组，154 户，695 人，总土地面积

3.3 万亩。主要产业为全膜玉米、种草养畜、设施蔬菜、劳务输转等。

0247 城壕乡庄科村

简 介：庄科村位于城壕乡的北部，东面与太阳村邻接，西面与杨寺岔村毗邻，南面与庄川村衔接，北面与山庄乡接壤。其辖4个村民小组，总户数180户，总人口776人。地形地貌主要是山、川。总土地面积为29.69平方公里，其中耕地3003亩。以农为主，主产玉米，兼种小麦、洋芋、油料等。

0248 城壕乡火连湾村

简 介：火连湾村位于城壕乡东南方向，据说从前有个白草台，许多人在这里搭伙烤火取暖，风吹火星将百草台与旁边的一个弯点燃连成一片，因此而得名。全村共辖7个自然村，总人口1433人。总面积34.06平方公里，耕地面积6303亩。耕地多为山塬地，主要产业为种植业，种植业主要为全膜玉米、小杂粮等。

0249 南梁镇荔园堡村

简 介：荔园堡村地处南梁东南部，为乡政府驻地村，位于九南公路沿线，交通、通讯便捷。辖白家砭、何沟门、荔园堡、闫洼子4个村民小组，共338户，1627人，耕地面积5450亩，以地膜玉米种植和草畜养殖为主，粮食作物主要为玉米、小杂粮。上年末，农民人均纯收入为5280元。自来水受益户数123户，占36%，通电率100%。近年来，按照市、县总体安排和部署，因地制宜，科学规划，突出特色，强化领导，广泛宣传，狠抓实施，取得了明显实效。依托南梁革命纪念馆，大力发展红色旅游产业，引导群众从事第三产业，形成了以地膜玉米为基础，红色旅游、劳务产业、养殖业为补充的产业发展新格局。

0250 元城镇高沟门村

简 介：高沟门村地处元城镇南部，悦乔公路穿境而过，地形条件差，沟壑纵横，群众居住分散，属典型的山区村。共辖10个村民小组，247户，1110人。总土地面积38.3平方公里，其中耕地面积12188亩，农业生产以荞麦、玉米、黄豆、油料等小杂粮为主，畜牧养殖以绒山羊舍饲养殖为该村支柱产业。辖区内有刘堡子组的“新胜寨”历史遗址。

0251 上里塬乡上里塬村

简 介：上里塬村位于华池县上里塬乡中部，距县城64公里。辖10个村民小组，353户，1594人，总土地面积20平方公里，其中耕地4520亩。农作物以小麦、玉米、高粱、洋芋、油料、豆类为主。境内现有上马公路（华池县上里塬乡至庆城县马岭镇）上里塬段和本村南庄组至塬畔组2条公路16.6公里，毛上公路（本县五蛟乡至上里塬乡）穿越此境3.2公里，农电入户率达100%，集雨水窖700多口，基础设施建设走在了全乡前列。

0252 柔远镇张岭子村

简 介：张岭子村地处柔远镇西北部，距县城16公里，与柔远镇田庄村、李庄村、怀安乡杨西掌村、小城子村接壤。本村原属坪庄乡杨西掌村所管，于1980年成立庙巷乡政府，组建更名为张岭子村，张岭子村地处一条长岭之上，公路沿上岭至下岭，农户大多数为张姓，故名为张岭子。全村总土地面积13.6平方公里，辖3个村民小组，104户，450人。共有耕地4835亩，主要作物以玉米、荞麦、洋芋、胡麻、豆类等为主。

0253 上里塬乡黄塬村

简　　介：黄塬村位于上里塬乡东北部 4 公里处，因黄姓为大姓，故名黄家塬，后改为黄塬。全村辖 6 个村民小组，268 户，1216 人。总土地面积 16.42 平方公里，现有耕地面积 4588 亩，人均 3.77 亩。以农为主，主产黄豆，兼种小麦、洋芋、油料等。

0254 城壕乡杨寺岔村

简　　介：杨寺岔村位于城壕乡的东北部，主要以杨氏家族人居多，村民们经常去位于两沟岔的一处寺庙求神，后来就起名杨寺岔。全村共有 4 个自然村，219 户，总人口 933 人。地形地貌主要是山、川。总土地面积为 39.19 平方公里，其中耕地 5345 亩，以农为主，主产玉米，兼种小麦、洋芋、油料等。

0255 乔川乡李崾岘村

简　　介：李崾岘村位于乔川乡东南部，东临元城镇高桥村，南接乔川乡阳湾湾村，西连乔川乡政府所在地，北接陕西省吴旗县庙沟乡，距乡政府 15 公里。土地面积 40 平方公里，辖 4 个村民小组，共有人口 187 户，870 人。属黄土高原丘陵沟壑区，海拔 1400–1650 米。区域内地貌主要由塬、梁、峁等构成。耕地面积 7690 亩，人均耕地面积 9 亩。

0256 乔川乡章渠子村

简　　介：章渠子村位于乔川乡西北部，与环县樊家川乡相接，距离华池县 98 公里。据传，公元前 664 年，齐国伐鄣，鄣国被灭，城池失落，不得已逃至梁州定居。鄣国的后人本以国名“鄣”为氏，今国已不复存在，为不忘同宗相残之悲剧、牢记亡国之屈辱，因而去邑为章，自立章姓，小部分逃至甘肃省东南部，章氏自此始也。故，村名由此而来，村中主要姓氏为章、张。共辖 5 个村民小组，167 户，768 人。土地面积 38 平方公里，耕地面积 6912 亩，其中梯田 2202 亩。

0257 五蛟乡马河村

简　　介：马河村据传曾于河边出土石马一匹而得名，现已无法考证，是一个偏远山区村，全村共辖 5 个村民小组，193 户，886 人，总土地面积 23.76 平方公里，耕地面积 6779 亩。近年来，全村以梯田建设、乡村道路、人畜饮水等为重点，加大投资建设，基础条件取得了明显改善，深受广大群众的拥护。

0258 城壕乡牛家塬村

简　　介：牛家塬村位于城壕乡的中南部，主要以牛氏家族人居多而名。其辖 5 个村民小组，240 户，918 人。总土地面积为 30.46 平方公里，其中耕地 4038 亩。地形地貌主要是山、塬。以农为主，主产玉米，兼种小麦、洋芋、油料等。

0259 上里塬乡柳树河村

简　　介：柳树河位于上里塬乡东北部，与王咀子乡、悦乐镇接壤。因民国时期村子里有一条河，长满了高大的柳树，故得名柳树河。全村辖 3 个村民小组，163 户，663 人。总土地面积 10 平方公里，耕地面积 3080 亩，人均 4.7 亩。境内梁峁相间，沟壑纵横，属典型的山区村。农作物以小麦、玉米为主，兼种高梁、洋芋、油料、豆类作物。近年来，绒山羊养殖发展较快、效益颇好。

0260 乔河乡虎洼村

简　　介：虎洼村位于乔河乡东北部，县内与紫坊乡接壤，乡内与墩山村、打扮村、张岔村和火石沟门村毗邻，同陕西省吴起县接壤。总土地面积 25.51 平方公里，其中耕地

3924亩，地处子午岭林缘区，气候温润，年平均降水量为500毫米，年平均气温8℃，无霜期150天左右，农作物以小麦、玉米、高粱、洋芋、油料、豆类为主。

0261 林镇乡东华池村

简　　介：东华池村位于林镇乡东部，总土地面积24.5万亩，共辖3个村民小组，238户，1118人。共有耕地面积1.25万亩，其中川台地6890亩，山地5610亩。农作物以地膜玉米，豆类，洋芋，荞麦为主，经济作物以白瓜籽、胡麻、麻子为主，农业产出率较低。辖区有东华池砖塔、抗大七分校旧址，军民大生产基地旧址等红色旅游景点。

0262 南梁镇白马庙村

简　　介：白马庙村位于华池县南梁镇西北部，北与紫坊畔乡毗邻，东、南、西三面与南梁乡高台村、荔园堡村、华池县山庄乡接壤。该村位于黄土高原残塬沟壑区，境内梁峁相间，沟壑纵横，自然条件严酷，境内矿藏资源主要为石油和天然气。辖7个村民小组。总土地面积72.3平方公里，牧草地面积9.4平方公里。2012年末全村总人口422户，1672人。农民人均纯收入达到了4369元。通村道路为砂石道路，交通比较便利。全村以粮食种植产业为主，以全膜玉米种植为主导产业，草畜养羊、洋芋、小杂粮为特色产业，初步形成了山区杂粮、川区全膜玉米种植格局。现有村小学1所，占地面积16亩，有教职工7名，在校学生124名。通讯设备基本普及，“村村通”、“户户通”工程覆盖率80%。建有农家书屋和村卫生所等公共服务设施。

0263 柔远镇张川村

简　　介：张川村位于柔远镇东南部，建立于十九世纪四十年代初，与刘沟村、城关村接壤，处在桥山山脉东段的子午岭天然森林区。因当年姓氏大户而得名，张氏是本村人口众多，数量最多的家族，由此沿续至今。共辖8个村民小组，260户，1128人。全村总土地面积4.6平方公里，耕地面积8609亩，人均7.63亩。

0264 紫坊畔乡堡子山村

简　　介：堡子山村位于我乡东部，东与南梁镇高台村相连，西与庙沟村接壤，南与南梁镇白马庙接壤，北与陕西省志丹县吴堡乡相临，因村部对面有一堡子而得名。全村辖6个村民小组，328户，1456人。总土地面积42平方公里，耕地面积15664亩，其中坡耕地6265亩，人均耕地面积10.4亩，主导产业以小杂粮种植为主。

0265 乔河乡墩山村

简　　介：墩山村现位于乔河东北，东、北与吴旗县白豹镇接壤，西临乔河乡打扮村，南与虎洼村接壤。宋太祖赵匡胤时，为预防西夏侵犯在边关建立烽火台，其中一处便修建在墩山东面一座最高的山丘上，由此人称东山为“墩山”，后人称其村为墩山村。总土地面积3.349万亩，共辖6个村民小组，163户，655人。属于典型的黄土高原地貌，沟谷纵横。共有耕地面积4318亩，以种植业为主，主要种植谷子、糜子、荞麦、豌豆、洋芋、玉米、冬小麦、胡麻、黄豆等各种小杂粮，素有“陇东杂粮仓”之称。

0266 五蛟乡刘沟岔村

简　　介：刘沟岔村沟壑纵横，最初刘姓人在此居住而得名，属一个纯山区村。全村共辖7个村民小组，249户，1061人，总土地面积29.2平方公里，耕地面积6558亩。近年以来，全村依托整村推进项目，在梯田、道路、水利等基础建设中都取得了一定突破。

0267 山庄乡大庄村

简　　介：大庄村位于山庄乡西部，东与雷圪崂村相连，南与城壕乡为邻，西与柔远镇接壤，北与紫坊畔乡毗邻，距乡政府8公里。全村共辖5个村民小组，344户，1666人。大庄村地处子午岭东麓边缘林区，境内山势较低。主要地形有山地、川地、沟壑，二将川平地平均海拔1440米。属暖温带季风区中的大陆性气候，其特点是四季分明，雨热同季，光照充足，无霜期长。多年平均气温9℃，无霜期年平均170天，年平均降水量556毫米。

0268 林镇乡四合台村

简　　介：四合台村位于林镇乡以东，西距南梁（荔园堡）15公里，西南距林镇12．5公里。共辖4个村民小组，农户175户，人口859人。现有耕地6800亩，农作物以地膜玉米、豆类、洋芋、荞麦为主，经济作物以白瓜籽、胡麻、麻子为主，农业产出率较低。生态环境优美，森林覆盖率高，林区内大量出产天然木耳、羊肚菌、香菇、花椒、山杏等及甘草、川地龙、柴胡、青椒等20多种药材。1934年至1935年，陕甘边区苏维埃政府就在此地办公。陕甘边区苏维埃政府（即南梁政府）旧址位于境内寨子湾，地处子午岭密林深处一坐北向南的簸箕形沟掌上，数十里之内山丘连绵，林木茂密，人烟稀少，清静深邃。

0269 五蛟乡杜右手村

简　　介：杜右手村位于华池县五蛟乡北部5公里处，杜氏家族人居多。全村辖7个村民小组，299户，1343人，总土地面积43平方公里，现有耕地10744亩，人均8亩，其中山地4354亩，占40.5%，川地2100亩，塬地510亩，梯田3780亩，占35%。年平均气温12.4℃，年降水量450毫米，无霜期125天。

0270 乔河乡张岔村

简　　介：张岔村位于乔河乡东部，山大沟深，沟壑纵横，梁峁起伏，总面积27.7平方公里，耕地面积5190亩。平均海拔1517.5米，年平均降雨量500毫米，年平均气温8℃，无霜期150天左右。畜牧业是张岔村的支柱产业，舍饲养羊及外出务工收入是该村农户主要的经济来源。农作物以豆类、玉米为主，小麦为辅，间作胡麻、荞麦、糜谷、洋芋等。

0271 乔川乡杨湾湾村

简　　介：杨湾湾村位于乔川乡东南部，与陕西省吴起庙沟乡相接，是一个川区山区兼有村。据传，古代在阳湾湾老城内居住着姓何的大家族，为了传承发扬家族，将此地取名为阳湾湾城，后改名为杨湾湾村。有208户，867人。共有土地面积38平方公里，耕地面积6672亩，人均8亩。

0272 山庄乡雷圪崂村

简　　介：雷圪崂村原名向阳大队，后改名雷圪崂村。共辖3个村民小组，212户，982人。总土地面积60平方公里，耕地占5498亩（其中川地1800亩）。近年来，通过调整产业结构，逐渐形成以全膜双垄沟播玉米为主导产业，种草养畜和洋芋、小杂粮种植为辅导产业的结构模式。

0273 乔河乡打扮村

简　　介：打扮村位于乔河乡北部，东与虎洼村毗邻，南与火石沟门村接壤，西与柔远镇田庄村毗邻，北与陕西省吴旗接壤。相传汉代昭君王嫱出塞远嫁匈奴单于呼韩邪时，走的就是秦直道。途经打扮梁时，曾满怀深情梳洗打扮，面南拜别故土父老。于是，便留下了“打扮”这个富有纪念意义的地名传说。现有耕地面积3570亩，人均4.57亩。年平均年降水量450毫米，无霜期125天。

0274 怀安乡丰阳渠村

简　　介：丰阳渠村位于怀安乡东南部，全村共辖8个村民小组，221户，1028人，共有耕地4669亩，全部为山地，人均耕地面积4.5亩。村民年收入以草畜、杂粮为主。

0275 柔远镇土坪村

简　　介：土坪村位于柔远镇西部，东与城关村接壤，南与悦乐镇为邻，西与五蛟乡村相连，北与黄岔村毗邻。相传周朝年间，周先祖不窋在现庆城坐朝，东西两道河流汇聚水淹庆城，周先祖命人斩断龙脉护城。西宫娘娘闻听后用衣襟裹了一包土前去填补，到现土坪村境内，听说龙脉已被斩断，一气之下将土倒在此地，久而久之，当地村民便将此地叫做土坪村。全村共辖8个村民小组，323户，1370人。总土地面积6.6万亩，其中耕地面积13375.3亩。地形以山地为主，山、川、塬兼有，梁峁沟纵横，气候温和，具有得天独厚的农、林、牧业发展条件。

0276 上里塬乡彭家寺村

简　　介：彭家村位于上里塬乡的北端，因汉代一户姓彭的大户在当地建了一座沙沟寺，但本地人都习惯称其为彭家寺，故得名彭家寺村。全村共辖8个村民小组，247户，1123人。总土地面积22.8平方公里，其中耕地4387亩，人均4.2亩，主产小麦、玉米，兼种高粱、洋芋、油料、豆类等。

0277 五蛟乡刘家湾村

简　　介：很久以前，当地湾下有氿一口，内有金马一匹，因吃耿财主家庄稼被打断腿，金马夸口要报复耿财主，后财主找来牛两头将氿拉开，然而大水留下全湾人口、庄稼，只冲了财主一家，故取名“留家湾”，后演变成“刘家湾”。地处五蛟乡南大门，由刘家湾与原老掌塬村合并而成，全村共辖8个村民小组，315户，1500人。总土地面积1.13万亩，耕地面积5400亩。近年来，在村两委班子的带领下，全村新农村建设、基础设施建设、产业开发、生态环境建设等都取得了显著成效。

0278 白马乡王沟门村

简　　介：王沟门村位于白马乡中部，为白马乡政府驻地村，全村辖5个村民小组，192户，785人，全村共有耕地面积7950亩，其中梯田面积1260亩，占15.8%。近年来，随着城镇化发展进程的加快，本村的经济发展水平呈逐渐上升势态，大部分群众已逐渐走出了靠天吃饭、靠地收入的状态，尤其是本村的柴砭组，大力发展第三产业，群众生活水平显著提高。

0279 悦乐镇张桥村

简　　介：张桥村位于悦乐镇中北部，地势平坦，交通便利，信息畅通。全村辖8个村民小组，张合坪、张桥、余家坪、鱼儿洼4个组为山川兼有组，鱼儿洼塬、西塬、张桥塬、东塬4个组为纯山区组。全村总人口277户，1216人，其中农业劳动人口717人。全村总土地面积20.81平方公里，耕地面积为5850亩，剔除退耕还林多年生牧草1550亩，四个组山川兼有地面积2450亩，其中川台地1011亩，山地1439亩。目前，实有耕地面积4300亩，其中川台地1011亩，山地3289亩。

0280 山庄乡尚湾村

简　介：尚湾村位于山庄乡东部，东与山庄村相连，南与城壕乡为邻，西与柔远镇接壤，北与紫坊畔乡毗邻，距乡政府5公里。尚湾村共辖5个村民小组，310户，1340人。尚湾村地处红色旅游沿线上，新南二级公路横穿全村。境内有山地、川地、沟壑，平均海拔1440米。属暖温带季风区中的大陆性气候，其特点是四季分明，雨热同季，光照充足，无霜期长。年平均降水量556毫米。境内申明亭有一处石窟，叫尚湾石窟。

0281 城壕乡城壕村

简　介：城壕村位于城壕乡东南部，宋代范仲淹曾在今城壕村置古城一座，名叫上寨城，后世以城址形状取名“城壕”，全村共辖8个村民小组，358户，1509人，区域面积23平方公里，耕地面积4454亩，林地（宜林地）面积6423亩，生态草原面积16424.2亩，为城壕作业区驻地。村民经济收入以种植业和外出务工为主，主导产业为地膜玉植米，副产业以栽植核桃树为主，其中优质核桃树400多亩。

0282 林镇乡范台村

简　介：范台村位于林镇乡东部，全村共辖4个村民小组，208户，957人。耕地总面积7700亩，其中川地面积2073亩，山地面积5627亩。农作物以地膜玉米、豆类、洋芋、荞麦为主，经济作物以白瓜籽、胡麻、麻子为主。

0283 城壕乡中塬村

简　介：中塬村位于城壕乡的东南方向，东南与合水县相邻，北与牛家塬村相邻，共辖6个村民小组，261户，1167人。主要产业以种植和养殖业为主，种植业主要为全膜玉米、小杂粮等，养殖业主要为绒山羊、小尾寒羊等。辖区生态环境优美，天子肴组有天然形成的水坝一处。

0284 王咀子乡王咀子村

简　介：王咀子村共辖6个村小组，185户，773人，有劳动力440人。该村属典型的山区村，山大沟深，山地多，塬地少。总耕地面积1708亩，人均耕地面积2.2亩，农作物以小麦、玉米、高粱、洋芋、油料、豆类为主。

0285 悦乐镇店坪村

简　介：店坪村位于悦乐镇西北部，东临悦乐镇乔崾岘村，南接悦乐镇上堡子村，西连悦乐镇张桥村，北接五蛟乡刘家湾村，距县城35公里，距悦乐镇6.5公里。店坪村地处内陆，属于大陆性气候。店坪村地处黄土高原丘陵沟壑区，海拔1150−1500米，由南向北逐渐升高。区域内地貌主要由川、塬、梁、峁等构成，全村辖7个村民小组，其中玄沟门、柳沟门、店坪为川区组，玄勿掌、任塬、蔡塬、铁庄为山区组，共334户，1429人，其中劳动力827人，占总人口的56.7%。全村共有土地面积28.64平方公里，其中耕地面积6221亩，人均耕地面积4.35亩，退耕还林面积300多亩。

0286 乔川乡徐背台村

简　介：徐背台村位于乔川乡中部，东接乔川乡黄蒿掌村，南接乔川乡杨湾湾村，西连白马乡刘家湾村，北接乔川乡章渠子村，距县城96公里。据传，在此地聚居的徐氏，在古代徐国灭亡的时候，已经是一个大姓了，后来他们纷纷北迁到此，居住在一个小地名叫背台的地方，故该地村名由此而来。共辖个村民小组，208户，908人。耕地面积7405亩，人均占有耕地8.7亩。主要产业为草畜、洋芋、小杂粮等。

0287 乔川乡铁角城村

简　　介：铁角城村位于乔川乡东北部，东临陕西省吴旗县，南接乔川乡章渠子村，西连乔川乡王掌子村，北接陕西省定边县，距县城 89 公里，距乔川乡 7.5 公里，距秦长城 1. 5 公里，是华池县出入境处的一个纯山区村。据传，该地以前，看来象城，确非城，贸易繁华，经常有商队出入。有天，商队经过此地时，全部人被砺石割破脚掌，难以治愈。据闻此地流传有一植物名叫“地麻草”能治脚伤，便这种药草贴在脚上，伤口很快愈合。就被人们谐音被称为“跌角城”，后将“跌”字改为“铁”，故村名由此而来。铁角城原是一个小山村，由于区域划分一分为二，甘肃、陕西各有一个铁角城村。全村共辖 5 个村民小组，148 户，676 人。铁角城村地处黄土高原丘陵沟壑区，海拔 1100-1500 米，由南向北逐渐升高。地貌主要由川、塬、梁、峁等构成。全村共有土地面积 5.0269 平方公里，其中耕地面积 6165 亩，人均耕地面积 9 亩，退耕还林面积 2400 多亩。

0288 白马乡连集村

简　　介：连集村位于我乡北部，村名渊源为本村原大户连姓集中居住在“连家集”（现本村连集组）而得名，村部距离乡镇府驻地 8 公里，共有 8 个村民小组，222 户，936 人，全村共有耕地面积 9700 亩，其中梯田 960 亩，占耕地面积的 9.9%。近年来，该村大力发展绒山羊、小尾寒羊养殖，有效增加了农民收入。

0289 白马乡马高庄村

简　　介：马高庄村位于我乡中部，全村辖 7 个村民小组，158 户，691 人，全村共有耕地面积 7800 亩，其中梯田面积 1176 亩，占 15.1%。近年来，乡党委、政府投入大量资金，在该村杨寨子组、杨沟门组连年实施了全膜双垄沟播玉米种植，在将台组实施了百亩机械洋芋示范点建设，带动了全村群众的增产增收；启动民资筹建了宏悦小杂粮加工厂，实行产供销等全方位的服务，有力地带动了全乡群众的杂粮种植积极性；新建了盖沟门和杨寨子两处新农村示范点，逐步改善了人居环境；积极争取项目在全村整修梯田，大力改善了生产条件。

0290 元城镇吕沟咀村

简　　介：吕沟咀村地处元城镇北部，其范围内多为吕氏人家居住，属典型的山区村，地形条件差，沟壑纵横，群众居住分散。全村共辖 5 个村民小组，117 户，620 人。总土地面积约 19.8 平方公里，耕地面积 3858 亩。境内光热充足，属典型的丰农丰牧区，农作物种植以荞麦、玉米、黄豆、洋芋、油料等小杂粮为主，以舍饲养牛、养羊为主的畜牧业正在发展壮大。

0291 怀安乡杨西掌村

简　　介：杨西掌村位于怀安乡东北部，东接柔远镇庙巷社区，西接糖坊咀村，南接柔远镇张岭子村，北接坪庄村，属纯山区村。全村共辖 3 个村民小组，172 户，668 人。总土地面积 41975 亩，耕地面积 3421 亩，人均耕地面积 5 亩。村民以种植和养殖为主要收入来源。

0292 元城镇老庙咀村

简　　介：老庙咀村处元城镇北部，东北与陕西省吴起县庙沟、长官庙两乡接壤。因其境内有一座位于咀上的庙宇，故叫老庙咀，其属典型的山区村，村内地形破碎，沟壑纵横，群众居住分散。共辖9个村民小组，234户，1065人。总土地面积47.2平方公里，耕地面积8541亩，人均8亩。

0293 怀安乡坪庄村

简　　介：坪庄村地处怀安乡政府的东北部，距乡政府约18公里，全村共辖6个村民小组，共98户，921人。全村现有耕地面积51840亩，林地面积25093亩，以杏树为主。村民以种植和养殖为主要收入来源。

0294 柔远镇孙家川村

简　　介：孙家川村位于柔远镇南部，辖8个村民小组，308户，1455人，总耕地面积8660亩，人均5.9亩。20年以来，该村按照新农村建设和统筹城乡一体化发展的总体要求，投资3.8亿元，完成土地收储1639.59亩，搬迁农户208户，单位7个，租地办厂企业22户，在王峁子、柏树台建成二层砖混结构住宅100栋200套34850平方米。按照产业安置总体规划，每人10平方米的商业门店。成立了孙家川村农村经济合作社，组织推荐劳务90多人，采购机械17台件，参与南区工程建设；积极争取土地整理项目，为失地农民整修梯田500多亩；通过开展“送物资、帮耕种”活动，完成双垄沟播玉米种植1000亩；整合项目资金30万元，建成蔬菜种植示范点1处，新建钢架早春拱棚100座，发展15户群众种植蔬菜200亩，为农民增收打下了基础。

0295 悦乐镇樊庄村

简　　介：樊庄村隶属于悦乐镇辖区，地处悦乐镇西北部，属国家扶贫重点村，东临上堡子村，南接悦乐村，西连王咀子乡井子塬村，北接悦乐镇店坪村，距县城45公里，距悦乐镇9公里，共辖5个村民小组，总人口232户，1072人，其中劳动力758人，占总人口的70.7%，总土地面积27.28平方公里，其中耕地面积0.44万亩，人均耕地面积4.1亩，退耕还林面积250多亩。

0296 怀安乡怀安村

简　　介：怀安村位居悦乔公路主干线上，是全乡经济文化交流的中心。全村共辖6个村民小组，257户，1047人，总耕地面积9027.8亩。主要产业为苗林、草畜、小杂粮等。

0297 怀安乡糖房咀村

简　　介：糖坊咀村地处怀安乡东部，东邻杨西掌村，南贴怀安村，西接宋咀子村，北连坪庄村，距县城62公里，距怀安乡8公里，属国家扶贫重点村。全村辖7个村民小组，296户，1319人。全村共有土地面积23.47平方公里，总土地面积33.9平方公里，其中耕地面积11790亩，人均耕地面积9亩。

0298 上里塬乡甘其村

简　　介：甘其村位于上里塬乡南部，与王咀子乡、悦乐镇接壤。全村辖3个村民小组，179户，741人，总土地面积8平方公里，耕地面积1965亩。境内山塬相间，沟壑纵横，属典型的山区高塬村，夏秋两季景色宜人，春冬两季更是体现除了黄土高原特有的风光。农作物以小麦、玉米、高粱、洋芋、油料、豆类为主。全村基础设施建设、经济结构调整、产业开发等发展都很有成效，特别是甘其组瓜菜产业独具特色。

0299 城壕乡太阳村

简　　介：太阳村位于城壕乡的东北部，南与张川村相邻，树林茂密，处于子午岭边缘。其辖区有山叫庙咀山，此山有一庙叫太阳庙，人们以祭祀太阳神，因此而得名。共辖5个村民小组，212户，1027人。总土地面积为36.03平方公里，其中耕地5148亩。以农为主，主产玉米，兼种小麦、洋芋、油料等。

0300 元城镇元城村

简　　介：元城村位于镇政府驻地附近，悦乔公路穿境而过。全村辖9个村民小组，212户，1090人。总土地面积29.3平方公里，耕地面积6300多亩，其中梯田1293亩，川台地420亩，退耕地3300亩。农业生产以荞麦、玉米、黄豆、油料等小杂粮为主，畜牧养殖以绒山羊舍饲养殖为该村支柱产业。西谷寨位于元城村麻湾组境内，城近椭圆形，故名元城。

0301 白马乡白马村

简　　介：白马村位于白马乡西北部，东临本县乔川乡，南接本乡连集村，西接环县八珠乡，北接环县樊川乡。全村辖8个村民小组，219户，955人，全村共有耕地面积9700亩，其中梯田960亩，占耕地面积的9.9%。远近闻名的“白马泉”在本村张兴庄组，为白马村异地搬迁安置区饮用水源，水量充沛、水质甘冽。该村群众收入主要来源为种植、养殖、务工，主要种植农作物为荞麦、红小豆、糜谷等杂粮，舍饲养殖绒山羊、小尾寒羊是当地群众的主要收入来源。

0302 悦乐镇鸭洼村

简　　介：鸭洼村位于悦乐镇北部20公里处，距县城8公里，与柔远镇接壤。共辖7个村民小组，分别是鸭洼组、大沟门组、河东组三个川区组和白家渠组、椿树庄组、温咀子组、庄子沟组四个山区组。现有居民209户，共936人。产业发展以川区设施蔬菜、山区舍饲养羊、全村全膜玉米为主。

0303 怀安乡宋咀子村

简　　介：宋咀子村位于怀安乡西北部，东临糖坊咀，北傍坪庄村，全村共辖5个村民小组，194户 人。耕地面积1780亩，以养殖和种植业为主。

（四）合水县

0304 板桥镇田瑶村

简　　介：以境内田家瑶自然村得名。1949年后属一区（城区）六乡（板桥）辖，1953年1月属七区（板桥）六乡（田家瑶）辖，1958年10月属板桥区属乡辖，年内改建为“真理”板桥公社，并组建田家瑶大队，同年12月因合水县制撤销划归庆阳县辖，1962年合水县制恢复后仍属板桥公社辖，1980年2月由板桥公社划出属定祥公社辖，1983年社改乡中将大队改建为行政村，1987年10月改称村委会，2003年4月在合水县乡镇行政区划调整中划入板桥乡辖，为田瑶村。

0305 吉岘乡罗家畔村

简　　介：以罗姓居住在东部塬畔得名。1949年后为二区（西华池）七乡（罗家畔）辖，1955年10月撤区并乡后为吉岘直属乡辖，1958年10月属西华池公社辖，并组建罗家畔大队，1961年6月为吉岘公社辖，1981年10月属吉岘乡辖，并将大队改建为行政村，1987年10月将村改称为村委会至今。地处吉岘塬南部，坳心地带，地势宽阔平坦，自然村大部在宁合公路东西两侧分布。

0306 西华池镇师家庄

简　　介：以境内师姓居多的村庄得名。1949年后为合水县二区（西华池）四乡（师家庄）辖，1955年10月撤区并乡后属师家庄直属乡辖，1958年10月属西华池直属乡辖，年内属西华池公社辖，并组建师家庄大队，1961年6月属师家庄公社辖，1965年划入西华池公社辖，1983年4月改乡中将大队改为行政村，1985年3月属西华池镇辖，1987年10月改为村委会至今。

0307 固城乡董家寺村

简　　介：因驻地得名。1949年后为三区（店子）三乡（董家寺）辖，1957年12月撤区并乡后为董家寺直属乡辖，1958年10月为店子公社辖，并组建董家寺大队，1961年7月属固城公社辖，1962年3月属董家寺公社辖，1965年3月又属固城公社辖，1983年4月社改乡中将大队改建为行政村，1987年10月又改建为村民委员会至今。地处固城川，地形由东向西倾斜。自然村大部沿固城河南北岸分布。

0308 板桥镇刘庄村

简　　介：以境内刘家庄自然村得名。1949年后属一区（城区）五乡（太白坳）辖，1957年12月撤区并乡中属太白坳直属乡辖，1958年10月并入柳沟直属乡辖，年内与板桥合并组建“真理”板桥公社，并组建大队，1962年3月由板桥公社划出独设柳沟公社辖，1962年10月由柳沟公社划出太白坳独设公社辖，1965年3月又划入柳沟公社辖，1983年社改乡时将大队改建为行政村，1987年10月又改建为村民委员会。2003年4月合水县乡镇行政区划调整中划入板桥辖，为刘庄村。

0309 板桥镇曹塬村

简　　介：以境内曹家塬自然村得名。1949年后为一区（城区）六乡（板桥）辖，1953年1月属七区（板桥）二乡（板桥）辖，1955年10月属板桥直属乡辖，1958年10月属板桥公社辖，并组建曹家塬大队，同年12月划归庆阳县辖，1962年1月合水县恢复后仍归板桥公社辖，1983年4月社改乡中将大队改建为行政村，1987年10月又改称村委会至今。

0310 太莪乡北掌村

简　　介：因驻地而得名。1949年后为三区（店子）四乡（北掌）辖，1957年12月撤区后为太莪直属乡辖，1958年10月为店子直属乡辖，年底为“红旗”店子公社辖，并组建北掌大队，1961年7月属太莪公社辖，1965年3月又属店子公社辖，1980年2月为太莪公社辖，1983年4月将大队改建为行政村，1987年10月改为村委会至今。

0311 老城镇寺塬村

简　　介：以境内驻地得名。1949年后为一区（城区）三乡（华严寺）辖，1957年12月属城关直属乡辖，1958年12月属东风城关公社辖，并组建寺塬大队，1983年社改乡中将大队改建为行政村，1987年10月改建为村民委员会至今。

0312 肖咀乡卓堡村

简　　介：因驻地得名。1949年后属五区（肖咀）四乡（梨洼）辖，1956年12月属肖咀直属乡辖。1958年10月属肖咀公社辖，并组建卓堡大队，同年12月划归宁县辖，1962年1月合水县制恢复后仍为肖咀公社辖。1965年3月属段家集公社辖，1980年2月属肖咀公社辖，1983年4月社改乡中将大队改建为行政村，1987年10月改建为村委会至今。

0313 太莪乡关良村

简　　介：以姓氏和自然实体得名。1949年后为三区（店子）四乡（北掌）辖，1957年12月为太莪直属乡辖，1958年为店子直属乡辖，年底为“红旗”店子公社辖，并组建关梁大队。1961年7月为太莪公社辖，1965年3月为店子公社辖，1980年2月为太莪公社辖，1983年4月将大队改建为行政村，1987年10月又改建为村委会至今。地处太莪乡西部的东西狭长的一条长梁上，地势高低起伏不平。

0314 段家集乡宜州村

简　　介：因驻地得名。1949年后属五区（肖咀）六乡（枣洼）辖，1956年2月撤区并乡后为枣洼直属乡辖，1958年10月属肖咀公社辖，并组建宜州大队，年底划归宁县辖，1961年7月属段家集公社辖，1962年1月合水县制恢复后仍为段家集公社。1983年3月社改乡中将大队改称为行政村，1987年10月又改为村委会至今。

0315 肖咀乡西沟村

简　　介：以境内西沟自然得名。1949年后属合水县五区（肖咀）三乡（肖咀）辖，1956年2月属肖咀直属乡辖，1958年10月属肖咀公社辖，并组建西沟大队，同年12月划归宁县辖，1962年1月合水县制恢复后仍为肖咀公社辖，1965年3月属段家集公社辖，1980年2月属肖咀公社辖，1983年4月底改乡中将大队改为行政村，1987年10月又改称村民委员会至今。

0316 肖咀乡老庄村

简　介：因驻地得名。1949年后属合水县五区（肖咀）三乡（肖咀）辖，1956年2月撤区并乡后属肖咀直属乡辖，1958年10月属肖咀公社辖，并组建石家老庄大队，同年12月划归宁县辖，1962年1月合水县恢复后仍为肖咀公社辖，1965年3月属段家集公社辖，1980年2月属肖咀公社辖，1983年4月社改乡中将大队改为行政村，1987年10月又改称为村民委员会至今。

0317 老城镇庙庄村

简　介：因驻地得名。1949年后属一区（城区）五乡（太白坳）辖，1957年12月属太白坳直属乡辖，1958年12月划入“东风”城关公社辖，并组建庙庄大队，1983年4月社改乡中将大队改建为行政村，1987年10月改建为村民委员会至今。

0318 何家畔镇显头村

简　介：早在贾家崾岘处有一小沟南北横穿，阻挡东西行人。后只有土岘一个通车，行人称显头咀，在成立大队时命名为显头大队，沿用至今。1949年后属合水县六区（盘马）三乡（马神庙）辖，1956年2月撤区并乡后为何家畔直属乡辖，1958年10月属何家畔公社辖，并组建显头大队，同年底属庆阳赤城公社辖，1961年6月属何家畔公社辖，1983年4月社改乡中将大队改建为行政村，1987年10月又改建为村委会至今。

0319 吉岘乡吉岘村

简　介：因驻地得名。1949年后为二区（西华池）六乡（吉岘）辖。1955年10月撤区并乡后属吉岘直属乡辖，1958年10月属西华池公社辖，并组建吉岘大队，1961年6月为吉岘公社辖，1981年10月属吉岘乡辖，并将大队改建为行政村，1987年10月将村改称为村民委员会至今。地处吉岘乡南侧，坳心地带，地势向南倾斜，自然村沿塬面，宁合公路东西两侧分布。

0320 店子乡连家庄村

简　介：以境内连家庄自然村得名。1949年后为三区（店子）一乡（双柳树）辖，1957年12月撤区后属店子直属乡辖。1958年10月属“红旗”店子公社辖，并组建连家庄大队，1983年4月社改乡中将大队改为行政村，1987年10月改为村委会至今。地处店子塬西边，地势由东向西倾斜。

0321 板桥镇西庄村

简　介：以境内的西庄自然村得名。1949年后为一区（城区）六乡（板桥）辖，1953年1月属七区（板桥）六乡（田家窑）乡辖，1958年10月属板桥直属乡辖，年内改建为“真理”板桥公社，并组建西庄大队，同年12月合水县制撤销划归庆阳辖。1962年1月合水县制恢复后仍属板桥公社辖，1980年2月由板桥划出属定祥公社辖，1983年4月社改乡中将大队改建为西庄行政村，1987年10月改称为村民委员会，2003年4月在合水县乡镇行政区划调整中划入板桥乡辖，为西庄村。

0322 肖咀乡铁赵村

简　介：因境内铁赵自然村得名。1949年后属合水县五区（肖咀）五乡（铁赵）辖，

1956年2月撤区并乡后属肖咀直属乡辖，1958年10月属肖咀公社辖，并组建铁赵大队，同年12月划归宁县辖，1962年1月合水县制恢复后仍为肖咀公社辖，1965年3月属段家集公社辖，1980年2月属肖咀公社辖，1983年4月社改乡时将大队改为行政村，1987年10月改称为村民委员会至今。

0323 段家集乡枣洼村

简　　介：因驻地得名。1949年后属五区（肖咀）六乡（枣洼）辖，1956年2月撤区并乡后属枣洼直属乡辖，1958年10月属肖咀公社辖，并组建枣洼大队，年底属宁县辖，1961年7月属段家集公社辖，1962年1月合水县恢复后仍为段家集公社辖，1983年社改乡中将大队改称为行政村，1987年10月又改称为村民委员会至今。

0324 段家集乡化沟村

简　　介：相传古时有一老道在此化缘修庙，不幸得病，病危时嘱言，他身亡之后，火化尸体，埋于此地沟掌，故得名化沟，相沿成习，沿至今日。1949年后属五区（肖咀）二乡（化沟）辖，1956年2月撤区并乡后属段家集直属乡辖，1958年10月属肖咀公社辖，并组建化沟大队，年底属宁县辖，1961年7月属段家集公社辖，1962年1月合水县恢复后仍属段家集公社辖，1983年3月社改乡中将大队改建为行政村，1987年10月又改建为村民委员会至今。

0325 西华池镇华市村

简　　介：在西华池镇东西两侧。以管区（西华池镇）得名。1949年后为二区（西华池）三乡（营房子）辖，1953年10月属七乡（华市乡）辖，1955年10月撤区并乡后为华市直辖乡镇，1958年10月为华池直属乡辖，年底属西华池公社辖，并组建华市大队，1983年4月底改乡中将大队改为行政村，1985年3月属西华池镇辖，1987年10月改建为村民委员会至今。位于县城东侧，属于平原沟壑区，自然村在县城东西两侧分布。

0326 老城镇水沟村

简　　介：因驻地得名。1949年后为一区（城区）三乡（华严寺）辖，1957年12月为城关直属乡辖，1958年12月为“东风”城关公社辖，并组建水沟大队。1983年4月社改乡中改建为水沟行政村，1987年10月更名为水沟村民委员会至今。地处县川河南北岸，地形由东向西倾斜，山、川、塬兼有。

0327 太莪乡罗塬村

简　　介：因驻地得名。1949年后为三区（店子）七乡（太莪）辖，1957年12月撤区并乡后为太莪直属乡辖，1958年10月为店子直属乡辖，年底为“红旗”店子公社辖，并组建罗塬大队，1961年7月为太莪公社辖，1965年3月为店子公社辖，1980年2月为太莪公社辖，1983年4月社改乡中将大队改建为行政村，1987年10月改为村民委员会至今。地处太莪乡东北部，属子午岭西部，沟壑纵横，森林茂密。

0328 何家畔镇柳家川村

简　　介：以柳姓多居于马连河西岸故名。1949年后属合水县六区（盘马）三乡（马神庙）辖，1956年2月撤区并乡后为何家畔直属乡辖，1958年10月属何家畔公社辖，并组建柳家川大队，同年末划入庆阳赤城公社辖，1961年6月属何家畔公社辖，1983年4月社改乡中将大队改建为行政村，1987年10月改建为村委会至今。地处何家畔塬东部马连河西岸，地形西高东低。自然村沿韩家咀南北沟东西分布。

0329 板桥镇阳洼村

简　　介：以境内阳洼村得名。1949 年后属一区（城区）五乡（太白坳）辖，1957 年 12 月撤区并乡中属太白坳直属乡辖，1958 年 10 月并入柳沟直属乡辖，年内与板桥合并组建“真理”板桥公社并组建阳洼大队，1962 年 3 月由板桥公社划出独设柳沟公社辖，1962 年 10 月又由柳沟公社划出太白坳独设公社，1965 年 3 月又划入柳沟公社辖，1983 年 4 月社改乡中将大队改建为行政村，1987 年 10 月又改建为村委会，2003 年 4 月合水县乡镇行政区划调整中划入板桥乡辖，为阳洼村。

0330 板桥镇锦坪村

简　　介：因境内锦坪山取名锦屏，后演变为锦坪。1949 年后为一区（城区）六乡（板桥）辖，1953 年 1 月属七区（板桥）辖。1955 年 10 月属板桥直属乡辖，1958 年 10 月属板桥公社辖，并组建锦坪大队，同年 12 月划归庆阳辖，1962 年 1 月合水县制恢复后仍归板桥公社辖，1983 年 4 月社改乡中将大队改建为行政村，1987 年 4 月改称为村民委员会至今。

0331 蒿咀铺乡张举塬村

简　　介：因驻地得名。1949 年后为一区（城关）乡（蒿咀铺）一村，1961 年为蒿咀铺人民公社张举塬大队，1983 年为蒿咀铺乡张举塬行政村，1987 年 10 月改称为村委会至今。地处张举塬中心，耕地山塬兼有，植被较好，宜发展林牧业。

0332 太莪乡邢家坪村

简　　介：以境内邢坪自然村得名。1949 年后为三区（店子）七乡（太莪）辖，1957 年 12 月撤区并乡后为太莪直属乡辖，1958 年 10 月为店子直属乡辖，年底为“红旗”公社，并组建邢坪大队，1961 年 7 月为太莪公社辖，1965 年 3 月为店子公社辖，1980 年 2 月为太莪公社辖，1983 年 4 月社改乡中将大队改建为行政村，1987 年 10 月改称村民委员会至今。位于太莪乡北部瓦岗川境内，地势东高西低。

0333 西华池镇严家沟圈村

简　　介：因驻地得名。1949 年后属合水二区（西华池）五乡（黄家集子）辖，1955 年 10 月撤区并乡后属黄家寨子直属乡辖。1958 年 10 月划入西华池直属乡，年内属西华池公社辖，并组建严家沟圈大队。1983 年 4 月社改乡中将大队改为村民委员会，1985 年 3 月属西华池镇辖，1987 年 10 月又改为村民委员会至今。地处西华池塬塬边。地势由东北向西南倾斜。自然村大部分在塬咀分布。

0334 太白镇太白村

简　　介：因驻地得名。1949 年后为四区（太白）一乡，1958 年 10 月将乡改为大队，1983 年改为太白村委会至今。

0335 老城镇赵塬村

简　　介：以境内的赵家塬自然村得名。1949 年后为一区（城区）二乡（李家渠）辖，1957 年 12 月属李家渠直属乡辖，1958 年 10 月属城关直属乡辖，年底由“东风”城关公社辖，并组建赵家塬大队，1961 年属杨坪公社辖，1965 年 3 月划入城关公社辖，1980 年 2 月划入杨坪公社辖，1983 年社改乡中将大队改建为行政村，1987 年 10 月改建为村民委员会。2003 年 4 月在合水县乡镇行政区划调整中划入老城镇。

0336 太莪乡太莪村

简　　介：因驻地得名。1949年后为三区（店子）七乡（太莪）辖。1957年12月属太莪直属乡辖，1958年10月后属“红旗”店子公社辖，并组建太莪大队。1961年7月属太莪公社辖。1965年3月属店子公社辖，1980年2月属太莪公社辖。1983年4月将大队改建为行政村，1987年10月改称为村民委员会至今。地处太莪乡中心地带，属川塬沟壑区。

0337 板桥镇瑶子头村

简　　介：因驻地而得名。1949年后为一区（城区）四乡（柳沟）辖，1953年1月为七区（板桥）七乡（柳沟）辖，1957年12月属柳沟直属乡辖，1958年10月又划入板桥直属乡辖，年内属“真理”公社（板桥）辖，并组建瑶子头大队，1962年属柳沟公社辖，1983年4月社改乡中将大队改建为行政村，1987年改建为村委会，2003年4月合水县行政区划调整中划入板桥乡，为瑶子头村。

0338 店子乡吕家岘子村

简　　介：以境内吕家岘子得名。1949年后为三区（店子）二乡（吕家岘子）辖，1957年12月属店子直属乡辖，1958年10月属“红旗”店子公社辖，并组建吕家岘子大队，1983年4月社改乡中将大队改造为行政村。1987年10月又改称为村民委员会至今。地处店子塬南部塬边，地势由北向南倾斜。

0339 太白镇安子坪村

简　　介：以地形形似马鞍，故称鞍子坪，后演变为安子坪。1949年为四区（太白）一乡（太白）辖，1958年成立大队，1983年4月改为安子坪村民委员会至今。

0340 固城乡王昌寺村

简　　介：以境内的王昌寺自然村得名。1949年后为三区（店子）五乡（郭家庄）辖，1957年12月撤区并乡后为郭家庄直属乡辖，1958年10月为店子公社辖，并组建王昌寺大队，1961年7月属固城公社辖，1983年社改乡中将大队改建为行政村，1987年10月又改建为村民委员会至今。

0341 西华池镇唐旗村

简　　介：在西华池镇西北部塬咀上。相传，“旗”是元朝一种乡政权组织，因唐姓居住，故得名唐旗。1949年后属二区（西华池）二乡（三里店）辖，1955年10月撤区并乡后属三里店直属乡辖，1958年10月属西华池乡直辖，年内属西华池公社辖，并组建唐旗大队，1983年4月社改乡中将大队改建为行政村，1985年3月属西华池镇辖，1987年10月后又改称村民委员会至今。地处西华池镇西北部塬咀上，山、川、塬兼有，自然村大部分沿塬咀南北塬边分布。

0342 何家畔镇姚坑崂村

简　　介：1949年后为合水县六区（盘马）二乡（姚坑崂）辖。1956年2月撤区并乡后为何家畔直属乡辖，1958年10月为何家畔公社辖，并组建大队，同年年末划归庆阳县赤城公社辖，1961年6月属何家畔公社辖，1983年4月社改乡中将大队改建为行政村，1987年10月改建为村委会至今。

0343 吉岘乡九顷湾村

简　　介：相传，很早以前，此地有一宋姓居住，有田九顷，后立据卖于汪姓，因纠纷进行丈量为九顷，又以地处弧形大湾，故得名为九顷湾，沿用至今。

0344 何家畔镇盘马村

简　　介：以境内的盘马自然村得名。1949年后为合水县六区（盘马）二乡（姚家坑涝）辖，1956年2月撤区并乡后为何家畔直属乡辖，1958年10月为何家畔公社辖，并组建盘马大队，同年末划归庆阳县赤城公社辖，1961年6月仍属何家畔公社辖，1983年4月社改乡中将大队改建为行政村，1987年10月改建为村委会至今。地处何家畔塬东北部，地形由西向东倾斜，属川塬沟壑区，自然村沿塬边分布。

0345 蒿咀铺乡九站村

简　　介：因驻地得名。1949年后为一区（城关）一乡（蒿咀铺）一村，1961年为蒿咀铺人民公社九站大队，1983年改为九站行政村，1987年改称为村委会至今。耕地、山川均有，粮食以小麦为主。

0346 吉岘乡丑家川村

简　　介：因驻地而得名。1949年后为合水县二区（西华池）七乡（罗家畔）辖，1955年10月撤区并乡后属吉岘乡辖，1958年10月属西华池公社辖，并组建丑家川大队，1961年6月为吉岘公社辖，并组建丑家川大队，1961年为吉岘公社辖，1981年10月属吉岘乡辖，并将大队改建为行政村，1987年10月将村改称为村民委员会至今。地处固城川两岸，沟壑纵横，山川兼有，自然村大部分沿川分布。

0347 吉岘乡黄家寨子村

简　　介：旧有黄姓修建的堡寨得名。1949年后为二区（西华池）五乡（黄家寨子）辖，1955年10月撤区并乡后属黄家寨子直属乡辖，1958年10月属西华池公社辖，并组建黄家寨子大队，1961年6月划入吉岘公社辖，1981年10月属吉岘乡辖。并将大队改建为行政村，1987年10月将村改称为村民委员会至今。地处吉岘塬北端，地形北高南低，属平塬沟壑区，山川塬兼有，自然村大部分在东西沟边分布。

0348 板桥镇唐沟圈村

简　　介：以境内唐沟圈村得名。1949年后属一区（城区）五乡（太白坳）辖，1957年12月撤区并乡中组建太白坳直属乡，1958年10月并入柳沟直属乡辖，年内将板桥直属乡组建为“真理”板桥公社辖，组建大队，1962年3月由板桥公社划出独设柳沟公社辖，1962年10月由柳沟公社撤出，归太白坳独设公社辖，1965年3月又并入柳沟公社辖，1983年4月社改乡时将大队改建为行政村，1987年10月又改建为村民委员会，2003年4月在合水县乡镇行政区划调整中划入板桥辖，为唐沟圈村。

0349 何家畔镇郭家庄村

简　　介：因驻地而得名。1949年后为合水县六区（盘马）四乡（九家坑涝）辖，1956年2月撤区并乡后为赵楼子直属乡辖，1958年10月划入何家畔公社辖，并组建大队，同年末划入庆阳县赤城辖，1961年6月属何家畔公社辖，1962年3月又划入赵楼子公社辖，1965年3月又划入何家畔公社辖，1983年4月社改乡中将大队改建为行政村。1987年10月又改称为村民委员会至今。

0350 何家畔镇何家畔村

简　　介：以何姓居住于塬畔得名。1949年后属六区（盘马）三乡（马神庙）辖，1956年2月撤区后为何家畔直属乡辖，1958年10月属何家畔公社辖，并组建何家畔大队，同年年底属庆阳县赤城公社辖，1961年6月属何家畔公社辖，1983 年 4 月在改乡中将大队改建为行政村。1987 年 10 月又改建为村委会至今。地处何家畔塬中心地带，属残垣沟壑区，自然村大部分在坑边分布。

0351 老城镇牧家沟村

简　介：以境内牧家沟得名。1949 年后为一区（城区）三乡（华严寺）辖，1957 年 12 月为城关直属乡辖，1958 年为“东风”城关公社辖，并组建牧家沟大队。1983 年 4 月社改乡中改建为牧家沟行政村，1987 年 10 月改建为牧家沟村委会至今。

0352 段家集乡段家集村

简　介：因驻地得名。1949 年后属五区（肖咀）一乡（段家集）辖，1956 年 2 月撤区并乡后为段家集直属乡辖，1958 年 10 月属肖咀直属乡辖，年底划归宁县辖，1961 年 7 月属段家集公社辖，1962 年 1 月合水县制恢复后仍为段家集公社辖，1983 年 3 月社改乡中将大队改称为行政村，1987 年 10 月又改称为村民委员会至今。

0353 段家集乡北头村

简　介：在段家集乡西南部，以驻地得名。化沟村委会驻地，聚落在塬面沟边。沿塬边东南延伸呈条状，有少量土木结构平房。大部分是窑洞。1949 年后属五区（肖咀）一乡（段家集）辖，1956 年 2 月撤区并乡后为段家集直属乡辖，1958 年 10 月属肖咀公社辖，并组建北头大队，年底划归宁县辖，1961 年 7 月属段家集公社辖，1962 年 1 月合水县制恢复后仍为段家集公社辖，1983 年 3 月社改乡中将大队改称为行政村，1987 年 10 月又将行政村改称为村民委员会至今。

0354 老城镇东关村

简　介：因驻地得名。1949 年后为一区（城区）七乡（城市乡）辖，1953 年 1 月为四乡（城关乡）辖，1957 年 12 月为城关直属乡辖，1958 年 12 月为“东风”城关公社辖，并组建东关大队。1983 年 4 月社改乡中将大队改建为东关行政村，1987 年 10 月改建为东关村民委员会至今。位于城关自然镇东侧，县川河北岸，自然村大部分在川、塬区，比较分散。

0355 老城镇小塬子村

简　介：以地处小塬塬面得名。1949 年后属一区（城区）四乡（柳沟）辖，1953 年 1 月划入新设七区（板桥）三乡（柳沟）辖，1955 年 10 月又划入一区七乡（柳沟）辖，1957 年 12 月一区撤销又组建的柳沟直属乡辖。1958 年 10 月柳沟直属乡并入板桥，年内改建“真理”板桥公社，并组建小塬子大队。1962 年 3 月柳沟由板桥划出独社柳沟公社，属柳沟公社辖，1983 年社改乡中将大队改建为行政村，1987 年将行政村改建为村民委员会。2003 年 4 月在合水县行政区划调整中划入老城镇乡辖。

0356 固城乡固城村

简　介：因驻地得名。1949 年后为三区（店子）六乡（固城）辖，1957 年 12 月撤区并乡后为固城直属乡辖，1958 年 10 月为店子公社辖，并组建固城大队，1961 年 7 月属固城公社辖，1983 年 4 月社改乡中将大队改建为行政村，1987 年 10 月又改建为村民委员会至今。

0357 西华池镇黎家庄村

简　介：在西华池镇东南部，银西公路东西侧。以黎姓集住的村庄得名。1949 年后属二区（西华池）三乡（营房子）辖，1953年10月属七乡（华市乡）辖，1955年10月撤区并乡后为华市直属乡辖。1958年10月属华池直属乡辖，年内为西华池公社辖，并组建黎家庄子大队，1983年在改乡中将大队改建为行政村，1985年3月属西华池镇辖，1987年10月改称为村民委员会至今。地处西华池镇西南部的塬面上，东西临沟，塬面平坦，自然村大都沿塬面分布。

0358 吉岘乡宫合村

简　　介：因驻地得名。1949年后为合水县二区（西华池）七乡（罗家畔）辖，1955年10月撤区并乡后属吉岘直属乡辖，1958年10月属西华池公社辖，并组建宫合大队，1961年6月属吉岘公社辖，1981年10月属吉岘乡辖，并将大队改建为行政村，1987年10月将村改为村民委员会至今。

0359 西华池镇三里店村

简　　介：因驻地得名。1949年后属合水二区（西华池）二乡（三里店）辖，1955年10月撤区并乡后属三里店直属乡辖，1958年10月属西华池公社辖，并组建三里店大队，1983年4月公社改乡后属西华池乡辖，并将大队改建为行政村，1985年3月属西华池镇辖，1987年10月将村改为村民委员会至今。地处华池塬中心，地形北高南低，自然村大部分在塬面分布。

0360 吉岘乡郝家庄村

简　　介：以郝姓多居的较大村庄得名。1949年后为二区（西华池）六乡（吉岘）辖，1955年10月撤区并乡后属吉岘直属乡辖，1958年10月属西华池公社辖，并组建郝家庄大队，1961年6月为吉岘公社辖，1981年10月属吉岘乡辖，并将大队改建为行政村，1987年10月将村改称为村民委员会至今。地处吉岘西部塬咀上，属平塬沟壑区，地形由东向西倾斜，自然村大部分在塬咀上分布。

0361 西华池镇杨沟崂村

简　　介：因驻地得名。1949年后属二区（西华池）二乡（三里店）辖，1955年10月撤区并乡后属三里店直属乡辖，1958年10月属西华池直属辖，并组建杨沟崂大队，1983年4月社改乡中将大队改建为行政村，1985年3月属西华池镇辖，1987年10月将村改建为村民委员会至今。地处华池塬北，属于平塬沟壑区，地势向南倾斜，自然村大部分沿塬面分布。

0362 太白镇葫芦河村

简　　介：因驻地得名。1949年后为四区（太白）三乡（葫芦河）1958年10月将乡改建为大队，1983年4月改为村民委员会至今。

0363 板桥镇板桥村

简　　介：因县川河东西流过，古在河上用木板架桥，供人畜过河，故名板桥，1953年已改建为水泥桥，现称板桥。1949年后为一区（城关）六乡（板桥）辖，1953年1月属七区（板桥）二乡（板桥）辖，1955年10月属板桥直属乡辖，1958年10月属板桥公社辖，并组建板桥大队，同年12月划入庆阳县辖，1962年1月合水县恢复后仍归板桥公社辖，1983年4月社改乡中将大队改建为行政村，1987年又将行政村改为村民委员会至今。

0364 太白镇莲花寺村

简　　介：以境内有莲花寺村而得名。1949年后为四区（太白）三乡（葫芦河）一村，

1958年10月将村改建为大队，1983年4月将大队改建为村民委员会至今。

0365 板桥镇司岇村

简　　介：以姓氏和自然实体得名。1949年后属六区（盘马）一乡（定祥）辖。1958年10月属何家畔直属乡辖，年内建为“灯塔”何家畔公社，并组建司家岇大队，同年12月划归庆阳县赤城公社辖，1961年6月仍属何家畔公社辖，1962年3月属定祥公社辖，1965年划入板桥公社辖，1980年从板桥公社划出仍属定祥，1983年社改乡时改司家岇大队为行政村，1987年10月改称为村民委员会，2003年4月在合水县乡镇行政区划中划入板桥乡辖，为司家岇村。

0366 蒿咀铺乡蒿咀铺村

简　　介：因驻地得名。1949年后为城区一乡（蒿咀铺）一村，1961年为蒿咀铺人民公社，蒿咀铺大队，1983年为蒿咀铺乡蒿咀铺行政村，1987年10月改称为村民委员会至今。耕地、山、川、塬兼有，土质肥沃，植被较好，宜于发展林牧业。

0367 西华池镇孙家寨沟村

简　　介：在西华池镇北部塬边。以孙姓在古时建有的堡寨沟边居住得名。1949年后为二区（西华池）一乡（孙家寨沟）辖，1953年1月将孙家寨沟更名为南庄寺乡，划归七区（板桥）序号五乡（南庄寺）辖，1955年10月撤乡并区后为板桥直属乡辖，1958年10月属板桥公社辖，并组建孙家寨沟大队。1961年6月划归西华池公社辖，1983年4月社改乡中将大队改建为行政村，1985年3月属西华池镇辖，1987年10月改村为村民委员会至今。地处华池塬北端，属残垣沟壑区，东西北三面临沟，自然村大部分在沿塬面沟边分布。

0368 吉岘乡王咀村

简　　介：以王姓居住在塬咀得名。1949年后为二区（西华池）六乡（吉岘）辖，1955年10月才撤区并乡后属吉岘直属乡辖。1958年10月属西华池公社辖，并组建王家咀大队，1961年6月属吉岘公社辖，1981年10月属吉岘乡辖，并将大队改建为行政村，1987年10月将行政村改称为村民委员会至今。地处吉岘乡西南部塬边，属平原沟壑区，自然村沿塬面沟边分布。

0369 肖咀乡梅家寨子村

简　　介：因驻地得名。1949年后属合水县五区（肖咀）五乡（铁赵）辖，1956年2月撤区并乡后属肖咀直属乡辖，1958年10月属肖咀公社辖，并组建梅家寨子大队，同年12月划归宁县辖，1962年1月合水县制恢复后仍为肖咀公社辖，1965年3月属段家集公社辖，1980年2月属肖咀公社辖，1983年4月社改乡中将大队改为行政村。1987年10月又称为村民委员会至今。

0370 店子乡店子村

简　　介：因驻地得名。1949年后为三区（店子）一乡（双柳树）辖，1957年12月撤区后属店子直属乡辖，1958年11月属（红旗）店子公社辖，并组建店子大队，1983年4月将大队改为行政村，1987年10月又改为村委会至今。地处店子塬中心，地势平坦，人口集中，自然村大部分在塬面塬边分布。

0371 何家畔镇赵楼子村

简　　介：驻地得名。1949年后为合水县六区（盘马）五乡（赵家楼子）辖，1956年2月撤区并乡后为赵家楼子直属乡，1958年

10 月划入何家畔公社，并组建大队，同年末划入庆阳县赤城公社辖，1961 年 6 月属何家畔公社辖，1962 年 3 月又划入赵家楼子公社辖，1965 年 3 月又划入何家畔公社辖，1983 年 4 月社改乡中将大队改建为行政村。1987 年 10 月又改建为村民委员会至今。

0372 固城乡高台村

简　介：以境内高台子自然村得名。1949 年后为三区（店子）五乡（郭家庄）辖，1957年12月撤区并乡后为郭家庄直属乡辖，1958 年 10 月为店子公社辖，并组建高台子大队，1961 年 7 月属固城公社辖，1983 年 4 月社改乡中将大队改建为行政村，1987 年又改建为村民委员会至今。地处固城川，地形由东向西倾斜，自然村大部分沿固城河南北岸分布。

0373 何家畔镇产白村

简　介：在管区早为产、伯两姓集居，有产伯咀之称，后演变为产白。1949 年后为合水六区（盘马）五乡（赵楼子）辖，1956 年 2 月撤区并乡后归赵楼子直属乡辖，1958 年 10 月划入何家畔公社，并组建产白大队，同年末划入庆阳县赤城公社辖，1961 年 6 月属何家畔公社辖。1962 年 3 月划入赵家楼子公社辖。1965 年 3 月又划入何家畔公社辖，1983 年 4 月社改乡中将大队改建为行政村，1987 年 10 月又改称为村民委员会至今。

0374 太白镇连家砭村

简　介：以驻地得名。1949 年后为四区（太白）二乡（连家砭），1958 年 10 月乡改为大队，1983 年 4 月改为村民委员会至今。

0375 老城镇杨坪村

简　介：以驻地得名。1949 年后属一区（城区）二乡（李家渠）辖，1957 年 12 月属李家渠直属乡辖，1958 年属城关直属乡辖，年底属“东风”城关公社辖，并组建杨坪大队，1961 年 6 月属杨坪公社辖，1965 年 3 月划入城关公社辖，1980 年 2 月划入杨坪公社辖，1983 年 4 月社改乡中将大队改建为行政村，1987 年改建为村民委员会。2003 年 4 月在合水县行政区划调整中划入老城镇乡辖。

0376 太白镇牛车坡村

简　介：以驻地而得名。1949 年为四区（太白）一乡辖，1958 年为太白大队辖，1983 年 4 月改为牛车坡村民委员会至今。

0377 板桥镇马洼村

简　介：因驻地得名。1949 年后属六区（盘马）一乡（定祥）辖，1958 年 10 月属何家畔直属乡辖，年内改建为“灯塔”公社辖，并组建马家洼大队，同年 12 月属庆阳赤城公社辖，1961 年 6 月仍属何家畔公社辖，1962 年 3 月属定祥公社辖，1965 年划入板桥公社辖，1980 年 2 月从板桥公社划出属定祥公社辖，1983 年社改乡时改马洼大队为行政村，1987 年 10 月又改为村委会。2003 年 4 月在合水县行政区划调整中划入板桥乡辖，为马洼村。

0378 店子乡双柳树村

简　介：因驻地得名。1949 年后为三区（店子）一乡（双柳树）辖，1953 年 1 月划入七区（板桥）四乡（双柳树）辖。1955 年 10 月撤区并七区后为板桥直属乡，1958 年 10 月为板桥公社辖，并组建双柳树大队，1978 年由板桥划入店子公社，1983 年 4 月社改乡中改为行政村，1987 年 10 月又改为村民委员会至今。地处店子塬西北部塬边，地势向西南倾斜。

0379 肖咀乡肖咀村

简　　介：因驻地得名。1949 年后属五区（肖咀）二乡（肖咀），1956 年 2 月属肖咀直属乡，1958 年 10 月属肖咀公社辖，同年 12 月归宁县辖，1962 年合水县恢复后仍为肖咀公社辖，1965 年 3 月属段家集公社辖，1980 年 2 月属肖咀公社辖，1983 年 4 月社改乡中将大队改为行政村，1987 年 10 月改为村委会至今。地处肖咀塬东部，自然村大部在塬面边缘分布。

0380 段家集乡王庄村

简　　介：因境内王家庄自然村得名。1949 年后属五区（肖咀）六乡（枣洼）辖，1956 年 2 月撤区并乡后属枣洼直属乡辖，1958 年 10 月属肖咀公社辖，并组建王家庄大队，年底属宁县辖，1961 年 7 月属段家集公社辖，1962 年 1 月合水县恢复后仍为段家段乡辖，1983 年 3 月社改乡中将大队改建为行政村，1987 年 10 月又将行政村改为村民委员会至今。

0381 太莪乡黑木村

简　　介：古时此地为林区，黑刺具备，得名为黑木。1949 年后为三区（店子）七乡（太莪）辖，1957 年 12 月撤区并乡后为太莪直属乡辖，1958 年 10 月为店子直属乡辖，年底属“红旗”店子公社辖，并组建黑木大队，1961 年 7 月为太莪公社辖，1965 年 3 月为店子公社辖，1980 年 2 月为太莪公社辖，1983 年 4 月在社改乡中将大队改建为行政村，1987 年 10 月改为村民委员会至今。地处太莪乡东北部，属残垣沟壑区，地形起伏不平。

0382 板桥镇柳沟村

简　　介：以境内柳沟村得名。1949 年后属一区（城区）四乡（柳沟）辖，1953 年 1 月由一区划出归新设七区（板桥）三乡（柳沟）辖，1955 年 10 月七区建制撤销仍划入一区七乡（柳沟）辖，1957 年 12 月撤区并乡后归柳沟直属乡辖，1958 年 10 月柳沟划入板桥乡，年内改建为“真理”板桥公社。并组建柳沟大队，1962 年柳沟由板桥乡划出，独设柳沟公社，1983 年 4 月社改乡时将柳沟大队改建为柳沟行政村，1987 年 10 月又改为村民委员会，2003 年 4 月合水县乡镇行政区划调整时将柳沟乡撤销，划入板桥乡，为柳沟村。

0383 蒿咀铺乡陈家河村

简　　介：因驻地得名。1949 年后为城区一乡（蒿咀铺）一村，1961 年为蒿咀铺人民公社陈家河大队，1983 年为蒿咀铺乡陈家河行政村，1987 年 10 月改称为村委会至今。地处县川河上游，地势由东北向西南倾斜。山沟纵横，森林茂密，宜发展林牧业。

（五）宁县

0384 和盛镇西刘村

简　介：刘氏家族占全村人数90%，故得名。东至庙底村，南至店子，西至蒲河，北至范家，全村辖9个小组，全村耕地3818亩，368户，1362人，以种植业为主，人均收入3042元。

0385 新庄镇高马村

简　介：东接新庄镇下肖村，北接太昌乡青牛村，南接新庄镇东北门村。1958年公社化时成立大队，1983年社改乡时改为村委会，延用至今。高马村隶属于宁县，与店头赵村、下肖村同乡，茂林成荫，依山傍水，空气清新，山明水秀。

0386 新宁镇九龙村

简　介：以所在地形而得名，拥有人口1801人。东至罗家嘴，西至程家村，南至沟畔，北至九龙河畔。

0387 南义乡刘寨村

简　介：以刘姓人口较多而得名，1958年公社化时成立大队，1983年社改乡时改为村委会。全村下辖5个村民小组，均为汉族，北至屯庄村，西至马莲河，东至北庄村，南至马泉村，全村共1437人，耕地面积3898亩，人均年收入1800元，以农、林、牧业为主。

0388 和盛镇和盛村

简　介：因繁荣昌盛而得名，本村下辖13个村民小组，东至公曹村，南至楼台村，西至杨庄村，店子村，北至屯庄村，均为汉族。以种植业为主，人均收入3600元，全村3078人，耕地面积3238亩。

0389 长庆桥镇西塬村

简　介：因1981年和太昌乡分乡以后，因一个组名为西塬，因此命名为西塬村。下辖7个村民小组，共有耕地2875亩，298户，1234人。

0390 早胜镇沟圈村

简　介：早胜镇沟圈村共辖3个村民小组，共有248户，987口人。东临清华村，南至西头村，西接院子村，北邻郭铺村。耕地面积1682亩。由于自然条件限制，交通建设相对落后，村民生活水平普遍偏低，村内目前建有学校1座，卫生所1处，机井两口，村部办公楼1座。主要农产品：油桃，洋芋，苹果。村内资源：煤炭。

0391 焦村镇玉村

简　介：因当时村中尉姓人较多，而命名为尉村，后演变为玉村。焦村镇玉村辖9个村民小组，420户，1602口人，有60周岁以上老年人为214人。公路穿村而过，交通较为便利，网络信号覆盖全面，地势平坦，土壤肥沃。

0392 春荣乡赤堡村

简　　介：最初为迎接抗战胜利，起名赤堡，寓意红色堡垒，故名赤堡，并沿用至今。春荣乡赤堡村位于春荣乡东北部，距春荣街道6公里。东临铁王村，南靠苏城村，西接金草村，北与白公村毗邻。

0393 湘乐镇湘乐村

简　　介：以驻地湘乐自然镇而得名，据史书记载，该村汉时设襄洛县，清时为镇，有集市贸易，后演变为湘乐，延用至今。东至宇院，西至油东，南至牙东，北至城内。全村1833人，面积为3097亩。

0394 南义乡马户村

简　　介：元朝初期，刘姓驸马生于此地，后来驸马长子居住在马户，故得名马户。1958年公社化时成立大队，1983年社改乡时改为村委会。下辖南头、北头、西头、东头、马户咀、马户川6个村民小组，均为汉族。东至张堡村，西至马莲河，南至高仓村，北至吴家村。全村1365人，耕地面积为3278亩，以农牧业为主。

0395 中村镇新源村

简　　介：新源村位于中村镇西南部，早长路穿村而过，交通便利，全村共7个村民小组，558户，2468人，耕地面积4083亩，人均耕地1.65亩，农民人均纯收入2680元，现有小学1所，义务教育入学和毕业率均为100%。拥有村办卫生所1个，医护人员2名，为全村群众提供基础的医疗服务。近年来，在村党支部，村委会的领导下，全村经济社会事业全面发展，村容村貌得到大力改善，人民群众生活水平逐渐提高。投资65万元拓宽整修砂石道路13公里，投资155万元建成3.1公里水泥路，投资200多万元新建住宅小区两处30户，投资28万元新建标准化村部1所，建成优质苹果园230亩。大力发展养羊业，投资300万元兴办占地27亩的中村镇宏利种羊繁育基地1个，发展散户养羊户56户。年均输出务工人员500人次，实现劳务输入500万元。

0396 和盛镇楼台村

简　　介：传说此地一土台，供人们下棋、聊天、乘凉，故此得名，东至湫包头，南至太昌东风村河渠，北至南家村。西接太昌联合。下辖7个村民小组，1400人，315户。以种植业为主，人均收入3000元。

0397 良平乡丰乐村

简　　介：庙里卧碑上道光22年名为丰乐堡，1994年名丰乐村，沿用至今，本村下辖2个村民小组。东至良平村，南至三乐村，西至屯庄村，北至屯庄村。全村均为汉族。经济结构以种植业和养殖业为主，人均收入4570元。全村1235人，耕地面积为1609亩。

0398 湘乐镇宇村

简　　介：以驻地很早以前曾住着很多于姓人家，故名于村，后因字音演变为宇村，以姓氏而延用至今。东至谢家，西至北西，南至南头，北至北东。全村1904人，面积为3695亩。

0399 平子镇老庄村

简　　介：东至碾咀村农户，南至正宁县榆林子镇东坡头村，西至半坡村一组，北至页沟村沟渠。耕地2562亩，人口1340人，5

个村民小组。

0400 和盛镇显头村

简　　介：本村所辖 7 个村民小组，全村共 253 户，928 人。全村都属汉族。经济结构以种植业为主，人均纯收入 3000 元，占地面积 2071926 平方米。东至西高村，南至南沟渠，西至泾川地界，北至庙底村。

0401 平子镇半坡村

简　　介：因地形地貌得名，民国及 1949 年以来沿用至今。东至老庄村四组农户，南至正宁县榆林子镇文乐村，西至惠堡村一组，北至王家村沟渠。耕地面积 3692 亩，人口 2000 人，8 个村民小组。

0402 中村镇平定村

简　　介：东至新堡村，南至中村，西至西王村，北至天河水。本村下辖 8 个村民小组，全村均为汉族。经济结构以种植业为主，人均收入 3800 元。全村 2720 人，耕地面积为 1.1 万亩。

0403 太昌乡联合村

简　　介：1955 年成立初级社，归南庄高级社管，1958 年合并为联合大队，后改为联合村。东至和盛镇楼台村，西至太昌乡杨咀村，南至太昌乡申明村，北至和盛镇杨庄村。共 9 个村民小组，人口 2196 人，耕地面积 8985 亩。

0404 南义乡寨河村

简　　介：三川交集、两河交汇，山头曾有个寨子，故命名为寨河。1958 年公社化时成立大队，1983 年社改乡时改为村委会。下辖 9 个自然组，均为汉族。东至春荣乡昔家沟，西至张堡村，南至春荣乡王台村，北至川口村。全村 1704 人，耕地面积为 8300 亩。

0405 早胜镇曹家村

简　　介：全村共辖 8 个村民小组，耕地面积 3373.91 亩，518 户，2011 口人，东临正宁县榆林子镇党家村，西邻中村镇曹家村，南邻正宁县宫河镇佐城村，北接中村镇新堡村。

0406 中村镇秦店村

简　　介：东至正宁，南至孙安村，西至中村，北至曹家村。下辖 15 个村民小组，全村共 2560 人，均为汉族。耕地面积 5910 亩。经济结构以农业为主。

0407 和盛镇昌盛社区

简　　介：昌盛社区成立于 2006 年 3 月，辖区面积 2.2 平方公里.社区共有居民 468 户，1439 人，其中城镇居民 185 户，485 人，农村居民 283 户，954 人。驻区企事业单位 19 个，在职人员 348 人，现有工作人员 9 名，租用办公用房 8 间，185 平方米，社区本着便民高效的服务理念按照“一厅一站两室”的模式设有居务大厅、党建工作站、警务室、文化活动室。在居务大厅设党政群团、民政低保、劳动保障、残协老龄、计划生育 5 个服务窗口，社区现有读书 400 多本。社区居民代表大会、议事监督委员会、居民委员会、综合治理领导小组等组织机构齐全并能按规定运行。昌盛社区自成立以来以争创五好党支部和创建文明社区为目标，充分发挥社区工作人员的能动作用，调动社区居民自我管理、自我服务的积极性和主动性，在社区党建、社区文化、社区教育、社区卫生、社区服务等方面都取得较好的成绩。

0408 焦村镇张斜村

简　　介：张斜村位于宁县焦村镇，全村共辖10个村民小组，387户，1514人。北至沟畔村，西靠杨斜，南靠黄庄子，东靠半个坡村。全村农民收入以农为主，地埋电入户率达到100%，村上有机井3眼，自来水入户率达到95%以上，全村硬化砂石路面7.8公里。

0409 湘乐镇庞川村

简　　介：下辖5个自然村，均为汉族。东至庞东，西至方寨，南至崔东，北至河北。全村1501人，面积为3044亩。

0410 新宁镇城关社区

简　　介：该社区地处县城中心，成立于2003年9月，辖区总面积3.15平方公里，居民1152户，人口4469人。有企事业单位30个，个体工商户211户。2013年以来，宁县城关社区以“走进居民、服务居民”为主线，围绕打造“温馨社区”目标，开展“社区是我家，建设靠大家”等主题活动，全力打造“便民直通车”服务品牌，深受社区居民的欢迎。

0411 焦村镇坳马社区

简　　介：因焦村和坳马合并，故2006年取名坳马社区。位于焦村镇坳马村，办公楼房8间（面积134平方米）。现有工作人员12名，大专以上文化程度7名，平均年龄30岁。社区辖区面积2.16平方公里，总户数1431户，总人口2548人；其中在职非农人口1045人，个体户人口1503人（非农人口441人，农业人口1062人，流动户60户，218人）。

0412 新庄镇庆新社区

简　　介：庆新社区位于甘肃省庆阳市宁县新庄镇新华村街道，成立于2007年，辖区面积1平方公里，驻区单位有信用合作社、新华卫生院、白店初中。辖区居民128户，其中街道个体工商户68户为常住人口，驻区单位60户。社区建有党员服务站、劳动保障工作站、计划生育工作站、社区事务服务站、城镇工作站。

0413 长庆桥镇泾城社区

简　　介：泾城社区位于长庆桥镇，现有工作人员8人，社区内共辖机关和企事业单位48个，有居民2490户，6783人，社区管辖面积6.8平方公里，辖区范围北至长庆桥石油学校，南至长庆桥镇贾家山，西至泾河，东至212国道。

0414 盘克镇盘陇社区

简　　介：盘陇社区成立于2008年6月，辖区总户数525户，总人数1862人。社区现有工作人员16名，其中正式干部8名，公益性岗位8名。近年来，在县、镇部门的帮助和指导下，先后组建了社区廉政文化宣传志愿者服务队，巾帼志愿者服务队、助老扶幼志愿者服务队3个社区志愿者组织32人。

0415 和盛镇康宁社区

简　　介：以健康安宁命名。康宁社区位于全县经济较发达，交通非常便利的和盛街区北部，南至民康宾馆，北至运管所，西至宁县四中，东至和盛工业示范园区，辖区面积共1.8平方公里。社区内共有行政单位6个，事业单位5个，企业14家，驻区单位在职职工326人，社区居民496户，1529人。

0416 新宁镇东城社区

简　　介：地处文体广场，拥有人口3394人。

0417 新宁镇九龙社区

简　　介：宁县新宁镇九龙社区位于县城九龙花园住宅小区，成立于2006年3月，辖区面积2.15平方公里，居民893户，3394人。有企事业单位11个，家属楼27栋，居民小组10个。

0418 新宁镇马坪社区

简　　介：马坪社区2003年8月组建，位于城北河畔，庙咀坪脚下，依山傍水，环境优美，北至职业中学，南到罐头厂，城北河以西，生物农药厂以东，辖区面积2.6平方公里，共有居民613户，2230人，有驻区企事业单位21个，社区工作者15名。

0419 春荣乡欣荣社区

简　　介：宁县春荣乡欣荣社区位于春荣乡铁王街道（即原石鼓乡人民政府驻地），是经2007年11月21日批准成立的，占地面积4平方公里，现居住居民1128人，360户，驻区单位6个，单位职工6名。根据社区工作实际，设置为“一站两室”，即社区事务工作站，警务室和文体娱乐活动室。社区事务工作站开设了6个工作窗口，即：党建、民政优抚、残龄老协、计划生育、劳动保障和社会治安综合治理。目前，社区各项工作已转入正常化、正规化。

0420 早胜镇中兴社区

简　　介：中兴社区成立于2006年2月，座落在早胜镇北大街，共有办公楼房八间（面积134平方米）。现有工作人员12名，大专以上文化程度7名，平均年龄30岁。社区辖区面积2.16平方公里，总户数1431户，总人口2548人。其中在职非农人口1045人，个体户人口1503人（非农人口441人，农业人口1062人，流动户60户，218人）。按居民居住地分为4个小区。辖区内有驻区党政机关8所，事业单位17所，企业5家。

0421 新庄镇咀头赵村

简　　介：东靠丁任村，南接桥子村，西接程举河村，北瞻坳王村，1958年公社化时成立大队，1983年社改乡时改为村委会，建制以来延用至今。以地势和赵姓居住多而得名。

0422 米桥乡宋家村

简　　介：因姓宋的人居多而得名。宋家村下辖8个村民小组，人口1983人，位于米桥街向西6公里处，东临米桥乡常邑村，西临米桥乡安子村，南靠沟，北靠宁长二级公路。

0423 春荣乡宁春村

简　　介：因旧时此地有迕逭庙故名，后改宁春。宁春村地处宁县东大门，东、南相邻路户村，西邻当庄村，北邻岘子村。全村下辖7个村民小组，有369户，1654人，村干部4名，全村共有耕地面积4058亩，人均2.45亩。

0424 金村乡崔塬村

简　　介：以姓氏和所处地形而得名。全村共有4个村民小组，耕地1676亩，202户，926人。近年来，群众从种粮食逐渐转变为以种苗木为主，到2014年，全村已有90%的群众参加了苗木种植，前景较为广阔。

0425 湘乐镇任劳村

简　　介：以驻地自然村而得名。东至张东，西至任劳，南至南庄，北至俭北。全村2532

人，耕地面积为 5329 亩。

0426 平子镇北堡村

简　　介：全村共辖 12 个村民小组，总面积 7800 平方米，共 3107 人，东至罗家嘴，西至程家村，南至沟畔，北至九龙河畔。

0427 湘乐镇冯咀村

简　　介：以姓氏而取名，以姓氏和地形而延用止今。东至冯咀，西至西洼，南至胡良，北至干沟。全村 1547 人，耕地面积为 4106 亩。

0428 瓦斜乡望宁村

简　　介：宁县瓦斜乡望宁村因站在本村城堡上能望见宁县烽火台得名，1952 年以来沿用至今。下辖 10 个自然村，均为汉族。东至庄科村，西至杨侯组，南至本乡瓦斜村，北至西峰区文安村村。全村 1637 人，耕地面积为 4078 亩。

0429 盘克镇形赤村

简　　介：形赤村位于盘克镇西北部，全村共有 9 个村民小组，443 户，2246 人。近年来，形赤村狠抓新农村建设，该村创建占地 20 亩的人口文化广场，充分发挥协会优势，积极开展群众自治工作，实现了人口和经济社会的协调发展。

0430 九岘乡北庄村

简　　介：清朝时因发生战乱而导致家园破坏，瓦片遍地，后迁来之人在废虚之上建立村庄，起名为瓦子坳，后在 1987 年改为北庄村。东至九岘村，南至左川村，西至鲁甲村，北至金村乡洞子村，全村均为汉族。经济结构以农业为主。耕地面积 4064 亩。人口 1268 人。

0431 焦村镇长官村

简　　介：长官村东至周郭村，西至岭头，南至和盛镇楼子村，北至西李村。下辖 6 个自然组，人口 1580 人。粮食作物夏粮以小麦为主，秋粮以黄豆、玉米等为主。

0432 平子镇孟城村

简　　介：下辖 10 个自然村，均为汉族。东至西堡村鹞子山，西至付家小河，南至修果村，北至北堡村小河。全村 3098 人，面积为 5740 亩。

0433 焦村镇西卜村

简　　介：西卜村位于焦村镇政府东北部 2 公里处，东至樊浩，西至长马，北至西峰陈虎，南至街上。下辖 9 个自然组，人口 1520 人。粮食作物夏粮以小麦为主，秋粮以黄豆、玉米等为主。

0434 长庆桥镇长庆桥村

简　　介：1985 年因在泾河上修建了连通长武和庆阳的一座桥而命名。下辖 10 个村民小组。

0435 九岘乡川口村

简　　介：以九龙河和贾义河交汇在此处而得名，下辖 7 个自然村，均为汉族。东至北庄村，西至春荣乡万塬村，南至川口村，北至金村乡洞子村。全村 1183 人。建成了总投资 150 万元的通信、人畜安全饮水、农网改造、小学危房改造、移民搬迁、村部标准化建设、机修梯田等 8 个项目工程，使川口村群众的生产生活条件从根本上得到了改善。

0436 新宁镇井坳村

简　　介：井坳村是宁县新宁镇一个半山半

原村，全村5个自然村，170户人家，661口人。村级紧紧抓住该村被列入移民搬迁项目的机遇，科学规划，兑换耕地36亩，在村中心区实施新农村与移民住宅建设工程，改善群众的生产生活条件。在实施移民搬迁工程同时，该村积极实施各项配套工程，完成投资13.6万元开通了井坳至县城砂石道路，投资18万元建成了村部和卫生所，并组织群众开展了以“三清”（清理垃圾、路障、柴草）、“三改”（改厕、改圈、改厨）为重点的村容村貌整治活动。

0437 太昌乡小盘河村

简　　介：以所处地形而得名。小盘河村位于太昌乡西端川道地区，全村7个村民小组，人口905人。东至太昌乡申明村，西至长庆桥镇西塬村，南至长庆桥镇叶王川村，北至和盛镇九园村。耕地面积2059亩。

0438 米桥乡老庙村

简　　介：以老村部附近有个古庙而得名，下辖10个自然组，均为汉族。东至正宁县山河镇董庄村，西至米桥村，南靠沟，北靠沟。全村2813人，以蔬菜产业为主。近几年大力发展本村的畜牧业，促进村经济发展，带动村民富裕。

0439 盘克镇潘村

简　　介：潘村位于盘克镇东部，全村辖9个村民小组，480户，2218人，全村经济以农业生产为主，全村总耕地面积4303亩，人均耕地面积1.98亩，人均纯收入2080元。

0440 新庄镇郧家村

简　　介：东靠白店村，南瞻颉家村，西接程举河村，北接桥子村。1958年公社化时成立大队，1983年社改乡时改为村委会，建制以来沿用至今，以居住郧姓人居住多而得名。全村农民收入以农为主。地埋电入户率达到100%，村上有机井3眼，自来水入户率达到95%以上，全村硬化砂石路面7.8公里。

0441 中村镇孙安村

简　　介：东至秦店村，南至寺上王村，西至乔家村，北至中村村。下辖6个村民小组，全村共1926人，均为汉族，耕地面积3492亩。

0442 新宁镇南桥村

简　　介：以所在地形而得名，拥有人口637人，该村人均收入较低，全村以种植业为主。东至王家村，西至良平第家沟畔，南至西堡村塬畔，北至宁正长二级公路。

0443 早胜镇南庄村

简　　介：全村共辖8个村民小组，2084人，506户，耕地面积3200亩。南庄村是早胜镇一个自然村，紧挨西头村、葡萄沟村、南街村，物产丰富，风景秀丽，人杰地灵，友好好客。

0444 中村镇俭底村

简　　介：东至正宁周家，南至政平村，西至新城村，北至新源村。下辖7个村民小组，均为汉族，共1442人，耕地面积3670亩。经济收入以种植业、劳务输出为主。

0445 盘克镇胡堡村

简　　介：胡堡村位于盘克镇北部，北邻段堡村，东和杏洼村隔沟相望，南与街西村相临，西与上庄村隔沟相望。全村人口2417人，以种植业为主。

0446 长庆桥镇先锋村

简　　介：因原来对国家上缴公粮贡献比较大，起到了先锋模范作用，故起名为先锋村。

全村共辖3个村民小组，耕地面积175亩，290户，1276人。

0447 新宁镇新宁村

简 介：因地处宁县城，又是新得名，故取名“新宁”，拥有人口1476人。今年，宁县新农村新农宅示范区(点)建设建设已完成投资6500多万元，建成县级以上新农村小康新农宅示范区(点)16处。

0448 长庆桥镇叶王村

简 介：叶王村原名野王川，因王姓比较多，又在川道，后改为叶王村。全村共有7个村民小组，耕地2374亩，325户，1474人。计划建设叶王温泉度假村，叶王温泉度假村规划面积0.9平方公里，规划控制面积2.4平方公里，根据长庆桥工业集中区总体规划，这里将建成一个商务接待、休闲娱乐、观光旅游、度假疗养中心。

0449 焦村镇任村

简 介：任村位于宁县焦村乡，焦村镇下辖村。近年来先后建办养猪厂、面粉厂、预制厂、苗木基地、建筑公司、租赁公司等10多个企业，吸纳本村300多名剩余劳动力在这些企业就地打工，每人年收入达5000多元。全省第一个土地股份合作社——宁县民生农民专业合作社于2008年3月在任村成立，合作社以土地入股为主要方式，以增加农民收入为宗旨，按照“依法、自愿、有偿流转”的方式，在农民土地经营权不变的前提下，鼓励村民以土地和现金两种方式入股，土地每亩为1个股，参与农业分红，现金股用于建办企业，每股为500元，参与企业分红。土地流转的大胆尝试，让农民摆脱了传统小农经济的枷锁，释放了土地的活力。至目前，任村入社农户已达到200多户，土地3500多亩。在任村的带动下，焦村镇有1027户农民参与土地流转8036亩。

0450 早胜镇屯庄村

简 介：因战争年代作为屯粮后备地而得名，1958年成立大队，1983年社改乡时改为村委会。下辖4个自然村，均为汉族。东至211国道，西至马莲河，南至刘寨村，北至合水县吉岘乡巩合村。全村1420人，面积为5300亩。

0451 平子镇西堡村

简 介：东至袁家村，南至王家村、页沟村耕地，西至孟城村曹家沟，北至袁家村花堡湾沟。占地面积3870亩,1230人。

0452 春荣乡岘子村

简 介：下辖7个村民小组，均为汉族。东至春荣雷畔村，西至春荣乡宁春村，南至春荣乡宁春村界北组，北至岘子村李家咀塬畔。全村2060人，耕地面积为3830亩。

0453 良平乡良平村

简 介：良平，清末时宁县划分为二十四里，这个地区分别为“良曹里”和“平修里”的一部分，因而取“良”、“平”二字为区、镇名。下辖3个自然组，均为汉族。东至贾家村，西至丰乐村，南至第家村，北至陈家村。全村1780人，耕地面积为2786亩。经济结构以种植业为主，人均收入4570元。

0454 米桥乡东风村

简 介：原名东龙头村，后改为东风村，东风村人口1279人，均为汉族。东至老庙村，南至米桥村，西至龙湾村，北靠沟。村民以种植业为主，人均收入2400元。

0455 和盛镇三任村

简　介：以村民最早的姓氏命名，本村下辖6个村民小组，冬至惠家村，西至新庄乡北门村，南至新庄方尚村，北至高崖头村，全村耕地3032亩，268户，人口数量为1191人，全部为汉族。三任村是和盛镇一个行政村，与范家村、高崖头村、西高村、吴家村同乡，物产丰富，山清水秀，气候宜人。

0456 和盛镇庙底村

简　介：因有庙而得名，本村下辖11个村民小组，北至西刘，南至店子、显头，西至蒲河，东至屯庄，全村均为汉族，618户，2715口人，耕地面积4863亩，人均纯收入3000元。庙底村地处和盛镇，相邻店子村、公曹村，山清水秀，空气质量良好。

0457 春荣乡路户村

简　介：据说路上爬着个老虎，取名路虎，后改为路户。标志性建筑物有观音菩萨庙、山神庙、关帝庙。东至金草村西沟畔组，西至宁春村，南至李台村，北至金草村。全村2776人，占地面积为11907亩，耕地面积为5650亩。

0458 太昌乡刘堡村

简　介：以姓氏和地理实体而得名。东至新庄镇高马村，西至太昌乡小盘河村，南至长庆桥，北至太昌乡苟家村。共9个村民小组，人口898人，面积10250亩。

0459 南义乡张堡村

简　介：据张氏家谱记载，明朝后期朱宏武二年命名为张堡，1958年成立大队，1983年社改乡时改为村委会。下辖张堡、南门、胡同、东畔、李庄、东咀、关路、胡庄、沟泉9个村民小组，均为汉族。全村2567人，4888亩耕地，以农业、牧业、林果为主。东至寨河村，南至高仓村，西至吴冢、马户村，北至北门村。

0460 早胜镇郭铺村

简　介：全村共辖7个村民小组，2196人，487户，耕地面积2730亩。郭铺村地处早胜镇、与葡萄沟村、南北村、老庄村、李家村同乡，四季分明，山清水秀，空气清新。

0461 湘乐镇瓦窑村

简　介：以驻地瓦罐窑自然村而得名，据史书记载，该村曾烧过瓦罐，延用止今。下辖11个自然村，均为汉族。东至瓦窑，西至小坳村，南至河畔，北至欠西。

0462 早胜镇葡萄沟村

简　介：全村共辖5个村民小组，1309人，261户，耕地面积1895亩。

0463 盘克镇宋庄村

简　介：宋庄村位于盘克镇南部川区，全村以苗木栽植为主，绿化面积达到了80%以上。盛名远扬的白吉湖渡假村位于村的东部。

0464 太昌乡苟家村

简　介：以居住姓苟人家最多而得名。东至太昌乡肖家村，西至长庆桥叶王村，南至太昌乡青牛村，北至申明村。共4个村民小组，人口1256人，耕地面积8300亩。

0465 新庄镇马家村

简　介：东接本镇沟圈村，西邻颉家村，北靠新华村，南瞻泾河川，对峙陕西长武塬。1958年公社化是成立大队，1983年社改乡时改为村委会，建制以来延用至今，以马姓人居住多而得名。

0466 南义乡北门村

简　　介：1958年成立大队，1983年社改乡时改为村委会，1980年分为官庄和北门两个村，2008年又合并为一个村。北至马泉村，西至马莲河，东至张堡村，南至吴冢村，全村下辖13个村民小组，均为汉族，共2650人，耕地面积5064亩，人均年收入1900元。

0467 春荣乡王台村

简　　介：下辖7个村民小组，均为汉族。东至春荣塬畔，西至新宁镇刘家塬村，南至新宁镇金冢村，北至南义乡寨子河村。全村1096人，耕地面积为3507亩。

0468 早胜镇南北村

简　　介：共辖6个村民小组，2198口人，485户，耕地面积2600亩。

0469 和盛镇阁老村

简　　介：因曾出过一阁老宰相而得名，东至庙花，西至高崖头，南至一组沟畔，北至庙花，下辖7个村民小组，1370人，285户，耕地面积2347亩，以种植业为主，人均收入3245元。

0470 湘乐镇樊湾村

简　　介：下辖7个自然村，均为汉族。东至万峁，西至樊湾，南至张皮，北至杨畔。全村1915人，面积为3343亩。

0471 米桥乡红星村

简　　介：下辖5个自然组，人口1953人，均为汉族，东至冯堡村，南至高仓村，西至可钦村，北靠沟。

0472 盘克镇罗后村

简　　介：罗后村位于子午岭山角下的一个美丽的小村庄，距盘克镇10公里，全村辖9个村民小组，470户，1960人，耕地面积3680亩，村干部5人。该村80%以杨姓为主，村民居住分散，当前交通不便，基础设施差，准备实施“一事一议”，道路铺沙上石12公里，村部维修项目目前已完成实施。全村发展以劳务输出为主。

0473 中村镇新堡村

简　　介：北至早胜镇，东至早胜镇，南至中村村，西至平定村。下辖8个村民小组，共3363人，均为汉族，耕地面积5420亩。

0474 米桥乡龙湾村

简　　介：下辖7个自然组，人口1826人，均为汉族，东至东风村，南至米桥村，西靠沟，北至山庄村。

0475 盘克镇杏洼村

简　　介：杏洼村位于盘克镇北部，北与合水县固城毗邻，海拔1440米，全村辖15个村民小组，640户，3100人，总耕地面积6888亩。该村古时以杏洼梁杏树多而得杏坬村，现全村以赵、宋、邓、秦、李、陈、胡等姓氏为主，村民居住相对分散，自然条件差，经济落后。

0476 盘克镇武洛村

简　　介：武洛村位于盘克镇以东10公里，属子午岭林缘区，全村共有2160人，464户，辖区12个村民小组，总耕地面积为440亩。全村主要劳动力以外出务工赚钱为主，家庭养殖及农副产品种植为副，由于自然条件限制，交通建设相对落后，村民生活水平普遍偏低，村内目前建有学校1座，卫生所1处，机井两口，村部办公楼1座，正在建设中砂石路面长3.5公里，宽9米。

0477 盘克镇荏掌村

简　　介：荏掌全村12个村民小组，536户，2736人。地处子午岭林缘地带，盘克镇东片，位于潘村、武落、罗后之间；原名鹰掌，后因字串音为荏掌。全村耕地面积4500亩，以苹果产业为主，全村有果树2700亩。

0478 良平乡尚洼村

简　　介：尚姓大户定居此处洼地而得名，1966年属红旗大队（新庄、尚洼和陈家），1971年分为尚新庄大队和尚洼大队，1994年改为新庄村至今。本村下辖3个村民小组。东至新庄村，南至陈家村，西至店头村，北至春荣乡李家台村。全村均为汉族。

0479 瓦斜乡刘坳村

简　　介：宁县瓦斜乡刘坳村因刘姓人口较多而命名，1962年以来沿用至今。本村下辖6个村民小组。东至永吉村，南至塬畔村，西至原沟村，北至瓦斜村。全村均为汉族。经济结构以种植业为主。全村1303人，耕地面积为3363亩。

0480 焦村镇西李村

简　　介：下辖6个自然组，人口1540人。西李村地处焦村乡，毗连森王村、长官村、长马村、斋店村，茂林成荫，气候宜人，绿荫成林。

0481 湘乐镇柏底村

简　　介：以驻地柏树底自然村而得名。据史书记载，该村曾有一棵大柏树，延用止今。下辖8个自然村，均为汉族。东至菜花梁，西至湘乐，南至南仓，北至下山。全村2025人，耕地面积为4554亩。

0482 焦村镇樊浩村

简　　介：下辖6个自然组，有人口1580人。

0483 和盛镇湫包头村

简　　介：以古代水源地得名。本村下辖7个村民小组，东至庙花村，南至庙花村，西至楼台村，北至南家村。全为汉族，全村351户，1826人，耕地面积3700亩，以种植业为主，人均纯收入3700元。

0484 和盛镇杨庄村

简　　介：索家、杨庄、红柳、贺家村4个自然村以杨庄为中心命名为杨庄村，本村共辖9个小组，共2650人，586户，人均收入3042元，占地面积2874456平方米。东至212国道，南至太昌冯堡，西至太昌王嘴，北至店子村。

0485 南义乡高仓村

简　　介：以前，当地有一座城堡，城堡内有一粮仓，当时兵荒马乱，人们依靠粮仓竟存有的一点粮食度过了饥荒，挽救不少生命，由此人们称之为高仓。1958年成立大队，1983年社改乡时改为村委会，1979年上级要求分村，沿211国道线为界，路东命名为东仓村，管辖5个组，路西命名为西庄村，管辖5个组，随后于2004年两村合并沿用高仓村来命名，下辖10个村民小组，均为汉族。东至本乡寨子河地界、春荣乡陈家河地界，西至马莲河畔，南至新宁镇刘塬村地界，北至张堡村、马户村地界。全村1943人，耕地面积为5358亩。

0486 中村镇曹家村

简　　介：东至正宁，南至秦店村，西至中村村，北至早胜镇。下辖7个村民小组，均为汉族，共2407人，耕地面积4370亩，经济收入以种植业、劳务输出为主。

0487 长庆桥镇贺家川村

简　　介：因贺姓人口多，又在川里，故叫贺家川村。本村下辖6个村民小组。全村耕地面积1835亩，有336户，1458人。

0488 春荣乡白公村

简　　介：下辖6个村民小组，均为汉族。东至春荣乡铁王村，西至春荣乡三曹村，南以宁五公路为界，北至湘乐镇莲池村。经济结构以农业为主，全村总人口2201人，耕地面积2740亩。

0489 新宁镇五里铺村

简　　介：以交通、驿站、递铺、旅店等命名，拥有人口1102人。东至袁家村，南至王家村、页沟村耕地，西至孟城村曹家沟，北至袁家村花堡湾沟。

0490 米桥乡巩雷村

简　　介：人口1255人，均为汉族，东至可钦村，南靠沟，西靠沟，北至屈家村。

0491 湘乐镇小坳村

简　　介：以驻地小坳子自然村而得名，以地形而延用止今，下辖6个自然村，均为汉族。东至柏树底，西至方寨，南至迁西，北至坳刘。

0492 瓦斜乡瓦斜村

简　　介：宁县瓦斜乡瓦斜村因地处瓦斜乡政府所在地而命名，1963年以来沿用至今。下辖8个自然村，均为汉族，东至马莲河，南至永吉村，西至塬畔村，北至望宁村。全村1308人，面积5676亩。

0493 盘克镇段堡村

简　　介：段堡村位于盘克镇西北部，距镇政府6公里，全村有5个村民小组，334户，1614人，耕地面积2381亩，全村现有干部4名，支部委员3名，人均纯收入2686元，是省定重点贫困村。

0494 早胜镇李家村

简　　介：全村共辖6个村民小组，452户，1986人，耕地面积2985亩。

0495 米桥乡可钦村

简　　介：下辖5个自然组，人口1276人，均为汉族。东至红星村，南至高仓村，西至巩雷村，北至屈家村。

0496 早胜镇樊村

简　　介：全村共辖8个村民小组，1049人，365户，耕地面积3150亩。

0497 平子镇页沟村

简　　介：本村下辖3个村民小组。东至平子村，南至老庄村河渠村，西至王家村，北临宁正长二级公路。全村均为汉族。经济结构以种植业为主。人均收入3800元。全村1156人，面积为1.1万亩。

0498 中村镇弥家村

简　　介：东至西王村，南至李家坳村，西至白马庙村，北至弥家坪沟底。下辖5个村民小组，全村共1774人，均为汉族。经济结构以农业为主。

0499 新庄镇下肖村

简　　介：北接太昌乡肖家村，南靠新庄镇东北门村，西接新庄镇高马村，东临老虎咀。1958年公社化时成立王庄大队，1983年社改乡时改为下肖村委会，建制以来延用至今。

0500 和盛镇吴家村

简　　介：吴氏家族大，人口多，所以以吴家命名。本村辖10个村民小组。东至焦村沟天河，南至公曹，西至屯庄，北至屯庄。全村均为汉族，全村2936人，面积为7.78平方公里。

0501 焦村镇三里塬村

简　　介：本村下辖6个自然组，人口1430人。

0502 米桥乡常邑村

简　　介：下辖8个自然组，人口2274人，均为汉族。东至米桥村，南至宁长二级公路，西至冯堡村，北靠沟。

0503 焦村镇袁马村

简　　介：本村下辖8个自然组，人口2013人。

0504 新宁镇刘塬村

简　　介：以地形而得名，拥有人口867人。东至平子村，南至老庄村河渠村，西至王家村，北临宁正长二级公路。

0505 中村镇西王村

简　　介：东至平定村，南至刘家村，西至弥家村，北至天河水。下辖10个村民小组，均为汉族，共3006人，耕地面积4836亩。

0506 中村镇乔家村

简　　介：东至孙安村，南至新源村，西至刘家村，北至中村村。下辖11个村民小组，2258人，4418亩耕地，以农业为主。

0507 新宁镇北庄村

简　　介：曾因柴姓的人多，取名柴坳，后分为柴湾和北庄组，因村部建在北庄组地界，故取名北庄。1958年公社化时成立大队，1983年社改乡时改为村委会。下辖6个村民小组，均为汉族。东至焦台村，西至刘寨村、屯庄村，南至北门村沟北组，北至合水县吉岘乡干沟畔村，全村2353人，耕地4960亩，以农业、牧业为主。

0508 新宁镇巩范村

简　　介：以姓巩、范人数较多而得名。下辖个村民小组，拥有人口2458人。巩范村坐落于新宁镇、毗连黄山村、十里铺村、龙二村，茂林成荫，人勤物丰，地处要塞，气候温和。主要农产品：洋葱、油桃、通菜、菠萝、红苹果、莴苣、玉米、葡萄、四季豆。村内资源：镁盐、铁矿、铜、银、沸石。企事业单位：巩范村民委员会。

0509 盘克镇前渠村

简　　介：前渠村位于盘克镇南部川区，下辖8个村民小组，340户，1502人，近年来，在村党支部书记马宁源的带领下，群众从种粮食逐渐转变为以种苗木为主，到2014年，全村已有90%的群众参加了苗木种植，前景较为广阔。

0510 早胜镇遇村

简　　介：全村共辖6个村民小组，1455人，391户，耕地面积2060亩。

0511 早胜镇院子村

简　　介：全村共辖8个自然村，1724人，414户，耕地面积3329亩。

0512 金村乡兰庄村

简　　介：以驻地兰家庄自然村而得名，本村下辖6个村民小组。全村耕地面积3098亩。246户821人。

0513 和盛镇范家村

简　　介：以范姓为大户村落而命名，本村下辖11个村民小组，东至焦村乡，南至屯庄村，西至显胜乡，北至焦村乡岭头村，汉族为主，经济以种植业为主。全村共498户，2372人，耕地面积30000亩。

0514 早胜镇寺底村

简　　介：位于宁县早胜镇东部，东临尚家，南衔南北村，西邻大庄，北衔良平县马家村，共2610人，8个村民小组，耕地面积288.53亩。

0515 南义乡北庄村

简　　介：以所在自然村而得名，拥有人口908人。

0516 新庄镇方尚村

简　　介：东接山王村，南瞻牛吴村，西接东刿村，北濒和胜镇惠家村。1958年成立大队，1983年社改乡时改为村委会，建制以来延用至今。以姓方、姓尚人居住多得名。

0517 良平乡赵家村

简　　介：清朝时为曹村赵家，1968年以后姓赵人数较多而得名赵家村，沿用至今。下辖9个自然组，均为汉族。东至第家村，西至早胜镇尚家村，南至平子镇下塬，北至三乐村。全村2556人，耕地面积为3538亩。经济结构以种植业、养殖业为主。人均收入4028元。

0518 新庄镇西头赵村

简　　介：东接兴户村，南靠吊庄村，西邻贺家坪。1958年公社化时成立大队，1983年社改乡时改为村委会，建制以来延用至今。以姓氏和方位得名。

0519 中村镇邓家村

简　　介：东至东庄，西至马莲河，南至车坪村，北至李家坳村。下辖8个自然村，均为汉族。全村1496人，耕地面积为3496亩。

0520 春荣乡铁王村

简　　介：因旧时此地为姓王人家居住。故名铁王。春荣乡铁王村位于春荣乡东部，东邻佛堂村，南靠苏城村，西接赤堡，北与石岭毗邻。

0521 湘乐镇于家村

简　　介：下辖8个自然村，均为汉族。东至于东，西至闫庄，南至于咀，北至于家。全村1875人，耕地面积为4410亩。

0522 盘克镇岘头村

简　　介：岘头村位于盘克镇西部，距镇政府5公里处，全村共辖5个村民小组，213户，1054人，耕地面积1900亩。全村现有村干部3名，目前，全村地埋电、自来水入户率达到了100%，村庄道路铺砂硬化4公里。

0523 瓦斜乡庄科村

简　　介：宁县瓦斜乡庄科村因庄稼汉中举而得名，1965年以来沿用至今，下辖10个自然村，均为汉族。东至马莲河，西至西峰区什社乡文安村，南至本乡官咀村，北至合水县伍家畔村。全村2239人，面积为18693亩。

0524 瓦斜乡东风村

简　介：宁县瓦斜乡东风村文革时期更名为东风村，1966年以来延用至今。本村下辖6个村民小组。东至马莲河，南至昔咀沟，西至原沟村，北至新庄沟。全村均为汉族。经济结构以种植业为主。全村1801人，耕地面积4962亩。

0525 春荣乡金曹村

简　介：从前村中挖出来一口黄金颜色的槽，故名“金槽”，解放时期改名为“金曹”。金曹村地处春荣乡塬面，东相邻三曹村，西邻雷畔村，北邻昔沟村，南邻路户村。金曹村村委会，地处金曹村南组。

0526 太昌乡肖家村

简　介：以姓氏和方位得名。东至和盛三里任，西至太昌乡申明村，南至新庄镇下肖村，北至太昌乡东风村。共6个村民小组，人口1243人，耕地面积2443亩。

0527 九岘乡九岘村

简　介：从宁县至九岘需要经过9个大的岘子的地理特征得名。东至马洼村，南至左川村，西至北庄村，金村乡老庄村。全村均为汉族。经济结构以种植业为主。人均收入3800元，全村1453人。

0528 早胜镇屯庄村

简　介：全村共辖307户，1159人，4个村民小组，耕地面积2800亩。

0529 米桥乡孟家村

简　介：因孟姓人口占全村人口50%以上而得名，下辖7个自然组，人口2237人，均为汉族。东至安子村，南靠沟，西至平子镇碾咀村，北临宁长二级公路。

0530 良平乡三乐村

简　介：民国时期称为四乐：丰乐、永乐、安乐、昌乐，1970年把丰乐划分给良平村，成为三乐村。下辖6个自然组，均为汉族。东至第家村，西至早胜镇尚家村，南至赵家村，北至丰乐村。全村2084人，耕地面积为2990亩。经济结构以种植业、养殖业为主。人均收入4570元。

0531 金村乡崔庄村

简　介：以所辖崔家庄自然村而得名，下辖6个村民小组。全村共有339户，1683人，共有耕地2569亩。

0532 新宁镇马坪村

简　介：以姓氏、地形得名，拥有人口1245人。马坪村隶属于宁县、边上有高山堡村、北庄村、金冢村，山清水秀，人杰地灵，英才辈出，人勤物丰。

0533 良平乡贾家村

简　介：以姓氏而得名，清朝以来沿用至今。本村下辖5个村民小组。东至平子镇孟城村，南至平子镇下塬，西至第家村，北至付家村。全村均为汉族。经济结构以种植业、养殖业为主，人均收入3800元。全村2015人，耕地面积为2899.35亩。

0534 金村乡南堡村

简　介：以驻地南堡子自然村而得名，下辖7个村民小组。全村共有349户，1446人。共有耕地3123亩。东至石平路，南至袁家村六组，西至程家沟畔，北至巩家村小路。

0535 盘克镇街东村

简　介：街东村位于盘克镇东部，距镇政府1公里处，全村共辖11个村民小组，515户，

2339 人，耕地面积 3338 亩。全村现有村干部 5 名，2013 年农民人均纯收入 2700 元。

0536 和盛镇庙花村

简　　介：相传该村庙宇很多，且有繁华的庙会，故得名。东至新村，南至阁老，北至湫包头，西至高崖头。下辖 8 个村民小组，1423 人，330 户，耕地面积 2569 亩。以种植业为主，人均收入 3540 元。

0537 良平乡马家村

简　　介：以姓氏而取名，1983 年以来沿用至今。本村下辖 4 个村民小组。东至屯庄村，南至早胜镇尚家村，西至早胜镇寺底村，北至段村。全村均为汉族。经济结构以种植业、养殖业为主，人均收入 4595 元。全村 1564 人，耕地面积为 2550.75 亩。

0538 盘克镇罗卜咀村

简　　介：罗卜咀村位于盘克镇西部，辖 12 个村民小组，461 户，2113 人，耕地面积 7758 亩。全村现有村干部 4 名，支部委员 3 名。近年来，罗卜咀村不断加强基层组织建设，全力推动经济社会发展。

0539 九岘乡鲁甲村

简　　介：以姓鲁人数较多而得名。东至九岘村，南至左川村，西至鲁甲村，北至金村乡洞子村。全村均为汉族。经济结构以农业为主。耕地面积 4064 亩，人口 1268 人。

0540 平子镇蒋邑村

简　　介：本村共辖 7 个村民小组，全村 1870 人，总面积为 5400 亩。东至米桥乡巩雷村，西至程家村，南至仙灵村，北至巩家村。

0541 焦村镇半个城村

简　　介：半个城村隶属于宁县，下辖 6 个自然组，人口 1340 人。

0542 南义乡马泉村

简　　介：此地为周朝时期息兵养马之地，古名“马圈铺”，1956 年，社委会日常工作把“圈”改为泉，后演变为马泉。1958 年成立大队，1983 年社改乡时改为村委会。全村下辖 5 个村民小组，均为汉族。北至刘寨村，西至马莲河，东至 211 国道，南至北门村，共 1152 人，耕地面积 2844 亩，人均年收入 1800 元。

0543 中村镇寺上王村

简　　介：东至正宁，南至苏韩村，西至乔家村，北至孙安村。下辖 5 个村民小组。全村共 1376 人，均为汉族。经济结构以农业为主。

0544 春荣乡佛堂村

简　　介：从前战乱时期人们在村里的一个寺院里面躲战乱，从而命名为“佛堂”。东至石鼓村，北至湘乐镇，南至董家村，西至铁王村。

0545 盘克镇界村

简　　介：界村位于盘克镇西北部，距镇政府 9.2 公里，全村共辖 8 个村民小组，514 户，2340 人，总耕地面积 5347 亩。全村现有村干部 5 名，支部委员 5 名。

0546 春荣乡上齐村

简　　介：春荣乡上齐村位于春荣乡南川，东邻九岘川口村，南靠山庄村，西接高寺，北与万塬村毗邻。

0547 焦村镇下个村

简　　介：下个村下辖6个自然组，人口1360人。

0548 早胜镇西头村

简　　介：全村共辖8个村民小组，2160人，460户，耕地面积3600亩。

0549 新宁镇黄山村

简　　介：以所处地形而得名，拥有人口875人。东至罗家嘴，西至程家村，南至沟畔，北至九龙河畔。

0550 新庄镇安任村

简　　介：东接西南门村，西临长庆桥先锋村，南靠巩岭村，北接吊庄村。1958年成立大队，1983年社改乡时改为村委会，建制以来延用至今。以姓氏得名。

0551 春荣乡新庄村

简　　介：下辖9个自然组，均为汉族。西至古城村，东至宁春村，南至当庄村，北至王台村。全村2786人，面积为12500亩。标志性建筑物有新庄村石南组药王庙。

0552 新庄镇店头赵村

简　　介：东接东剡村，西临坳王村，南靠丁任村，北接东北门村。1958年成立大队，1983年社改乡时改为村委会，建制以来延用至今。相传明末此地为低洼常年积水，住户多为赵姓故名淀头赵，后演变为店头赵。

0553 良平乡屯庄村

简　　介：以所在地形而得名，1968年以来沿用至今。本村下辖9个村民小组。东至店头村，南至早胜镇尚家村，西至马家村，北至老庄村。全村均为汉族。经济结构以种植业、养殖业为主，人均收入4342元。全村2587人，耕地面积为3555.93亩。

0554 新庄镇白店村

简　　介：东与中村乡隔沟相望，西临桥子、郧家村，南接新华村，北接丁任村。1958年成立大队，1983年社改乡时改为村委会，建制以来延用至今。清末有白姓人在此开设店铺为生故名。

0555 焦村乡王咀村

简　　介：王咀村隶属于宁县，下辖7个自然组，人口1360人。

0556 焦村镇咨店村

简　　介：咨店村是焦村镇一个行政村，下辖8个自然组，人口1950人。

0557 中村镇刘家村

简　　介：中村镇刘家村下辖8个村民小组，共2671人，均为汉族，耕地面积4650亩。该村北至平定村，东至中村村，南至东庄村，西至李家坳村。主要农产品有苹果、西瓜、蕃茄。

0558 早胜镇刘畔村

简　　介：全村共辖280户，1478人，8个村民小组，耕地面积3530亩。

0559 和盛镇公曹村

简　　介：以周朝最后一个皇帝周王降生而得名，本村共辖11个小组，人口2592人，共592户，占地面积3862800平方米。经济结构以种植业为主，人均收入3800元，全村均为汉族。东至焦村乡，南至庙花、湫包头、南家，西至和盛村，北至吴家村。

0560 中村镇政平村

简　　介：东至正宁周家，南至陕西长武，西至新庄镇，北至新城村。下辖5个村民小组，均为汉族，共906人，耕地面积2570亩。

0561 瓦斜乡原沟村

简　　介：宁县瓦斜乡原沟村以沿沟斜坳而得名，1963年以来沿用至今。本村下辖11个村民小组。东至东风村，南至新宁镇，西至塬畔村，北至刘坳村。全村均为汉族。全村1875人，耕地面积4327亩。

0562 新庄镇兴户村

简　　介：东接东北门村，南接吊庄村，西邻西头赵村，北接高马村。1958年成立大队，1983年社改乡时改为村委会，建制以来延用至今，以兴盛之意而得名。

0563 新宁镇坳刘村

简　　介：坳刘村受新宁镇管辖，以姓氏得名，拥有人口1779人。

0564 早胜镇南街村

简　　介：下辖10个自然村，均为汉族。含二里半、姜家庄、老城、柿子巷。全村3710人，耕地面积4777亩，以种植业为主，部分村民兼做饮食及商业。

0565 新庄镇桥子村

简　　介：东靠丁任村，南接郧家村，西接程举河村，北瞻咀头赵村。1958年成立大队，1983年社改乡时改为村委会，建制以来延用至今，以村中有一土桥而得名。桥子村位于新庄镇西南8公里处，辖7个村民小组，330户，1270人，有劳动力625人，外出务工人员460人，全村耕地总面积3601亩。2013年全村人均纯收入2450元，全村共有贫困人口108户，426人，占全村总人口的33.54%。桥子村群众以传统农业种植为主。

0566 金村乡金村

简　　介：以驻地金村自然村而得名，相传很久以前这里住着姓金人家，故起名金村。下辖8个村民小组，共有耕地3095亩，497户，2373人。

0567 良平乡段村

简　　介：以前是两个村，分开后寓意断了而得名，1958年以来沿用至今。本村下辖6个村民小组。东至老庄村，南至马家村，西至春荣乡徐家村，北至春荣乡陡沟村。全村均为汉族。经济结构以种植业、养殖业为主。人均收入3945元，全村2035人，耕地面积为3420亩。

0568 平子镇修果村

简　　介：东至王家村，西至良平第家沟畔，南至西堡村塬畔，北至宁正长二级公路。全村共2370人，面积为3356亩。共辖7个村民小组。

0569 新宁镇十里铺村

简　　介：以交通、驿站、递铺、旅店等命名，东至惠堡村九组，西至早胜镇李家河渠，南至党家村河渠，北至良平乡赵家村河渠，全村共辖5个村民小组，213户，1054人，耕地面积1900亩。目前，全村地埋电、自来水入户率达到了100%，村庄道路铺砂硬化4公里。

0570 焦村镇街上村

简　　介：焦村镇街上村因其位于焦村镇街道边沿而得名。共辖14个村民小组，811户，3326人，耕地面积5060亩，人均年纯收入

2450元。为了全面引进现代苹果产业发展理念和技术革新，推动焦村镇街上村苹果产业升级，进一步加快产业富民的步伐，县、乡两级多方衔接，招商引资陕西海升现代农业有限公司，规划在街上村投资2700万元建成千亩现代农业综合示范园1处。

0571 春荣乡苏城村

简　　介：因苏家古城而得名。东邻董家，西接李台，南视北堡，北望铁王，一村四组，村委会地处苏城村杨家组。苏城村地处宁县九龙河川区上游，是一个纯山区村。2011年，县级新农村新农宅示范点项目建设在该村实施。借助这一机遇，该村同时争实施了太阳能暖房新农宅实验项目。目前，建成4处太阳能暖房新农宅，搬居4户村民。

0572 米桥乡安子村

简　　介：下辖4个自然组，人口1396人，均为汉族，东至宋家村，南靠沟，西至孟家村，北临宁长二级公路。

0573 盘克镇闫沟村

简　　介：闫沟村位于子午岭林缘山区腹地，距镇政府约2公里，石盘公路穿村而过，交通较为便利，网络信号覆盖全面，地势平坦，土壤肥沃，昼夜温差较大，平均海拔为1450米。距城区30公里，有22个村民小组，752户，耕地面积4452亩，地处典型的岗坡丘陵区。

0574 米桥乡米桥村

简　　介：以村中建土桥一座而得名，下辖7个村民小组，均为汉族。全村2410人。本村以香包产业为主，涌现了以白彩霞为主的一批民间刺绣大师。东至米桥乡老庙村，西至米桥乡常邑村，南临沟，北至米桥乡东风村。

0575 和盛镇店子村村

简　　介：街道搬迁后沿用原店子镇名字。本村所辖10个自然组，全村610户，2739人，面积2641356平方米，全村均为汉族。经济结构以种植业为主，人均收入4800元。东至和盛村，西至显头村，北至庙底村，南至杨庄村。

0576 新庄镇沟圈村

简　　介：新庄镇沟圈村处庆阳市最南端，属新庄镇偏远村。北于新华村、西于马家村接壤，南以泾河为界和米家沟村与陕西长武县相望，东以马莲河相隔与中村乡政平村、正宁县周家乡、陕西彬县遥相呼应，距镇政府所在地13公里。地势西北高，东南低，呈鞋底状，川塬兼具，二河围聚。海拔在860—1070米之间，年降雨量500—600毫米，平均气温8.7℃，全年无霜期在170天左右，平均光照时间在2365.7小时，属于典型的雨养旱作农业区。全村共辖6个村民小组，185户，总人口802人，总面积2413亩，其中耕地面积1932亩，人均耕地2.5亩。2011年该村农民人均纯收入3576元。

0577 和盛镇南家村

简　　介：因南姓氏人多而得名，东至南家沟，南至楼台村，北至公曹，西至和盛，下辖8个村民小组，1934人，463户，以种植业为主，人均收入3420元。南家村历史上以农林业、果蔬业为主，土地肥沃，河滩居多，从而奠定了该村发展农林业的基础。林果业也得到了快速发展。改革开放以来，随着集贸市场的繁荣，也带动了该村蔬菜业的发展，到2004年，而形成了大村镇重要的蔬菜生产基地之一，有不少剩余劳动力进城务工创业，村民收入不断增加，人民生活不断改善。

0578 平子镇巩家村

简　　介：本村范围内9个村民小组，起点为程家村、蒋邑村庄稼地，终点为九龙河畔，村道长4公里，宽6米，主道为柏油路面，道路等级为县级路，始建时间2012年。

0579 新庄镇雨落坪村

简　　介：东与中村乡隔沟相望，西靠牛吴，南接杨坪村，北接山王村。1958年成立大队，1983年社改乡时改为村委会，建制以来延用至今。以驻地有雨落坪遗址而得名。

0580 早胜镇谭腊村

简　　介：全村共辖6个村民小组，1850人，314户，耕地面积3140亩。

0581 新宁镇高山堡村

简　　介：高山堡村位于宁县县城南侧，以所在地形而得名。全村总面积433公顷，辖5个村民小组，256户，1037人，耕地面积2129亩，是新宁镇九龙金枣主产区之一。该村因其独特的地理位置和独特的气候条件，造就了该村品质极佳的九龙金枣。国家科技富民强县项目实施以来，该村切实按照项目总体规划，对全村老枣园进行了规范化管理，积极推广枣－小麦、枣－油菜、枣－黄豆、枣－蔬菜、枣－中药材等6种枣粮、枣菜间作模式，使九龙金枣产业成为经济发展和农民增收的主渠道。2009年底，全村九龙金枣面积1935亩，其中标准化示范园面积1035亩，新栽900亩。当年全村老枣园共产鲜枣30万公斤，实现销售收入160万元，间作粮经作物实现收入96万元，累计实现收入256万元，户均增收1500元。

0582 太昌乡杨咀村

简　　介：以姓氏和地理实体而得名。东至太昌乡申明村，西至太昌乡小盘河村，南至太昌乡申明村，北至太昌乡联合村，共6个村民小组，面积8350亩。杨咀村地处太昌乡梁峁塬边，全村235户，1028人，总耕地面积1730亩。

0583 盘克镇郝湾村

简　　介：郝湾村位于盘克镇西片，共有7个村民小组，1706人。有耕地1500多亩，其中苹果园500多亩。羊800多只，牛20头。年人均纯收入1125元。

0584 湘乐镇方寨村

简　　介：下辖10个自然村，均为汉族。东至店子，西至西咀，南至庞川，北至高咀。全村1825人，面积为4980亩。

0585 平子镇吕村

简　　介：吕村位于平子镇东部，南临宁正长公路，东临米桥乡高仓村，西邻仙灵村耕地，北临米桥乡巩雷村沟渠，耕地面积2650亩，人口1863人。2012年以来，吕村根据实际情况，在原有300亩干果经济林的基础上，新发展核桃林1000亩（利用退耕还林地实行果药间作1000亩），基本实现人均1亩经济林，人均年增收600元的目标，同时，利用村前的沁河滩涂100亩，新建水产养殖鱼池60余亩，建成后可解决农村闲置劳动力60余人，年人均纯收入可增加1000多元。

0586 春荣乡昔沟村

简　　介：因旧时此地为姓昔人家居住。故名昔沟。春荣乡昔沟村位于城北河川中部，东邻湘乐镇庞川村，南邻雷畔村，西邻南义乡寨子河村，北邻湘乐镇宇村。辖8个村民小组，1411 人。

0587 和盛镇屯庄村

简　　介：战争时期有军队屯兵在此，早些年有古庄之称，后改为屯庄，本村下辖 9 个小组。人口 2392 人，528 户，全村均为汉族，经济结构以种植业为主，人均收入 3800 元，占地面积 2439558 平方米。西至庙底三组，北至范家、楼子，东至吴家村，南至和盛村。

0588 早胜镇北街村

简　　介：北街村位于早胜镇区，宁正公路、银西公路、早长公路交汇处，交通便利，地理条件优越。全村共有 11 个村民小组，898 户，3933 人。1998 年被省委树立为“基层组织建设先进集体”，2000 年被县委、县政府树立为“文明村”和“五好标兵党支部”。2003 年被市委、市政府命名为“文明村”。

0589 平子镇平子村

简　　介：东至老庄村四组农户，南至正宁县榆林子镇文乐村，西至惠堡村一组，北至王家村沟渠。平子村是平子集贸市场所在地，辖 8 个村民小组，771 户，3120 人。全村总耕地面积 3278 亩，铜眉公路穿村而过，塬面平坦，交通方便，信息通畅，经济条件优越。2005 年全村粮食总产 972 吨，人均产粮 316 公斤，农民人均纯收入 2161 元。现有标准化六年制小学 1 所，在校学生 582 名，村庄主干道路砂石硬化 2 公里；安装固定电话 340 部。

0590 中村镇李家坳村

简　　介：因地势低下及李姓大户而得名，东至刘家村，南至邓家村，西至马莲河，北至弥家村，下辖 5 个村民小组。全村共 1236 人，均为汉族。经济结构以农业为主。

0591 和盛镇高崖头村

简　　介：因人住地势低而地高而得名，北至楼台，南至三任，东至阁老，西至太昌沟，下辖 5 个村民小组，1042 人，240 户，耕地面积 1881 亩，以种植业为主，人均收入 3564 元。

0592 中村镇苏韩村

简　　介：苏韩村下辖 6 个村民小组，全村共 2429 人，均为汉族，耕地面积 12010 亩。

0593 米桥乡冯堡村

简　　介：冯姓人占全村人口的 50% 以上，下辖 4 个自然组，人口 1020 人，均为汉族，东至常邑村，南至宁长二级公路，西至红星村，北靠沟。

0594 春荣乡徐家村

简　　介：下辖 12 个自然村，均为汉族。东至李台村村界，西至龙儿村界，南至早胜塬畔，北至春荣塬畔。全村 3065 人，面积为 1230 亩。徐家村是养牛专业村，2005 年初组建了养牛协会，现有会员 180 名，其中有持证的牛经纪人 8 名，有改良点 3 处，科技养殖示范户 9 户，全村养牛户占到了总农户 708 户的 80%，牛存栏 1213 头，去年全村农民人均养牛一项的纯收入是 512 元。

0595 新庄镇西南门村

简　　介：1958 年公社化时成立大队，1983 年社改乡时改为村委会，建制以来沿用至今。东、北接东北门村，南接店头赵村，西接安任村和吊庄村。以城西门和南门所处位置而得名。西南门村是新庄镇政府所在地。新庄集镇街区为西南门、东北门两村交错居住区，是全镇政治、经济、文化中心，早青公路经过之地。新庄镇历来为陇东塬进出陕西的重要古镇，据《宁县志》记载：明初已是人口聚集、商贾兴荣的大集镇。明万历二年（1574年）筑城建镇后，集市一直兴盛不衰。现安置区地理位置优越，基础服务设施齐全。全村372户，1621人，耕地面积3171亩，人均耕地1.96亩，农民人均纯收入1868元。

0596 九岘乡左川村

简　　介：以左姓人最先居住于此而发展为一个村而得名，是全县唯一的回汉民族村。东至左川村，西至春荣乡上齐村，南至米桥乡东风村，北至鲁甲村。全村868人。

0597 新庄镇坳王村

简　　介：1958年成立大队，1983年社改乡时改为村委会，建制以来延用至今。以村中心凹陷四周高，加之王姓人居住多得名。坳王村位于新庄镇南部，北接西南门村，东与丁任村相连，南至咀头赵村，西至巩岭村，全村共辖9个村民小组，360户，1634人，耕地面积3772.5亩。全村以传统农业种植为主，人均纯收入4899元。

0598 焦村镇任村

简　　介：全村共有7村民小组，326户，1329人。任村的社会风气良好，20几年来这里无偷窃，无斗殴，无赌博，无封建迷信，无邻里纠纷，无上访告状，更没有发生过一起刑事案件，连续15次被评为省、地、县先进集体，1990年被县委、县政府确定为科技示范村，1994年又被县委、县政府树立为小康示范村。村党支部连续10年被县、乡树为先进党支部。

0599 新庄镇东北门村

简　　介：东临老虎咀，南接店头赵村，西临西南门村和兴户村，北接高马村。以东门村和北门村的合称得名。1958年公社化时成立大队，1983年社改乡时改为村委会，建制以来延用至今。新庄镇东北门村位于新庄街区东北门，地势平坦，交通便利，地理条件优越，商贸活跃，全村共辖10个村民小组，608户，2594人，耕地面积4435亩。全年粮食总产量1600吨，2006年农民人均纯收入2120元，新庄中学、新庄小学均在村土之内，共有学生1600人，建有幼儿园1所，学生150人，卫生所1处，医务人员3名。苹果、瓜菜、劳务是该村农民增收和致富的主导产业。

0600 焦村镇高尉村

简　　介：高尉村全村总人口1818人。有致富能人10名，党员致富能人4名，致富明星户10户，党员致富明星户数5户。村级活动场所为8间砖混结构平房166平方米，总投资10.5万元，配备了必要的办公设施。

0601 良平乡殷咀村

简　　介：以殷姓和地形而得名，1976以前为先锋大队，1976年以后为殷咀村至今。本村下辖2个村民小组。东至尚洼村，南至老庄村，西至马家段村，北至春荣乡陡沟村。全村均为汉族。经济结构以种植业、养殖业为主，人均收入4005元。全村824人，耕地面积1424亩。

0602 焦村镇西尚村

简　　介：西尚村下辖4个自然组，人口872人。

0603 新庄镇山王村

简　　介：东与中村乡隔沟相望，西靠方尚，南接雨落坪村，北濒和胜镇魏家川。1958年公社化时成立大队，1983年社改乡时改为村委会。以地处山上、王姓人居住多而得名，也叫下山王简称山王。

0604 九岘乡马洼村

简　　介：以前因姓马人数最先在此居住而得名。下辖9个自然村，均为汉族。东至桂花园，西至九岘村，南至左川村，北至金村乡老庄村。全村2973人，面积为3496亩。

0605 平子镇程家村

简　　介：东至石平路，南至袁家村六组，西至程家沟畔，北至巩家村小路。占地面积4500平方米。

0606 新庄镇牛吴村

简　　介：东接雨落坪，南靠丁任村，西邻东刹村，北瞻方尚村。1958年公社化时成立大队，1983年社改乡时改为牛吴村委会，建制以来延用至今，以牛姓、吴姓人居住多得名。

0607 和盛镇惠家村

简　　介：惠家村以姓氏而得名，下属7个村民小组，298户，1346人，以种植业为主，年收入2340元，东至魏家川，西至东乐，北至新村，南至新庄方尚。

0608 新庄镇丁任村

简　　介：北靠店头赵村，南靠白店村，西接桥子村，东接杨坪村。1958年成立大队，1983年社改乡时改为村委会，建制以来延用至今。以辖丁家、任家两个自然村各一字而命名。

0609 南义乡焦台村

简　　介：以焦台组焦氏姓氏为多数而命名，1958年成立大队，1983年社改乡时改为村委会，1959年以焦氏姓氏命名，1978年分为川口村和小台村，2013年底又合并为焦台村。下辖12个村民小组，均为汉族。东至合水县肖咀乡梅寨村、湘乐镇方寨村，西至合水县吉岘乡罗畔村、巩合村，南至南义乡北庄村、北门村、张堡村，北至合水县梅寨村玉皇沟组。全村2678人，耕地面积为6750亩，以农牧业、林果为主。

0610 盘克镇咀头村

简　　介：咀头村位于盘克镇最西端，西北与合水县段家集乡毗邻，南与湘乐镇北仓村隔沟相望，东与盘克镇班北村相接。全村下辖7个村民小组，有369户，1654人，全村共有耕地面积4058亩，人均2.45亩。近年来，全村大力发展苹果产业，目前全村共有果园面积600多亩，其中成园150多亩，细园450多亩，生产的优质苹果深受外地客商称赞。

0611 太昌乡青牛村

简　　介：传说狄梁公斩九龙，骑一青牛到此地而死，故取名青牛。东至新庄镇下肖村，西至太昌乡刘堡村，南至太昌乡刘堡村，北至太昌乡肖家村。共5个村民小组，人口1405人，面积1816亩。

0612 春荣乡董家村

简　　介：因董家自然村人口占全村50%得名。董家村地处九龙川中游，东邻高寺村，西邻苏城村，北邻佛堂村，南邻平子巩家村。

0613 良平乡店头村

简　　介：以驻地地形而得名，1976年以来沿用至今。本村下辖4个村民小组。东至店头村，南至屯庄村，西至段村村，北至殷咀村。全村均为汉族。经济结构以种植业、养殖业为主，人均收入4005元。全村1657人，耕地面积为1784亩。

0614 盘克镇街西村

简　　介：街西村位于盘克街道及其西部，东西长3.8公里，南北长约3公里，共辖11个村民小组，现有耕地面积3515亩，有560户，2288人，人均纯收入1282元，主要产业以果树为主。

0615 盘克镇观音村

简　　介：观音村，位于盘克镇西部，距镇政府8.2公里，村上原有观音庙一座故得名观音庙村，后简称观音村。全村共辖9个村民小组，432户，2132人。全村共有耕地3438亩，其中塬地2456亩，洼地982亩，全村农民收入以农为主。地埋电入户率达到100%，村上有机井3眼，自来水入户率达到95%以上，全村硬化砂石路面7.8公里。

0616 新庄镇颉家村

简　　介：东接本镇新华村，南接马家村，西邻程举河村，北接郧家村，1958年成立大队，1983年社改乡时改为村委会，建制以来延用至今，以颉姓人居住多而得名。

0617 太昌乡申明村

简　　介：周朝时，周赧王在此建有议事厅，称申明厅，又因姓杨人家较多，故取名申明杨家，后改为申明村。东至太昌乡肖家村，西至太昌乡小盘河村，南至太昌乡苟家村，北至太昌乡联合村。该村以农作物种植为主，兼顾林果业发展。截止2008年，种植小麦1020亩，玉米260亩，土豆、油菜126亩。粮食总产量810余吨。林果占地814亩，果品产量600余吨。养猪专业户5户，生猪存栏量110头。养牛35头。全村经济总收入481万元，人均收入5000元。

0618 良平乡老庄村

简　　介：以驻地地形而得名，1976年以来沿用至今。本村下辖4个村民小组。东至店头村，南至屯庄村，西至段村，北至殷咀村。全村均为汉族。经济结构以种植业、养殖业为主。人均收入4005元。全村1657人，耕地面积为1784亩。

0619 瓦斜乡塬畔村

简　　介：宁县瓦斜乡塬畔村又名张塬畔，因张姓人较多而命名。1971年以来延用至今。本村下辖10个村民小组。东至刘坳村，南至新宁镇，西至焦村镇，北至什社乡。全村均为汉族，全村1155人，面积3836亩。

0620 焦村乡朱寨村

简　　介：朱寨村坐落于宁县，下辖6个自然组，人口1560人。

0621 湘乐镇莲池村

简　　介：以驻地姓氏和自然村而得名，据史书记载，此地以前有一水池子，池边长有“莲花”，故得名“莲花池”。东至莲东，西至胡沟，南至吕台，北至北峁。全村1320人，面积为2800亩。

0622 平子镇下塬村

简　　介：下辖9个自然村，均为汉族。东至惠堡村九组，西至早胜镇李家河渠，南至正宁县榆林子镇党家村河渠，北至良平乡赵家村河渠。全村2230人，占地面积为4717.39亩。

0623 良平乡新庄村

简　　介：以驻地所处地形而得名，1966年属红旗大队（新庄、尚洼和陈家），1971 年分为尚新庄大队和尚洼大队，1994 年改为新庄村至今，本村下辖 4 个村民小组。东至付家村，南至陈家村，西至尚洼村，北至春荣乡李家台。全村均为汉族。经济结构以种植业、养殖业为主。人均收入 3958 元。全村 1463 人，耕地面积为 2385 亩。

0624 和盛镇东乐村

简　　介：1979 年与新村分村后命名为东庄村，1992 年改名为东乐村。本村下辖 7 个村民小组。东至新村，西至庙花，南至新庄镇，北至焦村。全村 315 户，1419 人，人均纯收入 3500 元，耕地面积 6000 亩，以种植业为主。

0625 新庄镇东剡村

简　　介：西临东北门、店头赵村，北濒老虎咀，东邻牛吴村。1958 年成立大队，1983 年社改乡时改为村委会，建制以来延用至今。以村东，剡姓人居住多得名。

0626 湘乐镇南仓村

简　　介：传说此地很早以前建有一粮食仓，该村地处在粮仓的南边，而取名为南仓。以方位而得名延用止今。东至瓦窑，西至小坳村，南至河畔，北至欠西。

0627 湘乐镇北仓村

简　　介：传说此地很早以前建有一粮仓，该村地处在粮仓的北边，而取名为北仓。以方位而得名沿用止今。东至万前峁，西至栽花，南至前良，北至楼底。全村 1573 人，面积为 2963 亩。

0628 盘克镇窦湾村

简　　介：窦湾村位于盘克镇南部，和湘乐镇南仓村毗邻，石盘公路穿村而过。全村辖 9 个村民小组，380 户，1789 人，耕地面积 3275 亩。该村因古时姓窦者居多而得名，现全村以李、罗、孙、窦姓氏为主。目前交通便利，基础设施良好，全村以发展劳务输出为主。

0629 焦村镇西沟村

简　　介：因围绕沟而命名，因此命名为西沟村。下辖 9 个村民小组，686 户，2887 人。

0630 金村乡老庄村

简　　介：老庄村是宁县一个行政村，该村原名王家老庄。全村共辖 8 个村民小组，耕地面积 3975 亩，253 户，937 人。毗连崔庄村、麻子掌村，交通便利，茂林成荫，民风淳朴，地处要塞。

0631 瓦斜乡永吉村

简　　介：宁县瓦斜乡永吉村，传说本村曾有一只金鸡，后演化为永吉村，1967 年以来沿用至今。本村下辖 7 个村民小组。东至马莲河，南至东风村，西至刘坳村，北至瓦斜村。全村均为汉族。经济结构以种植业为主。全村 1286 人，298 户。

0632 早胜镇大庄村

简　　介：全村共辖 9 个村民小组，1938 人，420 户，耕地面积 2567 亩。

0633 良平乡付家村

简　　介：以姓氏而取名，民国以来沿用至今。下辖 9 个自然组，均为汉族。东至平子镇孟城，西至良平村，南至贾家村，北至春荣乡李家台。全村 3454 人，耕地面积为 4943.11 亩。经济结构以种植业、养殖业为主。人均收入 3946 元。

0634 南义乡吴冢村

简　　介：因有个冢子疙瘩，又因吴姓较多，故名吴冢。1958 年成立大队，1983 年社改乡时改为村委会。下辖常南、常北、吴冢、巩咀、郝咀、康川 6 个村民小组，均为汉族。东至张堡村南门组、张堡组，西至马莲河，南至马户北头组，北至北门村庄南组。全村 2050 人，耕地面积为 4437 亩，以农牧业为主。

0635 春荣乡李台村

简　　介：因旧时李姓人家住在台上而得名。李台村地处九龙川，东邻苏城村，南邻良平乡，西邻徐家村，北邻路户村。

0636 新宁镇金钟村

简　　介：古时，该村修有一冢子，且土地肥沃，故名“金银冢”，后简称“金冢”，谐音“金钟”。拥有人口 965 人。

0637 中村镇中村

简　　介：东至秦店村，南至乔家村、孙安村，西至刘家村，北至新堡村。全村均为汉族，经济结构以农业为主。耕地面积 4064 亩，人口 2138 人。

0638 良平乡第家村

简　　介：以姓氏而得名，1978 年以来沿用至今。本村下辖 4 个村民小组。东至贾家村，南至赵家村，西至三乐村，北至良平村。全村均为汉族。经济结构以种植业、养殖业为主，人均收入 4315 元。全村 1836 人，耕地面积为 2277 亩。

0639 良平乡陈家村

简　　介：以姓氏而得名，1998 年以来沿用至今。本村下辖 2 个村民小组。东至付家村，南至良平村，西至店头村，北至尚洼村、新庄村。全村均为汉族。经济结构以种植业、养殖业为主，人均收入 4570 元。全村 1138 人，耕地面积为 1257 亩。

0640 太昌乡东风村

简　　介：1956 年公社化时取名为东风大队，后改为东风村。东至和盛镇高崖头村，西至太昌乡申明村，南至太昌乡肖家村，北至和盛镇楼台村。共 8 个村民小组，人口 2530 人，面积 10875 亩。

0641 新庄镇新华村

简　　介：东接周河村，南接沟圈村，西邻颉家村，北接白店村。1958 年公社化时成立大队，1983 年社改乡时改为村委会，建制以来沿用至今。原马岭村，1958 年公社化时，给此地大队命名“新华大队”，取纪念新中华之意。

0642 新庄镇米家沟村

简　　介：米家沟村受新庄镇管辖，东与政平隔沟相望，西、南瞻陕西长武塬，北靠沟圈村。1958 年公社化时成立大队，1983 年社改乡时改为村委会。

0643 米桥乡屈家村

简　　介：屈姓人占本村人数比例大而得名，下辖 12 个自然组，人口 2276 人，均为汉族。东至红星村，南至可钦村，西至巩雷村，北靠沟。

0644 焦村镇王庄村

简　　介：王庄村受焦村镇管辖，下辖 6 个自然组，人口 1560 人。

0645 春荣乡古城村

简　　介：本村下辖 11 个村民小组。东至新庄村马堡组，西至新宁镇地界，南至徐家村，北至王台村。全村 2606 人，占地面积为 13670 亩，耕地面积为 5247 亩。

0646 盘克镇闫沟村

简　　介：闫沟村位于子午岭林缘山区腹地，距镇政府约 2 公里，石盘公路穿村而过，交通较为便利，网络信号覆盖全面，地势平坦，土壤肥沃，昼夜温差较大，平均海拔为 1450 米。

0647 早胜镇清华村

简　　介：全村共辖 7 个村民小组，2205 人，524 户，耕地面积 3367 亩。

0648 焦村镇森王村

简　　介：森王村下辖 6 个自然组，人口 1840 人。

0649 中村镇新城村

简　　介：东至俭底村，南至政平村，西至西华村，北至新源村。下辖 8 个村民小组，均为汉族，共 1906 人，耕地面积 3570 亩。

0650 米桥乡高仓村

简　　介：高仓村位于甘肃陇东黄土高原的东部，宁县米桥乡宁正公路沿线的安子路口以北 600 米处，全村占地 13 万平方米，下辖 5 个自然组，人口 1764 人，均为汉族。东至红星村，南至安子村，西至平子镇宇村，北至可钦村。

（六）庆城县

0651 高楼乡雷家岘子村

简　　介：以自然村而得名，沿用至今。大队驻地雷家岘子。

0652 玄马镇桑梨塬村

简　　介：大队成立于1961年，是以大队所辖自然村而命名，沿用至今。

0653 蔡家庙乡徐新庄村

简　　介：此地多居住徐姓人家而得名，沿用至今。

0654 蔡家庙乡葛崾岘村

简　　介：以大队驻地自然村而命名，沿用至今。

0655 南庄乡丰台村

简　　介：该大队命名于1955年，因大队范围内有丰台自然村而得名，沿用至今。

0656 玄马镇玄马村

简　　介：公社成立于1958年，1961年分为玄马、贾家桥两个公社，1965年又与贾家桥合并为玄马公社，沿用至今。

0657 马岭镇马岭村

简　　介：该大队成立于1958年，因驻地在马岭自然村，沿用至今。大队驻马岭村。

0658 玄马镇孔桥村

简　　介：1958年人民公社化时为郑家塬大队管辖，以孔家桥村命名为孔家桥大队，沿用至今。

0659 玄马镇樊家老庄村

简　　介：本大队是1965年老庄、马畔、曹峁三个大队合并后得名，大队驻樊家老庄，沿用至今。

0660 太白梁乡吴家岔村

简　　介：吴姓人士居住此岔，故而得名，1958年成立于大队时将大队命名为吴家岔，沿用至今。

0661 驿马镇佛寺坳村

简　　介：此地明朝建广元佛寺园一处，故以寺院和地形得名，1973年恢复为佛寺坳大队，沿用至今。

0662 桐川乡郭家岔村

简　　介：该大队成立于1962年，以大队驻地得名，1966年改为红旗大队，1978年恢复原名，沿用至今。

0663 白马铺乡顾旗村

简　　介：以自然村而得名，沿用至今。

0664 驿马镇驿马村

简　　介：该大队成立于1958年，因大队设在驿马关，位于庆城县50公里处，系驿马公社驻地。

0665 卅铺镇十五里铺村

简　　介：该大队成立于1958年，以大队驻地自然村而命名为十五里铺大队，沿用至今。

0666 太白梁乡柳树庄村

简　　介：该大队成立于1958年，大队名称由驻地柳树庄而得名，沿用至今。

0667 蔡家庙乡谷家大堡子村

简　　介：光绪年间，姓谷人民居住此地，为了防御盗贼在此修建一座大城堡而得名，沿用至今。

0668 赤城乡黄塬村

简　　介：大队驻地黄家塬子而得名，沿用至今。

0669 白马铺乡白马铺村

简　　介：大队驻地白马铺而得名，沿用至今。

0670 翟家河乡胡家岭村

简　　介：大队驻地胡家坳子而命名，沿用至今。

0671 马岭镇贺旗村

简　　介：贺旗大队成立于1958年，因大队驻地自然村得名。

0672 马岭镇石立庙村

简　　介：该大队成立于1960年，以管辖自然村得名，1967年改名为红旗大队，1972年又恢复石立庙大队。

0673 驿马镇儒林村

简　　介：古代在此地建观音寺，以儒家之道而取名入门铺，1956年成立高级公社，1961年成立儒林公社，1966年改为红旗公社，1973年又恢复儒林村大队至今。

0674 桐川乡张旗村

简　　介：传说很早以前此地驻过军，十里为一旗，该旗总头目姓张而得名。张旗大队命名为1962年，1965年合并为回家庙大队，1979年又分为张旗大队，沿用至今。

0675 桐川乡党崾岘村

简　　介：此地有以崾岘，清末1802年间，党姓人氏在此地设有一当铺，故人们称为党崾岘，沿用至今。

0676 高楼乡太乐沟村

简　　介：以自然村而得名，沿用至今。

0677 熊家庙乡瓦窑嘴村

简　　介：该大队以原管辖的自然村而命名于1965年，1966年更名为“八一”大队，1974年恢复为瓦窑嘴大队旧称，沿用至今。

0678 卅铺镇韩家台子村

简　　介：该大队成立于1958年，以本大队管辖韩家台子村得名，1967年改名红旗大队，1970年恢复韩家台子大队，沿用至今。

0679 蔡口集乡周家塬村

简　　介：因大队所管辖自然村而得名，沿

用至今。

0680 桐川乡高庄村

简　　介：该大队以高庄而得名，沿用至今。

0681 玄马镇贾家桥村

简　　介：1958 年人民公社化时，以贾桥村命名为贾桥大队，沿用至今。

0682 蔡家庙乡二郎山村

简　　介：以大队管辖自然村命名，1969 年曾改为红星大队，1974 年恢复二郎山大队，沿用至今。

0683 驿马镇马园村

简　　介：以大队驻园子村得名。

0684 马岭镇琵琶寨村

简　　介：该大队成立于 1960 年，因本大队有一琵琶寨自然村，故将大队名称命名为琵琶寨大队，1967 年更名为朝阳大队，1972 年恢复为琵琶寨大队，沿用至今。

0685 桐川乡北塬头村

简　　介：本村处于董志塬最北边的边缘，故称为北塬头，沿用至今。

0686 庆城镇十里坪村

简　　介：因驻地而得名。

0687 太白梁乡吕家塬村

简　　介：此塬吕氏人家较多，故得名为吕家塬。1958 年成立大队时命名为此名，沿用至今。

0688 蔡家庙乡桥子村

简　　介：以自然村而得名，沿用至今。

0689 驿马镇熊家庙村

简　　介：该公社成立于 1961 年，因本社内有一熊家庙自然村，故得名，1965 年并为驿马公社，1980 年又恢复熊家庙公社至今。

0690 驿马镇夏家涝池村

简　　介：夏家涝池大队成立于 1958 年，因本大队有夏家涝池村而命名为夏家涝池大队。

0691 驿马镇韦家老庄村

简　　介：韦家老庄是 1962 年从驿马大队分设出的一个大队，以驻地韦家老庄命名为韦家老庄大队，1966 年改为新庄大队，1973 年恢复为韦家老庄大队沿用至今。

0692 赤城乡白家窑村

简　　介：以驻地而得名，沿用至今。

0693 卅铺镇阜城村

简　　介：该大队成立于 1958 年，以驻地自然村而得名，沿用至今。

0694 驿马镇太乐村

简　　介：该大队成立于 1958 年，，因本大队有一太乐堡自然村，命名为太乐堡大队，1966 年改为东方红大队，1973 年恢复太乐大队至今。

0695 太白梁乡高家山村

简　　介：该大队成立于 1958 年，因本大队有一高家山自然村，故称高家山，沿用至今。

0696 马岭镇下午旗村

简　　介：该大队成立于 1960 年，因本大队有一下午旗自然村，故得名，1967 年更名为团结大队，1972年恢复为下午旗大队至今。

0697 蔡家庙乡史家店村

简　　介：该大队成立于1938年，以自然村而得名，1968年改名为前进大队，1976年又恢复原名，沿用至今。

0698 卅铺镇齐塬村

简　　介：该大队成立于1958年，以大队管辖自然村而得名，1962年改名为西塬大队，1980年因与城关镇西塬大队重名，后恢复为齐家塬大队。

0699 蔡家庙乡辛龙口村

简　　介：此地居住姓辛的人，两面是小塬，中间有个小崾岘，形似龙口，当地群众称辛龙口，沿用至今。

0700 驿马镇钱畔村

简　　介：以驻地得名。

0701 卅铺镇雷旗村

简　　介：该大队成立于1958年，因大队管辖自然村而得名，1960年改为小寨大队，1971年恢复为雷旗大队。

0702 玄马镇林沟村

简　　介：本大队成立于1961年，以大队所辖的自然村而得名。

0703 蔡口集乡龙头寺村

简　　介：该大队成立于1958年，因大队部设在龙头寺而得名，沿用至今。

0704 蔡口集乡西掌村

简　　介：大队成立于1958年，以大队所辖自然村而得名，1968年曾改名为红旗大队。1979年恢复原名，沿用至今。

0705 翟家河乡店户村

简　　介：该大队有一店户村而得名，沿用至今。

0706 驿马镇上关村

简　　介：上关大队是1965年从驿马大队分设出来的一个大队，因地处驿马关北部，地势北高南低，故得名上关大队，1966年更名为跃进大队，1973年恢复原名，沿用至今。

0707 翟家河乡梨树渠村

简　　介：因大队驻地设在梨树渠而得名，沿用至今。

0708 蔡家庙乡樊塬村

简　　介：本村地处有一个小塬，多居住樊姓人氏而得名，沿用至今。

0709 翟家河乡程家河村

简　　介：因大队设在程家河而得名，沿用至今。

0710 翟家河乡共和村

简　　介：大队以自然村而得名，沿用至今。

0711 卅铺镇王家桥村

简　　介：该大队成立于1958年，以管辖自然村王家桥命名，1967年改为永红大队，1970年恢复为王家桥大队，沿用至今。

0712 庆城镇西塬村

简　　介：西塬村以驻地得名。

0713 卅铺镇三十里铺村

简　　介：该大队地处庆城三十华里而得名，沿用至今。

0714 高楼乡苏家店村

简　　介：以自然村而得名，沿用至今。

0715 太白梁乡三庄村

简　　介：传说很早以前由山西迁来三户人家住于此地，他们分住上、中、下三庄，故将此地叫三庄，1958 年成立大队时将大队命名为三庄大队，1965 年改为新兴大队，1980 年又恢复为三庄大队，沿用至今。

0716 庆城镇药王洞村

简　　介：因驻地而得名。

0717 蔡家庙乡万家庄村

简　　介：以自然村而得名，沿用至今。

0718 驿马镇南极庙村

简　　介：该村以姓氏得名。

0719 土桥乡合丰村

简　　介：因大队驻地而得名，沿用至今。

0720 土桥乡杨家河村

简　　介：以大队所管辖自然村而得名，沿用至今。

0721 赤城乡周庄村

简　　介：以驻地而得名，沿用至今。

0722 庆城镇封家洞村

简　　介：因驻地而得名。

0723 庆城镇五里坡村

简　　介：五里坡大队因驻地得名。

0724 蔡家庙乡齐沟门村

简　　介：该大队成立于 1958 年，因大队部设在齐沟门村而得名，沿用至今。

0725 蔡家庙乡西家王塬村

简　　介：大队驻地西家王塬，此地多居住姓王人家而得名，沿用至今。

0726 马岭镇黄崾岘村

简　　介：大队成立于 1960 年，因大队所在的自然村得名，1968 年更名为前进大队，1972 年恢复黄崾岘大队至今。

0727 南庄乡六村塬村

简　　介：该大队成立于 1961 年，因大队范围内有一六村塬自然村而得名，沿用至今。

0728 桐川乡唐崾岘村

简　　介：唐姓人居住在此地一条大崾岘上，故取名唐崾岘，沿用至今。

0729 太白梁乡无量山村

简　　介：清末此山修建一座无量庙，由此而得名，沿用至今。

0730 蔡口集乡虎家渠村

简　　介：该大队成立于 1958 年，因大队部设在虎渠村，故将大队命名为虎家渠大队，沿用至今。

0731 桐川乡崇家河村

简　　介：该大队有崇家河村故而得名，1966 年改为东河大队，1975 年恢复原名，沿用至今。

0732 高楼乡高楼村

简　　介：以自然村而得名，沿用至今。

0733 马岭镇董家滩村

简　　介：该大队成立于1958年，1967年更名为红卫大队，1972年恢复，沿用至今。

0734 土桥乡佛殿湾村

简　　介：因驻地而得名，沿用至今。

0735 卅铺镇曹家塬村

简　　介：该大队成立于1958年，以管辖自然村曹家塬命名，1968年改名为新华大队，1970年恢复为曹家塬大队，沿用至今。

0736 蔡口集乡六河湾村

简　　介：该大队成立于1958年，因这里有六条小河汇聚此湾因得名，沿用至今。

0737 庆城镇东王塬村

简　　介：该大队是1970年从南庄大队分设出的一个大队，因大队地处南庄塬的东端，故将大队命名为东塬大队，沿用至今。

0738 蔡家庙乡天子村

简　　介：因传说该大队范围内有一天子穴，故将大队名称命名为天子大队，沿用至今。

0739 卅铺镇韩家湾村

简　　介：该大队成立于1958年，以驻地自然村得名，沿用至今。

0740 马岭镇岳塬村

简　　介：该大队成立于1960年，因本大队有一岳家塬自然村，故得名。

0741 桐川乡三合湾村

简　　介：本大队地处三条梁一条湾，故人们习惯称为三合湾，该大队成立于1958年，1969年改为红星大队，1978年恢复原名，沿用至今。

0742 桐川乡郭旗村

简　　介：以驻地得名，沿用至今。

0743 太白梁乡中合铺村

简　　介：该大队成立于1958年，以管辖自然村而得名，沿用至今。

0744 玄马镇柏树塬村

简　　介：本大队成立于1961年，以自然村而命名，沿用至今。

0745 桐川乡大滩村

简　　介：该村在清末1911年此地内有一块较大的滩，因此而取名大滩，沿用至今。

0746 蔡家庙乡北岔沟村

简　　介：以自然村而得名，沿用至今。

0747 南庄乡何家塬村

简　　介：该大队是1968年从南庄大队分出的一个小队，原名光明大队，因大队设在何家塬而得名，沿用至今。

0748 驿马镇东滩村

简　　介：东滩大队命名于1962年，1966年改为红星大队，1973年恢复为东滩大队，沿用至今。

0749 高楼乡杨家塬村

简　　介：以自然村而得名，沿用至今。

0750 蔡家庙乡二郎山村

简　　介：以大队管辖自然村命名，1969年曾改为红星大队，1974年恢复二郎山大队，沿用至今。

0751 卅铺镇二十里铺村

简　　介：该大队成立于1958年，以大队驻地自然村得名，沿用至今。

0752 蔡家庙乡高庙村

简　　介：高庙大队成立于1958年，以大队自然村命名，1969年曾改为高峰大队，1974年恢复高庙大队，沿用至今。

0753 庆城镇店子坪村

简　　介：因驻地而得名。

0754 蔡口集乡邱家湾村

简　　介：因大队成立于1958年，大队部设在邱家湾而得名，沿用至今。

0755 高楼乡丁家堡村

简　　介：该大队驻地丁家堡自然村而得名，沿用至今。

0756 白马乡王家畔村

简　　介：该大队以自然村而得名，沿用至今。

0757 卅铺镇四十里铺村

简　　介：该大队成立于1958年，因大队部设在四十里铺村，故将大队命名为四十里铺大队，沿用至今。

0758 蔡口集乡蔡口集村

简　　介：该大队成立于1958年，因大队部设在蔡口集村而得名，沿用至今。

0759 驿马镇苟家渠村

简　　介：苟家渠大队成立于1961年，因本大队范围内有一苟家渠村，故命名为苟家渠大队，1966年改名先锋大队，1973年恢复为苟家渠大队，沿用至今。

0760 太白梁乡庙山村

简　　介：因大队驻地而得名，沿用至今。

0761 马岭镇官亭村

简　　介：该大队成立于1960年，此沟口盖有休息厅，当地人称是官人座的，因此得名官人亭，1967年更名为向阳大队，1972年恢复原名。

0762 卅铺镇百步寺村

简　　介：该大队成立于1960年，以驻地自然村得名，1968年曾改为东风大队，1970年恢复为百步寺大队，沿用至今。

0763 驿马镇李家庄村

简　　介：该大队成立1961年，因本大队有一李家庄自然村，故将大队命名为李家庄大队，1965年合并为瓦窑咀大队，1980年恢复为李家庄大队，沿用至今。

0764 桐川乡小塬子村

简　　介：在清末1980年此地有两个小塬，按照上下排列此塬为下，故取名为小塬，沿用至今。

0765 驿马镇杨家湾村

简　　介：杨氏人居住在驿马公社西10公里处的一个山湾里故得名。

0766 驿马镇安家寺村

简　　介：该村以姓氏得名。

0767 玄马镇樊家庙村

简　　介：以驻地自然村而命名。

0768 太白梁乡王家渠村

简　　介：1938 年有以姓王人居住此地，故取名王家渠，因地形像一大水渠而得名，沿用至今。

0769 蔡口集乡高家塬村

简　　介：该大队成立于 1958 年，因大队部设在高家塬而得名，沿用至今。

0770 赤城乡万胜堡村

简　　介：以驻地而得名，沿用至今。

0771 白马乡高户村

简　　介：以高户而命名，沿用至今。

0772 驿马镇米家川村

简　　介：此地 1958 年修一条公路，群众居住在路西边，故得名。

0773 太白梁乡冰淋岔村

简　　介：该大队成立于 1958 年，以本大队管辖的自然村而得名，沿用至今。

0774 驿马镇冯家塬村

简　　介：该大队成立于 1958 年，因大队部设在冯家塬西庄，命名为冯家塬大队，沿用至今。

0775 白马乡三里店村

简　　介：该大队以自然村而得名，沿用至今。

0776 土桥乡新民村

简　　介：大队因驻地而得名，沿用至今。

0777 蔡家庙乡蔡家庙村

简　　介：该大队成立于 1958 年，大队部设在蔡家庙村而得名，1968 年改名为红星大队，1976 年恢复原名，沿用至今。

0778 桐川乡金家川村

简　　介：金家川大队成立于 1961 年，因大队部设在金家川而得名，沿用至今。

0779 赤城乡武家庄村

简　　介：以驻地而得名，沿用至今。

0780 桐川乡九条湾村

简　　介：该村范围内有九条湾，故人们习惯称为九条湾，沿用至今。

0781 高楼乡花村

简　　介：因自然村而得名，沿用至今。

0782 马岭镇纸房村

简　　介：大队成立于 1960 年，因此沟有一造纸房，群众称纸坊沟，故将大队命名为纸坊大队，1967 年文革中改为卫东大队，1972 年恢复原名，沿用至今。

0783 庆城镇莲池村

简　　介：因驻地而得名。

0784 马岭镇安家坳村

简　　介：该大队成立于 1960 年。以大队所驻自然村而得名，1961 年更名为前进大队，1972 年恢复为安家坳大队至今。

0785 桐川乡惠家庙村

简　　介：很早有一个姓惠的人，在此地修过一座庙而得名，该大队成立于 1958 年，1969 年改为新胜大队，1979 年又恢复为原名，沿用至今。

0786 太白梁乡众义村

简　　介：因大队驻地而得名，沿用至今。

0787 翟家河乡路家掌村

简　　介：该村很早以前有路姓人家居住，其地形为湾掌而得名，沿用至今。

0788 赤城乡赤城村

简　　介：以驻地而得名，沿用至今。

0789 马岭镇宗顾村

简　　介：本村原有宗旗、顾旗两个组成，故得名宗顾。

0790 玄马镇沟垴村

简　　介：该大队成立于1958年，以大队所辖自然村而得名，沿用至今。

0791 土桥乡南庄塬村

简　　介：以大队驻地而得名，沿用至今。

0792 赤城乡范村

简　　介：以驻地而得名，沿用至今。

0793 太白梁乡巴家山村

简　　介：据说清末有巴家人居住此山，由此而得名巴家山，后演变为巴家山，沿用至今。

0794 太白梁乡贾家山村

简　　介：贾家山大队成立于1958年，以大队管辖内自然村而得名，沿用至今。

（七）镇原县

0795 上肖乡姜曹村

简　　介：上肖乡姜曹村地处嵋肖公路沿线，是2004年由原姜曹、仪封两村撤并的行政村。该村山川塬兼有，以山地为主，总耕地面积9682亩，人均2.5亩。全村共辖12个自然村，845户，3888人。2013年全村农民人均纯收入5448元。2006年10月被确定为省级新农村建设试点村。特色工作如下：一是生态文明小康村建设工程。规划新修农宅54处，完成54处。新建村部1处。新建学校1所。新建文化广场1处1800平方米，配套公用设施已全部建成。幼儿园、卫生所基建任务已全面完成，五保家园建成。街道安装路灯24盏，农宅门前硬化、绿化已全面完成。二是产业培育工程。新栽苹果3308亩，户均3.9亩，建成示范园1处（全部未种小麦）。以养牛为主，荒山种草2000亩。建成了镇原县丰庆殖业公司和垦丰养殖业公司。通过举办各类农民培训班，今年有计划输转劳务人员1280人。三是基础建设工程。新修农田700亩，打通了姜曹至老户沟农一级道路6.5公里，新修铺砂村组道路5公里。压埋供水管线2.1公里，自来水入户168户。新建沼气池50眼。四是绿化工程。购买倒柳、金丝柳、刺柏球、侧柏等绿化苗木2万多株，组织乡村干部120多人，集中三天时间完成了姜曹、南李两街道水沟整修和绿化任务，绿化苗木成活率在98%以上。

0796 殷家城乡寺山村

简　　介：寺山村处于乡东南部，距乡6公里，全村共有佛湾、寺山、前梁、城山庄、城子沟、新庄渠、玄湾、庙湾、霍口湾、米山庄、米沟门、油房沟12个自然村，153个农户，663人，2013年人均纯收入4092元。全村总土地31.9平方公里，耕地7780亩，机平农田3710亩，林地4191亩，退耕还林2138亩，天然草原14256亩。全村共有水泥窖70眼，小电井65口，人力井是20口，提灌站1处，骨干坝1处。通村油路4.5公里，砂石路3条7公里，村组土路3条5.2公里。沼气能源入户70户。全村牧草留存面积5200亩，牛存栏是72头，驴存栏是327头，羊存栏是3745只，猪存栏是333头，鸡存栏是2935只，正在修建规模养羊场1处。

0797 新城乡孟寨村

简　　介：孟寨村位于新城乡西北部，距新城街道7公里，全村共辖高庄湾、闫山、唐山、桂山、南俭、北洼、祁山、刘山、嵝岘、大庄10个自然村，435户，1907人，总耕地面积8790亩，其中山地6227亩，塬地2563亩，退耕还林1200亩。

0798 上肖乡青寨村

简　　介：上肖乡青寨村共辖西庄、青寨、朱苟、北咀、老庄、陈孙、新庄7个自然村，666户，2895人，总耕地面积7993亩。2013年人均纯收入4653元。青寨村坚持以新农村建设优环境、基础设施保民生、特色产业促发展的工作思路，狠抓三大工程建设：一是中心村建设工程。依托易地扶贫搬迁项目，投入820多万元，在陈孙自然村规划新修小康农宅55处，已完成并搬迁入住53户，解决了30户偏远山区群众的居住难问题。二是基础设施建设工程。以路、水、田为重点，新修通村道路1条2.1公里，拓宽铺砂村组道路2条9公里，新打机井1眼，压埋供水管线14公里，自来水入户200户，新修农田700亩，新建卫生厕所14座，完成道路绿化1.6公里，义务植树320亩，对青寨小学及幼儿园进行了维修改造。使该村的生产生活条件及村容村貌发生了较大变化。三是特色产业培育。坚持把发展苹果产业作为增加农民收入的主打产业来抓。在西庄、陈孙等4个自然村连片规划，建成千亩苹果示范园1处，其中新栽550亩，补植650亩。

0799 上肖乡雄武村

简　　介：雄武村位于上肖东南部，北接梧桐村，东邻肖金镇，西南接荔堡镇东关、西关、南关村。该村有14个自然村，分别是雄武、西庄、东坳、东庄、疙瘩、新堡、胡同、毛咀、脱洼、新民、沟门、毛河、毛弯、党堡。该村现有农户959户，4360人，耕地面积10187亩，人均2.2亩，其中山地3447亩，川地410亩，塬地6330亩。上年参加培训600人，输出转移劳动力1450人。通电户数996户，通广播电视951户。上年外出务工人数1450人，上年经济作物面积比例为24%。距最近乡镇集市2公里，饮用水安全户数416户，使用固定或移动电话户数875户，有彩电户数907户。距最近的六年制小学距离1公里，距最近的乡级卫生院2公里，有卫生室1处，有幼儿园1处，有农村文化室1处。参加新型农村合作医疗人数4400人，参加新型农村社会养老保险人数1437人。该村是一个典型的雨养农业村和劳务输出村，主要农作物有小麦、玉米、糜谷等，年粮食总产量1902吨，人均417公斤；现有苹果幼园200亩，2013年人均收入4212元。

0800 新城乡新城村

简　　介：新城村位于新城乡西北部边缘，西接平凉地区草峰乡，北接宁夏回族自治区彭阳县，眉肖公路穿境而过，南北纵距4.2公里，东西纵距3.5公里，总面积14.7平方公里。全村共辖浅俭、下壕、城子沟、五一、秦庄、武咀、西刘、西庄、山庄、赵俭10个自然村，山塬兼有，其中半山半塬9个自然村，纯塬自然村1个。全村共有680户，2894人，农业人口2844人，目前全村主导产业为小麦、玉米、瓜菜，人均纯收入2300元，处全乡最低水平。全村共有两所小学，教师38名，学生670名。现有村卫生所1个，从医人员3名。现有村干部4名。

0801 临泾乡桃园村

简　　介：桃园村地处临泾乡北部，境内山塬兼有，全村辖11个自然村。该村现有农户910户，3763人。耕地面积7293亩，人均占有耕地3.1亩。粮食总产量1964吨，人均产粮1044斤。有小学1所，属六年制小学，现有教师12人，学生141人。境内有通村油、砂路各1条，约10公里。自来水供水管线11千米，自来水入户472户。该村是一个典型的农业村，以农业生产为主，主要农作物有小麦、玉米、糜谷等。近年来，村党支部以科学发展观为指导，以新农村建设为目标，充分发挥党组织和党员的先锋模范作用，通过建立健全机制，强化村级阵地建设，狠抓党员教育管理等，使该村的基础设施建设、产业结构调整、环境卫生治理等得到了很大提高。全村有养驴户 362 户，720 头；有养羊户 16 户，158 只。

0802 屯字镇开城村

简　　介：开城村共有 9 个自然村，分别是崾岘、岔卢、开冯、曹坳、中山、开张、秦咀、小庄、马山自然村，开城共有 610 户人，农业人口有 2472 人，其中有劳动能力的共 1559 人。2012 年人均纯收入为 4228 元，2013 年人均纯收入为 5090 元，开城耕地面积共有 7510 亩，山地有 5030 亩、塬地有 2480 亩。

0803 孟坝镇王地庄村

简　　介：王地庄村位于孟坝镇西部，东临方山乡，南接西壕、何范村，西接庙渠乡，北连醴坳村。孟殷公路直穿其境，该村辖贾庄、大坪、庙渠、地庄、姜洼边、山阳洼、东庄、庄坷、什字、寨庄、沟畔、高咀、西庄、陨庄 14 个自然村，709 户，3160 人。总耕地面积 10000 亩，其中塬地 5500 亩。该村以发展种植业和养殖业为主导产业，种植以小麦、地膜玉米、螺旋菜、瓜果等为主。养殖主要以养鸡、牛、羊为主，现建有春雷乌鸡孵化养殖场 1 处，集孵化与养殖于一体，建立规模以上养鸡场 3 处。其中 1 处散养鸡场占地 20 亩，养殖乌鸡 10 万只以上。牧业投资 90 万元新修养殖基地 1 处，占地 6 亩，牛、羊棚各 20 间，牛存栏 86 头，羊存栏 200 多只，年出栏肉牛 300 多头，出栏羊 700 多头。

0804 南川乡成赵村

简　　介：成赵村位于庆阳市镇原县南川乡北部，川区铺砂公路、洪河穿境而过，地形山川兼有，东接原芦村，南靠平泉镇氿池村，西联上庄村，北临贺丰村。全村共辖 6 个村民小组（刘洼、掌湾、大庄、刘河、原成、西头）206 户，936 人，耕地面积 4360 亩，其中山地 3290 亩，塬地 1070 亩。该村经济发展主要依靠传统种植业、养殖业、和劳务输出。全村目前有有小学 1 所，专职教师 7 人，在校学生 120 人，卫生所 1 处，村医 1 名。

0805 新集乡牛心村

简　　介：牛心村位于新集乡南部，是一个纯山区，全村共辖塬塬、何湾、张场、马连山、慕家山、华山岭 6 个自然村，现有农户 255 户，人口 1058 人，全村耕地面积 3766 亩。村部坐落在华山岭自然村，修建于 2003 年，现有房屋 2 栋 8 间，村干部 3 部。学校 1 所，教师 6 名，学生 38 名。卫生所 1 所，村医 1 名。

0806 临泾乡十里墩村

简　　介：十里墩村地处临泾乡西南部，距离县城 12 公里。境内山塬兼有，道路交通便利，西镇公路纵贯全境，自然条件较好。全村辖 4 个自然村，398 户，1851 人，土地面积 9999 亩，耕地面积 4000 亩。2013 年粮食总产量 1150 吨，人均产粮 1242 斤。2013 年人均纯收入 4715 元。近年来，村上主要工作：一是狠抓特色产业培育。确定了苹果、草畜、全膜玉米主导产业进行开发和培育。二是强化基础设施建设。2013 年依托危房改造项目，新修标准化小康农宅 17 套，压埋供水管线 1600 米，完成自来水入户 65 户；新修、铺砂、硬化、绿化十里墩、蒋庄科村组道路 15 公里，硬化居民点道路 3 公里。三是统筹发展社会事业。新建农家书屋1处；新建标准化村卫生所1处4间；新建便民商店2个；绿化村组道路15公里，栽植绿化苗木6500株。四是推进农村社会管理。建立健全了村级治保、民调组织，积极开展以“三清四改”为主要内容的村容村貌集中整治活动实现了村容整洁。五是深化基层组织建设。积极实施村级组织活动场所管理推进月活动、村级党组织分类整推工程、党建综合示范创新等工程，农村基层组织建设进一步加强。注重加强党风廉政建设，努力推行党务、政务、村务公开，财务监督、群众评议进一步加强，村民民主管理水平进一步提高。

0807 孟坝镇大寨村

简　　介：大寨村位于孟坝镇西北部，东靠孟坝村，南接峁合村，西接西壕村，北临新集乡。总土地面积9平方公里左右，南北距离6公里，东西距离3公里，平均海拔1365米，年均气温11.2℃。年无霜期180天，年均降雨量400毫米。全村辖半山半原新庄，纯山梨花咀、耕牛湾、苋湾、王盖能、野湾、岱马、李湾，纯原庄湾、大寨、小寨11个自然村，462户，1927人，劳动力1200人。总耕地面积6500亩，其中山地3800亩，塬地2700亩。产业结构以种植业、养殖业为主。主要种植小麦、地膜玉米、螺旋菜、瓜果等。养殖业以养羊、猪、驴等为主，大家畜存栏498头，羊存栏842只。2011年新修村部4层12间，卫生所3间。

0808 屯字镇马堡村

简　　介：马堡村共有8个自然村，分别是新城、岭头、老庄、堡子、新庄、阳湾、小户、王山自然村。马堡共有859户人，农业人口有3575人，其中有劳动能力的共2330人。2012年人均纯收入为4609元，2013年人均纯收入为5547元，马堡耕地面积共有7840亩，山地有1485亩，塬地有6355亩。

0809 方山乡关山村

简　　介：关山村位于方山乡东部，北与庆城县天池乡接壤，东与镇原县新集乡相连，属方山乡“东大门”。国道309穿境而过，全村东西跨度14公里。全村共辖狼洼、铁炉、小方、寺沟、枣林、乔寺、新庄、希渠、关山、吊咀、瓦合、祁湾12个自然村，426个农户，1923人。耕地面积8550亩，人均4.5亩。

0810 三岔镇石咀村

简　　介：石咀村位于庆阳市镇原县三岔镇东部，309国道穿境而过，地形山川兼有，东接方山乡，南靠榆杨湾安岔村，西连高湾村，北临大原村。平均海拔1260米，辖关庄、桃李、石咀、河口、陈湾、柳州、胡渠、老庄、崾岘9个村民小组。该村地处黄土高原丘陵沟壑区，川区平坦，西高东低，全村总土地面积32.4平方公里，属温带大陆性季风气候。近年来，该村两委班子认真贯彻落实党的十八大、十八届三中全会精神，紧密配合协调推进“联村联户，为民富民”行动，以全面建设社会主义新农村，按照“山区草畜、川区瓜菜、面上地膜粮食”的调整思路，突出抓好农业产业结构调整。通过几年努力，目前全村呈现出了草多、畜多、地膜粮食增多的良好局面。该村坚持“抓点示范、引领发展”的思路，按照“干当前、想全年，干今年、想明年”的要求，整合项目，长远规划，大力调整产业结构，努力使农业增效、农民增收。一是大力实施项目建设，以项目带动全村经济发展。二是大力调整产业结构，以产业促进农业增效、农民增收。三是加大社会事业建设，进一步优化乡村环境。

0811 屯字镇四殿村

简　　介：四殿村共有7个自然村，分别是洼边、四殿、二方、洼头、涝池、林星、车车山自然村，四殿共有529户人，农业人口有2187人，其中有劳动能力的共1482人。2012年人均纯收入为4021元，2013年人均纯收入为4841元，四殿耕地面积共有6469亩，山地有3501亩，塬地有2968亩。

0812 开边镇开边村

简　　介：开边村位于镇原县开边镇川区，茹河沿线，东临开边镇解放村，西部接张庄村，北靠羊千原村，南部接郭塬乡，东西距离2.4公里，南北距离3.6公里。开边村区域内山川兼有，自然条件差异较大，镇阳公路穿境而过，交通较为便利。耕地面积10200亩，全村共辖11个自然村，973户，3696人。总耕地面积10200亩，其中川地2000亩，山地8200亩。农业是该村的主打产业，主要种植小麦、玉米、黄豆、洋芋、糜谷、荞麦等。养殖业以畜、羊放养为主。近年来，该村立足开发川区资源优势，加快农业产业结构调整步伐，目前，全村新建蔬菜大棚179座，日光节能温室20座，菜农年均棚均收入8000元左右。在产业开发上，重点发展瓜菜产业，同时加大劳务输转力度；在基础设施上，重点加强农田道路、水利设施、能源建设，校舍建设等方面工作；在科技兴农上，大力实施农民培训工程，积极引进推广先进适用农业新技术；在生态建设上，重点建设户用沼气，并加快对荒山荒沟和坡耕地的综合治理；在村容村貌整治上，重点对全村道路、庭院等区域进行绿化、亮化建设；在公共设施建设上，通过建设文体活动中心，丰富业余文化生活。

0813 屯字镇川口村

简　　介：川口村共有13个自然村，分别是王沟、陈山、曹河、毛老沟、黄坪、川口、苜蓿湾、张沟、上李咀、徐沟、东坪、冉山、白草洼自然村，川口共有782户，农业人口有3060人，其中有劳动能力的共2098人。2012年人均纯收入为4092元，2013年人均纯收入为4926元。川口耕地面积共有10480亩，山地有8330亩，川地有2150亩。

0814 中原乡田站村

简　　介：田站村位于中原乡南部，东接上杜村，北接新城乡杜寨村，距中原乡12公里。辖12个自然村，836个农户，3571口人。总土地面积3.21万亩，耕地面积14670亩。村内交通便利，信息通畅。该村在田新庄自然村新建小康农宅61处，完成田站贺涧自然村整村搬迁，配套建成村级文化广场、五保家园等，文化广场配齐体育健身器材。街道完成拓宽、铺油罩面、绿化、美化工作。村组道路铺砂8公里。建成田站水厂，实现村村都通自来水的目标；争取香港施永青基金项目支持维修机井3眼、新修蓄水池、配电房3座。完成本辖区内胜利沟荒山造林整流域绿化任务，退耕还林1500多亩。按照“种养”联动发展的模式，加大养殖、全膜粮食推广力度，该村现有养殖户530户，饲养品种以牛、猪见长。全膜粮食种植面积年均在2500亩以上。加大苹果、核桃等经济林木培育力度，全村苹果留存面积1500亩。新建沼汽池185眼，建成村卫生所、农家书屋等公共服务场所。农民收入逐年增加，奔小康的热情高涨。建成了村级活动场所12间170平方米，村级卫生所7间161平方米；开发建设商品房68间1360平方米；新建硬化文化广场3000平方米，新修舞台，安装了路灯；结合新原路铺油对街道进行了硬化；建成村级五保家园9间180平方米，小城镇服务功能不断完善。

0815 庙渠乡文夏村

简　　介：文夏行政村位于庙渠乡东南部，全村共有8个村民小组，总户数466户，总人口2239人，劳动力数1415人，上年输出转移劳动力人数500人，无农民专业合作经济组织，本村去年依托国家实施的异地扶贫搬迁项目搬迁山区群众50户，全村耕地面积7630亩，年人均纯收入3298元。

0816 屯字镇下孙村

简　　介：下孙村共有7个自然村，分别是三合、下孙、中心、劳动、贾沟、石山、刘湾自然村，共有381户人，农业人口有1566人，其中有劳动能力的共1074人。2012年人均纯收入为4049元，2013年人均纯收入为4875元，下孙村耕地面积共有6071亩，山地有4200亩，塬地有1871亩。

0817 屯字镇屯字村

简　　介：屯字村共有6个自然村，分别是肖咀、西门、东关、胡同、王堡、兰庄自然村，屯字村共有692户，农业人口有3045人，其中有劳动能力的共1899人。2012年人均纯收入为4782元，2013年人均纯收入为5738元，屯字村耕地面积共有5550亩，山地有1656亩，塬地有3894亩。

0818 平泉镇虎泉村

简　　介：虎泉村位于平泉镇东12公里处，东接赤马行政村，南接中原乡武亭行政村和中原行政村，西接景家行政村，北接湫池行政村。全村共辖虎泉、上虎、旧庄、下虎、虎山、郭堡、庙岭7个自然村，现有农户573户，总人口2318人，总耕地面积6997亩。该村主要粮食作物为小麦、玉米、豆类等，经济作物主要有胡麻、蔬菜等，养殖业以猪、牛、羊为主，已发展养殖户共230户，建有砂石道路10公里，2013年全年人均纯收入为2600元。村级组织活动场所建筑面积600平方米，共7间办公用房，农家书屋面积为15平方米，全村现有村级卫生所1处，学校1所。

0819 新城乡东庄村

简　　介：东庄村是一个山、川、塬兼有的村，位于新城乡北部，南接新城村，西接南坡村，北接郭塬西杨村，东接耿沟村，东西横距3公里，南北纵横8公里，总面积24平方公里。全村共辖东庄、东风、马沟、杨湾、会湾、白沟、景咀、梅河、羊昌岭9个村民小组，共有496户，2187人，总耕地面积7274亩，属全乡最低。全村共有两所小学，现有村卫生所1个，有村干部4人，

0820 太平镇南庄村

简　　介：南庄村委会位于太平镇西南部，辖老庄、寺岭、香湾、新坳、井边、高岭、段岘、西咀、大湾、里庄、前庄、咀咀、咚咚、沟东、沟西、背山、大庄、户湾、阳山19个村民小组。南庄村总人口3755人，农业人口3723人，非农业人口32人，共有农户917户，男性人口2064人，均属汉族。本村占地总面积17.3692平方公里，其中耕地面积8.1046平方公里。南庄村委会共有六年制小学两所，分别是南庄小学、石泉小学，私立幼儿园两所，分别是南庄幼儿园和石泉幼儿园。

0821 太平镇大塬村

简　　介：太塬村位于该镇正东部位，辖滩洼、大岘、沟畔、沟老、增山、田湾、杜塬、

沟畎、寺湾、姜湾、南塬、张庄、老庄、张城、李咀、寺南、白山 17 个村民小组。总人口 2847 人，农业人口 2818 人，非农业人口 29 人，农户 392 户，男性 1454 人，总面积 6.76 平方公里。其中耕地面积 4.2 平方公里。学校共有 2 所，南塬小学和大岘小学。

0822 郭原乡西杨村

简　　介：西杨村位于郭原乡南部，距离郭原乡政府 7.5 公里，辖席沟、碾山、甘湾、牙湾、杜寺、崾王、沟西、小庄、堡子、沟东 10 个村民小组，共 508 户，2041 人，耕地面积 8050 亩，人均耕地 3.9 亩，林地面积 6667.2 亩。2013 年人均纯收入 3953 元。

0823 方山乡庄岔湾村

简　　介：庄岔湾村位于方山乡西南方，与三岔、庙渠接壤。现有耕地面积为 4535 亩，辖杨下庄、黄别湾、张庄、庙山、文园子、田园子、庄岔湾 7 个自然村，204 个农户，农村人口 920 人。

0824 武沟乡椿岔村

简　　介：椿岔村共辖袁岔、陈山庄、秦塬、西岔、阳洼、李塬、何湾、马岔、阳庄、甘岔、吕岔 11 个自然村，419 户，1861 人，总土地面积 19.3 平方公里，耕地面积 8180 亩，其中塬地 1718 亩，山地 5980 亩。椿岔村位于镇原县武沟乡西南部，海拔 1500 米。现有梯田 2280 亩，占耕地总面积的 28%。全村农民人均纯收入 2580 元。整村推进项目是一项真正为民造福的项目，通过此项目的实施，椿岔村人民生产条件得到较大改善，实现耕地梯田化，村组道路网络化。产业结构实现合理优化，粮食生产基本实现良种化和地膜覆盖化，大力推广全膜粮食种植。在确保粮食生产的前提下，大力发展林果、草畜等增收产业。生态环境得到初步改善，小流域综合治理程度达到 80%，林草覆盖率达到 35%，群众生活水平明显提高。2013 年全村农民人均纯收入达到 3450 元，人均产粮达到 950 公斤，全村所有农户实现稳定解决温饱。

0825 城关镇路坡村

简　　介：路坡村村位于县城西南 4 公里处，共辖吊沟、永乐、路坡、御史、颉塬、鳌背、贾湾 8 个村民小组，总耕地面积 6405 亩，其中山地 3065 亩，塬地 1760 亩，川地 1580 亩，农业人口 2352 人，现有机井 6 眼，有村小学 1 所，在校学生 232 名，学龄儿童入学率为 100%；有村部 1 处，文化广场 1 处。

0826 新集乡高崖畔村

简　　介：高崖畔村位于新集乡东南部，地势属低洼地形，南部是黑、蒲河交汇处，东邻西峰区彭阳乡五郎铺行政村曲家山自然村，北邻王寨行政村席老家自然村，西邻太平镇大塬行政村田园子自然村。全村共辖七个自然村：席洼、铁里咀、均卜原、高峰、东刘咀、李渠、刘洼。496 户农户，2152 人，土地面积 4997 亩，退耕还林面积 2894 亩。小学 1 所，名为高峰小学，在校学生 153 人，文化广场 1 处，村卫生所 1 处，村部 1 处。

0827 屯字镇闫沟村

简　　介：闫沟村共有 5 个自然村，分别是吴沟、阴山、闫沟、王沟、王峁自然村，闫沟共有 213 户，农业人口有 868 人，其中有劳动能力的共 589 人。2012 年人均纯收入为 4105 元，2013 年人均纯收入为 4942 元，闫沟耕地面积共有 4942 亩，山地有 3486 亩，塬地有 1456 亩。

0828 太平镇枣林村

简　　介：枣林行政村位于太平镇北部。共辖东头、湾湾、沟沟、西头、狼洼、大咀、咀头、城门、崾岘、南坪、包川11个村民小组，总人口2464人，其中农业人口2464人，共有556个农户。本村占地总面积15.3平方公里，其中耕地面积4.575平方公里。共有五年制小学两所，分别为包川小学、枣林小学。枣林幼儿园1所。

0829 孟坝镇王山村

简　　介：王山村位于孟坝镇北部，东临新集乡，南接大寨村，西连西壕村，北接方山乡。全村共辖庄坷、户湾、白山、马山、王山、景山、大山、高湾8个组，305户，1339人，耕地面积5600亩。群众以种植农作物为主，产业结构以种植业、养殖业为主，主要种植小麦、地膜玉米、瓜果等。近年来，利用山区地形条件，建有鱼池两座，投放鱼苗10万条左右。另外，在王山有砂矿和石油资源，正在被开采中，现被开采的砂矿1处、油井3到4眼。

0830 临泾乡祁焦村

简　　介：祁焦村地处临泾乡东北部，境内山塬兼有，塬面小而狭长，主要以山区群众居多，全村所辖6个自然村。该村现有农户422户，1838人。耕地面积5071亩，人均占有耕地3.08亩。粮食总产量1261吨，人均产粮1057斤。有小学1所，属六年制小学，现有教师11人，学生132人。境内通村油、砂路各1条，自来水供水管线1750米，自来水入户396户。该村以农业生产为主，主要农作物有小麦、玉米、糜谷等。近年来，村党支部以科学发展观为指导，以新农村建设为目标，充分发挥党组织和党员的先锋模范作用，通过建立健全机制，强化村级阵地建设，狠抓党员教育管理等，使该村的基础设施建设、产业结构调整、环境卫生治理等得到了很大提高。

0831 太平镇兰庙村

简　　介：位于太平镇正北部位。辖兰新庄、兰沟沟、杏城、阳洼边、沟庄、大庄、李新庄、小园子、堡子洼、寇园子、寇川、赵坪12个村民小组，总人口2844人，其中农业人口2823人，非农业人口21人。农户642户，男性1432人，均属汉族。总面积5.24平方公里，其中耕地面积4.75平方公里。学校共2所，即兰庙小学、寇川小学。

0832 城关镇原郑村

简　　介：该村位于嵋肖公路沿线，共辖马沟、贾咀、李咀、付坪、张刘咀、老庄、尖角8个村民小组，总耕地面积5658亩，其中山地3572亩，塬地938亩，川地1148亩，农业人口2537人，现有机井6眼，有村小学2所，在校学生239名，学龄儿童入学率为100%；有村部1处，文化广场1处。

0833 武沟乡冯俭村

简　　介：冯俭村位于武沟乡西部，耕地面积6160亩。全村共辖梨树台、业家湾、王塬畔、冯俭、大庄、东东湾、新庄壕、阳岔、白原9个自然村，384户，1742人。劳动力960人，其中男性965人，女性395人。总土地面积7960亩，耕地面积4100亩，其中山地2324亩，塬地1800亩，良田面积4200亩。人均耕地3.6亩，大部分是山旱地。现有小电井73口，水泥窖165眼；有土基道路1条5.8公里，村组油路1条3.5公里；有村小学1所，在校学生76名，学龄儿童入学率为100%；有村部1处。

0834 太平镇柴庄村

简　　介：柴庄村村位于太平镇西北部位。辖贾洼、康山、堡子、柴庄、王山、小湾、王湾、园子、大湾9个村民小组。总人口1674人，农业人口1674人，非农业人口19人，农户402户，男性1216人，均为汉族，总面积8.76平方公里，其中耕地面积3398亩。

0835 开边镇兰岔村

简　　介：兰岔村位于开边镇东北部10公里处，临武公路穿境而过。山塬兼有，东接临泾乡，南靠解放村，西接羊千原村，北临庙渠乡。全村辖11个自然村，有农户628户，2676人，总耕地11800亩，人均3.99亩。该村是一个传统的农业大村，以粮食作物种植为主，有小麦、玉米、糜谷、菜籽等，亩产仅为100公斤左右，产业结构调整步伐艰难，群众增收缓慢。近年来，该村把全膜双垄沟播玉米种植作为旱作农业增产的主要手段来抓，全村年覆膜达到3000多亩。另外，大力发展林果产业，在兰岔居民点附近新建核桃园1处，栽植新品种核桃400亩。为了改善群众生产生活条件，在兰岔自然村修建居民点1处，修建小康农宅60户，配套新修文化广场1处。全村现有六年制小学1所，有教师14人，学生220人；有村卫生所1处，有通村油路1条（5公里），砂石路17条；有机井1眼、水塔1座，群众人畜饮水大部分依靠拉运和泉水。

0836 开边镇陈坪村

简　　介：陈坪村东临开边镇甄沟村，西部接武沟乡巨沟村，北靠武沟乡椿岔村，南部接郭原乡，东西距离2.4公里，南北距离1.6公里。耕地面积5800亩，平均海拔1098米，共辖7个自然村，362户，1589人，总耕地面积5800亩。近年来，陈坪村按照“生产发展、生活宽裕、乡风文明、村容整洁、管理民主”二十字方针要求，积极走“畜→沼→菜”循环农业发展路子。先后填沟整理土地92亩，规划建设小康民宅73户，配套新修了文化广场、卫生所等公共设施，整体搬迁了陈坪村部和陈坪小学。实施了通水、通电、通路等“三通”工程，压埋自来水管线3000米，整修硬化道路2000米，绿化面积累计1500平方米，压埋排洪涵管2500米，修筑护坡750米，新打机井1眼，维修机井2眼。为了使搬迁农户有一个稳定的收入来源和致富项目，陈坪村把产业培育作为新农村建设的重点工作来抓，在示范点集中建成设施蔬菜大棚200亩，大棚棚均收入6500元，总收入可达到130万元。建成新品种核桃园1处200亩，并在居民点后征地5亩，按照“人畜分离”的要求，修建养殖小区1处，修建暖棚40座，大家畜饲养量达200头。配套修建了青贮氨化池、沼气池。

0837 庙渠乡店王村

简　　介：店王村地处庙渠乡东北部，属纯山区村，全村共辖苏王、店王、常山头、谯岔、石梁、椒树岔、南湾7个自然村，255个农户，1220人，有劳动力860人，其中380人外出务工；有耕地面积9010亩，人均7.4亩，有效灌溉面积80亩；牛、羊、猪存栏分别为30头、1260只和146头。上年人均纯收入2600元，主要来源于外出务工、出售黄豆和羊（养羊产业具有一定发展基础）等收入。

0838 太平镇席兰村

简　　介：席兰行政村位于太平镇北部约七公里处。原有13个自然村，撤并后为9个自然村，山塬兼有，即徐园子、前庄、老庄、东庄、东岭、王庄、阳面洼、阳园子、郭山。总人口2087人，其中农业人口2083人，非农业人口4人，农户435户，男性1040人，均属汉族，总面积19平方公里，其中耕地面积6837亩。共有学校1所，即席兰小学。总耕地6837亩，以种植粮食及经济作物为主。大家畜380头，羊450只，鸡2100只，猪168头。共有荒山造林1173亩，退耕还林842亩，经济林48亩。黄花菜884亩，其它46亩。

0839 孟坝镇塬口村

简　　介：塬口村地处孟坝镇西南部，东临赵咀村，南界临泾，西接东庄村，北连峁合村。总土地面积9.2平方公里，全村辖山区村寨子、川口、蒙山、东湾、上秦、胡山、蒙湾，半山半塬村姜大咀、塬口共9个自然村，402户，1382人。耕地6000亩，其中川塬地1600亩，山地4400亩。产业结构以种植业、生态养殖为主，主要种植地膜玉米、瓜果、药材等，养殖以鸡、羊、牛等为主，现建有林下生态养鸡场1处，养鸡1.5万只。

0840 上肖乡北庄村

简　　介：上肖乡北庄村全村共辖沟圈、西面、峁山、王洼、核桃沟、赵山、下山、赵塬、刘塬、刘山、王坳11个村民小组，668户，2644人，总耕地面积6026亩。2013年全村农民人均纯收入5487元。2009年该村被列为市级新农村建设试点村，具体工作中主要抓了三项工程：一是产业培育工程。坚持把发展苹果产业作为增加农民收入的主打产业来精心培育，把果园管理作为农村经济工作的第一要务来抓。主要通过实施秋地栽植、间作套种、落实浇水、覆膜、套袋、围栏等一系列管理措施，使果园的保存率达到100%，成活率达到90%。二是中心村建设工程。依托易地扶贫搬迁项目，搬迁山区农户，同时，配套完成村部、幼儿园、卫生所、百货超市、五保家园、文化广场等社会事业建设任务，中心村的绿化、硬化美化及排洪排污已全部到位，基本达到了生态小康文明村的标准。三是基础建设工程。以水、路、田为重点，着力改善基础条件，新修通村油路1条4公里，拓宽铺砂村组道路3条14公里，维修机井2眼，压埋供水管线1.2公里，自来水入户120户，新建观察井68座，压埋排洪排污道2公里，完成农田600亩，新修卫生厕所63座，完成道路绿化4条28公里，完成义务植树造林1000多亩，通过狠抓各项工作任务的落实，使该村的生产生活条件及村容村貌发生了较大变化，去年该点先后四次在甘肃新闻节目中作了报道，并作为甘肃新农村建设亮点工程在中央电视台的新闻联播节目进行报道。

0841 孟坝镇卯合村

简　　介：卯合村位于孟坝镇西南面，东临刘城村，南接塬口村，西接东庄村，北连大寨村。总土地面积8平方公里，全村辖李地庄、西坳、回回店、沟畔、周寨、秦咀、塔庄、峁合、李老9个自然村，678户，3062人，耕地面积7200亩，山地240亩，塬地6960亩。产业结构以种植业、养殖业为主，主要种植小麦、地膜玉米、瓜果等，在2010年新栽500亩葡萄的基础上，2011年再新栽500亩，建成千亩葡萄示范区1处。养殖业以养羊、猪，驴等为主，养猪、驴户以小规模养殖为主，数量在10只左右，现没有成规模养殖场。

0842 庙渠乡常俭村

简　　介：常俭村位于庙渠乡南部，山塬兼有。全村共有张寨、堡子、常俭、寨洼、堡湾、席沟沟、董渠、嵝岘、牛塬、前梁、寺庄湾、阴洼、下洼、庐山、谢涝池、新庄湾、寺庄坪17个自然村，780户，3590人，有劳力

1820人，共有耕地面积15600亩，其中梯田和源地面积9600亩，粮食种植面积14200亩。全村有五年制小学两所，任课教师19人，学生220人，有幼儿园2所。有新型合作医疗所1处，参合人数已达3400多人，新建集体农庄1处，现住进46户农户。现有机井6眼，供农户饮水1200人，全村外出务工人数340人。

0843 新城乡闫寨村

简　　介：闫寨村村位于新城乡东南部，东接杜寨村，西接高庄村，北接平泉上刘村，南接高庄村，东西最大横距12公里，南北纵横5公里，总面积30平方公里。全村共辖西洼、闫寨、南头、胡山、油房、徐山、后山、寺沟洼8个自然村，其中塬区自然村7个，川区自然村1个。全村共有463户，1774人，现有劳动力2001人，农业人口1525人，其中贫困人口1104人，占总人口的72%，总耕地面积7630亩，其中山地1106亩，人均耕地面积3.80亩，目前全村主导产业为小麦、瓜菜和玉米，人均纯收入2400元。

0844 殷家城乡桑树洼村

简　　介：桑树洼村处于乡北部，距乡13公里，全村共有房湾、四合洼、桑树洼、甘岔、寨科、杨咀、王崾岘、白老庄8个自然村，217个农户，1003人，2013年人均纯收入4140元。全村总土地33.4平方公里，耕地4096亩，机平农田4860亩，林地4662亩，退耕还林1683亩，天然草原22613亩；全村共有水泥窖80眼，小电井25口，人力井是5口；砂石路4条12.5公里，村组土路3条16.5公里；全部实施了农网改造工程，沼气能源入户92户；牧草留存面积4950亩，牛存栏是79头，驴存栏是141头，羊存栏是4923只，猪存栏是236头，鸡存栏是2187只，建成规模养猪场1处，在建养牛场1处，待建养羊场1处。

0845 庙渠乡慕塬村

简　　介：慕塬村位于庙渠乡南部，山川塬兼有，以山为主，自然条件艰苦。全村共有九亩坪、慕塬、韩山、杨洼、时河、文庄、瓦院7个村民小组，农户411户，总人口1938人，耕地面积7300亩。通电农户411户；通电视农户411户；通电话农户411户；全村通自来水农户110户；主导产业是种植、养殖业和劳务输转，没有专业的合作经济组织；2011年全村人均纯收入1987元；2011年全村参加社会养老保险811人。有五年制小学1所；有农家书屋1所；有村干部3人，工、青、妇等组织健全，有村部办公用房9间，没有电教设备。该村气候较为适宜，耕地面积大，传统农业生产基础较好，有发展苹果、核桃、瓜菜等产业的条件；土地面积大，有较好的养殖业发展基础，适宜发展舍饲养殖业。

0846 郭原乡王沟圈村

简　　介：郭原乡王沟圈村是全县“一镇三村”现代农业示范点，辖滩洼、大渠、王沟圈、原边、白庄、路洼、慕洼、寨洼8个自然村，382个农户，1721人，土地总面积22400亩，耕地面积6706亩，山塬兼有，人均耕地面积3.9亩，2013年农民人均纯收入4697元。

0847 方山乡高中山村

简　　介：高中山村位于方山南部，西连三岔镇，东临十八岘村。现有耕地面积5090亩，辖高中山、苋湾、上罗、山沟、寺湾、崾岘6个自然村，232个农户，农村人口1100人。2013年人均纯收入4029元。

0848 三岔镇肖园子村

简　　介：肖园子村位于三岔镇西北部，距镇政府所在地7公里。东接周家庄村，南靠高湾村，西连米家川村，北邻殷家城乡，自然条件艰苦。该村有6个自然村，分别为肖园子、芦河、洼上、何山、龙门沟、沟畔。耕地面积7320亩，其中川台地400亩，其余全部是山地，现有梯田1370亩，占耕地总面积的18.7%。该村现有农户303户，人口1367人，以农业生产为主，主要农作物是小麦、玉米、荞麦、糜谷、油料作物等。2013年人均纯收入3245元。近年来，该村立足村情民意，始终坚持"调结构、育产业、促增收、强基础、改条件、促发展"的工作思路，进一步培育壮大全膜粮食、草畜、劳务三大产业，努力改善山区群众生产生活条件，取得了一定成效。

0849 郭原乡王咀村

简　　介：王咀村位于郭原乡北部，与武沟乡毗邻，村中心离郭原乡政府仅7.5公里，辖南沟、南原、邓沟、周原、周庄、槐树湾、大庄湾、南岔、湾掌、新庄、当湾、崾岘、大湾、沟口、阴洼15个村民小组，共563户，2525口人，耕地面积12870亩，人均耕地5.1亩，林地面积8821亩。2013年人均纯收入4013元。

0850 马渠乡汪庄村

简　　介：汪庄村位于马渠乡南部，耕地面积6765亩。全村共辖张樊山、张渠、户坪、汪庄、马寨子、簸箕掌、任渠7个自然村，286户，1343人。劳动力731人，其中男性383人，女性348人。总土地面积21089亩，耕地面积6765亩，其中山地6765亩，良田面积5780亩，人均耕地5.1亩，全部是山旱地。现有小电井165眼；有土基道路2条10公里，砂石道路1条8公里；有村小学1所，在校学生24名，学龄儿童入学率为100%；有村部1处。

0851 马渠乡四坪村

简　　介：四坪村位于马渠乡西部，耕地面积4527亩。全村共辖沟畔、四湾、平顶山、水磨渠4个自然村，153户，684人。劳动力425人，其中男性231人，女性194人。总土地面积14267亩，耕地面积4527亩，其中山地7121亩，良田面积3950亩。人均5.7亩，大部分是山旱地。现有梯田2100亩，占耕地总面积的46.3%。现有小电井45眼，水泥窖72眼；有土基道路2条8公里，砂石道路1条5公里；有村小学1所，在校学生76名，学龄儿童入学率为100%；有村部1处。

0852 马渠乡三合村

简　　介：三合村位于马渠乡西部，耕地面积8165亩。全村共辖大庄、林庄、糜岔、杜庄、塬畔、石佛、杜大湾、关岔湾、周台、大庄塬10个自然村，374户，1715人。劳动903人，其中男性453人，女性450人。总土地面积29064亩，耕地面积8165亩，其中山地7833亩，塬地782亩，良田面积7522亩。人均4.4亩，全部是山旱地。现有小电井82眼；有土基道路12条52公里，砂石道路1条21.2公里；有村小学2所，在校学生91名，学龄儿童入学率为100%；有村部1处。

0853 庙渠乡店王村

简　　介：庙渠乡店王行政村地处庙渠东北部，属纯山区村，全村共辖苏王、店王、常山头、谯岔、石梁、椒树岔、南湾7个自然村，255个农户，1220人，有劳动力860人，其中380人外出务工。有耕地面积9010亩，人均7.4亩，有效灌溉面积80亩。牛、羊、猪存栏分别为30头、1260只和146头。上年人均纯收入2600元，主要来源于外出务工、出售黄豆和羊（养羊产业具有一定发展基础）等收入。

0854 太平镇何湾村

简　　介：何湾行政村位于太平镇南部，是一个贫困的山、川、塬兼有的一个村，其中纯山区有两个自然村。经过村组合并后，由原来的15个自然村现合并为东咀、蒋咀、刘岭、何湾、何渠、碾咀、碾川、豆湾、塬畔、户山10个自然村。全村总面积为4.49平方公里，耕地面积为3.636平方公里，总人口为1860人，农业人口1860人，共有446个农户，其中男性989人，全部为汉族。何湾行政村管辖区共有两所小学，一个是何湾小学，另一个是碾川自然村的一个三年制学校。全村的经济发展均以农业为主，畜牧业11%的农户都养一至四头耕牛、羊，经过近年的封山禁牧，基本上没有，就有个别家庭喂养4至5只，林果产业就刘岭和碾川、何渠个别农户栽植苹果，土特产均以杏子和黄花为主。

0855 城关镇金龙村

简　　介：金龙村村位于县城东南郊，共辖陈沟、金龙、郭堡、许沟、上沟、席沟、三台山、段山6个村民小组，总耕地面积4099亩，其中山地3469亩，川地630亩，农业人口3096人，现有机井6眼，小电井78眼；有村小学2所，在校学生260名，学龄儿童入学率为100%。

0856 三岔镇榆杨湾村

简　　介：榆杨湾村位于三岔镇南，是一个纯山区行政村，是全镇基础设施建设较为滞后的一个村。该村辖田坪、榆杨湾、沟畔、沟卷、张岔、嵎岘、白家山、水泉湾、秋子湾9个自然村，现有农户386户，人口1700人，有耕地面积7626亩，其中梯田2960亩，坡地4666亩。2013年底，大家畜存栏709头，羊存栏2100只。2013年人均纯收入3750元。为了改善农业基础条件，镇政府通过多方争取，将榆杨湾村申报为2014年扶贫整村推进村，计划在榆杨湾村投资675万元，集中解决群众面临的生产生活困难。在基础设施建设方面：新修村组到路口7公里道路，新修梯田1000亩。在增收项目方面：扶持50户贫困户养殖良种牛100头，种植全膜玉米3750亩。

0857 马渠乡梁寨村

简　　介：梁寨村位于马渠乡西部，耕地面积6050亩。全村共辖下塬畔、王岔、李新庄、梁寨、白杨湾、王山庄、王嵎岘7个自然村，272户，1389人。劳动力738人，其中男性372人，女性366人。总土地面积18786亩，耕地面积6050亩，其中山地4266亩，塬地1784亩，良田面积5248亩。人均耕地4.36亩，大部分是山旱地。现有机井1眼，小电井6眼，水泥窖130口；有土基道路2条8公里，砂石道路1条3公里；有村小学1所，在校学生280名，学龄儿童入学率为100%；有村部1处。

0858 南川乡上庄村

简　　介：上庄位于南川乡南部，塬区水泥公路，洪河穿境而过，地形以塬地为主，东接川口，南靠党原，西联原芦村，北临川郑，自然条件艰苦。该村下辖16个村民小组（郝洼、后庄、胡同、俭平、李渠、罗湾、上李、什字、田山、嵎岘、枣山、李掌、张湾、黄湾、大湾、上庄），耕地面积9592亩，其中山地8312亩，退耕还林1487.3亩，塬地1600亩，该村现有526户，2266人。该村经济发展主要依靠传统种植业、养殖业和劳务输出。现有小学1所，教职工28名，在校学生110人；卫生所1处，村医2名。

0859 殷家城乡白家川村

简　　介：白家川村处于乡南部，距乡10公里，全村共有许家湾、高沟、大石滩、白杨咀、白草湾、堡子梁、虎家山7个自然村，231个农户，1011人，2013年人均纯收入4305元。全村总土地29.7平方公里，耕地6230亩，机平农田3720亩，林地3649亩，退耕还林1204亩，天然草原16062亩。全村共有水泥窖30眼，小电井117口，人力井是8口，提灌站2处，骨干坝3处。通村油路1.3公里，砂石路2条19.3公里，村组土路4条9公里。沼气能源入户143户。全村牧草留存面积4160亩，牛存栏是130头，驴存栏是232头，羊存栏是3364只，猪存栏是194头，鸡存栏是1818只，建成养羊场、养猪场各1处。

0860 新集乡吴塬村

简　　介：吴塬村位于新集乡东部，北部有部分塬面，其余部分均为山地。有10个自然村：东庄、枣树湾、庙渠、何庄、老庄湾、马崾岘、李家湾、连坪、石家良、兰西坡，350户村民，1550人，土地面积为1.5万亩，耕地面积0.96万亩。村部1所，学校1所，卫生院1所。

0861 平泉镇文洼村

简　　介：文洼村位于甘肃省镇原县平泉镇东北5公里处，东邻秦铺、黄岔村，南接八山村，西接洪河村，北接姚川村。全村共辖前咀、席俭、文洼、吴庄、岔口、苏庙、孟洼、暖湾、拉山、豆湾、黎明11个自然村，现有农户511户，总人口2039人，总耕地面积7171亩。该村主要粮食作物为小麦、玉米等，经济作物主要有西瓜、蔬菜等，养殖业以猪、牛、羊为主，已发展养殖大户37户，建有砂石道路8公里，2013年全年人均纯收入为2730元。村级组织活动场所建筑面积2000平方米，共12间办公用房，农家书屋面积为60平方米，全村现有村级卫生所1处，学校1所。

0862 平泉镇洪河村

简　　介：洪河村共辖郑沟、柏树、安湾、当中、朱沟、古城、浅山7个自然村，现有农户261户，总人口1048人，总耕地面积4504亩。该村推广农作物地膜覆盖技术，主要粮食作物为小麦、玉米、黄豆等，主要农产品有洋葱，谷子，枣子，大葱等，经济作物主要有油菜、西瓜等。现有规模养畜户4户，其中包括养兔数达600只以上的1户，羊只数达50只以上的3户。全村现有砂石道路为1公里。2013年全年人均纯收入为4933元。村级组织活动场所建筑面积1668平方米，共5间办公用房，农家书屋面积为20平方米。全村现有村级卫生所1个，学校1所。

0863 新城乡朱塬村

简　　介：朱塬村位于新城乡西部，距新城乡19公里，西部和宁夏彭阳县红河乡友联村为界，北和平凉相接，东与惠沟村以河为界，南与本乡孟寨村相连。全村共有朱庄、韩庄、韩沟、红崖根、张河堡5个村民小组，有245户，1092人，耕地面积有7030亩。2011年人均纯收入3162元。海拔1500米，适宜大量种植玉米和冬小麦，适宜种植紫花苜蓿和冬油菜。本村适应养殖肉牛，现存栏肉牛达到 3000 多头，饲养大户 1 个，存栏 12 头左右，其中能繁殖的肉牛存栏 1200 多头，力争在 2014 年人均纯收入达到 4162 元。

0864 孟坝镇东庄村

简　　介：东庄村位于孟坝镇西部，东靠峁合村，南接塔李村，西接何范村，北接西壕村。总土地面积 14 平方公里左右。全村共辖半山半塬陈寨、三门咀、李咀、姜塬头、东庄、杏咀、纯山马新庄、罗河、段山、谯河、纯原白沟畎 11 个自然村，916 个农户，总人口 3886 人，总耕地面积 14661 亩，其中山地 1900 亩，塬地 3700 亩。产业结构以小规模种植、养殖为主。主要种植小麦、地膜玉米、蔬菜瓜果等，建有 500 亩苹果示范点 1 处。养殖以农户散养方式养殖乌鸡、羊、猪，驴等。

0865 城关镇路沟村

简　　介：路沟村村位于县城西南角 15 公里处，共辖 6 个村民小组，总耕地面积 4727 亩，其中山地 4117 亩，塬地 610 亩，农业人口 1199 人，现有机井 5 眼，有村小学 1 所，在校学生 115 名，学龄儿童入学率为 100%，有村部 1 处。

0866 方山乡蒲河村

简　　介：蒲河村位于方山乡中部，自国道 309 线由南自北延伸，农户分居蒲河两岸，西连三岔镇董渠村，东临关山村，南靠十八岘村、高中山村、金岔村三村，北接方庄村。全村共辖枣沟、申渠、焦山、田湾、田元子、申山、贾河湾 7 个村民小组，共有 286 个农户，1486 人。耕地面积 5600 亩，人均耕地 3.7 亩。当年人均纯收入 4005 元，低于全县人均纯收入 757 元。

0867 殷家城乡殷家城村

简　　介：殷家城村处于乡中心位置，全村共有塔洼、徐园子、刘山、李河、转水河、堡子咀、白新庄、马山 8 个自然村，262 个农户，1127 人，2013 年人均纯收入 4140 元。全村总土地 25.9 平方公里，耕地 4980 亩，机平农田 3550 亩，林地 5413 亩，退耕还林 2290 亩，天然草原 10967 亩。全村共有水泥窖 85 眼，小电井 72 口，人力井 5 口。通村油路 2.5 公里，砂石路 2 条 8.6 公里，村组土路 5 条 14.5 公里。沼气能源入户 162 户。全村牧草留存面积 4700 亩，牛存栏是 87 头，驴存栏是 139 头，羊存栏是 4186 只，猪存栏是 394 头，鸡存栏是 1213 只，建成规模养羊场 1 处。

0868 中原乡上杜村

简　　介：上杜村位于中原乡南部，东接原峰村，北接田站村，距中原乡 10 公里。辖 10 个自然村，475 个农户，2051 人。总土地面积 1.95 万亩，耕地面积 8204 亩，村内交通便利，信息通畅。该村在街道东侧新建仿古式小康农宅 20 处，并完成绿化、通电、通水等配套建设，解决了部分街区农户生产生活困难的问题。完成村内主干道路铺砂 8 公里。依托田站水厂，实现村村都通自来水的目标；争取香港施永青基金项目支持维修机井 3 眼，新修蓄水池、配电房 3 座。完成本辖区内荒山造林整流域绿化任务，退耕还林 1500 多亩。按照“种养”联动发展的模式，加大养殖、全膜粮食推广力度，该村现有养殖户 301 户，占总农户 63%，饲养品种以牛、猪见长。全膜粮食种植面积年均在 3000 亩以上。加大苹果、核桃等经济林木培育力度，全村苹果留存面积 500 亩。新建沼汽池 100 眼，建成村卫生所、农家书屋等公共服务场所。农民收入逐年增加，奔小康的热情高涨。

0869 马渠乡花岔村

简　　介：花岔村位于马渠乡东部，耕地面积8098亩。全村共辖上塬畔、庙咀、花岔、上王、野湾、崾岘、朱庄、张山8个自然村，333户，1490人。劳动力650人，其中男性330人，女性320人。总土地面积27451亩，耕地面积8098亩，其中山地7498亩，塬地600亩，良田面积6500亩。现有小电井160眼，水泥窖60口；有土基道路10条50公里，油路2条11公里；有村小学1所，在校学生70名，学龄儿童入学率为100%；有村部1处。

0870 殷家城乡敬岔村

简　　介：敬岔村处于乡东部，距乡8公里，全村共有徐湾、敬岔、李湾、王畔、峁头、白湾6个自然村，164个农户，716人，2013年人均纯收入4121元。全村总土地19.8平方公里，耕地5070亩，机平农田3650亩，林地2048亩，退耕还林1444亩，天然草原8123亩。全村共有水泥窖53眼，小电井38口，人力井是10口。砂石路2条10公里，村组土路2条10.4公里。全部实施了农网改造工程，沼气能源入户75户。全村牧草留存面积4230亩，牛存栏120头，驴存栏233头，羊存是4250只，猪存栏98头，鸡存栏1413只，建成规模养牛场1处，养羊场3处。

0871 庙渠乡庙渠村

简　　介：庙渠村位于我乡中心地段，是我乡的经济、商贸、文化中心，辖庙渠、寨城、常沟圈、铁路咀、肖里、刘塬、吴湾、塬边、惠湾、吴咀、惠塬畔、李山12个村民小组，490户，2265人，耕地面积10340亩，人均纯收入4659元。现有小学1所，幼儿园2所，教职工35人，在校学生300多人。近年来，乡、村以调整产业结构、优化发展环境为抓手，以发展适应本地区域经济的特色优势富民产业为主基调，不断拓宽新的经济增长极，坚持走“地膜粮食、种草养畜、苹果葡萄”的农业产业发展路子，着力提高农业增产、群众增收。去年，全膜粮食种植4200多亩，户均达到8.5亩，全村有20亩以上大户18户，30亩以上5户。发展专业养殖专业合作社3处，辐射带动全村发展养殖大户120户。苹果留存面积2000亩，葡萄300亩，黄花菜600亩。庙渠村教育、卫生、文化等基础设施配套齐全，交通便利，社会事业发展稳定，民风淳朴，文化底蕴深厚，群众思想观念超前。去年“两委”换届，共选委员5名，其中村干部3名，平均年龄40岁，都具有高中以上文化程度，班子年轻团结，结构合理，富有活力。

0872 新城乡耿沟村

简　　介：耿沟村位于新城北部距街道8公里处，全村共有安山庄、黄洼、耿沟、刘庄、沟门、惠洼、兰湾、尧俭8个村民小组，410户，1774人。现有劳动力1259人，剩余劳动力541人。总土地面积18.7平方公里，折合面积28109亩，其中耕地面积6045亩，人均3.4亩，现有林地1474亩。年平均气温8.5度，年降雨量500毫米，无霜期150天。

0873 新集乡刘大岔村

简　　介：刘大岔村位于新集乡西北端，南接新庄行政村，与孟坝镇相邻。共有6个自然村分别是姚河、桃草湾、老王山、刘大岔、阳面山、岱马。农户206户，人口1196人，耕地面积6113亩，川地为900亩，其余为山地。

0874 新集乡王寨村

简　　介：王寨村地处镇原县新集乡最西南部，距新集乡街道20公里，东临岳庄村，西接高峰，南界牛心村，整村位于山塬结合区，自然条件相对艰苦。全村共有田庄科、耿地庄、王寨集、罗咀、薛李庄、蔡咀、席老庄、席咀、北洼、石家庄10个自然村。现有855户，3650人。总土地面积15.8平方公里，耕地面积11816.5亩，其中山地5100亩，川地720亩，塬地289亩。现有王寨初中1所，教职工36人，在村学生382人。有村小学1所，属六年制小学，有教师17名，在校学生128名。村图书室1间，现存图书895册；村卫生所1处，村医1名。现有通村公里6条，人饮管线24公里，自来水入户320多户，水泥窖287口。粮食种植面积7868亩，粮食总产量1025吨。2011年底大家畜存栏1698头，其中，牛存栏624头，驴存栏225头，羊存栏962只，猪存栏95头。劳务输出总计658人。参加社会养老保险参保率达75%，合作医疗参合率97%。

0875 平泉镇上刘村

简　　介：上刘村位于甘肃省庆阳市镇原县平泉镇西南4公里处，东接八山、南徐村，南邻新城乡杜寨村，西接新城乡郭沟圈村，北接本镇马洼村。全村共辖上刘、西咀、厂子、常俭、瓦岔、苟渠、王储、上涝、井洼9个自然村，现有农户669户，农业人口2919人，总耕地面积8805亩。该村主要粮食作物为小麦、玉米等，经济作物主要有油菜、胡麻等。养殖业以猪、牛、羊为主，已发展养殖户共116户。全村建有硬化道路1.1公里，砂石道路为7公里。2013年全年人均纯收入为2700元。村委会班子由4人组成，村级组织健全，职能作用发挥较好，村级组织活动场所建筑面积1400平方米，共11间办公用房，建有文化广场面积为1400平方米，农家书屋面积为17平方米。全村现有村级卫生所1个，学校两所。

0876 新城乡小岘村

简　　介：小岘行政村位于新城乡西面19公里处，西接红河行政村，东接曹城行政村，南与平凉市崆峒区接壤，东西横距5公里，南北纵距3公里。全村共辖彭寨、小岘、南庄沟、惠湾、王山头、巨寨、庙底、李洼、闫湾、高塬、刘湾12个自然村，全村638户，总耕地面积16520亩。目前全村的主导产业是种植业、养殖业及劳务输转，2013年人均纯收入5233元。基础设施：村委会现有办公室7间，村卫生所1处共有房屋4间，村组道路15公里为沙石路，其余均为土路。2014年在惠湾、南庄沟、小岘、彭寨村实施退耕还林口粮田项目1500亩。养殖业基本情况：小岘村养殖业在各级政府的支持下获得了很大发展空间。2014年为更好更快的发展养殖业，乡村积极组织养殖大户成立合作社，形成正规化规模化养殖，先后成立普汇养殖专业合作社、兴胜养殖专业合作社、新荣养殖专业合作社。其中普汇养殖专业合作社注册资金280万元，年饲养羊量达到1200只，出栏4000至5000只，年利润70至80万元。兴胜养殖专业合作社，注册资金120万元，现养殖肉种羊150只，年可销售收入60万元，年利润10万元。新荣养殖专业合作社，注册资金328.4万元，现养牛70只，年利润40万。

0877 孟坝镇醴坳村

简　　介：醴坳村位于孟坝镇西北部，东接方山乡，南接王地庄村，西接庙渠、方山乡，北连方山乡。全村共辖杨庄、段湾、东边、小石洼、杨塬头，寺湾6个自然村，344个农户，1456口人，总耕地面积5700亩。该村发展以种植业为主，主要种植小麦、地膜玉米、螺旋菜、瓜果等。2011年种植螺旋菜200多亩，今年计划种植500亩，养殖以农户散养方式为主，没有形成一定的规模养殖。

0878 临泾乡耿塬村

简　　介：耿塬村地处临泾乡西部，境内山塬兼有，塬面小而狭长。该村有7个自然村，分别为高湾、尚湾、花红、塬畔、耿塬、淌淌、岗岗。该村现有农户433户，1879人。耕地面积5855亩，人均占有耕地3.1亩。粮食总产量912吨，人均产粮970.73斤。有小学1所，属六年制小学，现有教师10人，学生128人，校舍14间。境内有通村油、砂路各1条，约8.5公里。自来水供水管线11千米，自来水入户43户。该村是一个典型的农业村，以农业生产为主，主要农作物有小麦、玉米、糜谷等。近年来，村党支部以科学发展观为指导，以新农村建设为目标，充分发挥党组织和党员的先锋模范作用，通过建立健全机制，强化村级阵地建设，狠抓党员教育管理等，使该村的基础设施建设、产业结构调整、环境卫生治理等得到了很大提高。全村有养驴户362户720头；有养羊户16户158只。

0879 上肖乡路岭村

简　　介：路岭村位于庆阳市镇原县上肖乡中部，翟上公路穿境而过，地形山塬兼有，东接净口、杨城两村，南靠梧桐、北庄两村，西连屯字镇下孙村，北临翟池村，自然条件艰苦。辖南台、洼边、许家、脱区、南山、付一、上山、路岭、六路9个自然村，734户，3250人。耕地面积6063亩，其中山地1613亩，塬地4450亩。2013年全村人均纯收入4560元。2013年实施自来水并网入户工程，自来水入户率100%。翟上公路穿境而过，村组道路网络布局基本完善，以照明等生活用电为主，居民生活用电基本得到保障。土壤肥沃，农业品种类齐全，主要农作物有冬小麦、玉米、糜子、薯类、黄豆、果品、瓜类、蔬菜等。该村素有养殖传统，全村现存果园面积2660亩。现有村卫生所1处，有村小学1所，民办幼儿园1所，农家书屋1处，文化广场1处，村部办公楼1幢。

0880 太平镇柳咀村

简　　介：柳咀行政村位于太平镇的东部约20公里处。柳咀行政村原有11个自然村，撤并后为沟沟、阳湾、陈山、夏洼、杜洼、岭岭、剪子股、新庄、大庄、地庄10个自然村，山川塬兼有。总人口2160人，其中农业人口2150人，非农业人口10人。农户496户，男性1035人，有一户属回族，其余均属汉族，总面积30平方公里，其中耕地面积6.421平方公里。柳咀村有六年制小学两所，分别是柳咀小学和夏川小学。农业总耕地6421亩，以种植粮食及经济作物为主。畜牧业大家畜存栏570头，羊390只，鸡2050只，猪105头。林业：共有荒山造林1200亩，退耕890.8亩，经济林50亩。土特产以黄花菜为主。

0881 屯字镇双合村

简　　介：双合村共有11个自然村，分别是双坪、西沟、乔塬、高坡、阳坪、王马、大庄、朱川、山洼、毛台、张沟等自然村，双合共有716户，农业人口有2889人，其中有劳动能力的共2010人。2012年人均纯收入为4086元，2013年人均纯收入为4919元，双合耕地面积共有10110亩，山地有8582亩，川地有1528亩。

0882 武沟乡武沟村

简　　介：武沟村位于武沟乡东北面，距镇

原县城40公里路程，全村总面积约50平方公里，平均海拔1600米。全村耕地面积为10340亩，以种植小麦、玉米为主，只有少量药材、胡麻、菜籽、土豆等经济作物。辖武沟、牛塬、咀山、李岔、前崾岘、井崾岘、王岔、方岔、前庄、焦岗、崖瑶、罗湾、张寨、大庄14个自然村，全村458户，共2178口人。农村合作医疗参加人口为1900人，参合率为87%，参加居民养老保险860人，农村五保、低保人口覆盖全村14个自然村，159户，共359口人。

0883 中原乡武亭村

简　　介：武亭村位于中原乡中东部，地形山塬兼有，以塬面为主。总土地面积14平方公里，其中耕地面积8638亩，有人饮机井7眼。辖沟圈、庙场、沟老、樊李、南坳、什字、武亭、前庄8个村民小组，647个农户，2825人，2013年全村农民人均纯收入4705元。该村目前已基本形成了以养殖、地膜粮食、劳务、苹果为主的产业格局，属养殖大村，几乎家家养牛，现有荣立、康壮养殖专业合作社2个，养殖协会1个，入社会员涉及樊李、沟老两个养殖专业村40个农户，培养经纪人4名。现建有康壮养殖展业合作社玉米秸秆饲料青贮示范点1处，建成青贮池70座，青贮饲料5000方，可为庙场、沟老两个专业养牛村105户315头牛提供青贮饲料。为了改善人居环境，保障群众生命财产安全，乡里结合灾后重建、危房改造等项目，在武亭行政村统一规划修建成仿古式小康农宅47处，目前已完成全部建设任务，每户修建对口安架房6间。新建了占地3000平方米的文化活动广场，建成村部用房10间。争取香港施永青基金项目扶持，文化广场配备篮球架、乒乓球桌等14种文体设施。农宅前分四道实施绿化，文化广场沿四周实施绿化，共计5800平方米。广场新栽太阳能路灯4盏。新建了供水厂，自来水全部进户，对道路进行了铺砂硬化。

0884 屯字镇曹路村

简　　介：曹路村共有12个自然村，分别是颜家、朱岭、张渠、路家、西头、曹家、马湾、圪塔、西洼、上岘、崾岘、下岘等自然村，曹路共有855户人，农业人口有3527人，其中有劳动能力的共2261人。2012年人均纯收入为4150元，2013年人均纯收入为4996元，曹路耕地面积共有11610亩，山地有7530亩，塬地有4080亩。

0885 太平镇俭边村

简　　介：俭边村位于该镇的北部。村委会共辖塘坊、另塬、俭边、丰塬、庙咀、范岭、杜堡、李咀、景科、吊良、秋洼、陈山、张山、王背山、刘湾、上岭、武湾、段山、李家、阳山20个村民小组。总人口3632人，农业人口3626人，农户844户。总面积23.48平方公里，其中耕地面积7.47平方公里。上岭小学共7个班，现有教师7名，在校学生127人。俭边小学共10个班，教师13名，在校学生315名。近年来，本村的社会经济得到了全面、持续、协调发展，基础设施建设得到了进一步改善，人均梯田面积达到了1.9亩，全村解决了人畜饮水困难的问题，村组道路形成了网络，开辟了与外界交流的通道，交通运输能力有了跨越式发展，农业产业结构调整步伐明显加快，涌现出了一批示范带头人，草畜产业得到了长足发展，形成了草畜产业发展基地，现在大家畜存栏1145头，舍饲圈养羊只1230只，农民人均纯收入1326元，适龄儿童入学率和巩固率达到了100%，现有在校学生442名。造林面积达到了6390亩，其中退耕还林1325.5亩，土特产有黄花、苹果、大葱、西瓜、桃、李子、杏、葡萄、核桃、柿子等，其中黄花菜、红富士苹果以品质优良名扬天下。

0886 武沟乡张岘村

简　　介：张岘村位于武沟乡西部，全村共辖新光、二合、旁山、庙庄、上岔、冯湾、马洼、高粱、小塬子、二岘、新庄洼、张岘12个自然村，农户484户，人口2037人。总土地面积23.56平方公里，耕地面积9960亩。2011年末，全村农民人均纯收入2978元。“双联”行动开展以来，全村2012年农民人均纯收入达到3514元，净增536元。以全膜粮食、草畜养殖和劳务输转为主的主导产业初步形成。新栽核桃，指导农户种植全膜玉米6500亩，户均13亩；培训输转外出劳务工910人次，使小尾寒羊、地膜玉米、外出务工等成为全村增收的主导产业。

0887 开边镇兰沟村

简　　介：开边镇兰沟村位于开边镇东部川区，镇阳公路沿线，辖9个自然村，705户，2867人，总耕地9200亩，人均耕地面积2.92亩，2013年农民人均纯收入5467元。该村突出“畜、沼、菜”循环农业发展模式，依托茹河川区便利的交通、水利条件，大力推进农村各项事业稳步提升，在产业开发、基础设施建设、社会事业发展等方面已初具规模。现有设施蔬菜大棚304座，具有养猪、养鱼、养兔等一定规模的养殖户6户；通过招商引资，新建镇原县新海养殖专业合作社，在兰沟自然村修建养鱼场1处，新建鱼塘6个，放养鱼苗12万尾。全村有提灌站2处（后河提灌站、兰沟塔山提灌）；大口井2眼（兰沟河湾大口井、耿沟大口井）；机井2眼（有张沟自然村机井、耿沟自然村机井）。现有小学3所，分别是兰沟小学、耿沟小学、高岔小学，村卫生所1处，五保家园1处。该村现有村干部4人，其中大学文化程度1人，高中文化程度2人，初中文化程度1人，平均年龄45岁，年龄最大51岁，最小40岁。村班子成员团结上进，在农业产业结构调整过程中能坚定贯彻落实镇党委、政府决策部署，连续三年在全镇综合目标管理考核中名列前茅。

0888 开边镇解放村

简　　介：解放村位于镇原县西北部，开边镇东南部，茹河北岸沿线，东临城关镇五里沟村，西部接开边镇开边村，北靠开边镇兰岔村，东西距离8.5公里，南北距离2.2公里。全村共辖10个自然村，692户，3032人。总耕地面积6300亩，2013年人均纯收入5440元。现有小学1所，在校学生共计120名，学龄儿童入学率为100%。近年来，该村依托便利的交通、水利条件积极发展规模养殖业，目前建成规模养殖企业、养殖专业合作社等3家，发展小规模养殖户53户。解放村被确定为2014年庆阳市改善农村人居环境“美丽乡村”建设示范村，将从基础设施建设、公共服务设施建设、环境整治、产业培育、项目培训五方面进行建设。项目总投资3800万元，省级财政补助100万元、市县财政补助200万元、其他资金3500万元。解放村地处茹河川区、镇草公路沿线，是川区交通运输必经之地。随着镇政府的大力扶持和各项惠农政策在该村的普及落实，群众接收新事物的观念不断增强，规模养殖产业已成为解放村主要支柱性产业之一，甘肃陇翔养殖有限责任公司（生猪养殖）、鹿鸣养殖专业合作社（梅花鹿养殖）、陇原养殖专业合作社（羊养殖）的建成投产为解放村进一步发展养殖产业起到了辐射带动作用。

0889 屯字镇寨地村

简　　介：寨地村共有 8 个自然村，分别是阳山、西坡、东坡、南坡、胡同、仓口、前庄、谢岭等自然村，寨地共有 552 户人，农业人口有 2239 人，其中有劳动能力的共 1514 人。2012 年人均纯收入为 4230 元，2013 年人均纯收入为 5092 元，寨地耕地面积共有 6510 亩，山地有 3930 亩、塬地有 2580 亩。

0890 孟坝镇王湾村

简　　介：王湾村地处孟坝镇东部，东临太平镇俭边村，南界孟坝镇刘城、赵咀两村，西接孟坝村，北连新集乡。总土地面积 13.7 平方公里，耕地 16500 亩，其中塬地 6800 亩，山地 9700 亩。全村辖张山、王洼山、八亩俭、郭石洼、宽展湾、四合山、段湾、贾大湾、榆家湾、张咀咀、张崖畔、苏李、下堡、小李、常乐、王湾、南庄、北庄、马洼 19 个自然村，1007 户，4595 人。

0891 新集乡段掌村

简　　介：段掌村位于新集乡东部，南接王寨，西接岳庄，北接崾岘，下辖 7 个自然村，分别是段掌、脱渠、黑峁峁、崖庄、赵川、小山、邵咀。240 户，980 人 . 全村耕地面积 5800 亩，户均 2.8 亩。全村以种植业为主，主要粮食作物有小麦、玉米、马铃薯等。本村特色企业有砖瓦厂 1 座，设备齐全，村部 1 所、全村有六年制小学 1 所，教师 7 名，学生 85 人，卫生所 1 座，各种医疗器械齐全。

0892 新城乡惠沟村

简　　介：惠沟村位于新城乡西北部，南接南坡村，西接宁夏回族自治区彭阳县城阳乡，北接郭原乡景塬村，东接郭原乡西杨村，东西最大横距 10.2 公里，南北纵距 3 公里，总面积 30 平方公里。全村共辖稍头、庞沟、坡上、里沟、惠沟、闫沟、景沟、袁山根、阳面山 9 个自然村，其中半川半区自然村 8 个，山区自然村 1 个，全村共有 638 户，2758 人，农业人口 2280 人，其中家庭纯收入达到小康标准的 92 户，592 人，占总人口的 21%。总耕地面积 13320 亩，其中川地 4440 亩，人均耕地面积 4.62 亩。目前全村农业生产主导作物为小麦、玉米和瓜菜，人均纯收入 2300 元。全村共有两所小学，教师 9 名，学生 161 名。现有村卫生所 1 个，从医人员 3 名。村两委班子成员 4 名，其中村党支部书记、村委会主任、文书、计生主任各 1 人。

0893 庙渠乡四合村

简　　介：四合行政村位于镇原县庙渠乡东侧，由原来的四合、塬头两个行政村合并而成，距乡政府所在地最远的自然村达 15 公里，为人口局“联村联户，为民富民”行动联系村。全村共有田畔、里湾、老虎嘴、槐树院、大湾掌、朱沟、王湾、刘洼、源头、王山、麻花、尚湾、干沟、碾湾 14 个自然村，518 户，2403 人，耕地面积 12495.6 亩，人均 5.2 亩。目前，该村支柱产业以农业种植、畜牧养殖和劳务输出为主，2011 年全村人均纯收入为 2300 元。

0894 临泾乡石羊村

简　　介：临泾乡石羊村地处临泾乡东部，属陇东黄土高原沟壑区，境内山塬兼有，山区群众居多。该村有 10 个自然村，分别是东庄、塬店、魏沟、张洼、安岔、塔山、岘子、张塬、段咀、高庄。该村现有农户 733 户，3059 人，耕地面积 9244 亩，粮食作物播种面积 7374 亩，2011 年粮食总产量 1324 吨，人均产粮 865.6 斤。有小学 1 所，属六年制小学，现有教师 17 人，学生 211 人。境内有通村油路1条，自来水供水管线2070米，自来水入户65户。该村经济发展以农业生产为主，主要农作物有小麦、玉米、糜谷类等，境内有养殖场1家。近年来，该村大力发展地膜粮食、草畜产业等，年均种植全膜粮食1200亩，草地面积5854亩，全村现大家畜存栏1119头，出栏282头，养驴农户612户，占总农户的83.4%。

0895 太平镇老庄村

简　　介：该村位于太平镇周围，村部在该镇东南部位。村委会未撤并，村民小组合并后现有东岭、沟老、宋堡、宋坳、北头、南头、准子卡、王庄、老庄、寺底、寨子、后山、后庄、沟畎、东头15个村民小组。总人口3184人，其中农业人口3157人，非农业人口27人，总农户780户，男性村民1600人，1人为满族，其余均为汉族。总面积7.8平方公里，其中耕地面积4.73平方公里。主要为种植业，积极调整产业结构。牛396头，驴152头，猪110头，鸡3700只。退耕还林19200亩，经济林78亩。黄花菜480亩，杏树87亩，苹果150亩。共2所，分别为吴城小学和老庄小学。

0896 马渠乡唐原村

简　　介：唐原村位于马渠乡西部，耕地面积7870亩。全村共辖唐原、胡大山、席山、何湾、曹崾岘、庙岔、塔洼、阎塌山8个自然村342户，1527人。劳动力830人，其中男性435人，女性395人。总土地面积24092亩，耕地面积7870亩，其中山地7121亩，塬地749亩，良田面积6930亩。人均耕地5.2亩，大部分是山旱地。现有小电井9口，水泥窖310眼；有土基道路8条40公里，村组油路1条3.2公里；有村小学1所，在校学生147名，学龄儿童入学率为100%；有村部1处。

0897 武沟乡巨沟村

简　　介：巨沟村位于武沟乡南部，耕地面积4660亩。全村共辖巨沟、山根、进山、暖泉、沟门、张塬6个自然村，249户，1051人。劳动力524人，其中男性621人，女性430人。总土地面积5642亩，耕地面积4660亩，山地3110亩。人均耕地3亩，大部分是山旱地。小电井210眼；有土基道路1条4公里，砂石道路1条3公里，交通状况较差；有村小学1所，在校学生42名，学龄儿童入学率为100%；有村部1处。

0898 殷家城乡张老庄村

简　　介：张老庄村处于乡东南部，距乡3公里，全村共有湾、岘滩、贺洼、张老庄、张拐沟、大树淌6个自然村，153个农户，663人，2013年人均纯收入4092元。全村总土地12.6平方公里，耕地3560亩，机平农田3240亩，林地2731亩，退耕还林1921亩，天然草原6950亩。全村共有水泥窖22眼，小电井53口，人力井是2口，提灌站1处。通村油路2公里，砂石路3条12.4公里，村组土路2条4公里。全部实施了农网改造工程，沼气能源入户68户。全村牧草留存面积3500亩，牛存栏84头，驴存栏81头，羊存栏3543只，猪存栏119头，鸡存栏996只，正在修建规模养牛场1处。

0899 三岔镇米家川村

简　　介：米家川村位于三岔镇西部，309国道穿越全境，东接高湾村，南靠马渠乡，西连宁夏彭阳县，北临肖园子村，自然条件艰苦。该村有9个自然村，分别为何台、许台、新湾、高庄、堡子山、羊千沟，米家湾、庄门、甘沟。耕地面积8689亩，现有农户

421户，人口2003人，是一个典型的农业村，以农业生产为主，主要农作物是小麦、玉米、荞麦、糜谷、油料作物等。2013年人均纯收入3645元。近年来，该村立足村情民意，始终坚持“调结构、育产业、促增收、强基础、改条件、促发展”的工作思路，进一步培育壮大全膜粮食、草畜、劳务三大产业，努力改善山区群众生产生活条件，取得了一定成效。

0900 新集乡嵝岘村

简　　介：嵝岘村位于新集乡南部，全村共有8个村民小组，分别是大庄、沟畎、大湾、曹湾、海湾、黄湾、吕洼、张林湾。有272户，1200人，总耕地面积5800亩。地质地貌上属于黄土高塬沟壑区，山高坡陡，土壤粘性差，土层较厚，遇水易软化形成滑坡、泥石流，属山洪易发区。村部3人，旁边有小学1所，教师6名，50名学生，卫生所1所，村医1名，养老院1所无人住。

0901 孟坝镇赵咀村

简　　介：赵咀村位于孟坝镇南面，东临王湾村，南接太平堡子洼，西接临泾路壕，北连刘城村。总土地面积8平方公里，全村辖郭洼、隔坡、吴庄、南庄、赵咀、堡子、高庄、九沟、许川、秦壕、王虎11个自然村，747户，3167人，属于半山半塬区，耕地8840亩，塬地4360亩，山川地4480亩。产业结构以种植业为主，主要种植小麦、地膜玉米等，无特色养殖产业。

0902 太平镇慕坪村

简　　介：慕坪行政村位于太平镇西部约2公里处。慕坪行政村原有19个自然村，撤并后为15个自然村，即秦咀、宋湾、马湾、枣山、祁沟、慕坪、侯渠、坷老、沟门、张湾、嵝岘、秦湾、东庄、大庄、西庄，山塬川兼有。总人口2397人，其中农业人口2379人，非农业人口18人，农户560户，男性1225人，均属汉族。总面积24平方公里，其中耕地面积5.144平方公里。慕坪村共有学校2所（六年制），分别为慕坪小学、马湾小学。总耕地7716亩，以种植粮食和经济作物为主。大家畜610头，羊206只，鸡2300只，猪196头。共有荒山造林835亩，退耕1067.9亩，经济林71亩。黄花菜562亩，其它69.5亩。

0903 上肖乡南李村

简　　介：南李村位于镇原县上肖乡东北部，眉肖公路沿线，东接上肖姜曹村，南靠上肖净口村，西连上肖杨城村，北邻上肖西岭村。有9个自然村，分别是刘坳、下庄、坷老、关头、东庄、西庄、东湖、西湖、岭岭。现有农户611户，2516人，劳力1529人。有六年制村小学1所，现有教师14人，学生212人。现有通村公路7条；有机井1眼，水塔1座，人饮供水管线6000米，自来水入户533户，入户率94%。现有水泥窖186眼。该村是一个典型的雨养农业村，种植、养殖和劳务输是基本的经济来源。传统型种植业、养殖业和体力劳务输出是农村经济发展主要特点。农作物有小麦、玉米、糜谷等，年粮食总产量1429吨，年收入120万元；年外出务工达600多人，年收入600余万元；现有果园380亩，年产苹果100吨，收入15万元。养殖业以农户散养、满足自身消费为主，主要品种有猪、牛、羊，除3户小规模养猪户和10多户贩牛户外，基本不成规模。近年来，在南李集贸市场的带动下，该村种植中药材（小防风、丹参）190亩，年收入28.5万元。创办小型养殖业3户，开办各类门店10户。2013年人均收入4756元。

0904 开边镇张庄村

简　　介：张庄行政村位于镇原县开边镇西部川区，茹河沿线，东邻开边村，西部接甄沟村，北靠白马寺村，南部接郭原乡，东西距离5.5公里，南北距离6.2公里，耕地面积8315亩，全村共辖9个自然村，430户，1952人。总耕地面积8315亩，其中川地800亩，山地7515亩。为改变张庄村落后面貌，近年来，张庄村加大基础设施建设力度，在席庄自然村建设了新农村，解决了40户群众居住困难问题，组织实施修建了阴面山村组道路6公里，受益人口1044人，解决了村内群众出行困难问题。在席庄、刘路2自然村新打机井2眼，新修水塔2座，新修灌溉渠道2公里，解决了233户，1055人的饮水困难问题。发展小规模养殖户25户，养殖良种牛25头；在马庄湾、罗湾自然村栽植新品种苹果500亩；栽植核桃114亩；在张庄自然村新建钢架大棚40座；成立了张庄村扶贫开发资金互助社，在罗湾、马庄湾、莲花峁3个自然村种植全膜双垄沟播玉米8000亩，受益户户均增收1000元，农民人均纯收入增加300元。投资78万元，对张庄小学校舍进行了维修，添加办公桌椅50套。新建村文化卫生中心1处，修建砖混结构平房3间60平方米，解决了群众看病难的问题。

0905 郭原乡唐洼村

简　　介：唐洼村南接平泉，北临开边，村中心离郭原乡政府仅7公里，辖王洼、张山、页沟、西洼、大庄、南庄、陈洼、前山、湾底6个村民小组，共367户，1541人，耕地面积6740亩，人均4.3亩，林地面积4817亩。2013年人均纯收入4017元。

0906 平泉镇黄岔村

简　　介：黄岔村位于甘肃省庆阳市镇原县平泉镇东5公里处，东接本镇景家行政村，南临南徐行政村，西接八山、上刘行政村，北接秦铺行政村。全村共辖赵庄、朱庄、高咀、慕庄、黄岔、庄头、佐山、三关、杨穴、庄老10个自然村，现有农户853户，总人口3547人，总耕地面积11446亩。该村主要粮食作物为小麦、玉米、黄豆等，经济作物主要有西瓜、蔬菜、洋芋等，养殖业以猪、牛、羊为主，已发展养殖大户共32户，其中养羊2户，养猪20户，养牛10户。建有砂石道路19公里，2013年全年人均纯收入为2700元。村级组织活动场所建筑面积1000平方米，共9间办公用房，文化广场面积为7001平方米，农家书屋面积为60平方米，全村现有村级卫生所1处，学校两所。

0907 屯字镇陈畅村

简　　介：陈畅村共有5个自然村，分别是前庄，杨化、陈畅、中村、石坳自然村，共有443户人，农业人口有1763人，其中有劳动能力的共1291人。2012年人均纯收入为4224元，2013年人均纯收入为5085元，耕地面积共5000亩，山地2486亩、塬地2514亩。

0908 新集乡王岘子村

简　　介：王岘子村位于新集乡东北部，东与吴塬、庆阳交接；南与唐塬交接；西与永丰交接；北与永丰交接。总计耕地面积5058亩，是一个半山半塬区域。全村共有6个自然村，分别是耿畔、兰畔、王岘子、段山、杨湾、寺沟。共计258户，1179人，村干部4名，自然村村长6名，村内乡村道路5.6公里，其中沥青油路2公里、水泥路3.6公里。村部到自然村道路共计14.2公里，其中砂石路 2.8 公里，土路 11.4 公里。目前寺沟自然村在本村境内无道路，还在走庆阳道路。全村通电户 258 户。全村通自来水 184 户，未通自来水寺沟、杨湾 2 个自然村共计 74 户。村内小学 1 所，于 1994 年改建新校址。卫生所 1 处，修建于 1995 年。村部 1 处，修建于 1995 年。

0909 郭原乡寺沟村

简　　介：寺沟村位于郭原乡南部，地处洪河川区，全村共辖安咀、前沟、安沟、寺山、高湾、寺沟、闫庄、杨化山、小塬、闫嵝岘 10 个自然村，516 户，2149 人，土地总面积 2.67 万亩，耕地面积 9123 亩，人均 4.1 亩，2013 年农民人均纯收入 3894 元。

0910 孟坝镇刘城村

简　　介：刘城村位于孟坝镇东南面，东临王湾村，南接赵咀村，西接塬口、峁合村，北连孟坝村。总土地面积 9 平方公里，全村辖沟畔、杜坳、刘城、新庄、牛庄、罗庄、慕边、达营、谢坳、下咀 10 个自然村，719 户，3120 人，耕地 7400 亩，山地 240 亩，塬地 7160 亩。产业结构以种植业、养殖业为主。主要种植小麦、地膜玉米、螺旋菜、瓜果等。养殖业以养羊、猪，驴等为主，养猪户以小规模养殖为主，数量在 10 只左右，现有规模养驴场 1 处（地龙驴业），养羊场 1 处。

0911 临泾乡席沟圈村

简　　介：席沟圈村地处临泾乡西部，境内山塬兼有，塬面占主要部分，道路交通便利，自然条件适合农作物种植，全村辖席沟、白塬、小庄、惠沟圈、湾湾、旧庄、大庄、上庄、小咀、里庄、魏塬 11 个自然村。该村现有农户 969 户，3930 人。耕地面积 8826 亩，人均占有耕地 3.22 亩。粮食总产量 2023 吨，人均产粮 1030 斤。境内通村油、砂路各 1 条，自来水供水管线 2390 米，自来水入户 601 户。该村以农业生产为主，主要农作物有小麦、玉米、糜谷等。近年来，村党支部以科学发展观为指导，以新农村建设为目标，充分发挥党组织和党员的先锋模范作用，通过建立健全机制，强化村级阵地建设，狠抓党员教育管理等，使该村的基础设施建设、产业结构调整、环境卫生治理等得到了很大提高。

0912 马渠乡红光村

简　　介：红光村位于马渠乡西部，耕地面积 6375 亩。全村共辖后沟、七房、刘坪、嵝岘、石洼 5 个自然村，180 户，830 人。劳动力 524 人，其中男性 261 人，女性 263 人。总土地面积 18252 亩，耕地面积 6375 亩，山地 6375 亩，人均耕地 13 亩，大部分是山旱地。小电井 60 眼；有土基道路 3 条 20 公里，砂石道路 1 条 7 公里；有村小学 1 所，在校学生 70 名，学龄儿童入学率为 100%；有村部 1 处。

0913 临泾乡包庄村

简　　介：包庄村地处临泾乡西部，境内山塬兼有，全村辖 10 个自然村。该村现有农户 815 户，3431 人。耕地面积 8841 亩，人均占有耕地 3.08 亩。粮食总产量 2021 吨，人均产粮 1178 斤。有小学 1 所，属六年制小学，现有教师 10 人，学生 128 人，校舍危房 14 间。境内有通村油、砂路各 1 条，约 8.5 公里。自来水供水管线 11 千米，自来水入户 43 户。该村以农业生产为主，主要农作物有小麦、玉米、糜谷等。

0914 方山乡贾山村

简　　介：贾山村位于方山乡东南方，现有

耕地面积7070亩，辖老庄、杨山、何湾、落山、贾山、石桥6个自然村，297个农户，农村人口为1320人。

0915 新城乡南坡村

简　　介：南坡村位于新城乡的西北部，全村辖里俭、阴庄、南坡、枣洼、李沟门、杨河湾、吴沟、小河、雷沟、郭沟10个自然村，纯山区2个自然村，山兼川8个自然村。农业人口1884人，总户数435户，总耕地面积8761亩，其中山6808亩，川1963亩。2013年根据“联村联户，为民富民”政策的落实，我村共计种植瓜棚15座，每棚占地0.7亩，去年钢架大棚以甜瓜为主，销售到省、市、县，得到了领导的好评，这些成绩都离不开乡党委、政府的大力支持，去年每座大棚纯收入达到8000元左右，带动了本村的经济发展，群众的积极性很高，可以根据群众意愿，今年迫切希望上级领导的重视，再扶持30座钢架大棚，群众自愿每棚拿出2000元，其次还要靠政府的大力支持，利用我村的有利条件，以瓜菜产业为主导，预计到2015年使钢架大棚种植瓜菜覆盖全村，为我村致富奔小康提前迈出第一步。

0916 城关镇高庄村

简　　介：高庄村村位于县城以东3公里处，共辖小塬、塬头、高庄、张坪、朱沟、新堡6个村民小组，总耕地面积4492.9亩，其中山地3064亩，塬地948亩，川地480.9亩，农业人口2035人，现有机井6眼，小电井73眼；有村小学2所，在校学生174名，学龄儿童入学率为100%；有村部1处。

0917 三岔镇董渠村

简　　介：董渠村位于三岔镇东面，村部距镇政府所在地15.5公里。东接方山乡张大湾村，南靠方山乡枣沟村，西连石咀村，北接大塬村，自然条件艰苦，是一个纯山区行政村。下辖马鞍桥、张渠湾、董渠、仆岔、大树滩、刘大湾6个自然村，现有农户287户，人口1363人，耕地面积8735亩，人均耕地6.4亩，其中现有梯田面积4765亩，占耕地总面积的55%。现有通村柏油公路1条9.5公里，村组道路6条19公里，水泥窖206眼，小电井68个。2013年，该村农民人均纯收入4182元。近年来，该村通过调结构、育产业、促增收，逐步形成了“家家种草、户户养羊”的产业开发新格局，草畜逐步成为该村的主导产业。今年，全村种植全膜粮食5820亩，拥有天然牧草面积9820亩，为发展肉羊养殖提供了充足了饲草料。2013年，该村依托国家开发银行贷款100万元，发展壮大起了姚小平、姚天荣等一批养殖大户，同时在民禾养殖专业合作社的示范带动下，该村草畜产业得到了快速发展，目前，该村拥有养殖大户43户，30只以上规模养殖户160多户，羊只存栏2980只，户均10只，有力带动全镇及周边乡镇群众发展肉羊养殖业，为我镇草畜产业的发展壮大奠定了坚实的基础。

0918 武沟乡渠口村

简　　介：渠口村位于武沟乡东部，耕地面积9450亩。全村共辖红土、闫湾、渠口、上庄、皇岔、黄湾、苜庄、刘岔、庄洼9个自然村、368户，1609人。劳动力620人，其中男性821人，女性788人。总土地面积14267亩，耕地面积9450亩，其中山地8142亩，良田面积7670亩，人均3.5亩，大部分是山旱地。现有梯田1670亩，现有小电井80眼，水泥窖260眼；有土基道路4条6.8公里，砂石道路1条10公里；有村小学1所，在校学生76名，学龄儿童入学率为100%；有村部1处。

0919 三岔镇高湾村

简　　介：三岔镇高湾村位于镇政府所在地，共辖高湾、大店、元号、崾岘、余坪、黄坪、后河7个自然村，381户，1571人，其中回民25户，113人。全村总土地面积15平方公里，人均耕地2.9亩。2011年全村人均纯收入2054元。近年来，在镇村干部的不懈努力下，该村各项工作取得了较好成绩。一是产业结构调整成效明显。全村种植全膜粮食1750亩，新建蔬菜大棚3座，种植露天蔬菜950亩。种植牧草1000亩，扶持30户群众发展商品驴养殖，建成养驴专业合作社1个。二是项目建设强势发展。投资6975万元的西街改造一期工程已完工；修建了高湾沟口排洪设施；实现自来水入户53户；投资10万元的回民文化活动中心主体工程已完工；投资350万元的原国税所商贸楼主体工程已完工。三是基础设施建设步伐明显加快。新修商场至后河通村砂石路1条。为10户回民实施了庄园改造工程。四是各项社会事业协调发展。组织开展了绒山羊养殖、优质瓜菜种植等科技培训两期600人次，培训科技明白人150人。配合镇上全面开展土地清理整治工作。新建三岔中心幼儿园1处。全村已有76户，282人纳入新农保，基本做到了应保尽保，实施危窑危房改造12户。

0920 城关镇东关村

简　　介：东关村村位于县城东郊，共辖东街、范园、庙沟、贾堡、河湾、二塬6个村民小组，总耕地面积2704.28亩，其中山地2051.28亩，塬地361亩，川地292亩，农业人口2615人，现有机井6眼，小电井66眼；有村小学1所，在校学生271名，学龄儿童入学率为100%；有村部1处。

0921 平泉镇马洼村

简　　介：马洼村位于平泉镇北部、省道318沿线。全村共辖马洼、山头、胡洼、闫岭、姚湾、姚岭、里庄、朱河、石佛、前庄、庙渠、塬畔、新庄、姜沟、牛山15个村民小组，719个农户，3001人，耕地面积11369亩。属市级新农村建设试点村和市级精神文明示范村。2013年农民人均纯收入5294元。我们按照新农村建设“二十字”方针，高起点规划编制，大规模发展产业，快速度推进工作。先后整合新农村建设、易地扶贫搬迁、农村危房危窑改造等项目。培育主导产业。充分发挥区位优势，大力发展瓜菜、苹果、规模养畜、全膜粮食等主导产业。

0922 开边镇甄沟村

简　　介：甄沟村位于开边镇西部7公里处，镇阳公路川境而过，地属陇东黄土高原沟壑区，山川兼有，以山区地形为主；东接张庄村，南靠郭塬乡，西接陈坪村，北邻白马寺村。全村辖7个自然村，305户，1256人，总耕地面积4800亩。该村是一个典型的农业村，以粮食作物种植为主，有小麦、玉米、荞麦等。为改变甄沟村落后面貌，近年来，甄沟村加大基础设施建设力度，在牛湾自然村建设了新农村，解决了20户群众居住困难问题，新修文化广场1处；组织实施修建了岔门桥，水泥硬化岔门至郭原郭大庄村组道路3.4公里，解决了村内68户群众出行困难问题。新修水塔2座，新修灌溉渠道2公里。通村公路1条，机井3眼、水塔3座，衬砌渠道2000米。发展小规模养殖户20户，养殖良种牛150头；在牛湾自然村新建钢架大棚40座；在全村推广种植全膜双垄沟播玉米8000亩，受益户户均增收1000元，农民人均纯收入增加300元。全村现有小学1所（属六年制），教师9人，学生120人。新建村文化卫生中心 1 处，修建砖混结构平房 3 间 60 平方米，解决了群众看病难的问题。

0923 临泾乡良韩村

简　　介：良韩村地处临泾乡东南部，距离县城 17 公里。道路交通便利，西镇公路纵贯全境，自然条件较好。全村辖 8 个自然村（杨湾、下庄、里沟、旧庄、上庄、范庄、良市、许岭），528 户，2216 人，土地面积 11519 亩，耕地面积 5924 亩。2013 年粮食总产量 1427 吨，人均产粮 1282 斤。2013 年人均纯收入 4846 元。近年来，村上以新农村建设为目标，强化村级阵地建设，狠抓产业培育等，使该村的基础设施建设、产业结构调整、环境卫生治理等得到了很大提高。确定了苹果、草畜、全膜粮食主导产业进行开发和培育。2013 年依托交通改造项目，新修良韩建制村通畅道路（水泥路）6 公里；新修下庄、范庄通村砂石路 9 公里。新建农家书屋 1 处；新建标准化村卫生所 1 处 4 间；新建便民商店 2 个；绿化村组道路 15 公里，栽植绿化苗木 6500 株。四是推进农村社会管理。建立健全了村级治保、民调组织，调整治保民调人员 4 人。积极开展以“三清四改”为主要内容的村容村貌集中整治活动实现了村容整洁。

0924 屯字镇下郑村

简　　介：下郑村共有 12 个自然村，分别是下李咀、冉大庄、李家、朱沟、高山、张湾、玉皇、甘沟、上庄、马塬、大沟、小沟等自然村，共有 640 户人，农业人口有 2834 人，其中有劳动能力的共 1879 人。2012 年人均纯收入为 4070 元，2013 年人均纯收入为 4900 元，耕地面积共有 8385 亩，山地有 6930 亩，川地有 1455 亩。

0925 开边镇白马寺村

简　　介：白马寺行政村位于开边镇西北部，东接羊千塬村，南靠张庄村，西连武沟乡，北邻庙渠乡，总土地面积 3200 公顷，耕地面积 105 公顷，全村共辖 8 个自然村，392 个农户，1636 人，2013 年人均纯收入 3504 元。该村 2012 年被列为整村推进扶贫开发村以后，镇村干部按照项目规划要求，以基础设施建设为切入点，以增加农民收入为突破口，以科技创新和提高农民素质为根本，按照政府指导，群众组织实施，全社会广泛参与的基本模式，紧紧围绕农业增效、农民增收，大力发展全膜粮食、草畜产业，充分挖掘农村经济发展潜力，目前，全村发展种植大户 32 户，户均种植面积 48 亩，规模养殖户 39 户。经过扶贫开发工作，使该村的基础设施、农民收入有了较大幅度的提升，群众生活水平明显提高，教育、医疗条件得到初步改善，村级集体经济全面发展。

0926 南川乡河李村

简　　介：河李村位于庆阳市镇原县南川乡西部，洪河穿境而过，地形山川兼有，东接南川乡贺丰村，南靠南川乡成赵村，西连南川乡桃园村，北临城关镇山七里河。全村共辖方沟、甘沟、赫洼、教沟、李湾、芦李、申湾、王湾、河李 9 个自然村，464 户，2144 人，劳动力 1347 人。耕地面积 6060 亩，其中川地 1200 亩，其余均为山旱地，人均 2.8 亩，全村产业结构以种植业和养殖业为主，种植业以粮食作物为主，如玉米、小麦、马铃薯；经济作物以冬油菜、胡麻为主。全村有 6 年制小学 1 所，教师 20 人，在校学生 150 名，适龄儿童入学率 100%；全村有卫生所 1 处，有医务人员 1 名，医疗器械、药品齐全。

0927 城关镇丰台村

简　　介：该村位于嵋肖公路沿线，共辖小岘、闫塬、大湾、贾山、大岘、塬顶、范洼、张庄、阳湾、七里河、丰台、坡头12个村民小组，总耕地面积8554.77亩，其中山地4059.73，塬地4495.04亩，农业人口3063人，现有机井7眼，有村小学2所，在校学生274名，学龄儿童入学率为100%；有村部1处。

0928 平泉镇姚川村

简　　介：姚川村位于甘肃省镇原县平泉镇北部10公里川区，东邻南川乡和平村。南接本镇文洼村，秦铺村，西连洪河村，北靠城关镇路坡村。全村共辖刘坪、成庄、大庄、庙角、川湾、老庄山、前沟、里沟、姚沟、胜利湾、前庄、乔洼12个自然村，现有农户625户，总人口2502人，总耕地面积6424亩。该村主要粮食作物为小麦、玉米等，经济作物主要有西瓜、蔬菜、油料等，主要土特产有杏、花椒、黄花菜等，养殖业以猪、牛、羊、鸡为主，已发展养殖户共486户，建有硬化道路2.5公里，砂石道路3.5公里，2013年全年人均纯收入为3984元。村级组织活动场所建筑面积720平方米，共8间办公用房，农家书屋面积为20平方米，全村现有村级卫生所1处，学校1所。

0929 城关镇莲池村

简　　介：莲池村村位于县城西郊，共辖园子、水阴、谢山、尤塬、尤坪、莲池、里沟、慕山、上沟、西街、贺堡11个村民小组，总耕地面积2447.2亩，其中山地2214亩，川地233.2亩。农业人口3415人，现有机井7眼，小电井101眼；有村小学1所，在校学生332名，学龄儿童入学率为100%；有村部1处。

0930 平泉镇八山村

简　　介：八山村位于甘肃省庆阳市镇原县平泉镇政府驻地周围，东接黄岔村，南接上刘村，西接马洼村，北接文洼村。全村共辖北徐、东岭、东门、西门、南门、塬畔、吊咀、孙湾、亢堡、红沟10个自然村，现有农户756户，农业人口2795人，总耕地面积6860亩。该村主要粮食作物为小麦、玉米等，经济作物主要有西瓜、林木、苹果等，主要土特产有杏果、花椒、黄花等，养殖业以猪、牛、羊为主，已发展养殖户共129户，全村建有砂石道路为5公里。2013年全年人均纯收入为3500元。村委会班子由3人组成，村级组织健全，职能作用发挥较好，该村共3间办公用房，农家书屋面积为15平方米。全村现有村级卫生所1个，学校1所。

0931 新城乡曹城村

简　　介：曹城村位于新城乡镇西部、距乡政府12公里，西部和宁夏彭阳县相接，北和本乡朱塬村阳山河为界，南与平凉草峰乡杨庄村潘杨涧河为界，东和本乡孟寨行政村断岘桥为界。全村辖西洼、沟圈、史山、老庄、庙湾、曹城、赵湾7个村民小组406户，1810人，耕地总面积8420亩，且山地多塬地少，人均占有耕地4.65亩，2011年人均纯收入3162元，全村养鸡大户4户，饲养量达11000只，海拔1500米，年降雨量400–500毫米，全年无霜期180天，适宜大量种植紫花苜蓿和全膜玉米，以养殖细毛绵羊、山羊、鸡、生猪和肉牛为主。

0932 屯字镇闫孟村

简　　介：闫孟村共有4个自然村，分别是一村、二村、三村、四村。闫孟共有413户人，农业人口有1796人，其中有劳动能力的共1211人。2012年人均纯收入为4332元，

2013年人均纯收入为5214元，闫孟耕地面积共有4835亩，山地有2160亩，塬地有2675亩。

0933 方山乡方庄村

简　　介：方庄村位于方山乡东北部，共有耕地面积11170亩，辖庙洼、崾岘、四合、南湾、方庄、小户湾、新民、马新庄、背后湾9个自然村，408个农户，农村人口为1878人，是方山乡第二大行政村。

0934 中原乡原峰村

简　　介：原峰村位于中原乡南塬，由原姜白、原峰两村合并而成，南接泾川县索罗乡，西连上杜村，北与中原隔沟相望，共辖18个自然村，分别是原峰、湫子洼、郭山、上庄、雷涧、潘涧、潘坪、上白、李洼、赵湾、姜白、李庄、旋堡湾、塬边、潘新庄、阳坡、苟寨、杨新庄。现有总农户1044户，人口4594人。耕地面积15588亩。2013年农民人均纯收入4683元。属我乡土地面积最广，人口最多的村。该村是一个典型的农业村，以农业生产为主，主要农作物有小麦、玉米、糜谷等。近年来，通过发展养殖和苹果产业，养殖户达到850户，规模以上养殖户50户，苹果留存面积1000亩。现有小学2所。村文化广场两处，农贸市场1处。自来水入户1000户，水泥窖574眼。境内现有原峰山，又名九支莲花山，九峰环抱，四水回绕，山峰独秀，景色优美，上有堡寨及圆峰观，系明时兴建，民国初重修，古庙建筑群保存完整，为庆阳市一级文物保护单位。近年来，当地群众自发捐资，献工献能，依原样用汉砖修复起山门楼洞、玉皇楼阁、子孙宫等，清理了殿宇，疏通了道路，迎接远近游人。千年的古郡县治又重新恢复起往日的繁盛，成为镇原游览观光的胜地之一。

0935 武沟乡大庄村

简　　介：大庄村地处武沟乡东北部，辖曹沟、李洼、袁湾、阳山、大庄、佟阳山、庙庄、堡子8个自然村，213户，1333人。耕地面积7640亩，播种面积7640亩，总产值1478吨。饲养牲畜527头，种草1030亩，梯田建设1960亩，自来水入户37户，劳务输出200人。渠马油路穿境而过，村内通砂石路1条。有卫生所1处，基础小学2所。2012年人均纯收入3155元。种植全膜玉米种植4680亩，全膜洋芋150亩，其他1050亩。以粮食产业为主，粮食收入占家庭收入的60%。

0936 孟坝镇塔李村

简　　介：塔李村位于孟坝镇西南面，东邻塬口村，南接临泾耿塬、蒙塬，西接庙渠乡黎明村，北连东庄村。总土地面积10平方公里，全村辖惠沟、塔李、路渠、罗川口、低坪、刘沟、杏阴山、姜自湾8个自然村，327户，1404人，属于纯山区，耕地6300亩，山地5800亩，川地500亩。产业结构以种植业为主，养殖为辅，主要种植小麦、地膜玉米、螺旋菜、瓜果等，养殖以分散养殖乌鸡为主。

0937 南川乡东王村

简　　介：东王位于南川乡东南部，川区水泥公路，洪河穿境而过，地形以塬地为主，东接川口，南靠党原，西联原芦村，北邻川郑，自然条件艰苦。该村下辖13个村民小组（席湾、段湾、张仲、唐河、黄河、包湾、崾岘、康洼、新庄、上岭、老庄、马黄湾、彦麦岭），耕地面积9895亩，其中山地9635亩，塬地260亩。该村现有524户，2230人，该村经济发展主要依靠传统种植业、养殖业和劳务输出。全村目前有小学1所，专职教师6人，卫生所 1 处，村医 1 名。

0938 屯字镇阳宁村

简　　介：阳宁村共有 7 个自然村，分别是庙岭、中心、下坳、沟圈、东庄、西庄、刘城自然村，阳宁共有 595 户人，农业人口有 2302 人，其中有劳动能力的共 1543 人。2012 年人均纯收入为 4383 元，2013 年人均纯收入为 5276 元，阳宁耕地面积共有 5749 亩，山地有 1970 亩，塬地有 3779 亩。

0939 三岔镇周家庄村

简　　介：周家庄村位于三岔镇北面，东接石咀村，南靠高湾村，西连肖园子村，北邻环县演武乡。全村共辖黄坪湾、余家湾、大岘、周家庄、芦渠、闫湾、石背沟、马渠 8 个自然村，374 户，1874 人。土地面积 21 平方公里，耕地面积 11102 亩，人均耕地 5.9 亩。近年来，各项工作取得较好成绩。一是产业结构调整。镇政府干部扶持带动，示范引导，动员群众着力发展全膜粮食、草畜、劳务等产业。二是基础设施建设步伐明显加快。镇上以开展“道路建设推进年”活动为契机，新修石咀崾岘路口经闫湾、周家庄、芦李渠至大岘通村砂石路 1 条 14.2 公里。积极与上级部门衔接，争取项目新修农田 4400 亩；争取“一事一议”项目，新建周家庄文化广场 1 处。三是各项社会事业协调发展。镇政府组织开展了全膜粮食种植、绒山羊养殖等科技培训两期 450 人次，培训科技明白人 100 人。封山禁牧工作不断加强，生态造林成果得到有效巩固。草改、水利普查工作按照要求有序开展。安全生产、环境治理各项工作措施得到落实，文化体育工作明显得到重视和加强，民政、优抚、救灾工作不断加强。

0940 上肖乡梧桐村

简　　介：梧桐村位于上肖乡中南部，为乡政府机关所在地，东接雄武村，西连北庄村，北邻路岭村。甘肃省农科院上肖试验站位于该村。该村有 8 个自然村，分别是孙家、上肖、沟圈、白家、张咀、桥子山、王岭、岔头。三、人口、耕地。该村现有农户 859 户，3650 人，劳力 2080 人。土地面积 14.2 平方公里，耕地面积 6868 亩，其中山地 2338 亩，塬地 4530 亩。四、教育。有六年制村小学 1 所，现有教师 28 人，学生 489 人。现有通村公路 7 条，有机井 4 眼，水塔 1 座，人饮供水管线 2500 米，自来水入户 560 户，入户率 80%，现有水泥窖 280 眼。六、经济发展。经济林以杏子、核桃、花椒等为主。该村是一个典型的雨养农业村和劳务输出村，主要农作物有小麦、玉米、糜谷等，年粮食总产量 5810 吨，2013 年人均收入 5208 元。

0941 平泉镇湫池村

简　　介：湫池村位于甘肃省庆阳市镇原县平泉镇东 10 公里处，东连寺府，南临虎泉村，西接景家村，北接南川上庄、原芦村。全村共辖谢山、庄门、庙湾、湫池、杜家、上坳、白家、新庄、大庄、白岭 11 个自然村，现有农户 634 户，总人口 2815 人，总耕地面积 7760 亩。该村主要粮食作物为小麦、玉米等，经济作物主要有油菜、药材等，主要土特产有杏、花椒、黄花菜等，养殖业以猪、牛、羊为主，已发展养殖户共 56 户，建有硬化道路 1 公里，砂石道路 10 公里，2013 年全年人均纯收入为 1500 元。村级组织活动场所建筑面积 1980 平方米，共 13 间办公用房，农家书屋面积为 20 平方米，全村现有村级卫生所 1 处，学校 3 所。

0942 马渠乡赵渠村

简　　介：赵渠村位于马渠乡西部，耕地面积 10626 亩。全村共辖李洼、原头、张山、石咀山、海湾、刘渠、页岔、古庄滩、丁庄、马岔、油房湾、佛庄 12 个自然村，389 户，1683 人。劳动力 929 人，其中男性 483 人，女性 446 人。总土地面积 29449 亩，耕地面积 10626 亩，其中山地 10143 亩，塬地 483 亩，良田面积 9337 亩。人均 5.54 亩，大部分是山旱地。现有水泥窖 600 眼，小电井 5 眼；有土基道路 3 条 15 公里，砂石道路 2 条 15 公里，油路 1 条 2.5 公里，有村小学 1 所，在校学生 130 名，学龄儿童入学率为 100%；有村部 1 处。

0943 庙渠乡孙寨村

简　　介：庙渠乡孙寨村位于县城北侧，距离县城 60 公里，全村共有孙寨、庄河、张咀、崾岘、梁头、塬畔、新庄、挂山、源头 9 个自然村，514 户，2468 人，耕地面积 10090 亩，人均 4.09 亩，塬地 6000 亩，山地 4090 亩，有效灌溉面积 1200 亩，自来水入户 218 户。2011 年农民人均纯收入 1260 元。目前，该村支柱产业以劳务输出、畜牧养殖为主，全村有养殖大户 125 户，牛 50 头、羊 1200 只、猪 400 只。孙寨行政村经过多年发展与建设，在产业结构调整、农村扶贫攻坚、新农村建设、农业物质储备条件改善等方面取得了一定成效。

0944 方山乡十八岘村

简　　介：十八岘村位于方山乡蒲河南岸，与孟坝镇交界，现有耕地面积 6545 亩，辖马新庄、蔡畔、狮坪、马坪、半坡、何湾、马咀 7 个自然村，212 个农户，农村人口为 1005 人。2013 年人均纯收入 4024 元，低于全县人均纯收入 739 元。

0945 新集乡唐原村

简　　介：唐原村位于新集乡中部，东至吴原村界止，西至新庄、永丰村界止，南至崾岘、牛心村界止，北至王岘子村界止。全村共有 10 个村民小组，分别是上张湾、崖洼山、集洼、下张湾、唐大庄、麻花山、苜蓿洼、三合、木家山，748 户，3181 人，土地面积 12500 亩，人均 3.9 亩，其中粮田面积 6240 亩。全村产业结构以种植业和养殖业为主，种植业以粮食作物为主，如玉米、小麦、马铃薯，经济作物以冬油菜、胡麻为主，2013 年粮食总产量 80 万公斤，人均产粮 251.4 公斤。养殖业以养牛和养羊为主，其中大家畜存栏 640 头，羊存栏 2213 只。2013 年平均输出务工人员 1474 人，劳务总收入 294 万元。2013 年全村农民人均纯收入 3400 元。全村有 6 年制小学 1 所，校园面积 10 亩，教室 75 间，教师 23 人，在校学生 336 名，适龄儿童入学率 100%；通过开展“两基”工作，全村青壮年劳动力基本扫除文盲。全村有卫生所 1 处，有医务人员 1 名，医疗器械、药品齐全。

0946 平泉镇秦铺村

简　　介：秦铺村位于镇原县西南部，平泉镇东北部，东北接南川乡，西接平泉镇文洼村，南靠黄岔村，全村共辖前岭、洼边、史铺、吴湾、史庄、薛山、东头、沟老、大庄、车洼、牡丹、杨洼 12 个自然村，734 个农户，3168 人，劳动力 1930 人。总耕地面积 8978 亩，其中山地 4570 亩，塬地 4408 亩。基础设施建设：秦铺村依托易地扶贫搬迁项目规划新建小康农宅 50 户，目前完成 50 户农宅的建设任务；铺设供水主管道 2840 米，支管道 750 米管道开挖已完成，正在安装供水管道；水泥硬化村组道路 34 米已完成规划，前岭道路 1.8 公里已完成整修，准备铺砂。现有村组硬化道路6.3公里，砂石道路11.3公里。公共服务设施建设：村部占地面积1750平方米，共12间办公用房，农家书屋面积为30平方米，文化广场面积为4860平方米，设村卫生所1个，新建农民技术培训中心6间，在联系组织部配置座椅；新建五保家园9间已完成修建任务。该村主要粮食作物为小麦、玉米等，经济作物主要有苹果、西瓜、甜瓜等，养殖业以猪、牛、羊为主，已发展养殖户共423户。2013年末农民人均纯收入3970元。

0947 三岔镇安岔村

简　　介：安岔村位于三岔镇东南面。该村下辖红土山、庙湾、木瓜，白草洼、高岔、上洼、米尔岔7个自然村，现有农户308户，人口1426人，有耕地面积9810亩。为了改善安岔村农业基础条件，镇政府通过多方争取，将安岔村申报为2014年扶贫整村推进村，计划在安岔村投资665万元，集中解决群众面临的生产生活困难。在基础设施建设方面：在米尔岔至桃李村新修长35米、宽4米、高1.5米漫水桥1座，新修村组道路8公里；新修梯田2000亩，目前已完成1800多亩。

0948 孟坝镇孟坝村

简　　介：孟坝村东临王湾村，南界孟坝镇刘城，西接大寨村，北连新集乡。总土地面积10.2平方公里，全村辖李咀、庄坷、城头、高庙、王湾、王山、盖能、闫湾、刘俭、新民11个自然村，780户，3542人，耕地1.1万亩，其中塬地4000亩，山地7000亩。产业结构以种植业、养殖业为主。主要种植地膜玉米、螺旋菜、瓜果等，养殖以猪、牛、羊、驴为主。现有养鸡场1个，养驴基地1处，位于冉洼自然村。

0949 南川乡贺丰村

简　　介：贺丰位于南川乡中部，川区铺砂公路、洪河穿境而过，地形以山地和川地为主，东接沟卢村，南靠原芦村，西联河李村，北邻城关镇，自然条件艰苦。该村下辖9个村民小组（杏湾、王相、安沟、贺丰、张毛、大湾、枣林、赵湾、转嘴），耕地面积5762亩，其中山地4200亩，川地1562亩。该村现有405户，1858人。该村经济发展主要依靠传统种植业、养殖业和劳务输出。全村目前有小学1所，专职教师6人，卫生所1处，村医1名。

0950 新集乡岳庄村

简　　介：岳庄村位于新集乡南部，东接庆阳县驿马镇，南接王寨田庄科村，西接太平，北接腰岘。共有6个自然村分别为岳庄、桑树咀、张王咀、小塬子、马塬子、关户川。全村共有人口1687人，总土地面积为6100亩。村部1所，占地面积2.8亩，学校1所，教师10名，学生216名，卫生所1处，占地面积0.8亩，有医生1名，共有小电井4个。

0951 临泾乡新堡村

简　　介：临泾乡新堡村地处临泾乡东南部，属陇东黄土高原沟壑区，境内山塬兼有。该村有14个自然村，分别是西城、王洼、新庄、岘王、巧王、段堡、段咀、薛庄、峁塬、宜沟、里洼、黄咀、东咀、里庄。现有农户945户，3895人，耕地面积10854亩，粮食作物播种面积9463亩，2011年粮食总产量1185吨，人均产粮916.56斤。有小学2所，均属六年制小学，现有教师18人，学生232人。五、道路水利。境内有通村油路1条，约9公里，自来水供水管线9千米，自来水入户80户。六、社会经济事业。该村经济发展以农业生产为主，主要农作物有小麦、玉米、糜谷类等。

近年来，该村大力发展地膜粮食、草畜产业等，草地面积5393亩，全村现大家畜存栏1638头，出栏371头，养羊农户2户102只。

0952 殷家城乡李园子村

简　　介：李园子村处于乡西部，距乡15公里，全村共有张家山、大岔、上壕、马岔、田沟、西山、新庄峁、李园子、柳树渠、白沟圈、安畔、杏树沟12个自然村，316个农户，1357人，2013年人均纯收入3959元。全村土地总面积38平方公里，耕地8470亩，机平农田4200亩，林地6676亩，退耕还林2605亩，天然草原24697亩。全村共有水泥窖42眼，小电井57口，人力井6口。通村油路2.7公里，砂石路2条21.4公里，村组土路6条20公里。沼气能源入户70户。全村牧草留存面积4900亩，牛存栏是119头，驴存栏是413头，羊存栏是3196只，猪存栏是187头，鸡存栏是2352只。

0953 平泉镇赤马村

简　　介：赤马村位于甘肃省庆阳市镇原县平泉镇东18公里处，东接南川乡唐河行政村，南临中原乡殿王行政村，西接寺府行政村，北接南川乡东王行政村。全村共辖张湾、北边、赤马、碾洼、新联、下和、油房、田峁、陈洼、白草10个自然村，现有农户590户，总人口2481人，总耕地面积9201亩。该村主要粮食作物为小麦、玉米等，经济作物主要有油菜、西瓜、胡麻、苹果等，养殖业以猪、牛、羊为主，已发展养殖大户25户，建有砂石道路8公里，2013年全年人均纯收入为4250元。村级组织活动场所建筑面积2668平方米，共7间办公用房，农家书屋面积为20平方米，全村现有村级卫生所1处，学校两所。

0954 郭原乡景原村

简　　介：景原村位于郭原乡西南部8公里处，山原兼有，东接毛庄村，南接西杨村，西接新城乡惠沟村，北邻宁夏彭阳县城阳乡杨坪村。共有瓦咀、沈山、俭王、后山、郭庄、上庄、景塬、杨山庄、黄湾、山湾、庄科、前俭、景俭、安湾、袁岘、徐岘、白坪、张湾18个自然村，全村782户，3537人，耕地面积19250亩，其中塬地6363亩，山地12887亩，人均耕地5.8亩。该村是一个山塬兼有的行政村，以农业生产为主，农作物有小麦、玉米、胡麻、豆类，糜谷等。近年来，该村在乡党委、政府的正确领导下，积极调整产业结构，农户以种植药材为重点，主要种植党参、黄芪、生地、黄芩、银柴胡、板蓝等。2013年人均纯收入4006元。

0955 临泾乡蒙塬村

简　　介：蒙塬村地处临泾乡西北部，境内山塬兼有，塬面小而狭长，以山区群众居多，该村有6个自然村，分别是里塬、蒙塬、姜岔、任胡湾、席坷老、饮马岔。该村现有农户440户，1824人。耕地面积6094亩，人均占有耕地3.3亩。粮食总产量953吨，人均产粮1045斤。有小学1所，属六年制小学，现有教师11人，学生132人，学校设备落后。境内通村油、砂路各1条，自来水供水管线1820米，自来水入户356户。该村以农业生产为主，主要农作物有小麦、玉米、糜谷等。

0956 平泉镇南徐村

简　　介：南徐村位于甘肃省庆阳市镇原县平泉镇东南4公里处，东接中原乡高胜行政村，南邻中原乡姜白行政村和新城乡杜寨行政村，西接上刘行政村，北连黄岔村。全村共辖胡同、丰台、下坳、下山、上坳、关道、什字、庄心、上山9个自然村，现有农户

748户，总人口3215人，总耕地面积10025亩。该村主要粮食作物为小麦、玉米、糜谷等，经济作物主要有瓜果、林木等。养殖业以猪、牛、羊为主，已发展养殖户共208户。全村已建成硬化道路1公里，砂石道路为8公里。2013年全年人均纯收入为4200元。村级组织活动场所建筑面积600平方米，共3间办公用房，农家书屋面积为12平方米。全村现有村级卫生所1个，能为群众基本医疗卫生服务。该村建有2所小学，1所幼儿园。

0957 临泾乡毛头村

简　　介：临泾乡毛头村地处临泾乡东南部，属陇东黄土高原沟壑区，境内山塬兼有全村辖7个自然村。该村现有农户610户，2480人，耕地面积16142亩，粮食作物播种面积7321亩，上年粮食总产量1042吨，人均产粮916.56斤。有小学2所，均属六年制小学，现有教师15人，学生209人，境内有通村油路1条，约7公里，自来水供水管线7千米，自来水入户65户。该村经济发展以农业生产为主，主要农作物有小麦、玉米、糜谷类等。近年来，该村大力发展地膜粮食、草畜产业等，草地面积5393亩，全村现大家畜存栏1839头，出栏523头。

0958 三岔镇寺庄湾村

简　　介：寺庄湾村位于三岔镇西南部，自然条件艰苦，是一个纯山区行政村。该村共辖6个自然村，283户，1293人。近年来，该村借助“特困片带扶贫攻坚”项目实施的历史机遇，大打道路建设攻坚战，使全村道路建设取得了一定成绩，解决了部分群众行路难问题。但该村地处山区，村组道路建设相对滞后，在一定程度上制约着我镇经济的快速发展。

0959 郭原乡郭原村

简　　介：郭原村位于郭原乡东部，村中心离郭原乡政府6公里，辖王洼、张山、页沟、西洼、大庄、南庄、陈洼、前山、湾底9个村民小组，共336户，1465人，耕地面积6670亩，人均4.6亩，林地面积892亩。2013年人均纯收入4116元。

0960 上肖乡西岭村

简　　介：西岭村位于上肖乡东北部，二级公路穿境而过，地形山塬兼有，自然条件艰苦。辖北岭、西岭、大庄、沟老、邢咀、坳里、原上、川里、阴山9个自然村，598个农户，2607口人（少数民族2人），劳动力1519人。在校中小学生349人，大中专学生53人。耕地面积5826亩，其中塬地3615亩，山地1779亩，川地432亩，人均占有耕地2.1亩，2013年人均纯收入4510元。村内主干道路5条21公里，铺砂硬化17公里。有机井3眼，解决了7个自然村群众饮水困难。全村实施电网改造项目，户户通电。有六年制小学1所，有村卫生所1处。全村年均种植冬小麦3800多亩，秋粮800多亩，其它经济作物300多亩，粮经比例10:1。该村素有养殖传统，2013年，养牛农户102户，牛存栏量163头，养猪农户2户，猪存栏量141头，养羊农户68户，羊存栏980只。林果业：全村依托项目建成核桃园800亩，果园管理良好，成活率达到90%。劳务输转：2013年劳务输出800人，创经济收入20多万元。

0961 新集乡永丰村

简　　介：永丰村位于新集乡北部共计12个自然村，分别是佘湾、六合山、南洼、任咀、连湾、马原畔、西岭、城墙沟、后湾、关坪、崾岘、档崾岘。农户468户，人口2061人，耕地面积12468亩，有2所学校，分别是永丰小学教师9名，学生125名，关坪小学教师3名，学生45名。卫生所1处，医生1名，油机24台，五保家园1处，占地面积1亩。

0962 三岔镇大塬村

简　介：大塬村位于镇原县三岔镇东北部，全村共辖古庄山、茜子湾、先锋、佟渠、大塬、下塬6个自然村，410户，1997人，耕地面积10010亩，人均5亩，全部是山旱地。近年来，该村进一步培育壮大全膜粮食、草畜、劳务三大产业，努力改善山区群众生产生活条件，取得了一定成效。

0963 新城乡郭沟圈村

简　介：新城乡郭沟圈村位于新城乡东侧，全村共辖水湾、井里、关庄、井洼、郭沟圈、郑洼、田堡、苜湾、肖山9个自然村，是个山塬并有的行政村，702个农户，农业人口3041人，农村劳动力总人数1912人，全村耕地面积9920亩。郭沟圈村经过多年发展建设，在产业结构调整、农村扶贫攻坚、农业物资储备条件改善等方面取得了一定成效。

0964 南川乡和平村

简　介：和平村位于庆阳市镇原县南川乡西部，洪河穿境而过，地形山川兼有，东接桃园村，南靠平泉青浦村，西连平凉姚川，北邻城关镇常山村，平均海拔1320米，属北温带大陆性气候，年平均气温9.5℃，年无霜期185天，年平均降水量450-510毫米。全村共辖13个自然村（薛洼洼、堡子沟、姜沟门、安山、高庄、老庄、黑马张、梁窝窝、刘沟、上贾家、后沟、王街街、段湾），689户2830人，劳动力1547人。13个自然村中，纯山区自然村4个，山川兼有村9个。耕地面积10357亩，其中川地2077亩，其余均为山旱地，人均3.6亩，全村产业结构以种植业和养殖业为主，种植业以粮食作物为主，如玉米、小麦、马铃薯，经济作物以冬油菜、胡麻为主。全村有6年制小学2所，教师6人，在校学生56名，适龄儿童入学率100%；全村有卫生所1处，有医务人员1名，医疗器械、药品齐全。

0965 城关镇祁川村

简　介：祁川村位于县城以东9公里，共辖碾李、旋老、南坡、后河、庞川6个村民小组，总耕地面积4960亩，其中山地4090亩，川地870亩，农业人口2311人，现有机井6眼，小电井83眼；有村小学1所，在校学生216名，学龄儿童入学率为100%；有村部1处，文化广场1处。

0966 中原乡中原村

简　介：中原村是中原乡政府所在地，辖8个自然村，667户，2856人，是一个山塬交错村。全村土地总面积31平方公里，其中耕地面积7698亩。该村现有机井7眼，可正常使用的机井3眼，供378户，1969人用水。该村主导产业以种植业、劳务产业为主，2013年种植的主要作物有：小麦2140亩；玉米3637亩；糜子775亩；荞麦258亩；胡麻253亩；油菜572亩；大豆75亩；洋芋356亩；蔬菜等其他作物105亩。全村粮食总产量1525吨，农业生产靠天吃饭，群众生活艰辛。全村劳动力1924人，劳务输出270人。全村大家畜存栏1215头，其中牛存栏1200头，驴存栏15头，羊存栏904只，猪存栏901头。全村林地面积8023亩，森林覆盖率16%。草地面积5158亩，人均草地面积1.8亩。全村户户通电通自来水。有小学1所，校舍600平方米，在校学生199人。有村级卫生所70平方米。有农家书屋1所，藏书7800册。有村部办公用房12间。

0967 临泾乡什字村

简　　介：什字村地处临泾乡西北部，境内山塬兼有，塬面小而狭长，主要以山区群众居多，全村辖6个自然村。该村现有农户363户，1583人。耕地面积3849亩，人均占有耕地3.3亩。粮食总产量1337吨，人均产粮1045斤。有小学1所，属六年制小学，现有教师10人，学生125人。境内通村油、砂路各1条，自来水供水管线1820米，自来水入户288户。该村以农业生产为主，主要农作物有小麦、玉米、糜谷等。

0968 太平镇丁岘村

简　　介：丁岘行政村位于太平镇东南部，西镇公路贯穿全境，西北与老庄行政村相接，东南与巴家咀浦河接壤。丁岘行政村原有13个自然村，撤并后为10个自然村，即：张洼、庞山、丁岘、统子洼、新庄洼、胡洼、咀刘、答塬、答河。丁岘行政村总人口1565人，农业人口1560人，非农业人口5人，农户32户，总面积6.4平方公里，其中耕地3.33平方公里。丁岘行政村有六年制小学1所，即丁岘小学。农业：总耕地面积3694亩，以种植粮食为主，兼种经济种物。畜牧业：大家畜存栏570头，羊128只，鸡1562只，猪85头。林业：共有荒山造林2140亩，退耕还林2718.6亩。土特产：黄花菜120亩，其它30亩。

0969 上肖乡净口村

简　　介：净口村位于上肖乡中南部，东接青寨村，西南靠路岭村，北邻杨城村。共辖王家、沟老、南头、什字、净口、寨子、南庄7个自然村，现有农户773户，3348人。耕地面积6630亩，其中山地2320亩，塬地4310亩。有六年制村小学1所，现有教师14人，学生228人。有村卫生所1处，村医1名。该村是一个典型的雨养农业村和劳务输出村，主要农作物有小麦、玉米、糜谷等，年粮食总产量4747吨，2013年人均收入5432元。

0970 马渠乡甘川村

简　　介：甘川村位于马渠乡西部，耕地面积3777亩。全村共辖西岔洼、魏新庄2个自然村，96户，463人。劳动力305人，其中男性163人，女性142人。总土地面积9892亩，耕地面积3777亩，其中山地2988亩，塬地789亩，良田面积3320亩。人均7.17亩，大部分是山旱地。现有水泥窖100眼，小电井4眼，有土基道路1条8公里，交通状况较差。有村小学1所，在校学生49名，学龄儿童入学率为100%。有村部1处。

0971 平泉镇麻王村

简　　介：麻王村村共辖勤根、阳刘、麻王、民乐、什字、山根、孔湾7个自然村，现有农户475户，农业人口1940人，总耕地面积6888亩。该村主要粮食作物为小麦、玉米等，经济作物主要有蔬菜等，养殖业以牛、羊为主，已发展养殖户共32户，2013年全年人均纯收入为3200元。村委会班子由4人组成，村级组织健全，职能作用发挥较好，村级组织活动场所建筑面积860平方米，共3间办公用房，农家书屋面积为12平方米。全村现有村级卫生所1个，学校1所。

0972 新城乡高庄村

简　　介：高庄村位于新城乡南部，距镇原县城40公里，距新城5公里，全村所辖上俭、王玲、塬边、田湾、大寨、闫沟、刘坪、小寨、浅刘、岭畔、张俭、白菜山、孔咀、高庄、大庄、西湾、大山17个自然村，1028户，4345人。有劳动能力2654人，其中剩余劳动力1465人，总土地面积14.63平方公里，耕地面积16332亩，人均3.75亩。年平均气温8.7℃，年降雨量不足300毫米，无霜期150天是温和半干旱季风气候。

0973 新城乡孙奄村

简　　介：孙奄村位于新城乡西部，新巨公路沿线，又与省道318线相接，距新城乡2公里，东与新城村相连，南与平凉草峰潘杨涧河为界，西接孟寨行政村，北与南坡行政村接壤，交通便利。全村共辖马玄窝、庄底、山庄、刘山、旧庄湾、旧庄、沈咀、北头、麻地沟、孙奄、新庄、岔口、俭边、酸刺沟、涝池15个自然村，农户748户，人口3170人，共有耕地12580亩，全村现有养殖21户。有天地源种业公司联建的良种繁育基地1处。村内有小学2所，师生215人。

0974 南川乡川郑村

简　　介：川郑村位于庆阳市镇原县南川乡东部，川区铺砂公路、洪河穿境而过，地形山川兼有，东接屯字镇官亭村，南靠东王村，西连沟芦村，北临城关镇原郑村。全村共辖13个村民小组（沟阳、高家、田家、席杨、里沟、前沟、包沟、光明、小沟、杨树湾、阳山、下沟、掌孙），595户，2615人，劳动力1347人。13个自然村中，纯山区自然村3个，山川兼有村10个。总土地面积13.55平方公里，耕地面积8280亩，其中川地1774亩，其余均为山旱地，人均3.17亩。该村经济发展主要依靠传统种植业、养殖业和劳务输出。全村目前有有小学1所，专职教师6人，卫生所1处，村医1名。

0975 殷家城乡桑树洼村

简　　介：桑树洼村处于殷家城乡北部，距乡13公里，全村共有房湾、四合洼、桑树洼、甘岔、寨科、杨咀、王崾岘、白老庄8个自然村，217个农户，1003人，2013年人均纯收入4140元。全村总土地33.4平方公里，耕地4096亩，机平农田4860亩，林地4662亩，退耕还林1683亩，天然草原22613亩；全村共有水泥窖80眼，小电井25口，人力井是5口；砂石路4条12.5公里，村组土路3条16.5公里；全部实施了农网改造工程，沼气能源入户92户；全村牧草留存面积4950亩，牛存栏是79头，驴存栏是141头，羊存栏是4923只，猪存栏是236头，鸡存栏是2187只，建成规模养猪场1处，在建养牛场1处，待建养羊场1处。

0976 南川乡原芦村

简　　介：原芦村位于南川乡东南部，川区水泥公路、洪河穿境而过，地形主要以塬地为主，东接东王村，南靠氿池村，西联平泉镇，北邻南川。该村下辖13个村民小组（原畔、王堡、涝池、沟沟、马塔、席洼、阳洼、原边、姬弯、原山、卢山、上沟、南山），耕地面积8740亩，其中山地5500亩，塬地3240亩。该村现有483户，2055人。该村经济发展主要依靠传统种植业、养殖业和劳务输出。全村目前有小学1所，专职教师7人，卫生所1处，村医1名。

0977 上肖乡杨城村

简　　介：杨城村位于上肖乡中北部，眉肖公路沿线，东接南李村，南靠净口村，西连翟池村，共辖杨家、南张、上坳、庙岭、瑶庄、北头、北庄、老庄、东关9个自然村，现有农户757户，3405人。耕地面积6064亩，其中山地984亩，塬地5080亩。有六年制村小学1所，现有教师17人，学生178人。有村卫生所1处，村医1名。该村是一个典型的雨养农业村和劳务输出村，主要农作物有小麦、玉米、糜谷等，年粮食总产量6130吨，2013年人均收入5190元。

0978 武沟乡孟庄村

简　　介：孟庄村位于武沟乡北部，耕地面积4490亩。全村共辖孟庄、背洼、南湾、刘堡、甘草洼、王山、香山7个自然村、278户，1136人。劳动力452人，其中男性668人，女性468人。总土地面积6869亩，耕地面积4490亩，其中山地2300亩，塬地2190亩，良田面积9610亩。人均耕地4.8亩，大部分是山旱地。现有梯田1200亩，占耕地总面积的58%。现有机井1眼，小电井15眼。有土基道路6条32公里，砂石道路1条4公里，油路1条2公里，交通状况较差。有村小学1所，在校学生170名，学龄儿童入学率为100%。有村部1处。

0979 中原乡高胜村

简　　介：高胜村辖8个自然村，563户，2513人，总耕地面积7149亩，其中粮田面积5720亩，均耕地2.8亩。村内道路总长28.3公里，铺砂道路8公里。现有小学1所，幼儿园1所，村卫生所1个，乡村医生1名。养殖户395户，规模以上养殖户49户，自来水入户269户，使用沼气池83户，水泥窖30口。2013均纯收入4692元。

0980 城关镇五里沟村

简　　介：五里沟村位于县城以西3公里处，共辖柳树沟、朱山、高山、沟门、王塬、五里沟、互助沟、贾半坡8个村民小组，总耕地面积7084亩，其中山地3837亩，塬地1227亩，川地2020亩。农业人口2549人，现有机井6眼，小电井110眼；有村小学2所，在校学生226名，学龄儿童入学率为100%；有村部1处。

0981 孟坝镇西壕村

简　　介：西壕村位于孟坝镇西北部，东接王山村，南接东庄村，西接何范、王地庄村，北连方山乡。总土地面积10平方公里左右，全村共辖冯俭、冯山、李湾、武湾、蔡山、大湾、朱山，洼边、吊珍、王咀、沟圈、白咀、沈咀、姜俭、蔡俭15个村民小组，总人口2812人，615户。耕地面积10000亩。建有村部3层12间。产业结构以种植业、养殖业为主，主要种植小麦、地膜玉米、瓜果等，2011年建有五百亩苹果示范点和千亩全膜粮食示范点各1处。养殖业以养羊、猪，驴等为主，养猪、驴户以家庭规模养殖为主，数量在十只到几十只左右，没有成规模的养殖场。

0982 上肖乡翟池村

简　　介：翟池行政村位于上肖乡北部，嵋肖公路沿线，共辖旦岭、后李、西庄、怀镇、关门、北头、翟池、南头8个自然村，802户，3405人，总耕地面积5785亩。2013年人均纯收入5537元。特色工作如下：一是突现亮点，加强中心村建设。在西庄自然村规划修建农宅62套，其中改造旧农宅22处，新修2层小康农宅40套，搬迁入住38户，同时，配套建成了村卫生所，五保家园，农家书屋，文化广场，购置了篮球、乒乓球、羽毛球等运动器材和健身器材。绿化道路6公里，硬化中心村人行道3600平方米，栽植绿化苗木500多株，栽植路沿石1200平方米。新建2层村部办公楼1幢，建筑面积460平方米。修建人工排洪湖2处2亩，架设安全围栏600米。二是突出重点，加强产业开发。

坚持把培育开发主导产业作为新农村建设的重中之重，依托资源优势，确定三大产业开发区。三是突破难点，加强基础设施建设。以路、水、田、电为重点，新修通村油路1条4公里，拓宽铺砂村组道路2条5公里；在怀镇修建水塔1座，配电房1间。压埋自来水入户主管线4公里，自来水入户230户，新建观察井6座；新修农田200亩，完成灌溉渠道衬砌1公里，压埋灌溉软管8公里，灌溉农田面积900多亩；完成中心村及周边60户群众的农电改造。

0983 新城乡杜寨村

简　　介：杜寨村位于新原公路沿线，距新城乡10公里。全村辖王店房、孙山、白门、乔岔、东头、西头、上胡同、后胡同、杨岭、白山10个村民小组，564户，2265人。有劳动力1220人，其中剩余劳动力820人。总土地面积9617亩，人均4.02亩，年平降水量510毫米，无霜期150天，全村通过土地流转形成大型药材合作社1个。

0984 南川乡桃园村

简　　介：桃园村位于庆阳市镇原县南川乡西部，洪河穿境而过，地形山川兼有，东接南川乡河李村，南靠南川乡上庄村，西连南川乡和平村，北临城关镇丰台村。全村共辖13个自然村（安沟、安湾、董湾、二岔湾、亢崖瑶、秦沟沟、桃园沟、桃园、脱塔、王沟、崖庄、张湾、秦咀咀），610户，2605人，劳动力1347人。13个自然村中，纯山区自然村6个，山川兼有村7个。耕地面积10357亩，其中川地2077亩，其余均为山旱地，人均3.6亩，全村产业结构以种植业和养殖业为主，种植业以粮食作物为主，如玉米、小麦、马铃薯；经济作物以冬油菜、胡麻为主。教育卫生发展情况：全村有6年制小学两所，教师6人，在校学生59名，适龄儿童入学率100%；全村有卫生所1处，有医务人员1名，医疗器械、药品齐全。

0985 屯字镇建华村

简　　介：建华村共有7个自然村，分别是东沟、西山、赵沟、潘山、碾张、陈崾岘、堡子沟等自然村，建华共有376户人，农业人口有1505人，其中有劳动能力的共923人。2012年人均纯收入为4025元，2013年人均纯收入为4846元，建华耕地面积共有6409亩，山地有3462亩，川地有2947亩。

0986 方山乡张大湾村

简　　介：张大湾村位于方山乡西北方，西连三岔镇董渠村，东临关山村，南靠方庄村，北接环县天池乡。耕地面积为8490亩，辖曹湾、岔口、王台、吕咀、陡沟、新庄、杨湾、杨渠、田峁9个自然村。300个农户，农村人口1300人。

0987 方山乡王湾村

简　　介：王湾村位于方山乡东北方，现有耕地面积7060亩，辖阴面山、王湾、柳湾、狼山、姚山、坷老、马湾7个自然村，267个农户，农村人口为1278人。

0988 平泉镇坪边村

简　　介：坪边村位于甘肃省庆阳市镇原县平泉镇西北8公里川区，东接洪河村、南邻马洼村，西接麻王村，北连郭塬乡王沟圈村。全村共辖阴坡、杨湾、暖山、坪边、洪徐、贺湾、仙马、阳坡8个自然村，现有农户464户，农业人口1804人，总耕地面积6085亩。全村经济发展以农业为主，村内土地条件较好，宜于发展种养业。该村主要粮食作物为小麦、玉米、黄豆、高粱等，经济作物主要有油菜籽、西瓜、甜瓜等。养殖业以猪、牛、羊、家禽为主，已发展养殖大户共26户，其中羊只数在50只以上的有23户，5头牛以上的户有3户。全村建成砂石道路为10公里。2013年全年人均纯收入为3960元。村委会班子由4人组成，村级组织健全，职能作用发挥较好，村级组织活动场所建筑面积1174平方米，共5间办公用房，农家书屋面积为15平方米。全村现有村级卫生所1个，能为群众基本医疗卫生服务。

0989 屯字镇田岭村

简　　介：田岭村共有8个自然村，分别是刘山、大庄、北湾、米庄、咀咀、田岭、牛蹄分、开周等自然村，田岭共有678户人，农业人口有2515人，其中有劳动能力的共1776人。2012年人均纯收入为4330元，2013年人均纯收入为5212元，田岭耕地面积共有8210亩，山地有4430亩，塬地有3780亩。

0990 新集乡新庄村

简　　介：新庄村位于新集乡西南端，与我县孟坝镇相邻，北接刘大岔，东接牛心，西与唐塬行政村相连，是一个山、川、塬兼并的行政村。全村有8个自然村，分别是新庄、前山、孔山、刘河、贺河、李洼、南坡、下塬，365个农户，总耕地面积6109亩，村庄以山塬为主。水域面积200000平方米，学校1所，共有46人，卫生1所，村部1所。

0991 开边镇羊千塬村

简　　介：羊千塬地处开边镇北部塬区，距开边镇8公里，地形较为复杂，属陇东高塬沟壑地带，山、川、塬地兼有。共辖白马庙、余家梁、古城、杏树台、张大湾、申岘、陈家湾、羊千湾、毛家湾、小岔10个村民小组，全村396户，1659人，全村土地总面积约为10多平方公里，可利用耕地面积为8800亩，其中川地300亩，塬地3000亩，山地5500亩，人均耕地4.85亩。羊千塬村地形复杂，受自然条件和群众落后传统思想的制约，产业发展比较单一，以传统的种植业为主体。近年来，羊千原村结合本地实际，因地制宜，提出塬面黄花、杏果，山区草畜的发展思路，努力实现全村经济社会全面协调可持续发展。积极加大产业结构调整力度，使草畜、杏果、黄花三大特色农产品成为农民的主要收入来源。

0992 中原乡殿王村

简　　介：殿王村位于中原乡北塬，东与平凉市泾川县党原乡相毗邻，西接武亭村。全村共辖9个自然村，总户数665户，2794人。全村总耕地面积9432亩，人均耕地3.4亩。2013人均纯收入4670元。该村积极调整产业结构，引导群众发展规模养殖，现有规模养殖户240户，其中规模养牛52户，262头，规模养猪170户，1480口，规模养鸡18户，7800只，新建各类暖棚152座。

0993 平泉镇景家村

简　　介：景家村位于甘肃省庆阳市镇原县平泉镇东8公里处，东接湫池行政村，南临中原乡上李、高胜行政村，西接黄岔行政村，北接本镇秦铺村和南川乡上庄村。全村共辖王山、陆沟、小咀、高丰、杨家、马洼、史家、景家、洼山、庙山、薛家11个自然村，现有农户777户，农业人口3188人，总耕地面积9800亩。该村主要粮食作物为小麦、玉米等，经济作物主要有瓜果、蔬菜、胡麻等，养殖业以牛、羊为主，已发展养殖户共130户，建有砂石道路15公里，2013年全年人均纯收入为2300元。村委会班子由4人组成，村级组织健全，职能作用发挥较好，村级组织活动场所建筑面积 667 平方米，共 3 间办公用房，农家书屋面积为 15 平方米。全村现有村级卫生所 1 个，学校 2 所。

0994 南川乡沟卢村

简　　介：沟卢村位于南川乡中部，川区铺砂公路、洪河穿境而过，地形以山地和川地为主，东接川郑村，南靠原芦村，西联贺丰村，北临城关镇。该村下辖 6 个村民小组（沟芦、大岘、段崖窑、康湾、庙沟门、元堡子），耕地面积 6500 亩，其中山地 5165 亩，川地 1335 亩。该村现有 412 户，1750 人，该村经济发展主要依靠传统种植业、养殖业和劳务输出。全村目前有小学 1 所，专职教师 6 人，卫生所 1 处，村医 1 名。

0995 城关镇常山村

简　　介：该村位于县城南郊，共辖毛塬、申塬、安湾、黄湾、崖瑶、黄岔、毛堡、常山 8 个村民小组，总耕地面积 6401 亩，其中山地 5901 亩，塬地 500 亩，农业人口 2989 人，现有机井 6 眼，小电井 40 眼；有村小学 2 所，在校学生 273 名，学龄儿童入学率为 100%。

0996 屯字镇太阳村

简　　介：太阳村共有 10 个自然村，分别是团结、太阳、五星、新庄、孙岭、赵咀、白咀、庄子、金湾、嵝岘等自然村，太阳共有 815 户人，农业人口有 3443 人，其中有劳动能力的共 2232 人。2012 年人均纯收入为 4056 元，2013 年人均纯收入为 4883 元，太阳村耕地面积共有 9811 亩，山地有 5172 亩，塬地有 4639 亩。

0997 马渠乡景塬村

简　　介：景塬村位于马渠乡东南部，耕地面积 4754 亩。全村共辖景塬、虎大湾、新庄山、赵山、李咀、王湾 6 个自然村，178 户，829 人。劳动力 472 人，其中男性 259 人，女性 213 人。总土地面积 14194 亩，耕地面积 4754 亩，其中山地 4648 亩，塬地 106 亩，良田面积 4754 亩。人均耕地 5.7 亩，大部分是山旱地。现有机井 1 眼，小电井 30 眼；有土基道路 4 条 9 公里，砂石道路 1 条 4 公里；有村小学 1 所，在校学生 85 名，学龄儿童入学率为 100%；有村部 1 处。

0998 方山乡金岔村

简　　介：金岔村位于方山乡东北方，现有耕地面积 6510 亩，辖阴面山、王湾、柳湾、狼山、姚山、坷老、马湾 6 个自然村，305 个农户，农村人口为 1327 人。2013 年人均纯收入 3921 元。

0999 太平镇上城村

简　　介：上城村位于太平镇东南方 15 公里处，也就是太平塬要道段岘依过黑庄塬的腹地，东与庆阳市后官寨乡蒲河相望，西和屯字镇闫沟村相接，茹河沿村西而下，南北与太平镇的柳咀、何湾村毗邻，村委会所在地为双虎，整村以太平至北石窟乡村道为主线，南北而过，东西两翼均呈梯形斜下的凸状，南北长 2.5 公里，东西宽 11 公里，总面积为 21 平方公里。上城村原有 13 个自然村，2004 年乡村撤并，原彭阳村现合并于上城村，原彭阳村有 6 个自然村，撤并后为 15 个自然村，即南咀、南滩、下城、条川、板刘、老庄、上城、杨岭、薛咀、大山、白岭、沟畔、大庄、东山、大塬。总人口 2334 人，农业人口 2334 人，农户 570 户，男性 1190 人，全属汉族，总面积 21 平方公里，其中耕地面积为 5.7 平方公里，该村地理条件较好，西南方皆向阳，梯畔整齐，东北方山势平缓，靠蒲河西岸，所以适应农业、畜牧业、林业等发展，尤其是近半年来上城村苹果生产发展较快，现在全村优质果园 200 多亩，年收入达 600 多万元，其它各业也在不断发展。上城村现有六年制小学 1 处，即上城小学，并在村委会所在地设有农贸市场及逢二、八固定集日，现有商业推销点 20 多处，医疗诊所 5 处以及粮油加工及锯木等加工业。

1000 殷家城乡北岔村

简　　介：北岔村处于乡西北部，距乡 20 公里，全村共有西岔、白岔、郭岔、南庄、苏湾、牧渠、白咀咀 7 个自然村，160 个农户，706 人，2013 年人均纯收入 3900 元。全村总土地 25.7 平方公里，耕地 5500 亩，机平农田 1800 亩，林地 4085 亩，退耕还林 2042 亩，天然草原 14988 亩。全村共有水泥窖 210 眼，小电井 21 口，人力井 5 口。全村通村油路 2.3 公里，砂石路 1 条 2 公里，村组土路 5 条 16 公里。沼气能源入户 50 户。全村牧草留存面积 5450 亩，牛存栏 45 头，驴存栏 260 头，羊存栏 2320 只，猪存栏 212 头，鸡存栏 1500 只，共建办规模养猪场、养羊场各 1 处，待建养羊场 1 处。

1001 孟坝镇何范村

简　　介：何范村位于孟坝镇西部，东接王山村，南接东庄村，西接何范、王地庄村，北连方山乡，总土地面积 10 平方公里左右。全村辖南庄、董咀，纯山区村北山、周洼、赵咀、沟畔、何范 7 个自然村，608 户，2907 人。总耕地面积 8500 亩，其中山地 4247 亩，塬地 4253 亩。该村以发展小杂果和瓜菜为主导产业，2011 年新栽小杂果 420 亩，种植以小麦、地膜玉米、瓜果为主。建成以赵咀、沟畔等自然村为中心的瓜菜种植示范区。在何范村居民点新建暖棚 40 座，养殖良种牛或商品驴 100 头，在原何范小学院内新建养殖场，养羊 200 只，养猪 100 头。

1002 庙渠乡六十坪村

简　　介：庙渠乡六十坪行政村地处庙渠东北部，属黄土高原沟壑区，全村共有韩梁头、六十坪、六合梁、大庄、董梁、崾岘 6 个自然村，250 户，1220 人，耕地面积 9670 亩，人均 7.92 亩。主要从事粮食生产，主要品种有小麦、玉米、荞麦、糜子、谷子、黄豆等。

1003 临泾乡路壕村

简　　介：临泾乡路壕村地处临泾乡北部，属纯山区，道路交通非常不便。该村有 8 个自然村，分别是秦桥、成岭、阳湾、段湾、谢岭、路壕、塬塬、山头。该村现有农户 369 户，1566 人，耕地面积 5447 亩，粮食作物播种面积 4219 亩，2011 年粮食总产量 873 吨，人均产粮 1114.9 斤。有小学 2 所，属六年制小学，现有教师 9 人，学生 97 人。境内有通村砂路两条，自来水供水管线 1525 米，自来水入户 112 户。该村经济发展以农业生产为主，主要农作物有小麦、糜谷类等，近年来，该村大力发展草畜产业，草地面积 3117 亩，全村现大家畜存栏 992 头，出栏 165 头。

1004 临泾乡祁庙村

简　　介：祁庙村地处临泾乡南部，境内山塬兼有，塬面小而狭长，山区群众居多。该村有 6 个自然村，分别是咀咀、咀张、西庄、东庄、崖瑶、前庄。该村现有农户 469 户，1807 人。耕地面积 4648 亩，人均占有耕地 2.57

亩。2011 年人均纯收入 3071 元。粮食总产量 984 吨，人均产粮 1089 斤。有小学 1 所，属六年制小学，现有教师 10 人，学生 107 人。境内有通村砂路 1 条，自来水供水管线 1320 米，自来水入户 35 户。该村是一个典型的农业村，以农业生产为主，主要农作物有小麦、玉米、糜谷等。

1005 屯字镇白马村

简　　介：白马村共有 6 个自然村，分别是吊咀、景洼、南庄、北庄、坳里、崖窑等自然村。白马共有 528 户人，农业人口有 2199 人，其中有劳动能力的共 1421 人。2012 年人均纯收入为 4263 元，2013 年人均纯收入为 5132 元。白马耕地面积共有 5526 亩，山地有 1110 亩，塬地有 4416 亩。

1006 平泉镇寺府村

简　　介：寺府村位于甘肃省庆阳市镇原县平泉镇东 16 公里处，东接赤马行政村，南接虎泉村和中原乡殿王行政村，西接湫池行政村，北邻南川乡原芦村。全村共辖大田、四庄、里岔、里坳、王家、寺塬、南庄、高庄、南李、张洼、渠老 11 个自然村，现有农户 657 户，总人口 2757 人，总耕地面积 7612 亩。该村主要粮食作物为小麦、玉米等，经济作物主要有油菜、西瓜等，主要土特产有杏果、花椒、黄花等，养殖业以牛、猪为主，已发展养殖户共 117 户，建有砂石道路 11 公里，2013 年全年人均纯收入为 5231 元。村级组织活动场所建筑面积 4666 平方米，共 3 间办公用房，全村现有村级卫生所 1 处，学校两所。

1007 郭原乡毛庄村

简　　介：毛庄村位于郭原乡中部，总土地面积 11140 亩，耕地面积 9600 亩，全村共辖火张、中山、毛庄、岔口、沈渠、赵洼、雅沟、张岘、闫湾 9 个自然村，550 个农户，2086 人。2013 年底全村农民人均纯收入 4023 元。

1008 屯字镇官亭村

简　　介：官亭村共有 7 个自然村，分别是官亭，西庄、页山、齐沟、上湾、赵沟、王河等自然村，官亭共有 419 户人，农业人口有 1766 人，其中有劳动能力的共 1229 人。2012 年人均纯收入为 4025 元，2013 年人均纯收入为 4846 元，官亭耕地面积共有 6030 亩，山地有 4430 亩，川地有 1600 亩。

1009 庙渠乡黎明村

简　　介：黎明村位于庙渠乡东南部，全村共有王川、大庄、罗沟沟、罗源、川口、姚山、安山、王塬 8 个村民小组，总户数 393 户，总人口 1825 人，全村耕地面积 7600 亩。目前，该村以种植、劳务输出、畜牧养殖为主，全村种植小麦 1745 亩，玉米 3865 亩、杂粮 1460 亩，有规模养殖大户 5 户，牛、羊、猪存栏各为 542 头、20000 只、270 头。

1010 屯字镇包城村

简　　介：包城村共有 11 个自然村，分别是刘洼、杨岘、瓜坪、董城、董川、大咀、包城、秦川、碾口、刘水、城塬自然村。包城共有 619 户人，农业人口有 2571 人，其中有劳动能力的共 1803 人。2012 年人均纯收入为 4173 元，2013 年人均纯收入为 5024 元，耕地面积共有 9650 亩，山地有 8228 亩，川地有 1422 亩。

1011 马渠乡马渠村

简　　介：马渠村位于马渠乡西部，耕地面积 10943 亩。辖新庄湾、罗胡同、罗新庄、张湾湾、王新庄、高庄崖、李寨子、路洼、油房沟、牡丹洼、何老庄、大岔湾 12 个自然村，538 户，2430 人。劳动力 1416 人，其中男性 727 人，女性 689 人。总土地面积 28782 亩，耕地面积 10930 亩，其中山地 6046 亩，塬地 4897 亩，良田面积 9610 亩。人均耕地 4.8 亩，大部分是山旱地。现有梯田 6333 亩，占耕地总面积的 58%。现有机井 1 眼，小电井 189 眼；有土基道路 12 条 38 公里，砂石道路 2 条 9 公里，油路 1 条 2 公里，交通状况较差；有村小学 1 所，在校学生 210 名，学龄儿童入学率为 100%；有村部 1 处。

（十）环县

1012 洪德乡张崾岘村

简　　介：张崾岘村位于洪德乡西南部，距离县城40公里，北接河连湾村，西邻苗河村，东接许旗、肖关村，南邻李塬村。全村共辖5个村民小组，246户，1239人。属半农牧区。全村共有耕地面积4600亩，人均3.7亩。

1013 罗山川乡陈渠子村

简　　介：陈渠子村位于环县西北部，距离县城70公里。全村土地总面积53平方公里，平均海拔高度1700米，村内沟壑纵横。无霜期120天，年均降雨量250毫米。陈渠子村辖6个村民小组，222户，1062人。全村现实有耕地13146亩，塬地1690亩，梯田5365亩。全村现有果园326亩。

1014 毛井乡红糜湾村

简　　介：红糜湾村位于毛井乡北面，村委会驻地红糜湾村红糜湾组，全村总面积25平方公里。有3个村民小组，总农户数120户，总人口513人，劳动力338人。种植多年生牧草面积8200亩，户均68.3亩。全村林地面积765.2亩，林木覆盖率67%。

1015 环城镇唐塬村

简　　介：唐塬村位于环县县城西部，距离县城23公里，地形以小块平原和沟壑交织，属于典型的黄土地貌，年平均降雨量440毫米。总面积26.7平方公里，耕地面积4786.2亩，现辖6个村民小组，216户，1035人，现建成标准化活动场所5间100平方米，村卫生所3间60平方米，内设农家书屋。近年来，基础设施得到明显改善。主要种植玉米、小麦、黄豆等农作物，其中旱农作物种植面积年均达到3500亩，紫花苜蓿留存面积达到6000亩，大家畜350头，羊存栏800只。2013年人均纯收入4432元。

1016 天池乡张邓塬村

简　　介：张邓塬村有“天池乡的北大门”之称，辖邓塬、赵家河、合尔沟、肖庙山4个村民小组，208户，959人，占地面积23平方公里，耕地面积4800亩，现有水平梯田3780亩，人均4亩，土地资源相对不足，地形地貌比较复杂，沟壑纵横，山塬相间，高原风貌雄浑独特，形成了“六塬一梁十六条山”的格局。

1017 甜水镇高崾岘村

简　　介：高崾岘村位于甜桐公路沿线，甜水镇西南，西与宁夏固原县接壤，村部距镇政府38公里，全村总土地面积为66.7平方公里，耕地面积5000亩，共辖5个村民小组，247户，1234人。全村地貌呈盆地状，四面较高，中间低。该村自然条件严酷，干旱，高寒，无霜期短，风沙大，土地沙化十分严重，多年平均降雨量 232 毫米。

1018 曲子镇五里桥村

简　　介：五里桥村位于曲子镇最南端，211 国道横穿南北，因五里桥原先桥子组的那座桥到双城村东沟组的那坐桥之间刚好 5 里路，所以起名五里桥，全村共辖 6 个村民小组，全村主要种小麦、玉米、豆类等农作物，经济作物以紫花苜蓿、林果业为主。

1019 毛井乡乔嵝岘村

简　　介：乔嵝岘村位于毛井乡北面，全村总面积 57 平方公里，有 6 个村民小组，总农户数 309 户，总人口 1441 人，劳动力 627 人。林地及荒山面积 53545.3 亩，公益林 8782 亩，成林面积 2280 亩，林地覆盖率 2.8%。

1020 曲子镇金盆掌村

简　　介：金盆掌村位于曲子镇东北部，清朝同治回乱时期，金、盆、张三姓逃荒至此，以及根据当时地理地形而得名。金盆掌村距镇政府 30 千米，南与庆阳相邻，东与华池接壤，共辖 3 个村民小组，地形山、沟、塬均有。近年来村“两委”牢固树立抓党建促发展，强服务惠民生，创先进争一流，构和谐建新村的理念，为村民的增收致富而积极努力，走出了一条干旱贫困山区强村富民的路子，种植业以小麦和全膜玉米为主，养殖业以养绒山羊和养牛为主，近年来正逐步通过修路、建设梯田，荒山造林改善基础设施条件。

1021 山城乡八里铺村

简 介：八里铺村位于 211 国道沿线，是山城的南大门，东靠王山口子村，南接洪德乡，西邻薛塬村，北连山城堡村。全村总土地面积 48.1 平方公里，耕地面积 10400 亩，辖 9 个村民小组，353 户，1540 人。农作物以玉米、洋芋、荞麦为主，兼种胡麻、葵花等油料作物，农民主要收入来源靠外出务工和发展三产。近年来，村党支部利用地处公路沿线和实施新农村建设的契机，抓党建、促发展，走出了“走退耕路，修饭碗田，念草木经，发畜牧财”的富民强村新路子。三年来，组织群众修建乡村主干道 12 公里，村组道路 75 公里，完成人饮场窖 286 处，青贮窖 340 方，沼气池 100 座，新建小康农宅 50 户，引进良种绒山羊 425 只，建成标准化养羊棚圈 60 处。带领群众新修梯田 2800 亩，年均种植地膜玉米 2300 亩。村两委班子积极带领群众大力发展第三产业，目前全村共有从事第三产业人员 475 人，年创收 710 万元。产业开发带头人 2 名，培养致富能人 8 名，通过村两委的不断努力，目前该村已成为山城乡经济发展最好的村之一。

1022 曲子镇许家塬村

简　　介：许家塬村位于曲子镇东部，距镇政府约 9 公里。南邻庆城县马岭镇贺旗行政村，北接五里桥村，共辖 5 个村民小组，我村在村级活动场所建设方面，村“两委”班子采取“上级投资，村上筹资，群众集资”的办法，2009 年新盖村部 13 间，维修危房 5 间。

1023 毛井乡马趟村

简　　介：马趟村位于毛井东部，全村总面积 49 平方公里，有 6 个村民小组，总农户数 288 户，总人口 1494 人，劳动力 650 人。梯条田和川塬地 3171 亩，人均 2.3 亩。种植多年生牧草面积 5600 亩，户均 19 亩。全村林地面积 900 亩，林木覆盖率 1.22%。

1024 洪德镇苗河村

简　　介：苗河村位于环县西北部，距离县城30公里，位于洪德乡西南部，东邻洪德乡河连湾村阳台组，西接洪德乡新集子村杨庄组，南接洪德乡张嵕岘村王塬组，北邻张塬村。总面积31.8平方公里，平均海拔高度1700米。全村辖4个村民小组，181户，1003人，全村现有耕地面积4560亩。

1025 甜水镇大良洼村

简　　介：大良洼村位于甜水镇东南，北靠甜水街村，东南与山城接壤，全村总土地面积75.5平方公里，耕地面积7000亩，村部位于原211国道沿线，距镇政府10公里，共辖9个村民小组，350户，1590人，地势为中间高，南北低，处于南北分水岭地段，多年平均降雨量230毫米。

1026 车道乡刘园子村

简　　介：刘园子村位于车道乡东北部，距离乡政府15公里，北与刘渠村接壤，西接元峁村，南靠王西掌、樱桃掌村，东临虎洞乡沙井子村。全村总土地面积31平方公里，耕地面积4200亩，辖4个村民小组，191户，960人，年平均气温7.2℃，年降水量430毫米，无霜期120天。主要种植小麦、玉米等农作物，经济作物以胡麻、荞麦为主，农民的主要收入来源靠种植业、养殖业和劳务收入。

1027 虎洞乡高庙湾村

简　　介：虎洞乡高庙湾村位于虎洞乡东部，东靠魏家河村，南接张湾村，西与贾驿村相毗邻，北与刘解掌村相接壤，环固公路穿境而过。总面积46.9平方公里，全村耕地面积18066亩，辖8个村民小组，393户，1695人。全村现有小学1所，师生20人，全乡适龄儿童入学率达99.7%。农家书屋1个，村卫生所1个，目前均能正常发挥作用。该村属黄土高原丘陵沟壑区，山脉纵横，岭梁交错，海拔1500−1700米。气候秋早春迟，年降水量350−400毫米。该村主要发展草畜产业、劳务经济和三产服务业，农作物以小麦、荞麦、玉米、糜谷等为主。特色经济作物胡麻、葵花、豌豆、黄花、药材等种植得到有效推广。区位优势明显，瓜菜、中药材等特色产业逐步发展壮大，杜家湾组千亩瓜菜基地已成为全乡瓜菜销售供应点之一。全村有通村砂砾路2条，农机路5条，基本实现村组道路畅通。新修水平梯田6852亩。建成集流场278处，水窖1376眼。建成氨化沼气池76处，传统能源模式得到转变。多年来，以杜家湾养羊示范小区为中心，点面结合，示范引导，形成绒山羊养殖示范户155户，建成羊棚140座，配套青贮窖180个，氨化池10个，养殖绒山羊800只。年户均出栏达到20只，养羊经济收入突破12000元，成为带动该村经济发展的支柱产业。

1028 虎洞乡金庄塬村

简　　介：虎洞乡金庄原村位于环县东北部，距离县城30公里，东与洪德接壤，西与高庙湾紧靠，南与魏家河毗邻，北与刘解掌交界。土地总面积36.1平方公里，实有耕地12401亩。辖5个村民小组，212户，994人。全村现有小学1所，师生44人，全乡适龄儿童入学率达99%。农家书屋1个，村卫生所1个，目前均能正常发挥作用。该村境属黄土高原，境内多山，丘陵、沟壑、梁峁、岭弦交错纵横，立地条件差，平均海拔1700米。风高土燥，干旱少雨，夏热冬冷，年降水量300−350毫米。该村主要发展草畜产业、劳务经济和三产服务业，农作物以小麦、荞麦、玉米、糜谷等为主。特色经济作物胡麻、葵花、豌豆、黄花、药材等种植得到有效推广。现有主干通村油路9.7公里，农机路4条，基本实现村组道路畅通，有效解决行路难的问题。现有水平梯田面积达4260亩，户均20亩。雨水集流场83处，水窖1010眼。在产业发展上，养殖产业初具规模，多年生牧草留存面积6807多亩，羊棚100多座，羊存栏5350只，户均达到25只。

1029 四合原旅游开发办公室耿河村

简　　介：耿河村位于四合原旅游开发办公室东北部，东邻陕西省定边县，西接四合原村，南靠旱流渠村，辖6个村民小组，246户，1032人。村组干部9人。该村土地面积31平方公里，耕地面积1.25万亩，年平均气温7℃，年降水量300毫米，无霜期120天。该村主要种植玉米、洋芋等农作物，经济作物以胡麻、荞麦为主，农民的主要收入来源靠地膜种粮、种草养羊和外出务工。

1030 虎洞乡张家湾村

简　　介：张家湾村位于虎洞乡东南部，东与环城紧靠，西与常兆台村交界，南与半个城接壤，北与贾驿、高庙湾毗邻，总面积35.9平方公里，实有耕地面积13175亩。辖6个村民小组，221户，总人口1060人。全村现有小学1所，师生8人，全乡适龄儿童入学率达99.7%。农家书屋1个，村卫生所1个，目前均能正常发挥作用。村境属黄土高原，残塬间布为主，沟壑和梁峁占主体，平均海拔1800米，无霜期140天。气候干燥，少雨多旱，年均降水量330毫米。全村有通村砂砾路1条，农机路5条，基本实现村组道路畅通。现有水平梯田面积达5460亩，户均24亩。雨水集流场146处，水窖770眼。在产业发展上，养殖产业初具规模，多年生牧草留存面积6770多亩，羊棚160多座，羊存栏6000只，户均达到27只。

1031 车道乡苦水掌村

简　`介：苦水掌村是乡政府所在地，北与元峁村接壤，西接双庙村，南靠吊渠村、杨掌村，东临王西掌村。全村总土地面积52平方公里，耕地面积6300亩，辖3个村民小组，296户，1333人，年平均气温7.5℃，年降水量457毫米，无霜期120天。主要种植小麦、玉米等农作物，经济作物以胡麻、葵花为主，农民的主要收入来源靠种植业和劳务收入。

1032 木钵镇井儿岔村

简　　介：村里很久以前有一口井，且通往村子有很多分岔路口，故得名井儿岔。全村划分为5个组，分别是井儿岔组、杨庄组、闫崾岘组、苏崾岘组、姚汪沟组。本村山大沟深，地形复杂，山、川、塬兼有，梁、峁、谷相间。全村的主导产业是小麦、玉米、黄豆。

1033 南湫乡双井子村

简　　介：双井子村位于南湫乡政府西南，全村共有151户，644人，有村组干部7人。有耕地2993亩，梯田1200亩，人均8亩。全村通乡主干线11公里，有标准化村部5间，配套设立了村卫生所和农家书屋。目前，全村大家畜饲养量260头，羊只存栏量4337只，基本形成了以设施养殖为龙头，地膜种粮为支柱产业的典型山村经济结构。2010年人均产粮达到750公斤，农民人均出收入2420元。村党支部多次被乡党委评为“先进基层党组织”。

1034 小南沟乡陈掌村

简　　介：陈掌村位于小南沟乡东南面，东接虎洞刘解掌村，南临虎洞贾塬村，西接许掌村，北靠李塬村，距乡政府10公里。全村共辖3个村民小组，208户，991人。

全村总面积40平方公里，其中耕地面积11688.55亩，荒山面积44173亩，可开发利用草山面积34952亩。平均海拔1860米，年均降雨量135毫米，平均气温6℃，无霜期120多天，风向多为西北风，日照条件较好，土壤以黄土结构为主，主要经济作物有胡麻、葵花、荞麦、玉米等。近年来，随着梯田、农电、道路、退耕还林等基础设施建设，使陈掌村面貌有了新的变化，陈掌村学校、卫生所等基础设施不断完善，草畜、玉米、荞麦等农业主导优势产业初具规模。

1035 天池乡四合掌村

简　　介：四合掌村坐落在天池乡东南部，北邻天池村，南靠老庄湾村，东部与庆城县蔡口集乡相连，西与潘老庄村相接。全村辖5个自然村，274户，1292余人。村组干部9名，致富能手7人，7100余亩耕地。农业生产以小麦、大豆、玉米为主。随着经济的发展，全村养殖业、地域特色产业也在悄然兴起，现发展黄花菜产业450亩左右，户均达1.5亩以上，仅这一项产业户均受益达3000元左右。荞麦、糜子等小杂粮受到市场的青睐，种粮大户马维勤年种荞麦30余亩，收入达3万多元。

1036 合道乡赵家塬村

简　　介：赵家塬村位于合道乡东部，东接辛坪村，南接陶洼子村，西北接朱家塬村，陶洞公路贯穿全境，地理位置优越，全村总面积23.2平方公里，耕地6750亩。全村由6个村民小组组成，总户数359户，总人口1610人。村庄坐落有致，街道规划整齐，交通相对便利，出行工具以摩托车和三轮车为主，村民多以地膜玉米和小杂粮种植、羊牛等牲畜养殖为主要经济来源。

1037 天池乡井渠淌村

简　　介：井渠淌村位于天池乡西南部，有农户308户，1382人，土地总面积29.2平方公里。在册耕地面积7110亩，人均4.95亩。种植多年生牧草面积1836亩，户均6亩。全村有林地面积5694亩，林木覆盖率13%。

1038 四合原旅游开发办公室四合原村

简　　介：四合原村辖8个村民小组，391户，1723人，土地面积70余平方公里，耕地面积2.1万亩。村组干部12人。年平均气温5-7℃，年降水量310毫米，无霜期120天。主要种植小麦、玉米、荞麦等农作物，经济作物以胡麻、洋芋、葵花为主，2010年农民人均纯收入2630元，村级集体经济收入10万元。

1039 车道乡樱桃掌村

简　　介：樱桃掌村位于车道乡东北部，距离乡政府20公里，北与刘园子村接壤，西接王西掌村，南靠代掌村、安掌村，东临虎洞乡沙井子村。全村总土地面积52平方公里，耕地面积7700亩，辖5个村民小组，355户，1694人，年平均气温7.3℃，年降水量422毫米，无霜期120天。主要种植小麦、玉米等农作物，经济作物以胡麻、葵花为主，农民的主要收入来源靠种植业、养殖业和劳务收入。

1040 车道乡刘渠村

简　　介：刘渠村位于车道乡北部，距离乡政府20公里，北与小南沟燕麦掌村接壤，西接毛井乡马趟村，南靠刘园子村，东临虎洞乡沙井子村。全村总土地面积31平方公里，耕地面积4300亩，辖4个村民小组，

177 户，873 人。年平均气温 7.2℃，年降水量 430 毫米，无霜期 120 天。主要种植小麦、玉米等农作物，经济作物以胡麻、荞麦为主，农民的主要收入来源靠种植业、养殖业和劳务收入。

1041 洪德镇新集子村

简　　介：新集子村是秦团庄乡政府所在村，村部设在秦团庄街道南头，全村共有 5 个村民小组，260 户，1165 人，是我乡商品贸易、文化、交通较发达的村。该村植被丰富，以农牧业为主导产业，农民以种植玉米、洋芋和小杂粮为主，目前有养羊专业合作社 6 个，全村养羊 6400 只，养羊收入占全村经济收入 60% 以上。近年来，随着交通条件不断改善，石油资源开发，新集子村正在迎来辉煌的时代。

1042 木钵镇坪子塬村

简　　介：村里有个塬，形状像一个瓶子，故称坪子（瓶子）塬。

1043 李上山村

简　　介：李上山村位于小南沟乡北部，东接罗山川乡蓝掌村，南邻汪天子村，北靠南湫乡岳后渠村，西与粉子山村、滩羊场接壤，村部所在地距离乡政府 17 公里。全村共辖 7 个村民小组，227 户，1068 人，总土地面积 52.2 平方公里，其中耕地面积为 18165.41 亩，荒山面积 58730 亩，可开发利用草山面积 45733 亩，村内教育、医疗设施齐全，村部阵地、商贸流通场所建设效果明显，为村民的生产生活提供了极大的方便。李上山村属于典型的半农半牧区，境内平均海拔 1910 米，土壤结构为黄土层，丘陵、沟壑、梁峁、岭弦纵横交错，地广人稀，草场资源丰富。

1044 合道乡寨子坪村

简　　介：相传很久很久以前，有位勇士被生活所迫，出门做生意，生意越做越大，后来为了所雇用的伙计能与家人时刻团圆，就把他们全部接来安置在一起生活，希望他们在这个寨子里平平安安的生活，所以取名“寨子平”后人则说为“寨子坪”。耕地面积 13960 亩，年降水量 200 毫米。

1045 耿湾乡许家掌村

简　　介：许家掌村位于耿湾乡西南部，东靠四合塬乡，南接洪德乡，西临万湾村，北连潘掌村。全村总土地面积 45.6 平方公里，耕地面积 17260 亩，人均约 10.8 亩，全村辖 8 个村民小组，340 户，1621 人，村组干部 8 名。年平均气温 6.8℃，年降水量 400 毫米，无霜期 122 天，村内沟壑纵横，属典型的丘陵沟壑区，主要农作物为洋芋、荞麦、小麦，经济作物以胡麻、葵花为主，农民主要收入为种植业、养殖业和外出务工。

1046 八珠乡塔尔咀村

简　　介：塔尔咀村面积 52.4 平方公里，耕地 7520 亩。辖 8 个村民小组，366 户，1535 人。全村通电农户 366 户，通车 259 户。该村石油资源丰富，有油井 50 多口，年产原油 3.3 万吨。通村砂砾路 37 公里，组组通大车，户户通小车，摩托车、农用车。多年生牧草 12000 多亩，2013 年农民人均纯收入 4208 元。土地、劳动力资源丰富，适宜种植小杂粮，发展畜牧业，农村剩余劳动力丰富，适宜发展劳务产业，地表水层浅，适合种植设施农业。

1047 天池乡大方山村

简　　介：大方山村位于天池乡最南端，东接庆城县太白梁乡柳树庄村，西临曹李川村，南与镇原县方山乡曹湾村毗邻，北靠喜家坪村。因明代闯王李自成招兵买马的大荒山演变而得名大方山，历史悠久，文化遗产丰富。距乡政府40公里，全村辖高楼咀、寇家湾、山庄洼三个村民小组，158户，732人，占地面积18.3平方公里，耕地面积4460亩，现有水平梯田3790亩，人均4.5亩以上，土地资源相对充足，地形地貌比较复杂，沟壑纵横，形成了一山四岭的桌形格局，高源风貌及为独特，于2002年植树造林建立的国营大方山林场外到后来的退耕还林还草等重点生态工程，环境宜人，空气新鲜，温度宜人，有天池小江南之美称。

1048 洪德镇马塬村

简　　介：马塬村位于洪德乡东部，耿湾乡北部，陕、甘、宁三省交界处，共辖5个村民小组，178户，936人，距离县城35公里。北邻四合塬乡桃树掌村，南邻环城镇赵小掌村，西邻洪德乡丁阳渠子村，东靠耿湾乡许掌村，村内自然条件较差，梁卯起伏，沟壑纵横，道路曲折。全村耕地面积4150亩，其中梯田面积1560亩。

1049 合道乡沈家岭村

简　　介：总土地面积43.6平方公里，属温带大陆半干旱山区，平均海拔1263米，全村共有耕地面积7890亩，人均6亩，其中梯条田地4890亩，人均3.7亩。当地农民经济收入以种植、养殖、务工为主。

1050 环城镇白草塬村

简　　介：白草塬村位于环县县城西南部，地势西高东低，沟壑相连，年降水量300毫米左右，距县城5公里，总面积18.9平方公里，耕地面积3300亩，退耕还林面积1826亩，有3个村民小组，237户，1130人。现有梯田3000亩，人饮工程214处，通电入户率100%，耕作以机械为主，出行交通以摩托车为主。农民主要收入来源有种养业和劳务输出，农作物种植以小麦、玉米、高粱为主，种植面积达2100亩，经济作物以瓜果、蔬菜为主，种植面积1100亩，亩收入220元。2010年建世强专业养殖合作社1处，养畜棚圈150座，大家畜350头，羊存栏5000只。2013年农民人均纯收入4559元。

1051 八珠乡八珠塬村

简　　介：八珠塬村位于八珠塬乡政府驻地，土地面积23.1平方公里，耕地面积5858亩，辖4个村民小组，375户，1648口农业人口。该村主要种植玉米、洋芋等农作物，经济作物以胡麻、豆类为主，农民收入来源靠草畜、洋芋、玉米、劳务、黄酒和第二、三产业。土地、劳动力资源丰富，适宜发展畜牧业，农村剩余劳动力丰富，适宜发展劳务产业。

1052 樊家川乡马骏滩村

简　　介：马骏滩村位于樊家川乡北部，全村共辖5个村民小组，144户，667人，总土地面积22.6平方公里，耕地面积2750亩，人均9.7亩，现存多年生牧草1200亩。全村以种植地膜玉米、设施圈养及剩余劳动力外出务工为主导产业。

1053 洪德镇寇河村

简　　介：寇河村位于环县北部，距离县城15公里。全村土地面积35.8平方公里，平均海拔高度1700米，村内沟壑纵横，土质瘠薄，气候干旱，少雨多灾，交通不便，耕作条件差。共辖6个村民小组，237户，1247人，全村现有耕地面积5800亩。

1054 环城镇城东塬村

简　　介：城东塬村位于环县县城以东3公里处，地势北高南低，山塬兼有，油气资源丰富。总面积26.9平方公里，耕地面积4900多亩。辖7个村民小组，302户，1506人，村上建设有卫生所、农家书屋、村活动中心等场所12间210多平方米。有村级小学1座，集雨场窖500多处，完成户户通项目建设。全村农民靠养殖业、种植业，外出打工为主要收入，2013年人均纯收入4500多元。全村养羊4000多只，牛200多头。土地资源丰富，适宜种植小杂粮，发展养殖业。

1055 四合原旅游开发办公室旱流渠村

简　　介：旱流渠村位于耿湾乡旱流渠组，土地面积25平方公里，耕地面积0.69亩，年平均气温7℃，年降水量300毫米，无霜期120天。辖4个村民小组，118户，536口农业人口。有村组干部7人。该村主要种植玉米、洋芋等农作物，经济作物以胡麻、豆类为主，农民的主要收入来源靠地膜种粮、种草养羊和外出务工。

1056 山城乡赵庄村

简　　介：赵庄村是山城乡北大门，距乡政府9公里，新国道211线横穿全村，东靠冯家沟村，南接山城堡村冯岔沟组，西邻山城堡村丰台组，北连甜水镇。全村总土地面积38.6平方公里，耕地面积7270亩，辖4个村民小组，176户，747人，人均10亩。主要农作物为洋芋、荞麦、小麦，经济作物以胡麻、葵花为主，农民主要收入为种植业和外出务工。近年来，村两委始终坚持一手抓经济，一手抓党建，以抓党建促经济发展。三年来共实施梯田建设3256亩，种植紫花苜蓿2200亩，修建村组道路55公里，完成人饮场窖128处，青贮窖340方，沼气池100座，调引良种绒山羊245只，建成标准化养羊棚圈20处，新建集能源建设、农业开发及“三砖一平”旧庄改造为一体的综合农业示范点1处12户。另外，村党支部鼓励党员带头创业，帮扶党员大力发展畜牧养殖业，年均创收50万元。

1057 罗山川乡龙柏山村

简　　介：龙柏山村位于环县西北部，全村流域面积104.5平方公里，耕地面积14566亩；梯田面积4345亩，人均3.3亩。犁地条件差，境内沟壑纵横，梁峁起伏，土壤以轻质黄绵土为主，无霜期短，日照充足，年均降雨量250毫米，无霜期110天。龙柏山村下辖8个村民小组，共有农业人口314户，1343人。

1058 环城镇杨庙掌村

简　　介：杨庙掌村位于环县县城西南部，距县城30公里，地势东南高西北低，沟壑相连，年降雨量350毫米。总面积57.6平方公里，耕地面积7537亩，退耕还林面积664亩。辖10个村民小组，320户，1523人，现有村小学2处，在校学生90多名。2009年建成集农家书屋、计生、卫生所为一体活动场所8间共120平方米，藏书10000册。2006年以来，全村水、电、路、田等基础条件得到综合治理，修梯田4000多亩，村组道路30公里，建人饮场窖185处，养畜暖棚180座，购置铡草机80台，调引良种绒山羊720只。农民的主要收入来源靠种植、养殖，外出务工等方面。2013年农民人均纯收入4477元。

1059 曲子镇油坊塬村

简　　介：油房塬村位于曲子镇东南部，距镇政府25公里，东邻金盆掌村，西接许家塬村，南与金村寺村接壤，北与小庄子村毗邻，全村辖4个村民小组，地形山塬依偎，沟壑纵横，地势东北高，西南低，年降雨量480毫米。

1060 山城乡薛塬村

简　　介：薛塬村位于乡政府西南，距乡政府9公里，东靠八里铺村，南接洪德乡，西临谢庄村，北连郝掌村。全村总土地面积46.5平方公里，耕地面积11615亩，辖6个村民小组，243户，1078人。村组干部9名。该村是我乡惟一塬区村，也是第一个通班车的村，立地条件较好，农作物以洋芋、荞麦为主，农民的主要经济收入来源为种植洋芋和外出务工，2009年全村洋芋产值突破200万元，户均达到1万元。该村是我乡最早一个脱贫的小康村，2005年该村赵塬组党员张俊贵种植洋芋52亩，实现创收3万元，被国务院表彰命名为“全国种粮大户”。村党支部抓住这一有利条件，动员群众大力发展洋芋产业，并组建了以支部书记为会长、部分党员群众参与的洋芋协会，新建储存量500吨的中型洋芋库1座，小型简易储存库窖（窑）5处，采取“支部+销售企业+农户”的经营模式，从事洋芋种植、收购、销售。近四年，洋芋产业为全村农民人均年增收1500元，为村上增加集体经济收入5万元，成为该村的支柱产业。三年来，全村共新建通砂砾路9公里，新修村组道路62公里，新修梯田2230亩，完成人饮场窖185处，青贮窖680方，调引良种羊278只，建成养羊暖棚40处，舍饲圈养示范小区1处，新农村示范点1处40户。

1061 合道乡辛坪村

简　　介：辛坪村位于合道乡东北部，全村总面积67.5平方公里，共辖7个村民小组，346户，1468人，北与环城镇杨庙掌村接壤，南与合道乡陶洼子村相毗邻，西北接杨坪沟村，西南接赵塬村，东与陈旗塬村相接壤。南北走向15公里，距合道乡政府22公里。地貌以山塬为主，属半干旱地带，年降水量稀少。全村耕地面积8800亩，主要种植冬小麦、玉米、胡麻、菜籽等农作物，村民主要经济收入以种田为主，外出务工为副。全村基础设施有了很大的改观，与2010年先后建了村卫生所、农家书屋等。辛坪村王峁峁至环县班车的开通，为辛坪人们出行交通带来了极大的方便。全村有两所村小学，有教职工6人，学生98人。辛坪地下矿藏资源丰富，辛坪有旅游景点1处，地处辛坪村李山组王峁峁，她就是娘娘庙，相传兴建于清朝末年，娘娘庙先后接待了日本、台湾等地游客和朝拜者的参观和祭拜。辛坪村村庄坐落零乱，村民大多数居住在塬、山腰地段。全村实施了村推进项目，村民的良田面积得到了平整，村道路得到了平整和拓宽。实现了坐在炕上打电话的梦想，生活水平得到了极大的改善和提高。

1062 山城乡山城堡村

简　　介：山城堡村是乡政府驻地村，也是著名的山城战役遗址所在地，东靠寨柯村，南接八里铺村，西临郝掌村，北连赵庄村。全村总土地面积53.8平方公里，耕地面积9480亩，人均约8亩，辖8个村民小组，259户，1240人。村组干部12名。农作物种植以洋芋、荞麦、葵花为主。境内气候干旱高寒，地形破碎，梁峁纵横，90%土地为山坡洼地，且沙化严重，土壤肥力稀薄。农民的主要经济收入靠种植业和外出务工。面对严酷的自然环境，近年来村两委坚持一手抓经济，一手抓党建，以项目争取来带动村域经济发展，实现了抓党建促发展的双赢局面。依托村级组织活动场所建设项目，建成砖混结构平板房12间240平方米（村卫生所3间）。设立了村两委办公室、党员活动室、图书阅览室、文化活动室，开通了电信模式现代党员干部远程教育终端接收点，村级活动场所的综合作用得到了较好的发挥。依托扶贫整村推进项目，修建村组道路45公里，新修梯田2780亩，调引良种羊278只，建成养羊暖棚80处，完成人饮场窖185处，青贮窖240方，沼气池40座，新建新农村示范点1处10户。

1063 洪德镇赵洼村

简　　介：赵洼村位于洪德乡北部，北与山城乡接壤，南邻洪德村，西连张塬村，东与耿湾相毗邻，土地总面积35.2平方公里，耕地面积8740亩。共辖5个村民小组，358户，1931人。距离县城28公里，交通便利。现有梯田面积4200亩，粮食作物以冬小麦为主，区域优势产业以玉米、小麦、黄豆、小杂粮为主。

1064 演武乡走马俭村

简　　介：走马硷村位于演武乡东南端14公里处，东接路家塬村，南靠天池乡，西邻镇原县三岔镇，北与吴家塬村接壤，土地面积38.64平方公里，耕地面积8020亩，地势辽阔平坦，古称跪子硷，相传明末李自成从该处走马进京，因此而得名，年降水量420毫米，无霜期140天左右。辖8个组，344户，1959人。村组干部12名。作物主要有冬小麦、玉米、豆类、小杂粮、油料作物，以畜牧业、林业为辅。

1065 木钵镇二合塬

简　　介：二合原村位于木钵镇西南部8公里处，土地面积21平方公里，耕地面积3500亩。2009年新建村部1处，占地2亩，新建安架房5间110平方米，内设党员活动室、文化书屋、婚育室等，并依托小学开通了远程教育接收站点，村“两委”牢固树立“抓党建、促发展”理念，坚持为村民干好事、办实事，注重发挥支部的核心作用，着力提高村党支部的凝聚力、战斗力和创造力，有力地促进了全村经济和社会各项事业快速健康协调发展。有村组道路36公里，大车通组，小车通户。完成人畜饮水工程160处，梯田占全村耕地面积的45%。

1066 南湫乡代家洼村

简　　介：代家洼村位于南湫乡西北部，有农户299户，1437人。全村现有耕地5685亩，人均4亩以上。农民经济收入主要来源于种植业和草畜产业，种植业以洋芋、荞麦、豌豆、油料为主。目前全村多年生牧草存留面积3000多亩。新修村组公路8.5公里，实现了组组通车。截止2010年底，全村羊只存栏5700只，农民人均纯收入2563元。村党支部先后多次被乡党委评为“先进基层党组织”、“先进集体”等荣誉称号。

1067 虎洞乡张大掌村

简　　介：张大掌村位于虎洞乡东北部，东与车道地界相接壤，南接常兆台村交界，西与贾驿相毗邻，北紧靠车道乡安掌村。总面积28.7平方公里，实有耕地面积8591亩，全村共有4个村民小组，159户，672人。全村现有小学1所，师生9人，全乡适龄儿童入学率达99%。农家书屋1个，村卫生所1个，目前均能正常发挥作用。村境属黄土高塬丘陵沟壑区，山脉纵横，岭梁交错，平均海拔高度1860米，无霜期140天。年均降雨量330毫米。该村主要发展草畜产业、劳务经济和地膜种粮，农作物以小麦、荞麦、玉米、糜谷等为主，特色经济作物胡麻、葵花、豌豆等种植得到有效推广。该村水平梯田面积达 3630 亩，户均 22.4 亩。雨水集流场 115 处，水窖 713 眼。在产业发展上，养殖产业初具规模，多年生牧草留存面积 1850 多亩，羊棚 60 多座，羊存栏 5050 只，户均达到 34 只。

1068 虎洞乡砂井子村

简　　介：砂井子村位于虎洞乡政府西北 11 公里处，东与贾驿村相接，西与刘园子毗邻，南与张大掌紧靠，北与小南沟接壤 总面积 63.1 平方公里，耕地面积 20256 亩。辖 7 个村民小组，374 户，总人口 1692 人。全村现有小学 1 所，师生 11 人，全乡适龄儿童入学率达 99%。农家书屋 1 个，村卫生所 1 个，目前均能正常发挥作用。该村境属黄土高原，地形以丘陵沟壑区为主，年平均气温 7.5℃。年均降水量 425.4 毫米，无霜期 120 天。该村粮食作物以冬小麦、糜子、荞麦、玉米为主，经济作物有葵花、胡麻、豆类、薯类、药材等。仅 2010 年，该村完成地膜种粮面积 5600 亩，建成示范点 1 个，为全乡发展旱作农业提供了样板，树立了榜样。全村有通村砂砾路 2 条，农机路 6 条，基本实现村组道路畅通。建成了沿川 220 户绒山羊养殖示范户，并以此为中心，带动周边群众发展舍饲养羊。目前，全村累计建成羊棚 140 座，配套青贮窖 220 个，氨化池 13 个，养殖绒山羊 220 只，成为带动该村经济发展的支柱产业。

1069 天池乡曹李川村

简　　介：曹李川村位于天池乡东南部，东接喜家坪村，南接大方山村及镇原边缘地带，西接吴城子村，北临老庄湾村，本村辖 7 个村民小组，现有农户 303 户，村民 1385 人，全村拥有耕地 6800 亩，人均 4 亩以上。

1070 罗山川乡山水湾村

简　　介：山水湾村位于罗山川乡西南部，辖辛掌、刘泉、山水湾 3 个村民小组，现有农业人口 119 户，568 人。现有在册耕地 2480 亩，实有耕地 4330 亩，梯田 1674 亩，仅占到总耕地面积的 38.7%。

1071 耿湾乡张台村

简　　介：张台村位于耿湾乡中部，为乡政府驻地，东接潘掌村，南邻万湾村，西靠郝东掌村，北连黑城岔村，洪大公路贯穿全境，交通便利。全村共辖 8 个村民小组，312 户，1382 人，村干部 3 名，组干部 8 名。全村土地面积 37.4 平方公里，耕地 11080 亩。区内山川塬地兼有，冬春干旱多风，降雨集中在夏秋两季，年降雨量 400 毫米。主要种植小麦、玉米、荞麦等农作物，经济作物以胡麻、黄豆、葵花为主，农民的主要收入来源靠种植业、养殖业和劳务收入。

1072 木钵镇周湾村

简　　介：共辖周湾、姚南湾、白家塬、吴家塬 4 个村民小组，大多村民依山而居住，南北长、东西宽，整个地形环江而成弧形，且 40% 村民为周姓，故而得名周湾村。周湾村位于木钵镇西南部，距木钵镇 1.5 公里，辖 4 个村民小组，227 户，1060 人。全村贫困人口 101 户，447 人，占总人口 42%。全村总面积 13.1 平方公里，实有耕地面积 2795 亩，人均耕地 2.64 亩，其中可灌溉面积 800 亩，梯条田和川塬地 1760 亩。年平均气温 9.2℃，年均降水量 400 毫米，无霜期 130 天。主要种植小麦、豆类、洋芋等农作物，经济作物以玉米、瓜果为主。全村 4 个村民小组均已通电，川区通砂砾路，塬区通组车路均已修通。

1073 车道乡王西掌村

简　　介：王西掌村位于车道乡中东部，距离乡政府15公里，北与刘园子村接壤，西接元峁村、苦水掌村，南靠代掌村，东临樱桃掌村。全村总土地面积52平方公里，耕地面积7500亩，辖5个村民小组，336户，1604人，年平均气温7.6℃，年降水量440.5毫米，无霜期120天。主要种植小麦、玉米等农作物，经济作物以葵花、荞麦为主，农民的主要收入来源靠种植业、养殖业和劳务收入。

1074 八珠乡曹塬村

简　　介：曹塬村面积29.6平方公里，耕地4210亩。辖6个村民小组，282户，1285人。土地、劳动力资源丰富，适宜种植小杂粮，发展畜牧业，农村剩余劳动力丰富，适宜发展劳务产业，地势高，适合种植设施农业。全村通电农户282户，通车100户，有养羊专业合作社1处。全村退耕还林及多年生牧草留存面积达5645亩，牛羊饲养量达4600只（头）。农民人均纯收入4365元左右。

1075 四合原旅游开发办公室桃树掌村

简　　介：桃树掌村位于四合原旅游开发办公室西南部26公里处，土地面积35平方公里，耕地面积0.76万亩。年平均气温7℃，年降水量300毫米，无霜期120天。辖4个村民小组，156户，708人。

1076 南湫乡党家洼村

简　　介：党家洼村位于南湫乡西南部，距乡政府10公里，全村共有236户，1122人。党家洼村土地资源丰富，有耕地4709亩，水平梯田1500亩，年均种植紫花苜蓿3000多亩，有羊暖棚30多处，设施养羊6000多只，年出栏量10200多只，每年劳务输出200多人次，培养各类技工50多名，形成了以种草养畜、地膜种粮为主，以种植葵花、荞麦等特色农作物为辅，以劳务输出为支撑的农村经济结构。全村年经济收入达到410万元，2010年农民人均出收入2610元。2008年、2010年村党支部先后两次被县委评为“先进基层党组织”。

1077 虎洞乡贾驿村

简　　介：贾驿村是虎洞乡政府所在地，北与小南沟陈掌村相接，南邻常兆台村，东与高庙湾村相依靠，西与砂井子村相毗邻，环固公路越境而过，总面积50.2平方公里，实有耕地面积17680亩，辖10个村民小组，433户，2006人。全村现有小学1所，师生840人，全村适龄儿童入学率达99.7%。农家书屋1个，村卫生所1个，目前均能正常发挥作用。该村境属黄土高原丘陵沟壑区，残塬间布为主，气候秋早春迟，风高土燥，干旱少雨，夏热冬冷，年均气温6.7-9.2℃，无霜期120-150天，年降水量350-400毫米。主要发展草畜产业、劳务经济和三产服务业，农作物以小麦、荞麦、玉米、糜谷等为主。特色经济作物胡麻、葵花、豌豆、黄花等种植得到有效推广。村有通村砂砾路2条，农机路6条，基本实现了村组道路畅通，民居条件得到极大改善。全面实施了人饮工程项目，建成集流场346处，水泥窖738眼，人畜饮水问题得到全面解决，全村多年生牧草留存面积达到9466亩，大家畜存栏795头，羊存栏3950只，建成养殖示范户220户。

1078 演武乡杨家洼村

简　　介：杨家洼村位于演武乡西端8公里处，东靠曳郭咀村，北接佛岔村，南邻镇原三岔镇，西与镇原县殷家城乡接壤，土地面积18.6平方公里，耕地面积5794亩。本村地处三岔路口，以洞子渠崾岘为代表，杨三公路贯穿而过，并建有新村部1处，文化广场1处，为本村的文化交流中心，并多次举办农民运动会，辖6个村民小组，285户，1358人，作物主要有冬小麦、玉米、豆类、小杂粮、油料作物，以畜牧业、林业为辅

1079 毛井乡施家滩村

简　介：施家滩村位于毛井乡正北面，全村总面积73平方公里，有6个村民小组，总农户数271户，总人口1367人，劳动力960人。林地及荒山面积69480.4亩，公益林190亩，成林面积1950亩，林地覆盖率1.8%。

1080 洪德镇李塬村

简　介：李塬村位于洪德镇西南部，村内塬面开阔，土地面积大。东邻肖关村，南与虎洞乡接壤，西邻大户塬村，北接张崾岘村，距县城25公里，交通便利。全村共辖6个村民小组，326户，1605人。全村总土地面积33.4平方公里，耕地面积7720亩，其中梯田面积2510亩。

1081 小南沟乡粉子山村

简　介：粉子山村位于小南沟乡西北部，北接李上山村，南临天子渠村，西靠燕麦掌村，东与小南沟村接壤。全村辖9个村民小组，263户，1180人，其中劳动力536人。全村总土地面积58.8平方公里，现有耕地面积22590.27亩，荒山面积66398亩，其中可开发利用草山面积50046亩，平均海拔高度1925米，村内梁峁起伏，沟壑纵横，气候干旱，全年无霜期130多天，年均降雨量270毫米左右。

1082 车道乡代掌村

简　介：代掌村位于车道乡中东部，距离乡政府25公里，北与王西掌村接壤，西接杨掌村，南靠万安村，东临安掌村。全村总土地面积39平方公里，耕地面积4300亩，辖5个村民小组，205户，1010人，年平均气温7.2℃，年降水量430毫米，无霜期120天。主要种植小麦、玉米等农作物，经济作物以胡麻、葵花为主，农民的主要收入来源靠种植业、养殖业和劳务收入。

1083 曲子镇金村寺村

简　介：金村寺村位于曲子镇东南20公里，东邻华池县，南邻庆城县，西邻曲子镇许家塬村，北邻曲子镇油坊塬村，辖区为山、川、塬兼有，属温带半干旱气候，年平均气温9.2摄氏度，极高温度37.5摄氏度，极低温度−23.2摄氏度，冬冷而无严寒，夏热而无酷暑，辖区内有油井23口，年产油量33吨，输油管线长度18320米，水井4口。农民收入以种植业、养殖业和外出务工为主，主要农作物有小麦、玉米、油菜、豆类。

1084 虎洞乡刘解掌村

简　介：刘解掌村位于虎洞乡西南部，东接高庙湾村，南接金庄原村，西与洪德相毗邻，北与高庙湾村相接壤，总面积44.7平方公里，实有耕地面积15492亩。辖6个村民小组，271户，1258人。该村境属黄土高原丘陵沟壑区，残塬间布为主，沟壑和梁峁占主体，平均海拔1780米。气候干燥，少雨多旱，年均降水量330毫米。该村主要发展草畜产业、劳务经济和地膜种粮，农作物以小麦、荞麦、玉米、糜谷等为主。特色经济作物胡麻、葵花、豌豆、黄花、药材等种植得到有效推广。多年来，该村坚持推广全膜双垄沟播技术，仅2010年，该村完成地膜

种粮面积10000亩，建成示范点2个，为全乡发展旱作农业提供了样板，树立了榜样。2011年打造全乡千亩荞麦示范点1个。全村有通村砂砾路1条，农机路4条，基本实现村组道路畅通。现有水平梯田面积7340亩，户均27亩。雨水集流场180处，水窖1102眼。在产业发展上，养殖产业初具规模，多年生牧草留存面积8429多亩，羊棚130多座，年末羊存栏4300只，户均达到16只。

1085 芦家湾乡小堡条村

简　　介：小堡条村位于芦家湾乡政府东南25公里处，东与车道乡红台村交界，西南与彭阳县接壤，北与盘龙村相连，总面积22.8平方公里，耕地面积9304亩，共有4个村民小组，200户，839口农业人口。土地、劳动力资源丰富，适宜种植小杂粮，发展畜牧业，农村剩余劳动力丰富，适宜发展劳务产业，地表水层浅，适合种植设施农业。

1086 八珠乡杏树沟村

简　　介：总面积37.5平方公里，耕地4658亩，辖7个村民小组，273户，1205人。全村通电农户273户，通车201户。新修通村砂砾路13.35公里，新修梯田3600多亩，完成苦水淡化工程1处，累计退耕还林及多年生牧草留存面积达9000多亩，饲养羊只3500多只，大家畜700多头。2013年农民人均纯收入4254元。土地、劳动力资源丰富，适宜种植小杂粮，发展畜牧业，农村剩余劳动力丰富，适宜发展劳务产业，地表水层浅，适合种植设施农业。

1087 合道乡赵台村

简　　介：赵台村位于合道乡西北部，自古赵家姓人口居多，故得名赵台，后由于搬迁落户等原因，逐渐形成以白、李、赵、胡、张五大姓为主的杂姓格局。赵台村总面积达37.56平方公里，耕地面积7330亩，共8个村民小组，321户，1501人。自然条件比较艰苦，主要生产小麦、荞麦、小杂粮。该村现在实施种草养羊产业，利用丰富的剩余劳动力大力发展设施农业，科学化种植小杂粮，加大紫花苜蓿的种植面积，扩大羊只养殖规模，从而推动全村经济、社会、生态和党的建设全面发展。

1088 芦家湾乡大堡条村

简　　介：大堡条村位于芦家湾乡政府东南18公里处，东邻王庄村，西接宁夏彭阳县，南于盘龙村接壤，北与桃李湾村毗邻，地形以沟壑为主，宋小公路穿境而过。共辖4个村民小组，273户，1090口农业人口。总土地面积26平方公里，在册耕地面积9467亩，土地、劳动力资源丰富，适宜种植小杂粮，发展畜牧业，农村剩余劳动力丰富，适宜发展劳务产业，地表水层浅，适合种植业。

1089 芦家湾乡井川村

简　　介：井川村位于芦家湾乡政府西北部3公里处，东临毛井乡，西接庙儿掌村，南与宋家掌村分界，北靠宁夏固原，总面积18.6平方公里，耕地面积6577.2亩，共有5个村民小组，162户，797口农业人口。土地、劳动力资源丰富，适宜种植小杂粮，发展畜牧业，农村剩余劳动力丰富，适宜发展劳务产业，地表水层浅，适合种植设施农业。

1090 木钵镇郭西掌村

简　　介：郭西掌村位于木钵镇西南部，距镇大约15公里，村部在许家掌组，主干道全部为土路，山高坡陡，沟壑纵横，郭西掌村共辖5个村民小组，拥有劳动力620人，外出务工人员282人，耕地面积5770亩，地形复杂，山、台、塬兼有。年均降水量400毫米，无霜期100天。全村农民收入以小麦、玉米等农作物为主。

1091 天池乡殷屈河村

简　　介：天池乡殷屈河村位于天池乡西北部，距乡政府15公里，东与梁河村相连，南与天池村相交，西与苏北岔村接壤，北与合道乡陶洼子村相邻。地形狭长，东西宽约8公里，南北长约26公里。全村共辖6个村民小组，350户，1573人，村组干部10人，土地总面积33.13平方公里，现有耕地面积3917亩，退耕还林面积547亩，机平地面积3134亩，人均机平地达2亩以上，大家畜720头，养羊2400余只，村人均收入达1400多元。主要农作物有冬小麦、玉米、黄豆、胡麻等，是天池乡有名的文明村，曾连续三年获得“精神文明”综合优秀奖，2009年获得“文明先进村”等荣誉称号。

1092 罗山川乡西阳洼村

简　　介：西阳洼村位于环县西北部，全村土地总面积40.1平方公里，平均海拔高度1700米，村内沟壑纵横，无霜期140天，年均降雨量330毫米。西阳洼村辖4个村民小组，146户，703人。全村现有耕地3150亩，其中梯田面积为1935亩，占61.4%。全村现有果园274亩。

1093 小南沟乡李塬村

简　　介：李塬村位于小南沟乡东部，距乡政府20公里，属半农半牧区，东接洪德乡私盐路村，西连汪天子村，南临虎洞乡刘解掌村，北与罗山乡蓝家掌村接壤。村内梁、峁、塬、坡纵横，湾、掌、岭、沟交错。全村共辖6个村民小组，195户，890人，其中劳动力458人。全村土地面积宽广，草场资源丰富，总土地面积45.6平方公里，耕地面积13703.78亩，现有荒山51939亩，其中可开发利用草山面积39104亩。平均海拔高度1860米，无霜期130多天，年均降雨量270毫米。近年来，在上级部门的正确领导下，我村干部带领广大群众，抢抓西部大开发机遇，在基础设施建设上下功夫，在产业结构调整上做文章，使全村梯田、道路、人畜饮水及群众生产生活水平都得到了极大改善。

1094 樊家川乡李嵝岘村

简　　介：李嵝岘村位于樊家川乡北部21公里处，全村以种植小麦、荞麦、玉米、糜谷等农作物为主，经济作物以胡麻、豆类为主。

1095 合道乡梁坪村

简　　介：梁坪村位于合道乡西南部，总土地面积27.8平方公里，属温带大陆半干旱山区，平均海拔1263米。全村共有耕地面积5500亩，其中梯条田地2100亩，当地农民经济收入以种植、养殖、个体经营和务工为主。

1096 秦团庄乡新峁村

简　　介：新峁村位于秦团庄乡政府西南方向，呈狭长南北走向，村部建在孙甘掌组距乡政府5公里，新峁村从秦团庄乡政府成立以来命名为“新峁”，在此之前，以庄基地取名为“老庄峁”，现名在“峁”的基础更改为“新峁”。

1097 车道乡魏洼村

简　　介：魏洼村位于车道乡南部，北与万安村接壤，西接杨掌村，南靠镇原县殷家城乡，东临陈掌村。全村总土地面积54平方公里，耕地面积6700亩，辖6个村民小组，

321户，1611人，年平均气温8.5℃，年降水量475毫米，无霜期110天。主要种植小麦、玉米等农作物，经济作物以胡麻、黄豆、葵花为主，农民的主要收入来源靠种植业、养殖业和劳务收入。

1098 演武乡黄家山村

简　　介：黄家山村位于演武乡西北部8公里处，东与合道乡接壤，西邻佛岔村，南靠曳郭咀村，北接刘坪村，土地面积28.59平方公里，耕地面积9154.3亩。本村地势开阔，较为平坦，气候干燥。年降水量420毫米，无霜期140天左右。作物主要有冬小麦、玉米、豆类、小杂粮、油料作物，以畜牧业、林业为辅。全村辖5个组，245户，1068人。村级服务站1处，村级小学1座，配有卫生所，有村组干部8名。

1099 曲子镇高李湾村

简　　介：高李湾村位于曲子镇西北方向10公里处，东接刘旗村，南接西沟村，西接楼房子村，北接木钵镇，高李湾村现有6个村民小组，户数393户，1689人，2013年人均纯收入达到4621元，土地面积47.7平方公里，耕地5672亩，人均耕地3.4亩。在很久以前这里住的全是高氏家族的人，这个家族的人都将这里称为有名的“高老庄”，随着后来北大荒的流民越来越多，人们来到这里开辟新的土地，慢慢的姓李的人变多了，就这样也同高氏家族结亲嫁女，慢慢的大家就因高和李命名为高李湾生产大队，随着社会的发展，离这相近的几个小生产队对归到一起，被誉为“高李湾村”。村两委坚持以市场为导向突出特色，主抓草畜、设施农业、劳务经济三大产业，经济作物以黄花菜、油菜、胡麻为主。

1100 车道乡元峁村

简　　介：元峁村位于车道乡北部，距离乡政府8公里，北与刘渠村、毛井乡马趟村接壤，西接双庙村，南靠苦水掌村，东临刘园子村、王西掌村，环固公路穿境而过。全村总土地面积55平方公里，耕地面积6300亩，辖4个村民小组，311户，1547人。

1101 八珠乡马莲掌村

简　　介：马莲掌村总面积42.7平方公里，耕地5460亩。辖6个村民小组，290户，1238人。全村通电农户290户，通车115户，通电视273户，通电话230户，通村砂砾路22公里，人饮安全项目工程224处，累计修建梯田4235亩，户均梯田面积达14.8亩。退耕还林、多年生牧草及“天保工程”留存面积近15000亩。2013年农民人均纯收入4215元。土地、劳动力资源丰富，适宜种植小杂粮，发展畜牧业，农村剩余劳动力丰富，适宜发展劳务产业，地表水层浅，适合种植设施农业。

1102 四合原旅游开发办公室韩老庄村

简　　介：韩老庄村位于四合原旅游开发办公室南部，土地面积25.4平方公里，耕地面积0.7万亩。年平均气温6℃，年降水量300毫米，无霜期120天。该村主要种植小麦、玉米、荞麦等农作物，经济作物以胡麻、洋芋、葵花为主。在产业开发上，做大做强“草畜、洋芋、小杂粮”三大特色主导产业，牧草留存面积3630亩，羊棚60处，养殖绒山羊1260只，有示范点65户，年种植洋芋1500亩，小杂粮1400亩。辖4个村民小组，125户660人。

1103 天池乡喜家坪村

简　　介：喜家坪村位于环县天池乡南部，距离政府25公里。全村地貌以山地为主，沟壑和梁峁占主体，土地总面积15平方公里。耕地面积4310亩，全村共辖3个村民小组，130户，总人口630人。村组干部6人，距县城86公里。

1104 山城乡寨柯村

简　　介：寨柯村位于山城乡东南部，北接冯家沟村，南连秦团庄新峁村，西靠王山口子村，东临秦团庄乡。距乡政府35公里，该村总土地面积49.2平方公里，现辖7个村民小组，199户，996人，耕地面积7860亩，人均约8亩。村组干部10人。2010年农民人均纯收入2715元。该村由于临近秦团庄乡，石油矿产资源丰富，目前已探测出油井3口。2010年，该村整合扶贫整村推进和村级阵地建设资金，新建村部办公用房5间，购买了办公桌椅、档案柜等，硬件设施得到很大提高。村部内设党员活动室、农家书屋及村卫生所。2008年，借助石油开发机遇，村上投劳，石油单位出资新修村组道路20公里，解决了群众行路难的问题。2010年，是全乡"生态环境治理"工程实施的第一年，村"两委"班子积极动员群众，大力实施种草养羊，走草畜产业规模化道路，全村种植紫花苜蓿3500亩，引进绒山羊400只，新建暖棚20处。率先进行了退耕林地补植补造工程，顺利通过县林业局考核验收。村"两委"班子着手现在，放眼将来，"十二五"期间在继续扩大草畜产业规模的同时，加大交通、生态环境和村庄绿化等方面的建设，为新农村建设铺路架桥。

1105 车道乡红台村

简　　介：红台村位于车道乡西南部，距离乡政府21公里，北与三角城村接壤，西接芦家湾乡大堡条村，南靠镇原县殷家城乡，东临杨掌村、魏洼村。全村总土地面积32平方公里，耕地面积4500亩，辖3个村民小组，187户，950人，年平均气温7.5℃，年降水量412毫米，无霜期120天。主要种植小麦、玉米等农作物，经济作物以胡麻、黄豆为主，农民的主要收入来源靠种植业、养殖业和劳务收入。

1106 演武乡吴家塬村

简　　介：吴家塬村位于演武乡政府南端8公里处，南靠走马硷村，东接路家塬村，西邻镇原三岔镇，北与曳郭咀村接壤。土地面积27.6平方公里，耕地面积6120亩，年降水量420毫米，无霜期140天左右。辖4个村民小组，272户，1198人。有村组干部7名。村级服务站1处，村级小学1座，村级卫生所1处。本村因吴姓常住人口多，而由此取名，以农为主，粮食以小麦、黄豆、玉米为主，自然条件较好。

1107 环城镇西川村

简　　介：西川村位于环县县城西部15公里处，是原西川乡政府所在地，地势南北高，中间低，城西川河穿境而过，年降水量420毫米。总面积64平方公里，耕地面积8820亩，辖10个村民小组，368户，1822人。建有标准化村部5间90平方米，内设党员活动室、农家书屋、办公室、计生活动室等。有标准卫生所1处。全村修建梯田5355亩，村组道路20公里，人畜饮水工程500处。农民的收入以种植、养殖，务工为主，种植玉米、小麦等作物，经济作物以黄豆、荞麦为主，年均种植农作物6800亩，其中种植地膜粮食1790亩，粮食总产量达1700吨。紫花苜宿留存面积4800亩，新建养畜暖棚100

处，养殖大家畜705头，良种绒山羊600只。2013年农民人均纯收入4549元。

1108 合道乡朱家塬村

简　　介：朱家塬村位于合道乡北部，距乡镇府9公里，全村海拔1260米，村内沟壑纵横，土地总面积33.7平方公里，耕地面积6000亩，人均种耕4.2亩，山旱地占耕地面积60.8%亩，正常年份降水量250毫米，无霜期140天，气候干旱，多灾少雨，全村共辖6个村民小组，315户，1467人，劳动力750人。

1109 甜水镇邱滩村

简　　介：邱滩村位于甜水镇西部，东接赵掌村，南、西与南湫乡相连，北与高崾岘、狼儿滩村相邻，全村占地面积为48.2平方公里，耕地面积4200亩，距镇政府37公里，共有4个村民小组，187户，987人。

1110 环城镇漫塬村

简　　介：漫塬村位于环县县城东部，总面积25平方公里，耕地面积5100多亩，退耕还林面积1200亩，现辖5个村民小组，276户，1281人。村建成党建、农家书屋、卫生所等为一体的活动场所8间130平方米。梯田1800亩，人畜饮水工程110处，种植紫花苜蓿1000多亩，建设羊棚42处，发放绒山羊120多只，2013年全村人均收入4500元左右。土地、劳动力资源丰富，适宜种植小杂粮，发展畜牧业，农村剩余劳动力丰富，适宜发展劳务产业，地表水层浅，适合种植设施农业。

1111 秦团庄乡秦团庄村

简　　介：秦团庄村是秦团庄乡政府所在村，村部设在秦团庄街道南头，全村共有4个村民小组，231户，1036人，是我乡商品贸易、文化、交通较发达的村之一。该村植被丰富，以农牧业为主导产业，农民以种植玉米、洋芋和小杂粮为主，全村养羊4200只，养羊收入占全村经济收入60%以上。近年来，随着交通条件的不断改善，石油资源的开发，秦团庄村正在迎来辉煌的时代。

1112 山城乡王山口子村

简　　介：王山口子村位于山城乡东部，北接山城堡村，南连八里铺刘口子组，西临八里铺韩山铺组，东靠寨柯村，距离乡政府所在地12公里，全村土地面积47.4平方公里，辖7个村民小组，247户，1071人，现有耕地8560亩，人均8.2亩。村组干部10名。该村临近环县石油主产区，石油矿产资源丰富，现已探明油井3口。境内有村组道路7条（段）64公里。有六年制小学1所，在校学生65名，教职工3名，村卫生所1处。近年来，村党支部坚持“围绕经济抓党建，抓好党建促发展”，以洋芋产业为支撑，畜牧养殖为辅助，依靠王山口子村洋芋协会，建立“支部+协会+农户”的经营模式，大力发展洋芋、草畜产业，目前已建成千亩示范种植基地1处，同时鼓励群众就近或外出务工，大力发展劳务经济。“十二五”期间，村“两委”班子将重点做好石油开发协调、洋芋产业和村庄绿化建设，争创省级文明村镇建设。

1113 秦团庄乡贾塬村

简　　介：贾塬村距环县县城65公里，南与耿湾乡相连，东与陕西省定边县刘峁塬乡毗邻，洪大公路穿境而过，交通方便，是秦团庄乡的南大门。全村下辖7个村民小组，共计289户，1295人。该村土地面积47平方公里，现有耕地面积20007亩，人均15亩。

自双联行动以来，该村在省煤田地质局的帮扶下大力推进生态建设和梯田建设，农民经济收入有了很大提高。

1114 环城镇高粪塬村

简　　介：高粪塬村位于环城镇西部，距县城30公里，总面积30.1平方公里，耕地面积5832.2亩，共辖10个村民小组，276户，1312人，村组干部8人。村上建成集办公、远教、农家书屋为一体的活动场所5间75平方米，藏书1000册，有村小学2所，在校学生46名。近年来，依托整村推进等项目，修梯田建设4628亩，村组道路6条32公里，建人饮场窖280处。农民主要收入来源有种养业及劳务输出。农作物种植以小麦和玉米为主，地膜覆盖面积累计达到5000多亩。多年生牧草留存3900面积，大家畜390头，羊存栏1600只。2013年农民人均纯收4411元。

1115 秦团庄乡白塬畔村

简　　介：白塬畔村位于秦团庄乡北部，陕、甘、宁三省交界处，距乡政府10公里，土地面积43平方公里。全村共辖7个村民小组，256户，1148人。耕地面积17700亩。以农牧业为主导产业，农民以种植玉米、洋芋和小杂粮为主，目前全村养羊5300只，养羊收入占全村经济收入60%以上。

1116 耿湾乡黑城岔村

简　　介：黑城岔村位于耿湾乡北部，东接四合塬，南接张台村，西接部庄村，北与秦团庄乡相连，是北上秦团庄乡、定边、宁夏的必经之路。全村共辖5个村民小组，195户，852人，全村土地面积30.6平方公里，耕地8900亩。村内山川塬兼有，典型的丘陵沟壑区。系大陆性气候，气候温凉干燥，降雨集中夏秋两季，年降雨量405毫米。粮食作物以小麦、玉米、荞麦、玉米为主，经济作物以葵花、胡麻为主。

1117 木钵镇罗家沟村

简　　介：罗家沟村地处木钵镇西北方向，西南与合道乡陈旗塬村、辛坪村接壤，西北与环城镇张塬村、杨庙掌村接，毗邻木钵镇水坝滩村、坪子塬村。

1118 演武乡刘坪村

简　　介：刘坪村位于演武乡北部，距乡政府19公里。北接黑泉河村，东靠合道乡，南邻黄山村，西与佛岔村接壤。全村共有4个村民小组，176户，808人。耕地面积4054亩。多年生牧草种植面积7296亩，林地面积5993亩。全村共有小学1所，建村级卫生所1处，病床2张，医护人员1名；建农家书屋1处，藏书2000册；有村部办公用房6间，村干部3名。

1119 环城镇北郭塬村

简　　介：北郭塬村位于环县县城东北部，总面积13.5平方公里，耕地面积5229.6亩。近年来，依托扶贫整村推进项目和省级新农村建设工程，修梯田6500亩，村组道路75公里，其中柏油路17公里，建淤地坝2座，实施人畜饮水工程260处，新建、改造农宅220户。主抓草畜、药材、小杂粮三大产业，种植紫花苜蓿9800亩，建成良种羊繁育基地1处，养畜棚圈340座，大家畜1230头，羊存栏2300只。2007年，搬迁扩建村小学1所，建成集办公、文化、卫生等为一体的活动场所。

1120 芦家湾乡王庄村

简　　介：王庄村位于芦家湾乡政府东面14

公里处，东临车道乡，西接桃李湾村，南靠大堡条村，北接毛井乡，总面积31.3平方公里，耕地面积9790.5亩，共有5个村民小组，244户，1050口农业人口。土地、劳动力资源丰富，适宜种植小杂粮，发展畜牧业，农村剩余劳动力丰富，适宜发展劳务产业，地表水层浅，适合种植设施农业。

1121 车道乡杨掌村

简　　介：杨掌村位于车道乡东南部，距离乡政府18公里，北与苦水掌村、代掌村接壤，西接吊渠村，南靠魏洼村，东临万安村。全村总土地面积42平方公里，耕地面积5800亩，辖5个村民小组，275户，1366人。年平均气温8.2℃，年降水量462.5毫米，无霜期110天。主要种植小麦、玉米等农作物，经济作物以葵花、黄豆为主，农民的主要收入来源靠种植业、养殖业和劳务收入。

1122 八珠乡瓦幔岘村

简　　介：瓦幔岘村总面积45.8平方公里，耕地4460亩。全村通电农户270户，通车189户，通电视的253户，通电话的258户。退耕还林3602亩，荒山造林1675亩，种植苜蓿7224亩，羊只存栏数6700多只。苦水淡化工程1处，2013年农民人均纯收入4205元。土地、劳动力资源丰富，适宜种植小杂粮，发展畜牧业，农村剩余劳动力丰富，适宜发展劳务产业。

1123 木钵镇高楼塬村

简　　介：传说在今黄塬组有一座高楼，又因该地地处塬区，故称高楼塬。

1124 山城乡郝掌村

简　　介：郝掌村位于山城乡政府的东部，距乡政府16公里，全村土地面积48.5平方公里，共辖6个村民小组，163户，768人，耕地面积8060亩，人均10.5亩。村组干部9名。近年来，该村着力调整主导产业，狠抓基础设施建设，努力改善生态环境，文明水平不断提升。该村主导产业为洋芋和荞麦，目前面积达到4500多亩，新建沼气池100个，覆盖率达61%；新修通村公路9公里。近年来，该村着力在改善生态，恢复植被上下功夫，2010-2011年农户围庄植树6520株，由于干部认识到位，生态意识强，郝掌村被列为我乡开展草场围栏项目第一个试点村。在硬件设施上，维修扩建村部办公用房5间，占地约2亩，彻底解决了该村无办公场所和活动阵地的现状。软件设施上，充分利用党员教育电信模式，文化共享工程设施等教育资源，狠抓党员教育，23名党员干部素质明显提高。除此之外，村部有医疗室1间、图书室1间，藏书2000多册，及其他硬件设施齐全。2010年参加合疗人数达737人，达到全村人口的96%。本村年开展农民科技培训2次，评选五星级文明户10户，村务公开12次。

1125 曲子镇孟家寨村

简　　介：孟家寨村位于曲子镇最北端，紧邻环县木钵镇，东面与宋家塬村接壤，南面与刘旗村接壤，西面与合道乡接壤，211国道横穿南北。全村辖8个村民小组。

1126 演武乡曳郭咀村

简　　介：曳郭咀村，东邻路家塬，北临佛岔白阳洼、黄山，西临杨家洼村，南临吴家塬村，全村共有7个村民小组，307户，1287人。土地总面积30平方公里，耕地面积9310亩，粮食作物以小麦、玉米为主，杂粮有胡麻、黄豆、荞麦等，畜牧以绒山羊、小尾寒羊为主。全村共有小学1所，校舍450平方米，在校学生名；建村级卫生所1处，病床2张，医护人员1名；建农家书屋1处，藏书2000册；有村部办公用房8间，村干部3名，有文化遗迹野露寺1处。近几年来，为满足当地群众发展和消费需求新建曳郭咀村文化广场1处，并成功举办多届农民运动会，在中央、省、市、县造成很大影响，引起社会各界的广泛关注。

1127 芦家湾乡盘龙村

简　　介：盘龙村位于芦家湾乡政府东南26公里处，东临小堡条村，西接大堡条，南靠彭阳县小岔乡，北接车道乡，总面积39.8平方公里，耕地面积14456亩，共有6个村民小组，303户，1335口农业人口。土地、劳动力资源丰富，适宜种植小杂粮，发展畜牧业，农村剩余劳动力丰富，适宜发展劳务产业，地表水层浅，适合种植设施农业。

1128 耿湾乡部庄村

简　　介：部庄村位于耿湾乡北部，东靠黑城岔村，南接张台村，西临郝东掌村，北连秦团庄乡，全村总土地面积33.8平方公里，耕地面积13700亩，全村共辖8个村民小组，210户，849人，现有村干部3名，组干部8名。全村年平均气温6.8℃，年降水量422毫米，无霜期122天，主要农作物为洋芋、荞麦、小麦，经济作物以胡麻、葵花为主，农民主要收入为种植业和外出务工。

1129 八珠乡白塬村

简　　介：白塬村总面积27.6平方公里，耕地2830亩。辖3个村民小组，196户，865人。全村通电农户196户，通车138户。新修和维修通村、村组道路45公里，完成苦咸水淡化工程1处，新修梯田1294亩，累计梯田面积达2454亩，人均2.9亩。退耕还林及多年生牧草留存面积3500多亩。2013年农民人均纯收入达4230元。土地、劳动力资源丰富，适宜种植小杂粮，发展畜牧业，农村剩余劳动力丰富，适宜发展劳务产业，地表水层浅，适合种植设施农业。

1130 樊家川乡樊家川村

简　　介：樊家川村位于樊家川乡政府所在地。全村共辖7个村民小组，402户，2035人，总土地面积46.6平方公里，耕地面积8164亩，人均4.02亩，现存多年生牧草3228亩。樊家川、沈家川两个组耕地有一半以上属于水浇地，具有一定的优势。全村以种植地膜玉米、发展设施瓜菜、苗木、设施圈养及剩余劳动力外出务工为主导产业。

1131 毛井乡黄寨柯村

简　　介：黄寨柯村位于毛井乡北部，距乡政府15公里，全村土地总面积55平方公里；有6个村民小组，总农户294户，总人口1389人，劳动力724人；实有耕地面积22600亩，人均16.27亩（上报耕地面积4860亩，人均3.5亩），其中梯条田和川塬地7177亩，人均5.17亩；种植多年生牧草面积1910亩，户均6.5亩；全村林地面积2280亩，林木覆盖率2.8%。

1132 毛井乡高家洼村

简　　介：高家洼村位于毛井乡政府北部，距乡政府10公里，村委会驻地为朱洼组，全村土地面积34平方公里，共辖4个村民小组，236户，1096人，劳动力628人，梯条田和川塬地2741亩，人均2.5亩；种植多年生牧草5000亩，户均21.2亩；全村林地面积1156亩，林木覆盖率0.5%。

1133 山城乡谢庄村

简　　介：谢庄村位于山城乡西南部，距乡政府30公里，全村总土地面积42.3平方公里，辖5个村民小组，239户，776人。全村实有耕地11607亩，人均10.6亩。2010年农民人均纯收入2360元。在加快建设社会主义新农村进程中，村党支部积极更新观念创新思路，提升党员干部引领致富能力。建立流动党员管理台账，加强外出党员、入党积极分子管理。通过党员“帮带”，引导村里富余劳动力走出山门闯荡市场，从事美容美发、食品加工、食堂承包等第三产业，群众收入发生结构性变化，全村外出人员450多人，外出劳动力年可创收入700多万，使农民收入明显提高，生活彻底得到改善。

1134 木钵镇曹旗村

简　　介：曹旗村山川塬兼有，特别是山区条件自然差，梁峁纵横，沟壕交错，水土流失严重。曹旗村曹姓居民多，故叫曹旗村。曹旗村位于木钵镇北面25公里处，“211”国道南北横穿，全村总面积25.5平方公里，辖8个村民小组，489户，共2389人，耕地面积5946亩，人均2亩，人均纯收入达3000元。

1135 洪德镇许旗村

简　　介：许旗村位于洪德镇南部，距离县城13公里，211国道纵贯南北。东邻洪德镇寇河村，南与本乡肖关村接壤，西邻李塬村，北接洪德乡河连湾村，总土地面积18.1平方公里，耕地面积5650亩，共辖6个村民小组，340户，1672人。全村以旱作农业示范、种草养蓄、劳务输出三项产业为重点。

1136 南湫乡花儿山村

简　　介：花儿山村地处南湫乡东面，距乡政府20公里，共有3个村民小组，113户，537人，全村土地面积31.96平方公里，林地203.8亩，耕地2800亩，梯田1250亩。农民经济收入主要来源于农业生产、畜牧养殖和劳务输出。全村全膜双垄沟播玉米种植面积平均每年稳定在1000亩，地膜玉米稳定在700亩，平均每年输出劳务156次，创收200多万元。截止2010年底，全村羊存栏2850只，新修村组道路10公里，满足了村民出行需要。2010年全村人均纯收入2320元。

1137 合道乡瓦天沟村

简　　介：瓦天沟村位于合道乡西北部，总土地面积26平方公里。属温带大陆半干旱山区，平均海拔1263米，全村共7个村民小组，213户，969人，有耕地面积7000亩，其中梯条田地2100亩，当地农民经济收入以种植、养殖、个体经营和务工为主。

1138 木钵镇高寨村

简　　介：高寨村位于木钵镇北部，环江川区，南距镇政府8公里，北距县城8公里，和新规划的县城南区相接壤。全村共辖8个村民小组，476户，2006人。全村设党总支部1个，劳动力932人，辖区内地形地貌复杂，山、川、塬兼有，属温带半干旱气候，年平均气温9.2℃，年降雨量340毫米。总土地面积29.46平方公里，耕地面积4914亩，人均不到2.5亩。川地1650亩，其中可灌溉面积1300亩，梯田和塬地面积3264亩，其中梯田2900亩；海拔1150−1550米。辖区内山、川、塬兼有，属温带半干旱气候，年平均气温9.2摄氏度，年降雨量340毫米，主要农作物以小麦、玉米、油菜为主，经济作物以瓜菜、育苗为主。主导产业以种草养畜、设施瓜菜种植和地膜种粮为主。

1139 木钵镇水坝滩村

简　　介：四百年前，村上有一座山塌了，於了一坝水，故名水坝滩。

1140 天池乡苏北岔

简　　介：苏北岔村位于环县天池乡西北部，东接殷屈河村，南靠潘老庄村，大庄台村，西临合道乡红崖洼村，北与合道乡陶洼子村相接壤。村部距县城55公里，距乡政府所在地20公里，有通沙石路，对外交通较为便利。全村辖四塬、李掌、北岔、小庄渠、沿掌5个村民小组，共296个农户，总人口1419，全村占地29公里。其中，耕地面积6980亩，人均面积4亩，梯田6645亩，人均梯田占有面积达4.68亩。植被较好，有较大面积的灌木林898亩与乔木林939.5亩，改变着本村的气候环境。

1141 合道乡杨坪沟村

简　　介：杨坪沟村位于合道乡北部，距乡政府15公里，全村总面积8400亩 人均耕地7.1亩，全村海拔1450米，村内道路交错，山高水深，沟壑纵横。气候干旱，常年降水量小。全村共有5个小组，233户，总人口1170人，劳动力650人。

1142 洪德镇新集子村

简　　介：新集子村位于洪德镇东部，东与本乡苗河村相连，西邻私盐路村，南与虎洞乡接壤，北邻罗山川乡，距离县城50公里。占地面积41.9平方公里，其中耕地面积4640亩，人均4.3亩，辖7个村民小组，207户，1068人。该村地貌比较复杂，沟壑纵横。

1143 甜水镇七里墩村

简　　介：七里墩村位于甜水镇中北部，距离镇政府5公里，全村总面积1.2平方公里，土地面积人均1.08亩，全村有两个村民小组，主要经济发展是农业、牧业和外出务工为主。相对于兄弟村，七里墩村处于后进。村民居住房屋由统一建设，多年平均降雨量220毫米。

1144 芦家湾乡杨新庄村

简　　介：杨新庄村位于芦家湾乡政府西南18公里处，东接花儿掌村与宁夏罗洼乡，西南接宁夏原州区寨科乡，北靠庙儿掌村，环固、平惠公路穿境而过。共辖7个村民小组，323户，1346口农业人口。总土地面积39.4平方公里，在册耕地面积12002亩。土地、劳动力资源丰富，适宜种植小杂粮，发展畜牧业，农村剩余劳动力丰富，适宜发展劳务产业，地表水层浅，适合种植设施农业。

1145 车道乡三角城村

简　　介：三角城村位于车道乡西南部，距离乡政府18公里，北与双庙村接壤，西接芦家湾乡王庄村，南靠红台村，东临吊渠村。全村总土地面积35平方公里，耕地面积5700亩，辖4个村民小组，179户，875人，年平均气温7.6℃，年降水量449.2毫米，无霜期120天。主要种植小麦、玉米等农作物，经济作物以葵花、荞麦为主，农民的主要收入来源靠种植业、养殖业和劳务收入。

1146 环城镇十八里村

简　　介：十八里村位于县城南部，211国道贯穿全境。总土地面积31.9平方公里，耕地6409.7亩，林地4000亩。辖8个村民小组，596户，2980人，村“两委”班子成员12人。2006年建成党员活动室、办公室、计生活动室和治安联防室为一体的村级活动场所9间，占地2.1亩。近年来，全村依托整村推进和新农村建设项目，修村组道路37

公里，建人饮工程520处，使农民生产生活条件得以改观。农作物种植以玉米和糜、谷、荞麦等小杂粮为主，年均种植玉米1500亩，小杂粮850亩，栽培优质苹果800亩，2013年人均纯收入4845元。

1147 环城镇冉旗寨村

简　　介：冉旗寨村位于环县县城东南部，地势东高西低，沟壑相间，年降水量400毫米。总面积55.8平方公里，耕地面积5238.6亩，辖12个村民小组，316户，1680人，建有标准化村部9间135平方米，内设农家书屋、村级文化站。有村卫生所1处，村小学3所，在校学生76名。村组道路6条40公里，梯田2100亩，养畜暖棚30座，人畜饮水工程209处，辖区内有井场51处，油井70口。农民收入来源以种植、养殖、务工为主。农作物种植主要有小麦、玉麦、荞麦等，经济作物以胡麻、黄豆为主。年粮食总产量455吨，大家畜存栏445头，养殖大户10户，年存栏1500只，2013年农民人均纯收入4407元。

1148 洪德镇李达掌村

简　　介：李达掌村位于洪德镇东北部，距离县城30公里。地处四处交界处，西与洪德镇马塬村接壤，南靠环城镇宁老庄村，北邻四合塬的张老庄村，东邻樊家川的李塬村。全村共辖3个村民小组，124户，636人，现有耕地3525亩，其中梯田面积1600亩，人均2.4亩。

1149 曲子镇小庄子村

简　　介：小庄子村位于曲子镇东部，东临宋家塬村、许家塬村，南接金村寺村，西与油房塬村接壤，北与马家河村为邻，村部设在原许家河乡政府所在地，有6个村民小组，335户，1487人，地形山、沟、塬均有，年降雨量300-500毫米。

1150 合道乡大路洼村

简　　介：大路洼村是合道乡北大门，距乡政府32公里。总土地面积23.2平方公里，耕地面积5400亩，梯田面积2892亩。境内山大沟深，道路崎岖。

1151 毛井乡山西掌村

简　　介：山西掌村位于毛井乡北面，村委会驻地为山西掌村山西掌组，全村总面积72平方公里，有6个村民小组，总农户数309户，总人口1382人，劳动力909人。实有耕地面积22485亩，人均16.3亩，其中梯条田和川塬地4156亩，人均3亩，林地及荒山面积55163亩，公益林12481亩，成林面积1196亩，林地覆盖率9.5%。

1152 耿湾乡潘掌村

简　　介：潘掌村位于耿湾乡东部，东接四合塬乡，南靠许掌村，西邻张台村，北连四合塬，距乡政府15公里。全村土地面积52平方公里，其中耕地2140亩，共辖9个村民小组，481户，2065人。境内气候干旱、高寒、地形破碎，梁峁纵横，冬春季干旱多风，降雨集中在夏秋两季，年降雨量406毫米。农民的经济收入主要靠种植业、养殖业和外出务工。

1153 环城镇耿家沟村

简　　介：耿家沟村位于环县县城西南部17公里处，土地面积41.9平方公里，耕地面积3793.5亩。辖8个村民小组，183户，922人，村组干部7名。近年来，村上以改善提升农民生产生活水平为重点，依托扶贫整村推进项目，实施田、水、电、路综合治理，修梯田700亩，建集雨场窖220处，通电入户率达100%，修村组道路25公里，种植紫花苜蓿2210亩，购置铡草机70台，建棚圈65座，调引绒山羊240只，羊存栏数950只，大家畜260头。收入来源以种植业为主，务工为辅，年均种植地膜粮食2800亩。2013年人均产粮1324公斤，农民人均纯收入4402元。

1154 罗山川乡苇芝城村

简　　介：苇芝城村位于环县西北部，全村土地总面积63.2平方公里，平均海拔高度1700米，村内沟壑纵横。无霜期140天。年均降雨量330毫米。现实有耕地14329亩，人均16亩，其中梯田和川塬地3280亩，人均3.7亩。苇芝城村辖6个村民小组，215户，832人。

1155 南湫乡洪涝池村

简　　介：洪涝池村位于南湫乡东南，是乡政府驻地村。共辖7个村民小组，254户，1278人，全村现在有耕地5100亩，梯田2000亩，人均耕地4亩。新修村组道路2条，实现了组组通车。村内草畜资源丰富，紫花苜蓿种植面积稳定在2000亩，牛存栏125头，羊只存栏8700只，基本形成了以种植小麦、玉米为主，以种草养畜为辅的产业链条。涌现出年收入超过10万元的带头致富户3户以上，2010年全村人均纯收入2530元。村党支部先后多次被县委评为“先进基层党组织”。

1156 车道乡吊渠村

简　　介：吊渠村位于车道乡中南部，距离乡政府16公里，北与苦水掌村接壤，西接三角城村，南靠红台村，东临杨掌村。全村总土地面积35平方公里，耕地面积5000亩，辖4个村民小组，214户，1107人，年平均气温8.1℃，年降水量458.3毫米，无霜期120天。主要种植小麦、玉米等农作物，经济作物以葵花、黄豆为主，农民的主要收入来源靠种植业、养殖业和劳务收入。

1157 曲子镇楼房子村

简　　介：楼房子村位于曲子镇西北部15公里处，全村共辖8个村民小组。著名的楼房子村古石器遗址就在这里。辖区内山川塬兼有，属温带半干旱气候，年降雨量330毫米，无霜期180天。楼房子村按照“川区瓜菜，塬区苹果，山区草蓄，全村劳务”的产业布局，主要种植小麦、玉米、油菜籽、黄豆、高粱、荞麦等作物。

1158 甜水镇赵掌村

简　　介：赵掌村位于甜水镇南部，东南与张铁村、山城乡接壤，西南与南湫乡、邱滩村接壤，村部距甜桐公路3.9公里，距镇政府26公里，全村总土地面积38.8平方公里，耕地面积4200亩，206户，968人，该村地势为盆地状，四面高，中间低，多年平均降雨量为240毫米。

1159 曲子镇西沟村

简　　介：西沟原名叫佛堂沟，曲子撤县设镇以后，因该村位于曲子镇西部，两座山之间有一条河，因此取名叫西沟。西沟村东接双城村，南靠庆城县，西邻天池乡，北与楼房子、高李湾村接壤。西沟村以小麦、荞麦为主要粮食作物，以玉米、油菜、西瓜、小瓜为主要经济作物。

1160 木钵镇邓寨子

简　　介：邓寨子村地处木钵镇东北部，距镇政府15公里，土地面积11.79平方公里，辖张塬、邓阳湾、邓寨子、梁塬4个村民小组，136户，634人。平均海拔高度在1350米之间，地形复杂，山、川、塬兼有，年均降雨量300毫米左右，无霜期150-180天，耕地3600亩，其中梯田和川塬地1430亩，人均耕地4亩。

1161 芦家湾乡桃李湾村

简 介：桃李湾村位于芦家湾乡政府东南部20公里处，东邻大堡条村，西接花儿掌村，南与罗洼乡分界，北靠宋家掌村，总面积23平方公里，耕地面积8122.5亩，共有5个村民小组，204户，863口农业人口。土地、劳动力资源丰富，适宜种植小杂粮，发展畜牧业，农村剩余劳动力丰富，适宜发展劳务产业，地表水层浅，适合种植设施农业。

1162 洪德镇大户塬村

简 介：大户塬村位于洪德镇西部，东与洪德镇苗河村相连，西邻虎洞乡金庄塬村，南与李塬村接壤，北靠新集子村。总土地面积23.6平方公里，耕地面积2730亩。共辖4个村民小组，151户，830人。该村地处塬区，地势平坦，塬面开阔，年降雨量300毫米左右。

1163 曲子镇刘旗村

简 介：刘旗村位于曲子镇西北两公里处，辖7个村民小组，年平均气温9.2摄氏度，年降雨量480毫米，无霜期165天。

1164 樊家川乡慕家河村

简 介：慕家河村位于樊家川乡政府的南部，全村共辖9个村民小组，480户，2380人，总土地面积42平方公里，耕地面积10839亩，人均4.6亩，种植多年生牧草11385亩。慕家河、慕洼子、慕家岔3个组耕地有一半以上属于水浇地，具有一定的优势。全村以种植地膜玉米、发展设施瓜菜、苗木、设施圈养及剩余劳动力外出务工为主导产业。

1165 木钵镇刘家塬

简 介：刘家塬村位于木钵镇东南部5公里处，辖3个村民小组。近年来新修村组道路16公里，全部实现了同组砂砾路，完成人饮安全工程213处，塬区耕地90%可以进行机械化种植。主导产业以种草养畜、设施农业、种植中药材为主，全村户均种植紫花苜蓿10亩。有绒山羊繁育养殖大户35户，建成羊棚150处，年出栏牛羊600只。年平均种植地膜粮食2400亩，年种植中药材500亩以上。

1166 合道乡常嵝岘村

简 介：常嵝岘村位于合道乡北部山区，距乡政府27公里。总土地面积33.4平方公里，耕地面积6200亩，共有3个村民小组，223户，1005口农业人口。土地、劳动力资源丰富，适宜种植小杂粮，发展畜牧业。

1167 木钵镇殷家桥村

简 介：殷家桥村位于木钵镇南部，211国境而过。地势平坦，交通方便，适合人类居住。殷家桥原名林有桥，据说当时有位姓林的员外过河时因为雨大，车陷在泥中无法行走，就给村内架了座木桥故叫林有桥，后来殷氏人居多，故改名为殷家桥。

1168 樊家川乡闫塬村

简 介：闫塬村位于樊家川乡北部，境内山川塬兼有，地势北高南低，平均海拔1450米。境内有较丰富的石油资源，为长庆油田采油二厂、七厂樊家川作业区承担开采，全村产业结构以种植业和养殖业为主，种植业以粮食作物为主，有玉米、小麦、马铃薯；经济作物以黄花菜、白瓜子为主。

1169 环城镇龚淌村

简　　介：龚淌村位于环县县城西北部，地形是小块平原和沟壑交织，属于典型的黄土地貌，年均降雨量 450 毫米。总面积 20.3 平方公里，耕地面积 9094.43 亩，现辖 8 个村民小组，406 户，1856 人。筹资建成集计划生育活动、农家书屋、远程教育、村部、卫生所等办公场所 8 间 130 平方米。现有村小学 1 所，在校学生 85 人。收入以种植业为主，主要种植玉米、小麦、黄豆等农作物，其中旱农作物种植面积年均达到 4500 亩，紫花苜蓿留存面积达到 2800 亩，建成养牛棚圈 50 处，大家畜存栏 970 头，羊存栏 1200 只。2013 年农民人均纯收入达 4459 元。

1170 南湫乡杨兴堡村

简　　介：杨兴堡村位于南湫乡南部，距乡政府 20 公里。全村地貌以山地为主，沟壑、梁峁兼有，土地面积 41 平方公里，耕地面积 2400 亩。全村共辖 4 个村民小组，103 户，445 人，有村组干部 7 人，村内植被保护良好，人工牧草种植面积 2500 多亩。组组都有砂石路，户户都通农用车。主要特产有杏干、胡麻、黄花、核桃、小米等；农作物以冬小麦和玉米为主，杂粮有糜谷、高粱、洋芋、荞麦等，经济作物有黄豆、黄花、葵花、胡麻。2010 年农民人均纯收入 2498 元。

1171 演武乡路家塬村

简　　介：路家塬村位于演武乡东南端 18 公里处，东与合道乡接壤，西靠曳郭咀村，南邻天池乡，北接合道乡，是演武乡的东大门。土地面积 45.63 平方公里，耕地面积 8400 亩。辖 9 个组，451 户，1829 人。有村组干部 13 名。建有村部 9 间，其中党员活动室 3 间，党支部、村委会办公室 3 间，计划生育活动室 1 间，农家书屋 2 间，文化大院 1 处，文化广场 1 处。路家塬村姓路的户最多，而且在路家塬的塬上居住，所以取名路家塬村，种植业以小麦、玉米为主，畜牧业以小尾寒羊为主，路家塬为革命根据地，此处有秦汉历史遗址 1 处。

1172 天池乡鲜岔村

简　　介：鲜岔村位于天池乡南部，距乡政府 53 公里，县政府 112 公里。全村共辖 5 个村民小组，218 户，1058 人，现有耕地面积 5150 亩（其中梯田面积 2350 亩），退耕还林面积 1218 亩。粮食作物以小麦、玉米为主导产业，经济作物主要有黄豆、胡麻等，黄花菜、杏干、杏胡为该村的特色产业。

1173 小南沟乡许掌村

简　　介：许掌村位于小南沟乡东南面，与虎洞乡贾驿村接壤，虎小公路穿村而过，地理条件以山、塬为主，农、林、牧皆宜，气候温凉，日照充足。全村共辖 6 个村民小组，225 户，1059 人。全村总土地面积 52.9 平方公里，现有耕地面积 12801.59 亩，荒山面积 59179 亩，可开发利用草山面积 19280 亩，草场资源丰富。随着整村推进、虎小公路建设等项目的实施，使全村的面貌得到极大改善，学校、医疗卫生、村部阵地等基础设施建设不断完善；虎小公路横贯全村，交通方便。草畜、玉米、小杂粮等农业主导优势产业规模发展。

1174 南湫乡岳后渠村

简　　介：岳后渠村位于南湫乡政府以南，东临罗山川乡，西接双井子村，共辖 6 个村民小组，191 户，925 人，全村土地面积 57.94 平方公里，耕地 3600 亩，梯田 800 亩。境内沟壑纵横，山、塬兼有，年平均降雨量 289 毫米左右。截止 2010 年底，全村大家畜饲养量为 408 头，羊只存栏量 4200 只。2013 年农民人均纯收入 2610 元。2009 年、2010 年连续两年被乡党委、政府评为村级目标管理综合考核先进集体二等奖。

1175 环城镇五里屯村

简　　介：五里屯村面积 10.4 平方公里，耕地 3532.8 亩。辖 5 个村民小组，295 户，1323 人。全村通电农户 295 户，村组道路 3 条 7 公里，组组通大车，户户通小车。土地、劳动力资源丰富，适宜种植小杂粮，发展畜牧业，农村剩余劳动力丰富，适宜发展劳务产业，地水层浅，适合种植设施农业。

1176 樊家川乡长城村

简　　介：长城村位于樊家川乡北部 15 公里处。全村共辖 5 个村民小组，173 户，806 人，总土地面积 38 平方公里，耕地面积 2965 亩，人均 3.7 亩，现存多年生牧草 762 亩。全村以种植地膜玉米、设施圈养及剩余劳动力外出务工为主导产业。

1177 小南沟乡天子渠村

简　　介：天子渠村位于小南沟乡西部，东接小南沟村，南靠连川村，北临粉子山村，西与连川村接壤，距乡政府 10 公里。全村共辖 4 个村民小组，156 户，673 人，其中劳动力 309 人。全村总土地面积 27.6 平方公里，耕地面积 10318.59 亩，现有荒山面积 29274 亩，其中可开发利用草山面积 20603 亩，属半农半牧区。土壤以黄土层结构为主，伴有轻度沙化。境内多山、丘陵、沟壑、梁峁、岭弦交错纵横，土地面积宽广，草场资源丰富。近年来，在上级部门的正确领导下，我村干部带领广大群众，抢抓西部大开发机遇，在基础设施建设上下功夫，在产业结构调整上做文章，使全村梯田、农电、道路、人畜饮水、村部阵地等基础设施得到极大改善。

1178 环城镇肖川村

简　　介：肖川村位于环县县城西部 12 公里处，总面积 48.6 平方公里，耕地面积 7139.4 亩，退耕还林面积 1530 亩，辖 11 个村民小组，353 户，1628 人。三年制小学 1 所，现有 28 名学生。2013 年实现了“户户通农用车”的目标。牧草留存面积 3700 亩，建成养畜暖棚 80 处，调引良种羊 110 只，羊存栏 1500 只，大家畜 451 头。实施饮水工程 302 处，基本解决人畜饮水问题。注重培养和发展以玉米、小杂粮为主的区域优势产业。2013 年全村人均产粮 1411.2 千克，农民人均纯收入 4529 元。

1179 洪德镇肖关村

简　　介：肖关村位于洪德镇南部，东邻洪德镇寇河村，南与环城镇十五里沟村接壤，西邻虎洞乡魏家河村，北接洪德镇许旗村，距县城 8 公里，是洪德乡的南大门。全村辖 10 个村民小组，418 户，2175 人。占地面积 25.2 平方公里，耕地面积 6250 亩，人均 2.9 亩。

1180 八珠乡苟塬村

简　　介：总面积 30.7 平方公里，耕地 5760 亩，其中平地约 4000 亩。辖 5 个村民小组，410 户，2028 人。全村通电农户 410 户，通车 326 户。全村有小学 2 所，在校学生 247 名，卫生所 1 处。农家书屋 1 处。通村砂砾路 18 公里，苦咸水淡化工程 1 处，累计梯田面积 4000 多亩，退耕还林 3263.7 亩，多年生牧草留存面积达 4400 亩。2013 年农民人均纯收入 4385 元。土地、劳动力资源丰富，适宜种植小杂粮，发展畜牧业，农村剩余劳动力丰富，适宜发展劳务产业，适合种植农业。

1181 曲子镇宋家塬村

简　　介：宋家塬村位于曲子镇东北部，距镇政府约14公里。土地面积28.4平方公里，耕地面积6200亩，辖区内山、川、塬兼有，属温带半干旱气候，年平均气温9.2度，年降雨量480毫米。村两委坚持以市场为导向，突出特色，主抓草畜、林果、劳务经济三大产业。

1182 毛井乡砖城子村

简　　介：砖城子村位于毛井乡中部，是乡政府所在地，村委会驻地为砖城子组，全村土地总面积51平方公里；有7个村民小组，总农户405户，总人口2016人，劳动力1327人；实有耕地面积32803亩，人均16.27亩，其中梯条田和川塬地7890亩，人均3.9亩；种植多年生牧草面积2060亩，户均5.08亩；全村林地面积9860亩，林木覆盖率10.14%。

1183 耿湾乡万家湾村

简　　介：万家湾村位于耿湾乡南部，东靠许掌，南接洪德乡，西临郝东掌村，北连张台村。全村总土地面积41.9平方公里，耕地面积15300亩，洪大公路纵贯全境，交通便利。全村共辖9个村民小组，470户，2239人，村干部4名，组干部9名。区内以川地为主，7个自然村通柏油路，92%以上农户居住在公路两侧，生产生活条件较为优越。

1184 洪德镇张塬村

简　　介：张塬村位于洪德镇东部，东和罗山乡相接，南靠耿塬畔村，西接洪德村，北邻赵洼村，距离县城20公里。全村共辖8个村民小组，全村334户，1785人。塬面开阔，地形平坦，年降雨量300毫米。土地面积38.3平方公里，耕地面积6730亩。

1185 小南沟乡丁寨柯村

简　　介：丁寨柯村位于小南沟乡西北部，村部所在地距乡政府30公里，东临天子渠村，西接毛井大户掌村，南靠连川村，北与燕麦掌村接壤。全村共辖7个村民小组，397户，1732人，其中劳动力754人。全村总土地面积52.2平方公里，其中耕地面积28503.79亩，现有荒山面积5.3万亩，林地及沟壑等7.83万亩。平均海拔1920米，年均降雨量129毫米，平均气温5℃，无霜期120多天，风向多为偏北风，日照条件较好。土壤以黄土结构为主，主要经济作物有葵花、胡麻、荞麦（苦荞）、燕麦、玉米等；盛产羔羊肉、胡麻油、燕麦面，裘皮等。境内土地面积宽广，草场资源丰富，群众生活在三川两岭之间，居住较为分散，是我乡的畜牧大村之一。

1186 甜水镇狼儿滩村

简　　介：狼儿滩村位于甜桐公路沿线，甜水镇西部，西靠宁夏，南与南湫乡接壤，村部距镇政府48公里，全村整体地形为盆状形，四面高，中间低，全村以发展草畜产业和马铃薯良种种植作为农民增收的突破口。

1187 合道乡尚西坪村

简　　介：尚西坪村位于合道乡南部，东邻天池乡大庄台村，西接合道乡粱坪村，南与演武乡路家塬村接壤，北靠红崖洼村。土地面积25.7平方公里，耕地面积5770亩，全村辖5个村民小组，318户，1330人，有劳动力800个，人畜饮水主要靠雨水集流窖，现有水窖420眼，户均4眼，农电改造率达100%，通电话达95%，当地农民经济收入以种植、养殖、务工为主，主要农作物有冬小麦、玉米、白瓜子。现有大家畜660头，羊只存栏3500只，务工人380人（其中常年外出务工 240 人）。

1188 洪德镇河连湾村

简　　介：河连湾村位于洪德镇中部，是河连湾陕甘宁省委、省政府旧址所在地。东接寇河村，西邻张崾岘、耿塬畔村，南靠许旗村，北接洪德村。总土地面积 38.3 平方公里，耕地面积8140亩。全村有7个村民小组，513户，2680 人。“211”国道纵贯南北，地势平坦，年降雨量 300 毫米。

1189 秦团庄乡王团庄村

简　　介：王团庄村地处山后偏远，境内沟壑纵横，机平地面积偏差大，农户居住分散，外出务工人数较多。广阔的地理优势，是养殖业地理想之地。

1190 合道乡何家坪村

简　　介：何家坪村总土地面积 23.6 平方公里。属温带大陆半干旱山区，平均海拔 1263 米，全村共有 226 户，938 人，耕地面积 4272 亩，人均 4.5 亩；其中梯条田地 2781 亩，人均 3 亩。当地农民经济收入以种植、养殖、务工为主。

1191 木钵镇关营村

简　　介：关营村位于木钵镇北面 5 公里处的环江两岸，211 国道线穿村而过。全村辖 8 个村民小组。全村围绕“抓党建、争项目、促经济、求发展”的思路，开拓创新，锐意进取，有力的促进了全村各项事业的持续和协调发展。

1192 演武乡佛岔村

简　　介：佛岔村位于演武乡西北端 8.3 公里处，东靠刘坪村，西接镇原殷家城乡，南邻杨家洼村，北与黑泉河村接壤。土地面积 41.21 平方公里，耕地面积 7750 亩。辖 7 个组，376 户，1633 人。本村传说本地百年前供奉并修建一座大佛寺而起名，以农业为主，作物主要有冬小麦、玉米、豆类、小杂粮、油料作物，以畜牧业、林业为辅。有村组干部 11 名，2010 年新建村部 11 间，其中党员活动室 3 间，党支部、村委会办公室 3 间，计划生育活动室 1 间，农家书屋 2 间，卫生所 2 间。

1193 天池乡潘老庄村

简　　介：潘老庄村，又名裴大岔村，位于天池乡西北部，东邻天池村，西接大庄台村，南靠井渠淌村，北与苏北岔村接壤，地理位置优越，区域特色明显，占地 33.2 平方公里，辖 6 个村民小组，共 338 户，1419 人。仅 500 米长的村级集市，商品丰富，人流如织，这是目前潘老庄村集贸现状。伴随着新农村建设步伐，潘老庄村集市对促进商品流通，方便农民生活等发挥着重要作用。

1194 木钵镇木钵街村

简　　介：木钵自古是一战略要地，兵家必争之地。据旧史记载：唐为木波堡，五代为木钵镇，周代割隶通运军，城围三里八十步，一面靠山，两面环水。宋范仲淹驻防环庆路时，重筑了这座城堡，称木波城，元时该城被破，明成化年间，戍边名将马文升对城堡进行了复修，木波后讹传为木钵。本村辖区位于镇街道两侧故称“木钵街”。全村辖东街组、西街组、闫台子组、李湾湾组、凉水湾组、吴家墩组、芦草湾组、岳岔组 8 个村民小组。

1195 天池乡老庄湾村

简　　介：老庄湾村位于天池乡政府以南，东邻庆城县，西接吴城子村，占地面积 26.9

平方公里，耕地面积5800亩，退耕还林面积1549.2亩。全村辖7个村民小组，265户，1300人，劳动力685人。村部坐落在位于三叉路口的老庄湾村，交通便利，村容村貌整洁，基础设施完善，有集市2处，商铺20余间，汽车站1处，小学2所，村卫生所设施齐全。村两委组织结构合理，工作齐心协力，近年来先后被省司法厅授予“社会治安综合治理先进村”县“先进基层党组织”等诸多荣誉称号。

1196 洪德镇苏长沟村

简　　介：苏长沟村位于洪德镇西北部，东与本乡赵洼村相连，南邻罗山乡，北与山城乡接壤，全村共辖7个村民小组，202户，1110人。占地面积31.8平方公里，耕地面积4580亩。村内沟壑纵横，平均海拔高度1700米。

1197 洪德镇梁岔村

简　　介：梁岔村位于洪德镇东部，距县城20公里。西邻寇河村，南与环城镇接壤，东邻马塬村，北接丁阳渠子村，总土地面积29.2平方公里，耕地面积4400亩，共辖5个村民小组，201户，1056人。全村以旱作农业示范、种草养蓄、劳务输出三项产业为重点。

1198 环城镇赵小掌村

简　　介：赵小掌村位于环县县城东北部，总面积18.6平方公里，耕地面积5480亩，辖10个村民小组，324户，1548人。2010年新建村级活动中心、农家书屋、卫生所等。有2所小学，在校学生60多人。修村组道路35公里，梯田1600多亩，建人饮工程300多处。种植农作物6200多亩，全村2013年人均纯收入4400多元。土地资源丰富，适宜种植小杂粮，发展畜牧业，农村剩余劳动力丰富，适宜发展劳务产业，适合种植农业。

1199 天池乡天池村

简　　介：天池村位于天池乡中部，是天池乡乡址所在地，由于独特的地理置，天池村成为天池乡非公经济、农贸市场交流的重要场所。全村共辖5个村民小组，现有303户，1378人，村组干部8名，土地总面积12.25平方公里，耕地面积5106亩，粮田播种面积3000亩，年粮食总产量8万多公斤，粮食作物以冬小麦、玉米、荞麦和糜子为主导产业，经济作物以小杂粮、蔬菜、瓜果等区域特色产业为主，年收入约200多万元。现有大家畜存栏420多头，羊存栏3400多只，生猪存栏310多头。

1200 山城乡冯家沟村

简　　介：冯家沟村是距乡政府最远的一个村，东靠宁夏盐池县，南接寨柯村，西邻赵庄村，北连甜水镇。全村总土地面积54.2平方公里，耕地面积9595亩，辖7个村民小组，209户，1053人，人均近10亩。主要农作物为洋芋、荞麦，经济作物以胡麻、葵花为主，农民收入主要靠外出务工和养殖、种植业。近年来村两委认真贯彻落实各项惠农政策，想方设法促农增收，全村基础设施有了较大改观，农民经济收入有了明显增加。针对冯家沟临近宁夏，光照充足，土质沙化，气候温凉的特点，确定了“劳务主导，洋芋、荞麦支撑”的发展格局。3年来共组织输转剩余劳动力438人，实现创收650万元。组建洋芋协会1个，带动群众规模种植洋芋3000亩，实现创收450万。另外，还实施梯田建设1035亩，种草2000亩，修建村组道路30公里，完成人饮场窖146处，调引良种绒山羊125只。2008年，筹资8万元对旧村部进行了搬迁新建，建成砖木结构平房5间100平方米。设立了村两委办公室、党员活动室、图书阅览室、文化活动室，开通了电信模式现代党员干部远程教育终端接收点，村级阵地的作用得到了进一步的加强。

1201 四合原旅游开发办公室天桥村

简 介：天桥村位于四合原旅游开发办公室东南部22公里处，土地面积29平方公里，耕地面积1.2万亩。年平均气温5-7℃，年降水量300毫米，无霜期120天。辖5个村民小组，223户，1013人。村组干部8人。该村以种植玉米、荞麦、胡麻、洋芋、葵花等小杂粮为主，引领群众大力发展畜牧业，种植紫花苜蓿5000亩，养殖绒山羊920只，共有养殖大户25户，年出栏200只。

1202 合道乡唐台子村

简 介：唐台子村位于环县合道乡西北部，海拔1329米，其中唐台子水库位于环县南部环江右岸支流合道川中游，距县城75公里，始建于1959年，坝高38米，总库容为740万平方米，控制流域面积422平方公里，是一座集灌溉、防洪于一体的小型水库，2008年5月，庆阳市水利勘测规划设计院完成了唐台子水库除险加固工程初步设计，甘肃水利厅以甘水发【2008】133号文件推行了批复。2010年4月竣工工程完成后总库容826万立方米，兴利库容42万立方米，可满足防洪及灌溉需求；唐台子修建的新农村也在2014年后半年可竣工，方便了农户的住房需求；唐台子有养殖大户，如黄广成，给当地农户做了榜样，以养殖带动经济发展。

1203 曲子镇董家塬村

简 介：董家塬村位于曲子镇东北部，北连木钵，东与八珠乡、华池县接壤，南和金盆掌村、马家河村相连。原属于许家河乡，现归曲子镇管辖。距镇政府约28公里。辖区内以山地为主，属温带半干旱气候，年平均气温9.2度，年降雨量480毫米。全村主要种植小麦、玉米、豆类等农作物，经济作物以黄花菜、油料为主，农民的主要收入来源靠养牛、黄花、苹果。

1204 八珠乡冯家湾村

简 介：面积27.1平方公里，耕地4805亩。辖7个村民小组，238户，1020人。全村通电农户238户，通车150户，小学2所，在校学生133名。安全饮水项目工程182处，累计梯田面积3800多亩，多年生牧草面积达4600多亩，全村羊存栏达到6000只以上。2013年农民人均纯收入4220元。土地、劳动力资源丰富，适宜种植小杂粮，发展畜牧业，农村剩余劳动力丰富，适宜发展劳务产业，地表水层浅，适合种植设施农业。

1205 虎洞乡魏家河村

简 介：虎洞乡魏家河村位于虎洞乡东部，东靠洪德乡李家塬村，南依环城镇，北与金庄塬村相接壤，西与高庙湾村相毗邻，环固公路穿境而过，总面积41.8平方公里，实有耕地17294亩，辖7个村民小组，392户，1643人。全村现有小学1所，师生46人，全村适龄儿童入学率达99.7%。农家书屋1个，村卫生所1个，目前均能正常发挥作用该村境属黄土高原丘陵沟壑区，山脉纵横，岭梁交错，平均海拔1648米。气候秋旱春迟，风高土燥，干旱少雨，夏热冬冷，年降水量350-400毫米。主要发展草畜产业、劳务经济和三产服务业，农作物以小麦、荞麦、玉米、糜谷等为主，特色经济作物胡麻、葵花、豌豆、黄花等种植得到有效推广。全村有通村砂砾路2条，农机路6条，基本实现村组道路畅通。现有水平梯田面积12678亩，人均7.7亩。退耕还林面积4997亩，栽植树木百万余株，生态得到根本改善。建成雨水集流场364处，水窖1251眼，吴城子灌溉工程已全面竣工，可灌溉农田3000多亩。在产业发展上，结合退耕还林工程建设，种植多年生牧草3968亩，户均12.5亩。以沿川180户绒山羊养殖示范户为中心，带动周边137户农户发展养殖，目前已初具规模。

1206 环城镇十五里沟村

简　　介：十五里沟村位于环城镇以北6公里处，地势为中间低，东西高，年降雨量400毫米，总面积25.4平方公里，其中，耕地面积5441.5亩。辖6个村民小组，360户，1650人，村组干部10人，2013年农民人均纯收入4802元，较2012年增长25%。农民收入以从事种植、养殖、第三产业、外出务工为主。

1207 甜水镇何塬村

简　　介：何塬村位于甜水镇西北部，西北与宁夏接壤，东靠甜水街村，南邻鲁掌村，村部距镇区25公里，村"两委"班子于1989年成功创办了全市第一所农村寄宿制学校，村支部先后被评为全县先进基层党组织，五好村党支部。

1208 罗山川乡兰家掌村

简　　介：兰家掌村位于环县西北部，距离县城84公里。全村土地总面积77平方公里，平均海拔高度1700米，气候干旱，无霜期140天，年均降雨量330毫米。兰家掌村辖6个村民小组，215户，902人。全村现实有耕地14566亩，其中梯田面积为3459亩，占23.7%。全村现有果园384亩。

1209 毛井乡红土咀村

简　　介：红土咀村位于毛井东部，全村总面积46平方公里；有6个村民小组，总农户数317户，总人口1492人，劳动力987人；梯条田和川塬地3700亩，人均2.5亩；林地及荒山面积8430亩，林地覆盖率0.8%。

1210 小南沟乡小南沟村

简　　介：小南沟村位于小南沟乡中部，东临许掌村，南接连川村，西靠天子渠村，北与汪天子和粉子山两村接壤。全村共辖7个村民小组，312户，1485人，其中劳动力757人。全村总土地面积72.7平方公里，其中耕地面积20617.45亩，现有荒山面积81376亩，可开发利用草山面积33790亩。平均海拔高度1869米。村内梁峁起伏，沟壑纵横。全年无霜期130多天，正常年份降雨量210毫米，近年来，随着梯田、农电、道路、退耕还林等基础设施建设，使小南沟村面貌有了新的变化。小南沟村学校、卫生所等基础设施建设不断完善，草畜、洋芋、小杂粮等农业主导优势产业初具规模。

1211 小南沟乡杨胡套子村

简　　介：杨胡套子村位于小南沟乡西北部，距乡政府24公里，全村共辖6个村民小组，216户，1022人。全村总土地面积46.9平方公里，其中耕地面积18622.84亩，荒山面积51062亩，可开发利用草山面积31309亩。杨胡套村平均海拔1850米，村内沟壑纵横，起伏不平，年平均降雨量150毫米，无霜期130多天。

1212 秦团庄乡大天子村

简　　介：大天子村位于秦团庄乡北部，陕、甘、宁三省交界处，距乡政府20公里，土地面积35平方公里。全村共辖6个村民小组，218户，975人。耕地面积15070亩。村内沟壑纵横，生态困乏，每年春、冬季节风沙不断。以农牧业为主导产业，农民以种植玉米、洋芋和小杂粮为主，全村养羊6900只，养羊收入占全村经济收入60%以上。近年来，随着石油开发、国家惠农政策的落实以及扶持项目的带动，该村群众的生产生活条件在逐渐改善。

1213 车道乡万安村

简　　介：万安村位于车道乡东南部，距离乡政府20公里，北与代掌村接壤，西接杨掌村，南靠魏洼村，东临陈掌村。全村总土地面积41平方公里，耕地面积7500亩，辖3个村民小组，328户，1620人，年平均气温8.2℃，年降水量450.5毫米，无霜期110天。主要种植小麦、玉米等农作物，经济作物以胡麻、黄豆、葵花为主，农民的主要收入来源靠种植业、养殖业和劳务收入。

1214 曲子镇马家河村

简　　介：马家河村位于曲子镇东北角，东接董家塬村，西邻金盆掌村，南与小庄子村相邻，土地面积28平方公里，耕地面积5500亩。全村共辖5个村民小组，250户，1200人。属典型的黄土高原地貌，年降雨量480毫米。

1215 罗山川乡大树塬村

简　　介：大树塬村地处罗山川乡中部，距离县城73公里，是乡政府驻地村，全村土地总面积64.4平方公里，平均海拔高度1700米，洪罗公路贯穿全境。全村辖8个村民小组，农业人口361户，1521人。现实有耕地18914亩，其中梯田面积4876亩。大树塬村是罗山川乡政治、经济、文化中心。有初级中学、中心小学、信用社、卫生院、兽医站等驻乡单位，乡政府驻地小城镇面积约21公顷，交通条件较为便利。

1216 环城镇宁老庄村

简　　介：宁老庄位于环县县城以东30公里处，总面积37.1平方公里，耕地面积5100多亩，辖6个村民小组，299户，1328人。村上建了党建、农家书屋、办公室、计生活动中心等设施。有村级小学1所，在校学生80多人。梯田2000多亩，建设暖棚60多座，人畜饮水工程180多处。有井场，井口多处。主要种植小麦、玉米，种植面积5000多亩，还种植有胡麻、黄豆等经济作物。养殖大的家畜400头，羊存栏3500多只。2013年年人均纯收入4400元左右。发展畜牧业、种植业潜力巨大。

1217 洪德镇洪德村

简　　介：洪德村地处洪德镇中部，是洪德镇政府驻地所在村，东邻丁阳渠村，南接河连湾村，西连张塬村，北邻赵洼村，洪罗路沿街而过，交通便利，地理位置优越，是县北主要的商品流通集散地，商贸发展，经济活跃。全村辖10个村民小组，518户，2421人。总土地面积31.6平方公里，耕地面积5520亩。

1218 甜水镇甜水街村

简　　介：甜水街村是镇政府所在地，处在211国道沿线，地理位置优越，境内资源丰富，是甜水工业集中区规划的重点和扬黄通水工程的直接受益村。全村共有6个村民小组，419户，2017人。土地面积50平方公里，耕地面积6600亩。

1219 合道乡陶洼子村

简　　介：陶洼子村位于环县合道乡东部，东与曲子镇接壤，北邻木钵镇，南接天池乡。距县城54公里，距合道乡政府22公里。全村土地总面积12.36平方公里，耕地面积7340亩。全村8个村民小组，446户，2020人。陶洼子村多为山地，山高坡陡，土壤贫瘠，生态和经济林木主要有杏树、刺槐、沙棘等耐旱植物，不具备种植经济作物条件。农民收入以务工和种养植为主，人均纯收入4698元。陶洼子村因地理位置独特，商贸比较活跃，村部所在地的长年经商户有80户，全村有农资专业合作社2处，农贸市场1处，小型砖厂1处，初级中学1所，小学2所，村卫生所1处，养殖户8户（其中养羊6户，养猪2户），水泥预制厂2处，上水配套设施工程9处。柏油路7公里；到目前已修砂砾路18公里。

1220 芦家湾乡宋家掌村

简　　介：宋家掌村位于芦家湾乡政府驻地，土地面积28.6平方公里，耕地面积9616亩，辖4个村民小组，283户，1218口农业人口。该村主要种植玉米、洋芋等农作物，经济作物以胡麻、葵花为主，农民收入来源靠草畜、洋芋、玉米、劳务和第二、三产业。土地、劳动力资源丰富，适宜种植小杂粮，发展畜牧业，农村剩余劳动力丰富，适宜发展劳务产业，地表水层浅，适合种植设施农业。

1221 毛井乡二条俭村

简　　介：二条俭村位于毛井乡南部，距乡政府10公里，村委会驻地为二条俭组，全村土地总面积52平方公里，有10个村民小组，总农户437户，总人口2066人，劳动力950人；实有耕地面积33614亩，人均16.27亩，其中梯条田和川塬地7340亩，人均3.5亩；种植多年生牧草面积2210亩，户均5.08亩；全村林地面积7200亩，林木覆盖率9.23%。

1222 洪德镇私盐路村

简　　介：私盐路村位于洪德镇最西端，平均海拔高度1700米，村内沟壑纵横。年均降雨量350毫米。东邻新集子村，南与虎洞乡解仗塬村接壤，西邻小南沟李塬村，北接罗山乡山水湾村，距县城65公里，是洪德镇最偏远的村之一。全村共辖6个村民小组，167户，775人。

1223 天池乡大庄台村

简　　介：大庄台村位于天池乡西部，东与潘老庄村相接，南与井渠淌村相邻，是天池、演武、合道三乡交界处，东西约13公里，南北约12公里，总耕地面积5200亩，全村共有218户，人口1060人，全村辖4个村民小组，地理条件东部高西南低，交通通讯状况较好。

1224 环城镇马坊塬村

简　　介：马坊塬村位于环县县城西部，总面积21.8平方公里，耕地面积7039.3亩，辖5个村民小组，340户，1632人，村组干部4人，建成党员活动室、会议室、农家书屋、计生活动室等为一体的村部1所，建筑6间120平方米。目前，累计修建梯田1100亩，村组道路42公里，新建暖棚60座，人畜饮水工程328处，全村生产生活得到基本改善。农民主要收入来源为种植、务工，主要种植玉米，小麦等农作物，年均种植地膜粮食6000多亩，紫花苜蓿1000多亩，2013年农民人均纯收入4522元。

1225 环城镇陈汤塬村

简　　介：陈汤塬村位于环县县城南部，总面积13.4平方公里，耕地面积4132.7亩，现辖5个村民小组，265户，1325人，境内以山地和平原为主，年平均降水量350毫米。

修建标准化村部、卫生所、农家书屋共10间160平方米。全村梯田面积1900亩，村组道路20公里，养畜暖棚20座、人畜饮水工程168处，户户通电。现有小学1所，在校学生89名。农民的主要收入来源为种植业畜牧业及外出务工，以种植玉米、小麦等农作物为主，经济作物以黄豆、荞麦为主，年均种植地膜粮食1500亩，紫花苜宿1500多亩，调引良种绒山羊125只。2013年农民人均纯收入4517元。

1226 演武乡黑泉河村

简　　介：黑泉河村地处演武乡最北部，地处三交界处，南与刘坪佛岔相邻，东与合道相邻，北与车道相邻，西与镇远相邻。黑泉河原名红河，后更名为黑泉河，起因是我村有一眼泉，夏天清澈凉爽，冬季温暖，冬季下游近1.5公里河面不结冰，不封冻，有百姓视为宝泉，由此更名我村为黑泉河村。由于土地面积广，大部分群众以养殖业为主，种植业为次，由于大量封山育林，环境好，山清水秀。本村土地面积69000亩，耕地面积6600亩，一共324户人，总人口1474人，粮食作物以小麦、玉米为主，畜牧以绒山羊、小尾寒羊为主，有村组干部8名。该村新建村部8间，其中党员活动室3间，村党支部、村委会办公室3间，农家书屋1间，计划生育活动室1间。村级小学1座，村部配有卫生所1处。

1227 樊家川乡郝集村

简　　介：郝集村位于樊家川乡北部11公里处，全村共辖8个村民小组，365户，1779人，总土地面积45平方公里，耕地面积7244亩，人均4.3亩。年平均气温11.8℃，年降水量300毫米，无霜期172天。2011年农民人均纯收入2922元，群众收入主要来源于农业种植收入、养殖收入和劳务收入。

1228 环城镇张淌村

简　　介：环城镇张淌村位于环城镇西南部，距县城19公里，地形呈北高南低之状，最高海拔2082米，最低海拔900米，总面积25平方公里，耕地面积4181亩。辖5个村民小组，204户，1003人，村干部4名，年降水量430毫米。建成村部7间140平方米，内设党员活动室、农家书屋、村级文化站、计划生育活动室，开通了远程教育接收站点。建村级卫生所5间，现有小学1所，在校学生56名。近年来，修村组道路4条35公里，梯田1200亩，养畜暖棚50座，人畜饮水工程170处。农民收入以种养业、打工为主。

1229 罗山川乡光明村

简　　介：光明村位于罗山川乡南部，与洪德乡接壤，是罗山川乡的南大门。该村现辖4个村民小组，201户，865人（其中贫困人口159户，720人）。全村山、塬兼有，地形沟壑纵横。该村实有耕地10677亩，梯田4058亩。

1230 毛井乡丁连掌村

简　　介：丁连掌村坐落于毛井乡政府北部，东接大户掌和红土咀两村，南临砖城子村秦铺子组，西面和北面与高家洼村接壤，交通比较便利。全村土地总面积41平方公里，辖4个村民小组，总农户181户，总人口824人，种植多年生牧草面积1800亩，户均10亩。全村林地面积6592亩，林木覆盖率25%。

1231 甜水镇鲁掌村

简　　介：鲁掌村位于甜桐公路沿线，甜水

镇中部，北靠甜水街村，南与赵掌、高崾岘村接壤，村部距镇政府13公里，全村总土地面机64.5平方公里，耕地面积5500亩（其中梯田面积为807亩）。全村辖7个村民小组，274户，1288人。地势为四面高，中间低的“掌”地，多年平均降雨量为246毫米。

1232 芦家湾乡花儿掌村

简　　介：花儿掌村位于乡南12公路处，东接桃李湾村，西南邻宁夏罗洼乡，北靠庙儿掌村，总面积25.4平方公里，耕地面积9763.2亩，共有4个村民小组，252户，1085口农业人口。土地、劳动力资源丰富，适宜种植小杂粮，发展畜牧业，农村剩余劳动力丰富，适宜发展劳务产业，地表水层浅，适合种植设施农业。

1233 毛井乡杨东掌村

简　　介：杨东掌村位于毛井乡西北部，距乡政府15公里，村委会驻地为杨东掌组，全村土地总面积58平方公里，有6个村民小组，总农户308户，总人口1355人，劳动力540人。实有耕地面积22046亩，人均15.14亩，其中梯条田和川塬地5075亩，人均3.7亩。种植多年生牧草面积1980亩，户均6.43亩，全村林地面积500亩，林木覆盖率0.6%。

1234 毛井乡大户掌村

简　　介：大户掌村位于毛井乡北面，全村总面积39平方公里，有6个村民小组，总农户数241户，总人口1051人，劳动力691人。梯条田和川塬地1000亩，人均0.95亩；林地及荒山面积27816.9亩，成林面积3000亩，林地覆盖率1.8%。

1235 车道乡双庙村

简　　介：双庙村位于车道乡西北部，距离乡政府5公里，北与元峁村接壤，西接毛井乡砖城子村，南靠三角城村，东临苦水掌村。全村总土地面积60平方公里，耕地面积9400亩，辖6个村民小组，409户，2038人，年平均气温7.8℃，年降水量460毫米，无霜期120天。主要种植小麦、玉米等农作物，经济作物以胡麻、荞麦为主，农民的主要收入来源靠种植业、养殖业和劳务收入。

1236 环城镇周塬村

简　　介：周塬村位于环县县城西部14公里处，总面积19平方公里，耕地4526.3亩，退耕还林800亩。辖3个村民小村，255户，1260人，村组干部6人。建成集办公、文化、卫生为一体的村级活动场所5间150平方米，村小学1所，在校学生48名。近年来，结合扶贫整村推进项目，修村组道路15公里，梯田1740亩，建暖棚60座，调引良种羊400只，购置铡草机75台，实施人饮工程220处。主抓草畜、地膜种粮和小杂粮三大产业。全村种植地膜粮食3200亩，小杂粮950亩，紫花苜蓿留存面积2300亩。2014年，全村人均纯收入达到4630元，仅玉米收入达到1800元。

1237 小南沟乡连川村

简　　介：连川村位于小南沟乡西北部，距乡政府14公里，东临小南沟村，南接虎洞乡，西靠毛井乡，北与丁寨柯和杨胡套子两村接壤。全村共辖8个村民小组，249户，1224人，其中劳动力570人。全村总土地面积48.1平方公里，耕地面积15594.15亩，现有荒山面积51358亩，可开发利用草山面积34680亩，平均海拔高度1600米，村内梁峁起伏、沟壑纵横。全年无霜期130多天，正常年份降雨量约为270毫米。近年来，随着梯田、农电、道路、退耕还林、种草养畜等基础设施建设，使连川村面貌有了新的变化，村部阵地、医疗卫生、教育等基础设施建设不断完善，小麦、玉米、胡麻、苦荞等农业主导产业初具规模。

1238 耿湾乡郝东掌村

简　　介：郝东掌村位于耿湾乡西部，距乡政府15公里，东接万湾村，南邻洪德，西靠山城，北连部庄村，全村共辖10个村民小组，490户，2125人。全村土地面积63.8平方公里，耕地27120亩。全村山塬兼有，属丘陵沟壑区，降雨集中在夏秋两季，全年降雨量405毫米。全村农作物种植以小麦、玉米、荞麦、洋芋等为主。

1239 秦团庄乡南掌堡子村

简　　介：南掌堡子村位于秦团庄乡西南角，东接耿湾，南靠洪德，西邻山城，北靠秦团庄乡新峁村。因存有古代烽火台而得名，村内沟壑纵横，植被丰富，是养殖业的理想之地。近年来，随着机平地的推进，交通的发展，石油资源的开发，南掌堡子村正在迎来辉煌的时代。

1240 木钵镇韩洼子村

简　　介：据说几百年前韩氏家族移居此处，后来韩姓居民渐多，因地势低洼，称此村为‘韩坬（wà）子’，后来因“坬”字为多音字（发guà和wà音）且在当地方言中多念‘guà’（含有贬义）而改为“洼”字。韩洼子村位于木钵镇东部，村中心距木钵镇街道仅4公里，木八公路穿村而过，辖韩洼子、代岔、念岔、郭塬、慕塬、韩塬、韩东塬7个村民小组。

1241 甜水镇张铁堡村

简　　介：张铁堡村位于甜水镇东南，北靠大良洼村，东南与山城接壤，全村总土地面积62.8平方米，耕地面积6500亩。村部位于原211国道沿线，距镇政府20公里，共辖9个村民小组，289户，1387人，因整村地势外高内低，呈“槽”形，地处偏远，运水难度大，致使我村成为人畜饮水的困难村和盲点村，多年平均降雨量不足160毫米。

1242 洪德镇丁阳渠子村

简　　介：丁阳渠村位于洪德镇东北部，陕、甘、宁三省交界处，东邻洪德镇四合院旅游开发办许掌村，南与马塬村接壤，西邻洪德村，北接耿湾乡万家湾村。总土地面积22.9平方公里，其中耕地面积4060亩。辖5个村民小组，189户，996人。梁卯起伏，沟壑纵横，道路曲折，交通不便，属于典型的贫困干旱山区，年降雨量280毫米。

1243 洪德镇耿塬畔村

简　　介：耿塬畔村位于洪德镇西南部，东邻张崾岘村，西接苗河村，东接河连湾村，北靠张塬村。总面积21.2平方公里，耕地面积4830亩，现辖5个村民小组，219户，1146人。地处塬区，交通便利，年降雨量300毫米。

1244 环城镇鸳鸯沟村

简　　介：鸳鸯沟村位于环县县城西南8公里处，地形以山沟相间为主，年降水量200毫米，总面积18.9平方公里，耕地面积3019.8亩，辖5个村民小组，168户，769人，建有村部5间120平方米，内设党员活动室、计生活动室、农家书屋、办公室、远程教育设备室。今年来，修村组道路12公里，梯田1000亩，人畜饮水工程170处，勘探油井2口。农民收入以种养业为主，务工为辅。农作物种植以玉米、小麦为主，经济作物以豆子、胡麻、荞麦为主，年种植2100多亩，人均产粮850公斤。存活紫花苜蓿1970亩，良种绒山羊240只，良种牛30头。2013年农民人均纯收入达4413元。

1245 环城镇张滩滩村

简　　介：张滩滩村位于环县县城西部，总面积35.8平方公里，耕地面积5871.3亩，辖11个村民小组，393户，1756人，环何公路穿境而过，一部分耕地位于城西川河谷地区，地势低平，修建提灌站3处，灌溉毛渠5.7公里，灌溉条件便利。主要种植玉米、小麦、豆子、胡麻等农作物，兼种瓜菜。建成村部8间160平方米，内设党员活动室、农家书屋、办公室、计生活动室等，开通了远程教育，使村级阵地得到了较好发挥。建有庙儿沟水库1座，为县城居民提供生活用水。近年来，依托各种项目，修村组道路8公里，完成人畜饮水工程240处，梯田建设3000亩，建设施大棚80座。农民的主要收入来源依靠种、养殖业和务工，2013年农民人均纯收入6411元。

1246 车道乡安掌村

简　　介：安掌村位于车道乡东部，距离乡政府28公里，北与虎洞乡沙井子村、东道乡樱桃掌村接壤，西接代掌村，南靠万安村，东临合道乡大路洼村。全村总土地面积41平方公里，耕地面积4400亩，辖3个村民小组，209户，1049人，年平均气温7.4℃，年降水量435毫米，无霜期120天。主要种植小麦、玉米等农作物，经济作物以胡麻、葵花为主，农民的主要收入来源靠种植业、养殖业和劳务收入。

1247 小南沟乡燕麦掌村

简　　介：燕麦掌村位于小南沟乡北部，距乡政府50公里，东邻粉子山村，西接丁寨柯村，南靠杨胡套村，北与宁夏同心县马高庄乡接壤。全村共辖5个村民小组，228户，1025口人，其中劳动力487人。全村总土地面积52.7平方公里，其中耕地面积16332.56亩，现有荒山面积59025亩，可开发利用草山面积57840亩。平均海拔1950米，年均降雨量120.6毫米，平均气温5℃，无霜期120多天，风向多为偏北风，日照条件较好。土壤以黄土结构为主，主要经济作物有葵花、胡麻、燕麦等，盛产羔羊肉、胡麻油、燕麦面等。境内土地面积宽广，草场资源丰富，土地肥沃，素有“小南沟乡小江南之称”。

1248 天池乡梁河村

简　　介：梁河村位于天池乡北部，东接曲子镇西沟村，南靠天池乡张邓塬村，西与天池乡殷家河村相邻，北与曲子镇楼房子村接壤。全村辖4个村民小组，232户，1016人。现在村组干部7人，全村土地总面积19.8平方公里，耕地面积4500亩，其中梯田面积4420亩，人均占有耕地面积4.3亩以上，全村粮食作物以小麦、玉米为主导产业，经济作物及特色产业主要有小杂粮、瓜果等。

1249 虎洞乡半个城村

简　　介：虎洞乡半个城村位于虎洞乡南部，东与环城镇接壤，西于常兆台村交界，南与合道乡紧靠，北与张湾村毗邻，总面积43.5平方公里。全村现有耕地11267亩，辖7个村民小组，237户，总人口1009人。全村现有小学1所，师生6人，全村适龄儿童入学率达99.7%。农家书屋1个，村卫生所1个，目前均能正常发挥作用。村境属黄土高原丘陵沟壑区，山脉纵横，岭梁交错，沟台四布，残塬梢呲，海拔 1500-1700 米。气候秋早春迟，风高土燥，干旱少雨，夏热冬冷，年降水量 350-400 毫米。该村主要发展草畜产业、劳务经济和三产服务业，农作物以小麦、荞麦、玉米、糜谷等为主，特色经济作物胡麻、葵花、豌豆、黄花、药材等种植得到有效推广。全村有通村砂砾路 1 条，农机路 5 条，基本实现村组道路畅通。水平梯田面积达 4614 亩，户均 19.46 亩。雨水集流场 151 处，水窖 909 眼。在产业发展上，养殖产业初具规模，多年生牧草留存面积 3500 多亩，羊棚 100 多座，羊存栏 5750 只，户均达到 25 只。

1250 天池乡碾盘岭村

简　　介：碾盘岭村原名叫盘龙寺，历史上这里因有一个盘龙寺院而闻名百里。它位于天池乡西南部，东邻吴城子村，西邻鲜岔村，南邻镇原县方山乡曹湾村，北邻井渠淌村。该村辖 5 个村民小组，共 207 户，894 人。下设村组干部 8 名，民兵连 25 人，青年团 11 人，致富能手 5 名，现有耕地 4520 亩，人均梯田 4.5 亩以上。

1251 樊家川乡马驿沟村

简　　介：马驿沟村位于樊家川乡北部，境内山川塬兼有，地势北高南低，平均海拔 1450 米。境内有较丰富的石油资源，为长庆油田采油二厂樊家川作业区承担开采。全村共 8 个村民小组，全村产业结构以种植业和养殖业为主，种植业以粮食作物为主，有玉米、小麦、马铃薯，经济作物以冬油菜、胡麻为主，

1252 小南沟乡汪天子村

简　　介：汪天子村位于小南沟乡西北部，北接罗山川乡，南临小南沟村，西靠李上山村，东与李塬村相接。全村共辖 5 个村民小组，177 户，877 人，其中劳动力 492 人。全村总土地总面积 39.7 平方公里，耕地面积 14558.67 亩，荒山面积 44506 亩，其中可开发利用草山面积 39025 亩。平均海拔高度 1920 米，全年无霜期 130 多天，年均降雨量 120 毫米。

1253 合道乡陈旗塬村

简　　介：总土地面积 45 平方公里，属温带大陆半干旱山区，平均海拔 1389 米，全村共有耕地面积 7680 亩，人均 4.1 亩；其中梯条田地 3500 亩，人均 2.1 亩。当地农民经济收入以种植、养殖、个体经营和务工为主。

1254 木钵镇白家掌村

简　　介：村里面有个掌，村民以白姓居多，故叫做白家掌。白家掌村位于木钵镇东部。地处山区。全村共有 4 个村民小组，农业人口 187 户，916 人，2013 年全村人均产粮 400 公斤，农民人均纯收入 3218 元。没有通村公路，各村民小组仅通农用三轮车。人畜饮水靠窖水为主。

1255 天池乡吴城子村

简　　介：吴城子村位于天池乡南部，东接老庄湾村，南靠曹李川村，西邻碾盘岭村，北与井渠淌村接壤，是处环县、镇原相邻之地。全村共辖 6 个村民小组，共 323 户，1496 人，村组干部 10 人，全村总面积 33 平方公里，耕地面积 7870 亩（其中梯田面积 6750 亩），人均耕地 4.1 亩。现牛存栏 836 头，养羊 3569 只。道路交通、通信设施、村文化宣传阵地、村级卫生所等基础设施全部健全，推动了当地经济快速发展。全村形成以种植小麦、玉米为主导产业，以种草养畜为副的产业链条，大力推广种植黄豆、油料、小杂粮等特色产业，发展非公经济，全面推

进基础设施建设，努力提高农民收入。

1256 环城镇红星村

简　　介：红星村位于环城镇政府驻地，现是甘肃省“百村示范点”之一，土地面积16.9平方公里，耕地面积2754.9亩，辖7个村民小组，750户，3388人，211国道贯通全村，交通便捷，物产资源丰富，是环县重点生态乡镇之一。建有4层1480平方米的综合办公楼1幢，集政治、文化等活动为一体。积极配合县政府实施县城西滩、南区开发，老城、北关改造。2013年农民人均纯收入5037元，2013年农民人均纯收入5037元。村先后荣庆阳“先进基层党组织”，县“五好”党支部，“文明村镇”，“尊老敬老”先进村，“先进人大代表小组”等称号。

1257 八珠乡湫坝沟村

简　　介：湫坝沟村总面积24.7平方公里，耕地3960亩。辖4个村民小组，208户，875人。全村通电农户208户，通车142户，通电视190户，通电话196户。通村砂砾路13公里，安全饮水项目工程93处，新修梯田500亩，人均占有梯田面积达3.5亩。退耕还林及多年生牧草留存面积达6000多亩。2013年农民人均纯收入4226元。土地、劳动力资源丰富，适宜种植小杂粮，发展畜牧业，农村剩余劳动力丰富，适宜发展劳务产业，地表水层浅，适合种植设施农业。

1258 合道乡红崖洼村

简　　介：红崖洼村总土地面积28平方公里。属温带大陆半干旱山区，平均海拔1263米，全村共有耕地面积7680亩，人均4.8亩，其中梯条田地3800亩，人均2.3亩。当地农民经济收入以种植、养殖、个体经营和务工为主。

1259 芦家湾乡庙儿掌村

简　　介：庙儿掌村位于乡政府西南8公里处，东接花儿掌村，西邻寨科乡，南邻杨新庄村，北连宋家掌村，总面积41.8平方公里，耕地面积12970.6亩，共有4个村民小组，250户，1125口农业人口。土地、劳动力资源丰富，适宜种植小杂粮，发展畜牧业，农村剩余劳动力丰富，适宜发展劳务产业，地表水层浅，适合种植设施农业。

1260 曲子镇双城村

简　　介：双城村位于曲子镇政府所在地，东面与许家塬村、宋家塬村接壤，南面与五里桥村接壤，西面与西沟村接壤，北面与刘旗村接壤。据记载明永乐初，征西将军何福在此筑城，至今仍有“双城”之名。总面积18.5平方公里，在册耕地面积6100亩，人均1.8亩，有8个村民小组，800户，3461口人，辖区内山、川、塬兼有，属温带半干旱气候，年平均气温9.2度，年降雨量480毫米。双城村人多地少，农作物种植以玉米、紫花苜蓿、蔬菜为主。

1261 虎洞乡常兆台村

简　　介：常兆台村位于虎洞乡南部，北靠张大掌村，东接半个城村，西面与贾驿相毗邻，南与张湾村相接壤，总面积51.9平方公里，实有耕地面积12660亩。辖7个村民小组，266户，1180人。全村现有小学1所，师生16人，全村适龄儿童入学率达99.5%。农家书屋1个，村卫生所1个，目前均能正常发挥作用。村境属黄土高原，残塬间布为主，沟壑和梁峁占主体，平均海拔1800米，无霜期140天。气候干燥，少雨多旱，年均降水量330毫米。主要发展草畜产业、劳务经济和地膜种粮，农作物以小麦、荞麦、玉米、糜谷等为主。特色经济作物胡麻、葵花、豌豆、黄花、药材等种植得到有效推广。全村有通村砂砾路 1 条，农机路 4 条，基本实现道路畅通。水平梯田面积达 5430 亩，户均 21 亩。雨水集流场 170 处，水窖 1002 眼。在产业发展上，养殖产业初具规模，多年生牧草留存面积 9787 多亩，羊棚 100 多座，羊存栏 5850 只，户均达到 25 只。

定西市

（一）安定区

1262 团结镇寒树村

简　　介：以高寒多树而得名，1949 年后属香泉区寒水乡，1954 年建立寒树初级社，1958 年合并为高泉高级社，1958 年 10 月划为团结公社高泉大队，1961 年沟高泉大队划出成立寒树大队，1956 年又合并为寒水大队，1979 年又与寒水大队分开为寒树大队，1983 年改为寒树村至今。

1263 宁远镇前川村

简　　介：以方位而得名，1952 年属马泉乡，1956 年前川初级社与马泉初级社合并为马泉高级社，1961 年建立前川大队，1983 年改为前川村至今。

1264 称钩驿镇梁家坪村

简　　介：以姓氏和自然实体而得名，1993 年由称钩驿村分设成立。

1265 凤翔镇义安村

简　　介：1957 年组建高级社时取仁义、永安两个初级社的尾字而得名，1961 年为义安的一个生产队，1968 年合并到东风大队，1978 年又分设为义安大队，1983 年改为义安村至今。

1266 宁远镇羊营村

简　　介：以传统地名而得名，1952 年属薛川乡，1958 年为羊营高级社，1958 年为宁远公社羊营大队，1983 年改为羊营村至今。

1267 葛家岔镇中寨村

简　　介：以古代时兵马扎营而得名，原为葛家岔公社南林大队，1978 年从南林大队划分一部分成立中寨大队，1983 年改为中寨村至今。

1268 内官镇嘴头村

简　　介：以自然实体而得名，属内官区黑山乡嘴头、文昌两个行政村，合作化时组建嘴头、文昌、满坪 3 个初级社，后合并为嘴头高级社，公社化后，曾命名为嘴头大队，1980 年划为嘴头、文昌两个大队，1983 年改为嘴头村。

1269 鲁家沟镇三湾村

简　　介：以地理实体数字命名，1949 年属鲁家沟区御风乡所辖。1958 年命名为鲁家沟公社三湾大队，1961 年属御风公社，1964 年属白碌公社，1980 年划归御风公社，1983 年改为罗家川村，2003 年撤乡并镇划入鲁家沟镇。

1270 宁远镇薛川村

简　　介：以姓氏和自然实体而得名，1952年属宁远和薛川两乡分别管辖，1956年分为大岔湾和新星高级社，公社化时撤销薛川乡划归宁远公社，1983年改为薛川村至今。

1271 青岚山乡上坪村

简　　介：以方位得名，1975年从碾盘大队分出成立上坪大队，1983年改为上坪村至今。

1272 石峡湾乡石峡湾村

简　　介：因有石头峡而得名，1978年前属长川大队，1978年从长川分设成立石峡湾大队，1983年改为石峡湾村至今。

1273 内官镇内官营村

简　　介：明洪武三十一年（1398年）肃王朱瑛自甘州移兰州，置内官营于此而得名，公社化后为团结大队，1964年定名为内官营大队，1983年改为内官营村至今。

1274 团结镇小山湾村

简　　介：以自然实体而得名，1949年为香泉区管辖，1954年划归内官区建立小山初级社，1958年建立小山高级社，同年10月划归香泉公社为小山大队，1961年划归西寨公社，1964年合并为香泉公社。1980年划归团结公社，1983年改为小山湾村至今。

1275 青岚山乡大坪村

简　　介：以自然实体得名，1975年从碾盘大队分出，定名为大坪大队，1983年改为大坪村至今。

1276 团结镇唐家堡村

简　　介：因有唐姓人居住的一座大堡子而得名，1949年属通安驿区唐家堡乡，1955年建立唐家堡、任家庙、雍家湾3个初级社，1956年撤区并乡后成立唐家堡乡。1957年合并为新华高级社，1958年为团结公社新华大队，同年又改为唐家堡大队，1983年改为唐家堡村至今。

1277 内官镇崖湾村

简　　介：以自然实体而得名，早期属内官区黑山乡一个村，公社化后命名为崖湾大队，归内管公社管辖，1983年改为崖湾村。

1278 称钩驿镇称钩驿村

简　　介：以元代设立秤钩驿站而得名，合作化时称为称钩驿社，公社化时称为称钩驿大队，1983年改为称钩驿村至今。

1279 鲁家沟镇花岔村

简　　介：以自然实体位置而得名，1952年属鲁家沟区平西乡，1954年为花岔初级社，后与大岔合并为大岔高级社，1958年成立花岔大队，1983年改为花岔村至今。

1280 巉口镇盐沟村

简　　介：以自然实体而得名，1952年为巉口区景家泉乡麻泉村，合作化时为上坪和坪川两个合作社，1958年改为金滩、盐沟两个高级社，1961年属景泉公社盐沟大队，1983年改为盐沟村至今。2003年整体划入巉口镇。

1281 香泉镇后湾村

简　　介：以方位而得名，公社化时为香泉公社后湾大队，1961年属西寨公社，1964年属香泉公社，1982年又划归西寨公社，1983年改为后湾村。2003年撤乡并镇时西寨乡整体并入香泉镇，原有村委会数量和名称不变。

1282 符家川镇兰星村

简　　介：1958年公社化时命名为兰星大队，土改时属榆中县符川乡管辖，公社化后划归定西乡符川公社命名为兰星大队，

1283 内官镇董家湾村

简　　介：以姓氏而得名，1955年属南阳乡，1958年公社化时属红堡公社董家湾大队，1961年划归东岳公社，1964年划归高峰公社，1972年又改为东岳公社，1983年改为董家湾村，2003年划归内官营镇。

1284 新集乡西坪村

简　　介：以方位而得名，土改时为四区卧龙乡，1954年建立两个初级社，后合并为西坪高级社，公社化时为葛家岔公社西坪大队，1961年划归新集公社，1983年改为西坪村至今。

1285 宁远镇罗川村

简　　介：以姓氏和自然实体得名，由罗家川简称而来。1949年一部分属薛川乡管辖，一部分属会宁县管辖，1956年为新合初级社，1958年公社化时撤销薛川乡为薛川大队归宁远公社管辖，1961年与薛川大队分开为罗川大队，1983年改为罗川村至今。

1286 西巩驿镇寺坪村

简　　介：因当地古庙和自然地理实体而得名，1952年属西巩驿区黄金乡，合作化时属大坪乡，1954年属新寺初级社，1958年属黄金高级社，公社化时属李家堡公社黄金大队，1961年划归西巩驿公社成立寺坪大队，1983年改为寺坪村至今。

1287 石泉乡岳家曲村

简　　介：以姓氏而得名，1988年从中坪村划出，设立岳家曲村至今。

1288 凤翔镇北廿里铺

简　　介：以距离定西城的距离及方位而得名，公社化时为柏林大队，1961年为柏林乡廿里铺大队，1979年又与西廿里铺分设为四个大队，为了互不重合命名为北廿里铺大队，1983年改为村至今。

1289 青岚山乡郭川村

简　　介：以姓氏和自然实体而得名，土改时为花岔乡，后并为花岔公社，公社化时属柏林公社花岔大队，1964年划归青岚公社，1971年分为车门川、花岔、郭川3个大队，1983年改为郭川村。

1290 凤翔镇响河村

简　　介：以自然地理实体而得名，土改时属巉口区柏林乡，公社化时为响河大队，属巉口公社管辖，1961年划归柏林公社，1964年属城关公社，1983年将响河大队分为响河和上台两个村沿用至今。

1291 香泉镇花屏村

简　　介：以自然实体而得名，土改时属通安区花坪乡，公社化后为该香泉公社花屏大队，1983年改为村。

1292 青岚山乡下湾村

简　　介：以方位而得名，土改时属四维乡，1958年属青岚公社下湾大队，1983年改为下湾大队。

1293 内官镇锦屏村

简　　介：1949年前设锦屏镇而得名，新中国成立初为锦屏乡管辖，公社化后属锦屏公社，1961年为内官营公社划为4个大队，

1963 年将太原大队划归乌龙大队，其余 3 个合并为锦屏大队，1983 年改为锦屏村至今。

1294 内官镇永丰村

简　　介：以人们的愿望而得名，公社化时为锦屏公社永丰大队，1961 年属内官公社，1981 年属内官营公社，1983 年个永丰村至今。

1295 西巩驿镇南河川村

简　　介：1952 年属西巩驿乡，合作化时组建南河川初、高级社，公社化时属中驿大队，1959 年又组建南河川大队，1983 年改为南河川村至今。

1296 石峡湾乡站湾村

简　　介：以客商从马家堡、会宁、甘草店来往的食宿站而得名，合作化、公社化时属鲁家沟公社管辖，1972 年建立石峡湾公社时划归石峡湾，1983 年改为站湾村至今。

1297 杏园乡朱家湾村

简　　介：以姓氏和自然实体而得名，土改时属宁远区杏园乡、南川乡、牛营乡，合作化时为 3 个初级社，后为南川高级社，1961 年属杏园公社南川大队，1979 年划出成立朱家湾大队，1983 年改为朱家湾村至今。

1298 内官镇东岳村

简　　介：以东岳庙而得名，1958 年属红堡公社，成立东岳大队，1964 年划归内官公社，1972 年又划归东岳公社，1983 年改为东岳村。2003 年划归内官营镇。

1299 香泉镇双庙村

简　　介：以旧庙宇而得名，土改时属通安区花坪乡，公社化时和花屏大队分开成立双庙大队，1983 年改为村。

1300 石泉乡扈家峡村

简　　介：以姓氏和地形而得名，1952 年属西巩驿区峡口乡，1954 年组建 4 个初级社，1956 年合并为赵河高级社，1961 年从赵河大队分出，命名为扈家峡大队，1983 年改为扈家峡村至今。

1301 凤翔镇口下庄村

简　　介：因地处景家口稍下而得名，土改时为李家堡乡的一个村，合作化时组建为两个初级社，1956 年合并为景家口高级社，公社化时为城关公社景家口大队，1979 年从景家口大队分出成立口下庄大队，1983 年更名为口下庄村。

1302 凤翔镇柏林村

简　　介：以此地古代生长有柏树林而得名，解放初属城关区柏林乡，1957 年划归巉口管辖，1958 年为巉口公社柏林大队，1964 年划归城关公社为柏林大队，1983 年改为柏林村至今。

1303 李家堡镇韩湾村

简　　介：以姓氏和自然地理实体位置而得名，合作化时组建 3 个初级社，1956 年合并为五星高级社，公社化后改为张湾大队，属团结公社。1961 年划归李家堡公社，同年从张湾大队划出成立韩家湾大队，1966 年改为韩湾大队，1980 年划归张湾公社，1983 年改为韩湾村至今。2003 年撤乡并镇时划入李家堡镇。

1304 葛家岔镇北坪村

简　　介：以自然地理实体和方位而得名，土改时属葛家岔区北坪乡，合作化时组建北坪高级社，公社化后为葛家岔公社北坪大队，1961 年将北坪划分为北坪、黄家湾两个大队，

1983 年改为北坪村至今。

1305 石峡湾乡三泉村

简　　介：因当地有三眼泉水而得名，1949 年属葛家岔公社九岔大队三泉村，合作化时组建三泉初级社，1957 年为三泉高级社，公社化后为三泉大队，1983 年改为三泉村至今。

1306 团结镇寒水村

简　　介：因当地寒水岔沟而得名，1949 年后属香泉区寒水乡，1954 年建立寒水初级社，1958 年转为寒水高级社，同年 10 月划归团结公社，1965 年与寒树合并为寒水大队，1979 年与寒树分开恢复为寒水大队，1983 年个寒水村至今。

1307 宁远镇贾堡村

简　　介：以姓氏和建筑物（堡子）而得名，1952 年叫贾堡村属红土乡管辖，1955 年建立贾堡高级社，1958 年建立贾堡大队划归宁远公社，1983 年改为贾堡村至今。

1308 青岚山乡郑沟村

简　　介：以姓氏而得名，土改时属四维乡，合作化时为郑沟高级社，1958 年归青岚公社为郑沟大队，1983 年改为郑沟村，沿用至今。

1309 高峰乡牌坊村

简　　介：以古迹而得名，土改时属内官区高峰乡，合作化时组建牌坊初级社，1958 年和许卜寨合并为改高级社，1958 年属红堡公社牌坊大队，1961 年划归高峰公社，1983 年改为牌坊村。

1310 白碌乡铧尖村

简　　介：以地形似铧尖而得名，合作化时和碌丰合办高级社，公社化时属碌丰大队，1961 年从碌丰大队划出成立铧尖大队，1983 年改为铧尖村至今。

1311 内官镇南阳村

简　　介：位于阴阳峡南部而得名，1958 年属红堡公社，1961 年属东岳公社，1964 年划归高峰公社，1972 年又划归东岳公社，1983 年改为南阳村。2003 年撤乡并镇时东岳乡整体并入内官营镇，原有村委会不变。

1312 凤翔镇石家坪村

简　　介：以姓氏而得名，土改时属城关区石坪乡，合作化时组建成 3 个初级社，后合并为高级社，1958 年曾改为星光大队，1983 年又改为石家坪大队，后将河西部分划出成立张家庄村，河东为石家坪村，沿用至今。

1313 称钩驿镇好麦村

简　　介：以种植小麦出名而得名，1966 年由周家河大队划分一部分设立好麦大队，1983 年改为好麦村至今。

1314 西巩驿镇营房村

简　　介：左宗棠部队曾在此地扎过营，故名营房。1952 年属西巩驿区花沟乡，合作化时属河畔初级社，1958 年为西巩公社河畔大队，1961 年从河畔大队分出建成营房大队，1983 年改为营房村至今。

1315 高峰乡红光村

简　　介：以土壤颜色而得名，土改时属内官区红堡乡，合作化时组建初级社，1957 年和马营滩合并为高级社，1958 年后属红堡公社，1961 年划归高峰公社为红光大队，1983 年改为村。

1316 宁远镇丰盛村

简　　介：以人们的愿望而得名，1952 年属前川与红土两乡管辖，1965 年建立丰盛高级社，1958 年改为丰盛大队，1983 年改为丰盛村至今。

1317 鲁家沟镇张沟村

简　　介：以姓氏和自然地理实体而得名，1949 年属鲁家沟区御风乡所辖。1958 年命名为鲁家沟公社张沟大队，1972 年划入景泉公社，1980 年划归御风公社，1983 年改为张沟村，2003 年撤乡并镇划入鲁家沟镇。

1318 内官镇陡寨村

简　　介：以自然实体而得名，解放初属内官区黑山县乡公所辖东湾、分水两个村，后合并为陡寨高级社，公社化后命名为陡寨大队，1983 年改为陡寨村。

1319 葛家岔镇黑鹰村

简　　介：以动物居住而得名，1952 年属巉口区大营乡，1954 年为清明乡，1958 年为黑鹰乡，同年 10 月公社化时为葛家岔公社清明大队，1961 年将清明大队分为清明、葛家岔、黑鹰 3 个大队，1983 年改为黑鹰村至今。

1320 白碌乡复兴村

简　　介：以愿望而得名，1952 年属鲁家沟区白碌乡中山村，合作化时由黑林窠、杨家坪、拽碾沟 3 个初级社组建成复兴高级社，公社化时为复兴大队，1983 年改为复兴村至今。

1321 李家堡镇花川村

简　　介：花川村有一块大川地，形似铧尖，取谐音而得名，1956 年组建花川初级社，1957 年为花川高级社，1958 年公社化时为李家堡公社花川大队，1983 年改为花川村至今。

1322 宁远镇红土村

简　　介：以当地土壤色泽为红色而得名，1949 年为宁远区红土乡，合作化时建立 6 个初级社，1956 年合并为 1 个高级社，公社化时改为红土大队，1983 年改为红土村至今。

1323 宁远镇王家坪村

简　　介：以姓氏和自然实体而得名，1952 年属郑家乡和红土乡分别管辖，1956 年建立初级社，后并入长丰高级社，1958 年公社化时为宁远公社王家坪大队，1983 年又改为王家坪村至今。

1324 李家堡镇黄金村

简　　介：因有黄家高山而得名，1949 年后为黄金乡三村，1956 年合作化时改为黄金社，1958 年公社化后为黄金大队，属李家堡公社，1983 年改为黄金村至今。

1325 凤翔镇吴家川村

简　　介：以姓氏而得名，1949 年后为城关区花园乡，合作化时组建为铧尖初级社，后与保丰、北坪合并为铧尖高级社，公社化时命名为铧尖大队，1979 年与铧尖分开，命名为吴家川大队，1983 年改为吴家川村至今。

1326 内官镇勤宝村

简　　介：以人们的愿望而得名，新中国成立初属榆中县长安乡管辖的勤俭、宝石两个村，后为勤宝高级社，公社时名为勤宝大队，1958 年由榆中县划归时定西县符川公社，1980 年划归黑山公社，1983 年改为勤宝村。2003 年撤乡并镇时黑山乡整体并入内官营镇。

1327 内官镇庆丰村

简　　介：以人们的愿望而得名，公社化时为锦屏公社庆丰大队，1961年属内官营公社，1983年改为庆丰村至今。

1328 石峡湾乡景子岔村

简　　介：地形为岔，土质肥沃，有丰收的景象，故得名景子岔。1949年后属鲁家沟区南林乡付元村，合作化时组建长川高级社，公社化时属葛家岔公社长川大队，1961年划归石峡湾公社命名为景子岔大队，1964年划入葛家岔公社，1974年又划归石峡湾公社，1983年改为景子岔村至今。

1329 杏园乡张家山村

简　　介：以姓氏而得名，1958年属宁远公社刘家湾大队，1961年划归杏园公社，1979年从刘家湾大队划出成立张家山大队，1983年改为张家山村至今。

1330 巉口镇冯家岔村

简　　介：以姓氏和地形而得名，1952年属大营乡。1954年改为大营初级社，1958年为大营高级社。同年10月划为巉口公社冯家岔大队，1983年改为冯家岔村沿用至今。

1331 内官镇中河村

简　　介：以河的相对位置而得名，新中国成立初期为内官区永安乡管辖，公社化后命名为中河大队，1983年改为中河村。

1332 鲁家沟镇大岔村

简　　介：以自然地理实体而得名，1952年属鲁家沟区御风乡，1958年公社化时为大岔大队，1961年属御风公社，1972年属景泉公社，1980年划归御风公社，1983年改为大岔村，2003年撤乡并镇划入鲁家沟镇。

1333 香泉镇陈家屲村

简　　介：以姓氏而得名，合作化时组建两个初级社，公社化后命名为陈家屲大队，1983年改为村。

1334 新集乡大南岔村

简　　介：以方位和自然实体而得名，土改时属新集乡，合作化时与新集合并为高级社，1938年为葛家岔公社新集管理区新集大队的三、四小队，1961年划归新集公社，1983年命名为大南岔村。

1335 称钩驿镇阳坡村

简　　介：以方位而得名，合作化时取名为阳坡合作社，公社化时为阳坡大队，1983年改为阳坡村至今。

1336 葛家岔镇清明村

简　　介：原名青糜子岔，以曾种植过青糜子而得名，公社化后改为清明大队。土改时属葛家岔区北坪乡，公社化后为葛家岔公社清明大队，1961年又将清明大队划分为清明、葛家岔、黑鹰3个大队，1983年将清明大队改为清明村至今。

1337 青岚山乡青岚村

简　　介：因青烟缭绕、多生岚气而得名，1952年属西巩驿区青岚乡青岚村，1954年为初级社，后为高级社，1958年属青岚公社青岚大队，1983年改为青岚村至今。

1338 石峡湾乡新建村

简　　介：1978年从九岔大队划分出来的新大队，故命名为新建大队。1978年从原九岔大队分设成立，1983年改为新建村至今。

1339 巉口镇学房村

简　　介：以当地有学校而得名，1952 年为将台乡学房村，1958 年为西平公社学房大队，1964 年为巉口公社学房大队，1983 年改为学房村，沿用至今。

1340 鲁家沟镇山林村

简　　介：以自然实体和植被而得名，1949 年属鲁家沟区御风乡，1954 年为大深沟初级社，1958 年公社化时命名为山林大队，1961 年属白碌公社，1980 年划归御风公社，1983 年改为山林村，2003 年撤乡并镇划入鲁家沟镇。

1341 巉口镇常川村

简　　介：以姓氏和自然实体而得名，1954 年属新民乡民乐社，后合并为景泉乡官兴社，1961 年属称钩公社，1972 年成立景泉公社时划归景泉公社命名为常川大队，1983 年改为常川村至今。2003 年撤乡并镇时划入巉口镇。

1342 符家川镇长丰村

简　　介：以人们的愿望而得名，土改时属榆中县长安乡，公社化后划归定西县符川公社，命名为长丰大队，1983 年改为长丰村至今。

1343 青岚山乡青湾村

简　　介：以自然植被和地理实体而得名，土改时为四维乡，合作化时为青岚高级社，公社化时为青岚公社青湾大队，1983 年改为青湾村。

1344 青岚山乡傅家村

简　　介：以姓氏而得名，1952 年属青岚乡傅家村，1954 年组建 3 个初级社，后合并为高级社，1958 年属青岚公社为傅家大队，1983 年改为傅家村组至今。

1345 凤翔镇永安村

简　　介：以愿望而得名，合作化时为永安社，1957 年组建为义安社，1979 年命名为永安大队，1983 年改为永安村至今。

1346 鲁家沟镇御风村

简　　介：以山高风大，取其反义而得名，1949 年属鲁家沟区御风乡所辖。1958 年命名为鲁家沟公社御风大队，1961 年属御风公社，1964 年属白碌公社，1980 年又划归御风公社，1983 年改为御风村，2003 年撤乡并镇划入鲁家沟镇。

1347 凤翔镇小西岔村

简　　介：以地形和方位而得名，合作化时和联庄并为英雄大队，归城关公社管辖，1969 年与李家岔合并为朝阳大队，1979 年又分设为小西岔大队，1983 年改为村至今。

1348 称钩驿镇新民村

简　　介：以愿望而得名，1949 年后为新民大队，属巉口公社管辖，1961 年划归秤钩公社，1983 年改为新民村沿用至今。

1349 团结镇联庄村

简　　介：1949 年前名为乱庄川，后以乱庄命名，当地口语谐音取名联（lǔan）庄 1949 年后属城关区双桥乡，1955 年划归通安区唐家堡乡，同年设立许家岔、上乱庄、下乱庄 3 个初级社，1958 年合并为新联高级社，复归双桥乡管辖，1958 年划归城关公社。1962 年划归景家店公社，改名跃进大队。1964 年划归团结公社，1969 年复名联庄大队，1983 年改为联庄村至今。

1350 石泉乡合营村

简　　介：以合并村庄而得名，1952年属石坪乡和李塘乡，1954年组建庙坪、合营两个初级社，1956年合并为合营高级社，1958年成立合营大队，1983年改为合营村至今。

1351 内官镇宝石村

简　　介：该村以宝山、石家山两地名各取一字而得名，1958年属红堡公社，称为宝石大队。1961年属东岳公社，1964年划归香泉公社，1972年又划归东岳公社，1983年改为宝石村。2003年划归内官营镇。

1352 西巩驿镇罗川村

简　　介：以姓氏和自然地理实体而得名，1952年属西巩驿区百页乡，合作化时组建为罗川高级社，1958年10月公社化时为罗家川大队，1983年改为罗川村至今。

1353 符家川镇高阳村

简　　介：以姓氏和自然实体而得名，土改时属内官区黄川乡，公社化后为符川公社高阳大队，1983年改为高阳村。

1354 杏园乡牛营村

简　　介：据传明朝有一名姓牛的军官在此扎过营，故得名，1952年属牛营区牛营乡，合作化时组建初级社，后为高级社，1958年为牛营公社牛营大队，1961年为杏园公社牛营大队。1983年改为牛营村至今。

1355 团结镇好地掌村

简　　介：以人们愿望而得名，1949年属通安区杜坪乡，1958年建立寺川高级社，1958年划归团结为寺川大队，1980年改为好地掌大队，1983年改为好地掌村至今。

1356 鲁家沟镇罗家川村

简　　介：以姓氏和地理实体而得名，1949年属鲁家沟区御风乡所辖。1958年命名为鲁家沟公社罗川大队，1961年属御风公社，1964年属白碌公社，1980年改为永乐大队，划归御风公社，1983年改为罗家川村，2003年撤乡并镇划入鲁家沟镇。

1357 符家川镇杨家湾村

简　　介：以姓氏而得名，土改时属榆中县八区长安乡管辖，公社化时划归定西县符川公社管辖，并曾用过红光大队的名称，与现在的红庄里社是一个大队，1983改为红庄里村，1984年从红庄里村分设成立杨家湾村。

1358 青岚山乡王家湾村

简　　介：以姓氏而得名，土改时属青义乡，合作化时为任家川高级社，公社化时划归青岚社并命名为任家川大队，1981年分为红庄、任川、王家湾三个大队，1983年改为王家湾村。

1359 西巩驿镇花沟村

简　　介：以自然实体而得名，1952年属花沟乡，1954年建立花沟高级社，1958年为花沟大队，1983年改为花沟村至今。

1360 鲁家沟镇东风村

简　　介：1958年为黑羊滩大队，1968年经报上级政府批准更名为东风大队，1983年改为东风村。1954年为黑羊滩初级社，后与甜泉湾合并为黑羊滩高级社，1958年命名为黑羊滩大队，1969年命名为东风大队，1983年更名为东风村至今。

1361 凤翔镇中岔村

简　　介：以自然实体而得名，土改时属城

关区中岔乡，合作化时组建为初级社，后为中岔高级社，公社化以后为中岔大队，1983年改为中岔村至今。

1362 凤翔镇景家口村

简　　介：以姓氏而得名，公社化时为城关公社景家口大队，1961年属景家店分设，1964年又划归城关公社仍为景家口大队，1979年分设为景家口、口下庄两个大队，1983年改为村至今。

1363 符家川镇秦家岔村

简　　介：以姓氏和自然实体而得名，土改时属内官区黄川乡，公社化时划为符川公社管辖，改为秦家岔大队，1983年改为秦家岔村。

1364 符家川镇红庄里村

简　　介：以当地的土壤红土多而得名，土改时属榆中县长安乡，公社化时划归定县符家川公社管辖为红庄里大队，1983年改为红庄里村。

1365 巉口镇小柏林村

简　　介：以柏树林相对大小而得名，1952年为南村。1954年为南村初级社，后与好麦、范家衢合并，取名小柏林高级社。1958年成立小柏林大队，1983年改为小柏林村沿用至今。

1366 内官镇中南村

简　　介：以地处南岔峡的方位而得名，1958年为红堡公社中南大队，1961年划归东岳公社，1964年划归高峰公社，1972又划归东岳公社，1983年改为中南村。2003年划归内官营镇管辖。

1367 凤翔镇中川村

简　　介：以当地有广阔的平川而得名，土改时属城关区中川乡，合作化时组建初级社，后为高级社，公社化时为中川大队，1983年改为中川村至今。

1368 白碌乡碌丰村

简　　介：以人们希望用传说中的白碌碡获得丰收而得名，1952年土改时叫铧尖村，1955年成立碌丰初级社，1956年改为高级社，1958年改为碌丰大队，1983年改为碌丰村，沿用至今。

1369 团结镇庙川村

简　　介：因当地有庙而得名，1949年属通安区柳坪乡，1954年建立靳家川、南川、李家坪3个初级社，1958年为南川高级社，同年并为唐家堡乡，1958年10月划归团结公社，命名为庙川大队，1983年改为庙川村至今。

1370 新集乡小南岔村

简　　介：以方位和自然实体而得名，1949年后属丰旺乡，1958年命名为小南岔大队，1961年划归新集公社，1983年改为小南岔村至今。

1371 称钩驿镇双乐村

简　　介：合作化时有青乐、双林两个农业合作社，公社化时取双林、青乐两社收尾两字命名为双乐大队。1983年改为双乐村至今。

1372 李家堡镇姚家岔村

简　　介：以姓氏和自然地理实体位置而得名，合作化时组建3个初级社，后合并为姚家岔高级社，公社化后命名为姚家岔大队，属李家堡乡，1980年划归张湾公社，1983

年改为姚家岔村至今。2003年撤乡并镇时划入李家堡镇。

1373 西巩驿镇新街村

简　　介：以人们的愿望而得名，1952年属西巩驿区花沟乡，1954年组建新街高级社，1958年10月改为西巩驿公社新街大队，1983年改为新街村至今。

1374 石泉乡石园村

简　　介：以石园堡子而得名，1952年为西巩驿区石园乡，1958年为石园大队，1961年为石泉乡石园大队，1983年改为石园村至今。

1375 杏园乡康家庄村

简　　介：以姓氏而得名，1965年从杏园大队划出，1983年改为康家庄村至今。

1376 香泉镇西寨村

简　　介：以方位而得名，公社化后命名为西寨大队属香泉公社，1961年划归西寨公社，1964年划归香泉，1982年又划归西寨，1983年改为村，2003年整体并入香泉镇。

1377 巉口镇巉口村

简　　介：地势险峻，三面临山，有三岔口之称，故名巉口。1952年为平西乡巉口村，1954年为巉口初级社，1958年程巉口大队。1983年改为巉口村沿用至今。

1378 宁远镇宁远村

简　　介：古称牛营店，1949年设立乡时取安宁、长远之意，命名为宁远。1949年设宁远村，1956年为高级社，1958年改为宁远大队，1983年改为宁远村至今。

1379 李家堡镇张湾村

简　　介：以姓氏和自然地理实体而得名，1954年组建3个初级社，1956年合并为五星高级社，1985年属团结公社命名为张湾大队，1961年划归李家堡公社，1980年划归张湾公社，1983年改为张湾村。2003年撤乡并镇时划归李家堡镇。

1380 团结镇高泉村

简　　介：以姓氏和自然实体而得名，1949年属香泉区高泉乡，1955年建立高泉初级社，1958年公社化时划归团结公社，命名为高泉大队，1981年改为苟家曲大队，1983年改为苟家曲村，2004年更名为高泉村至今。

1381 高峰乡红堡村

简　　介：以人工建筑而得名，合作化时为红堡初级社，1961年属东岳公社，1964年合并为高峰公社红堡大队，1983年改为红堡村。

1382 凤翔镇丰禾村

简　　介：相传古代在抓沟湾山顶有个烽火台，1949年前称烽火岔，1949年后人们以盼望丰收的愿望更名为丰禾。解放初属巉口区丰禾乡，合作化时建立康家沟、丰禾、东湾3个初级社，后合并为高级社，公社化时属巉口公社丰禾大队，1962年划归城关公社管辖，1983年改为丰禾村至今。

1383 李家堡镇鹿马岔村

简　　介：以动物名称命名，土改时为宁远区麻子乡，合作化时组建两个初级社，公社化后为鹿马岔大队，属李家堡公社，1983年改为鹿马岔村至今。

1384 西巩驿镇小溪村

简　　介：以自然地理实体而得名，1952年属西巩驿区花沟乡，1954年建立小溪高级社，1958年改为小溪大队，属西巩驿公社，1983年改为小溪村至今。

1385 称钩驿镇新胜村

简　　介：以愿望而得名，1949年后属新民乡新胜村，公社化时为新民大队，属巉口公社管辖，1961年划归称钩驿公社，1983年改为新胜村至今。

1386 青岚山乡榆林村

简　　介：以当地有榆树林而得名，1952年为榆林乡，1958年为榆林大队，1983年改为榆林村至今。

1387 称钩驿镇白杨铺村

简　　介：以林木而得名，1949年后为白杨铺村，合作化时为白杨高级社，公社化时为白杨铺大队，1983年改为白杨铺村至今。

1388 巉口镇新坪村

简　　介：初级社时为任家坪，高级社时和大坪社合并为高级社，取名新坪。公社化时属巉口，1961年属称钩驿公社，1972年又划归景泉公社，1983年改为新坪村至今，2003年整村划入巉口镇。

1389 高峰乡贡马村

简　　介：以历史上百姓给朝廷献马而得名，土改时属内官区高峰乡，1958年属红堡公社，1961年划归高峰公社，1983年改为贡马村。

1390 香泉镇关门口村

简　　介：以自然地理实体而得名，公社化后命名为关门口大队属香泉公社，1961年划归西寨公社，1964年划归香泉，1982年又划归西寨，1983年改为村，2003年整体并入香泉镇。

1391 石峡湾乡九岔村

简　　介：因该地有九个岔而得名，1949年后属鲁家沟区太平乡，1958年属鲁家沟公社，1972年划归石峡湾公社为九岔大队，1983年改为九岔村至今。

1392 香泉镇泉湾村

简　　介：以自然实体而得名，土改时为通安区花坪乡，公社化为香泉公社泉湾大队，1983改为村。

1393 石泉乡吕坪村

简　　介：以姓氏和自然实体而得名，1952年属西巩驿区大坪乡，1954年组建吕坪初级社，1956年吕坪、大坪、下坪3个初级社合并为大坪高级社，1958年为西巩驿公社大坪大队，1961年划归石泉公社更名为吕坪大队，1983年改为吕坪村至今。

1394 符家川镇大岔里村

简　　介：以自然地理实体而得名，土改时属内官区黄川乡，公社化后为符川公社黄坪大队，1961年从黄坪大队划出成立大岔里大队，1983年改为大岔里村。

1395 香泉镇苍沟村

简　　介：该地历史上曾设过粮仓，故得名，仓沟，后演化为苍沟。合作化时属香泉公社苍沟大队，19961年划归西寨公社，1964年又划归香泉，1982年划归西寨公社，1983年改为村，2003年并入香泉镇。

1396 李家堡镇箍窑川村

简　　介：以村委会驻地自然村而得名，1995年从窑坡村分设成立。

1397 内官镇万崖村

简　　介：以自然实体而得名，公社化时属锦屏公社万崖大队，1961年属内官营公社，1983年改为万崖村至今。

1398 青岚山乡赵家岔村

简　　介：以姓氏而得名，1980年从原坪大队划出，定名为红川大队，同年又改成赵家岔大队，1983年改为赵家岔村。

1399 巉口镇上岘子村

简　　介：以自然地理实体及方位而得名，合作化时为联星高级社，1958年公社化后为联星大队，1979年从联星划出成立上岘子大队，1983年改为上岘子村至今，2003年整体划入巉口镇。

1400 凤翔镇友谊村

简　　介：该村前身是在合作化时由定西军分区支持下建立的，有军民友好共建之意。合作化时由原双河、镇龙、北街等5个初级社合并为高级社，命名为军民友谊高级社，公社化时改为友谊大队，1983年改为友谊村至今。

1401 鲁家沟镇穹沟村

简　　介：以自然实体而得名，1949年属鲁家沟区御风乡，1954年为穹沟初级社，1958年公社化时为鲁家沟公社穹沟大队，1961年划归御风公社，1964年划归白碌公社，1980年划归御风公社，1983年改为穹沟村，2003年撤乡并镇划入鲁家沟镇。

1402 内官镇文山村

简　　介：以文山庙而得名，新中国成立初属永安乡，1958年属红堡公社，改为文山村，1964年划归内官公社管辖，1983年改为村。

1403 内官镇清溪村

简　　介：以许家河溪水常清而得名，公社化时属锦屏公社清溪大队，1961年属内官营公社，1983年改为清溪村至今。

1404 青岚山乡车门川村

简　　介：以人工建筑而得名，1979年从花岔分出，定名为车门川大队，1983年改为车门川村至今。

1405 新集乡进马村

简　　介：据传当地有一王姓人家给皇帝进贡了一匹马而得名，土改时属四区新集乡，合作化时为进马初级社，后为高级社，1958年属葛家岔公社进马大队，1961年划归新集公社，1983年改为进马村至今。

1406 符家川镇黄家坪村

简　　介：以姓氏和自然实体而得名，土改时属内官区黄川乡，公社化时划归符川公社，命名为黄家坪大队，1983年改为村。

1407 石泉乡石泉村

简　　介：由石桥和桥下泉而得名，1952年属西巩驿区石坪乡，1954年组建上川、石泉初级社，1956年合并为山林高级社，1958年改为石泉大队，1983年又改为石泉村至今。

1408 白碌乡田家岔村

简　　介：以姓氏和自然地理实体而得名，1979年2月从前进大队划出3个生产队，铧尖大队划出1个生产队组建为田家岔大队，

1983 年改为田家岔村至今。

1409 凤翔镇安家坡村

简　　介：以姓氏和自然实体而得名，土改时属城关区碾盘乡马家岔行政村，1955 年属城关镇碾盘居委会，1957 年为安家坡高级社，公社化时为城关公社安家坡大队，1983 年改为安家坡村至今。

1410 李家堡镇东坡村

简　　介：以方位而得名，1949 年为黄金乡二村，1954 年为青义乡，1956 年合作化时为东坡村，1958 年公社化时为大坪公社东坡大队，1965 年大坪公社撤销划归李家堡公社东坡大队，1983 年改为东坡村至今。

1411 李家堡镇窑坡村

简　　介：因村委会驻地梁家窑坡而得名，新中国成立后为北岔乡，合作化时为吊湾、箍窑川两个社，公社化时为两个大队，1963 年合并为窑坡大队，1983 年改为窑坡村至今。

1412 石泉乡上川村

简　　介：以自然实体方位而得名，1952 年为西巩驿区石坪乡，1955 年改为上坪、石泉两个初级社，1956 年合并为上川高级社，1958 年命名为上川大队，1983 年改为上川村至今。

1413 宁远镇闯家岔村

简　　介：以姓氏和自然实体而得名，1952 年土改时属红土乡管辖，1958 年划归宁远公社归贾堡大队管辖，1962 年另设闯家岔大队，1983 年改为闯家岔村至今。

1414 巉口镇胜利村

简　　介：以人们的愿望而得名，1952 年属景泉乡，后属中山乡，1954 年起名胜利社，1958 年属巉口乡，1961 年属景家泉公社胜利大队，1964 年属巉口公社，1972 年划归景家泉公社，1983 年改为胜利村至今。2003 年整体划入巉口镇。

1415 新集乡新集村

简　　介：新集原是荒山，清朝时集市设在梁家川，因水冲毁而在山上新立集市，故名新集。1952 年属新集乡，合作化时与大南岔合并为高级社，1958 年为葛家岔公社新集管理区新集大队，1961 年划为新集公社新集、大南岔两个大队，1983 年命名为新集村至今。

1416 香泉镇云山村

简　　介：以云山寺而得名，公社化时为香泉公社云山大队，1961 年划归西寨，1964 年划归香泉，1982 年又划归西寨，1983 年改为云山村，2003 年并入香泉镇。

1417 称钩驿镇平安村

简　　介：合作化时以愿望而取名平安。1949 年后为平安村，合作化时为平安高级社，公社化时为平安大队，1983 年改为平安村至今。

1418 杏园乡白虎村

简　　介：据传以前出现过白虎，取名白虎岔，简称白虎。1952 年属宁远区白虎乡，合作化时曾组建 6 个初级社，后合并为和平高级社，1958 年公社化后为宁远公社白虎大队，1961 年为杏园公社白虎大队，1983 年改为白虎村至今。

1419 称钩驿镇周家河村

简　　介：以姓氏而得名，1949 年后为周家河村，合作化时为周家河高级社，公社化时为周家河大队，1983 年改为周家河村至今。

1420 称钩驿镇金川村

简　　介：原名马家曲，有一小川，属金县（现榆中县）管辖，合作化时为金川社，公社化时为金川大队，1983 年改为金川村至今。

1421 李家堡镇唐家湾村

简　　介：以姓氏和自然地理实体而得名，合作化时建立两个初级社，1956 年和联合合并为联合高级社，1958 年命名为唐家湾大队，属团结公社。1980 年划归张湾公社，1983 年改为唐家湾村至今。2003 年撤乡并镇时划入李家堡镇。

1422 新集乡仁义村

简　　介：合作化时根据汉语意思命名，1952 年为四区卧龙乡仁义村，1958 年为葛家岔公社仁义大队，1961 年划归新集公社，1983 年改为仁义村至今。

1423 葛家岔镇大营村

简　　介：以古代兵马扎营而得名，土改时属巉口区大营乡，公社化后为巉口公社大营大队，1961 年时属大营公社，1964 年划归葛家岔公社，1983 年改为大营村至今。

1424 青岚山乡花岔村

简　　介：以地形而得名，1952 年属花岔乡，1954 年组成 4 个初级社，后并为花岔高级社，1958 年为柏林公社花岔大队，1964 年划归青岚公社管辖，1983 年改为花岔村至今。

1425 鲁家沟镇大湾村

简　　介：以自然地理实体而得名，1949 年属鲁家沟区御风乡，1954 年为大深沟初级社，1958 年公社化时属鲁家沟公社罗川大队，1961 年从罗川划出为大湾大队，1961 年属白碌公社，1980 年划归御风公社，1983 年改为大湾村，2003 年撤乡并镇划入鲁家沟镇。

1426 杏园乡南家川村

简　　介：以姓氏和自然实体而得名，1952 属宁远区南川乡，1958 年属宁远公社南川大队，1961 年划归杏园公社，1979 年又将南家川大队划分为南家川、朱家湾两个大队，1983 年改为南家川村至今。

1427 香泉镇香泉村

简　　介：原名沙坡子，1948 年挖一眼泉，因水质纯净、味道甘甜，人称香泉，从而将沙坡子改为香泉。合作化时为初级社，公社化后为香泉大队，1983 年改为香泉村。

1428 青岚山乡青岗村

简　　介：因古时候山上青岗树丛生而得名，土改时属内官区云山乡，公社化后属香泉公社，1983 年改为村。

1429 宁远镇高河村

简　　介：以姓氏和自然实体命名，由高家河简称而来。1952 年属马泉乡，合作化时为王家湾和高家河初级社，后合并为中心高级社，公社化时为中心大队，1961 年更名为高河大队，1983 年改为高河村至今。

1430 李家堡镇李家堡村

简　　介：因该地在清朝统治年间修筑 3 座堡子，李姓居多故得名，1949 年设李家堡村，1956 年为邻居初级社，1958 年为李家堡大队，1983 年改为李家堡村至今。

1431 新集乡中义村

简　　介：以方位而得名，土改时属四区丰

旺乡，合作化时与丰旺合并为高级社，公社化后属葛家岔公社，1961年划归新集公社时与丰旺大队分开成立了中义大队，1983年改为中义村至今。

1432 称钩驿镇花园村

简　　介：1961年此地分设公社，以愿望取名花园公社。1949年后为花岩乡，1961年取名为花园公社，1964年并入称钩公社为花园大队，1983年改为花园村至今。

1433 凤翔镇西廿里铺村

简　　介：以距定西城的距离和方位命名，原为城关公社廿里铺大队，1979年将廿里铺大队分为北廿里铺、西廿里铺两个大队，1983年改为村至今。

1434 巉口镇康家庄村

简　　介：以姓氏而得名，1952年为平西乡西村。1958年为巉口村的一个合作社，1962年体制划小时设康家庄大队，1983年改为康家庄沿用至今。

1435 宁远镇长湾村

简　　介：以自然实体而得名，1952年属郑家乡马泉村，合作化时为马泉高级社，公社化时属宁远社，改为长湾大队，1983年改为长湾村至今。

1436 高峰乡坪湾村

简　　介：以地形而得名，土改时属内官区红堡乡，合作化时组建3个初级社，1957年和明星合并为高级社，1958年公社化后属红堡公社，命名为坪湾大队，1961年划归高峰公社，1983年改为坪湾村。

1437 凤翔镇张家庄村

简　　介：以姓氏而得名，土改时属城关区石坪乡，1958年曾改名为星光大队，1986年改为城关乡石坪村，1991从石坪村划出成立张家庄村至今。

1438 鲁家沟镇太平村

简　　介：以愿望而得名，1952年属鲁家沟区太平乡，1954年为太平初级社，后与小岔口合并为太平高级社，1958年改为太平大队，1983年改为太平村至今。

1439 内官镇林川村

简　　介：以地理特点而得名，公社化后为锦屏公社林川大队，1961年归内官营公社管辖，1983年改为林川村至今。

1440 石峡湾乡三岔村

简　　介：因当地有三个岔而得名，1949年属九岔乡的一个村，合作化时成立三岔高级社，1958年公社化时为三岔大队，1983年改为三岔村至今。

1441 香泉镇池沟村

简　　介：以自然实体而得名，公社化后为香泉公社池沟大队，1691年属西寨公社，1964年属香泉公社，1982年划归西寨公社，1983年改为村，2003年划归香泉镇管辖。

1442 凤翔镇永定村

简　　介：因驻地在永定路而得名，1949年后为城关区永定乡，合作化时成立永定初级社，1957年与东乡合并为永定高级社，1958年又与安家坡高级社合并为安家坡大队，1961年又分为永定大队，1983年更名为永定村至今。

1443 新集乡张家坪村

简　　介：以姓氏和自然实体而得名，1996年从原鲁家岔村分设成立。

1444 称钩驿镇杨家河村

简　　介：以姓氏和自然实体而得名，公社化时为新民大队，1961年分设杨家河大队，1983年改为杨家河村至今。

1445 凤翔镇景家店村

简　　介：以姓氏而得名，合作化时为双桥乡高级社，公社化时合并为景家店大队，1961年属景家店公社，1964年又划归城关公社景家店大队，1983年改为景家店村至今。

1446 葛家岔镇贾家湾村

简　　介：以姓氏和自然实体位置而得名，土改时属大营乡，合作化时属松川社，1958年属巉口公社松川大队，1961年从松川大队划出贾家湾大队，划归葛家岔公社管辖，1983年改为贾家湾村至今。

1447 石泉乡赵河村

简　　介：以姓氏和自然实体而得名，1961年从峡口大队分出成立赵河大队，1983年改为赵河村至今。

1448 西巩驿镇铧尖村

简　　介：以自然地理形象而得名，1952年属西巩驿区西巩驿乡，1954年属双桥初级社，1958年属中驿高级社，同年公社化时属中驿大队，1961年组建铧尖大队，1983年改为铧尖村至今。

1449 高峰乡麻地湾村

简　　介：以姓氏命名。1980年从关庄大队划出部分生产队设立麻地湾大队，1983年改为麻地湾村至今。

1450 青岚山乡仁川村

简　　介：以姓氏而得名，1952年属青义村，1954年组建初级社，后合并为仁川高级社，1958年为青岚公社仁川大队，1983年改为仁川村。

1451 内官镇边家村

简　　介：以姓氏而得名，公社化时属锦屏公社盖家庄和边家两个大队，1961年属内官营公社，1963年将边家和盖家庄两个大队合并为边家大队，1983年改为边家村至今。

1452 葛家岔镇南林村

简　　介：以方位和植被而得名，1952年属新建区南林乡，合作化时组建南林、井坪两个初级社，1958年合并为南林高级社，同年10月为葛家岔公社南林大队，1961年将井坪划归新集公社，保留南林大队，1983年改为南林村至今。

1453 内官镇瓦窑湾村

简　　介：因当地有瓦窑而得名，土改时属二区南阳乡，合作化时建立初级社，1958年属红堡公社为瓦窑湾大队，1964年划归高峰公社，1972年属东岳公社，1983年改为瓦窑湾村。2003年划归内官营镇。

1454 石泉乡竹林村

简　　介：相传过去有一片茂密的竹林，因此得名，1952年属石坪乡，1954年组建竹林、坪鸭初级社，1956年合并为竹林高级社，1958年成立竹林大队，1983年改为竹林村至今。

1455 内官镇进化村

简　　介：以政治形势而命名，公社化后属锦屏公社进化大队，1961 年属内官营公社，1983 年改为进化村至今。

1456 杏园乡刘家湾村

简　　介：以姓氏而得名，1958 年属宁远公社刘家湾大队，1961 年为杏园公社刘家湾大队，1979 年从刘家湾大队划出张家山大队，1983 年改为刘家湾村至今。

1457 西巩驿镇中驿村

简　　介：因方位而得名，1952 年属西巩区花沟乡，1954 年建立中驿初级社，1958 年成立中驿高级社，1958 年 10 月为西巩驿公社中驿大队，1964 年与花沟大队合并，1979 年重设中驿大队，1983 年改为中驿村至今。

1458 新集乡田坪村

简　　介：以姓氏而得名，于 1988 年从坪塬村分设成立。

1459 鲁家沟镇南川村

简　　介：以自然实体的方位而得名，1952 年属鲁家沟区平西乡，1954 年为南川初级社，后与老窝庄、鲁家沟社合并为南川高级社，1958 年成立南川大队，1983 年改为南川村至今。

1460 鲁家沟镇紫云村

简　　介：以当地古寺庙而得名，1952 年属鲁家沟区平西乡，1954 年为紫云初级社，后与学房社合并为紫云高级社，1958 年成立紫云大队，1983 年改为紫云村至今。

1461 青岚山乡原坪村

简　　介：以地理实体而得名，1954 年为原坪初级社，后改为高级社，1958 年成立原坪大队，1983 年改为原坪村至今。

1462 巉口镇大柏林村

简　　介：以柏树林相对大小而得名，1952 年为三十里堡乡老庄村，1958 为巉口公社大柏林大队，1983 年改为大柏林村沿用至今。

1463 西巩驿镇涝池村

简　　介：因当地有个大涝坝而得名，1952 年属西巩驿区涝池乡，1954 年组建涝池高级社，1958 年改为西巩驿公社涝池大队，1962 年与百页合并为百页大队，1979 年又从百页大队分出成立涝池大队，1983 年改为涝池村至今。

1464 西巩驿镇新寺村

简　　介：以自然实体而得名，1952 年属西巩驿乡，1954 年组建为彭家河高级社，1958 年公社化时属中驿大队管辖，1962 年又归铧尖大队，1979 年组建新寺大队，1983 年改为新寺村至今。

1465 西巩驿镇安乐村

简　　介：以良好的愿望而得名，1952 年属四区新集乡，以后撤区并乡组建安乐社，1958 年公社化时属西巩驿公社安乐大队，1983 年改为安乐村至今。

1466 团结镇金花村

简　　介：因金牛、金窝、花园 3 个初级社合并而得名，1949 年属通安区杜坪乡，1954 年建立金牛、金窝、花园三个初级社，1958 年合并为金花高级社，同年 10 月划归团结公社，成立金花大队，1983 年改为金花村至今。

1467 李家堡镇锦鸡村

简　　介：取金窝、鸡嘴山两地首字而得名，1949 年为西巩区亥沟乡，1956 年合作化时为锦鸡初级社，1958 年公社化时为大坪公社锦鸡大队，1965 年划归李家堡公社为锦鸡大队，1983 年为锦鸡村至今。

1468 凤翔镇上台村

简　　介：以自然实体而得名，1983 年从响河村分设成立。

1469 西巩驿镇栗川村

简　　介：以姓氏和自然实体而得名，1990 年从河畔村分出，成立栗川村，沿用至今。

1470 青岚山乡青义村

简　　介：以位处青义岔而得名，1952 年为青义乡，1954 年组建两个初级社，后合并为青义高级社，1958 年划归青岚公社为青义大队，1983 年改为青义村至今。

1471 内官镇锦花村

简　　介：取锦上添花之意而得名，解放初为云集乡、高峰乡管辖，合作化时组建两个初级社，后组成锦花高级社，公社化后为锦屏公社，1961 年属内官营公社为锦花大队，1983 年改为锦花村至今。

1472 杏园乡李家河村

简　　介：以姓氏和自然实体而得名，1952 年属杏园乡，1954 年组建李家河初级社，1958 年属宁远公社杏园大队，1961 年划小公社时属杏园公社，1965 年将杏园大队分为李家河、康家庄两个大队，1983 年改为李家河村至今。

1473 新集乡鲁家岔村

简　　介：以姓氏而得名，土改时属四区南义乡，合作化时与小南岔合并为高级社，公社化时属葛家岔公社，1961 年划归新集公社后与小南岔大队分开设立鲁家岔大队，1983 年改为鲁家岔村至今。

1474 李家堡镇马家岔村

简　　介：以姓氏而得名，新中国成立初为泉子乡，1958 年属李家堡公社马家岔大队，1983 年改为马家岔村至今。

1475 内官镇关厅村

简　　介：1955 年属红堡公社关厅大队，1961 年属东岳公社，1964 年划归高峰公社，1972 年又划归东岳公社，1983 年改为关厅村，2003 年划归内官营镇。

1476 内官镇文昌村

简　　介：以当地文昌庙而得名，合作化时组建文昌初级社，后和咀头合并为高级社，公社化后曾命名为咀头大队，1980 年又分为咀头、文昌两个大队，1983 年改为文昌村。

1477 李家堡镇安家岔村

简　　介：因姓氏而得名，1949 年为宁远区麻子乡，1956 年合作化时组建为安家岔初级社，1958 年公社化后为李家堡公社安家岔大队，1983 年改为安家岔村至今。

1478 高峰乡明星村

简　　介：以人们的愿望而得名，土改时属内官区红堡乡，合作化时组建为新明初级社，1957 年与陈门寨合并为该高级社，1958 年属红堡公社管辖，命名为明星大队，1961 年划归高峰公社管辖，1980 年与陈门寨分开，为明星大队，1983 年改为明星村。2003 年，又将明星村和陈门村合并，命名为明星村。

1479 内官镇文丰村

简　介：以人们的愿望而得名，1958 年为文丰高级社，同年 10 月为文丰大队属锦屏公社，1961 年归内官营公社，1983 年改为文丰村。

1480 西巩驿镇肖川村

简　介：以姓氏和自然实体而得名，1952 年属新集乡区丰旺乡，1954 年组建肖川高级社，1958 年改为西巩驿公社肖川大队，1983 年改为肖川村至今。

1481 宁远镇李塘村

简　介：以姓氏和自然实体而得名，由李家塘演变而来。1952 年为宁远区李家塘乡，合作化时为李家塘初级社，公社化时为宁远公社李塘大队，1983 年改为李塘村至今。

1482 巉口镇官兴村

简　介：以官家坪自然村而得名，1955 年属景泉乡官兴高级社，1963 年属称钩公社，1972 年划归景泉公社后为官兴大队，1983 年改为官兴村至今，2003 年撤乡并镇时整体并入巉口镇。

1483 石峡湾乡三湾村

简　介：因有三个大湾而得名，1949 年属九岔乡的一个自然村，合作化时成立三湾高级社，1958 年改为三湾大队，1983 年改为三湾村至今。

1484 青岚山乡贾川村

简　介：以姓氏和自然实体而得名，1952 年属青义乡，1954 年组建 5 个初级社，后合并为贾川高级社，1958 年划归青岚公社为贾川大队，1983 年改为贾川村至今。

1485 李家堡镇双泉村

简　介：该村由两个岔组成，东为双头岔、西为泉子岔，因而取名双泉。1949 年后属麻子乡，1958 年公社化后属李家堡公社双泉大队，1983 年改为双泉村至今。

1486 内官镇泉坪村

简　介：以自然实体得名，公社化时为锦屏公社花坪大队，1961 年属内官营公社花坪大队，1962 年改为泉坪大队，1983 年改为泉坪村至今。

1487 巉口镇三十里铺村

简　介：以距离县城的里程而得名，1949 年为官皇村。1952 年为巉口区三十里铺乡官皇村。1954 年为三十里铺初级社，1958 年为三十里铺高级社，同年 10 月改为巉口公社三十里铺大队，1983 年改为三十里铺村沿用至今。

1488 新集乡井坪村

简　介：以当地原有一大井及位置而得名，土改时属南林乡，合作化时为大王家初级社，后和南林合并为高级社，1958 年公社化时属葛家岔公社，1961 年划归石峡湾公社为井坪大队，1964 年又划归新集公社，1983 年命名为井坪村至今。

1489 葛家岔镇康乐村

简　介：以人们的愿望寄语而得名，土改时属葛家岔区康乐乡，合作化时为葛家岔公社，公社化后为康乐大队，1983 年改为康乐村至今。

1490 凤翔镇东河村

简　　介：以方位及河流而得名，1955 年属城关镇福台乡十里铺村，后并入柏林乡属巉口区，1958 年公社化时属城关公社东河大队，1983 年改为东河村至今。

1491 石峡湾乡长川村

简　　介：因有较长的平川而得名，1949 年属葛家岔区北坪乡黄川村，合作化时为南林大队的长川高级社，公社化时为长川大队，1983 年改为长川村至今。

1492 凤翔镇李家岔村

简　　介：以姓氏和自然实体而得名，合作化时属中岔、石坪社，1958 年属中川公社中岔大队、景家店公社石坪大队，1961 年并入城关公社。1968 年分属小西岔、中川两个大队，1979 年划出 10 个社新设立李家岔大队，1983 年改为李家岔村至今。

1493 新集乡大园村

简　　介：以原住户种植的果园而得名，土改时属四区卧龙乡，合作化时为高级社，公社化时属葛家岔公社，1961 年划归为新集公社大园大队，1983 年改为大园村。

1494 葛家岔镇葛家岔村

简　　介：以姓氏和自然地理实体位置而得名，土改时属葛家岔区北坪乡，1958 年设葛家岔公社清明大队，1961 年从清明大队分出一部分成立葛家岔大队，1983 年改为葛家岔村至今。

1495 内官镇安连村

简　　介：以姓氏而得名，公社化后为锦屏公社安连大队，1961 年划归内官营公社，1983 年改为安连村至今。

1496 内官镇米粮村

简　　介：以米家庄而得名，解放初属榆中县长安乡，1958 年从榆中县划归定西县管辖，公社化时命名为米粮大队，1983 年改为村。

1497 白碌乡中山村

简　　介：以地理方位而得名，1952 年设立中山村，属鲁家沟区白碌乡，1957 年合并为碌丰高级社，公社化后为碌丰大队，1961 年从碌丰大队划出成立中山大队，1983 年改为中山村至今。

1498 李家堡镇联合村

简　　介：联合村系回、汉族聚居地，以两民族人民团结建设农村的愿望而得名，1954 年组建两个初级社，1956 年和唐家湾合并为高级社，命名为联合高级社，1958 年为联合大队属团结公社，1980 年划归张湾公社，1983 年改为联合村至今。2003 年撤乡并镇时划归李家堡镇。

1499 石泉乡中山村

简　　介：以中山堡而得名，1952 年为西巩驿区石泉乡，1954 年为初级社，1958 年为中山大队，1983 年改为中心村至今。

1500 内官镇永安村

简　　介：以人们的愿望而得名，公社化时为锦屏公社永安大队，1981 年属内官营公社，1983 年改为永安村至今。

1501 鲁家沟镇将台村

简　　介：以元将扩廓贴木儿抗击明将中山王徐达时所筑的点将台而得名，1954 年为将台初级社，后与赵家铺社合并为将台高级社，1958 年成立将台大队，1983 年改为将台村至今。

1502 香泉镇东寨村

简　　介：以方位而得名，公社化后命名为东寨大队属香泉公社，1961 年划归西寨公社，1964 年划归香泉，1982 年又划归西寨，1983 年改为村，2003 年整体并入香泉镇。

1503 青岚山乡庙坪村

简　　介：因当地有庙宇而得名，1980 年从下湾大队分出，定名为庙坪大队，1983 年改为庙坪村。

1504 西巩驿镇百页村

简　　介：地形复杂，山势起伏多变而得名，1952 年属西巩驿区百页乡，合作化时为百页高级社，1958 年 10 月公社化后为百页大队，属西巩驿公社，1983 年改为百页村至今。

1505 青岚山乡红庄村

简　　介：以土质色泽而得名，1981 年从任川大队分出，定名为红庄大队，1983 年改为红庄村。

1506 香泉镇中庄村

简　　介：以自然实体而得名，公社化时命名为南山大队，1962 年改为中庄大队，1983 年改为村。

1507 凤翔镇福台村

简　　介："福台"原为明将徐达所筑战垒遗址，因村委会驻地位于福台附近而得名，土改时属城关乡福台村，合作化时为巉口区柏林乡福台村，后由社丰、定丰、福台三个初级社合并为高级社，公社化时属城关公社福台大队，1983 年改为福台村至今。

1508 巉口镇赵家铺村

简　　介：以姓氏而得名，1952 年属巉口区巉口乡赵家铺村。1954 年为赵家铺初级社，1958 年为赵家铺高级社，同年 10 月改为巉口公社赵家铺大队。1983 年改为赵家铺村沿用至今。

1509 新集乡丰旺村

简　　介：以当地丰旺庙而得名，1952 年为新集区丰旺乡，合作化时组建为初级社，后与中义合并为高级社，1958 年为葛家岔公社新集管理区丰旺大队，1961 年为新集公社丰旺大队，1983 年改为丰旺村至今。

1510 内官镇鲍家村

简　　介：以姓氏而得名，1955 年属南阳乡，1958 年属红堡公社，1961 年划归东岳公社，1964 年划归高峰公社，1972 年又划东岳公社，1983 年改为鲍家村，2003 年划归内官营镇。

1511 石泉乡中坪村

简　　介：以自然实体的方位而得名，1958 年为中坪大队，1983 年改为中坪村至今。

1512 凤翔镇南廿里铺村

简　　介：以距定西城的里程、方位而得名，1949 年后为双桥乡，1956 年合并为双坪乡，公社化时为城关公社景家店大队，1979 年从景家店大队划出成立南廿里铺大队，后改为村至今。

1513 石泉乡大方坪村

简　　介：以自然实体而得名，1952 年为大坪乡，1955 年为大坪初级社，1956 年为大坪高级社，1958 年为大方坪大队，1983 年改为大方坪村至今。

1514 白碌乡拽碾村

简　　介：以传说中的拽碾子故事而得名，

1952年成立拽碾村，属鲁家沟区白碌乡，1955年成立拽碾初级社，1957年并为复兴高级社，1961年白碌公社成立后与复兴分开，成立拽碾大队，1983年改为拽碾村至今。

1515 石泉乡中寺村

简　　介：以方位而得名，1952年属西巩驿区石坪、石园、峡口3乡，1954年组建为山林、新庄、凉水泉3个初级社，1956年合并为中寺高级社，1958年命名为中寺大队，1983年改为中寺村至今。

1516 石峡湾乡大泉湾村

简　　介：因山湾下有一眼泉水，出水量较大，供周围人畜饮用而得名，1988年从原三泉村分出5个社设立大泉湾村。

1517 凤翔镇榆河村

简　　介：以自然地理实体而得名，1949年初属碾盘乡管辖，1953年划归榆林乡，1958年公社化时改为榆河大队，属城关公社，1983年改为榆河村至今。

1518 葛家岔镇鹿坪村

简　　介：原名芦子坪，因和外村重名，合作化时更名为鹿坪。土改时由康乐、南林两乡管辖，合作化时合并为鹿坪高级社，公社化后为葛家岔公社鹿坪大队，1983年改为鹿坪村至今。

1519 巉口镇松川村

简　　介：以松川林而得名，1949年属巉口乡大营区，1954年为松川初级社，1958年为巉口公社松川大队，1983年改为松川村沿用至今。

1520 符家川镇罗家岔村

简　　介：以姓氏和自然地理实体而得名，土改时属黄川乡管辖，公社化后为符家川公社罗家岔大队，1983年改为村。

1521 鲁家沟镇小岔口村

简　　介：以自然实体而得名，1954年为初级社后与黑羊太平社合并为高级社，1958年成立小岔口大队，1983年改为小岔口村至今。

1522 团结镇中化村

简　　介：以地处化家湾而得名，1949年后属通安区柳坪乡，1956年属香泉寒水乡，1954年成立阴化、中华、花屏、中坪4个初级社，1958年合并为中化高级社，同年10月改为中化大队，1983年改为中化村至今。

1523 李家堡镇泉子村

简　　介：以自然地理实体的位置而得名，合作化时组建3个初级社，1956年合并为1个高级社，公社化后命名为泉子大队属李家堡公社，1980年划归张湾公社，1983年改为泉子村至今。2003年撤乡并镇整体划入李家堡镇。

1524 巉口镇联星村

简　　介：因几个初级社合并而得名，1952年属景泉乡，1958年属巉口公社，1961年属景泉公社，1964年属巉口公社，1972年属景家泉乡联星大队，1983年改为联星村至今，2003年整体划入巉口镇。

1525 宁远镇李家曲村

简　　介：以姓氏和自然实体而得名，1956年为红星初级社，后卫红星高级社，属红土乡，1958年撤销红土公社划归宁远公社，改为李家曲大队，1983年改为李家曲村至今。

1526 内官镇乌龙村

简　　介：以有过龙的传说而得名，公社化后为锦屏公社乌龙、太原两个大队，1961 年属内官营公社，1963 年将乌龙、太原两个大队合并为乌龙大队，1983 年改为乌龙村至今。

1527 青岚山乡打鹿岔村

简　　介：以地理实体名称而得名，土改时属榆林乡，1958 年公社化后属青岚公社打鹿岔大队，1983 年改为打鹿岔村至今。

1528 葛家岔镇黄家湾村

简　　介：以姓氏和自然地理实体形态而得名，1958 年属葛家岔公社北坪大队，1961 年从北坪大队划出成立黄家湾大队，1983 年改为黄家湾大队至今 。

1529 李家堡镇红川村

简　　介：1949 年为西巩区亥沟乡，1958 年公社化时为大坪公社庙川大队，1965 年划归李家堡公社，1983 年改为红川村至今。

1530 巉口镇龙滩村

简　　介：因有龙庙而得名，1952 年属鲁家沟区景泉乡，1957 年为龙滩高级社，1958 年与胜利合并为胜利大队，属巉口公社，1961 年分设为龙滩和胜利两个大队，1972 年为景泉公社龙滩大队，1978 年从龙滩分设出张家湾大队，1983 年改为龙滩村至今。2003 年撤乡并镇时整体划入巉口镇。

1531 杏园乡郑家川村

简　　介：以姓氏而得名，1958 年属宁远公社郑家川大队，1961 年属杏园公社郑家川大队，1983 年改为郑家川村至今。

1532 石泉乡湾曲村

简　　介：以地形而得名，1958 年为西巩驿公社峡口大队，1961 年为石泉公社湾曲大队，1983 年改为万曲村至今。

1533 李家堡镇蔡坪村

简　　介：以姓氏而得名，1949 年属亥沟乡，1956 年属锦鸡社蔡坪小队，1958 年属大坪公社蔡坪大队，1965 年划归李家堡公社，1983 年改为蔡坪村至今。

1534 称钩驿镇川坪村

简　　介：以自然实体而得名，解放初称花川坪，1956 年合作化时组建川坪初级社，公社化时改为川坪大队，1983 年改为川坪村至今。

1535 石泉乡山庄村

简　　介：以自然实体而得名，1988 年从中寺、合营村各分出 3 个社成立山庄村。

1536 西巩驿镇河畔村

简　　介：原名曹家河畔，以姓氏而得名，1952 年属西巩驿区河畔乡，1958 年公社化时属西巩驿公社河畔大队，1983 年改为河畔村至今。

1537 凤翔镇花坪村

简　　介：由铧尖、南家坪合并取两地各一字取名铧坪，后演化为花坪。合作化时属巉口区管辖，1964 年划归城关公社，1979 年分为吴家川、花坪两个大队，1983 年改为花坪村至今。

1538 白碌乡前进村

简　　介：以愿望而得名，1952 年设庞家岔村，属鲁家沟区太平乡，1956 年与邹儿湾初级社合并为前进高级社，1957年划归白碌乡，1958年改为前进大队，1983年改为前进村至今。

1539 内官镇右丰村

简　　介：以其位于庆丰村右侧而得名，解放初属仁化乡，1958年属锦屏公社右丰大队，1961年属内官营公社，1983年改为右丰村至今。

1540 内官镇先锋村

简　　介：以人们的愿望而得名，公社化时由先锋和万崖初级社组成先锋高级社，公社化时划出万崖，成立先锋大队，属锦屏公社。1961年划归内官营公社，1983年改为先锋村至今。

1541 李家堡镇麻子川村

简　　介：以种植麻子高产而得名，1949年为宁远区麻子乡，1956年为麻子社，1958年公社化时为麻子大队，归李家堡公社管辖，1983年改为麻子川村至今。

1542 香泉镇马莲村

简　　介：因盛产马莲草而得名，土改时属通安区清静乡，公社化后为马莲、清静两个大队，1964年合并为马莲大队，1983年改为村。

1543 新集乡石湾村

简　　介：以姓氏和自然实体而得名，1988年从原大南岔村分设成立。

1544 内官镇大庄村

简　　介：以当地的古庄而得名，解放初属内官区黑山乡，合作化时组建为分水初级社，后并为大庄高级社，公社化时曾命名为大庄大队，1983年改为大庄村。

1545 新集乡坪塬村

简　　介：以地形而得名，土改时属四区卧龙乡兴旺村，合作化时由双岔社和坪塬社合并为坪塬高级社，1958年为葛家岔公社新集管理区坪塬大队，1961年划归新集公社，1983年改为坪塬村至今。

1546 内官镇迎丰村

简　　介：以人们愿望而得名，合作化时属内官营乡，1958年划归高峰公社，命名为迎丰大队，1961年属东岳公社，1964年划归内官公社，1972年又划归东岳公社，1983年改为迎丰村，2003年划归内官营镇管辖。

1547 石泉乡下坪村

简　　介：以自然实体而得名，1979年从大坪大队分出，定名为下坪大队，1983年改为下坪村至今。

1548 李家堡镇南湾村

简　　介：以方位而得名，1949年后为北岔乡，合作化时为南湾社，1958年为李家堡公社南湾大队，1983年改为南湾村至今。

1549 凤翔镇李家咀村

简　　介：以姓氏和自然实体而得名，1958年属仁化公社先锋大队，1961年划为中川公社李家咀大队，1964年撤销中川公社后划归城关公社，1983年改为李家咀村至今。

1550 符家川镇金星村

简　　介：土改时属榆中县八区，1958年10月划归定西县管辖并命名为金星大队，1983年改为村至今。

1551 高峰乡马营滩村

简　　介：因历史上马、林两家养马多而得名。土改时属内官区红堡乡，1957 年和红光村合并为高级社，1958 年属合红堡公社管辖，命名为马营滩大队，1961 年归高峰公社管辖，1980 年从马营滩大队分设成立新泉河大队，1983 年改为马营滩村。2003 年又将原新泉河村并入马营滩村。

1552 石峡湾乡清水村

简　　介：以迁入地名，原为三湾大队，1978 年从三湾大队划出另设清水大队，1983 年改为清水村至今。

（二）通渭县

1553 陇山乡乱庄村

简　　介：以驻地得名。1958 年公社化时为乱庄大队，1983 年大队改为村委会。

1554 常家河镇老湾村

简　　介：以境内自然村陈家老湾而得名。1958 年公社化时为新集大队，1961 年从新集分设老湾大队，归高庄公社管辖，1963 年又归常河公社，1983 年大队改为村委会。

1555 陇山乡川口村

简　　介：以驻地得名。1958 年公社化时归陇川公社，1964 年为陇山公社川口大队，1983 年大队改为村委会。

1556 襄南乡令家山村

简　　介：以驻地得名。1958 年公社化时为令山大队，1981 年地名普查时恢复全称为令家山大队，1983 年大队改为村委会。

1557 北城铺乡魏家小河村

简　　介：以境内魏家小河命名。1958 年公社化时为义岗公社四联大队，1961 年设立北城公社为魏河大队，1981 年地名普查中恢复全称为魏家河大队，1983 年大队改为村委会。

1558 寺子川乡中心村

简　　介：以地理位置得名。因村委会驻地苦水湾位于全村委会 7 个自然村的最中间，因此得名中心。1958 年公社化时为陇川公社石峰大队，1973 年寺子公社设立后，又从石峰大队分出，为寺子公社所辖，1983 年大队改为村委会。

1559 第三铺乡西坪村

简　　介：以地理位置得名。1958 年公社时为陈家沟大队，1961 年分设西坪大队，1983 年大队改为村委会。

1560 寺子川乡郑阳村

简　　介：以境内郑家沟和阳山上两个自然村联合而得名。1958 年公社化时为义岗公社花亭大队，1960 年由花亭大队分出，始建郑阳大队，1961 年属寺子公社，1964 年又属义岗公社，1973 年又设立寺子公社后仍为郑阳大队，1983 年大队改为村委会。

1561 义岗镇永胜村

简　　介：1958 年公社化时为卧虎大队，1961 年又分为永胜、联合、卧虎 3 个大队，1964 年与卧虎合并为永胜大队，1983 年大队改为村委会。

1562 马营镇西堡村

简　　介：以驻地得名。1958 年公社化时为北山大队，1979 年分出西堡大队，1983 年大队改为村委会。

1563 新景乡张家山村

简　　介：以境内自然村张家山而得名。1958 年公社化时为张家山和南岔两个大队，1961 年合并为张山大队，1981 年地名普查时，恢复全称，为张家山大队，1983 年大队改为村委会。

1564 李家店乡崔家河村

简　　介：以驻地得名。1958 年公社化时为第三铺公社尚岔大队，1961 年从尚岔大队分出为常坪大队，1973 年属李店公社，同年从常坪大队分出，初命名为崔河大队，1981 年地名普查时，为使地名标准化，恢复全称为崔家河大队，1983 年大队改为村委会。

1565 陇阳乡水泉村

简　　介：以境内自然村水泉得名。1958 年公社化时为王河大队，1964 年为城关公社水泉大队，1973 年又恢复陇阳公社为水泉大队，1983 年大队改为村委会。

1566 鸡川镇司家川村

简　　介：以驻地得名。1958 年公社化时为司川、陈河两个大队。1964 年并为司川大队。1981 年地名普查时，为使地名标准化，恢复全称为司家川大队，1983 年大队改为村委会。

1567 平襄镇马家岔村

简　　介：以境内马家岔自然村得名。1958 年公社化时为红旗公社双堡大队，1961 年为孟河公社所辖，1970 年从双堡大队分出，设立新大队，1979 年立朝阳阳分社仍为立新大队，1981 年公社更名为徐家川公社，大队更名为马家岔大队，1983 年大队改为村委会。2004 年撤销徐家川乡合并到平襄镇。

1568 榜罗镇毛家湾村

简　　介：以境内自然村毛家湾得名。1958 年公社化时为毛湾大队，1981 年地名普查时恢复全称为毛家湾大队。1983 年大队改为村委会。

1569 马营镇陈家坪村

简　　介：以驻地命名。1958 年公社化时为马营公社陈坪大队，1973 年后，属黑燕公社，1981 年地名普查时恢复全称为陈家坪大队，1983 年大队改为村委会。2004 年根据定西市人民政府《关于定西市安定区等 6 县（区）行政区划调整的批复》（定政发 [2004]74 号）通知精神，撤销黑燕乡、锦屏乡，整建制并入马营镇。

1570 马营镇东关村

简　　介：以驻地得名。1958 年公社化时为马营大队，1961 年分为东关大队，1964 年又并入马营大队，1979 年又分为东关大队，1983 年大队改为村委会。

1571 陇阳乡党家岔村

简　　介：以驻地得名。958 年公社化时为北城秦刘大队，1962 年为中林公社党岔大队，1965 年又归为北城公社何阳大队，1973 年恢复陇阳公社为党岔大队，1981 年地名普查时，恢复全称为党家岔大队，1983 年大队改为村委会。

1572 寺子川乡董家沟村

简　　介：以驻地得名。1958 年公社化时为陇川公社石峰大队，1973 年寺子公社成立后，为中心大队，1979 年从中心分出，设立董家沟大队，1983 年大队改为村委会。

1573 襄南乡高家店村

简　　介：1958 年公社化时为高店大队，1981 年地名普查恢复全称为高家店大队，1983 年大队改为村委会。

1574 什川乡泰山村

简　　介：以境内泰山堡命名。1958 年公社化时为泰山大队，1983 年大队改为村委会。

1575 马营镇油坊村

简　　介：以境内自然村油坊川得名。1958 年公社化时为油坊大队，曾与华川大队分为两名，1983 年大队改为村委会。（坊原误为房，1981 年正字正音为坊）。

1576 鸡川镇太平村

简　　介：1958 年公社化时命名为太平大队，1983 年大队改为村委会。

1577 北城铺乡石关村

简　　介：以境内片村石关命名。1958 年公社化时为义岗公社所辖，1961 年设立北城公社为石关大队，1983 年大队改为村委会。

1578 襄南乡袁坪村

简　　介：以境内自然村袁家沟、何家坪联合派生而命名。1958 年公社化时为大新大队，1979 年从大新分出，设袁坪大队，1983 年大队改为村委会。

1579 碧玉乡李家川村

简　　介：以境内自然村李家川得名。1958 年公社化时为李川大队。1981 年地名普查时，恢复全称，为李家川大队，1983 年大队改为村委会。

1580 李家店乡郭坪村

简　　介：以境内郭家岔和张家坪两个自然村联合命名。1958 年公社化时为襄南公社中川大队，1961 年从中川大队分出，始建郭坪大队，1964 年属常河公社，1973 年设李店公社仍为郭坪大队，1983 年大队改为村委会。

1581 什川乡吴家湾村

简　　介：以驻地得名。1958 年公社化时为盘龙大队，后与陈坪大队合并，1972 年从陈坪大队分出为大湾大队，1979 年从大湾分出设吴湾大队，1981 年地名普查时，恢复全称，为吴家湾大队，1983 年大队改为村委会。

1582 常家河镇阳坡村

简　　介：以驻地刘家阳坡得名。1958 年公社化时为阳坡大队，1961 年分为阳坡、固堆河、张堡三个大队，1965 年将阳坡合并到固堆河大队，1978 年又设立阳坡大队，1983 年大队改为村委会。

1583 平襄镇安家岔村

简　　介：以驻地得名。1958 年公社化时组建为东方红大队，1979 年分为安岔、曹家坡、蒋家川 3 个大队。1981 年地名普查时恢复全称为安家岔大队，1983 年大队改为村委会。

1584 第三铺乡第三铺村

简　　介：以驻地取名。1958 年公社化时命名为第三铺大队,1983 年大队改名为村委会。

1585 鸡川镇川道村

简　　介：以驻地得名。1958 年公社化时为川道大队，1983 年大队改为村委会。

1586 华家岭乡新站村

简　　介：因新建汽车站而得名。1958 年公社化时设立新站大队，1983 年大队改为村委会。

1587 北城铺乡鹿山村

简　　介：以自然地理实体鹿鹿山而得名。1958 年公社化时为义岗公社所辖，1961 年设立北城公社为鹿山大队，1983 年大队改为村委会。

1588 榜罗镇红岘村

简　　介：1958 年公社化时为庙滩大队，1962 年划归文树公社，分为阳山、庙滩、红岘 3 个大队，1964 年将红岘、庙滩划归榜罗公社为红旗大队，1981 年地名普查时恢复为红岘大队，1983 年大队改为村委会。

1589 碧玉乡石滩村

简　　介：以驻地简称得名。1958 年公社化时为石滩大队，1961 年设石滩公社为石滩大队，1963 年又归碧玉公社所辖，1983 年大队改为村委会。

1590 陇川乡官堡村

简　　介：以驻地得名。1958 年公社化时称菜子大队，1961 年分为张杨、菜子、郭家、官堡 4 个大队，1983 年官堡大队改为村委会。

1591 寺子川乡山坪村

简　　介：以驻地得名。1958 年公社公时为陇川公社大营大队，1973 年设立寺子公社仍为大营大队，1979 年分出大营设立山坪大队，1983 年大队改为村委会。

1592 襄南乡大新村

简　　介：以境内自然村杨家大沟和王家新庄联合派生而命名。1958 年公社化时为大新大队，1979 年分出袁坪大队设立大新大队，1983 年大队改为村委会。

1593 北城铺乡卢鲜村

简　　介：以卢鲜两姓氏命名。1958 年公社化时为义岗公社北城大队，1961 年设立北城公社为卢鲜大队，1983 年大队改为村委会。

1594 平襄镇旧店子村

简　　介：以驻地得名。1958 年公社化时组建为五星大队，曾和宋家堡大队分合三次，1981 年地名普查时更名为旧店子大队，1983 年大队改为村委会。

1595 平襄镇四联村

简　　介：以 4 个初级社合并得名。1958 年公社化时组建为红旗公社四联大队，1964 年改名城关（今平襄镇）公社四联大队，1983 年改为村委会。

1596 刀营镇营滩村

简　　介：以境内片村朱家营滩得名。该地在清代称峡口营（县志卷三 44 页）为马营监所属六营之一。1958 年公社化时为营滩大队，1983 年大队改为村委会。

1597 陇阳乡中庄村

简　　介：以驻地得名。1958 年公社化时为三合大队，1964 年归陇川公社所辖，1973 年恢复陇阳公社为胜利大队，1979 年分出胜利设中庄大队，1983 年大队改为村委会。

1598 陇山乡黄家窑村

简　　介：以驻地得名。1958 年公社化时为共和大队，1966 年改为东风大队，1980 年又命名为黄家窑大队，1983 年大队改为村委会。

1599 第三铺乡芦子滩村

简　　介：以境内芦子滩自然村而得名。1958年公社化时为郭家山大队，1977年分设芦子滩大队，1983年大队改名为村委会。

1600 常家河镇常家河村

简　　介：以姓氏河流名称命名。1958年公社化时为常河大队，1981年地名普查时，恢复全称为常家河大队，1983年改为常家河村委会。

1601 常家河镇绽沟村

简　　介：以境内自然村绽沟命名。1958年公社化时为常河公社所辖，1973年设文树公社后为绽沟大队，1983年大队改为村委会。2004年根据定西市人民政府《关于定西市安定区等6县(区)行政区划调整的批复》(定政发[2004]74号)通知精神，撤销文树乡，管辖的团结村、清明山村、绽沟村并入常河镇。

1602 华家岭乡世歌尧村

简　　介：以境内自然村世歌尧命名。世歌尧是由原十个窑演化而来。相传该村第一户人家无瓦房，只有十个土窑洞，故名十个窑。1958年公社化时为世歌尧大队，归华岭公社，1961年划归牛家山公社，1964年撤消牛家山公社，又归华岭公社，1983年大队改为村委会。

1603 碧玉乡阳屲村

简　　介：以境内自然村张家阳屲简称得名。1958年公社化时为阳屲大队，1983年大队改为村委会。

1604 寺子川乡花亭村

简　　介：以境内花亭自然村得名。1958年公社化时为义岗公社花亭大队，1961年属寺子公社，1964年属义岗公社，1973年设立寺子公社后仍为花亭大队。1983年大队改为村委会。

1605 陇山乡黄花村

简　　介：以境内片村黄花命名。1958年公社化时为陇川公社黄花大队，1964年划归陇山公社仍为黄花大队，1983年大队改为村委会。

1606 华家岭乡黄鹤滩村

简　　介：以境内片村黄鹤滩得名。黄鹤滩原名黄蒿滩（县志卷五68页）为锦鸡河发源地。后来传说曾落过黄鹤，故改蒿为鹤。1958年公社化时属华岭公社为黄鹤大队，1961年划归牛家山公社，1964年又划归华岭公社，1981年地名普查时恢复全称，为黄鹤滩大队，1983年大队改为村委会。

1607 榜罗镇毛家店村

简　　介：以驻地得名。1958年公社化时为榜罗公社所辖，1961年为集义公社驻地，1964年并入榜罗公社，1979年设立青堡公社为毛家店大队，1983年大队改为村委会。2004年根据定西市人民政府《关于定西市安定区等6县（区）行政区划调整的批复》（定政发[2004]74号）通知精神，撤销青堡乡，整建制并入榜罗镇；撤销文树乡，管辖的文树村、文川村、南坡村、李家坡村、陈家窑村并入榜罗镇。

1608 马营镇涧滩村

简　　介：以境内片村上涧滩简称命名。1958年公社化时为涧滩大队，1983年大队改为村委会。

1609 鸡川镇苟家堡村

简　　介：以驻地得名。1958 年公社化时归金城公社所辖，1961 年分为苟家堡、咸阳两个大队，1964 年并为苟堡大队归鸡川公社所辖。1981 年地名普查时，为使地名标准化，恢复全称为苟家堡大队，1983 年大队改为村委会。

1610 陇阳乡车家坪村

简　　介：境内自然村车家坪得名。1958 年公社化时为车坪大队，1964 年归陇山公社所辖，1973 年恢复陇阳公社为车坪大队。1981 年地名普查时，恢复全称为车家坪大队，1983 年大队改为村委会。

1611 榜罗镇张家湾村

简　　介：以境内自然村张家湾得名。1958 年公社化时为榜罗公社所辖，1961 年为青付公社所辖，1964 年划归榜罗，1979 年又设青堡公社为张湾大队，1981 年地名普查时，恢复全称为张家湾大队，1983 年大队改为村委会。2004 年根据定西市人民政府《关于定西市安定区等 6 县（区）行政区划调整的批复》（定政发 [2004]74 号）通知精神，撤销青堡乡，整建制并入榜罗镇；撤销文树乡，管辖的文树村、文川村、南坡村、李家坡村、陈家窑村并入榜罗镇。

1612 马营镇大岘村

简　　介：以境内自然村大岘命名。1958 年公社化时为马营公社双合大队，1961 年设黑燕公社后，从双合大队分出，设大岘大队，1983 年大队改为村委会。2004 年根据定西市人民政府《关于定西市安定区等 6 县（区）行政区划调整的批复》（定政发 [2004]74 号）通知精神，撤销黑燕乡、锦屏乡，整建制并入马营镇。

1613 碧玉乡小河子村

简　　介：以境内自然村小河子命名。1958 年公社化时为玉关大队，后又设小河大队，1981 年地名普查时恢复全称，为小河子大队，1983 年大队改为村委会。

1614 陇山乡高山村

简　　介：以地形得名。1958 年公社化时为陇山公社坡咀大队，1963 年从阳坡咀分出时，因该大队位于高山寺（现名大寺顶）西北周围，故命名为高山大队，1983 年大队改为村委会。

1615 陇川乡花城湾村

简　　介：以境内自然村花城湾而得名。1958 年公社化时称兴隆大队，1971 年分为兴隆、永胜两个大队，在 1981 年地名普查中，因与义岗川乡的永胜大队重名，故改为花城湾大队，1983 年大队改为村委会。

1616 陇阳乡新合村

简　　介：以驻地自然村王家坡得名。1958 年公社化时为王家河大队，1964 年为陇山公社周家店大队，1973 年恢复陇阳公社为新合大队。1981 年地名普查时因与北城的新合大队重名，故改名为王家坡大队，1983 年大队改为村委会。

1617 襄南乡东峰村

简　　介：以方位和自然地理实体得名。1958 年公社化时为高店大队，1979 年从高店分出，设立东峰大队，1983 年大队改为村委会。

1618 李家店乡祁家咀村

简　　介：以驻地得名。1958 年公社化时为襄南公社中川大队，1961 年从中川大队分出，初命为祁咀大队，归常河公社所辖，1973 年李店公社成立后为祁咀大队，1981 年地名普查时，为使地名标准化、规范化，恢复全称为祁家咀大队，1983 年大队改为村委会。

1619 平襄镇店子村

简　　介：以驻地得名。1958 年公社化时组建为店子大队，1983 年大队改为村委会。

1620 马营镇锦屏村

简　　介：以境内锦屏山而得名。1958 年公社化后命名为锦屏大队，1983 年大队改为村委会。2004 年根据定西市人民政府《关于定西市安定区等 6 县（区）行政区划调整的批复》（定政发 [2004]74 号）通知精神，撤销黑燕乡、锦屏乡，整建制并入马营镇。

1621 平襄镇张家庄村

简　　介：以驻地得名。1958 年公社化时为红旗公社红光大队，1961 年为孟河公社所辖，1979 年设立朝阳公社为张庄大队。1981 年公社更名为徐家川公社，大队恢复全称为张家庄大队。1983 年大队改为村委会。

1622 平襄镇温泉村

简　　介：以境内矿泉而得名。1958 年公社化时组建为红旗公社团结大队，1961 年属温泉公社，1964 年撤销温泉公社，合并到城关（今平襄镇）公社，改名为温泉大队，1983 年大队改为村委会。

1623 常家河镇合并村

简　　介：以原 3 个初级社合并命名。1958 年公社化时为合并大队，1961 年归高庄公社所管辖，1964 年又归常河公社仍为合并大队，1983 年大队改为村委会。

1624 第三铺乡党家堡村

简　　介：以驻地得名 1958 年公社化时为郭家山大队，1963 年分设为党家堡大队，1983 年大队改为村委会。

1625 什川乡地八村

简　　介：以驻地命名。1958 年公社化时为什川公社山庄大队，1964 年改为地八大队，1983 年大队改为村委会。

1626 华家岭乡高尧村

简　　介：以境内片村高尧命名。高尧是由清朝时的高瑶山（县志卷五 68 页）演变而来。1958 年公社化时属华岭公社，1961 年划归牛家山公社，1964 年又划归华岭公社，1983 年大队改为村委会。

1627 李家店乡刘家岔村

简　　介：以境内片村刘家岔得名。1958 年公社化时为第三铺公社尚岔大队，1963 年从尚岔大队分出，初次设立刘岔大队，1973 年成立李店公社后为李店公社所辖，仍为刘岔大队，1981 年地名普查时为了使地名标准化，恢复全称为刘家岔大队，1983 年大队改为村委会。

1628 第三铺乡小岔湾村

简　　介：以驻地得名。1958 年公社化时为郭家山大队，1978 年分设为小岔湾大队，1983 年大队改为村委会。

1629 平襄镇中和村

简　　介：以愿望得名。土改增设中和乡，合作化后沿用中和高级社名，1958 年公社化时为红旗公社，中和又作大队名，1961 年为孟河公社所辖，1979 年为新设立的朝阳公社所辖，1981 年公社改名为徐家川公社，仍为中和大队，1983 年大队改为村委会。

1630 常家河镇团结村

简　　介：以愿望命名。1958 年公社化时为常河公社所辖，1973 年设立文树公社后为团结大队，1983 年大队改为村委会。2004 年撤销文树乡合并到常河镇。2004 年根据定西市人民政府《关于定西市安定区等 6 县（区）行政区划调整的批复》（定政发 [2004]74 号）通知精神，撤销文树乡，管辖的团结村、清明山村、绽沟村并入常河镇。

1631 襄南乡祁家窑村

简　　介：以驻地得名。1958 年公社化时为马家店大队，1961 年分出马家店，设隔里沟大队，1971 年从隔里沟分出，设立祁家窑大队，1983 年大队改为村委会。

1632 襄南乡黑石头村

简　　介：以驻地得名。1958 年公社化时为黑石头大队，1968 年改名为红岩大队，1981 年地名普查时恢复为黑石头大队，1983 年大队改为村委会。

1633 襄南乡马家店村

简　　介：以驻地得名。1958 年公社化时为马店大队，1981 年地名普查时恢复全称为马家店大队，1983 年大队改为村委会。

1634 马营镇赤沙岘村

简　　介：以境内片村赤沙岘命名。据清光绪十九年（1893）《通渭县新志》记载，称赤山岘，后误读为赤沙岘，已沿用成习。1958 年公社化时为马营公社西山大队，1961 年属黑燕公社，1979 年从西山大队分出，设赤沙大队，1981 年地名普查时恢复全称，为赤沙岘大队，1983 年大队改为村委会。2004 年根据定西市人民政府《关于定西市安定区等 6 县（区）行政区划调整的批复》（定政发 [2004]74 号）通知精神，撤销黑燕乡、锦屏乡，整建制并入马营镇。

1635 马营镇黄家岖村

简　　介：以驻地得名。1958 年公社化时组建为大雁大队，1959 年改名为中和大队，1974 年分队时命名为黄家岖大队，1983 年大队改为村委会。2004 年根据定西市人民政府《关于定西市安定区等 6 县（区）行政区划调整的批复》（定政发 [2004]74 号）通知精神，撤销黑燕乡、锦屏乡，整建制并入马营镇。

1636 马营镇长川村

简　　介：以境内片村刘家长川简称得名。1958 年化社化时为第川大队，1983 年大队改为村委会。

1637 华家岭乡班家岔村

简　　介：以境内自然村班家岔得名。1958 年公社化时为班家岔大队，1983 年大队改为村委会。

1638 李家店乡姚家川村

简　　介：以驻地得名。1958 年公社化时为襄南公社联合大队，1961 年体制变动时分设姚家川，1964 年为常河公社所辖，1973 年设立李店公社为姚川大队，1981 年地名普查时，为使地名标准化，仍恢复为姚家川大队，1983 年改为姚家川村委会。

1639 陇川乡张杨村

简　　介：以境内张家山和杨家湾两个自然村复合得名。1958 年公社化时为菜子大队，1962 年分为菜子、郭家、官堡、张杨 4 个大队，1983 年大队改为村委会。

1640 义岗镇八井川村

简　　介：以驻地得名。1958 年公社化时为八井大队，1981 年地名普查时，恢复全称为八井川大队，1983 年大队改为村委会。

1641 第三铺乡马家坪村

简　　介：以驻地得名。1958 年公社化时为第三铺公社所辖，1979 年设立文树公社后，仍为马坪大队，1981 年地名普查时恢复全称，为马家坪大队。1983 年大队改为村委会。2004 年撤销文树乡合并到第三铺乡。

1642 马营镇小营村

简　　介：以境内自然村命名。1958 年公社化时为马营公社双合大队，1961 年设黑燕公社后，从双合大队分出，始设小营大队，1983 年大队改为村委会。2004 年根据定西市人民政府《关于定西市安定区等 6 县（区）行政区划调整的批复》（定政发 [2004]74 号）通知精神，撤销黑燕乡、锦屏乡，整建制并入马营镇。

1643 第三铺乡侯家坡村

简　　介：以驻在得名。1958 年公社化时为侯家坡大队，1983 年大队改名为村委会。

1644 襄南乡黎家庄村

简　　介：以姓氏得名。1958 年公社化时，为黑石头大队，1961 年为四娃大队，1965 年又并入黑石头，1979 年设黎庄大队，1981 年地名普查时恢复全称为黎家庄大队，1983 年大队改为村委会。

1645 陇阳乡胜利村

简　　介：以人们的愿望得名。1958 年公社化时为三合大队，1973 年设立陇阳公社时与陇川公社石峰大队的部分小队合并为胜利大队，1983 年大队改为村委会。

1646 平襄镇亢家川村

简　　介：以驻地自然村得名。1958 年公社化时为红旗公社红光大队，1961 年为孟河公社所辖，1979 年设立朝阳公社，仍为红光大队，1981 年地名普查时，将公社更名为徐家川，大队更名为亢家川，1983 年大队改为村委会。

1647 陇川乡张家沟村

简　　介：以境内自然村张家沟得名。1958 年公社化时为大庄大队，1971 年称团结大队，1979 年分出曹家大队，保留团结大队，1981 年地名普查时将团结大队改名为张家沟大队，1983 年大队改为村委会。

1648 碧玉乡玉关村

简　　介：因碧玉历史上曾称碧玉关，且该村委会位于朱家峡口，地势险要，故命名玉关。1958 年公社化时为玉关大队，1983 年大队改为村委会。

1649 马营镇兴旺村

简　　介：以愿望命名。1958 年公社化时为马营公社双合大队，1961 年设黑燕公社从双合大队分出，始命名为兴旺大队，1983 年大队改为村委会。2004 年根据定西市人民政府《关于定西市安定区等 6 县（区）行政区划调整的批复》（定政发 [2004]74 号）通知精神，撤销黑燕乡、锦屏乡，整建制并入马营镇。

1650 义岗镇乔沟河村

简　　介：以驻地自然村乔沟河得名。1958年公社化时为永胜大队，1979年从永胜分出，设乔沟大队，1981年地名普查时，恢复全称为乔沟河大队。1983年大队改为村委会。

1651 榜罗镇桃园村

简　　介：以境内桃园子得名。1958年公社化时命名为桃园大队，1983年大队改为村委会。

1652 陇阳乡陆义村

简　　介：以境内陆义滩自然村而得名。1958年公社化时为新明大队，1964年归陇山公社所辖，1968年改为陆义大队，1973年恢复陇阳公社为六一大队，1981年地名普查时，要求正音正字，改为陆义大队，1983年大队改为村委会。

1653 第三铺乡万家岔村

简　　介：以境内万家岔自然村得名。1958年公社化时为城关公社团结大队，1961年为温泉公社张家湾大队，1964年划归第三铺公社，设万家岔大队，1983年大队改为村委会。

1654 北城铺乡北城铺村

简　　介：以境内有北城铺自然村而得名。1958年公社化时为义岗公社所辖，1961年设立北城大队，1981年地名普查时恢复全称为北城铺大队，1983年大队改为村委会。

1655 北城铺乡山庄村

简　　介：以境内山庄湾自然村命名。1958年公社化时为义岗公社锦鸡大队，1961年设立北城公社仍为锦鸡大队，1979年分出锦鸡设立山庄大队，1983年大队改为村委会。

1656 华家岭乡李家岔村

简　　介：驻地得名。1958年公社化时为班家岔大队，1961年从班家岔大队分出为毛家岔大队，1971年毛家岔和汪家岖合并，成立李家岔，1983年大队改为村委会。

1657 常家河镇高庄头村

简　　介：以境内片村高庄头命名。1958年公社化时为高庄大队，1961年归高庄公社所辖，1963年又归常河公社所辖，1981年地名普查时，恢复全称为高庄头大队，1983年大队改为村委会。

1658 榜罗镇文峰村

简　　介：以愿望得名。1958年公社化时为文峰大队，1983年大队改为村委会。

1659 陇阳乡三合村

简　　介：原以邻近3个初级社的村庄组合得名。1958年公社化时为三合大队，1964年为陇川公社所辖，1973年又恢复陇阳公社仍为三合大队，1983年大队改为村委会。

1660 碧玉乡朱川村

简　　介：以境内自然村朱川得名。1958年公社化时为朱川大队，1983年大队改为村委会。

1661 华家岭乡后湾村

简　　介：以驻地得名。1958年公社化时为活马滩大队，1961年又新设后湾大队，1964年并入活马滩大队，1978年又从活马滩大队分出，成立后湾大队，1983年大队改为村委会。

1662 襄南乡连家川村

简　　介：以驻地得名。1958年公社化时为令山大队，1979 年从令山大队分出，设立连川大队，1981 年地名普查时，恢复全称为连家川大队，1983 年大队改为村委会。

1663 鸡川镇水连村

简　　介：因以境内沟谷有水流入安逸河而取名。意指以水连水，故称水连。1958 年公社化时为金城公社水连大队，1964 年属鸡川公社水连大队，1983 年大队改为村委会。

1664 襄南乡祁家庄村

简　　介：以驻地得名。1958 年公社化时为祁家庄大队，1983 年大队改为村委会。

1665 第三铺乡蒲岔湾村

简　　介：以境内片村蒲岔湾得名。1958 年公社时为陈家沟大队，1961 年分设为蒲岔湾大队，1983 年大队改为村委会。

1666 榜罗镇大庄村

简　　介：以驻地得名。1958 年公社化时为什川公社，1969 年改名大庄大队，1973 年划归榜罗公社，1983 年大队改为村委会。

1667 马营镇马营村

简　　介：以驻地得名。1958 年公社化时为马营大队，1983 年大队改为村委会。

1668 陇阳乡车家岔村

简　　介：以境内片村车家岔得名。1958 年公社化时为车岔大队，1964 年为城关公社水泉大队，1973 年恢复陇阳公社仍为水泉大队，1979 年分出水泉，设立车岔大队，1981 年地名普查时，恢复全称为车家岔大队，1983 年大队改为村委会。

1669 陇阳乡水池村

简　　介：1958 年公社化时为城关公社水池大队，1973 年划归陇阳公社仍为水池大队，1983 年大队改为村委会。

1670 碧玉乡岳家岔村

简　　介：以驻地得名。1958 年公社化时为岳岔大队，1981 年地名普查时，恢复全称为岳家岔大队，1983 年大队改为村委会。

1671 陇川乡坡石山村

简　　介：以自然地理实体得名。1958 年公社化时为石岘大队，1962 年归川口公社辖，1965 年又归陇川公社，称双堡大队，1980 年因重名，故改名为坡石山大队，1983 年大队改为村委会。

1672 碧玉乡雷家岔村

简　　介：以驻地得名 1958 年公社化时为雷岔大队，1981 年地名普查时恢复全称为雷家岔大队，1983 年大队改为村委会。

1673 榜罗镇张家坪村

简　　介：以境内自然村张家坪得名。1958 年公社化时为榜罗公社所辖，1961 年划归集义公社，1964 年又并入榜罗公社。1979 年设立青堡公社为张坪大队，1981 年地名普查时恢复全称为张家坪大队，1983 年大队改为村委会。2004 年根据定西市人民政府《关于定西市安定区等 6 县（区）行政区划调整的批复》（定政发 [2004]74 号）通知精神，撤销青堡乡，整建制并入榜罗镇；撤销文树乡，管辖的文树村、文川村、南坡村、李家坡村、陈家窑村并入榜罗镇。

1674 李家店乡坪河村

简　　介：以黎家坪、董家河两自然村各取

一字命名。1958 年公社化时为襄南所辖，1973 年李店公社成立后为坪河大队，1983 年大队改为村委会。

1675 榜罗镇岔口村

简　　介：以驻地得名。1958 年公社化时属文峰大队，1963 年为三合大队，1979 年改名为岔口大队，1983 年大队改为村委会。

1676 义岗镇明星村

简　　介：以愿望得名。1958 年公社化时始命名为明星大队，1983 年大队改为村委会。

1677 常家河镇新集村

简　　介：以驻地得名。1958 年公社化时为新集大队，1961 年归高庄公社所辖，1963 年又归常河公社，1978 年又分设泉湾大队，保留新集大队，1983 年大队改村委会。

1678 鸡川镇杨家川村

简　　介：1958 年公社化时命名为杨川大队。一直属鸡川公社，1981 年地名普查时，为使地名标准化，恢复全称为杨家川大队，1983 年大队改为村委会。

1679 襄南乡前湾村

简　　介：以境内自然村前湾得名。1958 年公社化时为山合大队，1961 年从山合分出设前湾大队，1983 年大队改为村委会。

1680 什川乡什川村

简　　介：以驻地得名。1958 年公社化时为什川大队，1983 年大队改为村委会。

1681 平襄镇团庄村

简　　介：以团庄（小型土堡）得名。1958 年公社化时组建为四联大队，1979 年从四联大队分出设立团庄大队，1983 年大队改为村委会。

1682 新景乡王家湾村

简　　介：1958 年公社化时为王湾大队。1981 年地名普查时，改为王家湾大队，1983 年大队改为村委会。

1683 义岗镇文化村

简　　介：以愿望得名，向往提高文化水平。1958 年公社化时命名文化大队，1983 年大队改为村委会。

1684 常家河镇王家庄村

简　　介：以境内自然村王家庄命名。1958 年公社化时为榜罗公社年辖，1963 年将建坪、高庄两个大队的部分生产队与南河川大队合并组成王庄大队，1965 年又为南河川、王庄两个大队，1983 年大队改为村委会。

1685 常家河镇直湾村

简　　介：以境内片村直湾得名。1958 年公社化时为建坪大队，1979 年分设直湾大队，1983 年大队改为村委会。

1686 什川乡新庄村

简　　介：以境内自然村新庄得名。1958 年公社化时为新庄大队，1983 年大队改为村委会。

1687 榜罗镇孟上川村

简　　介：以境内片村孟上川取名。1958 年公社化时为孟川大队，1981 年地名普查时，恢复为孟上川大队，1983 年大队改为村委会。

1688 华家岭乡石窝村

简　　介：以境内自然村石窝得名。1958 年公社化时为黄原大队，1961 年将黄花大队分为小牛沟、新站、老站、新窑 4 个大队，1964 年将新窑大队改名为石窝大队，1983 年大队改为村委会。

1689 新景乡油府村

简　　介：以驻地得名。1958 年公社化时为旧庄大队，1961 年从旧庄分出，设油府大队，1983 年大队改为村委会。

1690 华家岭乡小牛沟村

简　　介：以境内较大的自然村小牛沟而得名。1958 年公社化时为大牛大队，1969 年划归新站大队，1980 年从新站大队分出，成立小牛沟大队，1981 年地名普查时恢复全称为小牛沟大队，1983 年大队改为村委会。

1691 鸡川镇牛家坡村

简　　介：1958 年公社化时为金城公社牛坡大队，1964 年属鸡川公社，仍为牛坡大队，1981 年地名普查时，为使地名标准化，恢复全称为牛家坡大队，1983 年大队改为村委会。

1692 北城铺乡黄龙山村

简　　介：以驻地命名。1958 年公社化时为义岗公社先锋大队，1961 年设立北城公社时为黄龙大队，1981 年地名普查时恢复全称为黄龙山大队，1983 年大队改为村委会。

1693 平襄镇黑燕山村

简　　介：以驻地得名。1958 年公社化时为马营公社赤沙大队，1961 年为黑燕公社黑燕大队。1981 年地名普查时，恢复全称为黑燕山大队，1983 年大队改为村委会。2004 年根据定西市人民政府《关于定西市安定区等 6 县（区）行政区划调整的批复》（定政发[2004]74 号）通知精神，撤销黑燕乡、锦屏乡，整建制并入马营镇。

1694 平襄镇安家堡子村

简　　介：以驻地得名。1958 年公社化时组建为先锋大队，1970 年分出水池大队（现属陇阳乡），1978 年分出曹家川大队，1980 年将先锋大队改名为安家堡大队，1983 年大队改名为村委会。

1695 华家岭乡牛家山村

简　　介：以驻地得名。1958 年公社化时为华岭公社牛家山大队，1961 年为牛家山公社驻地，1964 年牛家山公社撤消，仍归华岭公社，1983 年大队改为村委会。

1696 什川乡油房岖村

简　　介：以驻地得名。1973 年设立文树公社后为宗荣湾大队，1983 年大队改为村委会。2004 年撤销文树乡合并到什川乡。

1697 榜罗镇青堡村

简　　介：沿用清朝青富里的青字和境内片村堡墩的堡字而命名。1958 年公社化时为榜罗公社所辖，1960 年又归榜罗公社，1979 年设立青堡公社为青堡大队，1983 年大队改为村委会。

1698 陇山乡何家门村

简　　介：以驻地得名。1958 年公社化时为陈贾大队，1979 年从陈贾大队分出设立何家门大队，1983 年大队改为村委会。

1699 义岗镇新山村

简　　介：公社化时以新庄门和杨家山两个自然村连称取名为新山大队，1983 年大队改为村委会。

1700 什川乡八里湾村

简　　介：以境内片村八里湾得名。1958 年公社化时为八里大队，1981 年地名普查时，恢复全称为八里湾大队，1983 年大队改为村委会。

1701 常家河镇南山村

简　　介：以方位得名。1958 年公社化时为南山大队，1963 年分为南河川、南山两个大队，1983 年南山大队改为南山村委会。

1702 新景乡马家湾村

简　　介：以驻地得名。1958 年公社化时为鸡川公社马湾大队，1965 年划归新景仍为马湾大队，1981 年地名普查时恢复全称，为马家湾大队，1983 年大队改为村委会。

1703 寺子川乡峡口村

简　　介：以境内峡口自然村得名。1958 的公社化时为陇川公社石峰大队，1963 年成立寺子公社为寺子大队，1979 年从寺子大队他分出，始建峡口大队，1983 年大队改为村委会。

1704 平襄镇西关村

简　　介：以位置得名。1958 年公社化时为红旗公社直属队，1961 年改为城关公社（今平襄镇）西关大队，1983 年大队改为村委会。

1705 马营镇瓦房村

简　　介：以驻地命名。1958 年公社化时为北山大队，1961 年划归仁义大队，1962 年分设瓦房大队，1983 年大队改为村委会。

1706 襄南乡东山村

简　　介：以自然地理实体所处方位得名。1958 年公社化时为马家店大队，1961 年从马家店分出，设立东山大队，1983 年大队改为村委会。

1707 马营镇白庄村

简　　介：以驻地得名。1958 年公社化时为三和大队，1972 年分为张山大队，1980 年改为白庄大队，1983 年大队改为村委会。2004 年根据定西市人民政府《关于定西市安定区等 6 县（区）行政区划调整的批复》（定政发 [2004]74 号）通知精神，撤销黑燕乡、锦屏乡，整建制并入马营镇。

1708 寺子川乡董家山村

简　　介：以境内董家山自然村得名。1958 年公社化时属义岗，1973 年寺子公社成立后，为寺子公社董家山大队，1983 年大队改为村委会。

1709 平襄镇宋家堡村

简　　介：以境内自然村宋家堡子得名。1958 年公社化时组建为五星大队，1961 年分出宋家堡大队，属温泉公社，1964 年撤销温泉公社，并入城关（今平襄镇）公社后，又与五星合并称五星大队，1979 年又分出宋堡大队。1981 年地名普查时恢复全称宋家堡大队，1983 年大队改为村委会。

1710 寺子川乡刘家窑坡村

简　　介：以驻地得名。1958 年公社化时为窑坡大队，1981 年地名普查时，为使地名标准化，恢复全称为刘家窑坡大队。1983 年大队改为村委会。

1711 义岗镇董家寨子村

简　　介：以驻地得名。1958 年公社化时为八井大队，1964 年从八井分出，设立寨子大队，19814 年地名普查时，恢复全称为董家寨子大队，1983 年大队改为村委会。

1712 陇川乡史家沟村

简　　介：驻地得名。1958 年公社化时为大庄大队，1962 年划归川口公社，1965 年撤销川口公社，仍归陇川公社，取名向阳大队，1980 年因重名改为寺家沟大队，1981 年地名普查时，随同自然村改名为史家沟大队。1983 年大队改为村委会。

1713 北城铺乡卢中村

简　　介：卢中是以原卢河社联合组建的一个大队而得名。1958 年公社化时为义岗公社辖，1961 年设立北城公社为卢中大队，1981 年大队改为村委会。

1714 鸡川镇金城村

简　　介：该村委会驻地自然村原名铁柜儿，1949 年后改为下店，境内有一座占地 40 亩的小城堡，清同治年间久攻不克，群众以其坚固称为铁柜儿，后来又演化为金城。1958 年公社化时，仍沿用金城给公社和大队命名，1964 年金城公社撤销，大部分合并为鸡川公社，金城大队属鸡川公社，1983 年大队改为村委会。

1715 什川乡宗荣湾村

简　　介：以驻地得名。1958 年公社化时为会川公社所辖，1973 年设立文树公社后为宗荣湾大队，1983 年大队改为村委会。2004 年撤销文树乡合并到什川乡。

1716 华家岭乡老站村

简　　介：以驻地得名。1958 年公社化时为黄花大队，1961 年从黄花大队分出，组建老站大队，1983 年大队改为村委会。

1717 碧玉乡新城村

简　　介：以驻地得名。1958 年公社化时为新城大队，1983 年大队改为村委会。

1718 寺子川乡长城村

简　　介：以秦长城由此经过而得名。1958 年公社化时为义岗公社长城大队，1973 年寺子公社成立后，为寺子公社所辖，1983 年大队改为村委会。

1719 陇川乡郭家咀村

简　　介：以驻地自然村郭家咀而得名。1958 年公社化时为菜子大队，1961 年分为张扬、菜子、官堡、郭家 4 个大队，1981 年地名普查时，恢复全称为郭家咀大队，1983 年大队改为村委会。

1720 陇山乡任马墩村

简　　介：驻地得名。1958 年公社化时为任马大队，1981 年地名普查时恢复全称，为任马墩大队，1983 年大队改为村委会。

1721 鸡川镇上店村

简　　介：以驻地得名。1958 年公社化时为上店大队，1961 年从上店分出设阳山大队，1964 年又合并为上店大队，1983 年大队改为村委会。

1722 平襄镇蒋家川村

简　　介：以境内蒋家川自然村而得名。1958 年公社化时组建为东方红大队，1979 年将东方红大队分为安岔、曹家坡、蒋家川 3 个大队，1983 年大队改为村委会。

1723 鸡川镇永和村

简　　介：以愿望命名（即永久和平之意）。1958 年公社化时为鸡川公社永和大队，1964

年与金城公社的中山大队合并为永和大队，1983 年大队改为村委会。

1724 平襄镇孙家庄村

简 介：以驻地得名。1958 年公社化时为城关公社双合大队，1961 年为孟河公社所辖，1979 年设朝阳公社孙庄大队，1981 年公社更名为徐家川，大队恢复全称为孙家庄大队，1983 年大队改为村委会。

1725 襄南乡东坪村

简 介：以境内自然村东坡、孙家坪联合派生而命名。1958 年公社化时为东坪大队，1983 年大队改为村委会。

1726 陇川乡曹贾村

简 介：以境内曹家河和贾家河两个自然村联合简称而得名。1958 年公社化时称大庄大队，1971 年改称团结大队，1979 年分设团结和曹贾两个大队。曹贾大队 1983 年改为曹贾村委会。

1727 鸡川镇丁家店村

简 介：以驻地得名。1958 年公社化时属鸡川公社，为丁店大队，1981 年地名普查时，为使地名标准化，恢复全称为丁家店大队，1983 年大队改为村委会。

1728 第三铺乡城墙湾村

简 介：该村委会境内有战国秦长城经过，因而有片村“城墙湾”。村委会以片村得名。1958 年公社化时属于马家坪大队，1972 年从马家坪分出，设立城墙湾大队，1983 年大队改名为村委会。

1729 义岗镇宋家庄村

简 介：以驻地得名。1958 年公社化时为文化大队，1970 年由文化大队分出设立宋庄大队，1981 年地名普查时恢复全称为宋家庄大队，1983 年大队改为村委会。

1730 什川乡贾家坪村

简 介：以驻地得名。1958 年公社化时为贾坪大队，1981 年地名普查时，恢复全称，为贾家坪大队，1983 年大队改为村委会。

1731 寺子川乡大营村

简 介：清乾隆四十九年在此地曾扎过营寨，有大营堡遗址沿存。因此沿用大营命名。1958 年公社化时为陇川公社大营大队，1973 年属寺子公社大营大队，1983 年大队改为村委会。

1732 鸡川镇许家堡子村

简 介：以驻地得名。1958 年公社化时为许堡大队。1981 年地名普查时为使地名标准化，恢复全称为许家堡大队，1983 年大队改为村委会。

1733 陇山乡姬家湾村

简 介：以境内自然村姬家湾得名。1958 年公社化时为陇山公社雷咀大队，1971 年分出雷咀，设立姬家湾大队，1981 年地名普查时，恢复全称为姬家湾大队，1983 年大队改为村委会。

1734 第三铺乡郭家山村

简 介：以境内郭家山自然村得名。1958 年公社时为郭家山大队，1983 年大队改为村委会。

1735 什川乡古城村

简 介：以境内有宋代通渭寨古城遗址得名。1958 年公社化时为八里大队，1979 年分出八里，设古城大队，1983 年大队改为村委会。

1736 北城铺乡仁和村

简　　介：以愿望命名，指仁义、和平。1958 年公社化时为义岗公社秦刘大队，1961 年设立北城公社为仁和大队，1983 年大队改为村委会。

1737 常家河镇张家堡村

简　　介：以境内自然村张家堡得名。1958 年公社化时为阳坡大队，1961 年从阳坡大队分出，设立张堡大队，1981 年地名普查时恢复全称为张家堡大队，1983 年大队改为村委会。

1738 常家河镇胜义村

简　　介：以愿望得名。1958 年公社化时为常河大队，1978 年从常河分出设胜义大队，1983 年大队改为村委会。

1739 北城铺乡中关村

简　　介：因驻地自然村关庄，位于该村委会中部，故名中关。1958 年公社化时为义岗公社步路大队，1961 年设立北城公社改为中关大队，1983 年大队改为村委会。

1740 榜罗镇陈家窑村

简　　介：1958 年公社化时为榜罗所辖，1973 年设立文树公社为陈家窑大队。1983 年大队改为村委会。根据定西市人民政府《关于定西市安定区等 6 县（区）行政区划调整的批复》（定政发 [2004]74 号）通知精神，撤销青堡乡，整建制并入榜罗镇；撤销文树乡，管辖的文树村、文川村、南坡村、李家坡村、陈家窑村并入榜罗镇。

1741 新景乡张家河村

简　　介：以境内张家河自然村得名。1958 年公社化时为张家河大队，1961 年分出姚家河，设立张河大队，1981 年地名普查时，恢复全称，为张家河大队，1983 年大队改为村委会。

1742 义岗镇崔家岔村

简　　介：以驻地得名。1958 年公社化时为高河大队，1979 年从高河大队分出，设立崔岔大队，1981 年地名普查时，恢复全称为崔家岔大队，1983 年大队改为村委会。

1743 榜罗镇毛家湾村

简　　介：以境内自然村毛家湾得名。1958 年公社化时为毛湾大队，1981 年地名普查时恢复全称为毛家湾大队。1983 年大队改为村委会。

1744 华家岭乡活马滩村

简　　介：以境内片村活马滩命名。活马滩相传原为死马滩，因为此名不吉利，于是根据人们的愿望，改名为活马滩。1958 年公社化时设立活马滩大队，1983 年大队改为村委会。

1745 常家河镇通讯河村

简　　介：以驻地得名。1958 年公社化时为通讯河大队，1983 年大队改为村委会。

1746 华家岭乡大牛沟村

简　　介：以境内较大的自然村大牛沟得名。1958 年公社化时成立大牛大队，1981 年地名普查时恢复全称为大牛沟大队，1983 年大队改为村委会。

1747 新景乡旧庄村

简　　介：以驻地得名。1958年公社化时为旧庄大队，1983年大队改为村委会。

1748 鸡川镇上马家村

简　　介：以驻地得名。1958年公社化时为上马大队，1981年地名普查时，为使地名标准化，恢复全称为上马家大队，1983年大队改为村委会。

1749 马营镇李家川村

简　　介：以驻地得名。1958年公社化时为魏家岖大队，1964年合并到大河大队，1970年分设为向阳大队。1981年地名普查时改名为李家川大队，1983年大队改为村委会。2004年根据定西市人民政府《关于定西市安定区等6县（区）行政区划调整的批复》（定政发[2004]74号）通知精神，撤销黑燕乡、锦屏乡，整建制并入马营镇。

1750 北城铺乡新合村

简　　介：以愿望得名，意指重新联合，搞好团结。1958年公社化时为义岗公社所辖，1961年设立北城公社为鹿山大队，1979年分出鹿山，设立新合大队，1983年大队改为村委会。

1751 马营镇石头滩村

简　　介：以驻地得名。1958年公社化时，为马营公社石滩大队，1973年后属黑燕公社石滩大队，1981年地名普查时恢复全称石头滩大队，1983年大队改为村委会。2004年根据定西市人民政府《关于定西市安定区等6县（区）行政区划调整的批复》（定政发[2004]74号）通知精神，撤销黑燕乡、锦屏乡，整建制并入马营镇。

1752 新景乡路家岔村

简　　介：以境内自然村路家岔命名。1958年公社化时为大寨子大队，1961年从大寨子分出，设路岔大队。1981年地名普查时，恢复全称，为路家岔大队，1983年大队改为村委会。

1753 碧玉乡南岔村

简　　介：以驻地得名。1958年公社化时为南岔大队，1983年大队改为村委会。

1754 常家河镇清明山村

简　　介：以境内清明山得名。1958年公社化时为常河公社所辖，1973年设立文树公社后为明山大队，1981年地名普查时，恢复全称为清明山大队。1983年大队改为村委会。2004年根据定西市人民政府《关于定西市安定区等6县（区）行政区划调整的批复》（定政发[2004]74号）通知精神，撤销文树乡，管辖的团结村、清明山村、绽沟村并入常河镇。

1755 李家店乡三坪村

简　　介：以境内马家坪、蒲家坪、三台坪3个自然村联合命名。1958年公社化时为襄南公社联盟大队，1961年初改为三坪大队，1973年成立李店公社后仍为三坪大队，1983年大队改为村委会。

1756 襄南乡杨家堡村

简　　介：以境内自然村杨家堡得名。1958年公社化时为东坪大队，1961年从东坪分出，设杨家堡大队，1983年大队改为村委会。

1757 常家河镇建坪村

简　　介：以境内大洞子和马家坪两个自然村联合简称演变而命名。土改时以大洞子和马家坪联合简称为大坪乡，建社后用建设的建字和大坪的坪字合称为建坪初级社。1958年公社化时为建坪大队，1979年分出直湾大队保留建坪大队，1983年改为村委会。

1758 什川乡崖边村

简　　介：以驻地得名。1958年公社化时为山庄大队，1961年称西坪大队，1981年地名普查时根据群众意见恢复崖边大队，1983年大队改为村委会。

1759 李家店乡李家店村

简　　介：以驻地得名。1958年公社化时为襄南公社联合大队，1961年改名为李店大队，1973年设立李店公社为李店大队，1981年地名普查时，为使地名标准化，恢复全称为李家店大队，1983年大队改为村委会。

1760 马营镇三义村

简　　介：由原3个初级社合并为1个大队而得名。1958年公社化时组建为三义大队，1983年大队改为村委会。2004年根据定西市人民政府《关于定西市安定区等6县（区）行政区划调整的批复》（定政发[2004]74号）通知精神，撤销黑燕乡、锦屏乡，整建制并入马营镇。

1761 什川乡盘龙村

简　　介：以境内盘龙堡命名。1958年公社化时为盘龙大队，1983年大队改为村委会。

1762 新景乡小沟村

简　　介：以驻地得名。1958年公社化时为永新公社白杨林大队，1961年分出白杨林设小沟大队，1964年归新景公社，1983年大队改为村委会。

1763 榜罗镇文树川村

简　　介：以境内片村文树川命名。1958年公社化时为榜罗公社文树大队，1973年设立文树公社后，将文树大队分为文树、文川两个大队。1981年地名普查时，恢复全称，为文树川大队。1983年大队改为村委会。根据定西市人民政府《关于定西市安定区等6县（区）行政区划调整的批复》（定政发[2004]74号）通知精神，撤销青堡乡，整建制并入榜罗镇；撤销文树乡，管辖的文树村、文川村、南坡村、李家坡村、陈家窑村并入榜罗镇。

1764 陇川乡新林村

简　　介：以驻地自然村新林命名。1958年公社化时为蔡家铺大队，1961年缩小体制，为新林大队，1983年大队改为村委会。

1765 陇川乡新堡村

简　　介：古时因建土堡有新堡之称。1958年公社化时为新堡大队，1983年大队改为村委会。

1766 陇山乡何家山

简　　介：以驻地得名。1958年公社化时为陇川公社黄花大队，1964年归陇山公社，1979年从黄花大队分出，设立何家山大队，1983年大队改为村委会。

1767 平襄镇中林村

简　　介：以境内中林山得名。1958年公社化时组建为红旗公社中林大队，1961年归中林公社高碾子大队，1964年又归城关（今平襄镇）公社中林大队，1983年大队改为村委会。

1768 马营镇华川村

简　　介：以驻地命名。1958年公社化时为华川大队，1983年大队改为村委会。

1769 马营镇西山村

简　　介：以境内自然村西山命名。1958年公社化时，属马营公社赤沙大队，1961年设立黑燕公社改名为西山大队，1983年大队改名为村委会。2004年根据定西市人民政府《关于定西市安定区等6县（区）行政区划调整的批复》（定政发[2004]74号）通知精神，撤销黑燕乡、锦屏乡，整建制并入马营镇。

1770 什川村山坡村

简　　介：以境内自然村山坡得名。1958年公社化时为山庄大队，1961年从山庄大队分出，设立山坡大队，1983年大队改为村委会。

1771 马营镇大河村

简　　介：以境内自然村大河而得名。1958年公社化时组建为大河大队，1983年大队改为村委会。2004年根据定西市人民政府《关于定西市安定区等6县（区）行政区划调整的批复》（定政发[2004]74号）通知精神，撤销黑燕乡、锦屏乡，整建制并入马营镇。

1772 陇山乡雷咀村

简　　介：以驻地得名。1958年公社化时为雷咀大队，1983年大队改为村委会。

1773 北城铺乡店儿村

简　　介：以境内店儿自然村命名。1958年公社化时为义岗公社店儿大队，1964年设立北城公社为步路大队，1979年分出步路设立店儿大队，1983年大队改为村委会。

1774 常家河镇南河川村

简　　介：以境内片村南河得名。1958年公社化时为南山大队，1963年设立王庄大队，1965年从王庄大队分出，始设南河川大队，1983年改大队为村委会。

1775 新景乡撂缰滩村

简　　介：以境内自然村撂缰滩得名。1958年公社化时为鸡川公社撂缰滩大队，1964年并社时划归新景公社称料滩大队，1981年地名普查时恢复全称。更正错字（撂原来用同音字料代替）改为撂缰滩大队，1983年大队改为村委会。

1776 寺子川乡吊咀村

简　　介：以驻地得名。1958年公社化时为义岗公社花亭大队，1960年从花亭大队分出，始称鸟咀大队，1964年属北城公社，1973年属于寺子公社为鸟咀大队。1983年大队改为村委会。

1777 什川乡上阳坡村

简　　介：以方位得名。1958年公社化时为泰山大队，1961年从泰山分出设阳坡大队，1981年地名普查时，因与常家河乡阳坡大队重名，故恢复全称为上阳坡大队，1983年大队改为村委会。

1778 平襄镇斜屲村

简　　介：以驻地命名。1958年公社化时为红旗公社凤凰大队，1968年改名朝阳大队，1979年设立朝阳公社后，为斜屲大队，1981年公社更名为徐家川公社仍为斜屲大队，1983年大队改名为村委会。

1779 平襄镇瓦石湾村

简　　介：以境内瓦石湾自然村命名。1958年公社化时属红旗公社五星大队，1961年属温泉公社瓦石湾大队，1971年又为城关公社高庄大队，1979年设立朝阳公社仍为高庄大队，1981年更名为徐家川公社瓦石湾大队，1983年大队改为村委会。

1780 平襄镇蒲家沟村

简　介：以原来片村蒲家沟得名。1989年设立村委会。

1781 马营镇尖岗山村

简　介：以境内尖岗山而得名。1958年公社化时组建为三和大队，1972年因分大队，始命名为尖岗山大队，1983年大队改为村委会。2004年根据定西市人民政府《关于定西市安定区等6县（区）行政区划调整的批复》（定政发[2004]74号）通知精神，撤销黑燕乡、锦屏乡，整建制并入马营镇。

1782 平襄镇双堡村

简　介：以境内双堡子自然村而得名。1958年公社化时为红旗公社双堡大队，1961年为孟河公社所辖，1979年设立朝阳公社为双堡大队，1981年公社更名为徐家川公社，仍为双堡大队，1983年大队改为村委会。

1783 义岗镇高家河村

简　介：以驻地得名。1958年公社化时为高河大队，1981年地名普查时，恢复全称为高家河大队，1983年大队改为村委会。

1784 常家河镇固堆河村

简　介：以驻地命名。1958年公社化时为阳坡大队，1961年从阳坡大队分出，设立固堆河大队，1983年大队改为村委会。

1785 陇阳乡庆阳村

简　介：1958年公社化时命名为庆阳大队，1964年归陇山公社所辖，1973年又恢复陇阳公社仍为庆阳大队，1983年大队改为村委会。

1786 第三铺乡姚家岔村

简　介：以驻地得名。1958年公社化时为姚家岔大队，1962年合为郭家坪大队，1970年又分设姚家岔大队，1983年大队改为村委会。

1787 新景乡白杨林村

简　介：以驻地得名。1958年公社化时组建白杨林大队为永新公社所辖，1964年划归新景公社为白杨大队，1981年地名普查时恢复全称，为白杨林大队，1983年大队改为村委会。

1788 义岗镇簸营村

简　介：以境内沙簸箕和条营两个自然村联合简称而得名。1958年公社化时为高河大队，1964年从高河大队分出，设立簸营大队，1983年大队改为村委会。

1789 榜罗镇李家坡村

简　介：1958年公社化时为榜罗公社所辖，1973年设立文树公社后为李坡大队，1981年地名普查时恢复全称为李家坡大队，1983年大队改为村委会。根据定西市人民政府《关于定西市安定区等6县（区）行政区划调整的批复》（定政发[2004]74号）通知精神，撤销青堡乡，整建制并入榜罗镇；撤销文树乡，管辖的文树村、文川村、南坡村、李家坡村、陈家窑村并入榜罗镇。

1790 义岗镇山河村

简　介：因由3个初级社分出的部分自然村组成大队，故称三合大队，后演变为山河大队。1958年公社化时成立三合大队，后演变为山河大队，1983年大队改为村委会。

1791 新景乡姚家河村

简　　介：以驻地得名。1958 年公社化时为张家河大队，1961 年从张家河分出，设姚河大队，1981 年地名普查时，恢复全称为姚家河大队，1983 年大队改为村委会。

1792 北城铺乡王岔村

简　　介：以驻地简称得名。1958 年公社化时为义岗公社中原大队，1961 年设立北城公社为王岔大队，1983 年大队改为村委会。

1793 义岗镇赵家高庄村

简　　介：境内自然村赵家高庄得名。1958 年公社化时为金牛大队，1961 年分为高庄和金牛大队，1964 年又合并为高庄大队，1979 年因解决重名，改为赵家高庄大队，1983 年大队改为村委会。

1794 榜罗镇张家湾村

简　　介：以境内自然村张家湾得名。1958 年公社化时为榜罗公社所辖，1961 年为青付公社所辖，1964 年划归榜罗，1979 年又设青堡公社为张湾大队，1981 年地名普查时，恢复全称为张家湾大队，1983 年大队改为村委会。2004 年根据定西市人民政府《关于定西市安定区等 6 县（区）行政区划调整的批复》（定政发 [2004]74 号）通知精神，撤销青堡乡，整建制并入榜罗镇；撤销文树乡，管辖的文树村、文川村、南坡村、李家坡村、陈家窑村并入榜罗镇。

1795 马营镇邵家滩村

简　　介：以境内片村上、下邵家滩命名。1958 年公社化时为北山大队，1961 年为仁义大队，1965 年与瓦房大队合并，1972 年又分设邵滩大队，1981 年地名普查时恢复全称为邵家滩大队，1983 年大队改为村委会。

1796 华家岭乡席家岖村

简　　介：以驻地得名。1958 年公社化时为水河湾大队，1961 年改为席家岖大队，1983 年大队改为村委会。

1797 平襄镇河南村

简　　介：以地处牛谷河南岸而得名。1961 年从城关大队分出，设立河南大队，1983 年大队改为村委会。

1798 榜罗镇四新村

简　　介：因在四罗坪新设大队，故名四新。1958 年公社化时为四坪大队，1971 年将四坪分为闫湾、四新两个大队，1983 年大队改为村委会。

1799 华家岭乡朱家堡村

简　　介：以境内自然村朱家堡而得名。1958 年公社化时为大牛大队，1961 年从大牛分出，1964 年与梁家岖大队合并，1978 年分出梁家岖大队，保留为朱家堡大队，1981 年地名普查时恢复全称为朱家堡大队，1983 年大队改为村委会。

1800 北城铺乡步路川村

简　　介：以驻地命名。1958 年公社化时为义岗公社所辖，1961 年设立北城公社为步路大队，1981 年地名普查时恢复全称为步路川大队，1983 年大队改为村委会。

1801 襄南乡文家堡村

简　　介：以驻地得名。1958 年公社化时为文家堡大队，1983 年大队改为村委会。

1802 李家店乡尚家岔村

简　　介：以境内片村尚家岔得名。1958 年公社化时为第三铺公社尚家岔大队。1961 年简称为尚岔大队，1973 年李店公社成立后仍为尚岔大队，1981 年地名普查时，为了使地名标准化，恢复全称为尚家岔大队，1983 年大队改为村委会。

1803 马营镇结元村

简　　介：以境内自然村结元命名。1958 年公社化时为马营公社陈坪大队，1961 年设黑燕公社后，为结元大队，1983 年大队改为村委会。2004 年根据定西市人民政府《关于定西市安定区等 6 县（区）行政区划调整的批复》（定政发 [2004]74 号）通知精神，撤销黑燕乡、锦屏乡，整建制并入马营镇。

1804 北城铺乡徐杨村

简　　介：以姓氏命名。1958 年公社化时为义岗公社所辖，1961 年设立北城公社为徐杨大队，1983 年大队改为村委会。

1805 榜罗镇张川村

简　　介：以境内自然村张川得名。1958 年公社化时榜罗公社坪道大队，1961 年划归青付公社，1964 年并入榜罗公社，1979 年设立青堡公社，从坪道大队分出，设张川大队，1983 年大队改为村委会。2004 年根据定西市人民政府《关于定西市安定区等 6 县（区）行政区划调整的批复》（定政发 [2004]74 号）通知精神，撤销青堡乡，整建制并入榜罗镇；撤销文树乡，管辖的文树村、文川村、南坡村、李家坡村、陈家窑村并入榜罗镇。

1806 寺子川乡凤凰村

简　　介：以境内原有凤凰山而得名。1958 年公社化时为义岗公社凤凰大队，寺子公社成立后，属寺子公社凤凰大队，1983 年大队改为村委会。

1807 北城铺乡西凡岔村

简　　介：以境内西凡岔村命名。1958 年公社化时属义岗公社所辖，1961 年设立北城公社为西凡大队，1981 年地名普查时恢复全称为西凡岔大队，1983 年大队改为村委会。

1808 第三铺乡陈家沟村

简　　介：以驻地自然村得名。1958 年公社化时为蒲家岔大队，1961 年分设陈家沟大队，1983 年大队改为村委会。

1809 义岗镇悠江铺村

简　　介：以驻地得名。1958 年公社化时命名为悠江大队，1981 年地名普查时，恢复全称为悠江铺大队，1983 年大队改为村委会。

1810 马营镇龙头掌村

简　　介：以境内自然村龙头掌命名。1958 年公社化时为川口大队，1962 年并入营滩大队，1971 年又恢复川口大队，1980 年更名为龙头大队，1981 年地名普查时恢复全称为龙头掌大队，1983 年大队改为村委会。

1811 李家店乡老庄村

简　　介：以驻地命名。1958 年公社化时为襄南公社三合大队，1973 年属李店公社，1980 年改为老庄大队，1983 年大队改为村委会。

1812 陇阳乡陇阳村

简　　介：以原地名陇阳镇而得名。该村委会驻地吕阳铺在清朝时就称陇阳铺，1949 年前为陇阳镇。1958 年公社化时为陇阳公社陇阳大队，1964 年为陇山公社的辖，1973 年恢复陇阳公社陇阳大队，1983 年大队改为村委会。

1813 北城铺乡锦鸡村

简　　介：以境内自然地理实体锦鸡峡简称而得名。1958 年公社化时为义岗公社所辖，1961 年设立北城公社为锦鸡大队，1983 年大队改为村委会。

1814 马营镇六里营村

简　　介：以驻地得名。1958 年公社化时组建为六里大队。1981 年地名普查时恢复全称为六里营。1983 年大队改为村委会。2004 年根据定西市人民政府《关于定西市安定区等 6 县（区）行政区划调整的批复》（定政发 [2004]74 号）通知精神，撤销黑燕乡、锦屏乡，整建制并入马营镇。

1815 马营镇回岔村

简　　介：以境内片村田家回家岔简称命名。1958 年公社化时属马营公社大队回岔大队，1961 年为黑燕公社所辖，1983 年大队改为村委会。2004 年根据定西市人民政府《关于定西市安定区等 6 县（区）行政区划调整的批复》（定政发 [2004]74 号）通知精神，撤销黑燕乡、锦屏乡，整建制并入马营镇。

1816 李家店乡三湾村

简　　介：以境内陈家湾、岔下湾、卢家湾 3 个自然村联合命名。1958 年公社化时为襄南公社联合大队，后又分为李店、坪河两个大队，1961 年分出坪河，设三湾大队，1973 年成立李店公社，为李店公社所辖，1983 年大队改为村委会。

1817 陇阳乡张湾村

简　　介：以境内自然村得名。1958 年公社化时为张湾大队，1964 年归北城公社所辖，1973 年恢复陇阳公社仍为张湾大队，1983 年大队改为村委会。

1818 榜罗镇阎湾村

简　　介：以驻地得名。1958 年公社化时为榜罗公社阎湾大队，1961 年又归磅罗公社，1979 年设立青堡公社为阎家湾大队，1983 年大队改为村委会。2004 年根据定西市人民政府《关于定西市安定区等 6 县（区）行政区划调整的批复》（定政发 [2004]74 号）通知精神，撤销青堡乡，整建制并入榜罗镇；撤销文树乡，管辖的文树村、文川村、南坡村、李家坡村、陈家窑村并入榜罗镇。

1819 常家河镇孙家川村

简　　介：以驻地得名。1958 年公社化时为曹庄大队，1961 年分设孙川大队，1981 年地名普查时，恢复全称为孙家川大队，1983 年大队改为村委会。

1820 寺子川乡谢黄村

简　　介：以境内谢家沟和黄家岔两个自然村联合得名。1958 年公社化时为陇阳公社谢黄大队，1961 年属寺子公社，1964 年属义岗公社，1973 年又归寺子公社，1983 年大队改为村委会。

1821 平襄镇孟河村

简　　介：以姓氏得名。1958 年公社化时为红旗公社所辖，1979 年设立朝阳公社，孟河大队，1981 年地名普查中公社更名为徐家川公社，仍为孟河大队，1983 年大队改为村委会。2004 年根据定西市人民政府《关于定西市安定区等 6 县（区）行政区划调整的批复》（定政发 [2004]74 号）通知精神，撤销徐家川乡，整建制并入平襄镇。

1822 义岗镇联合村

简　　介：因由几个大队合并得名。1958 年公社化时为永胜大队，1964 年与金牛大队合并为联合大队，1983 年大队改为村委会。

1823 陇阳乡周家店村

简　　介：以驻地得名。1958 年公社化时为陇阳大队，1964 年为陇阳公社周店大队，1973 年恢复陇阳公社仍为周店大队，1981 年地名普查时，恢复全称为周家店大队，1983 年大队改为村委会。

1824 榜罗镇坪道村

简　　介：以境内自然村许家坪道下简称得名。1958 年公社化时为四坪大队，1960 年将四坪分为四坪、涧滩、坪道 3 个大队，坪道大队 1983 年改为村委会。

1825 平襄镇曹家川村

简　　介：以境内曹家川片村而得名。1958 年公社化时组建为先锋大队。1980 年将先锋大队分为安家堡、曹家川两个大队，1983 年大队改为村委会。

1826 陇川乡徐家湾村

简　　介：以境内自然村徐家湾而得名。1958 年公社化时为双龙大队，1962 年归川口公社所辖，1965 年归陇川公社称双堡大队，1971 年分设双堡和旭东大队，1981 年地名普查时将旭东改名为徐家湾大队，1983 年大队改为村委会。

1827 华家岭乡梁家岖村

简　　介：以境内片村梁岖得名。1958 年公社化时为黄家湾大队，1961 年划归牛家山公社，1964 年牛家山公社撤销又划归华家岭公社，为朱家堡大队，1978 年从朱家堡大队分出，设梁家岖大队，1983 年大队改为村委会。

1828 第三铺乡阴坡村

简　　介：以驻地得名。1958 年公社化时为陈家沟大队，1979 年分设为阴坡大队，1983 年大队改名村委会。

1829 寺子川乡王儿岔村

简　　介：以境内王儿岔片村得名。1958 年公社化时为王儿大队，1981 年地名普查时，为使地名标准化，恢复全称为王儿岔大队。1983 年大队改为村委会。

1830 什川乡大湾村

简　　介：以驻地得名。1958 年公社化时为八里大队，后从八里分出，设大湾大队，1983 年大队改为村委会。

1831 陇山乡石岘子村

简　　介：以境内自然村得名。1958 年公社化时为永和大队，1963 年改为石岘大队，1981 年地名普查时恢复全称石岘子大队，1983 年大队改为村委会。

1832 陇川乡李家岘村

简　　介：以境内自然村李家岘得名。1958 年公社化时称兴隆大队，1961 年分为兴隆、碱滩两大队，1965 年又并为兴隆大队，1981 年地名普查中因兴隆与徐家川公社的兴隆大队重名，故改名为李家岘大队，1983 年大队改为村委会。

1833 常家河镇曹庄村

简　　介：以境内片村曹庄坡演变得名。合作化时以曹家坡为中心，组建曹庄初级社。1958 年公社化时为曹庄大队，1983 年大队改为村委会。

1834 陇山乡古湾村

简　　介：以境内较大的自然村古湾得名。1958 年公社化时为阳坡咀大队，后为高山大队，1964 年从高山分出，设立古湾大队，1983 年大队改为村委会。

1835 常家河镇泉湾村

简　　介：以驻地简称得名。1958 年公社化时为新集大队，1961 年为老庄、新集大队，归高庄公社所辖，1963 年又归常河公社，1978 年从新集大队分设泉湾大队，1983 年大队改为村委会。

1836 第三铺乡王家河村

简　　介：以驻地得名。1958 年为温泉公社所属，1964 年归第三铺公社万家岔大队，1972 年从万家岔大队分出，设立王家河大队，1983 年大队改为村委会。

1837 第三铺乡金川村

简　　介：金川始得名于 1955 年合作化时，曾有金川初级社，1958 年公社化时为金光大队，1961 年又沿用初级社名改为金川大队，1983 年大队改为村委会。

1838 马营镇陈家坡村

简　　介：以驻地得名。1958 年公社化时组建为中和大队，1980 年改名为陈坡大队。1981 年地名普查时恢复全称为陈家坡大队。1983 年大队改为村委会。2004 年根据定西市人民政府《关于定西市安定区等 6 县（区）行政区划调整的批复》（定政发 [2004]74 号）通知精神，撤销黑燕乡、锦屏乡，整建制并入马营镇。

1839 北城铺乡张家岔村

简　　介：以境内张家岔自然村得名。1958 年公社化时属义岗公社所辖，1961 年设立北城公社为张家大队，1981 年地名普查时恢复为张家岔大队，1983 年大队改为村委会。

1840 鸡川镇四合村

简　　介：由四个初级社合并为一个大队，因此命名为四合。1958 年公社化时，为四合大队，1983 年大队改为村委会。

1841 榜罗镇文川村

简　　介：文树是由文树川派生而来。1958 年公社化时为榜罗公社文树川大队，1973 年设立文树公社后为文川大队。后来，将文树川大队分为文树、文川两个大队，1983 年大队改为村委会。根据定西市人民政府《关于定西市安定区等 6 县（区）行政区划调整的批复》（定政发 [2004]74 号）通知精神，撤销青堡乡，整建制并入榜罗镇；撤销文树乡，管辖的文树村、文川村、南坡村、李家坡村、陈家窑村并入榜罗镇。

1842 平襄镇曹家坡村

简　　介：以境内自然村曹家坡而得名。1958 年公社化时组建为东方红大队，1979 年分为安家岔、蒋家川、曹家坡 3 个大队，1983 年大队改为村委会。

1843 马营镇吕杨村

简　　介：以境内吕家河和杨家岖两个自然村联合简称得名。1958 年公社化时为吕杨大队，1983 年大队改为村委会。

1844 陇山乡陈贾村

简　　介：以境内陈家河、贾家门两个自然村联合简称而得名。1958 年公社化时为碧玉公社陈贾大队，1961 年为陇山公社陈贾大队，1983 年大队改为村委会。

1845 第三铺乡石家庄村

简　　介：以驻地取名。1958年公社化时属于第三铺大队，1961年分设为石家庄大队，1983年大队改名为村委会。

1846 陇川乡甘果川村

简　　介：以驻地得名。1958年公社化时为陇川公社仁和大队，1964年归陇山公社川口大队，1979年分出川口大队设立甘果川大队，1983年大队改为村委会。

1847 第三铺乡郭家坪村

简　　介：以驻地得名。1958年公社时为郭家坪大队，1983年大队改为村委会。

1848 常家河镇小庄儿村

简　　介：以驻地命名。1958年公社化时为小庄大队，1961年与通讯河合并大队，1978年又与通讯河分开设立小庄大队，1981年地名普查时，恢复全称为小庄儿大队，1983年大队改为村委会。

1849 碧玉乡牛洛村

简　　介：以境内上（下）牛洛自然村简称得名。1958年公社化时为牛洛大队，1983年大队改为村委会。

1850 陇川乡寨子村

简　　介：以驻地寨子川自然村而得名。1958年公社化时为寨子大队，1962年分为郭家、官堡、张杨、菜子4个大队，1981年地名普查中将菜子大队改名为寨子大队，1983年大队改为村委会。

1851 义岗镇新四村

简　　介：以愿望得名。1958年公社化时为北山大队，1961年更名为新四大队，1983年大队改为村委会。

1852 碧玉乡赵家沟村

简　　介：以驻地得名。1958年公社化时为李川大队，1979年从李川分出，设立赵沟大队，1981年地名普查时恢复全称，为赵家沟大队，1983年大队改为村委会。

1853 襄南乡王家岔村

简　　介：以驻地得名。1958年公社化时为旗帜大队，1961年将旗帜大队分为瓦撒、王家岔两个大队，1983年大队改为村委会。

1854 碧玉乡陈家山村

简　　介：以境内片村陈家山得名。1958年公社化时为陈家山大队，1983年大队改为村委会。

1855 义岗镇东南村

简　　介：因位于义岗川街道东南方，故名东南。1958年公社化时为明星大队，1961年从明星分出，设立东南大队，1964年又并入明星，1979年又分出东南大队，1983年大队改为村委会。

1856 李家店乡常家坪村

简　　介：以境内片村常家坪得名。1958年公社化时为第三铺公社尚岔大队，1961年设常坪大队，1973年成立李店公社后仍为常坪大队，1981年地名普查时为使地名标准化，恢复全称为常家坪大队，1983年大队改为村委会。

1857 华家岭乡骟马沟村

简　　介：以境内自然村骟马沟命名。1958年公社化时属华岭公社，1961年划归牛家山公社，1964年又划归华岭公社，1983年大队改为村委会。

1858 榜罗镇积麻川村

简　　介：以境内片村积麻川得名。1958 年公社化时为积麻大队，1981 年地名普查时，恢复全称为积麻大队，1983 年大队改为村委会。

1859 碧玉乡碧玉村

简　　介：相传碧玉公主曾到此退敌，故得名。1958 年公社化时为碧玉大队，1983 年大队改为村委会。

1860 寺子川乡寺子川村

简　　介：以境内寺子川自然村得名。1958 年公社化时为义岗公社寺子大队。1973 年又设立寺子公社为寺子大队，1981 年地名普查时为使地名标准化，恢复全称为寺子川大队，1983 年大队改为村委会。

1861 平襄镇卢董村

简　　介：以驻地得名。1958 年公社化时为红旗公社凤凰大队，1961 年为孟河公社所辖，1979 年为朝阳公社卢董大队，1981 年公社更名为徐家川，仍为卢董大队，1983 年大队改为村委会。

1862 马营镇双合村

简　　介：曾以两个初级社合并而得名。1958 年化社化时为双合大队，1983 年大队改为村委会。

1863 碧玉乡赵家河村

简　　介：以驻地得名。1958 年公社化时为赵河大队，1981 年地名普查时恢复全称为赵家河大队，1983 年大队改为村委会。

1864 陇山乡南岔梁

简　　介：以境内自然村南岔梁得名。1958 年公社化时为新景公社张山大队，1964 年为陇山公社石沟大队，1970 年从石沟大队分出，设立南岔大队，1981 年地名普查时恢复全称为南岔梁大队，1983 年大队改为村委会。

1865 陇山乡石沟村

简　　介：以境内自然村路家石沟简称得名。1958 年公社化时为石沟大队，1983 年大队改为村委会。

1866 鸡川镇苟家岔村

简　　介：以境内片村苟家岔得名。1958 年公社化时为金城公社所辖，1964 年为鸡川公社苟岔大队，1981 年地名普查时，为使地名标准化，恢复全称，为苟家岔大队，1983 年大队改为村委会。

1867 马营镇花林村

简　　介：以驻地得名。1958 年公社化时为兴旺大队，1961 年分设花林大队，1983 年大队改为村委会。

1868 碧玉乡坷洛湾村

简　　介：以境内自然村坷洛湾得名。1958 年公社化时为坷洛湾大队，1983 年大队改为村委会。

1869 平襄镇城关村

简　　介：以地处县城得名。1958 年公社化时组建为红旗公社直属队，1961 年改名为城关（今平主襄镇）公社城关大队，1983 年大队改为村委会。

1870 北城铺乡庄子上村

简　　介：以驻地得名。1958 年公社化时为义岗公社六里大队，1961 年设立北城公社时为团结大队，1980 年改为庄子大队，1981 年地名普查时，恢复全称为庄子上大队，1983 年大队改为村委会。

1871 刀营镇三元村

简　　介：因境内原有三元庙而命名。1958 年公社化时为锦屏大队，1961 年分设三元大队，1966 年又归锦屏大队，1979 年又恢复为三元大队，1983 年大队改为村委会。

1872 平襄镇兴隆村

简　　介：以境内兴隆自然村得名。1958 年公社化时为红旗公社兴隆大队，1961 年为孟河公社所辖，1979 年设立朝阳公社改为兴隆大队，1981 年公社更名为徐家川，仍为兴隆大队，1983 年大队改为村委会。

1873 陇川乡蔡家铺村

简　　介：因驻地自然村蔡家铺而得名。1958 年公社化时为蔡家铺大队，1961 年体制缩小时分出新林大队，1983 年大队改为村委会。

1874 马营镇堡子湾村

简　　介：以境内堡子湾自然村而得名。1958 年公社化后属六里大队，1961 年分为新庄大队，1979 年改名为堡子湾大队，1983 年大队改为村委会。2004 年根据定西市人民政府《关于定西市安定区等 6 县（区）行政区划调整的批复》（定政发 [2004]74 号）通知精神，撤销黑燕乡、锦屏乡，整建制并入马营镇。

1875 新景乡半岔村

简　　介：以驻地得名。1958 年公社化时为半岔大队，1983 年大队改为村委会。

1876 新景乡大寨子村

简　　介：以驻地得名。1958 年公社化时为大寨子大队，1983 年大队改为村委会。

1877 第三铺乡荞地湾村

简　　介：以境内荞地湾自然村得名 1958 年公社化时为城关公社双堡大队，1961 年划归孟河公社为荞地湾大队，1964 年归第三铺公社，1983 年大队改为村委会。

1878 榜罗镇先锋村

简　　介：以人们的愿望得名。1958 年公社化时为榜罗公社所辖，1961 年设集义公社，1964 年又划归榜罗，1979 年设立青堡公社为先锋大队，1983 年大队改为村委会。2004 年根据定西市人民政府《关于定西市安定区等 6 县（区）行政区划调整的批复》（定政发 [2004]74 号）通知精神，撤销青堡乡，整建制并入榜罗镇；撤销文树乡，管辖的文树村、文川村、南坡村、李家坡村、陈家窑村并入榜罗镇。

1879 榜罗镇南家坡村

简　　介：1958 年公社化时为榜罗公社所辖，1973 年设立文树公社后为南坡大队，1981 年地名普查恢复全称南家坡大队，1983 年大队改为村委会。根据定西市人民政府《关于定西市安定区等 6 县（区）行政区划调整的批复》（定政发 [2004]74 号）通知精神，撤销青堡乡，整建制并入榜罗镇；撤销文树乡，管辖的文树村、文川村、南坡村、李家坡村、陈家窑村并入榜罗镇。

1880 陇川乡石峰村

简　　介：该大队以境内石峰堡而得名。1958 年公社化时为石峰大队，1983 年大队改为村委会。

1881 襄南乡隔里沟村

简　　介：以驻地得名。1958 年公社化时为马家店大队，1961 年从马家店分出设崖利沟大队，1981 年地名普查时，因隔里沟用同音字崖利沟代替，含义不清，故改为隔里沟大队，1983 年大队改为村委会。

1882 榜罗镇庙滩村

简　　介：以境内较大的自然村庙滩得名。1958 年公社化时为庙滩大队；1962 年划归文树公社分庙滩、红岘、阳山大队；1964 年将红岘、庙滩划归榜罗公社庙滩大队，1983 年改为庙滩村委会。

1883 华家岭乡石卜沟村

简　　介：以驻地命名。1958 年公社化时为华岭公社石卜沟大队，1961 年划归牛家山公社，1964 年又划华岭公社，1983 年大队改为村委会。

1884 襄南乡瓦撒村

简　　介：以驻地得名。撒原来用同音字洒代替，1981 年地名普查时更正。1958 年公社化时为旗帜大队，1961 年分出旗帜设瓦撒大队，1964 年与五家岔大队合并，1971 年分出王家岔又设瓦撒大队，1983 年大队改为村委会。

（三）陇西县

1885 文峰镇汪家坡村

简　　介：因驻汪家坡自然村而得名。1966年为红星大队，1971年改名为汪家坡大队，1983年更名为汪家坡村委会至今。位于镇区以东5公里处，辖4个村民小组，257户，1152人。实有耕地面积3144.88亩，人均耕地2.7亩。全村以中药材种植为主附带小麦、玉米、马铃薯和大豆经济作物种植。农民收入主要来源于农作物种植和劳务输出，截止2012年底，农民人均收入达到2000元。村上建有小学1所，共有教师10余名，有学生300人。卫生室1个，医务人员1名。

1886 权家湾乡陈顺村

简　　介：因辖陈顺自然村得名。位于权家湾乡东部，距县城46公里，乡政府15公里。1958年始建陈顺大队，1961年分出赵家岔大队，1983年更名为陈顺村委会至今。辖陈顺、杨家山、杨家坪、刘家湾、朱家湾、闫家湾6个村民小组，总户数290户，总人口1363人，耕地总面积7266亩，人均耕地面积5.6亩。以种植玉米、小麦、马铃薯等农作物为主，兼种植豆类、谷子等杂粮作物。

1887 永吉乡草滩村

简　　介：因辖草滩自然村而命名。位于永吉乡东南部，村驻地距乡政府约7公里，地处马河（武山）沟脑（俗称探花楼沟）的上段。1958年取名四坪大队，1968年改名为东风大队，1979年改为草滩大队，1983年更名为草滩村委会至今。现辖4个村民小组，231户，949人，有耕地4531亩。

1888 福星镇高塄村

简　　介：因驻高塄自然村得名。地处福星镇东南部，距镇政府10公里，距县城30公里。东接蒋家山村，南临渭河，西邻柯寨乡，北接裴家湾村，海拔高度在2000-2100米之间，年平均气温6-7℃。1961年成立高塄、高台山大队，1967年合并为“五七”大队，1971年恢复高塄、高台山大队，1983年改为高塄、高台山村，2004年高塄村与高台山村合并为高塄村。现辖高塄、柴家湾、小峡、昌风岘、黄家湾、刘家岘、高台山、窑坡8社，635户，2705人。有耕地面积10100亩，人均3.5亩。全村主导产业为中药材种植、马铃薯种植、畜牧养殖和劳务输出。2011年人均纯收入2820元。

1889 首阳镇禄家门村

简　　介：因辖禄家门自然村得名。1958年始建禄家门大队，1968年与菜子坪、上剡家沟、王家沟合并命名先锋大队，1971年撤销先锋大队，原上剡家沟与菜子坪大队为菜子坪大队、王家门与禄家门为禄家门大队，1983年改为禄家门村委会至今。辖7个村民小组，330户，1407人。耕地面积3268亩，其中川水地1534亩，山旱地1834亩，人均耕地2.32亩，该村属于干旱地区，适宜种植洋芋、玉米、蔬菜等作物。该村以畜牧产业发展为主，种植优质牧草1000亩来增加农民收入；该村还积极进行中药材种植，建成2000亩的党参示范基地，进一步提高优质种植的步伐，人均纯收入2910元。

1890 巩昌镇马家湾村

简　　介：以辖马家湾自然村得名。马湾村距县城10公里，距巩昌镇12公里。1961年由昌谷、金山大队分出设马家湾、旗洛大队，1965年旗洛大队更名为红星大队，为马家湾、红星大队，1983年元月红星大队因与城关红星大队重名，更名为站地大队，为马家湾、站地大队，1983年改为马家湾、站地村，2005年马家湾村与站地村合并为马家湾村。辖马湾、红岘、罗儿湾、任家湾、赵家湾、水眼子、曳山、火神庙8个村民小组，共479户，2217人，耕地5300亩，人均耕地面积较多。主要特色产业为中药材。

1891 马河镇马李河村

简　　介：以马家河、李家河首字命名。马李河村地处马河镇西部，距镇政府2公里。原属杨家营大队，1961年分为上马河、李家河2个大队，1983年合并为马李河大队，同年改为马李河村委会至今。现辖上马河一、上马河二、李河一、李河二、玉家沟、棉柳沟、庞家湾7个村民小组，472户，总人口1910人。耕地面积5417亩。马李河村光照充足，气候干旱，优势产业以黄芪、党参等中药材为主。

1892 菜子镇东风村

简　　介：因驻阴坡社，阴坡社原名东风村生产队，故名。1961年由菜子大队分出官亭大队，1969年官亭大队更名为东风大队，1983年改为村委会至今。东风位于菜子镇西北部，辖阳坡、阴坡、官亭、吉家山、李家湾、水泉湾、元兴、元明等8个村民小组。辖区总人口534户，2427人，有竹编协会1个，户数30户，人数100人，主要加工背篓，竹筐，扫帚为主，总投资40多万元，每年经济收入达20多万元。

1893 文峰镇曲家山村

简　　介：因辖曲家山自然村而得名。位于文峰镇南部山区，距文峰镇中心10公里，与文峰镇鄂窑沟村、东梁村、小湾村相邻，交通不便，自然条件差，是一个典型的山区贫困村。1958年始建为牡丹山大队，1966年与安阳山合并为革新大队，1978年安阳山大队分出，1983年更名为曲家山村委会至今。全村辖6个村民小组，共有196户，908人。村内有小学1所，村卫生室1处。有耕地面积2549亩，人均耕地2.8亩，土地以沙壤土为主，土层较薄，全村主要种植农产品有小麦、玉米、马铃薯，经济作物以冬花、黄芪、甘草、党参药等中药材为主。农民收入主要来源于务农和劳务输出。

1894 碧岩镇科羊村

简　　介：因地处科羊沟中段而得名。位于碧岩镇东部，村部位于红庄社，距镇政府2公里，西五公里穿境而过，交通便利。1958年成立科羊大队，1961年科羊大队分出洪家庄、老庄、万家沟3个大队，1962年洪家庄、老庄大队合称科羊大队，1983年改为科羊村委会至今。辖5个村民小组，350户，1511人，耕地面积4102.8亩，退耕418.4亩，草原禁牧面积1300亩，林改面积4416亩。劳务输出、中药材种植和畜牧养殖为该村主要经济来源。

1895 菜子镇四店村

简　　介：因辖四店自然村得名。位于菜子西南部，距漳县县城15公里，距陇西县城29公里，距离菜子镇13公里。1958年建立四店大队，1962年四店大队分出王家山、蔡家峪、麻家寺3个大队，1965年王家山并入蔡家峪大队，麻家寺大队并入四店大队，1968年蔡家峪大队和四店大队合并为永红大队，1972年永红大队又分为蔡家峪和四店2个大队，1978年四店大队分出麻家寺大队，1982年麻家寺大队并入四店大队，1983年改为四店村，2005年撤并村组中撤销蔡家峪村，将蔡家峪、半沟、安家门、郭家山、樊家山、王家山组并入四店村。辖蔡家峪、一社、二社、郭家沟、罗家庵、王家山、樊家山、小红沟、郭家山、郭家沟、山庄、阳山、汪家岘等13个村民小组。辖区总人口632户，3032人。

1896 文峰镇蒲兴村

简　　介：因辖蒲家湾自然村而得名。位于文峰镇北部边缘山区，属干旱山区村，北与渭阳乡三门村相邻，西与云田镇石家门村接壤，南和本镇火焰村毗邻，东与本镇代坪村、三坪村相连，距离文峰镇8公里，自然条件恶劣，交通不便，是一个比较偏僻的贫困村。1958年属三门大队（今渭阳乡），1961年从三门大队划出新建蒲兴大队，1983年改为蒲兴村委会。全村共有5个社，共有327户，1448人。全村耕地面积4850亩，全部为山地，以农作物种植为主，主要种植中药材、小麦，人均纯收入2065元。

1897 菜子镇白桦村

简　　介：以辖白桦自然村得名。是菜子镇西南部最偏远的村，与漳县接壤，距镇政府驻地25公里，距县城40公里。1958年建立白桦大队，1961年白桦大队分出白土岘大队，1964年白土岘大队并入白桦大队，1968年白桦大队改为红旗大队，1971年恢复白桦大队，1983年改为村委会至今。现辖白桦、白土岘、白土窑、邓家沟4个村民小组，全村人口191户，904人。以洋芋、中药材、小麦、蚕豆种植为主。

1898 巩昌镇西十里铺村

简　　介：因辖西十里铺村而命名。西十里铺村位于巩昌镇西部，316国道穿境而过，交通便利。公社化时，属靛坪大队，1961年从靛坪大队分出为十里铺大队，1968年又合并到靛坪大队，1973年从靛坪大队分出，恢复十里铺大队，1983年因重名更名为西十里铺大队，同年改为西十里铺村委会。现辖种家坟、穹窅、西十里铺3个社，486户，2106人，耕地面积2295亩。土地肥沃，光照充足，水资源丰富，农业生产条件相对优越。优势产业以畜牧养殖、日光节能温室、苗木种植等为主。

1899 首阳镇李家营村

简　　介：以所辖李家营自然村命名。位于首阳镇东部，312国道穿村而过，交通便利，平均海拔1750米，属半干旱山区。公社化时与水月坪大队同属渭北大队，1961年分出水月坪大队，1965年又并入渭北大队，1978年渭北大队分为水月坪、李家营2个大队，1983年改为李家营村委会。全村辖有4个村民小组，628户，2815人。总耕地面积7131亩，人均2.6亩，2013年人均纯收入3378元。

1900 云田镇三湾村

简　　介：辖三湾里自然村而得名。位于云田镇中部，距县城约13公里。1983年从杜家门大队分出，始建三湾村委会至今。辖三湾、中庄2个村民小组，共115户，471人。主要产业为种植业。

1901 福星镇裴家湾村

简　　介：因辖裴家湾自然村而得名。地处福星镇东南部，距镇政府18公里，距县城26.5公里。北依大湾村，南接高塄村，西邻柯寨乡柯寨村，东临高塄村。海拔高度在2000–2100米之间，年平均气温6–7℃。1949年后设新光农庄，1958年由满坡、裴家湾、西湾、阳坡设为八一大队；1961年分出阳坡、西湾大队组成阳坡大队，1968年阳坡大队和裴家湾大队合并为八一大队，1971年又将八一大队分开，1978年从裴家湾大队分出满坡大队，阳坡大队分出西湾大队，1981年又将满坡并入裴家湾，西湾并入阳坡，1983年改为裴家湾、阳坡村，2004年裴家湾村与阳坡村合并为裴家湾村。现辖侯家川、那坡、岳家湾、阳坡岘、满坡、吕家咀、唐家湾、柳家坪、新庄、裴家湾10社，6524户，2942人，耕地面积11363.72亩，人均3.86亩。洋芋、药材为该村支柱产业。

1902 文峰镇中山村

简　　介：沿用1958年称中山大队名称。位于陇西文峰镇南部山区，紧邻彰县木林乡。1958年称中山大队，1966年改称反修大队，1970年恢复中山大队，1983年改称中山村委会至今。全村有3个社，共142户，667人。耕地面积2620.1亩。以农业种植为主导产业，主要种植小麦、中药材、蚕豆。农民主要收入来源为农业收入，其次为外出务工收入，年人均纯收入约2000元左右，是一个偏僻落后的贫困村。

1903 权家湾乡郑家川村

简　　介：因辖郑家川自然村得名。位于权家湾乡北部，距乡镇府10公里。1958年始建郑家川大队，1961年分为郑家坪、郑家川两个大队，1968年两个大队合并称郑家川大队，1983年更名为郑家川村委会至今。有5个村民小组，272户，1288人，耕地6384亩，人均4.85亩，全村收入来源以种植业和养殖业为主。

1904 菜子镇元阁村

简　　介：以辖元阁自然村得名。位于菜子镇东南部，距县城7公里，距乡政府5公里。209省道穿越本村，交通便利。1961年步云大队分出元阁大队，1983年改为元阁村委会至今。辖段家岘、元阁、徐家山、董家门社、徐家屲等5个村民小组。辖区总人口382户，1716人。

1905 巩昌镇越胜村

简　　介：越胜村位于药铺山东北坡，传说药王孙思邈在山上撒草药，为民治病，人称药圣，越胜系药圣转音。距县城17公里，距镇政府17公里。解放初设越胜乡，1958年建立越胜大队，1961年拨马家山、刁儿崖和西山归步云大队，1983年改越胜大队为越胜村，名称沿用至今。越胜村辖社儿坪、小菜子、九店沟、郭家铺、周家门、草滩、王家湾、张家湾、赖家湾9个社，429户，2030人。土地面积6393亩，海拔高度1800–2400米，平均气温16℃。农作物种植主要是冬小麦、大麦，经济作物为油菜、药材、马铃薯等，特产主要是党参、黄芪、甘草等。

1906 首阳镇西二十里铺村

简　　介：因辖西二十里铺自然村而得名。位于首阳镇东部，地处县城以西10公里，316国道穿境而过，交通便利。公社化时为渭南大队，1961年从渭南大队分为中和、宋家湾大队，1978年中和更名为二十里铺大队，为二十里铺、宋家湾大队，1983年二十里铺因重名更名为西二十里铺大队，同年改为西二十里铺、宋家湾村，2005年西二十里铺村与宋家湾村合并为西二十里铺村。现辖6个村民小组，634户，2816人，耕地面积6690亩，人均2.6亩左右，人均纯收入2095元。

1907 权家湾乡袁家岔村

简　　介：因辖袁家岔自然村得名。位于权家湾乡南部，距县城38公里。1958年始建袁兴大队，1962年分为桌儿岔、袁兴两个大队，因与高堺公社袁兴大队重名，1983年元月更名为袁家岔大队，同年改为袁家岔村委会至今。有3个村民小组，196户，763人。有耕地4859亩，人均6.3亩。

1908 宏伟乡金山村

简　　介：沿用金山乡名称命名。金山村位于宏伟乡西北部，距乡政府26公里。原属定西县，1958年划属陇西县，始建芦子坪、三湾大队，1968年芦子坪与文家集大队合并为金山大队，三湾与井儿大队合并仍称三湾大队，1978年金山分出文家集大队仍称金山大队，三湾大队分出阳山大队，1983年阳山因与德兴阳山大队重名更名为红土沟大队，同年改为红土沟、金山村，2005年金山村与红土沟村合并为金山村。共有8个村民小组，410户，1787人。

1909 通安驿镇东峪村

简　　介：因地处东峪沟而得名。位于通安驿镇北部，距镇政府4.5公里。1961年由通安驿大队分出始建东峪大队，新光大队分成马家湾、景罗大队，1983年改为东峪、景罗村，2005年东峪村与景罗村合并为东峪村。现辖杜坡、杨场、李家湾、玉家湾、景罗、车道湾、营盘、沙马沟8个村民小组。521户，2205人。耕地面积12087.7亩，其中梯田11515亩，退耕还林130亩，人均耕地5.4亩。

1910 永吉乡许家湾村

简　　介：以辖许家湾自然村而得名。位于永吉乡南部，洗马沟中段南坡上。1958年组建永胜、关胜、牧场3大队，1968年3大队合并为永胜大队，1979年改名为许家湾大队，1983年更名为许家湾村委会至今。辖5个村民小组，228户，883人，全村耕地5121亩。

1911 柯寨镇柯寨村

简　　介：因辖鱼家柯寨自然村得名。位于柯寨乡政府驻地，地处陇西县城西北部28公里处。1958年成立刘家掌大队，1961年从刘家掌大队分出成立柯寨大队，1969年合并称红旗大队，1979年恢复刘家掌、柯寨大队，1983年改为刘家掌、柯寨村，2005年柯寨村与刘家掌村合并为柯寨村。全村辖8个村民小组，645户，2582人，现有耕地8123亩，人均3.1亩。适宜多种中药材的种植。

1912 碧岩镇堺岸村

简　　介：以辖冯家堺岸自然村得名。地处碧岩镇西南部，距镇政府约9公里，年降水量450毫米左右，气候湿润，土壤比较肥沃，生态环境良好。1958年属龙泉大队，1961年龙泉大队分出堺岸、黄鹂、颜家山和陆家沟大队，1968年堺岸和黄鹂2个大队合并命名为红星大队，1972年红星大队又分为黄鹂和堺岸大队，1983年堺岸大队改为堺岸村委会至今。全村辖7个村民小组，430户，2035人，村域面积7.9平方千米，耕地面积4810亩，人均耕地面积2.36亩。

1913 巩昌镇河那坡村

简　　介：辖河那坡自然村而得名。河那坡村距县政府3公里，距巩昌镇5公里。位于渭河北岸。1958年公社化时组建为永红大队，1968年该大队和渭河公社朱家坪大队合并为永红大队，1972年重建渭河公社时，朱家坪划归渭河渭北大队管辖，永红改为河那坡大队，1983年改为河那坡村委会。全村辖落水磨、白家屲、中磨、堡子坪、田家坡、唐家坪、申家湾7个村民小组，563户，2510人，耕地3053亩，其中水地1300亩，旱地及山地1800亩。河那坡村素有“陇西菜篮子”之誉。生产用水全是无污染的渭河水。蔬菜不仅品种多，而且质量好。尤其近年来大棚蔬菜更是县城及周边地区居民冬季餐桌上必不可少的佳肴。“河那坡菜”已在县城以及渭源县、定西市、临洮县等地市场形成品牌，是绿色无污染蔬菜的代表。该村还种植冬小麦、洋芋、中药材等作物。随着退耕还林政策的推广，村上的林产品如仙桃、包核杏等也形成了一定规模。

1914 福星镇庞家岔村

简　　介：因辖庞家岔自然村得名。位于福星西北部，距县城35公里，平均海拔1900米。1958年成立庞家岔、上川大队，1969年与上川大队合并称东风大队，1972年改名为庞家岔大队，1979年从庞家岔分出恢复上川大队，1983年为庞家岔、上川村，2004年庞家岔村与上川村合并为庞家岔村。全村共辖7个村民小组，518户，2290人，总耕地面积9031亩，人均3.94亩，其中梯田面积7315亩，占总耕地面积的80.9%。

1915 巩昌镇西街村

简　　介：因辖西大街而命名。西街村地处陇西县城西部，距镇政府3公里。1958年公社化时为新民大队，1961年改名西街大队，1981年更名为村民委员会至今。现辖上西关、下西关、西街、西门、西巷、县门6个社，共608户，2244人，土地面积约736亩，农作物主要是地膜玉米，优势产业主要有民用建材生产。

1916 福星镇大湾村

简　　介：因辖大湾自然村得名。地处福星镇东南部，距镇政府5公里，距县城28公里。北依福星村，南接高塄村，西邻李家湾村，东临蒋家山村。海拔高度在2000–2100米之间，年平均气温6–7℃。1949年前有大湾乡和上湾乡；1949年11月后设大湾大队和上湾大队；1955年合并为红星大队；1958年成立大湾、上湾大队，1969年改为红星、上湾大队，1971年恢复大湾、上湾大队，1983年改为大湾、上湾村，2004年大湾村与上湾村合并为大湾村。现辖大湾、中庄、李塄岸、上湾、马家湾、侯家岔6社，384户，1784人，耕地面积6068.6亩，人均3.4亩。种植业和畜牧业为该村支柱产业，主要种植洋芋、党参、黄岑等，养殖牛、羊、猪等。

1917 渭阳乡小干川村

简　　介：因辖小干川自然村而得名。位于渭阳乡南部，南与和平乡南岔村毗邻，东临通渭县榜罗镇，北与锦屏村相接，西与三门村相连。距陇西县城22公里，距渭阳乡政府是14公里。渭浦公路横贯全村。1972年设立小干川大队，1983年改为小干川村，2005年撤并村组中将包家岔村的上湾、张家坪、包家岔、后湾组并入小干川村。现辖7个社，409户，2017人，总耕地面积8909亩，人均耕地4.4亩，农作物种植以冬小麦、玉米、中药材、洋芋为主，属典型的北部干旱山区。

1918 首阳镇新华村

简　　介：1961年从龙川大队划出命名新华。公社化时属龙川大队，1961年从龙川大队分出新华、田家凸大队，1965年田家凸合并到中和大队，为新华、中和大队，1968年又从中和大队分出田家凸，合并到新华大队，1972年从新华大队分出恢复田家凸大队，1983年改为新华、田家凸村，2005年新华村与田家凸村合并为新华村。新华村共有6个村民小组，453户，2039人，耕地面积4857亩，其中川地601亩，山地4256亩，农民人均纯收入3150元。

1919 柯寨镇虎家凸村

简　　介：因辖虎家凸故名。位于柯寨乡东部，距离陇西县城25公里。1958年成立虎家凸、王家坪大队，1961年合并为虎家凸大队，1969年与王家坪大队合并称东风大队，1979年恢复虎家凸、王家坪大队，1983年改为虎家凸、王家坪村，2005年虎家凸村与王家坪村合并为虎家凸村。全村辖7个村民小组，520户，2345人，流域面积15.8平方公里，耕地面积6901亩，人均2.8亩。

1920 巩昌镇五一村

简　　介：以五一国际劳动节而命名。五一村地处陇西县城区东北部，渭州路西端。1958年公社化时组建为东郊大队，1960年改为五一大队，1983年改为五一村委会。全村辖香房、城角、三元街、新街巷、东堡子5个村民小组，782户，3156人，耕地于2010年1月已征完。以发展建材、建筑业为主。

1921 福星镇新坪村

简　　介：因辖马家坪、汪家坪等五坪得名。地处福星镇东北部，距镇政府4公里，距县城37公里，是乌龙沟流域和栾家川河的发源地。北依通安驿镇栾家川村，南接元头坪村，西邻红岘村，东临云田镇。海拔高度在2100-2200米之间，年平均气温6-7℃。1958年成立新坪、胜利大队，1983年改为新坪、胜利村，2004年新坪村与胜利村合并为新坪村。辖马营滩、坪道、高家山、胜利、雷坪、山坪6社，475户，2034人，耕地面积8519.3亩，人均4.1亩。种植业和畜牧业为该村支柱产业。

1922 宏伟乡井儿村

简　　介：因地处井儿集片村得名。位于宏伟乡东北部，距乡政府16公里。1958始建井儿大队，1968年与三湾大队合并为三湾大队，1978年撤销三湾大队，分为阳山、井儿两个大队，1983年改为井儿村委会至今。共有3个村民小组，278户，1252人，耕地面积5948亩，退耕220.7亩，人均耕地面积4.75亩。

1923 德兴乡马家坪村

简　　介：辖马家坪自然村得名。位于德兴乡政府所在地，距陇西县城56公里。1958年成立马家坪大队，1983年改为马家坪村委会至今。现辖6个村民小组，有336户，1489人，耕地面积6189.9亩。

1924 云田镇安家咀村

简　　介：因驻安家咀自然村而得名。位于云田镇西部，是云田镇川区五村之一，与通安驿镇、权家湾乡相接，离镇政府驻地约10公里。1958年始建为进军大队，1961年分为蒲家门和安家咀两个大队，1968年合并称安家咀大队，1979 年又分为万家沟、安家咀大队，1981 年又合并称安家咀大队，1983 年改为安家咀村委会至今。辖安家咀、万崖渠、阴坡、蒲家门、张家沟 5 个村民小组，503 户，2386 人。定陇公路、陇海铁路以及天定高速公路横贯全境，交通十分发达。

1925 文峰镇迎春堡村

简　　介：因辖迎春堡自然村而得名。迎春堡村地处文峰镇中心位置，316 国道，定天路在此处交汇，形成重要的交通枢纽。已成文峰镇经济发展的主要组成部分，这里商贾云集，是陇西县最大的商业集散地，素有陇西“旱码头”之称。1958 年将迎春堡、潘家门、冯家门 3 个自然村合建为迎春堡大队，1961 年冯家门划归安家门大队管辖，成立向阳大队，1976 年恢复原名，1983 年改为迎春堡村委会。全村共辖 8 个村民小组，785 户，3155 人，有耕地 2060 亩，人均耕地 0.6 亩，其中退耕还林 1227.7 亩。

1926 永吉乡何家门村

简　　介：驻何家门自然村而得名。乡政府驻地，地处洗马沟上段。1958 年和河口村及三台寨子村组建永益大队，1961 年由永益大队分出，始建何家门大队，1983 年更名为何家门村委会至今。全村辖 3 个村民小组，209 户，883 人，耕地 4378 亩。

1927 双泉乡高家湾村

简　　介：因辖高家湾自然村得名。1958 年成立高家湾大队，1961 年并入清水大队，1962 年从清水分出，恢复高家湾大队，1983 年改为高家湾村委会至今。辖陈家咀、陈家湾、高家湾、高庄、大湾、红咀山、张家坪 7 个村民小组，247 户，1054 人。适合马铃薯、玉米等农作物及黄芪、党参等药材的种植。

1928 马河镇贺家川村

简　　介：因驻地贺家川自然村得名。位于马河镇南西面，距镇政府 8 公里。1958 年始建大队属联丰大队，1978 年联丰大队分成蟒落沟和贺家川两个大队，1983 年改为贺家川村委会至今。全村共辖蟒落沟、周家沟、金川、贺家川、小湾、上湾、年家掌、麻家㐬 8 个村民小组，全村农户 348 户，人口 1409 人，耕地面积 4578 亩，农作物以玉米、洋芋为主。

1929 通安驿镇西岔村

简　　介：因地处西岔沟得名。位于陇西县北部干旱山区，水资源贫乏，交通不便。1959 年始建西岔大队，1968 年西岔与沙家河大队合并仍称西岔大队，三合与冯家河大队合并称三合大队，1971 年三合大队分成冯家河、三合大队，为西岔、三合大队辖，1983 年改为西岔、三合村，2005 年西岔村与三合村合并为西岔村。现辖下西岔、上西岔、阳坡川、沙河、许家沟、野狐湾、孙家川、赵家湾 8 个村民小组，共有 631 户，3753 人。现有耕地面积 12685 亩，其中山地 11741 亩，川地 944 亩，人均 4.7 亩。

1930 巩昌镇柴家门村

简　　介：以辖大、小柴家门自然村而得名。柴家门村位于陇西县县城北部，距县政府 4 公里，镇政府 1 公里。1958 年公社化时为东风大队，1959 年改为柴家门大队，同年并入汪家门大队，1961 年由汪家门大队划出，1968 年重新并入汪家门大队，1980 年由汪家门大队划出，1983 年改为柴家门村委会。现辖下河浦、小柴家门、关门、前庄门、何家门 5 个村民小组，有农户 708 户，总人口 3854 人。

1931 云田镇上大道村

简　　介：因驻上大道自然村而得名。位于云田镇中部，属半山半川区。1958 年始建上大道大队，1968 年焦家湾并入该大队，1972 年又分出，1979 年为上大道、寨子川两个大队，1981 年合并为上大道大队，1983 年改为上大道村委会至今。辖 6 个村民小组，480 户，2303 人，总耕地面积 6137.6 亩，人均 2.7 亩，退耕还林面积 2733.5 亩，户均 5.7 亩，以玉米、谷、马铃薯种植为主。

1932 福星镇李家湾村

简　　介：因辖李家湾自然村得名。地处镇政府西部，交通便利。1958 年成立李家湾大队，1969 年改名为永红大队，1971 年恢复李家湾大队，1981 年从李家湾大队分出山庄等 11 个自然村另成立山庄大队，1983 年改为李家湾、山庄村，2004 年李家湾村与山庄村合并为李家湾村。现有 6 个村民小组，402 户，1732 人，现有耕地 6682.8 亩，人均纯收入 2880 元。

1933 渭阳乡渭阳村

简　　介：取渭河之北面之意。位于渭阳乡南部，距离县城 17 公里，渭蒲公路穿村而过。1958 年成立花园大队，1961 年分为花园、渭阳大队，1968 年合并为渭阳大队，1983 年改为渭阳村，2005 年撤并村组中将包家岔村的山王家、井上组并入渭阳村。辖 6 个村民小组，373 户，1702 人。全村耕地面积 8660 亩，人均占有耕地 5.1 亩，农作物种植以玉米、小麦、洋芋、中药材等为主。2013 年人均纯收入 3244 元。在革命年代，以王炳全烈士为代表的先辈们用自己的生命为渭阳乡乃至陇西县的人民解放事业书写了壮丽篇章。

1934 巩昌镇红星村

简　　介：红星系沿用红星高级社名而得名。红星村位于县城南侧 2 公里以外，316 国道横跨东西。1958 年公社化时为红星大队和保卫大队，1968 年保卫大队与红星大队合并为红星大队，1981 年更名为红星村委会。辖权家门、上东关、下东关、东门跟、南山寺、周家庄、张家坪、厂背后、南城壕、大碑院 10 个村民小组，人口 4269 人，耕地 3647 亩，主要种植蔬菜、中药材等经济作物。陇西铝厂落户本辖区，村民进厂务工较多，生活条件改善较大。

1935 文峰镇桦林村

简　　介：因地处桦林山北坡而得名。位于文峰镇南部，距镇区 10 公里，占地面积 9 平方公里。1958 年成立桦林大队，1983 年更名为桦林村委会。辖南玉、新庄、上湾、庙咀河、司家沟、阳坡、歇旦 7 个村民小组，共有农户 238 户，1154 人。耕地面积 3524 亩，全村以种植洋芋、小麦、蚕豆、胡麻、药材等作物为主，2012 年底人均纯收入 1950 元。

1936 首阳镇石家磨村

简　　介：因辖石家磨自然村得名。位于首阳以西，与渭源县接壤，地理位置独特，自然条件优越，莲峰河流经该村，灌溉条件便利。1958 年建立石王大队，1961 年石王大队分为石家磨和王家磨两个大队，1968 年与南坪、崔家坪大队合并命名为永红大队，1972 年更名为石家磨大队，1983 年改为石家磨村委会至今。全村辖 3 个村民小组，578 户，2651 人，耕地面积 3905 亩，人均 1.48 亩。近年来根据本村实际情况，积极发展药材、养殖等特色产业基地，建成 1000 亩的党参良种繁育基地，积极推进农业产业结构调整。2013 年人均纯收入 2920 元。

1937 德兴乡阳山村

简　　介：因辖阳山自然村得名。位于德兴乡西 14 公里处，距陇西县城 42 公里。1958 年成立牛家川大队，1959 年和赵家营合并称牛家川大队，1961 年又分为两个大队，1968 年又合并为牛家川大队，1970 年恢复为赵家营、牛家川大队，1979 年牛家川又为阳山、牛家山两个大队，1983 年改为阳山、牛家川村，2005 年阳山与牛家川村合并为阳山村。现辖 6 个村民小组，有 414 户，1983 人，耕地面积 7025.9 亩。

1938 渭阳乡崔家湾村

简　　介：因驻崔家湾自然村而得名。位于渭阳乡南部，距离县城 28 公里。1958 年始建崔家湾大队，1983 年改为崔家湾村，2005 年撤并村组中将董家岔村的吴家沟、泉湾并入崔家湾村。辖 7 个村民小组，375 户，1852 人，耕地面积 8543.6 亩，人均 4.6 亩。2013 年全村人均纯收入 2485 元。

1939 文峰镇张家磨村

简　　介：以辖张家磨自然村而得名。地处文峰镇东南部山区，距文峰镇政府 12 公里，距陇西县城 20 公里。1958 年属文峰、永吉公社新乔、永吉大队，1961 年分为太平、新乔、新胜、寨子、关兴大队，1965 年合并为新胜、寨子、关兴大队，1969 年合并为新胜、寨子大队，1973 年改为乔家门、寨子大队，1983 年改为乔家门、寨子村委会，1990 年分出张家磨村，为乔家门、张家磨、寨子村，2005 年张家磨、寨子合并为张家磨村。全村辖 9 个村民小组，现有总户数 566 户，人口 2457 人。耕地面积为 5184.33 亩，其中旱地约为 4560 亩。农业种植以小麦、玉米、胡麻和中药材为主。经济来源以务农和劳务输出为主，2011 年人均纯收入为 2200 元。

1940 云田镇杜家门村

简　　介：因驻杜家门自然村而得名。位于云田镇西部，离镇政府驻地约 10 公里。1958 年始建杜家门大队，1961 年与三湾、李家门、杜家门合并为向前大队，1972 年分为李家门、杜家门两个大队，1979 年从杜家门大队分出三湾大队，1983 年又将三湾并入杜家门，1983 年改为杜家门村委会。辖大庄、杜家门、苟家湾、阳山 4 个村民小组，308 户，1416 人。耕地面积 5629 亩，退耕还（草）1034 亩。该村村民的主要经济收入来源是种植业和劳务产业，养殖业规模较小。

1941 双泉乡王家岔村

简　　介：因地处王家岔得名。1958 年属渭原县莲峰公社路园管理区峪岭大队，1958 年陇渭合县后属陇西县首阳公社双泉管理区，称王家岔大队，1969 年与先锋大队合并称向阳大队，1970 年分开恢复王家岔大队，1983 年改为王家岔村，2005 年撤并村组中将周家窑村马莲坪、大沟、红崖沟、回沟组并入王家岔村。辖后沟、下庄、杜家坪、上湾、马莲坪、红沟湾、酸刺湾、老湾、张家坪 9 个村民小组，有农户 376 户，1721 人。

1942 文峰镇安家门村

简　　介：因辖安家门自然村而得名。安家门村位于文峰镇东 4 公里处，316 国道穿村而过，天定高速陇西东出口位于村中心位置，区位优越，交通便利。1958 年时称建新大队，1976 年更名为安家门大队，1983 年改名为安家门村委会至今。辖 5 个村民小组，776 户，3339 人。现有耕地面积 2496 亩，人均 0.75 亩。辖区设小学 1 所，村卫生室 1 个。1994 年以来，村“两委”把发展设施农业作为农业增效、农民增收的主导产业。截至目前，共建成日光节能温室 286 座，温室蔬菜种植面积

826 亩，已成为具有较强示范性和带动性的现代高效设施农业发展园区。

1943 菜子镇板羊村

简　　介：因辖板羊自然村得名。板羊村东接巩昌镇靛坪村，西接浅河村，北邻碧岩镇宋家湾村，南邻廿铺村，距县城 8 公里，距乡政府 9 公里。1958 年建立塄岸大队，1967 年付家湾大队并入塄岸大队，1980 年塄岸大队析置付家湾大队，因与雪山公社塄岸大队重名，1983 年元月更名为板羊大队，同年改为板羊村委会至今。辖板羊社、能岸社、泉湾社、付家湾社、大地社、后沟社等 6 个村民小组，辖区总人口 425 户，2040 人。

1944 文峰镇东四十里铺村

简　　介：因辖东四十里铺自然村而得名。位于镇东 9 公里处，是一个半山半川行政村，1958 年以原红星高级社组建为红星大队，1976 年改为四十里铺大队，1982 年改为东四十里铺大队，1983 年改为东四十里铺村委会至今。全村辖 5 个社，467 户，2041 人，一、二社位于川区，316 国道穿社而过，交通方便。三、四、五社位于山区，交通不便，生活条件较为艰苦。全村耕地面积 4118.74 亩，主要种植玉米、小麦、蔬菜、中药材等农作物。

1945 永吉乡金龙村

简　　介：以“金岗咀”和“波龙沟”各取一字组合而得名。位于永吉乡政府驻地西北方向 4.5 公里的波龙沟两旁。1958 年为金龙、芦子岘、桃花 3 大队组建为金龙大队，1961 年和 1977 先后分别划出芦子岘、桃花，该大队仍为金龙大队，1983 年改为金龙村委会至今。辖陈家门、侯家门、潘家门、梁家门 4 个村民小组，有 233 户，1035 人，耕地 3799 亩。

1946 和平乡云川村

简　　介：云川村地处小妙娥沟沿，因干旱缺雨，人们渴望多云多雨，故名“云川”。位于和平乡政府驻地北部，气候干旱，年平均降雨量 430 毫米。1958 年组建为云川大队，1983 年更名为云川村委会至今。现辖 8 个村民小组，377 户，1876 人，耕地面积 5693.11 亩，人均 3.03 亩。2013 年人均纯收入 3324 元。种植业和养殖业是该村群众的主要收入来源。

1947 菜子镇先锋村

简　　介：沿用原先锋高级社名称。地处菜子镇南部，辖区东西最大距离 3.5 公里，南北 9 公里，总面积 31.5 平方公里，村部距菜子镇 4.5 公里。1958 年建立先锋大队，1961 年分出侯家门后仍称先锋大队，1983 年改为先锋村委会至今。辖董家门、宁家门、付家门、半湾、羊马沟、吴家门 7 个社。辖区总人口 497 户，1923 人。耕地面积 5340 亩，人均 2.77 亩，80% 为旱坡地，以种植小麦、洋芋、中药材为主。依托距菜子集镇较近的区位优势，全村共有 30 多人长期从事药材加工及销售，带动了全村药材种植及种苗繁育。2014 年末，全村共销往外地的药材成品、半成品达 60 多吨。

1948 德兴乡齐家营村

简　　介：因辖齐家营自然村得名。位于德兴乡西北 10 公里处，距陇西县城 46 公里。1958 年属禄川大队，1959 年分为齐家营、高家坡大队，1965 年更名为齐家营、高峰大队，1968 年合并为齐家营大队，1979 年分为齐家营、高峰大队，1983 年改为齐家营、高峰村，2005 年齐家营与高峰村合并为齐家营村。现辖 6 个村民小组，有 352 户，1502 人，耕地面积 6013.6 亩。

1949 首阳镇蒲家山村

简　　介：因辖蒲家山自然村得名。1958年始建蒲家山大队，1968年与下剡家沟、杨家沟、阳坡滩大队合并为跃进大队，1970年撤销跃进大队，恢复阳坡滩大队，原下剡沟、杨家沟和蒲家山为蒲家山大队，1983年改为蒲家山村委会至今。位于首阳西南，属于干旱山区。全村辖5个村民小组，308户，1257人，耕地面积4012亩，人均3.2亩。2013年人均纯收入2968元。

1950 菜子镇牟河村

简　　介：以驻地牟河自然村得名。位于菜子镇西北方部，东距菜子镇人民政府4公里。1958年属金星大队，1961年金星大队分出更名为牟河大队，1983年改为牟河村，2005年撤并村组中撤销蔡家峪村，将东沟、田家岴组并入牟河村。现辖牟河、大路、许门、上庄、下庄、李家沟、田家岴、红崖、董家山、张家山、东沟11个社。辖区总人口706户，2790人。当地农民有加工竹编的传统，如今，70多户农户中已有40%以上的人从事竹编业，牟河社的竹筐远近闻名，不仅占据了本县市场，还销到了定西、河西、新疆等地。

1951 渭阳乡水泉村

简　　介：因辖水泉铺自然村得名。水泉村地处乡政府东北部，交通不便。1958年始建水泉大队，1983年改为水泉村委会至今。全村有谢家坪、唐家坪、水泉铺、卢家咀、刘家菜子5个村民小组，244户，1165人，现有耕地面积6567亩，农作物以小麦、玉米等作物为主，年人均纯收入2420元。

1952 巩昌镇红旗村

简　　介：红旗村位于县城以北，渭河穿径而过。东部、南部、西部分别与县水保站、二渠村、园艺村、河那坡村相接，北部与云田镇三湾村相邻。距镇政府2公里，总区域面积2.2平方公里，平均海拔高度1600米。1958年公社化时，红旗和二渠大队合建为红旗大队，同年将红旗大队改为北园大队，1961年分为王家门、晁家巷、上河浦、二渠4个大队，1968年又将4个大队合为红旗大队，1979年分出二渠大队，1983年更名为红旗村委会。现辖王家门、董家河滩、官亭园、晁家巷、上河浦、花园门6个村民小组，总632户，3118人。耕地1299亩，农作物以粮食作物和蔬菜作物为主，特色产业以大棚蔬菜为主。红旗村坚持“生产发展、生活宽裕、乡风文明、村容整洁、管理民主”的方针，大力提高人民的生活水平。

1953 福星镇红岘村

简　　介：因辖红岘自然村得名。红岘村地处福星镇东北部，距镇政府5公里，距县城38公里，是乌龙沟流域和栾家川河的发源地。北依鹿鹤村，南接福星村，西邻庞家岔村，东临通安驿镇。1958年成立红岘大队，1979年从红岘大队分出罗家山大队，1983年元月因与首阳公社罗家山大队重名，更名为老湾大队，同年改为红岘、老湾村，2004年红岘村与老湾村合并为红岘村。辖上沟、赵家坡、高潮、羯牛湾、董家渠6社，330户，1467人，耕地面积6825亩，人均4.8亩。种植业和畜牧业为该村支柱产业。

1954 文峰镇东梁村

简　　介：因驻上东梁而得名。位于文峰镇南部山区，区域植被覆盖率较高，生态和谐，环境优雅。距离镇政府所在地12公里。1958年为金梁大队，1961年从金梁大队分出称东梁大队，同年改称东风大队，1971年恢复东梁大队，1983年更名为东梁村，2005

年在撤并村组中将党家门村王家湾组并入东梁村。全村辖8个村民小组，分别为青林岘、麻池湾、道节湾、上梁、锁林湾、欠子湾、张家湾、王家湾，共218户，998人。现有耕地面积2580亩，人均占有耕地2.6亩，无可灌溉面积，以小麦、药材、大豆种植和小尾寒羊养殖为主。区域内小学1所。2012年人均纯收入2300元。

1955 宏伟乡贾家屲村

简　　介：以驻地贾家屲自然村得名。1965年由齐心分出始建贾家屲大队，1968年并入齐心大队，1972年复由齐心大队分出，仍称贾家屲大队，由王金岔大队分出始建张家渠大队，1983年更名为贾家屲、张家渠村，2005年贾家屲村与张家渠村合并为贾家屲村。位于宏伟乡南部，全村辖5个村民小组，271户，1109人，总耕地面积7236亩，人均6.5亩，其中梯田面积5766亩。

1956 通安驿镇冯家河村

简　　介：以辖冯家河自然村而命名。1961年由红光大队分成冯家河、东北方大队，1968年将冯家河并入三合大队，为三合、东北方大队分辖，1971年由三合分出仍称冯家河大队，为冯家河、东北方大队，1983年改为冯家河、东北方村，2005年冯家河村与东北方村合并为冯家河村。现辖凤凰山、冯河、邵家山、大石岔、曹家岔、东北方6个村民小组，共有641户，人口2742人。有耕地面积11592.1亩，其中山地面积9089.2亩，川地面积2502.9亩，人均占地4.4亩。

1957 巩昌镇东巷村

简　　介：以东城巷得名。东巷村位于陇西县城区，距离县政府1000米，镇政府2000米，1958年始建红方红大队，1959年改为东巷大队，1983年改为东巷村委会。东巷村辖油盘、东巷、仓门3个村民小组，752户，2923人，耕地面积130亩。改革开放以来，村两委班子一方面着力抓好本村特色产业开发，结合本村经济发展优势，逐步引导，通过采用村集体办、农民联户办、个体办等多种形式，积极引导本村干部群众先后创办了东巷村建材厂、东巷砖瓦厂、河浦建材厂和加工运输、机电修理、饮食服务、房地产等乡镇企业，形成了以建筑建材、房地产开发、农机修配制造、地方传统饮食服务、特种养殖和社会中介等为主的二、三产业发展格局，尤其是积极发挥得天独厚的区位优势，借助东巷建材厂、东巷砖瓦厂等村级集体企业，吸收本村闲散劳动力就业，并且不断发展壮大东巷面粉厂等企业，形成了本村品牌。东巷村为巩昌镇小康村。

1958 柯寨镇崖坪村

简　　介：因辖上、下崖坪自然村得名。位于柯寨乡南部，渭水河畔，与首阳镇相邻。1958年成立崖坪大队，1968年与上湾大队合并取名红星大队，1972年恢复上湾和崖坪大队，1983年改为村委会至今。辖上坪、下坪、花园3个村民小组，现有农户288户，1421人，耕地3112亩。

1959 文峰镇三坪村

简　　介：以所辖旧坪自然村而得名。1959年将和平公社永新大队的旧坪、旧坪山、张蒲家湾、韩家山庄、吉堡大队的王家坪以及三台公社的三台大队的戴家坪6个自然村合并为三坪大队，1980年改为旧坪、戴家坪两个大队，1983年调整为旧坪大队，同年更名为旧坪村委会至今。位于文峰镇北部山区，距镇政府所在地6公里，全村共有3个社，农户272户，1197人。耕地面积2567亩，以种植玉米，小麦、马铃薯为主。截止 2011 年底，人均纯收入达 1950 元。

1960 巩昌镇一心村

简　　介：公社化时取一心一意搞建设之意。一心村地处县城北关，距陇西县政府约 1.2 千米，距巩昌镇政府约 1.5 千米。1958 年公社化时始建，1960 年和园艺大队合并称园艺大队，1961 年与园艺大队分开，同时将一心大队分为一心和新民两个大队，1964 年一心、新民又合并为一心大队，1983 年改为一心村委会。现辖庙台、庙儿巷、双池、头天门、二天门、田家池、长巷、马家巷 8 个村民小组，867 户，3939 人，辖区巷道做传统生意的门面作坊星罗棋布，人口流动量大，生意兴隆，民风淳朴。

1961 马河镇团结村

简　　介：因回汉杂居取团结之意。位于马河镇东部，距镇政府 6 公里。1958 年为林泉、古城大队，1961 年由上古城大队分出，与安家岔大队合并命名为双泉大队，为林泉、双泉大队，1968 年合并命名团结大队，1978 年又将团结分成柴家河、安家岔、赵家沟大队，1983 年改为柴家河、赵家沟村，2005 年柴家河村与赵家沟村合并为团结村。全村辖柴家河、蒋家河、塌窑湾、上凡河、赵家沟、大地沟、先麻沟、下凡河、安一、安二、安三 11 个村民小组，有农户 467 户，1905 人，耕地面积 8501 亩。

1962 碧岩镇庞家坪村

简　　介：以庞姓居住和所辖庞家坪自然村得名。位于碧岩镇南部二阴山区，距镇政府 4 公里。1958 年建立庞家坪大队，1983 年改为庞家坪村委会至今。全村辖 6 个村民小组，389 户，1806 人，耕地面积 4362 亩，人均耕地面积 2.4 亩。中药材种植、畜牧养殖和劳务输出成为该村主要经济支柱。

1963 文峰镇尉家店村

简　　介：尉家店村位于镇区西北面，与孙坪、东铺、迎春堡村毗邻，总面积约为 7 平方公里。1958 年为卫东大队，1976 年改为尉家店大队，1983 年改为尉家店村委会，2005 年将三台村腰儿组杨家河滩的 22 户划归尉家店村一组。全村辖 8 个村民小组，805 户，3370 人。全村现有耕地面积 1438 亩，人均耕地面积 0.43 亩，退耕还林还草面积 150 亩，可灌溉面积 1000 亩，水、电、电话、有线电视入户率分别为 85%、93%、21%、2%，移动电话、机动车辆使用量分别为 491 部和 86 辆。区域内小学 1 所，独立初中 1 所。镇卫生院 1 所，村卫生室 1 处。位于铁路南的五组、六组、七组、八组 4 个村民小组在城镇建设规划区域内，新建的镇区主街道人民路穿村而过，正在建设的城市型道路有 3 条。该区域范围群众以商贸物流和服务业为主，生活水平相对较高。铁路北临渭河的一组、二组、三组、四组以种养殖业和劳务产业为主，生活水平较低。在实施城镇建设改造中有 192 户群众按镇上统一规划建设了 3 个集中居住区，另外，结合异地扶贫搬迁项目和灾后重建项目迁入曲家山和三坪村群众 63 户，这些区域内村庄整洁、村容村貌较好。铁路北按历史面貌居住，道路不够畅通，水、电、电话入户率较低。2012 年，全村农民人均纯收入 4600 元，比全镇农民人均纯收入高出 663 元。

1964 权家湾乡焦家湾村

简　　介：因辖焦家湾自然村得名。位于权家湾乡南部，距乡政府 11 公里。1959 年由山庄大队分出命名为焦家湾大队，1968 年与上大道大队合并为胜利大队，1972 年又分成上大道、焦家湾大队，1983 年改为焦家湾村委会至今。辖 4 个村民小组，224 户，1034 人，耕地面积 5480 亩，人均 5.3 亩。辖区内建有小学 1 所，学生 86 人。主要粮食作物为玉米、小麦、马铃薯、扁豆，主要经济作物为柴胡、党参、黄芩、胡麻。2013 年人均纯收入为 3187 元。

1965 马河镇川口村

简　　介：以驻地川口自然村命名。位于马河镇东面，距镇政府 1 公里。1958 年始建川口大队，属川口、古城大队，1961 年川口划入马河大队，属马河、古城大队，1965 年由马河大队分出恢复原川口大队，属川口、古城大队，1978 年由古城大队分出上岔大队，为川口、上岔大队，1983 年改为川口、糜地岔村，2005 年川口村与糜地岔村合并为川口村。全村共辖关道沟、川口、花园、岘家山、松树湾、薛家山、马家㘭、虎湾、上岔 9 个村民小组，共有农户 433 户，1824 人，耕地面积 5030 亩。

1966 福星镇蒋家山村

简　　介：因辖蒋家山自然村得名。地处福星镇东南部，距镇政府 16 公里，距县城 26 公里。北依大湾村，南接牛蹄湾村，西邻高塄村，东临元头坪村。海拔高度在 2000-2100 米之间，年平均气温 7℃。1958 年成立蒋家山大队，同年并入元兴大队，1959 年从元兴大队分出，1966 年与元兴合并称“三忠于”大队，1969 年又分成元兴大队和蒋家山大队，1978 年从蒋家山分出景坪大队，1973 年蒋家山大队分设为蒋家山大队和景坪大队，1976 年蒋家山大队和景坪大队合并为蒋家山大队，1981 年 12 月将景坪并入蒋家山大队，1983 年改为蒋家山村委会至今。现辖付家川、道家地、杨家坪、蒋家山、景家湾、马家坪 6 社，334 户，1547 人，耕地面积 5886.7 亩，人均 3.88 亩。洋芋、药材为该村支柱产业。

1967 永吉乡永兴村

简　　介：取永远兴旺命名。位于永吉乡政府驻地北偏西方向 3.5 公里处，地处波龙沟两旁。1958 年属金龙大队，1961 年从金龙大队分出永平大队，为金龙、永平大队，1968 年将永平改为永红大队，为金龙、永红大队，1969 年改为金龙、桃花大队，1977 年从金龙大队分出 5 个自然村新建阎家门大队，为阎家门、桃花大队，1983 年因和宝凤公社阎家门大队重名更名为芦子岘大队，为芦子岘、桃花大队，同年改为芦子岘、桃花村，2005 年芦子岘村与桃花村（除六仓湾、太柱湾、桃花山外）合并为永兴村。现辖芦子岘、闫家门、苟家湾、罗家川、景家坡 5 个村民小组，有 296 户，1319 人，耕地 5765 亩。

1968 德兴乡营门村

简　　介：因辖营门自然村得名。位于德兴乡南 15 公里处，距陇西县城 41 公里。1958 年成立营门大队，1968 年更名为宏伟大队，1972 年分出田儿湾大队恢复营门大队，1983 年改为营门、田儿湾村，2005 年营门村与田儿湾村合并为营门村。现辖 8 个村民小组，有 475 户，2176 人，耕地面积 4708 亩，退耕还林面积 3020 亩，是全村占地面积最大村。

1969 巩昌镇李家沟门村

简　　介：以所辖李家沟门自然村而得名。李家沟门村地处陇西县城以南 5 千米处。1958 年公社化时成立李家沟门大队，1983 年更名为李家沟门村委会。现辖沟门、胡家门、湾儿坪东、湾儿坪西、张家屲、王家沟6个村民小组，462户，2184人，土地面积4234亩，主要种植中药材、洋芋、玉米。

1970 巩昌镇汪家门村

简　　介：辖汪家门自然村而命名。汪家门村位于县城东郊，距县城4公里，距镇政府2公里。1958年始建，1961年、1968年两次与柴家门大队合并为汪家门大队，1983年改为汪家门村委会。辖汪北、汪南、乔子门、刘家巷、莫家门5个社，751户，3966人，耕地896亩。全村产业以种植加工中药材、石灰窑为主。

1971 永吉乡姚家沟村

简　　介：以驻姚家沟自然村而命名。位于永吉乡东部，村驻地距乡政府3公里，地处波龙沟脑山梁两侧。1958年为新伍大队，1968年和四坪大队合并称东风大队，1979年又分为姚家沟和草滩大队，1983年更名为姚家沟村委会至今。现辖6个村民小组，378户，1601人，有耕地5803亩。

1972 宏伟乡文家集村

简　　介：因驻文家集自然村得名。位于宏伟乡西北部，距乡政府30公里。原属定西县金山乡，1958年划属陇西县，同年始建大队，命名清泉大队，1968年与芦子坪合并命名金山大队，1978年从金山分出，命名文家集大队，1983年改为文家集村委会至今。有4个村民小组，268户，1156人，耕地面积6738亩，人均耕地面积5.8亩。

1973 首阳镇王家磨村

简　　介：因驻地王家磨自然村得名。1958年建立石王大队，1961年石王大队分为石家磨和王家磨2个大队，1968年与董家堡合并为卫东大队，1971年卫东大队撤销，恢复董家堡、王家磨2个大队，1983年改为王家磨村委会至今。位于首阳以西，全村辖4个村民小组，333户，1496人，耕地面积2010亩，人均1.35亩。建成1000亩的党参良种繁育基地。2013年人均纯收入3580元。

1974 通安驿镇古城村

简　　介：因驻古城自然村而得名。位于通安驿镇北部，宝兰二线和定陇公路横穿而过，距通安驿镇3公里，距县城45公里。原属定西县，1958年划属陇西县，后半年始建古城大队，1961年分上古城、古城、下古城3大队，1968年合并古城、下古城仍称古城大队，1978年又分成古城、下古城，1983年改为古城、辽坡村，2005年古城村与辽坡村合并为古城村。现辖古城、辽坡、马家山、小双尾子、大双尾子、龙头咀、深沟7个村民小组，共有667户，2740人。有耕地9848.79亩，其中山地8571.19亩，川地1277.6亩，人均耕地3.5亩。

1975 菜子镇南二十里铺村

简　　介：以辖南二十里铺自然村得名。位于陇西县城南部，北连南十里铺村，南接浅河村，距县城10公里。1958年建立大队时命名七一大队，1961年更名为二十里铺大队，因于渭河、云田二十铺大队重名，1983年元月更名为南二十里铺大队，同年改为南二十里铺村委会至今。辖姚家河、苏家坪、乔家坡、关家庄、二十铺下社、二十铺上社、高崖下社、高崖上社等8个村民小组。辖区总人口512户总人口3872人。辖区东西最大距离5千米，南北最大1.5千米，耕地总面积4768.5平方千米，人均耕地面积1.23平方千米。近年来逐步发展形成了规模畜牧养殖、中药材种植、大葱种植、劳务输出、规模中药材育苗、设施农业等六大优势产业。

1976 福星镇种和村

简　　介：取种姓人和睦相处之意。地处福星镇北部，距镇政府20公里，距县城53公里。北依杨寨村，南接原家岔村，西邻井沟村，东临川儿村。海拔高度在2200—2300米之间，年平均气温6℃。1958年成立丰胜、珍珠大队，1964年种和大队和川儿大队合并为种和大队，珍珠大队与井沟大队合并为珍珠大队；1961年改名为种和、珍珠大队，1983年改为种和、珍珠村，2004年种和村与除油房渠社外珍珠村合并为种和村。全村辖肖掌、下井、春家掌、乔阴湾、珍珠沟、塌窑湾6社，448户，1851人，耕地面积7905亩，退耕还林638.5亩。洋芋、药材、劳务为该村支柱产业。

1977 文峰镇孙家坪村

简　　介：因辖孙家坪自然村而得名。孙坪村位于文峰镇西片区，距文峰镇政府所在地5里，距陇西县城12里，交通方便。解放初为紫来乡孙坪、乔坪村，1958年划归为文峰孙坪、乔坪村，同年与孙坪大队合并为乔坪大队，1968年为孙坪革委会，1978年分为孙家坪、乔家坪大队，1983年改为孙家坪、乔家坪村委会，2005年孙家坪村与乔家坪村合并为孙家坪村。全村辖10个村民小组，现有总户数786户，人口3765人。全村耕地面积为3996亩，其中水地1090亩，旱地2906亩。农业种植以小麦、玉米、胡麻和中药材为主。经济来源以经商和劳务输出为主，2011年人均纯收入为1630元。

1978 文峰镇乔家门村

简　　介：以所辖乔家门自然村而得名。乔门村地处文峰镇北部川区，距文峰镇政府约7公里，全村平均海拔高度1660米，年平均气温8.9℃。1958年组建新乔大队，1961年分为太平、新乔、新胜3个大队，1965年合并为一个大队为新胜大队，1973年又改为乔家门大队，1983年更名为乔家门村委会至今。全村现有4个村民小组，总户数499户，总人口2088人。耕地面积2317.25亩。全村主要以种植、畜牧养殖和劳务输出为经济收入，2012年农民人均纯收入3300元。

1979 云田镇张家岔村

简　　介：因驻张家岔自然村得名。位于云田镇东部，距县城约40公里。1958年始建张家岔大队，1979年分为张家岔、张家山2个大队，1981年又合并为张家岔大队，1983年改为张家岔村委会。辖张家岔、马家窑、张家山、李家渠、桌儿坪、万家湾、李家山、崖湾8个村民小组，402户，2115人，耕地面积9852亩。劳务产业和种植业是该村农民收入的主要经济来源。

1980 双泉乡何家沟村

简　　介：因驻地何家沟自然村得名。1958年成立何家沟大队，1969年与牛家门大队合并称团结大队，1972年改名为何家沟大队，1980年分出牛家门大队后仍称何家沟大队，1983年改为何家沟村委会至今。辖一、二、大坪湾、范家坪、红崖沟、扎麻湾6个村民小组，共367户，1665人。

1981 福星镇原家岔村

简　　介：因辖上下原家岔自然村得名。地处福星镇北部，距镇政府10公里，距县城43公里。大咸河支流和鱼家峡流域纵贯全境，人口分布在县道449线沿线两侧。北依川儿村，南接鹿鹤村，西邻德兴乡，东临通安驿镇。海拔高度在2200—2300米之间，年平均气温 6℃。1958 年成立原家岔、郝家沟大队，1983 年改为原家岔、郝家沟村，2004 年原家岔村与郝家沟村合并为原家岔村。现辖上原、下原、阴池沟、冯家堡、邵家坪、郝沟、红沟岇 7 社，390 户，1675 人，耕地面积 7499 亩，人均 4.48 亩。洋芋、药材、劳务为该村支柱产业。

1982 云田镇回岔村

简　　介：因驻回岔沟里得名。位于云田镇东部，距县城约 20 公里。1958 年始建回岔大队，1983 年改为回岔村委会至今。辖回岔、骆驼湾、张家渠 3 个村民小组，312 户，1358 人。耕地面积 6205 亩，人均占地 6.4 亩。劳务产业和种植业是该村农民收入的主要经济来源。

1983 云田镇北站村

简　　介：因陇海铁路陇西北火车站于境内故而得名。位于陇西县城北部，镇政府驻地东部，距离县城 5 公里，镇政府 6 公里。总面积 9.3 平方公里。1958 年始建北站大队，1961 年分为马家堡、殷家山、三湾、北站 4 大队，1968 年三湾并入杜家门，马家堡、殷家山、北站合并为北站大队，1983 年改为北站村委会至今。现有 4 个村民小组，总户数 598 户，总人口 2810 人，耕地面积 7870.8 亩，其中有效灌溉面积 2790 亩，人均耕地面积 2.8 亩。全村主要种植玉米、小麦、马铃薯和设施蔬菜等农作物，是全镇日光节能温室和设施畜牧养殖示范推广重点村之一。

1984 首阳镇首阳村

简　　介：以驻地首阳镇得名。1968 年将新堡子、营盘 2 个大队合并为 1 个大队，1971 年更名为首阳大队，1983 年改为首阳村委会至今。现辖 10 个村民小组，1253 户，6019 人。现有耕地 4129 亩，人均占有耕地 0.69 亩。2013 年农民人均纯收入 3378 元。

1985 双泉乡胡家门村

简　　介：因辖胡家门自然村得名。1958 年成立胡家门大队，1969 年改名永红大队，1972 年恢复胡家门大队，1983 年设胡家门村委会至今。辖祁家湾、胡家门、关门、东家堡、西坪 5 个村民小组，315 户，总人口 1440 人。胡家门村土地肥沃，光照充足，水资源丰富，农业生产条件相对优越，优势产业以黄芪、党参等中药材为主。

1986 首阳镇菜子坪村

简　　介：因辖菜子坪自然村得名。菜子坪村位于首阳镇西部山区，东接首阳村，南连碧岩镇，西邻禄家门村，北靠董家堡村。东西长 2.5 公里，南北宽 7 公里，总面积 17.5 平方公里，距 316 国道 4 公里。1958 年始建菜子坪大队，1961 年分出杨家沟和下剡家沟 2 个大队，1968 年与禄家门、上剡家沟、王家沟大队合并命名先锋大队，1971 年撤销先锋大队，王家沟与禄家门、菜子坪、上剡家沟为菜子坪大队，1983 年改为菜子坪村委会至今。全村共 5 社，393 户，1726 人，耕地面积 3849 亩，其中山地 3124 亩，水地 725 亩，有效灌溉面积 620 亩。人均耕地 2.2 亩。适宜小麦、玉米、党参、甘草、红黄芪、秦艽、独活等农作物生长。该村为首阳镇远近闻名的中药材标准化种植及种苗培育基地，2013 年，全村种植中药材 3079.2 亩，占总耕地面积的 80%，中药材从业人员 1674 人，占总人口的 65%。标准化种植品种有红黄芪、党参、黄芩、秦艽、独活、半夏、甘草等 20 余种。

1987 首阳镇梁家营村

简　　介：以辖梁家营自然村而命名。公社化时成立梁家营大队，1968 年与滩儿大队合并，命名为东风大队，1973 年更名为梁家营大队，1978 年划出滩儿下和桌儿坪 2 个自然村，恢复滩儿大队，1983 年改为梁家营村委会。现有 6 个村民小组，333 户，1510 人。耕地面积 4043 亩，其中旱川地 1840 亩，山地 2203 亩。人均纯收入 2744 元，集体经济收入 3.5 万元。

1988 菜子镇旧庄村

简　　介：以驻地旧庄自然村得名。1958 年属龙泉大队，1961 年龙泉大队分出黄鹂、颜家山、陆家沟、塄岸和旧庄大队，1968 年旧庄和进中 2 个大队合并为东风大队，1972 年东风大队又分为进中和旧庄 2 个大队，1978 年旧庄大队又划出颜家山大队，1982 年 12 月进中大队并入旧庄大队，1983 年改为旧庄村委会至今。位于菜子镇南部，辖冰凌、徐家岘、拾字、新庄、下进中、上进中、阴山、阳山、咕咋、庙儿岘 10 个村民小组，总人口 506 户，2400 人。全村经济收入以中药材和玉米种植、养殖及劳务产业为主。属二阴山区，十分适应多品种的中药材种植。通过规模化、标准化种植，农民积累了一定的中药材种苗繁育技术，对发展中药材产业有较成熟的经验。气候条件阴湿，水资源丰富，日照时间长，土壤结构疏松，土层深厚，温度适宜，大部分属于缓坡地，有利于养殖业的开发及优质牧草种植，尤其适合于牛、羊养殖和红豆草栽植。

1989 巩昌镇二渠村

简　　介：因辖二渠巷而得名。二渠村位于县城北园，距县政府 2 公里，距镇政府 4 公里。1958 年公社化时，二渠和红旗大队合建为红旗大队，同年红旗改为北园大队，1961 年北园大队分为王家门、晁家巷、上河浦、二渠 4 个大队，1968 年又将这 4 个大队合并为红旗大队，1979 年分为二渠、红旗两个大队，1983 年改为二渠村委会。现辖二渠、李家巷、北坛门、城壕 4 个村民小组，共 618 户，2785 人。全村产业以肉制品加工、中药材加工、砖瓦窑为主。

1990 福星镇牛蹄湾村

简　　介：因辖牛蹄湾自然村得名。地处福星镇东南部，距镇政府 15 公里，距县城 20 公里。北依元头坪村，南接马营湾村，西邻高塄村，东临马营湾村。海拔高度在 2000-2100 米之间，年平均气温 7℃。1949 年后设旗杆山和牛蹄湾大队，1958 年合为春风大队，1959 年由春风大队分出牛蹄湾大队，1963 年从牛蹄湾大队分出旗杆山大队，1965 年合并为红旗大队，1971 年分为牛蹄湾、旗杆山大队，1983 年改为牛蹄湾、旗杆山村，2004 年牛蹄湾村与旗杆山村合并为牛蹄湾村。现辖牛蹄湾、坡头、新满坡、窑儿湾、赵家湾、旗杆山、丁家咀 7 社，490 户，2381 人，耕地面积 9395 亩，人均 3.9 亩。洋芋、药材、畜牧为该村支柱产业。

1991 菜子镇步云村

简　　介：以境内步云山得名。地处陇西南部，东南与巩昌镇牙河村为邻，西南与菜子镇董家寺为邻，北邻菜子镇浅河村。1958 年建立步云大队，1961 年步云大队分出元阁大队，同时将越胜大队的西山、马家山、牙儿崖拨属步云大队，1980 年步云大队分出中沟大队，1983 年改为步云、中沟村，2005 年步云村与中沟村合并为步云村。辖蒲家山、侯家湾、庙湾、沟门、马家山、中沟、西山、马家山、刁儿崖 9 个社。辖区总人口 634 户，

1563 人。辖区东西最大距离 4 公里，南北最大距离 2 公里，土地总面积 8 千多亩，其中退耕还林 2200 多亩，以种植小麦、玉米、中药材、洋芋、胡麻、大豆为主，粮食作物以小麦为主，主要经济作物是大豆、胡麻、中药材，中药材主要有党参、黄芪、甘草、大黄、板蓝根等，畜牧业以牛、羊、猪为主。

1992 和平乡南岔村

简　　介：以驻南岔里自然村而得名。位于和平乡北部，距乡政府驻地 12 公里。1958 年始设寨子大队，1961 年分为小干川、寨子 2 个大队，1982 年因与三台寨子大队重名，更名为南岔大队，1983 年改为南岔村委会至今。现辖 4 个村民小组，300 户，1444 人，耕地面积 5608.61 亩，全部为旱地，人均 3.88 亩。2011 年人均纯收入 1900 元，人均产粮 221 公斤。

1993 和平乡车场村

简　　介：以驻车场自然村而命名。1958 年组建为车场大队，1979 年将赵家大湾、高家坡、下李家渠、山根底下、阴坡自然村划出，另设高家坡大队，1981 年车场、高家坡合并，仍称车场大队，1983 年更名为车场村委会至今。地处和平乡北部干旱山区，现辖 8 个村民小组，总户数 428 户，总人口 1876 人，耕地面积 6412.8 亩，人均耕地 3.4 亩。全村农业生产以种植业为主，其经济收入以马铃薯种植为主。2011 年底全村人均纯收入 1212 元。

1994 宏伟乡山头渠村

简　　介：因辖山头渠自然村得名。1958 年始建寨子、白崖大队，1968 年合并称寨子大队，1978 年分出白崖大队，1983 年元月寨子因与和平寨子大队重名更名为山头渠大队，同年改为山头渠、白崖村，2005 年山头渠村与白崖村合并为山头渠村。位于宏伟乡东北部，距乡政府 24 公里。全村共有 7 个村民小组，537 户，2296 人，耕地面积 11596.9 亩，退耕 1198.4 亩，人均 5 亩，2013 年度农民人均纯收入 2700 元。

1995 菜子镇董家寺村

简　　介：因驻地董家寺自然村得名。董家寺村位于菜子西北部，距县城 20 公里，距镇政府 5 公里。1958 年建立蟠桃大队，1961 年从蟠桃大队分出部分小队始设董家寺大队，为董家寺、蟠桃大队，1983 年改为董家寺、蟠桃村，2005 年董家寺村与蟠桃村合并为董家寺村。辖半沟、中磨、董家寺、党家岘、张家沟、米家湾、魏家门、园林、野狐沟、蟠桃 10 个村民小组，辖区总人口 603 户，2768 人，种植以小麦、玉米、中药材、洋芋、胡麻、大豆为主。

1996 马河镇卜家渠村

简　　介：因驻卜家渠自然村得名。位于马河镇东面，距镇政府 3 公里。原属清泉、上古城大队，1961 年为卜家渠、古城大队，1978 年撤销古城大队分为上岔、化家川大队，为卜家渠、化家川大队，1983 年改为卜家渠、化家川村，2005 年卜家渠村与化家川村合并为卜家渠村。全村辖卜家渠、中庄、马湾、化家川、车站、杨湾、吕家岔 7 个村民小组，共 405 户，1763 人，全村耕地面积 6766 亩。全村地势较为平坦，交通方便，农作物以药材种植为主。

1997 福星镇福星村

简　　介：原名复兴，后更名为福星。福星村是福星镇政府驻地，距县城 33 公里。北依庞家岔村，南接大湾村，西邻李家湾村，东临将家山村。海拔高度在2100–2200米之间，年平均气温7℃。福星村原名车家滩儿，1943年设立集镇，1949年设福星大队和酒店大队；1955年合为福星大队；1959年成立科举大队，1961年更名为福星大队，1979年从福星大队分出8个自然村始建酒店大队，1983年改为福星、酒店村，2004年福星村与酒店村合并为福星村。辖福星、杨家山、酒店、蒙家湾、张塄岸5社，480户，2228人，耕地面积7301.5亩，人均3.3亩。洋芋、畜牧为该村支柱产业，依托市场优势，第三产业发达。

1998 菜子镇马家庄村

简　　介：以驻马家庄自然村得名。位于菜子镇北部，距县城19公里，距镇政府5公里。1958年属金星大队，1961年金星大队分为回沟、羊靛和马家庄、中川、寺门大队，1962年回沟、羊靛并入马家庄大队，1968年马家庄大队更名为向阳大队，1972年恢复为马家庄大队，1978年马家庄大队分出回沟大队，1981年回沟大队并入马家庄大队，1983年改为村委会至今。辖核桃坪、羊欠、马家庄、那坡、回沟、靳家山、上庄门、许家沟、湾哩9个村民小组，人口856户，3895人。

1999 永吉乡直沟村

简　　介：以驻直沟自然村而得名。赤亭水（今称波龙沟河）源出于东山的赤谷。东山即永吉乡桃花山（桃花山因红色土壤裸露，艳如桃花得名），赤谷即今波龙沟。沟两边山崖仍是裸露的红砂土，沟中流水混浊呈红色。上游河沟，今称直沟（直、赤音相近，沟、谷皆一义）。位于永吉乡东北部，村驻地距乡政府4公里，地处大妙娥沟上段及沟脑山梁东坡。1958年始建为南坪大队，1979年改名为直沟大队，1983年更名为直沟村委会至今。全村辖5个村民小组，其中六仓湾社为原桃花村六仓湾和太柱湾社合并而成，349户，1519人，有耕地5637亩。现有农贸市场1处，交通便利，俗称“永吉旱码头”。

2000 德兴乡庙儿湾村

简　　介：因辖庙儿湾自然村得名。庙儿湾村位于德兴乡东南5公里处，距陇西县城51公里。1958年成立庙儿湾大队，1983年改为村委会至今。现辖5个村民小组，有310户，1430人，耕地面积5309.7亩。

2001 文峰镇黄家门村

简　　介：因辖黄家门自然村而命名。位于陇西县南部山区，距县城约10公里，是南部二阴山区。1973年从阎家门大队分出6个自然村，新建张家湾大队，1983年因与柯寨大队张家湾重名更名为黄家门大队，同年更名为黄家门村，2005年撤并村组时将阎家门村的阎家门、孙家岇、周家门、汪垣、李家湾组并入黄家门村。有11个村民小组，总户数630户，总人口2665人，总耕地8119亩，以种植业和养殖业为主，种植业以粮食作物、经济作物、畜草种植为主，农民经济收入以农业经济收入、养殖性收入和劳务输出收入为主要来源。

2002 柯寨镇葡萄村

简　　介：因辖葡萄自然村得名。位于柯寨乡西北部，距乡政府9公里。1958年成立葡萄大队，1983年改为葡萄村委会至今。全村辖葡萄、大地、南北峪、庄科湾4个村民小组，共291户，1155人，耕地面积4909亩，人均耕地4.3亩。

2003 权家湾乡桌儿岔村

简　　介：因驻桌儿岔自然村得名。位于权家湾乡中南部，距县城46公里，距乡镇府8公里。1962年由袁兴大队分出命为桌儿岔大队，1968年与权家湾大队合并为团结大队，1972年又分为桌儿岔、权家湾大队，1983年更名为桌儿岔村委会至今。有3个村民小组，138户，631人，耕地3866亩，人均6.13亩，全村收入来源以种植业和养殖业为主。

2004 巩昌镇东街村

简　　介：因辖东街而得名。东街村位于巩昌东南部，316国道穿境而过，交通便利。1958年始建和平大队，1972年取名东街大队，1981年更名为东街村委会至今。现辖春家巷、苗家巷、卧龙巷3个村民小组，共564户，2260人，耕地面积1090亩。优势产业以蘑菇、餐饮等为主。

2005 宏伟乡左家渠村

简　　介：因驻左家渠自然村命名。该村位于陇西北部干旱山区，距乡政府20公里，距县城约73公里。1958年始建三坪、高家沟大队，1968年合并称三坪大队，1978年分出高家沟大队，1983年三坪因与三台三坪大队重名更名为左家渠大队，同年改为左家渠、高家沟村，2005年左家渠村与高家沟村合并为左家渠村。本村辖7个村民小组，403户，1787人，耕地面积9967亩，人均耕地面积5.8亩。

2006 文峰镇彭家山村

简　　介：因驻彭家山自然村而得名。距陇西县城10公里，属南部二阴山区，发展中药材育苗、种植有较强优势。1958年属金梁大队，1961年从金梁大队分出组建彭家山大队，1966年更名为胜利大队，1971年恢复彭家山大队，1983年更名为彭家山村委会至今。全村有彭家山、王家山、椿树凸、沟渠、咀头、牟家沟、野狐凸、三湾、剪子湾等10个社，369户，1665人。耕地面积4574.1亩，人均耕地1.67亩，耕地多为坡地，主要种植小麦、玉米、中药材等作物。

2007 和平乡新康村

简　　介：以何家新庄和康家河两个自然村各取一字组合而成。1958年沿用新康高级社名称成立新康大队，1983年更名为新康村委会至今。现辖5个村民小组，总人口1492人。耕地面积4766.6亩，人均3.2亩。2010年农民人均纯收入1730元。

2008 马河镇清泉村

简　　介：清泉村位于马河镇西南面，距镇政府2公里。清泉村是马河镇最小的一个村，人口较少。1958年成立大队时沿用清泉乡名称，1983年改为清泉村委会至今。全村共辖岔口、泉滩、暖泉、黎湾、池湾5个村民小组，共286户，1075人，耕地4398亩。

2009 菜子镇中川村

简　　介：以辖中川自然村得名。1958年属金星大队，1961年由金星大队分出后为中川、寺门大队，1972年改为中川大队，1978年析置寺门大队，1981年12月寺门大队并入中川大队，1983年改为中川村委会至今。位于菜子镇西北部，辖庙下、庙上、黄家凸、水鱼、张家坪、中川、下马沟、上马沟、尹家门、坡儿、朱家沟、蒲家山12个社，580户，2496人。中川村气候条件阴湿，水资源丰富，日照时间长，土壤结构疏松，土层深厚，温度适宜，大部分属于缓坡地，有利于养殖业的开发及优质牧草种植，尤其适合于牛、羊养殖和红豆草栽植。

2010 文峰镇小湾村

简　　介：因辖小湾自然村而得名。位于文峰镇南部山区，距离文峰镇中心6公里，与文峰镇鄂窑沟村、孙坪村、曲家山村相邻。1958年为胜利大队，1962年和鄂窑沟大队合并，1976年改为胡家门大队，1978年从鄂窑沟大队分出，1983年更名为小湾大队，同年改为小湾村委会，2005年与东铺村合并属东铺村，2006年从东铺村分出为小湾村。全村辖3个村民小组，共有180户，707人。村内有小学1所，无村卫生室。有耕地面积2825亩，人均耕地4亩，全村主要种植农产品有小麦、玉米、马铃薯，经济作物以冬花、黄芪、甘草、党参等中药材为主。农民收入主要来源于务农和劳务输出。

2011 碧岩镇郑家坪村

简　　介：以郑姓居住及自然实体得名。位于碧岩镇西部，距镇政府6公里。1958年成立郑家坪、团结大队，1968年郑家坪大队合并到团结大队，1972年团结大队分出郑家坪大队，1983年2月因团结与城关公社团结大队重名更名龙泉大队，为郑家坪、龙泉大队，同年改为郑家坪、龙泉村，2005年郑家坪村与龙泉村（除韩川组）合并为郑家坪村。辖5个村民小组，501户，2230人，有耕地5309亩，人均耕地2.3亩，有郑坪小学1所，村卫生室1个。

2012 云田镇咀头村

简　　介：因驻王家咀自然村得名。位于云田镇东部，距县城约20公里。1959年从二十里铺大队分出，始建咀头大队，1983年改为咀头村委会。辖苍河、高家山、新庄、咀头4个村民小组，351户，1570人，耕地面积7573亩。主要产业为马铃薯、玉米。

2013 德兴乡范家渠村

简　　介：因辖范家渠自然村得名。位于德兴乡西南3公里处，距陇西县城53公里。1958年属董家坪大队，1961年从董家坪大队分出成立范家渠大队，1968年并入董家坪大队，1971年又从董家坪大队分出恢复范家渠大队，1983年大队改为范家渠、董家坪村，2005年范家渠村与董家坪村合并为范家渠村。现辖7个村民小组，有369户，1688人，耕地面积6718.2亩。

2014 首阳镇西三十里铺村

简　　介：因辖西三十里铺自然村得名。位于陇西县城以西15公里处，镇区东部，离首阳镇政府驻地6公里，316国道穿境而过，地处渭河沿川区，交通便利。1958年始建三十里铺、滩儿大队，1968年滩儿大队和梁家营大队合并，命名为东风大队，属三十里铺、东风大队，1970年三十里铺与罗家山大队合并称五一大队，属五一、东风大队，1972年撤销五一大队，恢复罗家山和三十里铺大队，属三十里铺、东风大队，1973年将东风大队更名为梁家营大队，属三十里铺、梁家营大队，1978年从梁家营大队划出，恢复滩儿大队，为三十里铺、滩儿大队，1983年元月因与文峰、云田三十里铺大队重名，更名为西三十里铺大队，为西三十里铺、滩儿大队，同年改为西三十里铺、滩儿村。2005年与滩儿村合并为西三十里铺村。辖6个村民小组，736户，3791人，耕地面积6397亩，其中川地2924亩，山地3473亩。土地肥沃，水资源丰富，光照充足，是中药材、蔬菜等高效农作物的适生地。主要作物有中药材、玉米、小麦、蔬菜等。为提高中药材产品质量，走上标准化种植、产业化经营的道路，建设2000亩黄芪标准化种植示范点，该基地采用GAP标准操作规程，采用天然曝晒及“二氧化碳气调法”贮藏等先进种植技术，实现了中药材标准化种植。2013年人均纯收入3378元。

2015 柯寨镇桥子沟村

简　　介：以辖桥子沟自然村得名。位于柯寨乡东北部，距乡政府11.5公里。1958年成立桥子沟大队，1968年与张家湾合并称永红大队，1972年从永红大队分出张家湾、桥子沟大队，1978年从桥子沟分出关家山大队，1983年改为桥子沟、关家山村，2005年桥子沟村与关家山村、柯寨村杨家咀组合并为桥子沟村。辖5个村民小组，共370户，1640人，耕地总面积6664亩，人均4亩。

2016 文峰镇八盘村

简　　介：位于八盘山脚下而得名。1958年为八盘大队，1961年为代家门、八盘、贾家门、戴家门4个大队，1969年又合并为八盘大队，1980年分出代家门、旱坪两个自然村，另成立旱坪大队，1983年改为八盘、旱坪村，2005年八盘村与旱坪村合并为八盘村。八盘村位于渭河北岸，八盘山下，316国道横穿境内，交通便利，水电充足，自然条件优越，1999年被列为全区率先奔小康村之一。全村8个社，626户，2930人，6108亩耕地，人均纯收入2060元。全村经济以农业为主，同时，瓜果、蔬菜立体农业种植和养猪，青砖瓦烧制建材初步走上了产业化经营的路子。

2017 渭阳乡三门村

简　　介：因辖王家门、许家门、刘家门而命名。位于渭阳乡南部，1958年始建三门大队，1961年划出蒲兴大队，1983年改为三门村委会至今。现辖王家门、许家门、宋家湾、刘家门4个社，有农户285户，1091人，耕地面积5768亩，人均耕地面积5.3亩。2013年人均纯收入约为2400元。

2018 通安驿镇马头川村

简　　介：驻马头川自然村得名。位于陇西县城北部旱山区，距通安驿镇区3公里，距县城40公里，宝兰二线和定陇公路纵贯全境。1961年爱化大队分成燕家川、王家店、中川3个大队，1968年王家店、中川大队合并为中川大队，因与雪山中川大队重名，1983年元月更名为马头川大队，同年改为马头川村，2005年撤并村组中将燕家川村的上半岔、下半岔组合并到马头川村。现辖西坡川、中川、大石岔、马头川、王家店、半岔6个村民小组，共有571户，2575人，有耕地面积8600.53亩，其中山地面积6097.63亩，川地面积2502.9亩，人均占地3.3亩。

2019 福星镇川儿村

简　　介：因辖赵家川自然村得名。地处福星镇东北部，距镇政府25公里，距县城58公里。大咸河从村内经过。北依新民村，南接原家岔村，西邻种和村，东临马河镇。海拔高度在2200-2300米之间，年平均气温6℃。1958年成立川儿大队，1964年与种和大队合并为种和大队，1973年种和大队分设为种和大队和川儿大队，1983年改为村委会至今。现辖川儿、旧才、空儿湾、郭家湾、咀儿、蟒沟6社，310户，1310人，耕地面积5710亩，人均4.36亩。洋芋、药材、劳务为该村支柱产业。

2020 权家湾乡权家湾村

简　　介：因驻权家湾自然村而得名。位于权家湾乡中部，距县城43公里，为权家湾乡政府驻地。1958年始建权家湾大队，1961

年分成田家湾、权家湾2个大队，1968年与桌儿岔大队合并为团结大队，1973年又分成桌儿岔、权家湾大队，1983年改为权家湾村委会至今。辖权家湾、杜家峁、王家坪3个村民小组，共有246户，1031人。

2021 宏伟乡后岔村

简　　介：因所辖景家后岔自然村得名。位于宏伟乡西北部，距乡政府20公里。1958年始建后岔大队，1978年分出姚家门大队后仍称后岔大队，1983年更名为后岔、姚家门村，2005年后岔村与姚家门村合并为后岔村。全村共有4个村民小组，304户，1339人，耕地面积7650亩，人均耕地面积5.7亩。2013年人均纯收入约3000元。

2022 巩昌镇园艺村

简　　介：园艺村以种蔬菜为主，作务精细，故名园艺。1958年始建，1960年和一心大队合并，1961年与一心大队分开，1983年改为园艺村委会。园艺村位于县城西，距县政府1公里。现有西堡子、西顺门、大树、花园4个村民小组，965户，3650人，耕地790亩。主要生产玉米、小麦、蔬菜、花卉等作物，以种植、养殖、加工等收入为主要经济来源，村内建有园艺蔬菜批发市场。

2023 菜子镇雪山村

简　　介：崛头山上高寒，积雪期长故名。地处陇西县南部二阴山区，距镇政府驻地13公里。1958年成立庙儿大队，1961年分为雪山、庙儿2个大队，1962年庙儿大队并入雪山大队，1968年雪山大队改为长征大队，1972年恢复为雪山大队，1983年改为雪山村委会至今。辖林家门、上沟、昌风岘、石窝、庙儿、雪家沟、樊家门7个村民小组，总人口575户，2012人。该村为纯农业村，农民主要收入来源为外出务工及从事种植业，辅之以养殖业。

2024 福星镇马营湾村

简　　介：因驻地马营湾自然村得名。地处福星镇东南部，距镇政府17公里，距县城10公里。北依牛蹄湾村，南接巩昌镇河那坡村，西邻首阳镇李家营村，东临云田镇山湾村。海拔高度在1860–1900米之间，年平均气温6℃。1958年为向阳大队，1961年改名种家湾大队，1967年分为马营湾、种家湾大队，1969年合并为向阳大队，1971年再次分为马营湾、种家湾大队，1983年改为马营湾、种家湾村，2004年马营湾村与种家湾村合并为马营湾村。现辖樊家岘、胡家湾、马营湾、杨家湾、康家湾、春家湾6个社，456户，2142人，耕地面积7751.55亩，人均3.7亩。洋芋、药材为该村支柱产业。

2025 通安驿镇栾家川村

简　　介：因驻栾家川自然村得名。位于通安驿镇西南部，与福星镇相接，距通安驿镇13公里，距县城45公里。1961年由十月大队分成栾家川、何世岔2个大队，1983年改为栾家川村委会至今。现辖新庄、罗家川、栾家川、汪家庄、肖家岔、蔺家岔、窑坡7个村民小组，共有655户，2920人，有耕地13223.2亩，其中山地12134.7亩，川地1088.5亩，人均耕地4.5亩。

2026 碧岩镇万家沟村

简　　介：以万姓居住和科羊支沟得名。1958年成立万家沟大队，1962年科羊大队分出，建立万家沟大队，1983年改为万家沟村委会至今。位于碧岩镇南部，下辖5个村民小组，366户，1651人，耕地面积4921.3亩，人均占有耕地面积2.97亩。

2027 双泉乡西岔湾村

简　　介：因辖西岔湾自然村得名。1958年成立双泉大队，1961年从双泉大队分出麦积大队，1969年又并入双泉大队，1972年从双泉大队又分出麦积大队，1975年改名为西岔湾、麦积大队，1983年改为西岔湾、麦积沟村，2005年西岔湾村与麦积沟村合并为西岔湾村。辖西岔湾、索罗湾、柳树梁、麦积、大坪、原家湾、清水、吴家岘、一路湾、柯栳10个村民小组，共483户，2043人。

2028 巩昌镇苟家门村

简　　介：以所辖苟家门自然村而命名。苟家门村位于巩昌镇东南部，距镇政府3公里。1958年公社化时为向阳大队，1959年改为春场大队，同年并入张家塄大队，1961年由张家塄分出为春场大队，1968年又合并为苟家门大队，1980年划出张家塄、苟家门大队，1983年改为苟家门村委会辖李家营、春场上、春场下、苟下、苟上、七里铺、王家坪7个村民小组，有849户，4214人。全村坐落于316国道两旁，交通便利，水电资源优越。可开发性深远。该村主要从事建筑建材行业，有大型建筑企业3家。

2029 马河镇马河村

简　　介：以驻地马家河自然村命名。马河村是镇政府驻地，人口稠密，交通便利。1958年马家河上、下街分别属杨家营和川口两大队所辖，1961年上街由杨家营分出与川口大队合并始建马河大队，1965年分为川口、马河2大队，1983年改为马河村委会至今。现辖一、二、三、四、五共5个村民小组，共494户，2075人，耕地面积4785亩。

2030 福星镇鹿鹤村

简　　介：因辖鹿鹤自然村得名。地处福星镇北部，距镇政府9公里，距县城42公里。海拔高度在2000–2100米之间，年平均气温6–7℃。1958年成立鹿鹤、虹家湾大队，1969年合并为鹿鹤大队，1979年从鹿鹤大队分出恢复虹家湾大队，1983年改为鹿鹤、虹家湾村，2004年鹿鹤村与虹家湾村合并为鹿鹤村。辖鹿鹤、虹家湾、朱家滩、王家口、杜家坪5社，450户，1952人，耕地面积7877.4亩，其中退耕还林752亩。洋芋、劳务、中药材为该村支柱产业。

2031 渭阳乡锦屏村

简　　介：因驻锦屏自然村而得名。位于渭阳乡南部，南与小干川村毗邻，北与文昌村相接，西与三川村相连，东临通渭县榜罗镇。村部所在地距离县城23公里，距离乡政府10公里。1958年始建锦屏大队，1959年划分为包家岔、董家岔、文昌、锦屏4大队，1968年又与董家岔合并仍称锦屏大队，1978年又分为董家岔、锦屏大队，1983年改为锦屏村，2005年撤并村组中将包家岔村小岘组，董家岔村董家岔、冯家湾组并入锦屏村。辖7个社，209户，1425人，总耕地面积7208亩。人均耕地面积5.1亩。农作物种植以冬小麦、玉米、中药材、马铃薯、糜子为主。2013年全村人均纯收入为2800元左右，当地居民收入以务农和外出务工为主。

2032 首阳镇南门村

简　　介：人口多集中于旧堡子南门附近，故名南门村。位于首阳镇中部，东接董家堡村，南连首阳村，西邻樵家河村，北靠柯寨乡。东西长2.5公里，南北宽7公里，总面积16.4平方公里，316国道从中穿过，交通便利。1958年成立新庄大队，1968年与焦家河大队合并称红旗大队，1972年撤销红旗恢复樵家河大队，原新庄大队命名为南门大队，1983 年改为南门村委会至今。辖 8 个村民小组，1215 户，5288 人，总耕地面积 3587 亩，人均 0.6 亩，其中川水地 2452 亩，山旱地 1134 亩，有效灌溉面积 2210 亩，适宜玉米、党参、甘草、红黄芪、秦艽、独活、丹参等农作物生长，种植粮食作物 1220 亩，经济作物 3232 亩，其中中药材 2300 亩，区内有药材加工户 1300 多户，年加工中药材 4 万吨，药材加工人均纯收入 3200 元。2013 年农民人均纯收入 3378 元。中药材种植、运销成为该村的支柱产业。

2033 菜子镇浅河村

简　　介：因辖浅河自然村得名。浅河村东接二十铺村，西接菜子村，北邻板羊村，南邻董家寺村，距县城 13 公里，距镇政府 2 公里。1958 年建立浅河大队，1983 年改为浅河村委会至今。辖浅河、沟儿、大泉湾、张家湾、罗家门、罗家山、赵家沟等 7 个村民小组，辖区总人口 498 户，2440 人，全村 4988 亩耕地，以种植农产品为主。

2034 渭阳乡三川村

简　　介：因辖陈家川、黄家川、董家川 3 个自然村而得名。位于乡政府所在地，距离县城 25 公里。1958 年始建三川大队，1983 年改为三川村，2005 年撤并村组中将包家岔村的贺家沟组并入三川村。全村辖 6 个村民小组，359 户，1553 人，耕地面积 8232 亩，人均 5.3 亩，人均占有粮 252 公斤，2013 年人均纯收入达 3460 元。

2035 通安驿镇高阳村

简　　介：因驻高阳自然村而命名。位于陇西县北部，距县城 35 公里，大咸河将全村一分为二。1961 年由化绿大队分高阳、牛站大队，1968 年合并为高阳大队，1971 年分成牛站、高阳大队，1983 年改为高阳、牛站村，2005 年高阳村与牛站村合并为高阳村。辖高阳、牛站、邢家岔、沟儿川、高家沟 5 个村民小组，789 户，3559 人，耕地面积 12662 亩，其中山地 9222 亩（梯田 8606 亩），川地 3429 亩，人均 3.6 亩。

2036 文峰镇荣丰村

简　　介：沿用 1958 年荣丰高级社之名。地处文峰镇南部山区，距文峰镇政府 20 公里，距县城 15 公里。1958 年为荣丰高级社，1983 年前称荣丰大队，1983 年后改为荣丰村委会。全村有 7 个村民小组，总户数 319 户，1452 人，耕地总面积 4212.91 亩，农业种植以玉米、马铃薯、大豆、小麦和中药材为主，2011 年全村农民人均纯收入 2560 元。

2037 首阳镇董家堡村

简　　介：以驻地董家堡得名。位于渭河南岸，镇区西部，316 国道穿境而过，交通便利。1958 年建立董家堡大队，1968 年与王家磨大队合并称为卫东大队，1971 年撤销卫东大队，恢复王家磨和董家堡 2 个大队，1983 年更名为董家堡村委会至今。现辖 8 个社，763 户，3414 人，耕地面积 4687 亩，人均耕地 1.37 亩，土地肥沃，光照充足，水资源丰富，农业生产条件相对优越，推广无公害（GAP）种植技术，畜牧业发展教快，已成为全村经济的支柱产业，2013 年农民人均纯收入 3378 元。

2038 双泉乡牛家门村

简　　介：以驻地牛家门自然村得名。1961 年从何家门大队划出部分生产队，成立牛家门大队，1969 年与何家沟大队合并取名团结大队，1972 年改名为何家沟大队，1980 年从何家沟大队分出恢复牛家门大队，1983 年改为牛家门村委会至今。辖牛家门、老庄、大梅湾、汪家庄4个村民小组，共251户，1160人，耕地面积1090亩。

2039 福星镇井沟村

简　　介：因驻地井沟自然村而得名。地处福星镇西北部，距镇政府25公里，距县城58公里，系鱼家峡流域的发源地。北依杨寨村，南接德兴乡马家坪村，西邻德兴乡齐家营村，东临种和村。海拔高度在2300-2400米之间，年平均气温6℃。井沟村原名井坪，1949年设井坪大队，1958年设井沟大队，1964年与珍珠大队合并为珍珠大队，1973年珍珠大队分设为井沟大队和珍珠大队，1983年设井沟村，2004年12月村组合并时，珍珠村油房渠社并入井沟村折川社。辖牛家湾、井沟、折川3社，232户，1028人，耕地面积4698亩，退耕还林841亩，种植、畜牧为该村支柱产业。

2040 和平乡文钟村

简　　介：因辖文钟自然村而命名。文中村位于和平乡政府驻地西面。1958年组建文钟大队，含丁家湾村委会，1973年分为文钟、丁家湾大队，1983年改为文钟村委会至今。现辖6个村民小组，355户，1573人，耕地面积2489.51亩，人均1.58亩，2012年人均纯收入2793元，种植业和养殖业是该村群众的主要收入来源。

2041 碧岩镇珠帘村

简　　介：碧岩珠帘历史上为陇西八景之一，因草木茂盛，山石碧色，水悬青石，呈现珠共缀，形状如帘故而得名。1958年成立珠帘大队，1968年合并到碧岩大队，1972年从碧岩分出恢复珠帘大队，1983年改为珠帘村委会至今。位于碧岩镇西北部，平均海拔在2000米以上，全村辖4个社，361户，1635人，耕地面积4741亩，人均耕地面积2.89亩。该村的支柱产业为劳务输出、中药材种植和畜牧养殖。

2042 和平乡潘家湾村

简　　介：因辖潘家门自然村而命名。潘湾村位于和平乡政府驻地西南。1958年组建为永兴大队，1959年分出4个自然村归三台公社，该大队改为永红大队，1963年更名为潘家湾大队，1973年从文钟大队分出莫家山、康家阳山、丁家湾、杜家湾4个自然村，组建为丁家湾大队，为潘家湾、丁家湾大队，1983年改为潘家湾、丁家湾村，2005年潘家湾村与丁家湾村合并为潘家湾村。全村8个村民小组，372户，1697人，耕地面积4811.83亩，人均2.84亩，大家畜存栏832头（匹），2013年人均纯收入2793元，种植业和养殖业是该村群众的主要收入来源。

2043 双泉乡乩羊口村

简　　介：以驻地乩羊口自然村得名。1958年成立众益、崖里大队，1964年众益改名为乩羊口、崖里大队，1969年合并为前进大队，1971年恢复乩羊口大队，1980年由乩羊口分出崖里大队，1983年改为乩羊口、崖里村，2005年乩羊口村与崖里村合并为乩羊口村。位于陇西县西北部，辖一、二、三、四4个村民小组，有413户，1830人，耕地面积4031亩，人均2.2亩，经济收入以畜牧养殖、中药材种植、劳务输转为主，2013年人均收入2990元。

2044 双泉乡林家屲村

简　　介：以驻地林家屲自然村得名。位于双泉乡西部。1958年成立林家屲大队，1970年并入先锋大队，1972年从先锋大队分出，恢复林家屲大队，1983年更名为林家屲村，2005年撤并村组中将周家窑村的周家窑、下阳山、蛇湾组并入林家屲村。全村辖下阳山、营里、林家屲、红曲湾、大庄、周家窑、西岔口、王家庄、宋家岘9个村民小组，442户，1963人。

2045 菜子镇南十里铺村

简　　介：因辖南十里铺自然村得名。南十里铺村坐落于菜子镇东大门，距菜子镇政府驻地12公里。1958年建立十里铺大队，因与渭河公社十里铺大队重名，1983年6月更名为南十里铺大队，1983年改为南十里铺村委会至今。辖十里铺、沙家庄、陆家庄、胡家庄、乔家坪等5个社。辖区总人口695户，2354人，主要经济产业有以诚信大葱专业合作社牵头的“十里香”品牌大葱。

2046 巩昌镇崖湾村

简　　介：以辖崖湾自然村得名。崖湾村，距县城7公里，在原昌谷所在地，距现巩昌镇9公里。1961年由昌谷大队分出，设崖湾、四红大队，1962年崖湾、四红大队合并，仍称崖湾大队，1980年又分为崖湾和洪寨大队，1983年改为洪寨、崖湾村，2005年崖湾村与洪寨村合并为崖湾村。辖崖湾、大沟门、水泉湾、宋家山、王家沟、南谢坪、肖家川、菜子里、王家山9个村民小组，共538户，2469人，总耕地5597亩，特色产业为药材和洋芋。

2047 权家湾乡赵家岔村

简　　介：因辖赵家岔自然村得名。赵家岔村位于陇西县城北部、乡政府驻地东部，距县城40公里，乡政府11公里。1961年与陈顺大队分出命名为赵家岔大队，1983年元月更名为赵家岔村委会至今。全村辖张家咀、赵家岔、颉家湾、黑岗川4个村民小组，包含6个自然村，总户数206户，总人口866人。全村区域总面积13.8平方公里，耕地面积6165.8亩，人均占有耕地7.45亩。全村以种植玉米、小麦、马铃薯等农作物为主，以种植豆类、谷子等杂粮作物为辅，是全乡双垄沟播玉米、马铃薯示范推广重点村之一。

2048 云田镇神家川村

简　　介：因驻神家川自然村而得名。位于云田镇东部，距县城约20公里。1979年从云田大队分出始建神家川大队，1983年改为神家川村委会至今。辖神家川、雷家咀、路昌3个村民小组375户，1711人。耕地面积7602亩，人均占地4.4亩。天定高速公路横贯全村，交通便利，劳务产业和种植业是该村农民收入的主要经济来源。

2049 文峰镇鄂窑沟村

简　　介：因辖鄂窑沟自然村而得名。地处文峰镇东南部山区，距文峰镇政府5公里，距陇西县城15公里，海拔1925米。1958年为黎明大队，1962年从黎明大队分出新建安阳山大队，为黎明、安阳山大队，1968年安阳山和曲家山大队合并称曲家山大队，为黎明、曲家山大队所辖，1976年黎明改为胜利大队，为胜利、曲家山大队所辖，1978年从曲家山大队分出中山大队，为胜利、中山大队，1983年因重名更名为鄂窑沟、安阳山大队，同年改为鄂窑沟、安阳山村委会，2005年鄂窑沟村与安阳山村合并为鄂窑沟村。全村辖7个村民小组，现有总户数401户，人口1796人，耕地面积为4860.25亩，农业种植以小麦、玉米、胡麻和中药材为主，经济来源以务农和劳务输出为主，2011年人均纯收入为2096元。

2050 文峰镇火焰村

简　　介：因位处火焰山东端而命名。位于陇西县东部，文峰镇西北部，距县城 8 公里，距镇政府 10 公里。陇海铁路、天定高速及渭蒲公路穿境而过。东邻文峰镇区，西靠云田镇北站村，北接蒲兴村，南面为火焰山，总流域面积 10.96 平方公里。1958 年命名为火焰大队，1983 年改为火焰村委会。全村有 6 个社，711 户，3262 人。有完全小学 1 所，现有教师 14 人，在校学生 129 人。有村卫生室 1 处 60 平方米。有耕地 5100 亩，其中水浇地 1760 亩，旱地 3340 亩，人均占有耕地 1.58 亩；退耕还林 2360 亩。渭丰渠途经该村 6 公里，支渠 27 公里；主要种植粮食作物有小麦、马铃薯、玉米等，经济作物以西瓜、冬花、油菜为主。该村是全县主要的腊肉加工地，有腊肉加工营销户 48 户，年加工销售约 70 万斤。2012 年全村人均纯收入 3940 元。

2051 巩昌镇靛坪村

简　　介：辖靛坪自然村而得名。靛坪村位于县城西郊，距巩昌镇 5 公里。1958 年公社化时组建靛坪大队，1968 年该大队与十里铺大队合并称五星大队，1972 年又分为十里铺大队（归渭河公社管辖）和靛坪大队，1983 年改为靛坪村委会。现辖郭家门、李家坪南、李家坪北、靛坪上、靛坪下、安家山 6 个村民小组，共 872 户，3786 人，耕地 3537 亩。以大棚蔬菜、地膜洋芋种植为主。近年来，又发展了节能日光温室，菌菜种植。经济较发达。316 国道横穿而过，天定高速公路出口设在该村李家坪社，交通便利。

2052 柯寨镇马家岔村

简　　介：因辖马家岔片村得名。位于柯寨乡北部，距乡政府驻地 10 公里。1958 年成立马家岔大队，1983 年改为马家岔村委会至今。辖阳山、曲家咀、马家岔、暖泉 4 个村民小组，共 285 户，1267 人，耕地总面积 5258 亩，人均 4.1 亩。

2053 碧岩镇龙川村

简　　介：龙指科羊沟北面山形似长龙，川指科羊沟河畔川地，龙川故而得名。位于碧岩镇东部，是碧岩镇的东大门，距县城约 15 公里，西五公路穿境而过，交通便利。1958 年建立龙川大队，1961 年龙川大队分出田家岔、新华和黑泉 3 个大队，1962 年黑泉大队又并入龙川大队，1983 年改为龙川村，2001 年由龙川村分出李家山村，2005 年龙川村与李家山村合并为龙川村。全村辖 7 个村民小组，515 户，2343 人，村域面积 6.5 平方千米，耕地面积 6650 亩，人均耕地面积 2.84 亩。现有农民合作社 2 个，养鸡场 1 个，养羊大户 5 户，长毛兔规模养殖户 4 户。有龙川九年制中学 1 所，村卫生室 1 个。

2054 文峰镇戴家坪村

简　　介：以辖戴家坪自然村而得名。地处文峰镇北部山区，距文峰镇政府约 7 公里，距县城约 17 公里。1961 年由三坪大队分出戴家坪自然村，新建戴家坪大队，1969 年并入三坪大队，1980 年划出戴家坪等 5 个自然村，再次成立戴家坪大队，1983 年改为戴家坪村委会。全村有 3 个村民小组，总户数为 303 户，1370 人，耕地总面积为 3336 亩。农业种植以玉米、小麦、马铃薯为主。2011 年全村农民人均纯收入为 2560 元。

2055 首阳镇樵家河村

简　　介：因辖上、下樵家河自然村得名。位于渭河北岸，镇区东部，316 国道穿境而过，交通便利。1958 年建立樵家河大队，1968

年与新庄大队合并命名红旗大队，1972 年撤销红旗恢复南门和樵家河大队，1983 年改为樵家河村委会至今。全村共有 6 社，878 户，3951 人。总耕地面积 6118 亩，山地 2232 亩，水地 3386 亩，人均 0.6 亩。主要种植蔬菜和中药材，蔬菜种植以辣椒、白菜、菌菜等经济作物为主。中药材以黄芪、党参为主。该村建成 1000 亩中药材 GAP 综合示范种植基地，主要种植品种有黄芪、党参、甘草、柴胡、丹参等。该基地采用 GAP 标准操作规程，严格实施管理，通过对中药材进行生物防菌防治病虫害，严格田间管理制度，规范标准操作规程，采用天然曝晒及“二氧化碳气调法”贮藏等先进种植技术，实现了中药材标准化种植，并配套建成 1000 亩中药材良种繁育基地，主要繁育品种有党参、黄芪、防风等 10 余种。通过种科学繁育，推广优质种苗种植，增强了抵抗病虫害的能力。全村人均纯收入达 3371 元。

2056 宏伟乡齐家渠村

简　　介：因驻齐家渠自然村得名。位于宏伟乡西南部盘龙山流域内，距县城 48 公里。1958 年始建为齐心大队，1961 年分成贾家屲、齐心大队，1968 年与贾家屲合并仍称齐心大队，1973 年又分成贾家屲、齐心大队，1983 年因与马河齐心重名而改成齐家渠大队，同年更名为齐家渠村委会至今。全村共辖 6 个村民小组，292 户，1224 人，总耕地面积 6601 亩，人均耕地面积 5.3 亩。

2057 碧岩镇王家庄村

简　　介：因所辖王家庄自然村得名。王庄村位于碧岩镇东部，距镇政府 5 公里，西五公路穿境而过，交通便利。1958 年成立王家庄大队，1961 年王家庄大队分出田家河、朱家沟、万家山 3 个大队，1963 年田家河大队并归王家庄大队，1968 年朱家沟大队归入王家庄大队，1983 年改为王家庄村委会至今。辖 4 个村民小组，453 户，2242 人，耕地面积 4479 亩，草原禁牧面积 1300 亩，林改面积 4416 亩。人均耕地面积 2.2 亩。现有养殖大户 3 户，养殖小区 1 个，长毛兔养殖大户 3 个，养猪大户 4 户，日光温室 1 座，药材运输大户 6 户。

2058 巩昌镇团结村

简　　介：团结村为回汉杂居区域，村名取民族团结之意。团结村位于县城北关，距县政府和镇政府各 3 公里。1958 年公社化时，组建为团结大队，1960 年分为团结、友爱大队，1971 年合并为东升大队，1975 年恢复团结大队，1983 年改为团结村委会。全村辖栅院巷、九角湾、石家角、三皇庙、马家滩、苏家堡、陈家寺、洪家巷 8 个村民小组，共 706 户，2899 人，其中少数名族 160 户，568 人，总耕地面积 1202 亩。养殖业是村经济发展的支柱产业，以少数民族为主的奶牛肉牛养殖户，通过引进新技术新品种促进养殖业的快速发展，带动了一大批肉制品加工户和餐饮业服务人员。

2059 碧岩镇万家山村

简　　介：因辖万家山自然村得名。位于碧岩镇南部阴湿山区，平均海拔在 1800 米以上，土地贫瘠。1958 年万家山大队属王家庄管辖，1961 年万家山大队在王庄大队分出成立万家山大队，1983 年改为万家山村委会至今。辖 5 个社，290 户，1307 人，耕地面积 3172 亩，人均耕地面积 2.5 亩。目前，该村的支柱产业为劳务输出、中药材种植和畜牧养殖。

2060 柯寨镇张家湾村

简　　介：以驻地张家湾自然村得名。位于

柯寨乡西北部，距乡政府驻地 3 公里。1958 年成立张家湾大队，1968 年与桥子沟大队合并为永红大队，1972 年恢复桥子沟和张家湾大队，1983 年改为村委会至今。辖 4 个村民小组，共 265 户，1272 人，耕地总面积 4125 亩，人均 3.2 亩。

2061 巩昌镇张家塄村

简　　介：辖张家塄自然村而得名。张家塄村位于陇西县城东部，距县城中心 3 公里。1958 年公社化时始建张家塄大队，1959 年与春场大队合并为张家塄大队，1961 年分为春场、张家塄大队，1968 年又合并改称苟家门大队，1980 年分出张家塄大队，1983 年改为张家塄村委会。辖张家塄、家宫殿、付家门、孟家庄 4 个村民小组，共 872 户，4500 人，有耕地 2000 亩。特色产业主要为中药材加工。

2062 碧岩镇碧岩村

简　　介：碧岩者，草木茂盛、山石碧色也。碧岩镇驻碧岩村，西五公路穿境而过，交通便利，信息畅通。1958 年成立碧岩大队，1968 年与珠帘大队合称碧岩大队，1972 年又分出珠帘大队建立碧岩大队，1983 年改为碧岩村，2005 年撤并村组中将龙泉村韩川组合并到碧岩村。辖 4 个村民小组，有农户 402 户，1810 人。耕地 3736.6 亩，人均耕地 2.12 亩。村内现有初中 1 所，中心小学 1 所，有教职工 59 人，在校学生 1380 名，有学区、卫生院、信用社、邮电所等驻镇单位 4 家。

2063 权家湾乡王金岔村

简　　介：因驻地王金岔得名。位于陇西县权家湾乡西北部，距县城 52 公里，距乡镇府 12 公里。1958 年始建王金岔大队，1961 年与张家大队合并称王家岔大队，1972 年分出张家，1983 年更名为王金岔村委会至今。有 4 个村民小组，285 户，1175 人，耕地 8156 亩，人均 6.94 亩，全村收入来源以种植业和养殖业为主。

2064 柯寨镇鲁班山村

简　　介：因境内鲁班山得名。位于柯寨乡东南部，距乡政府 5 公里，距乡政府驻地 3 公里。1958 年成立上湾大队，1968 年与崖坪大队合并称红星大队，1982 年恢复崖坪、上湾大队。因与福兴公社上湾大队重名，1982 年元月更名为鲁班山大队，1983 年改为鲁班山村委会至今。辖上湾、岚家㐬、山庄、八里沟 4 个村民小组，共 311 户，1395 人，耕地面积 5831 亩，人均 4.2 亩。

2065 首阳镇罗家山村

简　　介：因辖罗家山自然村得名。1958 年始建罗家山、阳坡滩大队，1960 年合并为罗家山大队，1961 年分为罗家山、阳坡滩大队，1968 年阳坡滩与下剡家沟、杨家沟和蒲家山大队合并为跃进大队，属罗家山、跃进大队，1970 年罗家山与三十铺大队合并为五一大队，撤销跃进大队，恢复阳坡滩大队，属五一、阳坡滩大队，1972 年撤销五一大队，恢复罗家山大队，为罗家山、阳坡滩大队，1983 年改为罗家山、阳坡滩村，2005 年罗家山村与阳坡滩合并为罗家山村。地处首阳南部山区，辖 9 个村民小组，556 户，2465 人，耕地面积 7327 亩，人均 2.98 亩。主要种植马铃薯等农作物。

2066 福星镇新民村

简　　介：沿用新民高级社名称。地处福星镇东北部，距镇政府 20 公里，距县城 53 公里。大咸河流经全村。东接马河镇，南临川儿村，西靠县道449线，北连安定区。海拔高度在2400–2525米之间，属全镇海拔最高的村。年平均气温6℃。前属定西县香泉区高泉乡，陇西分辖，1958年划归陇西，成立新民、大岔大队，1983年改为新民、大岔村，2004年大岔村与新民村合并为新民村。现辖茅芦山、茅茨沟、上大山、山庄、泉湾、上岔、双堡6社390户，1402人，耕地面积8431亩，人均6亩。洋芋、劳务为该村支柱产业。

2067 文峰镇马家渠村

简　　介：因驻马家渠自然村而命名。位于文峰镇南部山区，距镇政府所在地25公里，自然条件差，交通不便。1958年称绿林大队，1966年后称卫东大队，1971年更名为马家渠大队，1983年改称为马家渠村委会至今。全村共有5个社，农户245户，1105人。耕地面积3833.3亩，主要种植中药材（款冬花、黄芹）、小麦、马铃薯等，以种植中药村为主。2011年人均纯收入达1950元。

2068 云田镇李家门村

简　　介：因驻李家门自然村得名。位于云田镇南部，距县城约18公里。1958年始建李家门大队，1961年与杜家门、三湾合并称向前大队，1972年分为杜家门、李家门2个大队，1983年将李家门大队改为李家门村委会至今。辖北坪、坑窝、老庄、李家门4个村民小组，327户，1473人，耕地面积5583亩。主要种植中药材、核桃等经济作物。

2069 碧岩镇黄鹂沟村

简　　介：以辖黄鹂沟自然村得名。地处碧岩镇西南部，是碧岩镇最偏远的村，距县城约39公里。1958年属龙泉大队，1961年龙泉大队分出黄鹂沟、旧庄、颜家山、塄岸和陆家沟大队，1968年黄鹂沟大队和冯家塄岸大队合并为红星大队，1972年红星大队又分为冯家塄岸、黄鹂沟2个大队，1981年颜家山大队并入黄鹂大队，1983年改为黄鹂沟村委会至今。辖7个村民小组，375户，1863人，村域面积5.9平方千米，耕地面积4921亩，人均占有耕地面积2.7亩。林地2765亩，草地3025亩，其中人工种草1650亩。全村目前有小学1所，村卫生室1个。

2070 云田镇石家门村

简　　介：因驻石家门自然村得名。位于云田镇东南部，离镇政府驻地约7公里，距县城约25公里，与渭阳乡相接。1958年从三十里铺大队分出称石家门大队，1968年又并入二十里铺大队，1972年又分出仍称石家门大队，1983年改为石家门村委会至今。辖殷家山、石家门、三角川3个村民小组，476户，2128人，总耕地面积7402.4亩，人均占有耕地3.47，其中川地948.4亩，坡地4674亩，梯田1780亩。

2071 巩昌镇昌谷村

简　　介：以原昌谷里得名。昌谷村地处巩昌镇南部，离县城5公里。1958年建立昌谷大队，1961年昌谷大队分出彭家崖湾、四红、马家湾后，仍称昌谷大队，1983年改为村委会至今。全村辖梁家坪、祁家庄、孙家庄、袁家湾、阳山、柳树林6个村民小组，497户，总人口2024人。昌谷村农业生产条件相对优越，优势产业以黄芪、党参等中药材为主。

2072 马河镇杨家营村

简　　介：以辖杨家营自然村而得名。位于陇西县马河镇西部，距镇政府5公里。1958年始建杨家营大队，1961年分出马李河、齐心大队，为杨家营、齐心大队，1983年改为杨家营、齐心村，2005年杨家营村与齐心村合并为杨家营村。现辖杨营、岔门、罗家山、黑狗坪、齐心、后沟、吴家庄、周坪8个村民小组，有农户399户，总人口1490人，耕地面积5747亩。

2073 渭阳乡本驮村

简　　介：因辖本驮自然村得名。位于渭阳乡北部。1958年从山庄大队分出始建本驮大队，1983年改为本驮村委会至今。现辖上本驮、下本驮、丁家沟、曹家岔、大寨儿5个社，现有农户236户，1009人。耕地面积7579亩，人均耕地面积7.5亩，退耕还林面积1355亩。2013年人均纯收入约为2400元。

2074 德兴乡赵家营村

简　　介：因辖赵家营自然村得名。位于德兴乡西南10公里处，距陇西县城46公里。1958年成立赵家营大队，1959年并入牛家川大队，1961年分出恢复赵家营大队，1968年又并入牛家川大队，1970年分出恢复赵家营大队，1983年改为赵家营村委会至今。现辖5个村民小组，有260户，1244人，耕地面积4913.7亩。

2075 权家湾乡田家湾村

简　　介：因辖田家湾自然村得名。位于权家湾乡东北部，与宏伟乡、通渭县相邻，距乡政府驻地13公里。1968年田家湾与上大岔大队合并始命名上大岔大队，1973年更名为大岔大队，因重名1983年元月更名为田家湾大队，同年改为田家湾村委会至今。共辖槐树岔、上大岔、马家沟、田家湾、店子坪、深沟6个村民小组，291户，1237人。耕地面积7097亩，人均占有土地5.7亩，人均收入1100元，辖区内建有小学1所，学生60人。

2076 通安驿镇何世岔村

简　　介：因辖何世岔自然村得名。1961年由十月大队分成栾家川、何世岔2个大队，1983年改为何世岔村委会至今。现辖何世岔、沈家岔、文家川、漆家渠4个村民小组。共有309户，人口1317人。

2077 菜子镇侯家门村

简　　介：以驻地侯家门自然村得名。位于菜子镇西南部，毗邻漳县，侯门村距漳县县城10公里，距离陇西县城27公里，距离菜子镇10公里。1958年属先锋大队，1961年从先锋大队分出命名为侯家门大队，1983年改为侯家门村委会至今。辖侯家门、黄石坪、瓦轮、阳坡、罗家山、颉家山等6个村民小组。辖区总人口606户，3035人，有耕地面积7538亩，全为旱坡地，人均耕地3.38亩。

2078 云田镇北三十里铺村

简　　介：因距县城以北三十里路而得名。位于云田镇南部，距县城约18公里。1958年成立三十里铺大队，1968年与雷家咀合并称云田大队，1979年分为神家川、三十里铺大队，1983年因重名改为北三十里铺大队，1983年更名为北三十里铺村委会至今。辖苜老川社、上街社、唐家寺社、下街社4个村民小组，540户，2226人，耕地面积6474亩。劳务产业和种植业是该村农民收入的主要经济来源，陇海铁路、定陇公路横贯全境，交通十分发达。

2079 福星镇圆头坪村

简　　介：因辖元头坪自然村而得名。地处福星镇东南部，距镇政府17公里，距县城28公里。北依元头坪村，南接马营湾村，西邻高塄村，东临马营湾村。海拔高度在2000–2100米之间，年平均气温7℃。1958

年成立元兴大队，1964年分设为蒋家山大队和元头坪大队，1966年与蒋家山大队合并名“三忠于”大队，1969年与蒋家山大队分开名为元兴大队，因与权家湾元兴大队重名，1973年元头坪大队分设为元头坪大队和韩家坡大队，1976年元头坪大队和韩家坡大队合并为元头坪大队，1983年元月更名为圆头坪大队，同年改为圆头坪村委会至今。现辖元头坪、新庄、六草庄、山根底、韩家坡5社，429户，1987人，耕地面积4845.4亩，人均2.47亩。洋芋、药材、畜牧为该村支柱产业。

2080 永吉乡河口村

简　　介：因驻河口自然村而得名。位于永吉乡驻地西4公里的洗马沟旁，1958年与何家门及三台公社寨子大队合建为永益大队，1961年分为永益、何家门、赵家门、寨子4个大队，1968年与赵家门合并为永东大队，1979年改为河口大队，1983年更名为河口村委会至今。现辖河口、窑儿门、宋阴、宋阳、赵一、赵二等6个村民小组，有317户，1307人，耕地5047亩。

2081 文峰镇苟家山村

简　　介：因辖苟家山自然村而得名。苟家山村位于文峰镇东南部山区，东与武山县接壤，距文峰镇政府所在地11公里，距陇西县城17公里。1958年为联新大队，1976年改为苟家山大队，1983年更名为苟家山村委会。全村辖4个村民小组，现有总户数248户，人口1045人。全村耕地面积为3996亩，全为旱地，农业种植以小麦、玉米、胡麻和中药材为主，经济来源以务农和劳务输出为主，2011年人均纯收入为1630元，是一个典型的山区贫困村。

2082 菜子镇菜子村

简　　介：因驻菜子河自然村得名。属南部二阴浅山区，地处河谷二级阶地，地势西高、东低，最高海拔2163米，最低海拔1720米。距县城15公里。1958年建立菜子大队，1983年改为菜子村委会至今。辖一、二、三、四、五、六、七、八、九社等9个村民小组，总人口594户，2750人，耕地面积3140亩。本村的主要产业为畜牧养殖、中药材规模种植。结合本村实际，对阳山地区进行了新农村建设。2012年对菜子村街心花园和村所属209省道进行改造，这促进了菜子村药材生意的发展和药材市场的壮大。

2083 永吉乡尖山村

简　　介：以驻尖山自然村而得名。位于永吉乡南部，建军山北麓，距乡政府10公里。1958年成立建军大队，1983年因驻尖山儿自然村而重新命名为尖山大队，同年改为尖山村委会至今。辖6个村民小组，225户，1024人，有耕地4797亩。

2084 文峰镇三台村

简　　介：位处三台山山麓而得名。位于文峰镇北部、渭河北岸，东西宽约3公里，南北长约2.5公里，总面积约为7平方公里。1958年沿用了三台高级社名称，属文峰公社，1960年和三坪大队合并，属三坪大队，同年从三坪大队分出，成立三台大队，1969年曾并入文峰公社，1972年仍称三台大队，1980年改为三台村委会。辖4个村民小区，共有村民780户，3152人。全村耕地面积4768亩，退耕还林还草面积438亩。人均耕地面积1.5亩。小学及中专各1所（翠屏小学，定西工贸中专分校），卫生院1所。2012年全村农民人均纯收入4300元。

2085 福星镇杨寨村

简　　介：因辖杨寨自然村得名。位于福星镇最北端，西邻渭源县大安乡，北邻安定区香泉镇，东邻马河镇。辖区总面积 13.6 平方公里，平均海拔高度为 2040 米，是全镇海拔最高的行政村。1949 年前属定西、陇西县分辖，1958 年属禄川大队，1959 年分出成立杨寨大队，1961 年由杨寨大队分出鱼家窑、上陈家山、艾沟 3 个自然村组成鱼陈大队，1973 年并入杨寨大队，1979 年又分出鱼陈大队，1983 年改为杨寨、鱼陈村，2004 年杨寨村与鱼陈村合并为杨寨村。现辖 6 个村民小组，336 户，1430 人，劳动力 902 人，耕地面积 7145 亩，人均 4.9 亩。

2086 巩昌镇六一村

简　　介：因建于 1955 年 6 月 1 日而取名。六一村位于县城中心，交通便利。公社化时成立六一大队，1980 年更名为六一村民委员会。全村下辖古楼、小井、南街 3 个社，总人口 2833 人，总耕地面积 559 亩。

2087 巩昌镇金家湾村

简　　介：因辖金家湾自然村得名。金湾村位于陇西县南部，村所在地白杨林社距县城 13 公里，距巩昌镇 16 公里。1961 年由金山大队分出新建金家湾大队，1969 年金林大队并入金家湾大队，1980 年由金家湾大队分出新建白杨林大队，1983 年改为金家湾、白杨林村，2005 年金家湾村与白杨林村合并为金家湾村。辖金家湾、土条子、白杨林、秦家沟、伍家坪、范家湾、杨家山 7 个村民小组，共 478 户，2118 人，耕地面积 5343 亩，平均海拔 1700 米，耕地较多。主要产业以药材、洋芋为主。

2088 首阳镇水月坪村

简　　介：以所辖水月坪自然村而命名，公社化时与李家营大队同属渭北大队，1961 年从渭北大队分出，命名为水月坪大队，1965 年合并到渭北大队，1978 年渭北大队分为李家营、水月坪大队，1983 年改为水月坪村委会。辖 3 个村民小组，502 户，2234 人，其中劳动力 1230 人，耕地面积 4508 亩，其中水浇地 1325 亩，山旱地 3183 亩，耕地人均 2.01 亩。2013 年人均纯收入 3295 元。

2089 文峰镇仙家门村

简　　介：因驻仙家门自然村而命名。位于陇西县文峰镇南部，距县城 15 公里。总面积 13 平方公里，平均海拔 1900 米。沿用 1958 年高级社名称，1966 年称红旗大队，1976 年改称仙家门大队，1983 年更名为仙家门村，2005 年撤并村组时将党家门村曲家庄、阎家咀、孟家门、党家门、冯家门组并入仙家门村。全村有 9 个村民小组，505 户，2300 人，耕地面积 5700 亩，人均 2.5 亩，主要种植小麦、玉米、马铃薯和中药材。有村学 2 所，在校生 313 人。

2090 和平乡黄寨村

简　　介：以所辖黄家寨子自然村而命名。1958 年组建为黄寨大队，1972 年分出崖边大队，1983 年改为黄寨、崖边村，2005 年黄寨村与崖边村合并为黄寨村。位于和平乡政府驻地东北部。全村 9 个村民小组，413 户，1906 人，耕地面积 5426.13 亩，人均 2.85 亩，2012 年人均纯收入 2793 元。种植业和养殖业是该村群众的主要收入来源。

2091 文峰镇东三十里铺村

简　　介：因辖东三十里铺自然村而得名。位于镇区以东 5 公里处。1958 年为和平大队，

1976年改为三十里铺大队，1982年更名为东三十里铺大队，1983年改为东三十里铺村委会。全村辖6个村民小组，852户，4205人。村上建有幼儿园和九年制中学各1所。卫生室1个。有耕地面积5100亩(水川地1600亩)，人均耕地1.25亩。全村以蔬菜种植为主，有日光节能温室480座，塑料大棚213座，温室蔬菜种植面积达720多亩。2011年农民人均收入达到4380元。

2092 云田镇北二十里铺村

简　　介：因驻二十里铺自然村而得名。位于陇西县城北部，距县城约10公里。1958年今咀头、石家门、二十里铺合称二十里大队，1959年分为咀头、石家门、二十里铺3个大队，1968年与石家门大队合称二十里铺大队，1972年又分出石家门大队，仍称二十里铺大队，因重名，1982年更名为北二十里铺大队，1983年改为北二十里铺村委会。辖2个村民小组，366户，1526人，耕地面积4132.8亩，人均2.7亩，退耕还林（草）1604.2亩，户均4.4亩，定陇公路、陇海铁路横贯全村，交通十分便利。

2093 宏伟乡景家坪村

简　　介：以辖景家坪自然村得名。位于宏伟乡中部。1958年始建景家坪大队，1983年改为景家坪村委会至今。辖5个村民小组，404户，1791人，耕地面积8316.3亩，人均耕地面积4.6亩。

2094 通安驿镇通安驿村

简　　介：因辖通安驿自然村而得名。位于通安驿镇政府机关所在地，1955年时为通安社，1956年改为通安驿村归属定西县，1958年划属陇西县改为通安驿大队，1983年改为通安驿村委会至今。辖老城、双桥、西街、旧街、堡子、南街6个村民小组，共724户，3127人，有耕地5147亩，人均1.6亩。

2095 渭阳乡文昌村

简　　介：因驻地马家湾又名文昌宫而故名。位于渭阳乡东北部山区，距陇西县城区50多公里，距乡政府所在地20公里，与通渭连接。1959年从锦屏大队分出始建文昌大队，1983年改为文昌村委会至今。辖马家湾、上北山、下北山、凸好儿、王家坪、张家坑6个村民小组，279户，1351人。总面积15平方公里，现有耕地面积7722亩，人均耕地面积12.1亩，农作物以小麦、玉米、马铃薯为主。

2096 和平乡永胜村

简　　介：沿用原永胜高级社名称。永胜村位于和平乡南部，距离陇西县城35公里，距离乡政府8公里。1958年成立永胜、永庆大队，1975年永庆大队改为阎家凸大队，1983年改为永胜、阎家凸村，2005年永胜村与阎家凸村合并为永胜村。现辖康家渠、康家大湾、朱家大湾、阴坡、闫家凸、杨家凸、从庄、漆树沟8个村民小组，418户，1795人，总耕地面积6009亩，人均3.4亩。全村种植业以洋芋、药材、小麦、玉米、胡麻等为主；养殖业以养羊和养猪为主，外出务工是许多农户收入的重要补充，2013年全村农民人均纯收入2650元。

2097 渭阳乡林家坪村

简　　介：因辖林家坪自然村而得名。1958年始建山庄大队，1959年划出本驮、肖家湾，仍称山庄大队，1983年改为林家坪村委会至今。地处渭阳乡西北部，距乡政府驻地7公里。辖5个社，共有农户248户，人口1221

人，共有耕地7663亩，人均占有耕地6.28亩，以种植洋芋、小麦、扁豆、胡麻、高粱等作物为主。洋芋、玉米、劳务输出、畜牧养殖为该村的主导产业，2013年底人均纯收入达到2780元。

2098 巩昌镇牙河村

简　　介：以驻牙河自然村得名。牙河村位于陇西县南部，距县城14公里，海拔2200米。1958年成立金山大队，1961年金山大队划出金林、金湾、金坪和旗洛4个大队，1969年撤销金坪大队属曲坪大队，拨属金山大队、王家门，董家门和郭家沟拨属元阁大队，因与宏伟金山大队重名，1983年改为牙河村委会至今。全村共有马蹄湾、梨树坪、曲家坪、牙上、牙下、坡儿6个村民小组，共314户，1430人，总耕地面积3619亩，优势产业以药材为主。

2099 通安驿镇黑家岔村

简　　介：因地处黑家岔沟得名。位于通安驿镇东部山区，距通安驿镇6公里，交通条件差。1961年新光大队分出景罗、马家湾，1968年合并马家湾、燕家川大队仍称马家湾大队，1971年又分为燕家川、马家湾大队，后因与昌谷马家湾大队重名，1983年元月更名为黑家岔大队，同年改为黑家岔村，2005年撤并村组中将燕家川村的郑家沟、赵家沟、燕家川组合并到黑家岔村。辖燕家川、上马家湾、下马家湾、阳山、赵家沟5个村民小组，314户，1231人，有耕地面积6428.7亩，山地5976亩，其中梯田地5308亩，川地452.7亩。

（四）漳县

2100 大草滩乡晨光村

简　　介：晨光村位于大草滩乡东部，距县城 40 公里，总面积 14 平方公里。全村有 6 个社 389 户，1783 人，有完全小学 1 所，初小 2 所，在校学生 385 人。该村农民收入以中药材、马铃薯种植、劳务输出和养殖为主，主要种植当归、蚕豆、等农作物，年均劳务输出 405 人。漳河流经该村 2 公里，地理环境优越，土地肥沃，群众具有一定基础的种植经验，但是普遍知识水平低下，不能科学种植管理。2014 年，全村农民人均纯收入为 2720 元。

2101 武当乡文家门村

简　　介：武当乡文门村位于漳县东南部，全村有 5 个社，154 户，705 人，该村农民收入以种植中药材、地膜小麦玉米和劳务输出为主，有土地面积 2323 亩，年均劳务输出 200 人，人均纯收入达到 2286 元。

2102 新寺镇安沟村

简　　介：安沟村位于新寺镇西南部，下辖安沟、王泉、成门、杨半山、蒲半山共 5 个社，全村 166 户，农业户口 846 人，人均纯收入 2300 元。全村耕地面积 1918 亩，以山地农田为主。安沟村水资源比较缺乏，耕地相对集中，土地肥沃，光照充足，利于各类农产品的种植。主要经济作物有胡麻、土豆、药材、大豆等。养殖户 2 户，主要有牛、羊。

2103 三岔镇鸡架村

简　　介：鸡架村位于三岔镇西北面，全村共有 7 个社，365 户，1745 人。农民以中药材、蚕豆种植和劳务输出为主，2013 年人均纯收入为 1385 元。

2104 石川乡虎龙口村

简　　介：虎龙口村位于石川中部，东距岷县 12 公里，西距县城 53 公里，交通便利，平均海拔高度 2390-2410 米，平均气温 15℃，该村气候冷凉，土层深厚，土壤肥沃，水利资源丰富，主要农作物以蚕豆、洋芋、小麦为主，经济作物以中药材为主，尤以当归制种育苗著称，所产当归苗、籽数量多、品质优。虎龙口村下设一社、二社、三社、四社、五社 5 个自然社，512 户，2263 人，全村耕地面积 3620 亩。

2105 盐井乡前进村

简　　介：前进村位于盐井乡南部，距离县城 13 公里，属二阴山区，全村辖下沟儿、沟门下、大眼子、甘湾、樊家磨、马家坑、崖背后、李家坟、剡家门 9 个社，215 户，996 人，其中男 520 人，女 476 人，有劳动力462人；村民中小学文化500人，初中文化202人，高中及以上文化70人。海拔2150米，年平均气温4.3℃，无霜期110天，年日照时数2313小时，正常年份降雨量350−550毫米，适合种植小麦、蚕豆、洋芋等农作物；全村耕地面积2300亩，全部为旱地，人均2.3亩。2013年底，全村农民人均纯收入为2230元。

2106 武阳镇王家河村

简　　介：王家河村位于武阳镇东北部，文殖公路穿境而过，东接蔺家湾村，南邻孙家峡村，西连庞家湾村，北邻汪家河村，东西长3公里，南北宽5公里，总土地面积19600亩，耕地面积2340亩，退耕还林面积2830亩，平均海拔1960米，草山面积大，有着发展畜牧养殖之优势，地处阴湿山区，适宜种植蚕豆、药材等经济作物，季节性务工农民已尝到甜头，属多年生种植示范村，交通便利，贩运大户多，收入高。全村共有4个社，农业人口195户，951人，劳动力492人，粮食总产量200吨，油料总产量20吨，药材总产40吨，大家畜存栏200头，羊300只，生猪500头，鸡500只，劳务输出150人，收入100万元，养殖大户18户，水窖150眼，该村有小学1处，方便学生上学。

2107 武当乡锁占村

简　　介：锁占村位于武当乡西南部，总面积13.6平方公里，有耕地3642亩，退耕还林3042.7亩。全村有4个村民小组，有225户1033人，全村以种植中药材、玉米、劳务输出为主要经济收入来源。

2108 三岔镇吴家门村

简　　介：吴家门村位于漳县三岔镇东北方，文殖公路穿境而过，交通便利，全村共有5个自然村，共405户，总人口2152人。吴家门村以农民增收为目的，因地制宜，抓住产业结构的合理调整，扩大中药材及各种农作物的种植面积。其中种植优质核桃260亩，中药材种植1000多亩。安装路灯100盏，极大地改善村民的出行问题。一方面增加了本村农民的经济收入，另一方面很好的美化了本村周围的生活环境，进一步减少了山体水土流失的发生。

2109 草滩乡柯寨村

简　　介：草滩乡柯寨村坐落在草滩乡正北面，距离县城75公里。全村耕地面积2357亩。下辖2个村民小组，旧庄社、柯寨社共168户，787人，其中男412人，女375人，有劳动力390人；村民中小学文化182人，初中文化164人，高中及以上文化1人。主要农作物有蚕豆、冬小麦、洋芋，经济作物有当归、党参，畜牧业以牛、羊、大家畜养殖为主，农户的收入主要靠外出打工和本地农产品收入。

2110 石川乡社占村

简　　介：社占村下设社占社、塔下湾社2个自然社，位于漳县东南部，海拔2300米，年平均气温4.3摄氏度，无霜期110天，年降雨量500毫米。社占村有210户，635人。总耕地面积为960亩，主要经济收入来源为农业、畜牧业、务工。

2111 三岔镇瓦舍沟村

简　　介：瓦舍沟村位于三岔镇北面，距镇政府3.5公里。瓦舍沟村共有4个社，382户，1764人，初中以上文化程度人口854人，劳动力人口921人，外出务工人口387人。现有耕地3450亩，经济来源主要依靠种植中药材、小麦、蚕豆、马铃薯，劳务输出和家畜养殖。

2112 金钟镇大车厂村

简　　介：大车厂村位于金钟镇镇政府7.5公里处西南面，海拔2250米，有9个村民小组，226户，1136人。其中男615人，女521人。全村现有村干部4人。耕地面积1562亩，人均约1.38亩。目前，该村农民收入以种植中药材、大小豆、养殖和劳务输出等为主。

2113 马泉乡龚家坪村

简　　介：龚家坪村位于马泉乡东南边，距马泉乡10公里，海拔1850米，气候湿润、雨量充沛，植被较好，年平均气温7.2度，降水量500毫米，无霜期160天左右。龚家坪村共有6个社，174户，862人，初中以上文化程度人口376人，劳动力人口486人，外出务工人口135人。现有耕地3302亩，人均耕地4亩。龚家坪村经济来源主要依靠种植中药材、油菜、小麦、蚕豆、马铃薯，劳务输出和家畜养殖，经济作物种植面积比例为53%。

2114 武当乡当中岭村

简　　介：当中岭村位于武当乡东北15公里处，现有4社，237户，1040人，全村以小麦、玉米、中药材种植为主，农民人均纯收入2890元。

2115 武当乡高家沟村

简　　介：高家沟村距离县城11公里处，距武当乡政府12公里处，在乡政府西北角，漳武公路横穿而过，全村辖5个村民小组，总人口172户，802人，劳动力288人，经济收入4.5万元，人均纯收入1980元，总耕地面积2242亩，人均2.9亩。

2116 大草滩乡酒店村

简　　介：酒店村位于漳县大草滩乡西部，处于漳河沿岸，在建的兰渝铁路漳县火车站在其境内，距规划中的兰海高速出口6公里，国道212线穿境通过，交通便利。主要种植当归、蚕豆、地膜马铃薯等农作物。全村有7个村民小组，430户，1890人。

2117 武阳镇蔺家湾村

简　　介：蔺家湾村位于漳县武阳镇东部约20公里处，桦林山脚下。全村共有3个社，154户，714人，全村耕地面积2126.6亩，其中退耕还林面积700多亩，人均耕地面积约3亩。农作物以种植玉米、中药材、蚕豆为主，土地宽广，气候湿润，发展养殖业条件优越。2012、2013年，全村农民人均纯收入分别为3360元、4200元。

2118 金钟镇纳仁沟村

简　　介：传说该村原来叫腊肉沟，当年藏族人的祖先腊肉腌制的很特别，很有特色，远近闻名，故人称其为腊肉沟；不知什么年间人们将其改为纳仁沟了，纳其仁而礼仪兴焉。纳仁沟村位于金钟镇政府所在地5公里处，海拔2850米，有11个自然社，330户，1509人，其中男879人，女630，平均年龄40周岁。有村干部4人，小学1所，教师10名，学生235人，村学1所，教师1人，学生23人，耕地面积2920亩，人均2.07亩。本村农民以种植中药材、小麦、大小豆、劳务输出等为主。

2119 盐井乡许家咀村

简　　介：许家咀村距城15公里处，下设许家咀、杨家沟、李子林、王马家4个自然社，共有123户，601人。全村耕地面积2299亩，人均3.8亩。适合种植药材、洋芋、蚕豆等农作物。硬化许家咀村王马家社道路1公里，平均宽度3米里，硬化面积3000平方米，解决了村民行路难的问题。在县领导和乡党委的帮助下，已修建许家咀村村级阵地和村卫生室。该村已被漳县人民法院确定为帮扶村，49名干部每年出资为村上123户农户购买123袋化肥，帮助其发展种植业。

2120 武当乡远门村

简　　介：远门村位于漳县东南部，距县城18公里，漳武公路横穿而过，有6个村民小组，208户，1040人，总耕地面积3680亩，2011年人均纯收入2300元。

2121 东泉乡能岸村

简　　介：能岸村位于东泉乡东部，处于新草公路沿线，距县城55公里，距离最近集市28公里。总面积27平方公里。全村有泉庄、二芽、河滩、山坪、罗下屲、巩下屲、新道口7个自然社，共有265户，1194人。该村农民收入以农作物种植、劳务输出和养殖为主，有耕地面积2245亩，主要种植蚕豆、小麦、马铃薯、菜籽等农作物。

2122 武当乡张坪村

简　　介：张坪村位于漳县东南部，距县城17公里，漳武公路横穿而过，耕地面积3018亩，人均耕地面积2.43亩，辖5个村民小组，有169户，1244人。人均纯收入2250元。

2123 大草滩乡小林村

简　　介：小林村位于漳县大草滩乡西南，距离乡政府所在地10公里，距在建兰渝铁路漳县火车站4公里，距规划中的兰海高速出口8公里，国道212线穿境通过。有2个村民小组212户，956人，村内现有小学1所，教师6人，学生44人。现有耕地面积2709亩，人均可耕地面积2.84亩，主要种植当归、青稞、地膜马铃薯等农作物。GAP药材种植面积稳定在1000亩左右，其中，当归种植面积稳定在700亩左右。养羊大户7户，410只、散养37户，640只，牦牛养殖大户7户，300头，农民专业养殖合作社1家。农民收入以种植、劳务输出和养殖为主。

2124 石川乡小石门村

简　　介：小石门村下设韩家塄社、小河口社、小石门社、马庄社、大庄、陈家山、高家山、骆家沟9个自然社，地处石川乡西南部，现有420户，1875人，现有总耕地面积2812亩，人均耕地1.5亩，2014年家庭人均纯收入2300元，主要经济收入来源为外出务工、农业、种植中药材。

2125 武阳镇董家庄村

简　　介：董家庄村位于县城以东，漳陇、漳武公路穿境而过，东接庞家湾、柯寨两村，南靠漳河流域、新庄门村，西连县城城关村，北接胡家屲村，交通便利。总土地面积4239亩，耕地面积1636亩，其中川水地1100亩，山旱地536亩，退耕还林累计面积885亩，东西长2.5公里，南北宽1.5公里，漳河在该村流长2.5公里，平均海拔1600米，地方条件优越，农民接收信息灵通，交通便利，距离市场近，千亩绿色韭菜种植示范基地种植面积大，品牌优，产量高，效益佳，畅销外地。劳务输出带动能人多，全村经济收入居全镇前列，种植示范进农家，大棚座座，规模连片。全村6个社，共有农户462户，1650人，农作物种植面积1640亩，果园面积300亩，劳务输出350人，收入600万元，鱼塘面积130亩，鲜鱼产量200吨，日光温室80座，大棚韭菜650亩，沼气池100个，新农保参保 1567 人，新农合 1617 人。

2126 殪虎桥乡吴家山村

简　　介：吴家山村位于殪虎桥乡政府所在地 5 公里处，海拔 2229-2972 米，年平均气温 7℃，无霜期 135 天，年降雨量 400 毫米。该村土地面积宽广，耕地面积 2612 亩，人均 2.5 亩。土地全部为山旱坡地，水土流失严重，生态环境不断恶化，产业结构单一，已成为全村农业发展主要制约因素。

2127 武阳镇城关村

简　　介：城关村位于漳河中下游，东接董家庄村，南连新庄门村，西靠盐井乡，北邻包家山村，东西长 2 公里，南北宽 1 公里，总土地面积 8997 亩，地处县政府所在地，是漳县政治、经济、文化中心，交通便利，发展个体经济条件优越，就地劳务输出效益可佳。平均海拔 1600 米，年平均日照时数 2000 小时，平均气温 8-10℃，无霜期 180 天，年均降水量 465-517 毫米，蒸发量 1228 毫米，主要河流漳河在该村境内流长 2 公里。充分发挥市场优势，走工、商服务行业路子是增加农民收入的主要途径。全村共有 12 个社，农业人口 787 户，3000 人，退耕还林累计 2016 亩，养殖大户 20 户，水果总产 10 吨，劳务输出 1081 人，收入 1621 万元。村内有各类中小学校 4 所，学生就读条件优越，全村新农合参合人数 2600 人，新农保交纳人数 1150 人，农民增收潜力很大。

2128 草滩乡侯家村

简　　介：草滩乡侯家村坐落在贵清山下，山高谷深，金家河横穿村庄，有丰富的水资源。距离县城 62 公里，下辖 3 个村民小组，全村耕地面积 4864 亩，有 3 个社，186 户，948 人，其中男 479 人，女 469 人；村民中小学文化 394 人，初中文化 161 人，高中及以上文化 4 人；主要农作物有蚕豆、冬小麦、洋芋、当归、油菜等。经济作物种植面积小，农民经济来源主要靠外出务工，全村留守妇女多，增收渠道单一，致富能人李玉珍带领留守妇女成立贵清山妇女手工编织工作室。全村农民人均纯收入为 2935 元。村社道路部分畅通，村民住房绝大多数为土木结构，有少量砖木结构，危房家庭占本村的 52%，100% 的农户享受粮食直补、农机补贴、家电补贴等惠农政策。

2129 草滩乡草地下村

简　　介：草滩草地下村坐落在草滩乡西北面，距离县城 77 公里。全村耕地面积 2927.26 亩。下辖草地下社、洞子河社、下山口社 3 个村民小组，共 134 户，599 人，其中男 327 人，女 272 人，有劳动力 290 人，主要农作物有蚕豆、冬小麦、洋芋，经济作物有当归、党参，畜牧业以牛、羊、大家畜养殖为主，农户的收入主要靠外出打工和本地农产品收入。

2130 四族乡韩家山村

简　　介：韩家山村位于四族村南部，共有 6 个村民小组，包括韩家山社、各子凸社、立湾儿社、沾泥山社、豆家山社、彪各山社。全村有 1049 人，耕地面积 2480 亩。

2131 武阳镇新庄门村

简　　介：新庄门村位于县城东南方 2 公里处，漳武公路穿境而过，东接柯寨村，南靠立桥乡，西连盐井乡，北邻董家庄村。是漳县九里十八坪之第一坪村，土地肥沃，灌溉面积大，交通便利，是韭菜种植首创村，武阳韭菜协会，养鸡协会所在地，同时带动了千家万户农户，全村养鸡大户，蔬菜种植大户，果园苗木育苗大户名列全镇前茅，大型砖瓦厂已达4个，村劳务输转前程似锦，农民收入逐年上升。全村总土地面积14117亩，耕地面积4556亩，其中川水地1100亩，山旱坪地3456亩，退耕还林累计面积700亩。全村有10个社，农业人口653户，2994人，农民人均纯收入2800元，粮食总产量450吨，油料总产40吨，药材总产35吨，蔬菜总产1500吨，养殖大户12户，肉类总产20吨，水果总产100吨。劳务输出700人，收入1000万元，水窖100眼，梯田累计面积1100亩，日光温室10座，大棚蔬菜1000亩，大家畜存栏160头，羊300只，猪存栏1500头，鸡1.5万只。村内有小学1处。

2132 金钟镇马台沟村

简　　介：马台沟村位于金钟镇镇政府以西10公里处，海拔2690米，有6个自然社，216户，1016人。其中男1303人，女1100人，有村干部3人。耕地面积1640亩。人均约2亩，本村农民的收入以中药材、小麦、大小豆、劳务输出等为主。

2133 四族乡包能岸村

简　　介：包能岸村位于四族乡东部，有5个村民小组，包括包能岸社、移家愣社、马家沟社、化骨推社、揽咎里社，全村有965人，耕地面积2286.96亩。

2134 马泉乡马家门村

简　　介：马泉乡马家门村位于马泉乡西南部，距乡政府5公里，辖8个村民小组，总人口228户，1145人现有耕地面积4585亩。种植药材2692亩，小麦、大豆、胡麻、土豆、玉米等1893亩，人均纯收入2753元。

2135 殪虎桥乡瓦房村

简　　介：瓦房村位于漳县殪虎桥乡西南中部，距乡政府4公里，县城22公里，212国道穿境全村，属漳河发源地和山塬沟谷农林牧区。全村有5个村民小组，259户，1186人，其中劳动力553人，有耕地2764亩，人均2.3亩，种植作物以小麦、蚕豆、洋芋为主，兼种植当归、党参等中药材，养殖业以农户散养为主。

2136 盐井乡盐井村

简　　介：盐井村位于漳河沿岸南边，距县城2.5公里，海拔1850米，气候湿润、雨量充沛，植被较好，年平均气温7.2度，降水量500毫米，无霜期160天左右。盐井村共有13个社，960户，4360人，初中以上文化程度人口1276人，劳动力人口2186人，外出务工人口735人，全村因异地搬迁项目搬迁户数116户，525人。现有耕地5232亩，人均耕地1.2亩，有效灌溉土地685亩。盐井村经济来源主要依靠种植地膜玉米、油菜、小麦、蚕豆、马铃薯，劳务输出和家畜养殖。经济作物种植面积比例为23%，养殖业以猪、鸡等养殖为主。

2137 东泉乡林泉村

简　　介：林泉村位于东泉乡东部，处于新草公路沿线，距县城59公里，距离最近集市30公里，总面积约40平方公里。全村有关下、王门、梁家湾、麻池沟、马安桥、坪里6个自然社，共有272户，1185人，有小学1所，在校学生127人。该村农民收入以农作物种植、劳务输出和养殖为主，有耕地面积3044亩，主要种植蚕豆、小麦、马铃薯、菜籽等农作物。

2138 殪虎桥乡沙沟台村

简　　介：沙沟台村地处212国道沿线，交通便利。海拔2301–2900米，年降雨量在450–500毫米之间，属高寒二阴地区。总面积23.2平方公里。耕地3012亩，人均1.9亩。主要粮食作物是小麦、豆类、秋粮等，经济作物是中药材、蚕豆、树苗等，主要经济来源以劳务经济为主。

2139 四族乡马莲滩村

简　　介：马莲滩村位于四族乡东部，离县城48公里，是进入四族乡的门户，有5个自然社，分别是马莲滩社、柴能岸社、王马里社、任家湾社、颜家湾社，总人口1523人，耕地面积4800亩。

2140 殪虎桥乡竹林沟村

简　　介：竹林沟村地处殪虎桥乡西面，212国道沿线，交通便利。距县城23公里，海拔2801–3435米，年降雨量在450–500毫米之间，属寒二阴地区。总面积24.7平方公里。耕地3551亩，人均2.4亩。该村有5个社，305户，1446人，主要粮食作物是小麦、豆类，经济作物是中药材、蚕豆等，经济来源以种植、劳务经济为主。

2141 大草滩乡三友村

简　　介：三友村位于大草滩乡东部，处于漳河沿岸、212国道沿线，距县城40公里，总面积20平方公里。距在建的香木湾漳县火车站6公里，规划建设中的兰海高速在其境内设有出口，交通十分便利。全村有6个社，282户，1372人，有教学点2所。该村农民收入以地膜当归种植、劳务输出和养殖为主，有耕地面积2674亩，全部为旱地，主要种植地膜当归、蚕豆、马铃薯等农作物，年均劳务输出460人。漳河流经该村2.5公里，地理环境优越，土地肥沃，是漳县当归主要产区之一，群众具有一定基础的种植经验，种植当归质量高、收益高，是农民收入的主导产业。2013年，全村农民人均纯收入为3650元。

2142 大草滩乡大草滩村

简　　介：大草滩村位于大草滩乡中部，植被保护较好，距县城40公里，总面积16平方公里，国道212线穿境而过。全村有4个社，回、汉两个民族，310户，1268人，其中回民42户，216人，辖区内有中学1所，小学1所，清真寺1处。全村现有享受农村低保109户，462人。各类残疾人48人。全村农民收入以种植、养殖、餐饮业和劳务输出为主，现有耕地面积1983.5亩，主要种植蚕豆、小麦、地膜当归和马铃薯；主要养殖牦牛、羊等（以散养为主），全村现存栏大家畜120头，牦牛养殖户6户，290头，羊存栏为6户，360只，猪存栏240只；餐饮业为22户，主要经营牛、羊肉，大肉面馆，劳务输出以赴新疆拾花为主。

2143 东泉乡黄河村

简　　介：黄河村位于东泉乡西北部，处于韩草公路沿线，距县城71公里，距离最近的乡镇集市37公里，总面积约35平方公里。全村有黄河、赤牛坡、黑林河3个自然村，共有176户，765人，村支两委成员5人，该村农民收入以农作物种植、劳务输出和养殖为主，有耕地面积4107.3亩，均为山坡地，主要种植蚕豆、燕麦、中药材、马铃薯等农作物，年均劳务输出330人。

2144 石川乡三条沟村

简　　介：三条沟村下设大滩子社、背池沟社、周家门社、阳屲沟社、阳沟门社、石家沟社、坡跟里社、楼儿上社 8 个自然社，地处石川乡西北部，现有 517 户，2102 人，现有总耕地面积 4267 亩，人均耕地 2.03 亩，2014 年家庭人均纯收入 1520 元，以燕麦、马铃薯、蚕豆、中药材等为主，发展畜草产业优势明显。

2145 武当乡李家河村

简　　介：李河村位于漳县东南部，距县城 23 公里，漳武公路横穿而过，是武当乡政府所在地，耕地面积 3260 亩，辖 4 个村民小组，有 211 户，998 人。35 岁以下 3 名，60 岁以上 5 名，人均纯收入达到 2116 元。

2146 草滩乡杨河村

简　　介：草滩乡杨河村位于草滩乡南面，山高谷深，有丰富的水资源，距离县城 70 公里。全村耕地面积 3679.8 亩，下辖 3 个村民小组，下河社、山场社、下河社共 198 户，856 人，其中男 477 人，女 379 人，有劳动力 420 人，村民中小学文化 191 人，初中文化 219 人，高中及以上文化 6 人。海拔为 2300-2763 米，年日照时数 2313 小时，降水丰富，年降雨量在 465.5 至 497.5 毫米之间，主要农作物有蚕豆、冬小麦、洋芋，经济作物有当归、党参，2013 年建成暖棚养羊专业合作社，带动群众参与“联户”养殖中。

2147 马泉乡蔡家坪村

简　　介：蔡家坪村位于马泉乡东南面，共辖 6 社，190 户，985 人。耕地面积 3298 亩，人均耕地 2.96 亩，全村退耕还林面积 540 亩。劳动力 650 人，农民人均纯收入 3526 元。主要经济作物为党参、黄芪等，党参种植面积 2000 多亩，人均 2 亩。主要经济收入来源为中药材种植和劳务输出。

2148 三岔镇王家门村

简　　介：王家门村位于三岔镇东南面，距镇政府 3 公里，耕地面积 3019 亩，水底面积 900 多亩。全村共有 5 个社，386 户，1896 人

2149 新寺镇晋坪村

简　　介：晋坪村位于新寺镇东南部、龙川河与榜沙河交汇处，南邻东泉乡，东邻武山县马力镇。辖区地势北低南高，流域面积 8 平方公里，海拔 1640 米 -2643 米，降雨量 450-550 毫米，无霜期 166 天，全村辖 6 个社，总人口 1777 人，耕地面积 1992 亩，其中川水地 1021 亩，山地 971 亩，人均占有耕地 1.12 亩。晋坪村新兴獭兔养殖厂始建于 2007 年初，为县级“双培双带”示范点，厂内消毒、饲料加工等设施齐全，经营模式为公司加农户的模式。现在又增加各类养殖 4 户，吸纳了 16 人就业，再一次带动全村人民走向新的一步。晋坪村有较大的果园面积，光照充足，昼夜温差大，发展苹果产业有着得天独厚的自然地理条件，所产苹果口感好，品质优良，颇受省内外客户欢迎。1987 年曾荣获“国家农业部优质苹果奖”，一直销往河南、天水等地。全村现有果园面积 260 亩，2013 年年产苹果 550 吨，产值 66 万元，纯收入 52.8 万元。

2150 殪虎桥乡铁沟村

简　　介：铁沟村位于殪虎桥乡西南面，距县城 28 公里，海拔 2329-3372 米，年降雨量在 450-500 毫米之间，属寒二阴地区。总面积 19.56 平方公里，耕地 4796 亩，人均 1.96 亩。该村有 11 社，533 户，2454 人，有小学 2 所，在校学生 80 人。主要粮食作为是小麦、豆类、秋粮等，经济作物是中药材、蚕豆、油菜等，经济来源以劳务经济为主。

2151 盐井乡高峰村

简　　介：高峰村位于漳县西南部，海拔2250米，全村辖马武地、池坪、山庄门、刘家咀、甘沟、梁家场6个社，120户，567人，有劳动力418人；年平均气温4.3℃，无霜期110天，年日照时数2460小时，正常年份降雨量350-500毫米，适合种植当归、小麦、洋芋、蚕豆等农作物；全村耕地面积2703.32亩，人均4.5亩。池坪社至马武地7.5公里道路硬化，马武地至刘家咀社0.8公里道路已硬化完工。

2152 新寺镇谭湾村

简　　介：谭湾村位于新寺镇东南部，海拔1800米-2300米，降雨量450-550毫米，无霜期145天，全村共辖5社，160户，760人。耕地面积2340亩，全部山地农田，经济作物以种植玉米、胡麻、土豆、小麦等为主，中药材主要有党参、小柴胡小面积种植，种殖户23户，年均劳务输出280余人，人均纯收入2700元。

2153 金钟镇大石门村

简　　介：该村面临大沟口，由于居民较多，开发较早，山前山后植被破坏比较严重，每年遇大雨，山洪就爆发，从沟里冲出许多泥石流，其中有很多巨石堆积于沟口，仿佛石门一般，以后人们渐渐的称其为大石门了。金钟镇大石门村位于全镇最东面，共有5个自然社，273户，现有人口1154人，总耕地面积3080亩。农民收入以中药材、小麦、油料种植、劳务输出等为主。

2154 四族乡四族村

简　　介：四族村位于四族乡政府所在地，四族乡根据早先包、李、化、薛四姓氏家族在此居住，故称为四族。四族村位于漳县县城东南部38公里，分布在霞布河两岸。有立桥社、魏下社、牙一社、牙二社、年家门社、代家沟社、㘭儿里社、二社、三社、四社、五社11个自然社，587户，2637人，耕地面积4589亩。

2155 金钟镇白家沟村

简　　介：白家沟村位于金钟镇西北部，海拔3490米，有7个自然社，336户，1550人，其中男790人，女760人，有村干部4人。耕地面积2992亩，人均约1.3亩。该村主要收入来源于种植业、养殖业和劳务输出，全村共有大家畜2000头（匹）、羊4000多只。

2156 武阳镇包家山村

简　　介：包家山村位于县城以北2.5公里处，东接胡家㘭村，南连城关村，西靠裴家山，北邻陇西县，东西长5公里，南北宽6公里，总土地面积9820亩，耕地面积1670亩，人均耕地4亩，平均海拔1966米，平均日照时数为2115小时，平均气温8C左右，无霜期155天，年将水量为465-517毫米，蒸发量为1228毫米，属半湿润气候，主要种植蚕豆、药材等经济作物，以劳务输出为主要产业。全村共有4个社，农业人口108户，410人。农作物种植面积1670亩，其中：粮食作物种植800亩，油料作物200亩，药材种植700亩，粮食总产量80吨，油料20吨，药材60吨，肉类产量30吨，养殖大户17户，集雨节灌水窑70眼，劳务输出120人，劳务收入60万元，在家畜存栏260头，羊300只，生猪200头，鸡3000只。水平梯田累积面积600亩，种草面积400亩。

2157 草滩乡菓林村

简　　介：草滩乡菓林村坐位于草滩乡西北面，距离县城75公里。全村耕地面积

2707.2 亩。下辖王家里社、苏家里社、新庄合社、那坡社、石沟社等 6 个村民小组，共 252 户，1233 人，其中男 673 人，女 570 人；村民中小学文化 368 人，初中文化 238 人，高中及以上文化 4 人。主要农作物有蚕豆、冬小麦、洋芋，经济作物有当归、党参，2014 年建成 2 个专业合作社，引进小尾寒羊 500 只，引进蛋鸡 1000 只，肉鸡 2000 多只。

2158 石川乡占卜村

简　　介：石川乡占卜村下设上庄社、中庄社、下庄社、半凸社、柳家沟社、张家山社、塔崖社 7 个自然社，地处石川乡东南部，现有 421 户，1986 人，现有总耕地面积 2979 亩，人均耕地 1.5 亩，2014 年家庭人均纯收入 1500 元，主要经济收入来源务工、农业、种植药材。

2159 三岔镇烟坡村

简　　介：烟坡村位于三岔镇政府北面，与渭源县莲峰接壤，距三岔镇政府 6.7 公里。全村共 5 个社，280 户，1280 人。全村耕地面积 2791 亩，主要种植小麦、党参、黄芪等。2014 人均纯收入 2856 元。

2160 大草滩乡新联村

简　　介：新联村位于漳县大草滩乡东部，处于漳河沿岸，距在建兰渝铁路漳县火车站 15 公里，距规划中的兰海高速出口 5 公里，国道 212 线穿境通过，交通便利。境内辖国家级 4A 级旅游风景区遮阳山，旅游资源丰富，区位优势明显。现有耕地面积 5016 亩，主要种植当归、蚕豆、地膜马铃薯等农作物。全村有 5 个村民小组，471 户，2034 人。

2161 新寺镇马门村

简　　介：马门位于新寺镇南部，全村辖 8 社，总人口 1270 人，耕地面积 3500 亩，有肥沃广阔的土地、湿润的气候为发展药材产业创造了得天独厚的优势。2013 年底人均纯收入为 1800 元。村两委工作原则：一要坚持实事求是与深化改革相结合，二要坚持扶贫开发与灾后重建相结合，三要坚持精准扶持与动态调整相结合，四要坚持连片开发与重点推进相结合，五要坚持资源开发与生态保护相结合，六要坚持自力更生与社会帮扶相结合。攻坚目标：一是持续增加收入。全村扶贫对象年均纯收入增幅高于农民人均纯收入平均水平 2 个百分点。二是稳定实现不愁吃、不愁穿。无论丰年灾年，农村贫困人口的基本生活都有可靠保障，基本实现贫困户衣食无忧。三是保障义务教育、基本医疗和住房。到 2014 年，完成“空白村”卫生室建设；到 2016 年，所有存量农村危房得到改造；到 2020 年，义务教育阶段巩固率达到 95%。

2162 殪虎桥乡回沟门村

简　　介：回沟门村地处殪虎桥乡东南，交通不便。距县城 30 公里，海拔 2900–3535 米，年降雨量在 450–500 毫米之间，属寒二阴地区。总面积 25.7 平方公里。耕地 3500 亩，人均 4.05 亩。该村有 8 个社，176 户，865 人。主要粮食作物是豆类、青稞、大麦，经济作物是中药材、蚕豆、油菜等，经济来源以种植、畜牧经济为主。

2163 殪虎桥乡风景村

简　　介：风景村位于殪虎桥乡西南端，距县城 28 公里，海拔 2221–3672 米，年降雨量在 450–500 毫米之间，属高寒二阴地区。总面积 18.14 平方公里。全村辖 5 个自然社，195 户，847 人，现有耕地面积 2239 亩，人均 2.6 亩。

2164 马泉乡谭家山村

简　　介：谈家山村位于漳县马泉乡西南部，距乡政府13公里。全村辖5个村民小组，143户，697人，现有耕地面积2680亩。2013年农民人均纯收入2300元。

2165 三岔镇许家门村

简　　介：许家门村位于漳河以南，城西7公里处，全村5个社，385户，1848人。农民以中药材、蚕豆种植和劳务输出为主。2013年人均纯收入为2540元。

2166 大草滩乡石咀村

简　　介：石咀沟村位于大草滩乡西部，距县城55公里，海拔2900米，共辖5社，335户，1459人。有小学1所，在校学生320人。全村总面积18平方公里，总耕地面积2790亩，农民人均1.9亩。农民收入以中药材种植、劳务输出及养殖业为主。2012年，全村农民人均纯收入3304元。2013年通过扩大地膜中药材种植面积和劳务输出，全村农民人均纯收入预计达到3932元，增长19%以上。

2167 武阳镇汪家河村

简　　介：汪家河村位于武阳镇东北部，漳陇两县交界处文殪公路穿境而过，东西长5公里，南北宽5公里，东靠桦林山，北接陇西县，西连何家山，属半阴湿地区，土地湿润肥沃，是全镇产粮大村，适宜种植经济作物，发展畜牧产业潜力很大，是木林中学、獭兔养殖基地所在地，距火车站、高速路最近，发展贩运条件优越，土地湿润适宜种植蚕豆，是全镇蚕豆示范基地村之一。全村共有10个社，农户368户，1679人，总土地面积24600亩，耕地面积4412亩，退耕还林2000亩，种草面积1000亩。该村有小学、中学2所。

2168 武阳镇孙家峡村

简　　介：孙家峡村位于漳河下游，接连武山县高楼乡，距县城10公里，东西长7公里，南北宽5公里，全村共有5个社，农业人口154户，843人，土地面积14189亩，耕地面积1740亩，（有效灌溉面积100亩），退耕还林累计面积700亩，农作物播种面积1040亩，有大面积种植各类药材的优势，品种好，产量高，土地面积宽广，地处桦林山脚下，是大力发展畜牧养殖的好地方。劳务输出户均达到1.5人，是农民增收的主要途径。

2169 马泉乡陈家咀村

简　　介：马泉乡陈家咀村位于马泉乡东部，距乡政府5公里，辖7个村民小组，总人口225户，1157人，现有耕地面积4004亩，2013年全村人均纯收入3516元。

2170 盐井乡立桥村

简　　介：立桥村距离县城10公里，属二阴山区，海拔2300米，全村辖一社、二社、三社、四社、半坡泉、石沟里、黄家山、平道里、野拉坝、麻池沟、水益湾11个社，344户，1664人，其中男842人，女823人，有劳动力1164人；村民中小学文化832人，初中文化499人，高中及以上文化154人。年平均气温4.8℃，无霜期160天，年日照时数2500小时，正常年份降雨量360毫米，适合种植小麦、蚕豆、胡麻等农作物；全村耕地面积4598亩，全部为旱地，人均2.76亩。2011年底，全村农民人均纯收入为2935元。现有羊存栏200只，猪存栏340头，鸡存栏1050只；全村基本普及九年义务教育，适龄儿童入学率为100%以上，初中入学率为97%以上；全村有农用三轮车65辆，100%的农户享受粮食直补、农机补贴、家电补贴等惠农政策。

2171 四族乡周家门村

简　　介：周家门村下辖周家门社、阳坡社、谈家寺社、油斧头社、水泉坪社、双牛坪社6个社，共273户，1250人，有耕地4006亩。周家门村这个名字由来已久，这个村名的来历听老人口口相传的一种说法是，此地最早由一周姓家族搬迁至此定居，慢慢的与其他相邻较远的村通婚杂居、才发展成为以周姓人为主的周家门村，对于周家门村名字的由来没有正史记载。

2172 三岔镇河南坡村

简　　介：河南坡村位于三岔镇政府西南方，漳河以南，全村共有5个自然社，共386户，1836人。这里日照充足，气候湿润，适宜种植各种农作物和中药材等经济作物。

2173 武阳镇何家山村

简　　介：何家山村位于县城东北部10公里处，东接汪家河村，南连庞家湾村，西靠胡家屲村，北邻陇西；总面积9900亩，耕地面积2169亩，东西长5公里，南北宽5公里，人均耕地3亩，平均海拔1900米，无霜期150天，属本镇阴湿地区，人均占地面积多，适宜种植蚕豆及药材；劳务输出是农民增收的主要途径，发展畜牧业潜力大，立足走种、养、输的路子，以农民增收为主攻方向。全村共有4个社，农业人口150户，712人，粮食总产量200吨，油料总产10吨，药材总产15吨，大家畜存栏180头，羊150只，生猪100头，鸡5000只，养殖大户10户，劳务输出人数58人，劳务收入100万元；水窖50眼，梯田累计面积900亩。

2174 草滩乡安门村

简　　介：草滩乡安门村坐落在贵清山下，山高谷深，金家河横穿村庄，有丰富的水资源。距离县城62公里，全村耕地面积4536亩，下辖3个村民小组，下辖安门社、刘门社、马莲地3个社，284户，1316人，其中男701人，女615人，有劳动力509人；村民中小学文化444人，初中文化230人，高中及以上文化16人，其中男5人，女2人；海拔为2300−2763米，年日照时数2313小时，降水丰富，年降雨量在465.5至497.5毫米之间，主要农作物有蚕豆、冬小麦、洋芋、当归、油菜等，经济作物有当归、党参、油菜，但种植面积小，农民经济来源主要靠外出务工，畜牧业以牛、羊、大家畜养殖为主。

2175 武当乡邓家里村

简　　介：邓家里村位于武当乡西部，距乡政府2.5公里，全村辖4个村民小组，270户，1332人，现有村干部4名。全村现有耕地4800亩，以种植小麦、胡麻、中药材为主，农民人均纯收入2380元。

2176 石川乡菜子川村

简　　介：菜子村是甘肃省漳县石川乡乡政府所在地，下设康家沟社、鱼儿沟社、街道社、寨上社、大庄社5个自然社，位于石川中部，东距岷县12公里，西距县城53公里，交通便利，平均海拔高度2390−2410米，年降雨量200毫米，年蒸发量360毫米，且主要集中在7、8、9三个月，全年无霜期限180天，属高寒阴湿气候。该村气候冷凉，土层深厚，土壤肥沃，水利资源丰富，主要农作物以蚕豆、洋芋、小麦为主，其中蚕豆种植面积大，品质高，是石川乡的蚕豆主产区之一，经济作物以中药材为主，尤以当归制种育苗著称，所产当归苗、籽数量多、品质优。菜子川村现有6个社，525户，2389人。

2177 四族乡草川坪村

简　　介：草川坪村位于四族乡西部，有10个自然社（草川坪社、青杠树社、河滩里社、草川地社、西方景社、野林里社、坪道里社、徐包里社、樊家门社、王家门社），总人口1253人，耕地面积3900亩，距离县城48公里。

2178 三岔镇刘家岘村

简　　介：刘家岘村位于漳县三岔镇东南方，S209省道穿境而过，交通便利。全村有7个自然村，共390户，总人口1835人，经济来源主要靠务工、跑运输。这里气候湿润，四季分明，适应各种农作物及中药材的种植。

2179 武当乡田家山村

简　　介：田家山村距离县城15公里处，距乡政府13公里处，在乡政府西北角，全村辖3个村民小组，总人口111户，482人，劳动力247人，耕地面积1897亩，全村以种植中药材、小麦为主，年人均纯收入1986元。

2180 东泉乡韩川村

简　　介：韩川村位于漳县东南部，地势西高东低，东接林泉村，西连黄河村，是乡政府所在地，距县城67公里。境内海拔1720米至3680米，平均气温4.9℃，年积温1788℃，年降雨量450至700毫米左右，无霜期130天左右，属高寒二阴气候。全村所辖韩上、韩下、油房门、草地下、拆塔山5个自然村，共有199户，855人，耕地面积3897亩。韩川村经济来源主要依靠种植地膜当归、油菜、蚕豆，劳务输出和家畜养殖。

2181 武阳镇胡家屲村

简　　介：胡家屲村位于武阳镇北部山区，距县城8.6公里。东接何家山村，南连董家庄村、庞家湾村，西邻包家山村，北靠陇西县，东西长7公里，南北宽6公里，总土地面积7902亩，耕地面积2321亩，平均海拔1990米，平均日照时数2200小时，平均气温7.1–7.9℃。无霜期170天，年降水量为465–517毫米，蒸发量1228毫米，属温和半湿润气候，适于种植蚕豆、药材等经济作物，发展畜牧养殖业条件优越。劳务输出是增加农民收入的主要途径。全村辖4个社，147户，714，农作物播种面积2321亩，农作物以小麦、胡麻等传统作物种植为主，农民收入以中药材、劳务输出和养殖为主。2013年底，全村农民人均收入为3480元。

2182 殪虎桥乡龙架月村

简　　介：龙架月村位于殪虎桥乡所在地，距县城18公里，海拔2215–3572米，年降雨量在450–500毫米之间，属寒二阴地区。总面积19.17平方公里。该村有8社，317户，1451人；有初中、小学各1所，在校学生763人，主要粮食作物是小麦、豆类、秋粮等，经济作物是中药材、蚕豆、油菜等，经济来源以劳务经济为主。

2183 石川乡路地沟村

简　　介：路地沟村下设路地沟社、王门社2个自然社，地处石川乡东北部，现有135户，556人，现有耕地人均1.5亩，2014年家庭人均纯收入1210元，主要经济收入来源务工、农业、种植药材。

2184 四族乡嘛咪寺村

简　　介：嘛咪寺村下辖嘛咪寺社、烂泥池社、上山口社、漩涡下社、杨家山社5个社，共 143 户，736 人，有耕地 3326 亩。嘛咪寺这个名字的由来已久，这个名字的来历有很多种的说法，现在大多数人赞成的说法是，很久以前，在这个挺拔而偏僻的深山中有座寺庙，庙里隐居着一名和尚，这个和尚终年念的一句经文就是“嘛咪嘛咪吽……”因此这个和尚被称为嘛咪和尚，这个寺庙被称为嘛咪寺，后来这个地方也被称为嘛咪寺。对于嘛咪寺名字的由来没有正史记载，对于以上故事的真实性也无人知晓。

2185 东泉乡土司门村

简　　介：土司门村位于东泉乡东南部，东接武山县，南邻岷县，距最近集市 45 公里，总面积约 30 平方公里。全村有土司门、板子坪、马路里、李家门 4 个自然社，共有 148 户，715 人。山大沟深，条件严酷。境内平均海拔 2400 米，平均气温 7.2℃，年降雨量 500 毫米左右，无霜期 130 天左右，属高寒阴湿区，以山高谷深，山塬较缓为主要地貌。该村农民收入以农作物种植、劳务输出和养殖为主，有耕地面积 3000 亩，主要种植蚕豆、药材、马铃薯、燕麦等农作物，年均劳务输出 350 人。2010 年、2011 年，全村农民人均纯收入分别为 1986 元、2100 元。

2186 马泉乡紫石山村

简　　介：紫石村位于马泉乡北面，距马泉乡 10 公里，海拔 2400 米，气候湿润，雨量充沛，植被较好，年平均气温 7.2 度，降水量 500 毫米，无霜期 160 天左右。紫石村共有 10 个社，328 户，1494 人，初中以上文化程度人口 521 人，劳动力人口 750 人，外出务工人口 300 人，现有耕地 3393 亩，人均耕地 2.26 亩。紫石村经济来源主要依靠种植党参、当归、黄芪、油菜、小麦、蚕豆、马铃薯、劳务输出和家畜养殖。经济作物种植面积比例为 35%，养殖业以猪、鸡、羊、牛等为主。

2187 武阳镇庞家湾村

简　　介：庞家湾村位于县城以东，武阳镇东北部 3 公里处，东接王家河村，南对董家庄村，西连胡家凸村，北靠何家山村、胡家凸村，东西长 4 公里，南北宽 5 公里，总土地面积面积 13700 亩，耕地面积 2591 亩，人均耕地 2.5 亩，退耕还林面积 1000 亩，属于旱山区，马铃薯种植面积大，土质优，品种好，产量高，是全镇马铃薯种植示范村，蚕豆种植示范村，劳务输出人数多，收入好。全村共有 5 个社，农业人口 208 户，857 人，现有耕地面积 2640 亩。目前，形成了以种植小麦、大豆和大小黄芪为主导产业的种植格局，种植中药材成为农业增收的主要来源，是促进农民稳定增收的重要方面。发展养殖业方面有一定的优势，由于地处山区，放养牛羊条件便利，草料来源充足，对于今后进一步发展壮大养殖业，实行家庭规模养殖有一定的基础。

2188 马泉乡山庄村

简　　介：马泉乡山庄村位于马泉乡北部，距乡政府 12.5 公里，辖 10 个村民小组，总人口 175 户，894 人，现有耕地面积 2000 亩。种植药材 360 亩，种植小麦、大豆、胡麻、土豆、玉米等 1640 亩。

2189 盐井乡张家岭村

简　　介：张家岭村距城 2.5 公里处，下设刘家坪、张家岭、高上、下寨儿、贾家坪、柳林子、苟家寨儿 7 个自然社，共有 289 户，1292 人。全村耕地面积 2900 亩，人均 2.3 亩。适合种植药材、洋芋、蚕豆等农作物。砂化到张家岭社道路 4.5 公里，解决了张家岭社、刘家平社92户村民行路难的问题，村卫生室主体结构完工。

2190 草滩乡桦林村

简　　介：草滩乡桦林村，位于草滩乡面，距离县城57公里，全村耕地面积3489亩。下辖上河社、下河社、东林社、石坪社4个村民小组，共189户，910人，其中男491人，女419人，有劳动力455人；村民中小学文化319人，初中文化103人，高中及以上文化4人；海拔为2300-2763米，年平均气温4.3℃，适合乌龙头种植，在桦林村东林社建设了100亩集生态效益、经济效益和社会效益为一体的乌龙头种植示范基地，总投资25万元，引进乌龙头成品苗7.1万株，预计一年后亩产可达300公斤，亩收入12000元。主要农作物有蚕豆、冬小麦、洋芋；经济作物有当归、当归、党参、油菜等，畜牧业以牛、羊、大家畜养殖为主。

2191 三岔镇狼儿山村

简　　介：三岔镇狼儿山村位于三岔镇区以北6公里处，北邻陇西，东接刘家岘村，南接瓦舍沟村，西接烟坡村，全村共有3个村民小组，分别是柒家沟、狼儿山和扁子里，现有人口268户，1355人，耕地面积2789.3亩，2013年农民人均纯收入3260元。

2192 殪虎桥乡三牌村

简　　介：殪虎桥乡三牌村位于漳县西南部，距殪虎桥乡政府10公里、县城28公里，三牌村总面积17.23平方公里，现有耕地面积3005亩，人均2.1亩，全部为坡耕地。农作物以蚕豆、马铃薯、中药材为主。全村现有6个自然社，总户数283户，总人口1399人，全部为农业人口。

2193 金钟镇苏油沟村

简　　介：传说此村从前是藏民聚居的地方，家家提炼酥油，而且提炼出的酥油香飘四里，颇有名气，于是“酥油沟”名气便叫响了。苏油沟村位于金钟镇南3公里处，海拔2680米，有6个自然社，245户，1141人（其中男563人，女578人）；平均年龄46岁，有村干部3人，耕地面积2167亩，人均1.9亩，2002年退耕还林草1000亩。该村农民收入以中药材、蚕豆、劳务输出等为主。

2194 东泉乡直沟村

简　　介：直沟村位于漳县东泉乡东南部，距漳县县城170公里，辖区面积约21平方公里。直沟村下辖一、二、三、四、五5个自然社，共有205户，856人，全部为汉族，初中以上文化程度人口401人，劳动力人口531人，外出务工人口180人。直沟村属山塬沟谷农林牧区，山高谷深为其主要地貌特征，海拔2500米，气候湿润，雨量充沛，植被较好，年平均气温4.3度，降水量500毫米，无霜期80天左右。该村农民收入以农作物种植、劳务输出和养殖为主，有耕地面积2576.02亩，主要种植蚕豆、小麦、马铃薯等农作物，年均劳务输出320人（次）。

2195 金钟镇张家山村

简　　介：张家山村位于金钟镇政府所在地东北部，海拔2246-2860米，有5个自然社，138户，608人，其中非农人口2人，60岁以上的老人78人，有村干部3人。耕地面积1866亩，人均约3.06亩，全村农民收入以中药材、小麦、大小豆和劳务输出等为主。

2196 东泉乡新东村

简　　介：新东村位于东泉乡东部，处于新草公路沿线，距县城50公里，距离最近集市26公里。总面积约40平方公里。全村辖新上、新下、榜田、旧庄、各家湾、新安6个自然社，共有246户，1060人。该村农民收入以农作物种植、劳务输出和养殖为主，有耕地面积2245亩，主要种植蚕豆、小麦、马铃薯、菜籽等农作物，年均劳务输出510人。

2197 四族乡曾家河村

简　　介：很久很久以前，有一户曾姓人家来曾家河村落户，又这个地方有条河，他们依河而居，因此，这个村就以曾家河为名而称之。曾家河村距漳县52.5公里，位于四族乡西北部，海拔2500米，年降雨量达90毫米，年平均气温7.2℃，无霜期达155天以上，平均日照2313小时，距四族乡政府4.5公里，下辖曾家河社、文家沟社、麦时岸社、梁家山社、大麦子沟社、黑山沟社6个自然社，村民220户，1048人，其中低保87户，五保供养4人，占全村总人口9%；双联帮扶户24户，总耕地2230亩。农民经济收入以中药材种植、养殖、劳务输出等为主要来源。

2198 草滩乡闫沟村

简　　介：草滩乡闫沟村坐落在草滩乡北面，山高谷深，有丰富的水资源，距离县城68公里。全村耕地面积2795亩，下辖上闫沟社、下闫沟社、红土坡社、火石坡社4个村民小组，全村共167户，870人，其中男439人，女431人，有劳动力435人；村民中小学文化193人，初中文化176人，高中及以上文化6人；海拔为2300-2763米，年日照时数2313小时，降水丰富，年降雨量在465.5至497.5毫米之间，主要农作物有蚕豆、冬小麦、洋芋；经济作物有当归、党参、2013年建成珍珠鸡饲养农民专业合作社，引进珍珠鸡1000只，土鸡1000只，带动群众参与“联户”养殖中。

2199 金钟镇看治坡村

简　　介：看治坡村位于金钟镇西19公里处，海拔3100米，高寒阴湿，有7个自然社，287户，1332人。其中男684人，女648人有村干部3人。耕地面积2526.36亩，人均1.8亩多。本村农民收入以种植当归、青稞、大小豆为主，其他经济收入来源于种植业，养殖和劳务输出。

2200 金钟镇石灰楼村

简　　介：民国年间，石灰楼有一户大户人家，修了一座土木结构的楼房，里外均用石灰粉了，方圆几里老远就能看见，雪白雪白的，非常耀眼和壮观，那时候这样的房子在东扎沟很少，人们感到稀罕，于是该村逐渐被人称为“石灰楼”了。石灰楼村距金钟镇政府西1公里处，有9个自然社，355户，1693人。有村干部4人，耕地面积2770亩，人均1.2亩多。本村农民收入以种植当归、青稞、大小豆、劳务输出等为主。有初级小学1座，教师3名，学生77名。

2201 石川乡三眼泉村

简　　介：三眼泉村下设三眼泉社、草地河社2个自然社，地处石川乡东北部，现有108户，449人，现有耕地人均，1.5亩，2014年家庭人均纯收入1300元，主要经济收入来源务工、农业、种植药材。

2202 盐井乡汪家庄村

简　　介：汪家庄村位于盐井乡北面，距离县城0.5公里，属城乡结合部，文殖公路穿境而过，是漳河河谷地带，全村辖5个社，372户，1476人，有劳动力638人，海拔1890-1980米，年平均气温7.5℃，无霜期140-155天，年日照时数2313小时，正常年份降雨量450-550毫米，适合种植小麦、玉米、蔬菜等农作物，全村耕地面积 2257 亩。主要灾害有倒春寒、春旱等，漳河绕村而过，北渠横穿村庄，有丰富的水资源。

2203 盐井乡杜家庄村

简　　介：杜家庄村位于盐井乡西北面，距离县城 2.5 公里，属城乡结合部，文殖公路穿境而过，是漳河河谷地带。全村辖杜家庄、韩家庄、墩底下 3 个社，189 户，816 人，其中男 406 人，女 410 人，有劳动力 509 人；村民中小学文化 77 人，初中文化 687 人，高中及以上文化 95 人；海拔 1890–1980 米，年平均气温 7.5℃，无霜期 140–155 天，年日照时数 2313 小时，正常年份降雨量 450–550 毫米，适合种植小麦、玉米、蔬菜等农作物；全村耕地面积 1383 亩（其中水浇地 1000 亩、旱地 383 亩），人均 1.5 亩。漳河绕村而过，北渠横穿村庄，有丰富的水资源。

2204 东泉乡本本湾村

简　　介：本本湾村是位于漳县西南部，地势北高南低，北接黄河村，东连土司门村。境内海拔 1700 米至 3480 米，平均气温 4.9℃，年积温 1788℃，年降雨量 450 至 700 毫米左右，无霜期 130 天左右，属高寒二阴气候。全村所辖本本湾、塔石沟、芽下、吊坡 4 个自然社，共有 141 户，619 人。

2205 草滩乡铁炉村

简　　介：草滩乡铁炉村位于草滩乡西北面，距离县城 68 公里。全村耕地面积 2186.5 亩。下辖下山里社、道口社、朱那社、铁炉社、苏范社 5 个村民小组，共 252 户，1126 人，其中男 650 人，女 476 人，有劳动力 560 人；村民中小学文化 401 人，初中文化 183 人，高中及以上文化 6 人；海拔为 2300–2763 米，年日照时数 2313 小时，降水丰富，年降雨量在 465.5 至 497.5 毫米之间，主要农作物有蚕豆、冬小麦、洋芋，经济作物有当归、党参，现有农民专业合作社 1 个。

2206 草滩乡香桥村

简　　介：草滩乡香桥村位于草滩乡东北面，距离县城 58 公里，全村耕地面积 4585 亩，下辖香桥社、石门社、半林社、平道社、冉沟社 5 个村民小组，共 280 户，1455 人，其中男 737 人，女 708 人，有劳动力 720 人；村民中小学文化 450 人，初中文化 265 人，高中及以上文化 16 人；海拔为 2300–2763 米，年日照时数 2313 小时，降水丰富，年降雨量在 465.5 至 497.5 毫米之间，主要农作物有蚕豆、冬小麦、洋芋、当归、油菜等，经济作物有当归、党参、金银花示范点 1 个，农民经济来源主要靠外出务工，畜牧业以牛、羊、大家畜养殖为主。

2207 马泉乡骆家沟村

简　　介：骆家沟村位于马泉乡中部，西南于四族接壤，东北于紫石、龚家坪村为邻，总面积 16 平方公里。海拔 2150–2225 米，属高寒阴湿山区，年均气温 5.7℃，无霜期 118 天，年降雨量 500 毫米左右。现辖 10 个自然社，257 户，1295 人，全村总耕地面积 4225 亩，2014 年人均纯收入 2300 元，有中小学各 1 所，在校学生 640 人。该村农民经济收入以农作物种植、中药材种植、劳务输出和养殖为主，主要种植冬小麦、蚕豆、马铃薯、胡麻等农作物。经济作物种植面积比例为 79%。

2208 大草滩乡北沟寺村

简　　介：北沟寺村位于大草滩乡南部，距大草滩乡政府 12.5 公里，总面积 13 平方公里海拔 2900 米左右，林地 3 万多亩，牧地 4

万多亩，耕地2950亩，人均4.84亩，退耕还林2200亩。全村有8个社，135户，610人，高中以上学历7人，漳河流经该村5公里，地理环境优越，土地肥沃，与AAAA级旅游景区遮阳山相连，辖区内有广阔的草原和茂密的原始森林，是观光度假的天然圣地。该村农民收入以中药材、马铃薯种植、劳务输出和养殖为主，主要种植当归、蚕豆、等农作物，年均劳务输出80人。群众具有一定基础的种植经验。2013年，全村农民人均纯收入为2150元。由于没有正规的村阵地，在全县基层组织建设对标定位中被定为后进党组织。

2209 草滩乡高山村

简　　介：高山村坐落在草滩乡西部，海拔2300–2763米，下辖高山社、高山下社、黑山河社、塔务山社、赵家崖社5个自然社，现有农户175户，人口840人，村民中小学文化146人，初中文化82人，全村耕地面积3500亩，年平均气温4.3℃，无霜期105天，年降雨量465.5至497.5毫米。高山村无支柱产业，主要靠种植粮食作物和社员外出打工维持生活。

2210 三岔镇黄土坡村

简　　介：三岔镇黄土坡村位于漳县城西17公里处，文殖二级公路穿境而过，全村共9个社，446户，2459人，耕地面积3132亩。群众全部使用自来水，本村以药材、蚕豆、劳务三大产业为经济支柱。2014年全村农民人均纯收入为3650元。

2211 金钟镇尖子村

简　　介：尖子村位于金钟镇2.5公里处，共有6个社，278户，1276人，（男678人），总耕地面积2583亩，有村干部4名。农民收入以中药材、小麦、马铃薯、劳务输出等为主。

2212 草滩乡金门村

简　　介：草滩乡金门村，位于草滩乡西南面，距离县城60公里，全村耕地面积3783.69亩。下辖金门社、任门社、下草滩社3个村民小组，共328户，1529人，其中男791人，女738人，有劳动力764人；村民中小学文化464人，初中文化261人，高中及以上文化16人；海拔为2300–2763米，年积温1549℃，最高气温为15.2℃，最低气温为–8.8℃，年平均气温4.3℃，无霜期105天。年日照时数2313小时，最短为5.6小时，最长为7.7小时，年降雨量在465.5至497.5毫米之间，主要农作物有蚕豆、冬小麦、洋芋、当归、油菜等，经济作物有当归、党参、油菜等，畜牧业以牛、羊、大家畜养殖为主，现有农业燕麦示范点1个，农户的主要收入靠外出打工和本地农产品收入。

2213 新寺镇大柳村

简　　介：大柳村位于新寺镇东南部，下辖寺沟、阳山、蒲东、蒲西、晋上、晋下、庄上、庄下、新庄、黄庄、叭嘛共11个社，全村547户，农业户口2455人，年均劳务输出800多人，人均纯收入2890元。全村耕地面积2484亩，其中川地1332亩，山地1152亩。大柳村地处龙川河下游，水资源比较丰富，农业灌溉以龙川河水源及小口井地下水源为主，龙川河南岸耕地相对集中，地势平坦，土地肥沃，光照充足，利于各类蔬菜的种植，现有露地蔬菜面积350亩，建有日光温室27座，占地面积54亩，建有塑料大棚8座，占地面积7.5亩。

2214 马泉乡马家屲村

简　　介：马泉乡马家屲村位于马泉乡南部，距乡政府5公里，辖9个村民小组，总人口226户，1214人，现有耕地面积4670亩。种植药材1860亩，种植小麦、大豆、胡麻、土豆、玉米等2810亩，人均纯收入2350元。

2215 金钟镇大庄村

简　　介：大庄村位于金钟镇最西端，海拔3000米，高寒阴湿，有5个自然社，239户，1025人。其中男578人，女447人，有村干部3人。耕地面积2133亩，人均2亩多。本村以种植当归、青稞、大小豆为主。主要收入来源于种植业，养殖和劳务输出。

2216 武当乡邹家门村

简　　介：武当乡邹家门村位于武当东部，距县城25公里，漳武公路横穿而过，辖7社，165户，1326人，耕地面积4200亩。

2217 新寺镇骆山村

简　　介：骆山村位于新寺镇东南部，海拔1856–2343米，降雨量450–550毫米，无霜期145天，全村共辖5社，128户，666人。耕地面积774亩，无川地耕地，全部山地农田，经济作物以种植玉米、胡麻、土豆、白菜、大葱以及黄芪、党参、小柴胡为主，养殖户16户，年均劳务输出280余人，人均纯收入2700元。

2218 盐井乡吊草眼村

简　　介：吊草眼村位于漳县西南部，海拔2250米，全村辖吊草眼、如背后、押和里3个社，83户，310人，其中男197人，女113人，有劳动力245人。年平均气温4.3℃，无霜期110天，正常年份降雨量350–500毫米，适合种植小麦、洋芋、蚕豆等农作物，全村耕地面积1587亩，人均3.69亩。

2219 新寺镇桥头村

简　　介：新寺镇桥头村依龙川河而建，自然条件优越，土地肥沃，灌溉条件便利。新寺镇巾帼农业“万亩无公害精品蔬菜生产基地”科技示范园区位于桥头村，占地3600多亩，建成高效日光温室1860多座，每座日光温室平均年收入4万元以上，基地总收入达8000多万元。全村辖6个社，353户，1651人。有耕地面积3625亩，人均耕地2.2亩，其中水地726亩，山地2899亩，现有露地蔬菜面积850亩，平均海拔1650多米，年均气温4.8℃。自然条件优越，土地肥沃，灌溉条件便利。群众具有丰富的果蔬生产经验，发展空间大、势头强。发展设施农业具有得天独厚的区域优势，是全县最大的甜黄瓜生产基地，生产的黄瓜甘甜可口远销全国各地。

2220 盐井乡菜儿村

简　　介：菜儿村位于盐井乡南部，距离县城13公里，属二阴山区，海拔2100–2200米，全村辖菜儿、阳屲沟、陈家沟、高家门、庙背后、范家庄、三岔崖、裴家山8个社，186户，890人，其中男468人，女422人，有劳动力520人；村民中小学文化77人，初中文化718人，高中及以上文化95人。年平均气温7.5℃，无霜期140–155天，年日照时数2313小时，正常年份降雨量450–550毫米，适合种植小麦、蚕豆、当归等农作物；全村耕地面积2600亩，全部为旱地，人均2.92亩；主要灾害有倒春寒、春旱等。2014年底，全村农民人均纯收入为2720元。

2221 三岔镇朱家庄村

简　　介：朱家庄村位于漳县三岔镇东南部，

处于漳河沿岸、文殪公路沿线，距县城5公里，总面积30平方公里，文殪公路贯穿而过。所辖7个社，总户数406户，人口2010人。该村农民收入以农作物种植、劳务输出和设施农牧业为主，有耕地面积4636亩，主要种植小麦、马铃薯、玉米等农作物，2014年人均纯收入3940元。

2222 石川乡赵家庄村

简　　介：石川乡赵家庄村下设地处石川乡东南部，下设一社、二社、泉儿下、王庄社、山里咀社5个自然社，现有415户，1460人，总耕地面积2190亩，2014年家庭人均纯收入1400元，主要经济收入来源务工、农业、种植药材。

2223 殪虎桥乡东桥村

简　　介：东桥村位于殪虎桥乡南端，国道212线横穿全境，距县城22公里，海拔2219米-3501米，年降雨量在450-500米毫米之间，属二阴寒地区，总面积21平方公里，耕地3840亩。全村4个社，447户，2067人。主要粮食作物主要是小麦、豆类、秋粮等，经济作物有中药材、蚕豆、油菜等，收入来源以劳务为主。

2224 新寺镇青瓦寺村

简　　介：青瓦寺位于风光秀丽的贵清峡畔，距新寺镇区12公里，全村12个社，515户，2478人。分居龙川河南北两岸，有村办公场所、村卫生室、村文化室。村“两委”班子成员11人，其中村干部5人，村务监督委员会成员3人。两所完全小学，教职工19人，在校学生325人。全村耕地面积4452亩（其中川地1720亩，山旱地2732亩），人均耕地面积1.8亩，全村村民经济收入以种植、养殖、旅游和劳务输出为主。全村共种植小麦1020亩，玉米1360亩，蚕豆3450亩，药材1107亩，人均收入2799元。全村共有规模养殖户18户，劳务输出700余人次。青瓦寺村位于国家AAAA级森林公园贵清峡畔，距新寺镇区12公里，贵清峡属于省级自然保护区，每年四月八庙会，香客游人日达数万。来自兰州、天水等周边地区的游客，带着游兴未尽的心情到峡口农家吃农家饭，住农家屋，享受着淳朴悠闲的田园生活。今年，县政府招商引资，中国公路航空旅游有限公司投资1.2亿完成了迎客接待中心的建设，投资5000多万完成了贵清峡口—姊妹桥二级旅游公路改建工程，计划利用3年的时间投资6.4亿元完成贵清峡基础设施及水上工程建设，这将为发展青瓦寺村农家乐服务业带来前所未有的良好机遇。

2225 四族乡牙里村

简　　介：牙里村位于四族乡西部，共有上牙里社、下牙里社、包家山社、苏家门社、发天坪社6个自然社，总人口1249人，耕地面积2262亩，距离县城45.5公里。

2226 东泉乡胭脂村

简　　介：胭脂村辖胭脂、木林、河湾、梁山、黑林科、谢庄6个自然社，共有223户，1026人，位于东泉乡东南部，处榜沙河畔，距县城79公里，距离最近集市15公里，境内海拔1720米至3500米，平均气温4.9℃，年积温1788℃，年降雨量450至700毫米左右，无霜期130天左右，属高寒阴湿区。有林地1.07万亩，草场1.03万亩，总耕地面积1406.25亩，人均耕地1.31亩。

2227 新寺镇新寺村

简　　介：新寺村位于新寺镇区，紧挨马力镇北顺村、吴家山村、大柳村，气候宜人，空气好。全村25个社，1564户，7151人。本村有办公场所、村卫生室、村文化室等设施，村“两委”班子成员9人，其中村干部8人，村务监督委员会成员1人。全村耕地面积8850亩，人均耕地面积1.1亩，全村村民经济收入以种植、养殖、劳务输出为主。全村共种植小麦2560亩，总产量982000斤，总收入826000元；玉米3120亩，总产量3648000斤，总收入4250000元；油菜1002亩，总产量28600斤，总收入128000元；药材304亩，总产量8900斤，总收入48000元，人均收入3992元。全村共有规模养殖户36户，其中有康裕养殖公司、生猪养殖公司、蔬菜农民专业合作社等大型养殖公司，年生产总值58万元余，其中羊存栏数量达2900余头，猪存栏数达5800头，年产值达39万元。全年劳务输出1400余人次。其中建筑业输出600人，其中农业输出300人，工厂输出100人，赴疆拾花300人，其它行业100人。总计收入900万元，人均1890元。

2228 新寺镇吴山村

简　　介：吴山村位于新寺镇西南部，下辖吴山、水沟、麻崖、活虎、新庄、旧庄6个社，全村220户人，农业户口1060人。年均劳务输出300多人，人均纯收入2400元。全村耕地面积1075亩，全为山地农田。吴山村水资源比较缺乏，农业灌溉以雨水及小口井地下水源为主。吴山村耕地相对集中，地势平坦，土地肥沃，光照充足，利于各类农产品的种植。主要经济作物有胡麻、土豆、玉米等。养殖户10户，主要有，猪、羊、鸡。

2229 三岔镇三岔村

简　　介：三岔村位于定西市漳县城西10公里处。三岔村辖6社，873户，共3377人，其中妇女1593人；农民收入以中药材、蚕豆种植和劳务输出为主，2013年全村农民人均纯收入为3750元。

2230 武阳镇柯寨村

简　　介：柯寨村位于县城以东5公里处，武阳镇五保家园所在地，漳武公路穿境而过，东街孙家峡村、武当乡，南连盐井菜儿村，西靠新庄门村，北邻庞家湾村，东西长5公里，南北宽4公里，总土地面积28943亩，耕地面积4290亩，其中川地920亩，坪地、山旱地3370亩，退耕还林1567亩，人均占有耕地2亩，平均海拔1800米，平均日照时数2200小时，无霜期170天，主要河流漳河在该村境内流长5公里，土地肥沃，是大棚韭菜种植大村，面积大，交通方便，日光温室蔬菜品种好，产量高，效益好，是全镇最大的蔬菜销售点，来往贩运车辆连连不断，农民增收效果可佳。全村共有10个社，农业人口433户，2164人，粮食总产440吨，油料总产30吨，药材总产20吨，蔬菜总产1600吨，肉类总产18吨，水果产量20吨，养殖大户5户。劳务输出600人，收入900万元，梯田累计面积2000亩，有效灌溉面积1000亩，保灌面积800亩，日光温室100亩，塑料大棚560亩，大家畜存栏326头，羊140只，生猪410头，鸡1.2万只。共有中小学3所，学生就地上学方便，60岁以上老人216人。

2231 马泉乡河底村

简　　介：河底村位于马泉乡南面，距离乡政府9公里，全村共有3个社，92户，422人，有劳动力300多人；适合种植小麦、玉米、药材等作物，全村耕地面积830多亩，主要灾害有春寒、春旱等，河水绕村而过，有丰富的水资源。

2232 殪虎桥乡阳屲堡村

简　　介：阳屲堡村位于殪虎桥乡西端，国道212线横穿全境，距县城19公里，总面积212.14平方公里，总耕地面积3.5351万亩，人均2.2亩，该村有5社，278户，1431人；有小学各1所，在校学生237人。

2233 金钟镇金钟村

简　　介：金钟村位于金钟镇镇区，海拔2510米，共13个社，577户，2476人（男1309人，女1126人）。平均年龄45岁。有村干部6人。全村耕地面积4368亩，人均1.8亩，农民收入以中药材、小麦、大、小豆、劳务输出等为主。

（五）渭源县

2234 莲峰镇下寨村

简　　介：下寨村位于莲峰镇西南部，西邻菜子坡村，南接簸箕湾村，东邻坡儿村。全村共有 6 个村民小组，农业户数 368 户，农业人口 1543 人，耕地面积 3060 亩。主要经济作物有黄芪，小麦、蚕豆、油菜等。

2235 新寨镇新寨村

简　　介：新寨村全村共有 10 个村民小组，农户 396 户，1602 人。上年末人均纯收入 2900 元，人均占有粮 370 公斤，总耕地面积 4649 亩，人均占有耕地 2.9 亩，其中退耕还林 789.74 亩。农民收入来源于种植业，农作物种植以党参、马铃薯为主，小麦、胡麻等作物种植面积较小。

2236 庆坪乡李家堡村

简　　介：李家堡村位于庆坪乡南部，地处干旱半干旱区域。全村有 6 个村民小组，261 户，1101 人，耕地面积 3123.5 亩，人均耕地 2.9 亩。群众经济收入主要来源于种植业及劳务输转。经济作物有当归、党参等，粮食作物有小麦、玉米等。

2237 庆坪乡线家沟村

简　　介：线家沟村位于庆坪乡南部，东与龚家沟相毗邻，南与清源镇相连，西接祁家庙乡，北连王家川村。地处二阴区，平均海拔 2100 米，年平均气温 5.5℃，年降水量 525 毫升。耕地面积 2480 亩，人均耕地 3.27 亩，山林面积 1002 亩。线家沟村辖 3 个村民小组，有 189 户，总人口 758 人。

2238 清源镇刘家河村

简　　介：刘家河村位于县城北部 3 公里处，全村有 9 个村民小组，354 户，1628 人。耕地面积 3454 亩，人均 2.2 亩，2013 年人均收入 2700 元。农民收入以种植业为主，主要作物有党参、小麦、洋芋、当归等。

2239 北寨镇张家堡村

简　　介：张家堡村位于渭源北部，北寨镇西北部，村部距镇政府 5 公里，平均海拔 2070 米。自来水入户率达到了 96%，村内通社道路及庄间巷道都已水泥硬化，跟首漫公路相连，群众出行和农产品运输非常方便。境内植被逐年恢复和巩固，生态环境明显改善，水土流失得到有效控制。目前，引洮工程正在进行通水检测工作，有望明年春天实现大面积灌溉。气候干旱少雨制约全村农业经济发展的瓶颈问题将会逐步得到解决。全村辖冯川、吊川、下王家、张家堡、老庄、朱川、湾老 7 个村民小组，273 户，1096 人，有耕地面积 4717 亩，人均 4.3 亩，其中退耕还林 2391 亩。全村农民人均纯收入 3388 元。引洮工程管道从村内经过，田间渠系配套工程已基本完成。经济发展以农业为主，农作物以玉米、马铃薯、中药材为主。

2240 麻家集镇塄坎村

简　　介：塄坎村位于镇政府西南部，总面积 6 平方公里，平均海拔 2115 米，无霜期 150 天，平均年降水量 520 毫米，全村共有村民小组 7 个，348 户，1577 人，耕地 3138 亩，人均耕地 1.98 亩。农作物种植以中药材为主，间作小麦、大豆、玉米、马铃薯等作物。全村 2011 年农民人均纯收入 2347 元。农家书屋占地 30 平方米，有桌子 1 张，椅子 2 张，书柜 2 个。

2241 新寨镇姚集村

简　　介：姚集村位于新寨镇西南部，全村共有 3 个村民小组，总面积 6.2 平方公里，农户 185 户，809 人，有耕地 2516 亩，人均占有耕地 3.1 亩，其中退耕为 635.15 亩，上年末农民人均占有粮 410 公斤，农民人均纯收入 2145 元。有村干部 3 人，办理村干部养老保险 4 人。

2242 锹峪乡毛家窑村

简　　介：毛家窑村位于锹峪乡南部，总面积 4.6 平方公里，平均海拔 2100 米，无霜期 150 天，平均年降水量 585 毫米。全村共有村民小组 9 个，320 户，1260 人，耕地 3000 亩，人均耕地 2.1 亩。林地面积 595 亩，人均 0.34 亩。农作物种植以中药材为主，间作小麦、大豆、玉米、马铃薯等作物。全村 2011 年农民人均纯收入 2000 元。农家书屋占地 30 平方米，有桌子 1 张，椅子 2 张，书柜 2 个。

2243 渭源县会川镇沈家滩村

简　　介：沈家滩村位于渭源会川镇南部，国道 212 线穿境而过，交通十分便利，自古以来就是丝绸之路的交通要道和商埠重镇。全村现有人口 2529 人。近年来，在镇政府大力领导和支持下，加大招商引资力度，建成了沈家滩工业园区，成为全镇的重要项目。

2244 会川镇本庙村

简　　介：本庙村位于会川镇南部，国道 212 线穿境而过，交通十分便利。本庙庙会远近闻名，内容丰富多彩，历史悠久，规模浩大。为全村的经济发展提供了重要的来源。全村现有人口 2638 人。

2245 北寨镇小寨村

简　　介：北寨镇小寨村位于北寨镇东面，东接大安乡，南接陇西德兴乡，东西两面分别与北寨前进村、丁家湾村相连，东西长 7 公里，南北宽 3.4 公理，总面积 15.6 平方公里，距离镇区 4 公里，距离县城 35 公里，地势东高西低，海拔 2000 至 2300 米，年降水量 460 毫米，年平均气温 5.8 度，无霜期 138 天，夏季炎热干燥，冬季封冻早，气温低，常年干旱少雨，土地贫瘠，以山地为主，全村共有 10 个村民小组，407 户，1748 人，有 648 人参加城镇居民社会养老保险，1584 人参加新型农村合作医疗保险。农民收入来源于种植业及外出务工。全村农民人均纯收入 3180 元，耕地 7396 亩，人均耕地 4.04 亩。经济发展以农业为主。

2246 新寨镇冯家庄村

简　　介：冯家庄村位于新寨镇东北部，占地面积 9.94 平方公里，耕地面积 4157 亩，以种植马铃薯、党参、小麦等农作物为主。本村地势以山沟为主，平均海拔在 2500 米左右，全村有3个村民小组，共有240户，968人，耕地面积4157亩，人均4.1亩。

2247 庆坪乡樊家湾村

简　　介：樊家湾村位于庆坪乡西北部，占地面积5.3平方公里。村内梁峁沟壑纵横交错，海拔2200米，无霜期140天，年平均气温5.1 C。全村共有2个村民小组，148户，640人，耕地面积2000亩，退耕还林60亩。樊家湾村种植农作物有小麦、蚕豆、玉米、胡麻、马铃薯。经济作物有党参、马铃薯，以党参为主，药材基本占耕地面积的30%-40%左右，是当地的主要经济来源之一。

2248 莲峰镇簸箕湾村

简　　介：簸箕湾村位于莲峰镇最南部，东与陇西县接壤，南邻漳县三岔镇。共有4个村民小组，农业户数230户，农业人口1030人，耕地面积2310亩，全部为山坡地。全村森林覆盖率为100%，年平均气温低，雨量充足。以中药材种植和养殖为经济来源，间作冬小麦、蚕豆、马铃薯等种植。

2249 庆坪乡龚家沟村

简　　介：庆坪乡龚家沟村位于庆坪乡西南部，距庆坪乡政府所在地7.5公里。东与李家堡村相连，西接线家沟村，南邻清源镇鼠山村，北与王家川村毗邻，属二阴地区，地势西南高，东北低，平均海拔2200米，无霜期140天左右，年平均气温5.5° C，年降水量530毫升。有硬化的通村公路1条4公里。龚家沟村辖3个村民小组，有225户，965人，有劳动力537人。流域面积5.8平方公里，总耕地面积3053亩，人均耕地3.16亩。

2250 新寨镇康家山村

简　　介：康家山村位于新寨镇南部，全村7个社，254户，1078人。总耕地面积3485亩，人均占有耕地4.3亩。上年末人均纯收入3180元，人均占有粮405公斤。有村干部4名，办理村干部养老保险3人。

2251 新寨镇宽川村

简　　介：宽川村位于新寨镇北部，海拔2156米-2224米，全村共有5个社，169户，772人，其中男398人，女376人。其中男31人，女3人。耕地面积2579亩，人均占有耕地3.3亩。全村经济收入以种植马铃薯、白条党参为主。宽川村社火队共有65人，包括太平鼓16个、秧歌队24人、锣2个、钹2个、旗8杆等。

2252 清源镇小石岔村

简　　介：小石岔村位于县城北部10公里处，是清源镇内的干旱山区。全村有4个村民小组，146户，586人。耕地面积2012亩，人均3.3亩，2013年人均收入2400元。农民收入以种植业为主，主要作物有当归、洋芋、小麦、党参等。

2253 田家河乡田家河村

简　　介：田家河村位于田家河乡政府所在地，距县城50公里，是政府的中心村，沈峡、田麻2条公路穿境而过，交通便利。有村民小组12个，478户，2001人，有耕地4226.23亩，人均2.1亩，林地320亩，人均0.16亩。村内有小学、中学各1所。种植业以中药材、小麦、马铃薯、油菜等作物为主，经济作物是以当归为主的中药材种植，养殖业以分散型养猪、养鸡、养羊和养牛为主，但没有形成规模养殖。

2254 麻家集镇四沟村

简　　介：四沟村位于镇政府东北部，总面

积 5 平方公里。平均海拔 2400 米，无霜期 150 天，平均年降水量 505 毫米，全村共有村民小组 11 个，304 户，1191 人。耕地 2315 亩，人均耕地 1.8 亩。林地面积 2700 亩，人均 2.2 亩。农作物种植以中药材为主，间作小麦、玉米、马铃薯等作物。全村 2011 年农民人均纯收入 2100 元。

2255 麻家集镇毗达村

简　　介：毗达村位于镇政府西南部，总面积 5 平方公里。平均海拔 2300 米，无霜期 150 天，平均年降水量 580 毫米，全村共有村民小组 8 个，312 户，1387 人。耕地 2842.48 亩，人均耕地 2.05 亩。林地面积 700 亩，人均 0.35 亩。农作物种植以中药材为主，间作小麦、胡麻、玉米、马铃薯等作物。全村 2011 年农民人均纯收入 2347 元。农家书屋占地 20 平方米，有桌子 2 张，椅子 2 张，书柜 1 个。

2256 路园镇锹甲铺村

简　　介：锹甲铺村位于路园镇西部，属石门水库北干渠和渭河锹峪河截引自流灌区。有耕地 2642 亩，人均占有耕地 2.1 亩，可灌溉面积达 90%。全村共有 6 个村民小组，299 户，1224 人。全村经济收入以种植业、养殖业及二、三产业为主，上年末农民人均纯收入 3156 元。

2257 北寨镇前进村

简　　介：前进村是北寨镇政府所在地，东面与丁家湾、小寨村相连，南面与盐滩、阳坡村相连，西面与陈家渠村、暖阳村相连，北与张家堡村相接，东西长 3.2 公里，南北宽 3 公里，总面积 8.6 平方公里，距离县城 31 公里。地势东高西低，平均海拔 2090 米，年降水量 420.6 毫米左右，年平均气温 5.6℃，无霜期 150 天，夏季炎热干燥，冬季封冻早，气温低，常年干旱缺水，属典型的北部干旱地区。劳务、全覆膜玉米、马铃薯是该村的支柱产业。全村共有 7 个村民小组，496 户，2014 人，耕地面积 3612 亩，退耕还林面积 2500 亩，人均占有耕地 2.54 亩。2013 年，农民人均纯收入 2985 元。

2258 五竹镇石头沟村

简　　介：石头沟村位于五竹镇南部，海拔 2240 米，属于高寒阴湿气候，年降水量 628 毫米，无霜期 130 天，距县城 13 公里，距镇政府所在地 3 公里，西五公路穿境而过，交通便利。有 12 个村民小组，村民 658 户，2731 人，有劳动力 1845 人，外出务工人数 468 人。全村有耕地面积 7688.89 亩，人均 2.82 亩。主要种植作物有马铃薯、小麦、油菜、蚕豆等，经济作物以中药材当归种植为主。全村村内铺油硬化公路 6.1 公里，占全村道路的 51%。农网改造率达到 100%，通电率达 100%。自来水接通 3 社，140 户，占农户总户数的 21.3%。主要完成以下工作：一是饮用水源地保护，建设隔离围栏 2650 米。二是畜禽养殖污染治理，改造圈舍 170 户，配套建设堆肥场 10 个。三是生活垃圾处理方面，设置分类式环保垃圾箱 80 个，购置垃圾清运车 1 辆。四是整合项目资金 420 万元，对 3 个社的 5 公里道路进行了铺油硬化，解决了 220 户群众的出行难问题。五是加大植树造林，提高森林覆盖率。六是扶持发展特色优势产业，转变农业发展模式，积极推广生态农业、循环农业，控制面源污染，改善农村生态环境，形成一个与生态相协调的生态经济之路。七是从改变生产生活观念入手，对农户厕所进行改造。八是推行秸杆还田作业，推广畜禽粪便综合治理项目。

2259 上湾乡大庄村

简　　介：大庄村位于上湾乡北部，距乡政府15公里，平均海拔2000米，年平均气温5.7℃，无霜期140天，年降雨量430毫米左右，且分布不均匀，降雨集中在七、八、九月。全村有4个村民小组160户，684人，有耕地面积2373亩，人均3.5亩。

2260 大安乡大石岔村

简　　介：大石岔村位于大安乡政府西南面，平均海拔在2100米左右。南与北寨镇小寨村接壤，北与潘家湾、大涝子村相邻，东接井儿山村，西邻北寨镇丁家湾村。该村辖7个村民小组，共有356户，1530人，其中劳动力642人（男342人，女300人）。占地面积12.2平方公里，有耕地5251亩，其中退耕还林3203亩，林改面积4015.5亩，梯田面积3750亩，人均占有耕地3.4亩。当地农民经济收入主要来源于种植业和劳务输出。农作物种植以马铃薯、小麦、胡麻、中药材为主。

2261 大安乡中庄村

简　　介：中庄村地处大安乡东北部，东接安定区香泉镇，南与杜家铺、潘家湾村接壤，西与张家川村毗邻，北临秦祁乡。总面积13.6平方公里，全村有耕地7744亩，其中退耕还林4400亩，人均占有耕地4.49亩，农作物种植以马铃薯、双垄沟播玉米为主，间作豆类、胡麻、小麦、中药材。

2262 清源镇红岘村

简　　介：红岘村位于清源镇东北部，总面积11.5平方公里，耕地面积3326亩，人均3.3亩。2013年人均纯收入2760元，定渭公路穿境而过，全村有6个村民小组，250户，1030人。农民收入以种植业为主，主要作物有当归、党参、小麦、洋芋等。

2263 峡城乡秋池湾村

简　　介：秋池湾村位于峡城乡东北部，夏季炎热干燥，年降水量较少，冬季封冻早，气温较低，春季干旱缺水，属典型的南部半干旱地区。中药材、马铃薯、劳务是该村的支柱产业。全村共有6个村民小组，219户，947人，耕地面积2842亩，退耕还林面积1148亩，人均占有耕地1.7亩。2013年，农民人均纯收入2398元。

2264 新寨镇柳林村

简　　介：柳林村位于新寨镇西南部，全村共有6个村民小组，总面积6.3平方公里，农户210户，860人，有耕地2638亩，人均占有耕地2.9亩，上年末农民人均占有粮600公斤，农民人均纯收入3000元。

2265 清源镇王家店村

简　　介：王家店村位于县城西北4公里处，临渭公路穿境而过。总面积1.3平方公里，全村有4个村民小组，262户，1066人。耕地面积3461亩，人均3.26亩，2013年人均收入4421元。农民收入以种植业为主，主要作物有党参、当归、洋芋、小麦等。

2266 锹峪乡锹峪村

简　　介：锹峪村位于锹峪乡中部，总面积8平方公里，年平均气温4℃，年降水量470毫米，无霜期130天，干旱少雨是全村农业发展的主要因素。全村共有6个村民小组，农户451户，1819人，有耕地2205亩其中退耕为450亩，人均占有耕地3.06亩。人均占有粮245公斤，人均年纯收入2780元。村内沟壑纵横，梁峁起伏，山大深沟，土地瘠薄，山旱地占总耕地的100%。

2267 路园镇峪岭村

简　介：峪岭村位于渭源县路园镇北部，属半山区。有耕地4304亩，人均占有耕地2.34亩。全村共有6个村民小组，426户，1804人。全村形成中药材、蔬菜两大支柱产业和蔬菜产业开发示范，中药材种植、生态流域综合治理三大基地。上年末农民人均纯收入3126元。

2268 莲峰镇绽坡村

简　介：绽坡村位于莲峰镇北部，距县城20公里，交通便利，罗莲公路穿村而过。全村共有6个村民小组，农业户数464户，农业人口1986人，耕地面积3705亩，其中以水地为主。主要经济作物为中药材，粮食作物以小麦和玉米为主。该村建有1个150平方米以上的文化室和4932平方米的文化广场，并安装了健身器材15种以上。

2269 田家河乡汤尕沟村

简　介：汤尕沟村位于渭源县田家河乡南北部，海拔2440米，属高寒阴湿气候，年平均降水量508毫米，2012年降水量650毫米，无霜期130天，距212国道19.5公里。有5个村民小组，村民160户，682人，女336人。全村有耕地面积2432亩，人均3.6亩。主要种植作物有小麦、马铃薯、蚕豆、油菜等，经济作物以中药材当归种植为主。2012年，全村农民人均纯收入2268元。

2270 大安乡大涝子村

简　介：大涝子村总面积14.7平方公里，有耕地4534亩，其中退耕还林2898亩，人均占有耕地3.7亩，农作物种植以马铃薯、双垄沟播玉米为主，间作胡麻、小麦。全村共有7个村民小组，302户，1220人，人均纯收入1620元。

2271 新寨镇中寨村

简　介：中寨位于新寨镇东南部，全村共有6个村民小组，总面积10.18平方公里，农户293户，1204人，有耕地4247亩，人均占有耕地3.6亩，其中退耕为1384.4亩，上年末农民人均纯收入3100元，人均占有粮600公斤。

2272 庆坪乡李家窑村

简　介：李家窑村在庆坪乡二阴区，临渭公路穿境而过，交通便利。李家窑村有耕地4333亩，其中可灌溉300亩，山地4033亩，人均占有耕地2.7亩。全村共有10个村民小组，438户，1831人，农作物以中药材为主，间作小麦、玉米、马铃薯等。

2273 新寨镇泉湾村

简　介：泉湾村位于镇政府西北部，土地总面积10562.5亩，属典型的北部干旱山区，平均海拔2527米，无霜期110天，平均年降水量350毫米，以种植马铃薯、党参、小麦为主，种植结构传统、粗放、单一。全村共有村民小组8个，231户，1066人，耕地3492亩，其中退耕还林964.53亩。

2274 峡城乡杨庄村

简　介：杨庄村位于峡城乡东南部，夏季炎热干燥，年降水量较少，冬季封冻早，气温较低，春季干旱缺水，属典型的二阴地区。中药材、马铃薯、劳务是该村的支柱产业。全村共有4个村民小组，264户，1164人。耕地面积1940亩，退耕还林面积100亩，人均占有耕地1.6亩。2013年，农民人均纯收入3478元。

2275 田家河乡元古堆村

简　介：元古堆村位于渭源县田家河乡南

部，海拔2440米，属高寒阴湿气候，年平均降水量508毫米，2012年降水量650毫米，无霜期130天，距212国道3.5公里。有13个村民小组，村民447户，1917人，有劳动力1112人，外出务工人数386人。耕地面积5500亩，人均2.87亩。主要种植作物有小麦、马铃薯、蚕豆、油菜等，经济作物以中药材当归种植为主。小麦种植1100亩，产量198000公斤；马玲薯种植825亩，产量577500公斤；蚕豆种植1100亩，187000公斤；油菜种植715亩，产量78650公斤；中药材种植1650亩，产量148500公斤；其他作物110亩。截止2012年底，全村各类家畜存栏量为：牛134头，羊320只，鸡2235只，猪410头，骡子47头。有各类农用机械105台，小轿车2部。全村村内砂化道路8.6公里，占全村道路的79%；硬化道路2.4公里，占全村道路的21%。农网改造率达到98%，通电率达100%，自来水管道埋设已完成，即将通水。村内有小学2所，其中下滩小学有教学班6个，学生74人，教师6人，教室为2003年和2004年修建；元古堆小学有教学班3个，学生28人，教师3人，教室为2000年修建。有农家书屋1处，存书3200套，有“文化共享”设备1套。无村卫生室。

2276 庆坪乡窑坡村

简　　介：窑坡村位于庆坪乡南部，满瓦路沿村而过，交通前景看好。平均海拔1835米，主要粮食作物有小麦、玉米、马铃薯等，村内大量种植当归、党参等中药材，经济作物种植有一定的规模。全村共有4个村民小组，280户，1132人，2014年人均纯收入3320元，共有耕地面积3267亩。农民主要收入来源为中药材种植和外出务工。

2277 清源镇鼠山村

简　　介：鼠山村位于县城西南10公里处，是渭河发源地。旅游景点有品字泉、禹王庙等。全村有7个村民小组，466户，1864人。耕地面积4998亩，人均2.7亩，2013年人均收入3500元。农民收入以种植业为主，主要作物有党参、当归、洋芋、小麦等。

2278 田家河乡香卜路村

简　　介：香卜路村有7个村民小组，266户，1085人，耕地面积357亩，靠近林带，适合发展养殖业。香卜路村文化广场建于2012年，占地1300平方米，各种花草树木立体相映，争奇斗艳，广场集休憩、健身、娱乐、游览、观赏于一体，将成为村民最理想的活动场所

2279 大安乡张家川村

简　　介：张家川村位于大安乡南部，总面积15.5平方公里，距乡政府17公里，村内沟壑纵横，梁峁起伏，耕地以山旱地为主，海拔在2100–2300米之间，无霜期140天，年平均气温5.8℃，年降雨量不足300毫米，是典型的干旱少雨地区。全村有耕地3902亩，其中退耕还林2600亩，人均占有耕地3.83亩，农作物种植以马铃薯、双垄沟播玉米为主，间作蚕豆、胡麻、小麦。

2280 新寨镇东坡村

简　　介：东坡村位于新寨镇东南部，平均海拔2448米，以黄土和红砂土为主。全村有淤地坝2座，骨干坝5座。全村总面积13.64平方公里，有6个村民小组，437户，1783人，总耕地面积5478.33亩，人均占有耕地3.07亩，其中退耕1209亩，农民收入来源于种植业。农作物种植以种植马铃薯为主，间作小麦。经济收入以种植马铃薯、中药材为主。

2281 峡城乡脱甲山村

简　　介：脱甲山村位于峡城乡北部，夏季炎热干燥，年降水量较少，冬季封冻早，气温较低，春季干旱缺水，属典型的二阴地区。中药材、马铃薯、劳务是该村的支柱产业。全村共有 9 个村民小组，332 户，1447 人，耕地面积 3564 亩，退耕还林面积 225 亩，人均占有耕地 2.46 亩。

2282 秦祁乡秦祁村

简　　介：秦祁村位于秦祁乡西南部，地势东高西低。夏季炎热干燥，冬季封冻早，气温低，常年干旱缺水，属典型的北部干旱地区。年平均气温 5℃，最冷月（1 月）平均气温零下 7℃，最热月（7 月）平均气温 17℃。年降水量 420.6 毫米，无霜期 150 天。全村有 4 个村民小组，148 户，636 人，耕地 2977 亩，人均 3.1 亩，2013 年人均纯收入为 3218 元。为了继承和发扬非物质文化遗产皮影戏，秦祁村冯家皮影戏班在闲暇时为群众送去好戏，丰富了群众的业余文化生活，在 2009 年重新维修建成皮影戏台 1 个，占地面积 9.2 平方米，每逢春节，村民们都会观看到好看的皮影戏。

2283 清源镇上磨村

简　　介：上磨村位于县城，全村有 10 个村民小组，624 户，2640 人。耕地面积 4692 亩，人均 1.7 亩，2013 年人均收入 4080 元。农民收入以种植业为主，主要作物有党参、黄芪、洋芋、小麦等。

2284 莲峰镇选道村

简　　介：选道村位于莲峰镇西北部，与锹峪乡乔阳村相连，全村共有 10 个村民小组，农业户数 443 户，农业人口 1889 人，全村共有耕地 3667 亩，全部为山坡地。农民收入来源于劳务和种植业，农作物种植以种植中药材和蚕豆为主，间作小麦、胡麻等。

2285 莲峰镇下街村

简　　介：下街村位于莲峰镇中心，是莲峰镇经济贸易之地。全村共有 10 个村民小组，农业户数 680 户，农业人口 2824 人，耕地面积有 3915 亩，水耕地占 60%，山坡地占 40%。以黄芪、党参种植为主，粮食作物有小麦、胡麻、马铃薯、玉米等。

2286 锹峪乡裕丰村

简　　介：裕丰村位于锹峪乡东部，无霜期 135 天，年平均降水量不足 250 毫米，平均海拔 2312 米，村内山大沟深，山旱地占耕地的 80%，全村总面积 13 平方公里，总耕地面积 4610 亩，其中有退耕还林面积 1320 亩，人均占有耕地面积 3.2 亩。主要种植黄芪、党参。

2287 锹峪乡新丰村

简　　介：新丰村距锹峪乡行政区 5 公里，2009 年 5 月在新丰村部设立新丰村农家书屋，占地面积为 20 平方米，藏书多达 4000 多册，涉及内容有农业、林业、畜牧、教育、小说、加工、技能等方面。现有设备为 2 组书柜，1 个办公桌，椅子 3 把。农家书屋管理员 1 名，主要工作是整理分类，登记借阅。新丰村戏台位于新丰村肖家庄社，修建于 1984 年，至今已经 30 年的历史了，主体为砖木结构，占地面积为 50 平方米，主要用途是为村上举办各项活动提供活动场所。

2288 峡城乡峡城村

简　　介：峡城村位于峡城乡中部，夏季炎热干燥，冬季封冻早，气温低，中药材、马铃薯、劳务是该村的支柱产业。全村共有

8个村民小组，366户，1438人，耕地面积1663亩，退耕还林面积158亩，人均占有耕地1.1亩。2013年，农民人均纯收入3285元。

2289 秦祁乡武家山村

简　　介：武家山村位于秦祁乡正东南位置，东北分别与内官营镇和大安乡接壤，西靠白土坡村，南邻大安乡中庄村。武家山村夏季炎热干燥，冬季封冻早，气温低，常年干旱缺水。年平均气温4℃，最冷月（1月）平均气温零下7℃，最热月（7月）平均气温17℃。年降水量400.6毫米，无霜期150天。全村有9个村民小组，277户，1212人，耕地4976亩，人均4.1亩，2013年人均纯收入为3218元。农家书屋坐落于武家山村委会大院内，目前各类书籍已达1600余册。主要包括种植养殖技术，小说、杂志报刊，医学常识，家电维修常识，养生保健常识，育婴哺乳知识，计划生育宣传知识等等。农家书屋极大地充实了本村村民的精神文化生活，同时也给本村的少年儿童提供了一个很好的学习平台，丰富了他们的课外生活，开阔了眼界，增长了知识。

2290 峡城乡祁家寨村

简　　介：祁家寨村地处峡城乡的北部，位于峡城村与门楼寺村之间，海拔较高，气候较为干燥，属高寒二阴山区地带。全村共4个社，147户，人口582人，主要经济作物有洋芋、柴胡、黄芪、豆类等。2013年人均纯收入2590元，人均占有粮560公斤。

2291 上湾乡凡家屲村

简　　介：凡家屲村位于上湾乡西南部，属二阴区川谷地带，气候温和，年降水量540毫米，无霜期140天。农作物以中药材为主，间作小麦、胡麻、玉米、马铃薯等。全村共有5个村民小组，193户。2011年农民人均纯收入2970元。农民收入主要为劳务和种植业所得收入。全村现有耕地面积832亩，人均3.7亩。

2292 清源镇苏家窑村

简　　介：苏家窑村位于县城西部6.5公里处，高漫路穿境而过，佛教名寺马藏寺位于其中是镇内高寒阴湿村之一。全村有9个村民小组，405户，1541人。耕地面积3927亩，人均2.54亩。2013年人均收入4271元。农民收入以种植业为主，主要作物有当归、党参、小麦、油菜、洋芋等。

2293 锹峪乡古树村

简　　介：古树村总面积5平方公里。平均海拔2400米，平均年降水量505毫米，全村共有村民小组7个，388户，1616人，耕地2315亩，人均耕地1.8亩。林地面积2700亩，人均2.2亩。农作物种植以中药材为主，间作小麦、玉米、马铃薯等作物。全村2011年农民人均纯收入2100元。目前，村部有农家书屋1间30平方米。

2294 上湾乡尖山村

简　　介：尖山村位于上湾乡北部，是乡政府所在地。该村气候湿润，降雨量适中，是种植业及养殖业发展的适宜地区。212国道贯穿全村，交通较为方便。农作物种植以中药材为主，间作小麦、胡麻、玉米、马铃薯等。全村共有15个村民小组，668户，2887人。2011年农民人均纯收入1850元，比全县平均水平2993元低1143元。农民收入主要为劳务和种植业所得收入。有耕地3955.8亩，人均1.37亩；林地4563.6亩，人均1.58亩。

2295 路园镇大路村

简　　介：大路村地处路园镇西部，距县城7公里，316国道和渭河穿境而过，自然、交通条件相对优越，是典型的渭河河谷区。有耕地3758亩，人均占有耕地1.8亩。全村共有8个村民小组，511户，2105人。全村经济收入以大棚蔬菜、苗木和蛋鸡养殖为主，上年末农民人均纯收入3230元。

2296 庆坪乡松树村

简　　介：松树村位于庆坪乡西南部，距乡政府12公里。耕地面积2982亩，人均2.72亩。全村共3个村民小组，254户，1098人。粮食以小麦、蚕豆等种植为主，经济作物以马铃薯、当归等的种植为主。

2297 会川镇梁家坡村

简　　介：梁家坡村位于会川镇北部，国道316线穿境而过，交通十分便利，近年来，经济发展迅速，成为了会川镇的经济大村。全村以中药材加工、贩运为主，现有总人口3017人。

2298 上湾乡水家窑村

简　　介：水家窑村位于上湾乡北部漫坝河流域，临洮和渭源两县交界处，距乡政府7公里，212国道线穿境而过，交通便利，气候湿润，土壤肥沃，阳光充足，海拔在1950—2020米。平均海拔2000米，年平均气温5.7℃，无霜期140天，年降雨量430毫米左右。全村有12个村民小组，693户，2941人，有耕地面积4910亩，人均1.7亩。

2299 秦祁乡芨芨沟村

简　　介：芨芨沟村位于秦祁乡东南部，夏季炎热干燥，冬季封冻早，气温低，常年干旱缺水，属典型的北部干旱地区。全村辖9个村民小组，288户，1382人，耕地面积5612亩，人均耕地面积4.6亩，全村形成马铃薯、中药材种植和养殖业等产业格局。

2300 莲峰镇石门村

简　　介：石门村位于莲峰镇西北部，东与蒲河村接壤，是莲峰镇典型的山区村。全村森林覆盖面积大。全村共有11个村民小组，农业户数498户，农业人口2087人。耕地面积为7285亩，全部为山坡地。全年平均气温低，降雨量充沛。主要经济作物有小麦、蚕豆、黄芪、油菜、马铃薯等。

2301 上湾乡朱堤村

简　　介：朱堤村位于上湾乡西南部，距乡政府5公里，平均海拔2100米，年平均气温5.8℃，无霜期150天，年降雨量430毫米左右，且分布不均匀，降雨集中在七、八、九月。全村有10个村民小组430户，1860人，有耕地面积3843亩，人均2.1亩。

2302 新寨镇三合村

简　　介：三合村位于新寨镇西北部，全村共有11个村民小组，总面积11.4平方公里，农户322户，1393人，有耕地4770亩，人均占有耕地3.6亩，其中退耕还林685.13亩。2013年农民人均纯收入4500元。

2303 路园镇盛家坪村

简　　介：盛家坪村位于路园镇西南部，距316国道3公里，有耕地4320亩，其中水浇地1500亩，人均占有耕地2.4亩。全村共有11个村民小组，426户，1804人。全村经济收入以中药材、马铃薯和劳务输出为主，上年末农民人均纯收入3095元。

2304 新寨镇寺坪村

简　　介：寺坪村位于新寨镇东部，全村共有2个村民小组，总面积4.25平方公里，农户142户，653人，有耕地1786亩，人均占有耕地2.76亩，其中退耕为681.04亩，上年末农民人均纯收入3100元，人均占有粮650公斤。

2305 莲峰镇菜子坡村

简　　介：菜子坡村位于莲峰镇西南部，全村被森林覆盖，是典型的山区村。全村共有8个村民小组，农业户数342户，农业人口1507人。耕地面积3270亩，全部为山坡地，退耕还林1500亩，全村形成以蚕豆、中药材、养殖业为主的产业格局。粮食作物有小麦、蚕豆、油菜等。

2306 清源镇漫庄村

简　　介：漫庄村位于县城西部8.2公里处，全村有9个村民小组，376户，1628人。耕地面积4390亩，人均2.7亩，2013年人均收入4275元。农民收入以种植业为主，主要作物有当归、洋芋、小麦、油菜等。

2307 麻家集镇土牌湾村

简　　介：土牌湾村位于镇政府东北部，东与上湾乡相连，西与麻家集村邻，南连四沟村，北于临洮县三甲乡接壤。气候温暖，民情淳朴。有村民小组9个，有246户，1065人，其中有劳动力582人，有耕地2102亩，人均占有耕地1.9亩。农作物种植以中药材、玉米、马铃薯为主，间作小麦、胡麻等作物。上年末人均纯收入1800元。

2308 会川镇半阴坡村

简　　介：半阴坡村位于会川镇东南部，国道316线穿境而过，交通十分便利。南部有著名旅游景点太白山等，森林资源、旅游资源极其丰富。全村现有人口1671人。

2309 北寨镇麻地湾村

简　　介：麻地湾村位于北寨镇西南部，与新寨镇、清源镇相连，距离县城15公里，距镇政府所在地12公里，属北部南山区，平均海拔3100米，年降水量580毫米左右，年平均气温5.3℃，无霜期178天，夏季炎热干燥，冬季封冻早，气温低，常年干旱缺水，属典型的北部干旱地区。中药材、马铃薯、劳务是该村的支柱产业。全村共有9个村民小组，437户，1803人，耕地面积4842亩，退耕还林面积2248亩，人均占有耕地2.7亩。2013年，农民人均纯收入3285元。

2310 莲峰镇岔口村

简　　介：岔口村位于莲峰镇西部，是典型的山区村，全村共有13个村民小组，农业户数550户，农业人口2317人，耕地面积5700亩，全部为山坡地。以种植、养殖、劳务输出为产业支柱。

2311 莲峰镇古迹坪村

简　　介：古迹坪村位于莲峰镇西南部，兰渝铁路穿村而过。全村共有6个村民小组，农业户数471户，农业人口1898人。属于莲峰镇的山区村，森林覆盖率95%，年平均气温低，雨量充足。以中药材种植和养殖为支柱产业，主要经济作物为蚕豆、黄芪。

2312 新寨镇剪子岔村

简　　介：剪子岔村位于新寨镇西北部，无霜期110天，年降雨量350毫米，海拔2256-2547米。全村总面积11.4平方公里，耕地4770亩，人均占有耕地3.6亩。林地面积251亩，人均3.22亩。全村辖2个村民小组，123 户，496 人。

2313 莲峰镇幸福村

简　　介：幸福村位于莲峰镇政府北侧，全村共有 4 个村民小组，农业户数 392 户，农业人口 1696 人，耕地面积 3120 亩，梯田占 80%。以中药材种植为主，间作小麦、玉米、蚕豆等，养殖和劳务输出为辅助产业。

2314 上湾乡侯家寺村

简　　介：侯家寺村位于上湾乡西南部漫坝河畔，212 国道傍境而过，与会川镇毗邻。属高寒二阴地区，气候温和湿润，冷月（1 月）平均气温零下 10℃，最热月（7 月）平均气温 20℃，年平均气温 5.7℃。年降水量 540 毫米，无霜期 140 天。土壤肥沃，灌溉较为便利。全村有 15 个村民小组，592 户，2467 人，有耕地面积 3117.2 亩，人均 1.2 亩。

2315 上湾乡杨家寺村

简　　介：杨家寺村位于上湾乡西南部，属二阴区川谷地带，气候温和，最冷月（1 月）平均气温零下 10℃，最热月（7 月）平均气温 17℃，年平均气温 5.7℃。年降水量 540 毫米，且分布不均匀，降雨集中在七、八、九月。杨家寺村共有 14 个村民小组，农户 554 户，人口 2275 人，其中男 1226 人，女 1049 人，劳动力 1287 人，60 周岁以上人口 283 人。

2316 麻家集镇路西村

简　　介：路西村位于镇政府西南部，总面积 4.6 平方公里，平均海拔 2100 米，无霜期 150 天，平均年降水量 585 毫米。全村共有村民小组 8 个，395 户，1732 人，耕地 3704 亩，人均耕地 2.1 亩。林地面积 595 亩，人均 0.34 亩。农作物种植以中药材为主，间作小麦、大豆、玉米、马铃薯等作物。全村 2011 年农民人均纯收入 2000 元。农家书屋占地 40 平方米，有桌子 1 张，椅子 2 张，书柜 2 个。

2317 清源镇柯寨村

简　　介：柯寨村位于县城北部 2 公里处，总面积 6 平方公里。定渭公路穿境而过，全村有 5 个村民小组，411 户，1499 人。耕地面积 2025 亩，人均 1.62 亩，2013 年人均收入 3780 元。农民收入以种植业为主，主要作物有党参、黄芪、洋芋等。柯寨村是清源镇唯一连续 4 年的千亩党参种植基地。

2318 锹峪乡贯子口村

简　　介：贯子口村位于锹峪乡中部，总面积 15.6 平方公里，距离乡区 1 公里，距离县城 5 公里，地势东高西低，海拔 2000 至 2300 米，年降水量 460 毫米，年平均气温 5.8 度，无霜期 138 天，夏季炎热干燥，冬季封冻早，气温低，常年干旱少雨，土地贫瘠，以山地为主，全村共有 2 个村民小组，300 户，1300 人。农民收入来源于种植业及外出务工，全村农民人均纯收入 2700 元，人均耕地 4.04 亩。经济发展以农业为主，农作物以小麦、洋芋、中药材为主。

2319 清源镇星光村

简　　介：星光村位于县城西部 5 公里处，316 国道穿境而过。全村有 9 个村民小组，568 户，2119 人。耕地面积 4685 亩，人均 2.5 亩，2013 年人均收入 3700 元。农民收入以种植业为主，主要作物有党参、黄芪、洋芋、小麦等。

2320 大安乡潘家湾村

简　　介：潘家湾村占地面积 13.2 平方公里，有耕地 6165 亩，退耕还林 3980 亩，人均占有耕地4.3亩。农民主要收入来源于种植业，农作物种植以马铃薯为主，间作小麦、胡麻、中药材等，上年末人均纯收入1560元。该村辖4个村民小组，共有306户，1445人。

2321 莲峰镇孔家坪村

简　　介：孔家坪村位于莲峰镇西南部，全村共有4个村民小组，农业户数289户，农业人口1276人，耕地面积2205亩。全村形成马铃薯、中药材种植和养殖业格局。粮食作物以冬小麦、蚕豆、马铃薯、玉米、胡麻为主。

2322 新寨镇田家岔村

简　　介：田家岔村位于新寨镇镇北部，交通便利。全村共有10个社，336户，1474人。耕地面积3839亩，人均占有耕地2.6亩。上年末人均纯收入3000元，人均占有粮600公斤。

2323 莲峰镇团结村

简　　介：团结村位于莲峰镇北部，距县城16公里，交通便利。全村共有6个村民小组，农业户数667户，农业人口2989人，耕地面积5455亩。该村建有面积150平方米以上的文化室和4400平方米的文化广场各1个，并安装了各类建设器材。

2324 田家河乡新集村

简　　介：新集村位于渭源县田家河乡西北部，海拔2000米，距212国道6公里。有12个村民小组，村民415户，1778人。少数民族1户，1人。村组干部14人，致富带头人25人（其中养殖大户2户，药材种植、贩运大户23户）。全村有耕地面积4089亩，人均2.3亩。主要种植作物有小麦、马铃薯、蚕豆、油菜等，经济作物以中药材当归种植为主。2012年，全村农民人均纯收入1680元。

2325 北寨镇郑家川村

简　　介：郑家川村位于北寨镇东南面，东接陇西福星乡，南接陇西双泉乡，西、北两面分别与北寨阳山村、盐滩村相连，东西长4公里，南北宽3公里，总面积11平方公里，距镇区10公里，距离县城41公里。地势北高南低，海拔1800—2200米，年降水量460毫米左右，年平均气温5.4℃，无霜期139天，夏季炎热干燥，冬季封冻早，气温低，常年干旱缺水，属典型的干旱地区。以马铃薯、玉米、蔬菜为主的种植业是本村的支柱产业。全村共有7个村民小组，339户，1388人，耕地面积4140亩，人均占有耕地3亩，上年度人均纯收入3280元。

2326 北寨镇暖阳村

简　　介：暖阳村位于北寨镇西面，东、南、西三面分别与北寨镇前进村、陈家渠村、麻地湾村相连，北面与新寨镇寺坪村相接，东西长6公里，南北宽3公里，距镇政府所在地4公里，距县城30公里。地势西高东低，平均海拔2000—2300米，年降水量460毫米左右，年平均气温5.3℃，无霜期138天，夏季炎热干燥，冬季封冻早，气温低，常年干旱缺水，属典型的北部干旱地区。全村共有6个村民小组，258户，1002人，耕地面积3612亩，人均耕地面积3.6亩，全村形成马铃薯、中药材种植和养殖业格局，上年度农民人均纯收入2899元。行政村文化图书室1个，村卫生室1个，广播电视入户230户。沼气建设70户，其余农户以农作物秸秆为燃料。目前，有95%的农户参加了社会养老保险，97%的农户参加农村合作医疗，基本解决了农民的医疗和养老，全村有小学1所，在校学生50人，老师7人。全村形成以马铃薯、中药材种植和养殖业为主的产业格局，2014 年马铃薯种植面积达 1000 多亩，玉米种植面积 900 多亩，中药材种植面积 1100 多亩，羊存栏量为 1800 多只，牛存栏量为 150 多头。

2327 五竹镇路麻滩村

简　　介：路麻滩村位于渭源县五竹镇以北 2.5 公里，316 国道穿境而过，路麻滩村共有 7 个村民小组，439 户，1704 人，其中壮年劳动力有 900 多人，外出务工人员占青壮年劳力 50% 以上。全村共有耕地 3450 亩，集体林地 78 亩，宜林地 872 亩，经济收入以马铃薯良种生产为优势，中药材及蚕豆种植为依托。结合外出务工与党和政府的一系列惠民政策的先后落实，今年来，全村社会经济有了显著的发展。路麻滩村是典型的二阴地区，海拔 2200 米，年平均气温 5.6℃，无霜期 128 天，年降雨量 562 毫米。

2328 大安乡方家庄村

简　　介：方家庄村位于大安乡东南部，总面积 9 平方公里，距乡政府 7 公里，村内沟壑纵横，梁峁起伏，耕地以山旱地为主，海拔在 2200-2300 米之间，无霜期 140 天，年平均气温 5.8℃，年降雨量不足 300 毫米，是典型的干旱少雨地区。全村有耕地 3690 亩，退耕还林 2340 亩，人均占有耕地 3.6 亩，农作物种植以马铃薯、双垄沟播玉米为主，间作蚕豆、胡麻、小麦。全村共有 5 个村民小组 202 户，987 人。

2329 清源镇蛟龙村

简　　介：蛟龙村位于县城东南 10 公里处。全村有 8 个村民小组，320 户，1460 人。耕地面积 3044 亩，人均 2.3 亩。2013 年人均收入 2860 元。农民收入以种植业为主，主要作物有当归、党参、小麦、油菜、洋芋等。

2330 庆坪乡庆坪村

简　　介：庆坪村位于庆坪乡政府所在地，属干旱半干旱地区，全村共有 9 个村民小组，497 户，2038 人，总耕地面积 4472 亩，人均耕地 2.1 亩，主要粮食作物有小麦、蚕豆、洋芋，经济作物有当归、党参、胡麻、油菜等。

2331 莲峰镇天池村

简　　介：天池村位于莲峰镇的最北面，中药材、覆膜玉米、养殖、劳务是该村的支柱产业。全村共有 12 个社，农业户数 482 户，农业人口 2028 人。

2332 北寨镇阳坡村

简　　介：北寨镇阳坡村距离县城 30 公里，距镇区 10 公里，海拔 2000-2300 米，年降水量 450 毫米左右，无霜期 150 天，年平均气温 14℃，夏季炎热干燥，冬季封冻早，气温低，常年干旱缺水，属典型的干旱地区。全村共 7 个村民小组，251 户，964 人，506 个劳动力。总耕地 3709 亩，其中退耕面积 1861 亩，人均耕地 3.8 亩。种植业以小麦、洋芋为主，一年一熟，小麦平均亩产 100 公斤，玉米平均亩产 400 公斤，洋芋平均亩产 1900 公斤；全村有大家畜 205 头，其中每户有生猪 1 头。人畜饮水依靠集雨水窖和自来水相结合的办法解决。2013 年，全村农民人均纯收入 2880 元，其中农业生产收入占 45%（以马铃薯和养猪为主，其中马铃薯占三分之二，养猪占三分之一）；劳务输转收入占总收入 45%；外出打工的农户占总户数的 45%；异地经商和小商品贩运收入占总收入 10%；涉及农户占总户数的 10%。

2333 峡城乡康家村

简　　介：康家村位于峡城乡北部，中药材、马铃薯、劳务是该村的支柱产业。全村共有4个村民小组，229户，960人，耕地面积2019亩，退耕还林面积200亩，人均占有耕地1.8亩。

2334 上湾乡周家窑村

简　　介：周家窑村位于上湾乡西南部，距乡政府7公里，平均海拔2300米，年平均气温5.7℃，无霜期140天，年降雨量500毫米左右，且分布不均匀，降雨集中在七、八、九月。全村有9个村民小组283户，1212人，有耕地面积2200亩，人均1.7亩。

2335 清源镇聂家山村

简　　介：聂家山村位于县城东北10公里处，总面积11平方公里，定渭路穿境而过，全村有5个村民小组，234户，1011人。耕地面积2613亩，人均2.6亩，2013年人均收入3634元。农民收入以种植业为主，主要作物有当归、党参、小麦、油菜、洋芋等。

2336 路园镇小园子村

简　　介：小园子村位于路园镇西南部，距316国道3公里，有优越的地理优势。有耕地面积4405亩，人均耕地2.8亩，水浇地占全村耕地面积的50%。全村共有7个村民小组378户，1568人。全村经济收入以中药材种植、劳务输出为主，上年末农民人均纯收入3102元。

2337 锹峪乡永丰村

简　　介：永丰村位于锹峪乡西南部，距锹峪乡行政区2公里，2008年5月在乔阳村部设立贯子口村农家书屋，占地面积为25平方米，藏书多达5000多册，涉及内容有农业、林业、畜牧、教育、小说、加工、技能等方面。现有设备为两组书柜，1个办公桌，椅子3把。农家书屋管理员1名，主要工作是整理分类，登记借阅。永丰村戏台位于贯子口村部院外，修建于1981年，至今已有33年的历史了，主体为砖木结构，占地面积为50平方米，主要用途是为村上举办各项活动提供活动场所。

2338 路园镇陆家湾村

简　　介：路园镇陆家湾村位于路园镇西部，距路园镇10公里。全村7个社，225户，1015人，其中劳动力507人，转移输出348人；通电户225户，通广播电视户205户，分别占总户数的100%、91%。上年人均占有粮200公斤，人均纯收入1850元；没有农民合作经济组织和村级集体经济。全村总耕地面积2489亩，人均耕地面积3.5亩。距离最近的集市和车站10公里。近三年新修钢筋混凝土和砖木结构住房户12户，占总户数的5.3%；拥有农用机动车（摩托车、三轮车等）户190户，占总户数的84.4%；使用固定电话或移动电话户220户，占总户数的97.7%；有彩电的户198户，占总户数的88%；上年度获得信用社贷款户15户，占总户数的6.7%。劳动力的文盲半文盲人480人，占总劳力数的94.6%；距最近的六年制小学8公里，乡级医院10公里，没有村级卫生室和幼儿园或学前班，有村级文化活动室，没有超市，上年参加新型农村合作医疗人899人，占总人数的88.5%，上年参加新型农村社会养老保险人423人，占总人数的41.7%。

2339 大安乡井儿山村

简　　介：井儿山村占地面积10.3平方公里，有耕地3577亩（其中退耕还林2175亩），人均占有耕地 3.77 亩。农民收入来源于种植业，主要种植玉米、马铃薯、小麦、中药材等，上年末人均纯收入 1450 元。该村辖 6 个村民小组，共有 214 户，919 人。

2340 庆坪乡潘家沟村

简　　介：潘家沟村地处庆坪乡东北部，东与新寨镇姚集村相接，西与临洮县窑店镇黄家川村接壤，南与老王沟村相连，北临新寨镇康家山村。本村地势以山沟为主，平均海拔在 2300 米左右，无霜期 140 天，平均年降水量 200 毫米。潘家沟村共有 2 个村民小组，132 户，604 人，劳动力 471 人。耕地面积 1885 亩，人均 3.19 亩（其中梯田 920 亩，占总耕地面积 49%）。

2341 秦祁乡西坪村

简　　介：西坪村是秦祁乡政府所辖最西面的一个村，东面与豹子沟村相连，南面与秦祁村相连，西邻连儿湾乡，北与漫洼乡相接，山大沟深，交通不便。全村辖西坪、花园、坡儿、芦子坪 4 个村民小组，137 户，568 人，耕地 3285 亩，其中退耕还林 1238 亩。经济发展以农业种植为主，农作物种植以马铃薯、中药材为主。西坪村农家书屋坐落于西坪村部大院内，目前各类书籍已达 900 余册。本村又于 2010 年重新维修建成西坪村戏台，占地面积 66 平方米，过年请社火队，还请唱戏班在戏台唱大戏，大大丰富了本村村民的业余文化生活，也大大提高了人们对节日的期待。

2342 锹峪乡石咀村

简　　介：石咀村位于锹峪乡西部，占地面积 9.94 平方公里，耕地面积 4157 亩，主要种植马铃薯、党参、小麦等农作物为主。本村地势以山沟为主，平均海拔在 2500 米左右，全村有 8 个村民小组，共有 264 户，947 人，耕地面积 4157 亩，人均 4.1 亩。

2343 秦祁乡中坪村

简　　介：中坪村位于秦祁乡西部，夏季炎热干燥，冬季封冻早，气温低，常年干旱缺水，地势西高东低，属典型的北部干旱地区。全村共有 5 个村民小组，1088 人。中药材种植以及牛羊等养殖成为了中坪村广大人民群众的经济支柱。中坪村农家书屋位于中坪村村部，存书 1800 余册，向群众借书 300 余次，组织群众观看影片 10 余次，且建立了健全的管理制度。农家书屋的建立，拓宽村民知识面，方便人们科学养殖、种植，增加经济收入的同时培养村民看书的兴趣，农家书屋是一项得民心，顺民意的文化惠民工程，成为了村民致富的加油站。

2344 庆坪乡清泉村

简　　介：清泉村位于庆坪乡东北部，距乡政府 6 公里。耕地面积 3050 亩，人均 3.1 亩，总面积 8.6 公里，海拔 1800—2200 米。全村共 3 个村民小组，260 户，1031 人，以小麦、玉米等粮食作物，马铃薯、党参等经济作物种植为主。

2345 秦祁乡糜川村

简　　介：糜川村位于秦祁乡所在地，东接秦祁乡杨川村，南接岗家岔村，西、北两面分别与西坪村、临洮县漫洼乡连接，总面积 12 平方公里，距离县城 38 公里。地势西高东低，海拔 1800—2200 米，首漫路为通村公路主干道，横贯本村南北。全村共有 8 个村民小组，202 户，966 人，农民收入来源于劳务和种植业，农作物种植以双垄沟播玉米和马铃薯为主，间作小麦、胡麻、中药材、大豆等。糜川村戏台位于糜川村端树中心小学，集戏台、学校主席台于一体，2012 年 6 月中旬在群众自主捐款下进行翻修，现有建筑面积 88 平方米，建筑结构为砖木结构。戏台的翻修为当地群众提供了以村民社火表演、秦腔表演、村民集体活动以及学校举办六·一等节庆为一体的综合性文化生活舞台。现于 2015 年又筹资兴建庙宇 1 座。

2346 莲峰镇上街村

简　　介：上街村位于莲峰镇政府西侧，是莲峰镇的集贸中心。罗莲路为通村公路主干道，横贯本村东西。全村共有 8 个村民小组，农业户数 568 户，农业人口 2348 人。农民收入来源于劳务输出和种植业，农作物主要是中药材种植，间作小麦、胡麻、蚕豆、蔬菜等。

2347 大安乡杜家铺村

简　　介：杜家铺村位于大安乡东部，占地面积 16.7 平方公里，平均海拔在 2300 米左右，无霜期 140 天，平均年降水量 250 毫米，干旱少雨，土地贫瘠，人多地少是全村农业发展的主要制约因素。杜家铺村有村民小组 12 个，有 473 户，2035 人，其中有劳动力 1102 人（男 551 人，女 275 人）。有耕地 8673 亩，其中退耕还林 5851 亩，人均占有耕地 4.78 亩。农民收入来源于种植业，主要种植玉米、马铃薯、小麦、中药材等。

2348 田家河乡西沟村

简　　介：西沟村位于渭源县田家河乡西部，海拔 2440 米，属高寒阴湿气候，年平均降水量 508 毫米，2012 年降水量 650 毫米，无霜期 130 天，距 212 国道 6 公里。有 10 个村民小组，村民 449 户，1957 人，少数民族 3 人。全村有耕地面积 4645.22 亩，人均 2.37 亩。主要种植作物有小麦、马铃薯、蚕豆、油菜等，经济作物以中药材当归种植为主。全村自来水覆盖率达到了 83.8%。2012 年新农合参保率达到了 93.32%，养老保险参保率达到了 93.1%，村村通覆盖率为 50.39%，户户通覆盖率为 49.61%。村内有小学 1 所，有农家书屋 1 处，村卫生室 1 处。

2349 庆坪乡王家川村

简　　介：王家川村位于庆坪乡西南方向约 4 公里处，东与庆坪乡的关山根村相连，西接松树村，北与庆坪乡庆坪村毗邻，南与祁家庙的边家堡村相连。两面环山，中间为河谷地带，气候湿润温和，适合玉米、中药材等农作物的种植。全村林地面积 1671 亩，耕地面积 2165 亩。全村共有 3 个村民小组，172 户，689 人，有村干部 3 名。全村主要种植小麦、玉米、胡麻、马铃薯等农作物和当归、党参等中药材作物。

2350 清源镇崔家河村

简　　介：崔家河村位于县城北 10 公里处，总面积 4.3 平方公里，全村有 8 个村民小组，251 户，1043 人。耕地面积 3165 亩，人均 3.03 亩，2013 年人均收入 2800 元。农民收入以种植业为主，主要作物有党参、小麦、油菜、洋芋、玉米等。

2351 峡城乡门楼寺村

简　　介：门楼寺村位于峡城乡西北部，夏季炎热干燥，年降水量较少，冬季封冻早，气温较低，春季干旱缺水，属典型的二阴地区。中药材、马铃薯、劳务是该村的支柱产业。全村共有 6 个村民小组，303 户，1326 人，耕地面积 1760 亩，退耕还林面积 120 亩，人均占有耕地 2 亩。2013 年，农民人均纯收入 2330 元。

2352 莲峰镇蒲河村

简　　介：蒲河村位于莲峰镇西北方，全村共有8个社，农业户数613户，农业人口2444人，耕地面积4220亩，主要为山地。全村以中药材种植、养殖、劳务输出为经济支柱。村上自筹资金建成一个800平方米的文化广场供群众健身、娱乐。

2353 渭源县会川镇东关村

简　　介：会川镇东关村位于会川镇政府以东，国道316线穿境而过，交通十分便利，全村人口2462人。中药材加工贩运在全村经济收入中占很大比例。

2354 锹峪乡峡口村

简　　介：峡口村位于渭源县南部，总面积1975亩，距锹峪乡10公里，全村3个村民小组，155户，共640人。交通便捷，西五公路贯穿而过。地方物产丰富，境内适于种植小麦、蚕豆、马铃薯、当归、黄芪等多种农作物。生态旅游业方兴未艾，位于我村境内的“天井幽谷”——天井峡，全长7.5公里，有仙女屏、歇佛岩、水帘洞、卧龙潭等20多个各具特色的景点，令人目不暇接。旅游服务产业上，利用天井幽谷的天然区位优势，创办以餐饮、度假、休闲为一体的科普旅游型农家乐——乡野香旅游山庄。

2355 清源镇池坪村

简　　介：池坪村位于清源镇北部，定渭公路17公里处，海拔2000米，属高寒阴湿气候，年降水量430毫米，无霜期140天。全村有5个村民小组，216户，909人，耕地面积3588亩，人均3.9亩，2013年人均纯收入3273元。

2356 五竹镇黑鹰沟村

简　　介：黑鹰沟村位于渭源县南部，316国道以东，距渭源县城10公里，土地总面积15平方公里，属南部二阴地区，316国道线和清源河并排擦边而过，交通便利。全村共有4个社，156户，589人，全村耕地有2219亩，农村增收以种植业为主，其中马铃薯是当地的支柱产业，年种植面积占总耕地面积的70%。黑鹰沟村宜林地面积1532亩。

2357 庆坪乡老王沟村

简　　介：庆坪乡老王沟村位于庆坪乡北部，东与新寨镇姚集村相连，西接临洮县窑店镇黄家川村，南邻我乡清泉村，北与潘家沟村毗邻，属北部干旱山区地区，平均海拔2300米，全年无霜期140天左右，年平均气温5.5° C，年降水量400毫升，有铺砂的通村公路1条1.8公里。老王沟村辖3个村民小组，现有农户153户，总人口710人。流域面积8.2平方公里，现有耕地1998亩，人均耕地2.9亩，林地1837.6亩。

2358 麻家集镇麻家集村

简　　介：麻家集村位于麻家集镇中部，南连路西村，北接临洮县南屏镇，东依土牌湾村，西接袁家河村。海拔1980米，年降雨量523.5毫米。麻三公路跨村而过，交通便利，是镇政府所在地。有耕地3662亩，其中退耕还林160亩，人均占有耕地1.7亩。上年末人均纯收入2096元。麻家集村现有11个村民小组，共498户，2082人。农作物种植以中药材为主，间作小麦、玉米、马铃薯等作物。农家书屋占地30平方米，有桌子4张，椅子2张，书柜2个。

2359 清源镇里仁村

简　　介：里仁村位于县城东北22公里处，

定渭公路穿境而过，全村有6个村民小组，213户，895人。耕地面积2489亩，人均2.9亩，2013年人均收入2300元。农民收入以种植业为主，主要作物有党参、小麦、洋芋、当归等。

2360 路园镇双轮磨村

简　　介：双轮磨村是当地镇政府所在地，是路园镇政治、经济、文化的中心，全村有耕地6531亩，人均耕地2. 3亩，其中水浇地5400亩，其余均为梯田地。全村共有10个村民小组746户，3206人。全村经济收入以中药材种植和加工购运、地膜辣椒种植以及小商品经营等为主，上年末农民人均纯收入3186元。

2361 清源镇葛家湾村

简　　介：葛家湾村位于县城西南7.5公里处，总面积7平方公里。316国道穿境而过，全村有8个村民小组，328户，1350人。耕地面积2909亩，人均2.1亩，2013年人均收入4010元。农民收入以种植业为主，主要作物有党参、当归、小麦、洋芋等。

2362 新寨镇廖家寨村

简　　介：廖家寨村位于新寨镇北部，无霜期135天，年平均降水量不足250毫米，平均海拔2312米，村内山大沟深，山旱地占耕地的100%。全村总面积13平方公里，总耕地面积4610亩，其中有退耕还林面积1320亩，人均占有耕地面积3.2亩。全村共有8个社，226户，1029人。

2363 庆坪乡关山根村

简　　介：关山根村位于渭源县庆坪乡东南部，距乡政府1公里，东面与清源镇相接，南面与李家堡村相连，西面与庆坪村相邻，北面与清泉村接壤，村内沟壑纵横交错，耕地以山旱地为主。海拔2200–2400米，无霜期140天，年平均气温5.1 C，年降雨量500毫米左右。主要种植以党参、当归为主的中药材和以旱作农业双垄沟播玉米为主的农作物。全村现有2个村民小组，171户，709人，劳动力326人，耕地面积1756亩，人均2.45亩。

2364 麻家集镇乔家滩村

简　　介：乔家滩村位于麻家集镇东部，面积5.4平方公里，平均海拔在2200米左右，无霜期136天，年降水量523.5毫米。全村有村民小组8个，有308户，1360人。有耕地2394亩，人均占有耕地1.7亩。主要种植小麦、大豆、马铃薯、当归等作物，上年末人均纯收入2072元。农家书屋占地25平方米，有桌子2张，椅子4张，书柜1个。

2365 清源镇新林村

简　　介：新林村位于县城北部6.3公里处，全村有8个村民小组，435户，2135人。耕地面积4949亩，人均2.3亩，2013年人均收入4060元。农民收入以种植业为主，主要作物有党参、小麦、洋芋等。

2366 莲峰镇张家滩村

简　　介：张家滩位于莲峰镇西南部，风景优美的莲峰山脚下，全村共有4个村民小组，农业户数418户，农业人口1620人。耕地2977亩，人均3.1亩，全部为坡耕地。森林覆盖面积大，经济来源以中药材种植和养殖业为主。粮食作物有冬小麦、蚕豆、马铃薯、胡麻等。

2367 秦祁乡豹子沟村

简　　介：豹子沟村位于秦祁乡西北，东接

麋川村，南接秦祁村，西北分别与临洮县连儿湾乡和漫洼乡毗邻，全村共有6个村民小组，238户，1008人。农民收入来源于种植业及外出务工，农作物种植以马铃薯为主，间作小麦、玉米、中药材等。本村有村级卫生室1座，于2008年修建村级党建室、会议室等场所。为推进社会主义新农村建设，提升农民科学文化素质，丰富广大农民精神文化生活，切实保障农民群众的基本文化权益，我村在上级政府的亲切关怀和大力支持下建成农家书屋。书屋面积近26平方米，配有书架2个，书桌2张，椅子10把，各类书籍已达1000余册。豹子沟村戏台有2座，一座位于金家沟社，现有建筑面积62平方米，建筑结构为砖木结构；一座位于豹子沟社。戏台的翻修为当地群众提供了以村民社火表演、秦腔表演、村民各种集体活动为一体的综合性农民文化生活舞台。

2368 莲峰镇坡儿村

简　　介：坡儿村位于莲峰镇西南部，东接陇西县碧岩镇，西邻莲峰镇下寨村，南邻簸箕湾村。全村共有9个村民小组，农业户数437户，农业人口1815人，耕地面积3580亩，全部为坡耕地。农作物主要有黄芪、小麦、蚕豆、马铃薯、胡麻等。

2369 路园镇东湾村

简　　介：路园镇东湾村位于县城东侧，距离县城7公里，全村共9个社，318户，1400多人，耕地面积1000多亩，农民人均纯收入1400多元。目前，该村的支柱产业以劳动输出、种植和养殖为主。

2370 会川镇西关村

简　　介：西关村位于会川镇中心地带国道212线和316线穿境交汇，交通十分便利，自古以来就是丝绸之路的交通要道和商埠重镇。全村有村民小3765人，耕地面积3065亩。西关村是我县少有的经济大镇。

2371 清源镇秦王村

简　　介：秦王村位于县城北部12公里处，是清源镇内的干旱山区。境内有秦王寺、战国秦长城遗迹2处。全村有7个村民小组，440户，1845人。耕地面积5445亩，人均3.1亩，2013年人均收入3203元。农民收入以种植业为主，主要作物有当归、洋芋、小麦、党参等。

2372 上湾乡常家坪村

简　　介：常家坪村位于上湾乡西部，距乡镇7公里。该村以山地为主，海拔3200米，气候湿润，无霜期140天，降雨量430毫米左右，且分布不均匀，降雨集中在七、八、九月。最冷月（1月）平均气温零下10℃，最热月（7月）平均气温17℃，年平均气温5.7℃。大部分地区土壤肥沃，是种植业及养殖业发展的适宜地区。尖韦路贯穿全村，交通较为方便。全村共有15个自然小组，农户696户，总人口3050人，耕地面积5185亩，其中以基本农田和人工低标准梯田为主。

2373 北寨镇陈家渠村

简　　介：陈家渠村位于渭源县东北部，北寨镇南部，定渭公路穿境而过，地势东高西低。年平均气温5℃，最冷月（1月）平均气温零下7℃，最热月（7月）平均气温17℃。年降水量420.6毫米，无霜期150天。自2000年实施退耕还林工程以来，自然环境有所改善，劳务输出、小麦、马铃薯、党参是该流域的主导产业。全村有5个村民小组，286户，1165人，耕地3996亩，人均3.4亩。2013年全村农民人均纯收入2950元，人均占有粮385公斤。

2374 路园镇三河口村

简　　介：路园镇三河口村位于县城东侧，距离县城11公里，境内平均海拔2150米，全村共6个社，532户人，2453人，耕地面积3183多亩，农民人均纯收入1400多元。全村有耕地3183亩，人均耕地1.35亩。其中需灌溉的耕地有2100多亩。主要种植大麦、玉米等经济作物。目前，该村的支柱产业以劳动输出、种植和养殖为主，群众的生产生活条件比较艰苦。

2375 清源镇张家湾村

简　　介：张家湾村位于县城西部2.5公里处，316国道穿境而过，全村有10个村民小组，624户，2640人。耕地面积4692亩，人均1.7亩，2013年人均收入4080元。农民收入以种植业为主，主要作物有党参、黄芪、洋芋、小麦等。

2376 莲峰镇杨家咀村

简　　介：杨家咀村位于莲峰镇东面，东与陇西县首阳镇接壤，南邻陇西县碧岩镇，是莲峰镇最大的一个行政村，所辖8个村民小组，农业户数762户，农业人口3409人。耕地面积5055亩，水耕地占56%，山坡地占44%。全村以中药材种植、养殖、劳务输出为主要经济来源。

2377 路园镇胜利村

简　　介：胜利村位于路园镇东部，地处316公路沿线，上有县城药材交流中心市场，下有首阳中药材市场，有优越的地理优势。有耕地面积2809亩，人均占有耕地1.65亩。水浇地占全村耕地面积的90%。全村共有4个村民小组373户，1697人。上年末农民人均纯收入3203元。

2378 秦祁乡岗家岔村

简　　介：岗家岔村位于秦祁乡南部，夏季炎热干燥，冬季封冻早，气温低。东西长2.5公里，南北宽3公里，总面积7.5平方公里，距秦祁乡2公里，距县城35公里。地势北高南低，海拔2000—2200米，年降雨量460毫米左右，年平均气温5.4℃，无霜期138天，自农家书屋建立以来，岗家岔村实行周一至周五免费开放，村干部轮流值班，每月借阅量达到80人次，为广大农户学习农业知识，丰富业余生活提供了方便。为了继承和发扬我国非物质文化遗产皮影戏，丰富群众的业余文化生活，在2010年重新维修建成皮影戏台1个，占地面积10.8平方米，每逢春节，村民们都会观看到好看的皮影戏。

2379 秦祁乡白土坡村

简　　介：白土坡村位于秦祁乡东北部，分别与糜川村、杨川村、武家山村相邻，属北部干旱地区。全村辖6个村民小组，241户，1092人，耕地面积4773亩，人均耕地面积4.1亩，全村形成马铃薯、中药材种植和养殖业格局，为丰富群众业余生活，拓宽农民知识面，本村于2009年建成农家书屋，占地面积22平方米，现存书1100册，到目前为止，向群众借出图书120余次，群众借阅图书井然有序。

2380 北寨镇阳山村

简　　介：北寨镇阳山村位于北寨镇南面，东、南分别与路园镇、清源镇相接，西、北两面与分别与祁坪村、郑家川村相连，东西长3.2公里，南北宽3公里，总面积8.4平方公里，距镇区14公里，距离县城22公里。地势北高南低，海拔在2000至2300米，年降水量460毫米左右，年平均气温5.8℃，无霜期145天，种植业以中药材、马铃薯为主，一年一熟。全村共有7个村民小组，241户，1017人，耕地面积3304亩，退耕还林面积1041亩，人均耕地4.27亩。2013年，农民人均纯收入2800元。

2381 莲峰镇首阳村

简　　介：首阳村位于莲峰镇西北部历史悠久的首阳山脚下，是莲峰镇最小的一个行政村。全村共有6个村民小组，农业户数239户，农业人口968人，耕地面积2175亩，全部为坡耕地。经济发展以农业为主，农作物以小麦、洋芋、中药材为主。

2382 新寨镇黎家湾村

简　　介：黎家湾村位于新寨镇东部，总面积14平方公里，年平均气温4℃，年降水量470毫米，无霜期130天，干旱少雨是全村农业发展的主要制约因素。全村共有9个村民小组，农户273户，1271人，有耕地3500亩其中退耕为420.1亩，人均占有耕地2.75亩，人均占有粮235公斤，人均年纯收入830元。

2383 秦祁乡铜钱村

简　　介：铜钱村位于秦祁乡西北部，夏季炎热干燥，冬季封冻早，气温低，常年干旱缺水。全村共有5个村民小组，162户，835人，玉米、马铃薯、中药材、劳务是该村的支柱产业，铜钱村以社会主义新农村建设为契机，整合农村文化建设资源，正准备筹建260平方米文化活动室。为丰富群众业余生活，拓宽农民知识面，本村于2013年建成1座农家书屋，占地面积50平方米，现存书2000册，到目前为止，向群众借出图书280余次，图书借阅井然有序。铜钱村秧歌队共有180人，秦腔表演队有42人，戏台位于铜钱社与杜家湾社交界位置，于2006年5月在群众自主捐款下进行翻修，现有建筑面积64平方米，建筑结构为砖木结构。戏台的翻修为当地群众提供了以村民社火表演、秦腔表演、村民各种集体活动为一体的综合性农民文化生活舞台。

2384 新寨镇联盟村

简　　介：联盟村位于新寨镇东南部，全村共有6个村民小组，总面积8.4平方公里，农户275户，1108人，有耕地3526亩，人均占有耕地3.04亩，其中退耕为640.06亩，上年末农民人均纯收入3100元，人均占有粮500公斤。

2385 北寨镇祁坪村

简　　介：祁坪村是北寨镇政府所辖村，东面与阳坡村、盐滩村相连，南面与阳山村相连，西邻清源镇，北与马莲村相接。全村共有8个村民小组，359户，1458人，农民收入来源于种植业及外出务工，全村农民人均纯收入3388元，耕地4585亩。经济发展以农业为主，农作物以小麦、洋芋、中药材为主。

2386 大安乡红堡子村

简　　介：红堡子村位于大安乡南部，总面积13.6平方公里，有耕地4720亩，退耕还林3042.7亩，人均占有耕地4.67亩。农民收入来源于种植业，农作物种植以马铃薯为主，间作玉米、小麦、胡麻、中药材等，全村现有大牲畜456头，牛、羊存栏分别为120头和340只，上年末人均纯收入为1338元。全村辖6个村民小组，共有233户，999人。

2387 田家河乡高石崖村

简　　介：高石崖村位于渭源县田家河乡北

部，海拔 2440 米，距 212 国道 20 公里。有 6 个村民小组，村民 162 户，660 人。全村有耕地面积 1662.02 亩，人均 2.5 亩。主要种植作物有小麦、马铃薯、蚕豆、油菜等，经济作物以中药材当归种植为主。养老保险参保率 99.5%，新农合参保率 100%，通电率达 99%，自来水管道管入户 143 户，占总户数的 87.7%。全村广播电视覆盖率 99%（户户通 90 台，村村通 60 台），全村有沼气池 40 眼，卫生厕所 6 间。有农家书屋 1 处，存书 10000 套，有“文化共享”设备 1 套，村卫生室 1 处。2012 年，全村农民人均纯收入 2100 元。

2388 锹峪乡曹家庄村

简　　介：曹家庄村位于新寨镇锹峪乡中部，年平均降水量不足 250 毫米，平均海拔 2312 米，山旱地占耕地的 95%。全村总面积 13 平方公里，总耕地面积 4610 亩，其中有退耕还林面积 1320 亩，人均占有耕地面积 3.2 亩。全村共有 5 个社，351 户，1457 人。

2389 路园镇王家山村

简　　介：王家山村地处路园镇北部，总面积 60 平方公里，海拔 1800–2300 米之间。全村有 11 个村民小组，303 户，农业总人口 1300 人。有耕地 4885 亩，人均占有耕地 3.8 亩。农民人均纯收入 1900 元，其中种植业人均纯收入 1140 元，养殖业人均纯收入 133 元，劳务收入 570 元，其他人均纯收入 57 元。粮食总产 338000 公斤，人均占有粮 260 公斤。

2390 清源镇河口村

简　　介：河口村位于县城东南 2 公里处，316 国道穿境而过，总面积 8 平方公里。全村有 7 个村民小组，530 户，2147 人。耕地面积 4188 亩，人均 1.9 亩，2013 年人均收入 4100 元。农民收入以种植业为主，主要作物有党参、黄芪、洋芋、小麦等。

2391 北寨镇马莲村

简　　介：马莲村位于渭源县东北部，北寨镇南部，定渭公路、朱韩公路穿境而过，地势东高西低。年平均气温 5℃，最冷月（1 月）平均气温零下 7℃，最热月（7 月）平均气温 17℃。年降水量 420.6 毫米，无霜期 150 天。自 2000 年实施退耕还林工程以来，自然环境有所改善。劳务输出、小麦、马铃薯、党参是该流域的主导产业。全村有 7 个村民小组，208 户，946 人，耕地 2977 亩，人均 3.1 亩。2013 年全村农民人均纯收入 2950 元，人均占有粮 380 公斤。

2392 新寨镇大坪村

简　　介：全村共有村民小组 6 个，395 户，1697 人，耕地 4767 亩，其中退耕还林 964.53 亩，人均 2.6 亩，上年末人均占有粮 300 公斤，全村大家畜饲养量 360 头，羊存栏 1132 只。全村农民人均纯收入 5130 元。村级文化卫生综合服务中心内设村级卫生室和文化书屋，配备相应的设施。

2393 清源镇年家河村

简　　介：年家河村位于县城北部 25 公里处，全村有 5 个村民小组，190 户，760 人。耕地面积 2362 亩，人均 3.1 亩，2013 年人均收入 2300 元。农民收入以种植业为主，主要作物有党参、小麦、洋芋等。

2394 麻家集镇袁家河村

简　　介：袁家河村位于麻家集镇西部，占地面积 5.8 平方公里，平均海拔在 2100 米左右，无霜期 160 天，平均降水量 62 毫米。全村共有 10 个村民小组，435 户，2032 人，耕地3848亩，人均耕地占有面积2亩。农作物种植以中药材为主，间作冬小麦、玉米、马铃薯等作物。全村2011年农民人均纯收入1600元。农家书屋占地30平方米，有桌子4张，椅子3张，书柜1个。

2395 莲峰镇刘营村

简　　介：刘营村位于莲峰镇北部，西五公路穿村而过，交通十分便利。全村共有8个社，农业户数494户，农业人口1946人，耕地面积3795亩，其中水地2020多亩，山地1775亩。全村形成以中药材、养殖业为主的产业格局。

2396 大安乡邱家川村

简　　介：邱家川村位于乡政府西南部，总面积6.5平方公里。平均海拔2270米，无霜期140天，平均年降水量250毫米，全村共有村民小组6个，204户，941人，劳动力421人，其中男224人，女197人。耕地面积2989亩，退耕还林面积2056亩，林改面积2453.2亩，梯田面积2400亩，人均占有耕地3.18亩。全村现有大牲畜160头，羊存栏408只。当地农民经济收入主要来源于种植业和劳务输出。农作物种植以种植马铃薯为主，间作小麦、胡麻、中药材等。

2397 清源镇城关村

简　　介：城关村位于县城，总面积4平方公里，全村有4个村民小组，431户，1618人。耕地面积1718亩，人均0.8亩，2013年人均收入4652元。农民收入以种植业为主，主要作物有党参、黄芪、洋芋、小麦等。

2398 北寨镇盐滩村

简　　介：盐滩村位于北寨镇东南部川沿地区，东接陇西福星乡，南、西、北三面分别与北寨郑家川村、阳坡村、前进村相连，东西长6公里，南北宽3.2公里，总面积12.6平方公里，距镇区4公里，距离县城35公里。地势北高南低，海拔1900–2200米，年降水量460毫米左右，年平均气温5.4℃，无霜期138天，夏季炎热干燥，冬季封冻早，气温低，常年干旱缺水，属典型的干旱地区。玉米、马铃薯为主的种植业是本村的支柱产业。全村共有7个村民小组，412户，1731人，总耕地面积为5615亩，其中退耕还林面积1574亩。人均占有耕地3亩，上年度人均纯收入2890元。

2399 五竹镇郭家沟村

简　　介：郭家沟村位于五竹镇西南部，年平均气温4.8℃，年降雨量625毫米，无霜期130天，属于典型的高寒阴湿气候。距县城约17公里，距五竹镇区约4.8公里，是会川镇、祁家庙乡的结合部。东与五竹村接壤，南与会川镇的半阴坡接壤，西与祁家庙乡的瓦楼村接壤，北与苏家口村接壤，辖区内国土面积13538.4亩，耕地面积3736.09亩，集体林权制度改革承包到户面积2395.4亩。共辖7个村民小组，356户，1451人，农民人均纯收入1085元。

2400 田家河乡韦家河村

简　　介：韦家河村位于渭源县田家河乡北部，海拔2440米，距212国道6公里。有7个村民小组，村民225户，884人。全村有耕地面积2369亩，人均2.67亩。主要种植作物有小麦、马铃薯、蚕豆、油菜等，经济作物以中药材当归种植为主。养老保险参保率99.3%，新农合参保率87.96%，通电率达100%，自来水入户150户。全村广播电视覆盖率100%（户户通115台，村村通154台），全村有沼气池21眼，卫生厕所10间。村内有小学1所，有农家书屋1处，有“文化共享”设备1套，村卫生室1处。2012年，全村农民人均纯收入1372.5元。

2401 五竹镇苏家口村

简　　介：苏家口村位于渭源县城西南部，距县城15公里，距镇人民政府所在地5公里，全村辖9个村民小组，403户，总人口1678人，耕地面积5054亩，人均耕地面积3.01亩。全村共有小学1所，村卫生所1所，年平均降雨量650毫米，无霜期130天左右。海拔在2220米左右，属南部高寒阴湿区，该村产业以农业为主，马铃薯、小麦、当归是当地的主要农作物。

2402 上湾乡元树村

简　　介：元树村位于上湾乡东南部，临洮和渭源两县交界处，交通便利，气候湿润，土壤肥沃，阳光充足，海拔在1950-2120米。农作物为玉米，小麦、大豆、马铃薯等。全村有10个村民小组332户，1430人，有耕地面积2488.25亩，人均112亩。

2403 新寨镇闫家沟村

简　　介：闫家沟位于新寨镇东部，全村共有4个村民小组，总面积5.02平方公里，农户202户，863人，有耕地2115亩，人均占有耕地2.45亩，其中退耕为420.17亩，上年末农民人均纯收入3000元，人均占有粮600公斤。

2404 秦祁乡杨川村

简　　介：杨川村共有4个村民小组，246户，1006人，现有耕地4226亩。农民收入主要来源于养殖和种植业，全村现建有亮洁养殖场和必亮养殖专业合作社2个大型养殖基地。农作物种植以青贮玉米和马铃薯为主，间作小麦、大豆、中药材等。本村于2010年建成农家书屋，占地面积30平方米，现存书1200余册。它的建成为我村的广大人民群众提供了读科技书籍、用科技知识的学习平台，对促进农村文化阵地建设，提高农民文化素质，推动农村生产科学发展具有积极的意义。至今累计向群众借出图书400多余次，其中农用实用技术方面达到200次。

2405 莲峰镇元明村

简　　介：元明村位于莲峰镇西北部，东邻刘营村，西接蒲河村，北邻选道村，南邻首阳村。全村共有6个村民小组，农业户数409户，农业人口1625人。全村以黄芪种植为主，粮食作物以小麦和蚕豆、马铃薯为主，间作玉米、油料。

2406 峡城乡大林村

简　　介：大林村位于康家村与脱甲山村之间，海拔较高，气候较为干燥。全村共5个社，168户，人口709人，耕地面积1825亩，人均占地2.57亩。主要作物有小麦、洋芋、药材、豆类、蔬果业等。农家书屋占地25平方米，有桌子4张，椅子2张，书柜2个。

2407 麻家集镇漆家沟村

简　　介：漆家沟村位于镇政府东南部，总面积5平方公里。平均海拔1980米，无霜期150天，平均年降水量505毫米，全村共有10个村民小组，538户，2327人，耕地4003亩，人均耕地1.7亩。林地面积800亩，人均0.34亩。农作物种植以中药材为主，间作小麦、大豆、玉米、马铃薯等作物。全村2011年农民人均纯收入2000元。农家书屋占地30平方米，有桌子4张，椅子5张，书柜1个。

2408 庆坪乡梁家沟村

简　　介：梁家沟村位于庆坪乡西南部，东与庆坪乡庆坪村接壤，南与庆坪乡松树村接壤，西与临洮县康家集乡西沟村接壤，北与庆坪乡李家窑村接壤，年降雨量550毫米左右，无霜期140天左右，在庆坪乡属二阴区。梁家沟村共有5个村民小组，317户，1314人，劳动力816人，有村小学1所，学校教职工5人，在校学生60人，耕地面积3726.08亩，人均2.84亩。梁家沟村种植粮食作物有小麦、蚕豆、玉米、胡麻、马铃薯。经济作物有当归、党参 、黄芪，以当归为主，药材基本占耕地面积的30%–40%左右，药材是当地老百姓的主要经济来源之一。

2409 上湾乡上湾村

简　　介：上湾村地处漫坝河流域，临洮和渭源两县交界处，212国道线穿境而过，交通便利，气候湿润，土壤肥沃，阳光充足，海拔在1950–2020米。村内4个社分布在两面山上，交通不便，遇到雨雪天气，车辆无法运行。农作物为玉米，小麦、大豆、马铃薯等。全村有10个村民小组，359户，1537人，有耕地面积2737.67亩，人均107亩。

2410 清源镇北关村

简　　介：北关村位于县城北郊，全村有7个村民小组，618户，2529人。耕地面积3012亩，人均1.18亩，2013年人均收入4260元。农民收入以种植业为主，主要作物有党参、黄芪、洋芋、小麦等。

2411 麻家集镇宗丹村

简　　介：宗丹村位于麻家集镇东南部，东接乔家滩，南连汤尕沟，北依漆家沟，西北与会川林场相接壤，占地面积14.8平方公里，平均海拔2100米左右，年平均气温5.7℃，无霜期150天左右，平均年降水量525毫米。宗丹村共有村民小组8个，352户，1425人。有耕地2568亩，人均占有耕地1.8亩。农作物种植以当归、马铃薯为主，间作冬小麦、胡麻、玉米、等作物。全村2011年农民人均纯收入2072元。农家书屋占地30平方米，有桌子4张，椅子2张，书柜2个。

2412 清源镇七圣村

简　　介：七圣村位于县城北部17公里处，总面积8.5平方公里。全村有7个村民小组，217户，816人。耕地面积4188亩，人均2.8亩，2013年人均收入2700元。农民收入以种植业为主，主要作物有党参、小麦、洋芋等。

2413 清源镇马家窑村

简　　介：马家窑村位于县城东北25公里处，县乡公路穿境而过，全村有7个村民小组，284户，1139人。耕地面积3010亩，人均2.5亩，2013年人均收入2635元。农民收入以种植业为主，主要作物有党参、小麦、洋芋等。

2414 北寨镇丁家湾村

简　　介：丁家湾村位于北寨镇东北部，东接大安乡，南、西、北三面分别与北寨小寨村、前进村、张家堡村相连，东西长5公里，南北宽4公里，总面积14.6平方公里，距镇区8公里，距县城39公里。地势北高南低，平均海拔2206米，年降雨量400毫米左右，且分布不均匀，降雨集中在七、八、九月。年平均气温5.4℃，无霜期138天，夏季炎热干燥，冬季封冻早，气温低，常年干旱缺水，属典型的干旱地区。马铃薯、中药材和畜牧养殖为该村的三大支柱产业。全村有5个村民小组，276户，1145人，总耕地面积4733亩（其中退耕面积2773亩），人均4.1亩，上年度人均纯收入2945元。

2415 莲峰镇何家湾村

简　　介：何家湾村位于莲峰镇西面，罗莲公路穿村而过，交通十分便利。全村共有7个村民小组，农业户数407户，农业人口1796人，耕地面积2805亩，山坡地占50%。农民收入来源于中药材种植和加工，农作物以黄芪为主，间作小麦、玉米、胡麻、马铃薯、蚕豆等。

2416 莲峰镇老庄村

简　　介：老庄村位于莲峰镇北面，西五公路穿村而过，交通十分便利。全村共有12个村民小组，农业户数529户，农业人口2098人。农民收入来源于中药材种植和加工，农作物以黄芪为主，间作小麦、玉米、胡麻、马铃薯、蚕豆等。

2417 会川镇罗家磨村

简　　介：罗家磨村位于会川镇西南部，国道212线穿境而过，交通十分便利。南部有著名旅游景点双石门、黄香沟等，森林资源、旅游资源极其丰富。全村现有人口2381人。

2418 新寨镇马鹿沟村

简　　介：马鹿沟村位于新寨镇北部，总面积8平方公里，年平均气温4℃，年降水量470毫米，无霜期130天。全村共有6个村民小组，农户181户，720人，有耕地2205亩，其中退耕为450亩，人均占有耕地3.06亩。人均占有粮245公斤。人均年纯收入1100元，经济困难，人民生活水平低。

（六）岷县

2419 申都乡朱家村

简　　介：朱家村距乡政府所在地4公里，位于申都乡正西方向，全村辖5个村民小组，281户，1259人，全村有耕地3492亩，人均占有耕地2.6亩，农业以传统农业种植为主，主要作物有药材（当归、黄芪、党参）、洋芋、小麦、燕麦、蚕豆等。

2420 维新乡卢家山村

简　　介：维新乡卢家山村距乡政府11公里，全村有5个社，共有人口523多人，人均耕地面积有1.1亩，2014年人均纯收入为3900元。

2421 秦许乡包家沟村

简　　介：包家沟村距乡政府所在地4公里处，境内海拔2610米，无霜期964天，年平均气温5.5℃，年降水量613米，属高寒阴湿气候。全村共有6个村民小组，265户，837人，全村有耕地1086亩，人均占有耕地0.93亩。主要种植马铃薯、小麦、大豆、药材等农作物。全村现有大牲畜501头，牛、马、羊存栏分别为471头、20头和80头。2011年农民人均纯收入2380元。

2422 清水乡板达口村

简　　介：板达口村位于岷县县城西部3公里处，西临下崖寺，北接卢家堡，流域面积3平方公里，耕地954亩，辖3个社，3个村民小组，148户，670人，汉族人口占100%，2014年农民人均纯收入1000元。

2423 秦许乡白家湾村

简　　介：白家湾村距乡政府所在地4.5公里处，境内海拔2600米，无霜期96天，年平均气温5.5℃，年降水量620毫米，属高寒阴湿气候。全村有耕地864亩，人均占有耕地1.14亩，均为山地和半山地。主要种植马铃薯、小麦、当归等农作物。2014年农民人均纯收入2510元。

2424 梅川镇卜子沟村

简　　介：梅川镇卜子沟村位于梅川镇西部，离212国道线4公里，距梅川镇8公里，全村共有3个社，5个自然村，196户，886人，有耕地面积1268亩，人均1.4亩，主要靠中药材种植发展经济。

2425 梅川镇老幼店村

简　　介：梅川镇老幼店村位于岷县东北部，距离镇政府12公里，212国道穿村而过，交通较便利，全村,4个自然村10个村民小组，418户，2080人。全村耕地面积1986亩，人均约一亩。支柱产业以养殖、劳务输出为主。老幼店村有林草地面积 10000 多亩，林下经济示范点共经营林地 500 多亩，目前有林下生态鸡养殖及生态休闲娱乐两部分。生态鸡养殖由永宏养殖场带头发展，该场年出栏生态鸡 3 万只以上，具有较强的示范带头作用。

2426 锁龙乡潘家寨村

简　　介：潘家寨村距乡政府 7 公里，盘山而坐，交通不便。全村共有 3 个小组，有人口 102 户 424 人，全村耕地面积 915.1 亩，人均面积 2.16 亩，主要种植洋芋、蚕豆、燕麦等农作物，2014 年度人均纯收入 3635 元。

2427 西江镇中山村

简　　介：西江镇中山村位于岷县北部，距岷县城区 20 公里，属西江镇政府所在地。土壤多为黄土，适宜小麦、马铃薯、当归、党参、黄芪等农作物和中药材的生长。现有耕地面积 1508 亩，人均耕地面积 1.19 亩；现有林地 2000 多亩，森林覆盖率约 20 %。农作物以小麦、马铃薯为主，另外种植当归、党参、黄芪等中药材。全村公路畅通，农户通电普及率 100%。有 8 个村民小组，278 户，1276 人，2011 年农民人均纯收入为 2109 元。该村人均土地少，全村农业种植经过结构调整，开始由传统型农业向现代型农业转变。境内种植业以小麦、马铃薯、中药材为主，有 200 户农户开展家庭养殖。劳务输出占经济收入的比重较大。全村目前有中心小学 1 所，新型农村合作医疗参合率 95%。

2428 维新乡卓坪村

简　　介：维新乡卓坪村距离乡政府 5 公里，有 7 个社，309 户，1345 人，耕地 1044 亩，人均占有耕地 0.8 亩。2014 年人均纯收入 3550 元。

2429 维新乡李子村

简　　介：维新乡李子村距乡政府 9.5 公里，全村有 4 个社，共有 110 户，495 人，人均耕地面积有约 1.2 亩，2014 年人均纯收入为 3790 元 。

2430 维新乡周家村

简　　介：维新乡周家村距离乡政府 5.5 公里，有 7 个社，314 户，1332 人，耕地 1471.9 亩，人均占有耕地 1.11 亩。2014 年人均纯收入 2670 元。

2431 锁龙乡买家村

简　　介：买家村距乡政府 7.5 公里，全村共有 4 个小组，有人口 148 户 654 人，全村耕地面积 1150 亩，人均面积 1.76 亩，主要种植洋芋、蚕豆、燕麦等农作物，2014 年度人均纯收入 3610 元。

2432 梅川镇红星村

简　　介：红星村位于梅川镇东南部，距镇区 2.5 公里。梅石公路和素子河纵向穿过，平均海拔 2290 米，村庄东西长约 2000 米，村辖 5 个合作社，349 户，总人口 1620 人，土地总面积 1851 亩，人均 1.1 亩，村民家庭收入主要依靠中药材种植、加工和劳务输出，2013 年农民人均纯收入达 3200 元。三年制五星小学位于红星村杨家台位置，学校距离梅川镇 3 公里，辐射人口 900 多人，村内交通便利，电信、联通及移动网络已基本覆盖全村，村民普遍使用户户通收看电视节目。红星村大部分处于素子河两岸平缓地带，属于两山夹一川格局，只有三社地处黄土山脊，地表较不稳定。红星村属高寒山区，境内海拔 2290 米，年降雨量 587.6 毫米，年平均气温 6.2℃左右，全年最高气温 25.6℃，无霜期 94 天。

2433 维新乡柳林村

简　　介：维新乡柳林村距离乡政府1公里，共有5个社，共有人口890人，人均耕地面积1.1亩，2014年人均纯收入4954元。

2434 闾井镇麻子村

简　　介：麻子村距乡政府所在地约8公里处，平均海拔2400米，全村共有3个村民小组，184户，796人。全村有耕地1124亩，人均占有耕地1.41亩，经济作物以马铃薯和中药材当归、黄芪为主，共计1000亩种植示范地。通过近几年的规范化种植，农民积累了一定的中药材种植的经验，对发展中药材产业以促进提高劳动收入奠定了基础。随着教育的发展，接受教育的人逐渐增多，思想观念有了一定的转变。

2435 清水乡西沟村

简　　介：清水乡西沟村位于岷县县城北部15公里，西临刘家村，北接岷县西江乡，流域面积50平方公里，耕地1052亩，辖5个社4个村民小组，100户，420人，汉族人口占百分之百，2014年农民人均纯收入2350元。

2436 中寨镇峪谷村

简　　介：峪谷行政村隶属岷县中寨镇，距中寨镇政府所在地14公里，村道路为水泥路，交通方便，距县城30公里。东邻梅川镇，南邻梅川锁子山，西邻水坪村，北邻漳县，辖牌底、浪各、场咀、寺扎、朱固、庄子等6个村民小组。该村地形地貌复杂，所辖区域土质多为沉积土壤，极易发生山体滑坡、泥石流等自然灾害现象。全村国土面积9.75平方公里，平均海拔2400米，年平均气温5.2℃，年降水量619.8毫米，水资源相对不足，该村农业产业结构以中药材当归、党参、黄芪种植为主，部分地区适宜种植马玲署、小麦、大豆、油菜等农作物。本村现有农户390户，人口1862人。全村耕地面积2310亩，人均耕地1.3亩，林地759.35亩。2014年全村经济总收入850万元，农民人均纯收入4350元。该村农民收入以种植业、养殖业、外出劳务收入为主。

2437 十里镇齐家村

简　　介：十里镇齐家村距镇政府所在地2公里，平均海拔2340米，年平均气温5.5℃，全年无霜期120天，年降雨量604毫米；全村共有5个社，485户，1870人。全村有耕地915亩，人均占有耕地0.49亩，均为旱川地，土地贫瘠，产出量低。主要种植马铃薯、当归、黄芪等农作物。传统产业为竹编，2014年农民人均纯收入4012元。

2438 闾井镇联合村

简　　介：该村距乡政府所在地5公里处，平均海拔2600米，全村共有5个村民小组，2648户，1080人。全村有耕地3000亩，人均占有耕地约2.78亩，均为山地和半山地，2014年人均纯收入2355元。经济作物以马铃薯、蚕豆、燕麦为主。联合村拥有丰富的牧草资源，草场面积达3000余亩。全村共有村级主干道1条。全村经济收入以劳务收入为主，劳动力资源丰富。联合村具有丰富的草场资源，全村现有草场面积3000亩，发展草畜产业具有得天独厚的自然条件。通过近几年的规范化种植，农民积累了一定的马铃薯良种繁育技术，对发展马铃薯产业有成功的经验。通过劳务输转，联合人的观念进一步转变，思想进一步解放。蚕豆种植面积初步形成规模，亟待龙头企业开发加工，延伸产业链条，提高附加值。

2439 岷山乡大林村

简　　介：大林村位于岷县县城西部16公里处，西临清水乡刘家村，北接西沟村，流域面积16平方公里，耕地面积1360亩，辖6个村民小组，165户，700人，汉族人口占100%，2014年农民人均纯收入2310元。

2440 梅川镇辘辘村

简　　介：辘辘村位于梅川镇东南山区，距梅川镇10公里。共有6个自然村，3个合作社，居住十分分散。全村共302户，1368人，共有耕地面积2920亩，人均耕地2.13亩。主要收入来源是药材种植、常年务工、小型中药材贩运。村卫生室1个，全日制小学1所。2014年人均纯收入2570元。

2441 中寨镇扎马村

简　　介：扎马村隶属岷县中寨镇，距中寨镇政府所在地2公里，村道路为水泥路，交通方便，距县城35公里。东邻洮河，南邻西江镇哈萨村，西邻西江王龙村，北邻维新桌坪村。辖前川、台子、寨子、场低、新楼、新巷、中巷、背巷、下寨、埂上、孙家湾、河哪、温家山等13个村民小组。全村国土面积14.54平方公里，海拔2200米，年平均气温18℃，年降水量619.8毫米，该村种植以干旱和半干旱农作物为主，当归、黄芪、党参、马铃薯为主要农作物，部分地区适宜种植黄果小麦、大豆、等农作物。本村现有农户737户，人口3281人，全村耕地面积1854亩，人均耕地0.57亩，林地1001亩。2014年全村经济总收入405万元，农民人均纯收入4490元。该村适合种植当归、党参、黄芪、马铃薯等农作物，农民收入以种植业、养殖业、外出劳务收入为主。

2442 十里镇铁龙村

简　　介：十里镇铁龙村距镇政府所在地7公里，平均海拔2340米，年平均气温5.5℃，全年无霜期120天，年降雨量604毫米；全村共有5个社，266户，1154人。全村有耕地924亩，人均占有耕地0.80亩，均为旱川地，土地贫瘠，产出量低。主要种植马铃薯、当归、黄芪等农作物。2014年农民人均纯收入3956元。

2443 十里镇三十里铺村

简　　介：十里镇三十里铺村距镇政府所在地8公里，平均海拔2340米，年平均气温5.5℃，全年无霜期120天，年降雨量604毫米；全村共有7个社，471户，2097人。全村有耕地1536亩，人均占有耕地0.73亩，主要种植马铃薯、当归、黄芪等农作物。全村现有大牲畜60头，牛、马、骡子、猪、羊存栏分别为33头、12匹、15匹、469头和150只。红军纪念馆位于本村，形成红色旅游产业，2014年农民人均纯收入3948元。

2444 维新乡兹那村

简　　介：维新乡兹那村距乡政府6公里，现有8个社，345户，1548人，人均耕地面积1.2亩，2014年人均纯收入4075元。

2445 维新乡坪上村

简　　介：维新乡坪上村距乡政府10公里，全村有6个社，共有260户，1007人，人均耕地面积0.7亩，2014年人均纯收入为4000元。

2446 清水乡蒋家村

简　　介：蒋家村位于岷县县城西部12公里处，西临大路村，北接郎家村，东临清水村。耕地面积875亩，辖5个村民小组，268户，

1206 人，汉族人口占 100%， 2014 年农民人均纯收入 2330 元。

2447 清水乡沟里堡村

简　　介：沟里堡村位于岷县县城西部 14 公里处，西临郭哈村，北接一心村，流域面积 500 平方公里，耕地 2000 亩，辖 7 个社，7 个村民小组，314 户，1341 人，汉族人口占 100%，2014 年农民人均纯收入 1000 元。

2448 岷阳镇东门村

简　　介：岷县岷阳镇东门村地处县城东郊，西与岷峰村接壤，北傍洮水，全村共有 3 个村民小组，285 户，865 人。全村现有村集体经济实体 6 家，民营企业 3 家，个体工商户 82 户，村集体资产累计达到 6000 多万元，年均集体纯收入达到 160 多万元。2014 年农民人均纯收入达到 4780 多元。

2449 十里镇大龙村

简　　介：十里镇大龙村距镇政府所在地 5 公里，平均海拔 2340 米，年平均气温 5.5℃，全年无霜期 120 天，年降雨量 604 毫米；全村共有 2 个社，203 户，1049 人。全村有耕地 994 亩，人均占有耕地 0.95 亩，主要种植马铃薯、当归、黄芪等农作物。2014 年农民人均纯收入 3966 元。

2450 蒲麻镇岔套村

简　　介：蒲麻镇岔套村现有 5 个村民小组，286 户，人口 1328 人，耕地面积 2109 亩。

2451 禾驮乡拉路村

简　　介：拉路村距乡政府 15 公里，有村民小组 3 个，186 户，869 人，有村民代表 10 人。有村干部 3 人。耕地面积 2127 亩，人均耕地面积 2.47 亩。上年人均纯收入 3302 元。村主导产业以药材为主。

2452 维新乡大花门村

简　　介：维新乡大花门村距乡政府有 6 公里，全村有 12 个社，共有 263 户，1360 人，全村耕地面积 2563 亩，人均耕地面积有 1.9 亩，2014 年人均纯收入为 4048 元。

2453 马坞乡灯场村

简　　介：灯场村是乡政府所在地，辖 7 个自然村。灯场村素有“小金三角”之称，集市贸易十分活跃，商贾云集，通过集市交换，开拓了商品市场，加强商品交流，刺激本地商品生产，起到了促进作用。同时也锻炼培养了大批生意经，多数人会做生意。马坞有“三分农业，七分商业”的说法，以商养农，以农促商成为当地人的传统。用现代话讲，让更多的人做工经商，旧社会叫“啃街的人”以街面市场为谋生手段，挣钱养家。带动了马坞的经济发展，曾出现过产销两旺的景象。灯场村气候温和湿润，植被茂密，绿荫成林，是一个以种植玉米、大豆、小麦、马铃薯等农作物以及劳务输出为主要经济收入的行政村。全村共有 450 户，1985 人；耕地面积 2229 亩，人均耕地 1.2 亩。近年来，在县委、县政府的正确领导下，在乡党委、政府和村两委班子的带领下，灯场村社会经济发展取得了长足的进步。2010 年，完成了生态移民项目建设，共投资 347.5 万元，已建成住房 63 套，解决 273 人住房难问题。灯场村是一个乡土文化十分浓厚的行政村，尤以农历七月十二花灯会以及社火队、皮影戏、秦剧团等为典型代表。

2454 维新乡下中寨村

简　　介：维新乡下中寨村距乡政府有 5 公里，全村有 7 个社，共有 225 户，878 人，全村耕地面积1015亩，人均耕地面积有1.15亩，2014年人均纯收入为3300元。

2455 秦许乡包家族村

简　　介：包家族村距乡政府所在地2.5公里处，境内海拔2585米，无霜期104天，年平均气温6℃，年降水量609毫米，属高寒阴湿气候。全村共有6个村民小组，265户，1167人。全村有耕地1086亩，人均占有耕地0.93亩，主要种植马铃薯、小麦、大豆、药材等农作物。全村现有大牲畜244头，牛、马存栏分别为196头和35头。2011年农民人均纯收入2390元。有完全小学1所。

2456 蒲麻镇东沟村

简　　介：蒲麻镇东沟村现有3个村民小组，160户，人口632人，耕地面积1282亩。

2457 秦许乡百花村

简　　介：百花村距乡政府驻地7公里，现有耕地面积848亩，其中川区耕地360亩，人均1.05亩。草场资源十分丰富，对发展养殖业有着得天独厚的条件。该村主要收入以畜牧养殖业为主，属我乡的畜牧业发展强村。全村有7个村民小组，农业住户179户，人口807人。全村人均耕地面积1.05亩，农作物以药材、洋芋、小麦为主。2009年底全村人均纯收入2115元。农作物播种面积848亩，其中粮食作物243亩，经济作物播种面积534亩，年末大牲畜存栏101头，年末猪存栏163头。

2458 闾井镇古郎村

简　　介：古郎村距乡政府所在地约10公里处，平均海拔2500米，全村共有5个村民小组，293户，1556人。全村有耕地3009亩，人均占有耕地1.93亩，均为山地和半山地，经济作物以马铃薯和中药材当归、黄芪为主，共计1000亩种植示范地，为种植中药材，促进劳动收入打下了坚实的基础。古郎村的牧草资源稀少，草场面积只有600余亩，且养殖家禽数量少。全村共有村级主干道1条，现已水泥硬化，在教育方面有幼儿园1所，六年制小学1所，为实行九年义务教育提供了保障。全村经济收入以劳务收入为主，通过近几年的规范化种植，农民积累了一定的中药材种植的经验，对发展中药材产业以促进提高劳动收入奠定了基础。随着教育的发展，接受教育的人逐渐增多，思想观念有了一定的转变。

2459 闾井镇和平村

简　　介：和平村距乡政府所在地2公里处，平均海拔2600米，全村共有5个村民小组，264户，1260人。全村有耕地2764亩，人均占有耕地2.19亩，均为山地和半山地，土地贫瘠，产出量低，2014年人均纯收入2350元。经济作物以马铃薯、蚕豆、燕麦为主。和平村拥有丰富的牧草资源，草场面积达600余亩。全村经济收入以劳务收入为主，劳动力资源丰富。通过近几年的规范化种植，农民积累了一定的马铃薯良种繁育技术，对发展马铃薯产业有成功的经验。劳务输转，和平人的观念进一步转变，思想进一步解放。四是蚕豆种植面积初步形成规模，亟待龙头企业开发加工，延伸产业链条，提高附加值。

2460 西寨镇大寺村

简　　介：大寺村位于西寨镇东北部山区2.5公里处，全村5个自然社，267户，1120人，汉族人口占100%，2014年农民人均纯收入4324元。属于温带半湿润向半干旱区过渡性气候，大陆性特征明显。平均海拔2350米，降水量少且集中，年内、年际变率大，年均降水量约592毫米，年蒸发量达1500毫米左右，为降水量的3-4倍。多年平均气温5.3℃，绝对最低气温-26.9℃，绝对最高气温33.7℃。年平均日照时数2300小时，无霜期118天左右，多年平均最大冻土深度约0.83米。

2461 梅川镇茶固村

简　　介：茶固村位于梅川镇212国道线，距镇政府4公里，全村9社，420户，1856人，耕地总面积2041亩，人均1.1亩。全村农民以中药材种植为主要经济收入来源，2014年人均纯收入达3200元。

2462 岷阳镇西云村

简　　介：岷阳镇西云村位于县城西南面，坐落于二郎山脚下，距离县城2.5公里，全村共有4个社，总住户数448户，总人口1765人，全村耕地面积955亩，人均0.45亩，其中回族1195人，占全村人口70%，是一个典型的民族村。2014年，全村农民人均收入2650元。

2463 寺沟乡立珠村

简　　介：立珠村位于岷县寺沟乡南部，距乡政府所在地9公里，距县城19公里，总面积11.9平方公里，平均海拔2500米，年降雨量580-650毫米，年平均气温5.2度，全村现有5个村民小组，263户，1143人，其中藏族人口229人，占总人口的20%；耕地面积2089亩，其中水川地696亩，占耕地面积30%，全村退耕还林1300亩，人均占有耕地1.8亩。主要种植农作物有豌豆、蚕豆、土豆等。经济作物有当归、黄芪、优质牧草红三叶、猫尾草等。2014年农民人均纯收入3164元。设五年制村小学1所，现有教师10人，其中公办教师3人，县聘、乡聘7人，在校学生85名。

2464 西寨镇大寨村

简　　介：大寨村位于西寨镇东北方向0.5公里处，北邻洮河，南依青山，依山傍水，环境优美。全村4个自然社，214户，947人，汉族人口占99%，2014年农民人均纯收入3824元。属于温带半湿润向半干旱区过渡性气候，大陆性特征明显。平均海拔2310米，降水量少且集中，年内、年际变率大，年均降水量约592毫米，年蒸发量达1500毫米左右，为降水量的3-4倍，多旱灾。多年平均气温5.3℃，绝对最低气温-26.9℃，绝对最高气温33.7℃。年平均日照时数2300小时，无霜期118天左右，多年平均最大冻土深度约0.83米。

2465 维新乡塔山村

简　　介：维新乡塔山村离乡政府11公里，现有4个社，135户，562人，人均耕地面积1.2亩，2014年人均纯收入4090元。

2466 麻子川乡大草滩村

简　　介：麻子川乡大草滩村距乡政府所在地5公里处，平均海拔2500米，年降水量650毫米，年平均气温5.4℃。全村共有7个村民小组269户，1283人，劳动力657人，每年外出务工劳动力约300人左右。全村有耕地面积2096亩，人均占有面积1.78亩，均为山地和半山地，土地贫瘠。2014年全村人均纯收入3145元。

2467 闾井镇阳关村

简　　介：阳关村距乡政府所在地5公里处，平均海拔2600米，全村共有6个村民小组，224户，1012人。全村有承包地3454亩，人均占有耕地3.5亩。经济作物以当归、黄芪、马铃薯、蚕豆、燕麦为主。草场面积达4220余亩。现有新修五年制小学1座。全村经济收入以劳务收入为主，每年有500多人外出务工。近几年的规范化种植，农民积累了一定的马铃薯良种繁育技术，对发展马铃薯产业有成功的经验。通过劳务输转，阳关村所有群众的观念进一步转变，思想进一步解放。四是中药材种植面积初步形成规模，亟待龙头企业开发加工，延伸产业链条，提高附加值。

2468 中寨镇小寨村

简　　介：小寨村隶属岷县中寨镇，距中寨镇政府所在地10公里，村道路为水泥路，交通方便，距县城30公里。东邻兴裕村，南邻川都村，西邻同兴村，北邻出扎，虎龙村。辖奔扎山、小寨子、出扎口、大寨子、韩家台、三友河滩、那娃山、啊你车、哈漏沟、接漏沟等12个村民小组。该村地形地貌复杂，地处小河断裂带和著名的泥石流区，由于受小河、山沟的强烈切割，山体部分土质垂直裂隙，形成深邃峡谷，全村土地面积17.75平方公里，海拔2380米，年平均气温4.2℃，年降水量619.8毫米，水资源相对不足。该村种植以药材为主，当归、党参、黄芪、土豆为主要农作物。部分地区适宜种植小麦、菜子、大麦、青稞等农作物。本村现有农户581户，人口2413人。全村耕地面积2485亩，人均耕地0.89亩，林地1394亩。2014年全村经济总收入831万元，农民人均纯收入4600元。该村适合种植当归、党参、黄芪、土豆、小麦、菜子、大麦、青稞等农作物，农民收入以种植业、外出劳务为主。

2469 十里镇南小路村

简　　介：十里镇南小路村距镇政府所在地8公里，平均海拔2340米，年平均气温5.5℃，全年无霜期120天，年降雨量604毫米。全村共有7个社，531户，2327人。全村有耕地1400亩，人均占有耕地0.6亩，均为旱川地。主要种植马铃薯、当归、黄芪等农作物。特色种植为蔬菜大棚，2014年农民人均纯收入3964元。

2470 禾驼乡后家山村

简　　介：后家山村距乡政府1公里，有村民小组4个，208户，980人，有村民代表26人。有村干部3人。耕地面积4871亩，人均耕地面积1.43亩。上年人均纯收入3280元。村主导产业以药材为主。

2471 马坞乡曹眼村

简　　介：马坞乡曹眼村距乡政府10公里。东邻大沟门村，西邻独岭山。现有5个社，230户，1084人，耕地面积1888.6亩。

2472 维新乡西沟村

简　　介：维新乡西沟村距乡政府有14公里，全村有5个社，共有人口637人，人均耕地面积有1.35亩，2014年人均纯收入为3790元。

2473 马坞乡秦家沟村

简　　介：秦家沟村位于马坞乡西北山沟之中，现有5个社，229户，1037人，耕地面积1630.25亩。

2474 清水乡甫子山村

简　　介：甫子山位于岷县县城西部5公里处，离清水乡政府10公里处，流域面积2平方公里，耕地605亩，辖2个社，2个村民小组，92户，380人，汉族人口占100%。2014年农民人均纯收入1000元。

2475 禾驮乡山沟村

简　　介：山沟村距乡政府 10 公里，有村民小组 8 个，358 户，1793 人，有村民代表 21 人。有村干部 3 人。耕地面积 3175 亩，人均耕地面积 1.76 亩。上年人均纯收入 3237 元。村主导产业以药材为主。

2476 中寨镇扎那村

简　　介：扎那村隶属岷县中寨镇，距中寨镇政府所在地 12 公里，村道路为土路，距县城 45 公里。东邻古庄村，南邻大哈村，维新乡兹那村，西邻维新乡周家村，北邻卓尼县柏林乡。辖库路沟 3 个社、下扎那 2 个社、上扎那 2 个社、牙地 4 个社，西祖路 2 个社以及沙木地、大路、毛豆首等 17 个村民小组。全村国土面积 18.65 平方公里，海拔 2400 米，年平均气温 4.3℃，年降水量 619.8 毫米。该村种植有当归、党参、黄芪等药材，部分地区适宜种植小麦、菜子、大麦、青稞等农作物。

2477 寺沟乡舍扎村

简　　介：舍扎村位于舍扎村二社，距离乡政府 1 公里，距离村主干道 10 米，占地面积 200 平方米，房屋结构为砖木结构，共有房屋 5 间。村两委班子健全，办公设施较为齐备，有专职村干部 3 名，舍扎村现有耕地面积 2505 亩，人均耕地面积 2.35 亩，林地 308 亩，森林覆盖率 12%。全村有 5 个自然社 174 户，756 人，劳动力 402 人。2012 年在乡、村两级积极的争取下，我村硬化村庄道路 5 公里，极大地方便了群众的出行。

2478 岷阳镇瓦窑沟村

简　　介：岷阳镇瓦窑沟村位于县城南面，与二郎山风景区、西云村、岷峰村相接连，距离县城 1.5 公里。辖区内共有农民 460 户，2600 人，回汉杂居，为 5 个自然村。是种植岷归和黄芪、党参的最佳产地。瓦窑沟村共有工作人员 8 名。村办公面积约占 120 平方米。自"保民生，促三农"专项行动以来，村两委成立了由村党支部书记任组长，村主任任副组长的专项行动领导小组，制定了实施方案，成立了村检察联络室，检察联络员 1 名。

2479 寺沟乡巴仁村

简　　介：巴仁村位于岷县县城南部 15 公里处，距离乡政府 5 公里。总面积 7.1 平方公里，平均海拔 2390 米，年降水量 550–630 毫米，年平均气温 5.5℃，全村现有 7 个村民小组，276 户，1221 人，耕地面积 2322 亩，人均占有耕地 2.1 亩。主要种植当归、洋芋、大豆、小麦等农作物。2014 年农民人均纯收入 2062 元。有村小学 1 所，在校学生 51 人。

2480 禾驮乡哈地哈村

简　　介：哈地哈村距乡政府 2.5 公里，有村民小组 4 个，208 户，927 人，有村民代表 12 人。有村干部 3 人。耕地面积 1526 亩，人均耕地面积 1.56 亩。上年人均纯收入 3280 元。村主导产业以药材为主。

2481 茶埠镇阳坡村

简　　介：阳坡位于茶埠镇以北 1 公里处，距县城 7.5 公里，国道 212 线，省道 306 线穿境而过，交通便利，资源丰富。全村共有 2 个自然村，2 个社，194 户，665 人，耕地面积 752.4 亩。人均耕地面积 1.13 亩。村上现有大小商铺 30 余家，日光温室种植 3 户，12 座。

2482 西江镇甫洞村

简　　介：甫洞村位于西江镇西北部，距西江镇 2.48 公里处，面临洮河，岷维公路、婆青公路贯穿而过。全村共315户,7个小组,1388人。全村共有耕地926亩，主要种植黄芪、党参、当归、马铃薯、玉米等农作物。2013年全村人均纯收入3150元。气候温和,自然条件优越。洮河为甫洞村的主要河流,水文资源丰富。院墙全部完成建设,自来水、家庭用电、道路全部通户。散建户有167户,全部达到入住的条件；维修户有48户，全部维修完工。在今后的时间里，甫洞村会结合自身的优越地理条件，争取项目建设资金，大力发展农家乐、种植业、养殖业，一方面可以解决农村剩余劳动力就业的问题，另一方面可以将甫洞村打造成一个集过境旅游、观光、休闲、娱乐为一体的美丽村庄，提高农民的收入，为实现每个家庭的小康梦而奋斗。

2483 禾驮乡乔家沟村

简　　介：乔家沟村距乡政府3公里，有村民小组4个，248户，1156人，有村民代表19人。有村干部3人。耕地面积2373亩，人均耕地面积2.04亩。上年人均纯收入3265元。村主导产业以药材为主。

2484 茶埠镇将台村

简　　介：将台地处洮河西岸，位于茶埠镇西南3公里处，面积约0.58平方公里。东接树扎村，南望西京村，西靠路麻山，北邻山那村。全村辖3个村民小组，总有179户，789人。总耕地面积约778亩，人均耕地面积约1亩。全村经济发展主要是中药材种植和加工及劳务输出。全村在双联单位县审计局的帮扶下，配套一事一议项目，逐步完成环村公路硬化3.5公里，安装路灯50盏，交通十分便利。在省红十字会的帮助下修建博爱广场和村幼儿园1座；本村村容村貌整洁，水、电、路、通讯设施相对齐全。参加养老保险379人，参保率达97.3%，合作医疗770人，参保率达97.6%。

2485 闾井镇新庄村

简　　介：新庄村距乡政府所在地14公里处，平均海拔2600米，全村共有4个村民小组，210户，1020人。全村有承包地2284亩，人均占有耕地2.24亩，均为山地和半山地，经济作物以当归、黄芪、马铃薯、蚕豆、燕麦为主。新庄村拥有得天独厚的牧草资源，草场面积达5755余亩。现有新修五年制小学1座。全村经济收入以劳务收入为主，每年有400多人外出务工，劳动力资源丰富。农民积累了一定的马铃薯良种繁育技术，对发展马铃薯产业有成功的经验。通过劳务输转，新庄村所有群众的观念进一步转变，思想进一步解放。四是中药材种植面积初步形成规模。

2486 申都乡岔林村

简　　介：申都乡岔林村位于申都乡西南方向，南与宕昌县哈达铺镇接壤，距离乡政府所在地5公里。全村耕地面积1871亩，草场资源丰富。共辖2个自然村，常住人口167户，773人，以农业人口为主；大牲畜存栏653头(口)；耕地1871亩,人均占有2.4亩，主要作物有药材（当归、黄芪、党参）、洋芋、小麦、燕麦、蚕豆等。

2487 蒲麻镇麻家台村

简　　介：蒲麻镇麻家台村现有5个村民小组,291户,人口1384人,耕地面积1685亩。

2488 闾井镇大庄村

简　　介：大庄村位于闾井镇东面7公里，现有2个自然村，共7个村民小组，335户，1488人。全村共有耕地面积4440亩,人均3.58

亩。上年人均纯收入2350元，村主导产业以种植蚕豆为主。2014年全面启动安置点住房项目建设，2015年9月底前完成1处村址，1个文化室，1所卫生室，1所幼儿园，1处五保家园等基础设施配套项目建设。

2489 十里镇下庄村

简　　介：十里镇下庄村距镇政府所在地7公里，曾与周家山、上庄、墩背后并命为小龙村，平均海拔2340米，年平均气温5.5℃，全年无霜期120天，年降雨量604毫米；全村共有3个社，185户，961人。低收入户76户，241人，全村有耕地994亩，人均占有耕地1.03亩，均为旱川地。主要种植马铃薯、当归、黄芪等农作物。2014年农民人均纯收入3952元。

2490 西江镇哈岔村

简　　介：西江镇哈岔村位于西江镇北面，距镇5公里，三面环水，背靠山，俗有“小台湾”之称。全村共有4个村民小组，151户，687人。共有耕地39亩；主要种植中药材、马铃薯等作物。全村公路畅通，交通便利。移动、联通、电信等畅通，100%的农户通电话（含移动电话）。农户通电普及率100%。全村靠自来水、井水解决人畜饮水。2013年农民人均纯收入为3250元。劳务输出占经济收入的比重较大。全村目前有小学1所，村卫生室1个。新型农村合作医疗参合率95%。村两委班子健全，办公设施较为齐备，有专职村干部3名，村设党总支1个。近年来，哈岔村结合镇党委、政府按照县上以“一城八镇”为重点。强力推进城镇化进程，积极构建“以城带乡”新格局的战略部署，以新农村建设示范点为契机，集中人力、物力、财力，全力推进小城镇建设。目前，小城镇和新农村建设已进入良性循环、稳步推进的轨道，基础设施功能进一步齐备，村容村貌有了初步改观，人民生活逐渐富裕，社会各项事业稳步推进，经济社会协调发展。

2491 寺沟乡白土坡村

简　　介：寺沟乡白土坡村位于乡政府所在地，距县城南9公里。北接本乡扎地村，东邻杨家堡村，南邻纸坊村，西临叠藏河。总流域面积16.3平方公里，现有耕地面积3259亩，人均耕地面积1.6亩；现有林地1139亩，现有草地9200亩，村庄用地360多亩。农作物以中药材、马铃薯、小麦为主。全村村庄道路畅通，国道212线沿村而过，交通便利。全村现有11个农业合作社，总户数456户，总人口2122人，全部为农业人口。该村人均占有耕地少，全村农业种植经过结构调整，开始由传统型农业向现代型农业转变。境内种植业以中药材、马铃薯和小麦为主，2014年种植中药村1800亩，产量720吨；马铃薯种植400亩，产量60.8吨。中药材和马铃薯播种面积占到总播种面积的一半以上。劳务输出占经济收入的比重较大。2012年全村农民人均纯收入2680元。全村目前新型农村合作医疗参合率95%。有村文化室1个，藏书3500册（本）。

2492 西寨镇站里村

简　　介：站里村位于西寨镇东南部3.5公里处，全村7个自然社，320户，1350人，汉族人口占100%，2014年农民人均纯收入4330元。属于温带半湿润向半干旱区过渡性气候，大陆性特征明显。平均海拔2350米，降水量少且集中，年内、年际变率大，年均降水量约592毫米，年蒸发量达1500毫米左右，为降水量的3-4倍。多年平均气温5.3℃，绝对最低气温-26.9℃，绝对最高气温33.7℃。年平均日照时数2300小时，无霜期118天左右，多年平均最大冻土深度约0.83米。全村种植业以马铃薯、小麦、当归、黄芪等农作物为主。

2493 中寨镇出扎村

简　　介：出扎村隶属岷县中寨镇，距中寨镇政府所在地16公里，村道路为水泥路，交通方便，距县城38公里。东邻珠治村，南邻小寨村，西邻塔沟村，北邻漳县金钟乡。辖麻那、五岭山、护林梁、出扎大庄、香子口、太那口、治达等8个村民小组。全村国土面积13.75平方公里，海拔2500米，年平均气温4.2℃，年降水量619.8毫米，该村种植以药材为主，当归、党参、黄芪、土豆为主要农作物，部分地区适宜种植小麦、菜子、大麦、青稞等农作物。本村现有农户320户，人口1427人。全村耕地面积1397亩，人均耕地0.93亩，林地1150亩。2014年全村经济总收入631万元，农民人均纯收入4350元。该村适合种植当归、党参、黄芪、土豆、小麦、菜子、大麦、青稞等农作物，农民收入以种植业、外出劳务收入为主。

2494 麻子川乡上沟村

简　　介：麻子川乡上沟村位于麻子川乡南部，距乡政府所在地4.5公里，平均海拔2580米，年降水量650毫米，年平均气温5.4℃，无霜期80天。属典型的山区地貌，地处青藏高原边缘，是甘南高原向黄土高原、陇南山地的过渡地带，境内海拔高，降雨量多，无霜期短，高寒阴湿，多冰雹等自然灾害。上沟村共有7村民小组，357户，1468人；有耕地面积2770亩，人均占有耕地1.9亩，均为山地和半山地，2014年全村人均纯收入3300元。

2495 西寨镇桥上村

简　　介：桥上村位于西寨镇东部，全村4个自然社，202户，987人，其中汉族人口占99%以上，全村以务工和务农收入为主，2014年农民人均纯收入3620元。属于温带半湿润向半干旱区过渡性气候，大陆性特征明显。平均海拔2350米，降水量少且集中，年内、年际变率大，年均降水量约592毫米，年蒸发量达1500毫米左右，为降水量的3-4倍，多旱灾。多年平均气温5.3℃，绝对最低气温-26.9℃，绝对最高气温33.7℃。年平均日照时数2300小时，无霜期118天左右，多年平均最大冻土深度约0.83米。

2496 闾井镇杜家村

简　　介：杜家村距乡政府所在地2公里处，平均海拔2500米，全村共有5个村民小组，218户，1018人。全村有耕地2028亩，人均占有耕地1.99亩，均为山地和半山地，2014年全村人均占有粮260公斤，2014年人均纯收入2400元。经济作物以马铃薯、蚕豆、燕麦为主。杜家村拥有丰富的牧草资源，草场面积达2560余亩。全村现有大牲畜（牛）490头，马46匹，年末羊存栏量1800只。全村经济收入以劳务收入为主，劳动力资源丰富。通过近几年的规范化种植，农民积累了一定的马铃薯良种繁育技术，对发展马铃薯产业有成功的经验。通过劳务输转，杜家人的观念进一步转变，思想进一步解放。四是蚕豆种植面积初步形成规模，亟待龙头企业开发加工，延伸产业链条，提高附加值。

2497 梅川镇梅川村

简　　介：梅川村位于梅川镇梅川村，是镇政府所在地，全村7个合作社，561户，2492人，耕地总面积865亩，人均0.37亩。

全村农民以种植中药材购销加工为主要经济收入来源，2014 年人均纯收入达 2642 元。

2498 申都乡瓦结村

简　　介：申都乡瓦结村位于申都乡政府往西 2 公里处，由原永进村分村而成，辖区有 1 个自然村，6 个村民小组，264 户，1183 人。共有劳动力 727 人。平均海拔 2600 米，无霜期 99 天，雨量充沛。全村耕地面积 2129 亩，人均占有耕地 1.8 亩，主要作物有药材（当归、黄芪、党参）、洋芋、小麦、燕麦、蚕豆等。村民经济来源主要为中药材种植和青壮年外出务工。2014 年农村居民人均才收入 2655 元。

2499 中寨镇大哈村

简　　介：大哈村隶属岷县中寨镇，距中寨镇政府所在地 7 公里，村道路为土沙路，交通方便，距县城 38 公里。东邻塔沟村，南邻红崖村，西邻维新乡明泉村，北邻扎那村。辖下住、大哈、扎住、郎寺、地湾、石沟、桦林共 7 个村民小组。该村地形地貌复杂，地处山区，由于受暴雨的强烈切割，河沟部分岩层垂直裂隙，形成深邃峡谷，石沟所辖区域土质多为沉积土壤，极易发生山体滑坡、泥石流等自然灾害现象。全村国土面积 18.43 平方公里，海拔 2240 米，年平均气温 4.2℃，年降水量 619.8 毫米，水资源相对不足，该村种植以干旱和半干旱农作物为主，当归、党参、黄芪为主要农作物。本村现有农户 328 户，人口 1584 人，全村耕地面积 1843 亩，人均耕地 1.26 亩，林地 759.35 亩。2014 年全村经济总收入 360 万元，农民人均纯收入 4100 元。该村适合种植当归、党参、黄芪等农作物，农民收入以种植业、养殖业、外出劳务收入为主。

2500 梅川镇店子村

简　　介：梅川镇店子村位于岷县北部川区，距县城 14 公里处，距镇政府 1 公里，西临洮河，水资源丰富。国道 212 线穿境而过。全村共有 7 个村民小组，316 户，1443 人，有劳动力 510 人，全村共有耕地面积 425 亩，人均 0.31 亩。2013 年人均纯收入 3120 元。全村产业以中药材种植、加工、贩运为主。中药材种植面积 520 亩，占全村耕地面积的 68.4%。种植品种主要有黄芪、党参、当归等，分别占种植面积的 50%、30%、20%。全村有中药材加工户 220 户（其中当归加工户 46 户，党参加工户 53 户，黄芪加工户 118 户，其他 3 户），中药材贩运加工大户 38 户，年加工贩运量达 5000 吨，形成了中药材种植和加工贩运为主的专业村，全村中药材收入比重占到 80%。

2501 岷阳镇人民社区

简　　介：岷阳镇人民社区位于县城中心，有居民小组 7 个，居民 651 户，2551 人，有流动人口 217 人。有社区干部 5 名，社区协管员 6 名，社区联防队员 21 人。辖区有机关事业单位 11 个。

2502 闾井镇结山村

简　　介：结山村距乡政府所在地 15 公里处，平均海拔 2600 米，全村共有 5 个村民小组，394 户，1784 人。全村有耕地 4651 亩，人均占有耕地 2.6 亩，均为山地、半山地和川地。土地贫瘠，产出量低，2014 年全村人均占有粮 240 公斤，2014 年人均纯收入 2750 元。经济作物以马铃薯、蚕豆、燕麦为主。结山村拥有丰富的牧草资源，草场面积达 4000 余亩，年均人工种植优质牧草 800 亩左右。全村现有大牲畜（牛）254 头，年末羊存栏量 1245 只。306 省道沿村而过，现有新修六年制小学1座。全村经济收入以劳务收入为主，劳动力资源丰富。农民积累了一定的马铃薯良种繁育技术，对发展马铃薯产业有成功的经验。通过劳务输转，结山人的观念进一步转变，思想进一步解放。四是蚕豆种植面积初步形成规模，亟待龙头企业开发加工，延伸产业链条，提高附加值。

2503 十里镇坪路村

简　　介：十里镇坪路村距镇政府所在地5公里，平均海拔2340米，年平均气温5.5℃，全年无霜期120天，年降雨量604毫米。全村共有3个社，280户，1254人。全村有耕地1050亩，人均占有耕地0.84亩。主要种植马铃薯、当归、黄芪等农作物。2014年农民人均纯收入3966元。

2504 西江镇大坪村

简　　介：西江镇大坪村位于岷县北部，距岷县城区25公里。现有耕地面积1702亩，人均耕地面积2.1亩；现有林地1200多亩，森林覆盖率约43%。农作物以小麦、马铃薯为主，另外种植当归、党参、黄芪等中药材。全村道路全长6.5公里，农户通电普及率100%。全村靠自来水、泉水解决人畜饮水的问题。大坪村有13个村民小组，375户，1702人，劳动力756人，2011年农民人均纯收入为2110元。劳务输出占经济收入的比重较大。2012年全镇农民人均纯收入2450元。全镇目前有大坪小学1所，村卫生室1个。新型农村合作医疗参合率95%。镇党委、村“两委”班子健全，办公设施较为齐备，各村有专职村干部3名。

2505 禾驮乡立哈村

简　　介：立哈村距乡政府8公里，有村民小组6个，296户，1268人，有村民代表16人。有村干部3人。耕地面积1853亩，人均耕地面积1.34亩。上年人均纯收入3301元。村主导产业以药材为主。

2506 十里镇张家坪村

简　　介：十里镇张家坪村距镇政府所在地4公里，平均海拔2340米，年平均气温5.5℃，全年无霜期120天，年降雨量604毫米；全村共有9个社，561户，2658人。合计521户，2386人，占总人口的93.3%；全村有耕地1836亩，人均占有耕地0.71亩，均为旱川地。主要种植马铃薯、当归、黄芪等农作物。传统产业砖瓦烧制、陶瓷瓦罐等较为突出，2014年农民人均纯收入3960元。

2507 茶埠镇石咀村

简　　介：石咀村位于洮河西岸，距镇政府所在地5公里，东面洮河环绕，南与本镇哈扎村相邻，西面背靠大山，北与西江镇接壤，水资源丰富，交通便利。全村共有3个自然村（姚庄、湾地和石咀），3个村民小组，256户，1232人，其中男有620人，女有612人。共有耕地面积793亩，川地350亩，山地443亩，人均耕地面积0.64亩，人均纯收入2500元。

2508 清水乡崖王村

简　　介：崖王村位于岷县县城西部2公里处，西临板达口，流域面积2平方公里，耕地252亩，辖2个社，2个村民小组，98户，380人，汉族人口占100%，2014年农民人均纯收入1000元。

2509 维新乡哈那村

简　　介：维新乡哈那村距乡政府2.5公里，现有4个社，163户，650人，人均耕地面积1.2亩，2014年人均纯收入3675元。

2510 蒲麻镇元草村

简　介：蒲麻镇元草村现有5个村民小组，人口292人，耕地面积1232亩。

2511 闾井镇喇嘛村

简　介：喇嘛村位于闾井镇西约2.5公里处，共有9个社，6个自然村，土地面积4536亩，全村共有582户，2520人，其中男1268人，女1237人。其中大牲畜牛1280头、马68匹、羊3895只、猪2122头。有固定村址1处，占地面积1300平方米，房屋12间，建筑面积约170平方米的党支部村委会正常开展工作。基础设施建设方面，共有人畜饮水池6处，按自然村合理分布。长约2.4公里的村道路畅通农户通电率100 %。

2512 麻子川乡阴坡村

简　介：阴坡村距乡政府所在地5公里处，平均海拔2500米，年降水量650毫米，年平均气温5.4℃，无霜期80天。全村共有3个村民小组107户，493人，其中回族70户，357人，是一个少数民族聚居的村。有耕地810亩，人均占有耕地1.64亩，均为山地和半山地，2014年全村人均纯收入3145元。

2513 十里镇山底下村

简　介：十里镇山底下村距镇政府所在地3公里，平均海拔2340米，年平均气温5.5℃，全年无霜期120天，年降雨量604毫米；全村共有5个社，407户，2049人。低收入户258户，1425人，合计387户，1882人，占总人口的93%；全村有耕地1438亩，人均占有耕地0.71亩，均为旱川地和半山地，主要种植马铃薯、当归、黄芪等农作物。全村现有大牲畜55头，牛、马、骡子、猪、羊存栏分别为28头、12匹、15匹、503头和138只。2014年农民人均纯收入3194.2元。

2514 申都乡后家村

简　介：后家村位于申都乡政府所在地以东1.5公里处，国道316线穿村而过，2014年8月份由原新民村分村而成，全村辖2个自然村，3个村民小组，共有272户，1224人。耕地面积2080亩，人均1.7亩，盛产蚕豆、洋芋、当归等。2014年农村居民人均纯收入2980元。

2515 岷阳镇龙潭村

简　介：龙潭村位于岷阳镇东郊，距镇政府所在地3公里，距县城2公里。村域面积3100亩，林地面积150亩，耕地面积602亩，其中川地102亩，山地500亩。共有5个社，4个自然村，320户，1401人。是传统农业村，农作物以马铃薯为主，也是黄芪、党参的贩运加工村。龙潭村拥有丰富的自然条件，各类药材种植面积达420多亩，产量21余吨，加上贩运和购销加工，全村年均不低于200吨，户均0.4吨多，户均0.4万多元。初步形成药材种植、贩运、加工的规模，而且已成为全村经济发展的支柱产业。全村经济收入以药材和劳务收入为主，2011年输出剩余劳动力远近200人（次），以东南沿海企业和内蒙建筑、新疆务工为主。2014年，全村经济总产值259万元，农民人均纯收入1950元。

2516 岷阳镇岷峰村

简　介：岷峰村委会位于县城西面，共有7个社，964户，3451人，有回、汉2个民族，是个少数民族居住比较集中的村。本科1人，大专以上学历4人，中专2人，高中以上学历6人，初中以下学历33人。岷峰村委会共有工作人员5人，其中书记1人，副书记2人，主任1人，办事员1人。在5人中，本科学历1人，高中学历1人，中专学历1人，初中学历2人。

2517 岷阳镇洮珠村

简　　介：洮珠村位于县城东部，距离县城中心1.5公里，北靠徐合公路，国道212线穿境而过。全村总住户数586户，人口2315人，全村共有2个自然村，4个合作社。村办公场地100平方米，村两委班子成员8名。辖区内有幼儿园1所，中心小学1所，农家书屋1所以及便民服务大厅等。

2518 寺沟乡朱麻滩村

简　　介：朱麻滩村位于岷县县城南部8公里处，属212公路沿线所在地，总面积8.2平方公里，平均每拔2370米，地理位置优越。耕地面积1196亩，人均占有耕地1.8亩；林地90亩，天然草场面积1867亩，人工草地120.5亩。212国道穿村而过，全村公路畅通，交通便利，信息畅通率达90%，通电普及率100%，人畜饮水普及率达100%以上。全村现有4个社，216户，843人，现有劳动力520人，其中初中以上学历240人，劳务输转253人。在校学生200人。村址占地面积0.7亩，其中建房面积200平方米，有专职村干部3名。

2519 茶埠镇岳家湾村

简　　介：岳家湾村位于茶埠镇北部，距镇政府3公里，共有3个自然村。东接结吗山，南接阳坡村，西邻洮河，北接梅川镇红水村。全村187户，802人，其中男457人，女345人，现有耕地面积280亩，其中人均耕地0.34亩。农作物种植以当归、黄芪、党参、马铃薯为主，其他少许。

2520 秦许乡秦许村

简　　介：秦许村距乡政府所在地5公里处，境内海拔2600米，无霜期96天，年平均气温5.5℃，年降水量620毫米，属高寒阴湿气候。全村共有6个村民小组，284户，1284人。全村有耕地1119亩，人均占有耕地0.87亩，均为山地和半山地。主要种植马铃薯、小麦、当归等农作物。全村现有大牲畜35头，马、羊存栏分别为42头和56只。2014年农民人均纯收入2510元。

2521 麻子川乡麻子川村

简　　介：麻子川村位于乡政府所在地，平均每拔2600米，年降水量650毫米，年平均气温5.4℃，无霜期85天，全村共有11个村民小组510户，2065人，劳动力1400人，其中男738人，女662人。全村有耕地3170亩，人均占有耕地1.54亩，均为山地和半山地，农作物以当归、马铃薯及蚕豆为主，另外种植大黄、小杂粮等。

2522 秦许乡沙才村

简　　介：沙才村距乡政府所在地13公里处，地理位置偏僻，交通不便利。境内海拔2600—2700米。水土保持条件较好，植被破坏率较低，经济收入以传统农业种植为主。全村共有7个村民小组，167户，652人。全村有耕地1040亩，人均占有耕地1.55亩，均为山地和半山地。主要种植马铃薯、蚕豆、当归、油籽等农作物。

2523 中寨镇塔沟村

简　　介：塔沟村隶属岷县中寨镇，距中寨镇政府所在地10公里，村道路为沙砾路，距县城45公里。东邻扎那村，南邻中寨村，西邻大哈村，北邻古庄村。辖挖力沟、塔沟、上磨、前山，石柱山，尼努那，土门，挖扎山，娥扎等11个村民小组。全村国土面积15.75平方公里，海拔2400米，年平均气温

4.2℃，年降水量 619.8 毫米，水资源相对不足，该村种植以药材为主，当归、党参、黄芪、土豆为主要农作物，部分地区适宜种植小麦、菜子、大麦、青稞等农作物。本村现有农户 463 户，人口 2113 人。全村耕地面积 2244 亩，人均耕地 1.5 亩，林地 1100 亩。2014 年全村经济总收入 620 万元，农民人均纯收入 4320 元。该村适合种植当归、党参、黄芪、土豆、小麦、菜子、大麦、青稞等农作物，农民收入以种植业、外出劳务收入为主。

2524 岷阳镇青年社区

简　　介：青年社区居委会位于县城西面，共有 7 个居民小组，951 户，3215 人，有回、汉、藏 3 个民族，辖区内共有驻岷单位、学校、企事业单位 10 个，是少数民族居住比较集中的社区。青年社区居委会共有工作人员 3 人，其中书记 1 人，主任 1 人，办事员 1 人。在 3 人中，大专学历 2 人，高中学历 1 人。

2525 茶埠镇半沟村

简　　介：半沟村位于茶埠镇东面，距离镇政府 3 公里，全村共有 1 个村民小组，119 户，465 人，现有耕地面积 400 亩，人均耕地面积 0.86 亩，主要收入以劳务收入为主，农业收入为辅，2014 年人均纯收入 2400 元。

2526 寺沟乡立林村

简　　介：立林村位于寺沟乡南部 14 公里处，总面积 59.58 平方公里，村委会成员 5 人，村民代表 4 人，全村现有 4 个村民小组，241 户，960 人，耕地面积 1479 亩，人均 1.5 亩，以畜牧业养殖及种植优质牧草、中药材、洋芋等农作物为主，2013 年农民人均纯收入 3150 元。

2527 马坞乡黑鹰沟村

简　　介：马坞乡黑鹰沟村位于马坞乡东南部，现有 5 个自然社，175 户，886 人。耕地面积 1310.6 亩。

2528 禾驮乡义仁沟村

简　　介：义仁沟村距乡政府 3 公里，有村民小组 5 个，278 户，1317 人，有村民代表 17 人。有村干部 3 人。耕地面积 2349 亩，人均耕地面积 1.81 亩。上年人均纯收入 3211 元。村主导产业以药材为主。

2529 西江镇八娘村

简　　介：西江镇八娘村位于岷县北部，距岷县城区 13 公里，属西江镇政府所在地。土壤多为黄土土壤，适宜小麦、马铃薯、当归、党参、黄芪等农作物和中药材的生长。现有耕地面积 1700 亩，农作物以小麦、马铃薯为主，另外种植当归、党参、黄芪等中药材。岷西公路穿村而过，全村公路畅通。全村有 8 个村民小组，357 户，1722 人，劳动力 930 人，人均 1.01 亩，2011 年农民人均纯收入为 2103 元。全村目前有小学 1 所在校学生 1698 人，学龄儿童入学率 100%。有卫生院 1 个，村卫生室 3 个，从业医师 22 人，新型农村合作医疗参合率 95%。

2530 茶埠镇茶埠村

简　　介：茶埠村位于的洮河、纳纳河汇聚之地，国道 212 线穿境而过，距县城 7.5 公里，为茶埠镇贸易市场所在地。全村辖 3 个社，321 户，1312 人，其中男性 760，女性 552 人。共有耕地 1132 亩，人均 0.9 亩。农业以传统农业种植为主，主要农作物以药材、洋芋、小麦及蔬菜种植为主。2014 年农民人均纯收入达到 3115 元。

2531 蒲麻镇井滩村

简　　介：蒲麻镇井滩村现有 5 个村民小组，324 户，人口 1282 人，耕地面积 1758 亩。

2532 岷阳镇长虹村

简　　介：岷阳镇长虹村位于县城南面，距离县城 1 公里，辖区内共有 398 户村民，1680 人，由 5 个行政村组成。村委会共有工作人员 4 名：其中书记 1 名、主任 1 名、计生主任 1 名、会计 1 名。另外有驻村干部 1 名、计生专干 1 名，村办公面积约占 90 平方米。

2533 西寨镇坎峰村

简　　介：坎峰村位于西寨镇东南方向 2.5 公里处，北邻洮河，南依青山，依山傍水，环境优美。全村 7 个自然社，536 户，2225 人，汉族人口占 99%，2014 年农民人均纯收入 3824 元。属于温带半湿润向半干旱区过渡性气候，大陆性特征明显。平均海拔 2310 米，降水量少且集中，年内、年际变率大，年均降水量约 592 毫米，年蒸发量达 1500 毫米左右，为降水量的 3-4 倍，多旱灾。多年平均气温 5.3℃，绝对最低气温 -26.9℃，绝对最高气温 33.7℃。年平均日照时数 2300 小时，无霜期 118 天左右，多年平均最大冻土深度约 0.83 米。

2534 十里镇周家山村

简　　介：十里镇周家山村距镇政府所在地 7 公里，平均海拔 2340 米，年平均气温 5.5℃，全年无霜期 120 天，年降雨量 604 毫米；全村共有 3 个社，178 户，893 人。全村有耕地 906 亩。主要种植马铃薯、当归、黄芪等农作物。传统产业有擀毡等，2014 年农民人均纯收入 3942 元。

2535 十里镇上庄村

简　　介：十里镇上庄村距镇政府所在地 7 公里，平均海拔 2340 米，年平均气温 5.5℃，全年无霜期 120 天，年降雨量 604 毫米；全村共有 2 个社，181 户，682 人。全村有耕地 845 亩，人均占有耕地 1.24 亩，均为旱川地，土地贫瘠，产出量低。主要种植马铃薯、当归、黄芪等农作物。传统产业有擀毡等，2014 年农民人均纯收入 3942 元。

2536 禾驮乡随固村

简　　介：随固村距乡政府 10 公里，有村民小组 7 个，296 户，1545 人，有村民代表 19 人。有村干部 3 人。耕地面积 2417 亩，人均耕地面积 1.76 亩。上年人均纯收入 3287 元。村主导产业以药材为主。

2537 清水乡永丰村

简　　介：永丰村位于岷县县城西部 16 公里处，西临清水乡结布村，北接大林村，流域面积 12 平方公里，耕地面积 1737 亩，辖 7 个村民小组，167 户，703 人，汉族人口占 100%，2014 年农民人均纯收入 2313 元。

2538 闾井镇颉代玛村

简　　介：颉代玛村距乡政府所在地 10 公里处，位于镇政府的南部，平均海拔 2600 米，全村共有 3 个村民小组，151 户，664 人。全村有耕地 2972 亩，人均占有耕地 4.4 亩，均为山地和半山地，2014 年全村人均占有粮 96 公斤，2014 年人均纯收入 2100 元。经济作物以马铃薯、蚕豆、燕麦、药材为主。颉代玛村拥有丰富的牧草资源，草场面积达 800 余亩，全村现有大牲畜牛 260 头。全村共有村级主干道 1 条，有便民桥 1 座。全村经济收入以劳务收入为主，劳动力资源丰富。通过近几年的规范化种植，农民积累了一定的马铃薯良种繁育技术，对发展马铃薯产业有成功的经验。通过劳务输转，颉代玛人的观念进一步转变，思想进一步解放。药材种植得到推广，进一步发展。

2539 蒲麻镇李家沟村

简　　介：蒲麻镇李家沟村现有 3 个村民小组，150 户，人口 782 人，耕地面积 1000 亩。

2540 维新乡堡子村

简　　介：维新乡堡子村距离乡政府 1.5 公里，共有 4 个社，202 户，876 人，人均耕地 1.3 亩，2014 年人均纯收入 2950 元。

2541 清水乡上跌马村

简　　介：上跌马村位于岷县县城西部 10 公里处，西临腊梅村，北接大沙漠村，流域面积 2 平方公里，耕地面积 1003 亩，辖 4 个村民小组，227 户，1080 人，汉族人口占 100%，2014 年农民人均纯收入 2400 元。

2542 十里镇雷家村

简　　介：十里镇雷家村距镇政府所在地 5 公里，平均海拔 2340 米，年平均气温 5.5℃，全年无霜期 120 天，年降雨量 604 毫米；全村共有 5 个社，497 户，1974 人。全村有耕地 1041 亩，人均占有耕地 0.53 亩。主要种植马铃薯、当归、黄芪等农作物。全村现有大牲畜 6 头，牛、猪、羊存栏分别为 6 头、395 头和 23 只。2014 年农民人均纯收入 3133.2 元。

2543 中寨镇兴裕村

简　　介：兴裕村隶属岷县中寨镇，距中寨镇政府所在地 15 公里，村道路为水泥路，交通方便，距县城 35 公里。东邻水坪村，南邻古城村，西邻小寨村，北邻虎龙村。辖大谷、一路、啊娄坡、锁子山、锦滩山等 11 个村民小组。全村国土面积 15.75 平方公里，海拔 2340 米，年平均气温 4.3℃，年降水量 619.8 毫米，水资源不足，该村种植以药材为主，当归、党参、黄芪、土豆为主要农作物，部分地区适宜种植小麦、菜子、大麦、青稞等农作物。本村现有农户 417 户，人口 1737 人，全村耕地面积 2650 亩，人均耕地 0.89 亩，林地 300 亩。2014 年全村经济总收入 871 万元，农民人均纯收入 4350 元。该村适合种植当归、党参、黄芪、土豆、小麦、菜子、大麦、青稞等农作物，农民收入以种植业、外出劳务收入为主。

2544 马坞乡沙金村

简　　介：沙金村位于马坞乡西部，距乡政府 15 公里，全村共有 5 个社，5 个自然村，现有人口 1270 人，260 户，群众主要经济来源是劳务输出及种植业收入，年人均纯收入 3400 元，耕地面积 2549.8 亩，村内有卫生室 1 处，完小 1 所，村学 1 所，在校学生 150 人。

2545 秦许乡小沟山村

简　　介：小沟山村距乡政府所在地 9 公里处，境内海拔 2450 米，无霜期 125 天，年平均气温 5℃，年降水量 615 毫米，属高寒阴湿气候。全村共有 3 个村民小组，137 户，624 人，全村有耕地 765 亩，人均占有耕地 1.2 亩。主要种植马铃薯、小麦、药材等农作物。2014 年农民人均纯收入 2650 元。

2546 秦许乡扎那村

简　　介：扎那村距乡政府所在地 6 公里处，境内海拔 2500 米，无霜期 104 天，年平均气温 6℃，年降水量 609 毫米，属高寒阴湿气候。全村共有 7 个村民小组，323 户，

1447人，全村有耕地1414亩，人均占有耕地0.98亩。主要种植马铃薯、小麦、药材等农作物。全村现有大牲畜253头，牛、马、羊存栏分别为207头、15头和104只。2011年农民人均纯收入2410元。有完全小学1所，该村还建有塑料大棚32座，日光温室54座，因地处远城近郊，逐渐成为县城鲜菜供应的“菜篮子”。

2547 清水乡一心村

简　　介：一心村位于岷县县城西部18公里处，西临下三族村，北接小湾，南连沟里堡村，东依结布村，流域面积6平方公里，耕地1710亩，辖9个社，6个村民小组，404户，1792人，汉族人口占100%，2014年农民人均纯收入1000元。

2548 西寨镇上三族村

简　　介：上三族村位于西寨镇正东5公里处，属于川区行政村，全村5个自然社，320户，1446人，汉族人口占100%，2014年农民人均纯收入3320元。属于温带半湿润向半干旱区过渡性气候，大陆性特征明显。平均海拔2350米，降水量少且集中，年内、年际变率大，年均降水量约592毫米，年蒸发量达1500毫米左右，为降水量的3-4倍，多旱灾。多年平均气温5.3℃，绝对最低气温-26.9℃，绝对最高气温33.7℃。年平均日照时数2300小时，无霜期118天左右，多年平均最大冻土深度约0.83米。

2549 蒲麻镇旗杆沟村

简　　介：蒲麻镇旗杆沟村现有2个村民小组，118户，人口490人，耕地面积1130亩。

2550 维新乡马莲滩村

简　　介：维新乡马莲滩村距乡政府5公里，全村共6个村民小组，259户，1148人。全村现有耕地面积615亩，人均耕地面积约0.5亩，2014年该村人均纯收入为4090元。

2551 清水乡下跌马村

简　　介：清水乡下跌马村位于岷县县城西部7公里处，西临上跌马村，东接上崖寺村，面积2.5平方公里，耕地面积1363亩，辖7个社，7个村民小组，276户，1175人，汉族人口占100%，2014年农民人均纯收入2180元。

2552 中寨镇古庄村

简　　介：古庄村隶属岷县中寨镇，距中寨镇政府所在地10公里，村道路为土泥路，交通不方便，距县城40公里。东邻出扎村，南邻塔沟村，西邻卓尼县柏林乡，北邻漳县金钟乡。辖更扎路、更扎山、牙利山、古庄、牦牛沟、乔家沟、业力沟、窗崖、花包沟、接菜籽沟等10个村民小组。全村国土面积16.75平方公里，海拔2326米，年平均气温18℃，年降水量619.8毫米，水资源相对不足。该村种植以药材为主，当归、党参、黄芪、土豆为主要农作物，部分地区适宜种植小麦、菜子、大麦、青稞等农作物。本村现有农户426户，人口1953人，全村耕地面积2204亩，人均耕地1.17亩，林地432亩。2014年全村经济总收入831万元，农民人均纯收入4600元。该村适合种植当归、党参、黄芪、土豆、小麦、菜子、大麦、青稞等农作物，农民收入以种植业、外出劳务收入为主。

2553 蒲麻镇刘家河村

简　　介：蒲麻镇刘家河村现有6个村民小组，213户，人口968人，耕地面积3254亩。

2554 寺沟乡寺沟村

简　　介：寺沟村位于岷县县城南部9公里处，属乡政府所在地，总面积9.2平方公里，平均海拔2370米。耕地面积2049亩，人均占有耕地1.6亩；林地84亩，天然草场面积4827亩，人工草地2087.5亩。212国道穿村而过，全村公路畅通，交通便利，信息畅通率达90%，通电普及率100%，人畜饮水普及率达100%以上。全村现有6个社，278户，1233。现有劳动力677人，其中初中以上学历260人，劳务输转253人。村小学1所，在校学生285人。村址占地面积0.7亩，其中建房面积200平方米，有专职村干部3名。

2555 梅川镇方家山村

简　　介：方家山村位于梅川镇西南部，距镇政府6公里，全村9社，342户，1578人，耕地总面积2847亩，人均107亩，全村农民以中药材种植加工为主要经济收入来源，2014年人均纯收入达3260元。

2556 闾井镇闾井村

简　　介：闾井村是闾井镇政府所在地，平均海拔2580米，全村共有11个村民小组，705户，3310人。全村有耕地5336亩，人均占有耕地1.64亩，2014年人均纯收入2550元。经济作物以马铃薯、蚕豆、燕麦为主。有板材加工厂1处，就地输转剩余劳动力300多人。有林正炒货厂1处，提供30多人就业。全村共有村级主干道10条，有便民桥4座。本村有蕨麻猪专业养殖厂1所，占地60多亩。全村经济收入以劳务收入为主。通过近几年的规范化种植，农民积累了一定的小杂粮种植与加工技术，对发展小杂粮产业有成功的经验。通过近年来马铃薯的种植，马铃薯产业已初步形成规模。农户具有一定的良种繁育技术。通过劳务输转，闾井村人的观念进一步转变，思想进一步解放。

2557 秦许乡马烨村

简　　介：马烨村位于乡政府驻地县城19公里。全村现有耕地面积2477亩，人均占有耕地1.87亩，水土保持条件较好，植被破坏率较低。全村共有7个村民小组，328户，1319人；全村有耕地2477亩，人均占有耕地1.87亩，均为山地和半山地，主要种植当归、洋芋、大豆等农作物。

2558 西寨镇雪地河村

简　　介：雪地河村位于西寨镇东北角4公里处，属于山区行政村，全村3个自然社，207户，880人，汉族人口占100%，2014年农民人均纯收入3320元。属于温带半湿润向半干旱区过渡性气候，大陆性特征明显。平均海拔2350米，降水量少且集中，年内、年际变率大，年均降水量约592毫米，年蒸发量达1500毫米左右，为降水量的3–4倍，多旱灾。多年平均气温5.3℃，绝对最低气温–26.9℃，绝对最高气温33.7℃。年平均日照时数2300小时，无霜期118天左右，多年平均最大冻土深度约0.83米。

2559 岷阳镇东关社区

简　　介：岷阳镇东关社区位于县城东北角，是一个城乡结合，流动人口较多的社区，辖区共有行政企事业单位和社会团体单位6个，社区现有居民835户，人口2727人，流动人口近112人，60岁以上老人238人，社区共分有10个居民小组，辖区面积0.5平方公里。社区共有10名工作人员（书记1人、主任1人、驻社区干部1人、秘书1人、社区计生主任1人、计生协管员4人、社保协管员1人），其中女干部9人，大中专以上学历4人。

2560 清水乡大沙漠村

简　　介：大沙漠村位于岷县县城西部11公里处，西临西峰，北接永丰，东接小红，南接跌马。耕地面积913亩，辖4个村民小组，131户，546人，汉族人口占100%，2014年农民人均纯收入2532元。

2561 寺沟乡多纳村

简　　介：多纳村村委会地址位于岷县寺沟乡南部，距乡政府所在地7公里处，距县城16公里，房屋4间，总面积130平方米。有专职村干部3名，多纳村现有耕地面积2472亩，人均耕地面积2.4亩，现有林地240亩，现有草地12900亩。主要农作物为优质牧草、洋芋、大豆等。全村村庄道路畅通，省道210线临村而过，交通便利。移动、联通、电信信息畅通。农户通电普及率100%。全村现有总户数215户，总人口1019人，全部为农业人口。有劳动力约610人，其中初中以上文化程度360人。每年外出务工劳动力200人左右。

2562 秦许乡下阿阳村

简　　介：下阿阳村距乡政府所在地8公里处，境内海拔2350米，无霜期120天，年平均气温6℃，年降水量615毫米，属高寒阴湿气候。全村共有6个村民小组，302户，1333人；全村有耕地1561亩，人均占有耕地1.2亩。主要种植马铃薯、小麦、药材等农作物。2011年农民人均纯收入2410元。

2563 蒲麻镇纳古村

简　　介：蒲麻镇纳古村现有8个村民小组，282户，人口1324人，耕地面积3907亩。

2564 秦许乡泥地族村

简　　介：泥地族村是乡政府所在地，距县城11公里，境内海拔2600米，无霜期105天，平均气温5℃，年降水量612，属高寒阴湿气候。全村共有13村民小组，290户，2682人；全村有耕地2753亩，人均占有耕地1.02亩，均为山地和半山地，主要种植马铃薯、大豆、药材、油籽等农作物。全村现有大牲畜376头，牛、马、羊存栏分别为208头、138头和117只。2011年农民人均纯收入2365元。

2565 十里镇张家湾村

简　　介：十里镇张家湾村距镇政府所在地4公里，平均海拔2340米，年平均气温5.5℃，全年无霜期120天，年降雨量604毫米；全村共有5个社，317户，1480人。全村有耕地1836亩，人均占有耕地1.37亩，均为旱川地。主要种植马铃薯、当归、黄芪等农作物。2014年农民人均纯收入3900元。

2566 中寨镇同兴村

简　　介：同兴村隶属岷县中寨镇，地处中寨镇，距中寨镇政府所在地2公里，村道路为水泥路，交通方便，距县城35公里。东邻川都村，南邻中寨村，西邻中寨镇政府，北邻扎马村。辖八爷寨、下白塔山、上白塔山、下马凸山、上马凸山5个村民小组。全村国土面积14.25平方公里，海拔2230米，年平均气温5.1℃，年降水量508.5毫米，该村种植以干旱和半干旱农作物为主，有小麦、洋芋、药材等主要农作物。本村现有农户674户，人口2934人。全村耕地面积1418.25亩，人均耕地0.43亩，林地59.35亩。2014年全村经济总收入592万元，农民人均纯收入4600元。该村适合种植小麦、洋芋、药材等农作物，农民收入以种植业、外出劳务收入为主。

2567 蒲麻镇唐家门村

简　　介：蒲麻镇唐家门村现有3个村民小

组，293 户，人口 1236 人，耕地面积 1565 亩。

2568 麻子川乡绿叶村

简　　介：绿叶村位于岷县南部山区，距乡政府所在地 2.5 公里，距县城 20 公里。绿叶村平均海拔 2500 米，年降水量 650 毫米，年平均气温 5.4℃，无霜期 80 天，属典型的山区地貌，地处青藏高原边缘，是甘南高原向黄土高原、陇南山地的过渡地带，境内海拔高，降雨量多，无霜期短，高寒阴湿，多冰雹等自然灾害。绿叶村共有 9 个社，365 户，1571 人；有耕地 2120 亩，人均占有耕地 1.35 亩，均为山地和半山地，2014 年全村人均纯收入 3120 元。

2569 茶埠镇吉拉村

简　　介：吉拉位于茶埠镇东北方向 3 公里处，距县城 10 公里，国道 316 线穿境而过，交通便利，资源丰富。全村共有 3 个自然村社，139 户，534 人，劳动力 265 人，老年人 63 人，学生 93 人。耕地面积 495 亩，其中山顶乔弯梁农户 23 户，99 人，占耕地面积 317 亩，人均占地 3 亩左右，以当归、党参、黄芪为主要农作物。山底吉拉和电厂 2 个自然社，农户 116 户，435 人，人均占耕地面积 0.4 亩。多数农民以外出务工，石料运输为主要经济来源。另有药材加工农户 11 户，建筑行业工匠 35 人。共 87 人，占总人数的 16%。全村人均纯收入达到 2500 元以上。现有大小商铺 10 余家，全境有大河滩 1 条，易发暴洪灾害

2570 维新乡明泉村

简　　介：维新乡明泉村距离乡政府 7 公里，全村共 8 个村民小组，297 户，1322 人。共有耕地 2010.8 亩；人均土地占有 1.5 亩。2014 年人均纯收入为 3970 元。

2571 锁龙乡古素村

简　　介：全村共有 8 个村民小组，354 户，1548 人，劳动力 1036 人，有耕地 3442.7 亩，全部为山、旱地，人均耕地 2.22 亩。

2572 寺沟乡老鸦山村

简　　介：寺沟乡老鸦山村距县城 12 公里，辖区面积 10.5 平方公里，耕地面积 3036 亩，全村共有 6 个村民小组，323 户，1323 人，大部分村民住房建在老鸦山村河道两边，2014 年底，农民人均纯收入 3150 元，老鸦山村址位于甘肃岷县寺沟乡老鸦山村中心地段，四舍范围内，东至水房，北至村主干道，西至戏台，南至河堤，占地面积 260 平方米，现有村址住房 4 间，60 平方米，平顶房，建于 2012 年，正在建设村文化室 4 间，共 60 平方米，预计于 2015 年 8 月前竣工。

2573 岷阳镇和平社区

简　　介：和平社区居委会位于岷县县城中心，辖区内，人群密集，流动人口多，楼层多，上班人群多。辖区内有机关、企事业单位 45 个，特种行业 46 家，住宅楼 24 栋，居民小组 7 个。因社区地处县城中心，地方经济繁荣，商贸活跃，经济发展快速。近年来，在镇党委、政府的正确领导下，坚持“以人为本，服务居民”的原则，以创建“文明社区、平安社区、和谐社区”活动为载体。解放思想，大胆创新，社区在诸多方面，做了大量实实在在的工作，取得了较好的成绩，得到了广大居民的认可和支持，全面推进了社区经济和社会各项事业的健康、协调、快速发展。2010 年 9 月被定西市委市政府评为“民主法治示范社区”、2011 年 3 月被中共岷县委评为“五个好社区党组织”、2012 年 12 月被省委省政府评为“精神文明建设先进社区”、2013 年 10 月被定西市老龄工作委员会评为

"敬老文明号"。

2574 梅川镇大占寺村

简　　介：大占寺村位于梅川镇东部半山区，距梅川镇政府所在地7公里，全村共有3个社，212户，942人，耕地面积1100亩，人均1.4亩，2014年底全村人均纯收入1830元。

2575 禾驮乡石家台村

简　　介：石家台村距乡政府5公里，有村民小组9个，428户，2084人，有村民代表27人。有村干部4人。耕地面积4086亩，人均耕地面积2.03亩。上年人均纯收入3243元。村主导产业以药材为主。

2576 岷阳镇网子营社区

简　　介：网子营社区位于县城东侧，是居民农民混合居住地，现有居民789户，2954人，有流动人口285人，少数民族53人；有工作人员10名，其中女干部10人，大专以上学历5人。辖区内有单位8个，商业网点65个，物业管理公司7个，幼儿园1所。社区组织活动场所面积130平方米，设有社区社会救助便民服务大厅、老年活动室、图书室等。近年来，网子营社区先后被评为"省和谐社区"、"市、县先进党组织"、"市、县文明单位"等荣誉称号。

2577 麻子川乡岭峰村

简　　介：麻子川乡岭峰村位于岷县南部，距麻子川乡政府2公里，平均每拔2600米，年降水量650毫米，年平均气温5.4℃，无霜期85天。岭峰村共有6个村民小组，312户，1381人，全村总流域面积17平方公里，有耕地面积3312亩，人均占有耕地面积1.8亩，均为山地和半山地，农作物以当归、马铃薯及蚕豆为主，另外种植大黄、小杂粮等。全村公路畅通，每个自然村都通乡村道路，交通便利。移动、联通、电信信息畅通，98%的农户通电话（含移动电话）。农户通电普及率100%。

2578 西寨镇石崖村

简　　介：高石崖村位于西寨镇东部1.5公里处，全村3个自然社，129户，599人，其中汉族人口占99%以上，全村以务工和务农收入为主，2014年农民人均纯收入3420元。属于温带半湿润向半干旱区过渡性气候，大陆性特征明显。平均海拔2350米，降水量少且集中，年内、年际变率大，年均降水量约592毫米，年蒸发量达1500毫米左右，为降水量的3–4倍，多旱灾。多年平均气温5.3℃，绝对最低气温–26.9℃，绝对最高气温33.7℃。年平均日照时数2300小时，无霜期118天左右，多年平均最大冻土深度约0.83米。

2579 茶埠镇沟门村

简　　介：位于耳阳河与纳纳河交汇处，是茶埠镇政府所在地，距县城7.5公里，全村共有452户，1845人，其中男909人，女936人，耕地1935亩。2014年全村人均纯收入3077元。全村共有7个自然村，7个小组，共有低保84户，268人，残疾人44人。

2580 寺沟乡扎地村

简　　介：扎地村位于岷县县城南部5公里处，距离乡政府2公里。平均海拔2290米，年降水量550–630毫米，且分布十分不均，年平均气温5.5℃，全村现有2个自然村，5个村民小组，295户，1162人，耕地面积1408亩，人均占有耕地1.2亩。主要种植当归、洋芋、大豆、小麦等农作物。扎地村委会办公室位于扎地村一社，村委会占地面积

100 平方米，有 5 间办公室。

2581 十里镇骆驼村

简　　介：十里镇骆驼村距镇政府所在地 7 公里，平均海拔 2340 米，年平均气温 5.5℃，全年无霜期 120 天，年降雨量 604 毫米。全村共有 4 个社，202 户，1116 人。全村有耕地 944 亩，人均占有耕地 0.85 亩。主要种植马铃薯、当归、黄芪等农作物。2014 年农民人均纯收入 3956 元。

2582 麻子川乡旋窝村

简　　介：旋窝村在麻子川乡西南部，距乡政府所在地 13 公里，平均海拔 2500 米，年降水量 650 毫米，年平均气温 5.4℃，无霜期 80 天。全村共有 6 个村民小组，146 户，730 人，耕地面积 1784 亩，人均耕地 2.44 亩。2013 年人均纯收入 3141 元。全村有回、汉、撒拉、东乡 4 个民族，其中回族 120 户，625 人，汉族 19 户，74 人，撒拉族 4 户，18 人，东乡族 3 户，13 人。

2583 茶埠镇奈子沟村

简　　介：奈子沟村位于茶埠镇南部，东接黄土窑，南接岷阳镇，西邻洮河，北接甫里村，距镇政府 1.5 公里，共有 2 个自然村，1 个社。全村有农户 101 户，458 人，其中男 239 人，女 219 人，现有耕地面积 654.35 亩，其中川地 120 亩，山地 534.35 亩。2014 年度奈子沟村人均纯收入 3082 元。

2584 蒲麻镇高家山村

简　　介：蒲麻镇高家山村现有 4 个村民小组，165 户，人口 775 人，耕地面积 3302 亩。

2585 维新乡元山村

简　　介：维新乡元山村在乡政府所在地，有 5 个社，有 309 户，1270 人，人均耕地面积 1.6 亩，2014 年人均收入 3950 元。

2586 秦许乡学南村

简　　介：学南村位于秦许乡南部学南沟内，距乡主干线城马公路 3.5 公里，与鹿峰村七社毗邻。全村共有 2 个村民小组，65 户，255 人。全村有耕地 584 亩，人均占有耕地 2.2 亩，均为山地和半山地。主要种植马铃薯、大豆、当归、油籽等农作物。林地承包面积为 4113 亩，人均 16 亩。草山 10089 亩，人均 39.5 亩。2011 年农民人均纯收入 2415 元。有鹿峰小学教学点 1 所。该村草山资源较为丰富，座落在学南村内的县牧场是目前该村最大的养殖单位。今后发展方向：为了尽早实现脱贫致富，缓解人地矛盾，积极鼓励青壮年外出务工，同时鼓励农户积极发展养殖业和成立养殖合作社，扩大养殖规模，使得该村成为名副其实的养殖业大村。

2587 蒲麻镇桦林沟村

简　　介：蒲麻镇桦林沟村现有 3 个村民小组，205 户，人口 1020 人，耕地面积 1462 亩。

2588 秦许乡学寨村

简　　介：学寨村距乡政府所在地 1 公里，境内海拔 2605 米，无霜期 104 天，年平均气温 6℃，年降水量 609 毫米，属高寒阴湿气候。全村共有 8 个村民小组，325 户，1433 人；全村有耕地 1928 亩，人均占有耕地 1.34 亩。主要种植马铃薯、小麦、大豆、药材等农作物。全村现有大牲畜 501 头，牛、马、羊存栏分别为 472 头、12 头和 74 只。2011 年农民人均纯收入 2390 元。

2589 马坞乡土地眼村

简　　介：马坞乡土地眼村位于马坞乡西南

部，距马坞乡政府所在地 15 公里，现有 6 个社，345 户，1587 人，耕地面积 2666.8 亩。

2590 锁龙乡大东村

简　　介：大东村距乡政府 2 公里，全村共有 3 个自然社，有人口 135 户，637 人，耕地面积 1244.3 亩，2014 年度人均纯收入 3500 元。主要产业为农牧业。

2591 岷阳镇南关社区

简　　介：南关社区居委会位于岷县城西南角，与西云村一部分群众混杂居住，现有居民住户 825 户，2518 人，男 1268 人，女 1250 人。回族居民占居民总数的 98%，可以说是一个纯回族社区。社区内没有机关单位，同时又是一个纯居民社区。岷阳镇辖区内共有 6 个清真寺，南关社区占有 3 个，而且最大的一个清真寺“南关清真大寺”就在南关社区，另建有 1 所民族中学。社区组织机构有党支部、居民委员会、民兵连、妇联、治保、调解等 7 个组织机构，有社区干部 4 人，社保协管员 1 人，计生协管员 4 人，协管员 1 人，大专学历 5 人，高中文化 6 人。

2592 茶埠镇谈河村

简　　介：谈河村位于茶埠镇东部，属于耳阳沟片区，距茶埠镇政府 10 公里，共有 4 个自然村，东邻尹家村，南邻寺沟乡张家沟村，西邻耳阳村，北接炭山村。现有农户 375 户，1693 人，其中男 946 人，女 747 人，现有耕地面积 2598 亩，其中山地及半山地 2378 亩，川区地 220 亩，人均占有耕地 1.53 亩，农作物种植以当归、黄芪、党参、马铃薯为主。2014 年度谈河村人均纯收入 3073 元。

2593 申都乡沙地村

简　　介：沙地村位于申都乡东部 5 公里处，距县城 48 公里。耕地总面积 3351 亩，人均占有耕地 2.2 亩。主要作物有药材（当归、黄芪、党参）、洋芋、小麦、燕麦、蚕豆等。2013 年人均纯收入 2275 元。全村共辖 4 个村民小组，318 户，1402 人。

2594 十里镇中寨村

简　　介：十里镇中寨村距镇政府所在地 10 公里，全村共有 8 个社，493 户，2300 人。全村有耕地 1732 亩，人均占有耕地 0.8 亩，均为旱川地和半山地。主要种植马铃薯、当归、黄芪等农作物。全村现有大牲畜 73 头，牛、马、骡子、猪、羊存栏分别为 41 头、22 匹、10 匹、453 头和 181 只。2014 年农民人均纯收入 3956 元。

2595 锁龙乡新庄村

简　　介：锁龙乡新庄村距乡政府所在地 12 公里，316 国道线穿村而过。现有农户 102 户，458 人，辖 2 个自然村，2 个村民小组，耕地面积 1352.9 亩，主要种植洋芋、蚕豆、燕麦等农作物，2014 年度人均纯收入 3469 元。

2596 锁龙乡赵家村

简　　介：赵家村距乡政府 8 公里，全村共有 6 个小组，有人口 247 户，1166 人，全村耕地面积 1904 亩，人均面积 1.63 亩，主要种植洋芋、蚕豆、燕麦等农作物，2014 年度人均纯收入 3585 元。

2597 蒲麻镇中滩村

简　　介：蒲麻镇中滩村现有 4 个村民小组，148 户，人口 705 人，耕地面积 1284 亩。

2598 蒲麻镇大庄村

简　　介：蒲麻镇大庄村现有2个村民小组，125户，人口645人，耕地面积970亩。

2599 梅川镇康家村

简　　介：康家村村位于梅川镇北部山区，距镇政府7公里，全村6社，213户，998人，耕地总面积1300亩，人均1.3亩；全村农民以中药材加工及种植为主要经济收入来源，2014年人均纯收入达2600元。

2600 清水乡郭哈村

简　　介：清水乡郭哈村位于距乡政府2公里处，西临西寨镇下三族村，北接沟里堡，流域面积1.5平方公里，耕地1056亩，有7个村民小组，356户，1493人，2014年农民人均纯收入2539元。

2601 清水乡大路村

简　　介：清水乡大路村位于清水乡政府所在地，西、北接沟里堡，流域面积2平方公里，耕地1016亩，8个村民小组，485户，2396人，2014年农民人均纯收入2739元。

2602 西江镇拉珠村

简　　介：西江镇拉朱村位于岷县北部，距岷县城区20公里，属西江镇政府所在地。现有耕地面积1508亩，人均耕地面积1.19亩；现有林地2000多亩，森林覆盖率约20%。农作物以小麦、马铃薯为主，另外种植当归、党参、黄芪等中药材。全村公路畅通，每个自然村都通乡村道路，交通便利。共有5个村民小组，214户，963人，劳动力385人，人均1.13亩，2013年农民人均纯收入为2109元。全村目前有小学1所，在校学生56人，学龄儿童入学率100%。新型农村合作医疗参合率95%。村两委班子健全，办公设施较为齐备，有专职村干部3名。

2603 茶埠镇尹家村

简　　介：尹家村距茶埠镇约12公里，全村有5个自然村，6个村民小组，421户，1873人，村干部4人，社长6人，有林地5片，总林地面积2056亩，退耕还林面积1808亩，总耕地面积为3433亩，人均耕地面积1.8亩，2014年人均纯收入2600元。

2604 蒲麻镇刘家沟村

简　　介：蒲麻镇刘家沟村现有3个村民小组，120户，人口510人，耕地面积118亩。

2605 梅川镇小沟村

简　　介：小沟村位于梅川镇北部山区，东临卜子沟，南临康家，西临维梅公路，北临小寨，距梅川镇8公里。共有4个自然村，2个社，居住十分分散。全村共104户，478人，共有耕地面积600亩，人均耕地1.2亩。主要收人来源是药材种植、常年务工、小型中药材贩运。2014年人均纯收人2570元。

2606 申都乡青土村

简　　介：申都乡青土村位于县城东部40公里，距乡政府所在地5公里处，平均海拔2650米，无霜期99天，雨量充沛。全村共管辖4个村民小组，251户，1219人，共有劳动力807人。全村耕地面积2342亩，人均占有耕地1.9亩，主要作物有药材（当归、黄芪、党参）、洋芋、小麦、燕麦、蚕豆等。2014年农村居民人均才收入2655元。

2607 维新乡红台村

简　　介：维新乡红台村距离乡政府5公里，现有6个社，210户，980人。人均耕地面积0.8亩。

2608 闾井镇草地村

简　介：草地村距乡政府所在地 15 公里处，平均海拔 2600 米，全村共有 8 个村民小组，380 户，1754 人；全村有耕地 6771.45 亩，人均占有耕地 3.8 亩，均为山地和半山地，2014 年人均纯收入 2500 元。经济作物以马铃薯、蚕豆、燕麦为主。现有新修六年制小学 1 座。全村经济收入以劳务收入为主。草地村具有丰富的草场资源，全村现有草场面积 34800 亩，发展草畜产业具有得天独厚的自然条件。通过近几年的规范化种植，农民积累了一定的马铃薯良种繁育技术，对发展马铃薯产业有成功的经验。通过劳务输转，草地村人的观念进一步转变，思想进一步解放。蚕豆种植面积初步形成规模，亟待龙头企业开发加工，延伸产业链条，提高附加值。

2609 蒲麻镇白马店村

简　介：蒲麻镇白马店村现有 2 个村民小组，57 户，人口 285 人，耕地面积 1400 亩。

2610 梅川镇马家沟村

简　介：马家沟村位于梅川镇东北部，距镇政府 4 公里，全村 3 个社，340 户，1481 人，耕地总面积 1782 亩，人均 1.2 亩；全村农民以中药材种植为主要经济收入来源，2014 年人均纯收入达 3456 元。

2611 梅川镇支支路村

简　介：支支路村位于梅川镇北部山区，东邻卜子沟，南邻茶固、马场，西邻牙利、康家村，北邻小寨，距梅川镇 7 公里。共有 7 个自然村，4 个合作社，居住十分分散。全村共 212 户，865 人，共有耕地面积 1336.5 亩，人均耕地 1.55 亩。主要收入来源是药材种植、常年务工、小型中药材贩运。村卫生室 1 个，二年制小学 1 所。2014 年人均纯收入 2570 元，村址正在建设当中，完成灾后重建 116 户，加固维修 80 户。

2612 清水乡小红村

简　介：小红村位于岷县县城西部 8 公里处，西临下跌马，北接大沙漠，流域面积 3 平方公里，耕地 960 亩，辖 5 个社，5 个村民小组，146 户，665 人，汉族人口占 100%，2014 年农民人均纯收入 1000 元。

2613 清水乡卢家堡村

简　介：清水乡卢家堡村位于岷县县城西北部 6 公里，西临永丰村，北接张家堡村，流域面积 10 平方公里，耕地 720 亩，辖 3 个社，3 个村民小组，167 户，790 人，汉族人口占 100%，2014 年农民人均纯收入 2350 元。

2614 茶埠镇树扎村

简　介：树扎村位于茶埠镇西部，距镇政府 2.5 公里，共有 2 个自然村，2 个合作社。现有耕地面积 775 亩，人均占有耕地 0.98 亩，其中川台地 370 亩，山地 240 亩，梯田地 165 亩。全村 173 户，798 人，劳动力人口为 458 人，2014 年人均纯收入为 3070 元。

2615 西江镇瓦场村

简　介：西江镇瓦场村位于岷县北部，距岷县城区 20 公里，属西江镇政府所在地。现有耕地面积 1508 亩，人均耕地面积 1.19 亩；现有林地 2000 多亩，森林覆盖率约 20 %。农作物以小麦、马铃薯为主，另外种植当归、党参、黄芪等中药材。全村公路畅通，每个自然村都通乡村道路，交通便利。共有 7 个村民小组，231 户，1010 人，劳动力 530 人，人均 1.2 亩。2011 年全村农民人均纯收入 2109 元。新型农村合作医疗参合率 95%。

2616 蒲麻镇郝家沟村

简　　介：蒲麻镇郝家沟现有3个村民小组，216户，人口1083人，耕地面积1808亩。

2617 闾井镇杨寨村

简　　介：杨寨村距乡政府所在地2公里处，平均海拔2600米，全村共有5个村民小组，235户，1020人，占总人口的44%；全村有耕地2230亩，人均占有耕地2.19亩，均为山地和半山地，2011年全村人均占有粮240公斤，2011年人均纯收入2300元。经济作物以马铃薯、蚕豆、燕麦为主（年均马铃薯种植面积维持在900亩左右，蚕豆种植800亩左右，燕麦种植500亩左右），由于当地特有的地理条件和自然环境，非常适合马铃薯良种繁育，年均育种面积达300亩。杨寨村拥有较为丰富的牧草资源，草场面积达1153余亩，年均人工种植优质牧草114.3亩左右。全村现有大牲畜(牛)750头，马35匹，年末羊存栏量2150只。全村共有村级主干道2条，其中一条为水泥硬化路面，共有村级卫生室1个。全村经济收入以劳务收入为主，劳动力资源丰富。

2618 清水乡松树村

简　　介：清水乡松树村位于岷县县城北部3公里，西临五星村，北接王家沟村，流域面积15平方公里，耕地1350亩，辖4个社4个村民小组，226户，1009人，汉族人口占百分之百，2014年农民人均纯收入2350元。

2619 蒲麻镇蒲麻村

简　　介：蒲麻镇蒲麻村现有4个村民小组，343户，人口1459人，耕地面积1089亩。

2620 茶埠镇的西村

简　　介：的西村位于茶埠镇政府的西面，距镇政府2.6公里，南邻湾山村，北连西京村，依山而立，东面洮河沿村而过。全村共有2个村民小组，176户，793人，其中男389人，女374人。劳动力人口为423人。总耕地面积721亩，人均占有耕地0.91%亩，岷西路穿村而过。2014年全村农民人均纯收入为3120元。农作物以种植当归、黄芪、党参、马铃薯为主。

2621 梅川镇地布尺村

简　　介：地布尺村地处岷县县城东北部，梅川镇南部山区，距县城30公里，距梅川镇镇区8公里，有一条3米宽的土路与外界联系。全村建设用地比较分散，村庄东西长约2500米。全村共有4个社，203户，903人。在校高中生15人。有1所小学，地布尺六年制小学共有5个班，学生65人，其中1个班是学前班。全村共有耕地面积2000亩，人均耕地面积2.3亩。农民收入以中药材种植（黄芪、党参、当归）为主，2012年人均纯收入3200元。村委会正在建设中，文化室于2015年动工建设。梅川镇地布尺小学位于地布尺村中心地带，学校距离梅川镇8公里，辐射人口903人。村民出行比较困难，村民生活用水靠人车拉运，村民用水比较困难。

2622 清水乡刘家村

简　　介：清水乡刘家村位于岷县县城西部25公里结布沟最深处，西临西江镇，南接结布村，面积3平方公里，耕地面积1830亩，辖3个社，3个村民小组，138户，538人，汉族人口占100%，2014年农民人均纯收入1890元。

2623 西江镇红古村

简　　介：西江镇红古村位于岷县北部，距

岷县城区 15 公里。现有耕地面积 2690 亩，人均耕地面积 0.67 亩；现有林地 1200 多亩，森林覆盖率约 13%。农作物以小麦、马铃薯为主，另外种植当归、党参、黄芪等中药材。移动、联通、电信信号不是十分通畅，80% 的农户通电话（含移动电话），农户通电普及率 100%。全村靠泉水、窖水解决人畜饮水。共有 11 个村民小组，327 户，1465 人，劳动力 885 人，全村有耕地 2315 亩，人均 0.62 亩，2011 年农民人均纯收入为 2750 元。全村目前有小学 1 所，教师 1 人，在校学生 24 人，学龄儿童入学率 92%。村卫生室 1 个，从业医师 1 人，新型农村合作医疗参合率 98%。村两委班子健全，办公设施较为齐备，有专职村干部 3 名。

2624 维新乡韭菜村

简　介：维新乡韭菜村距乡政府有 8 公里，全村有 3 个社，共有人口 302 人，人均耕地面积有 1.4 亩，2014 年农民人均纯收入为 3970 元。

2625 中寨镇中寨村

简　介：中寨村隶属岷县中寨镇，地处中寨镇政府所在地，村道路为水泥路，交通方便，距县城 35 公里。东邻同兴村，南邻扎马村，西邻红崖村，北邻塔沟村。辖中寨、台上、石窝、河那、上哈那，葩地、鸡脖子等 7 个村民小组。全村国土面积 10.75 平方公里，海拔 2320 米，年平均气温 15℃，年降水量 619.8 毫米，水资源相对不足，该村种植以药材为主，当归、党参、黄芪、土豆为主要农作物，部分地区适宜种植小麦、菜子、大麦、青稞等农作物。本村现有农户 659 户，人口 2895 人。全村耕地面积 1137 亩，人均耕地 0.41 亩，林地 1394 亩。2014 年全村经济总收入 872 万元，农民人均纯收入 4500 元。该村适合种植当归、党参、黄芪、土豆、小麦、菜子、大麦、青稞等农作物，农民收入以种植业、外出劳务收入为主。

2626 维新乡武旗村

简　介：维新乡武旗村距乡政府 5.6 公里，全村有 3 个社，共有人口 320 人，人均耕地面积有 1.2 亩，2014 年人均纯收入为 4120 元。

2627 蒲麻镇徐家沟村

简　介：蒲麻镇徐家沟村现有 7 个村民小组，364 户，人口 1606 人，耕地面积 2879 亩。

2628 维新乡回沟村

简　介：回沟村距离乡政府 15 公里，有 6 个社，202 户，874 人，耕地 1295 亩，人均占有耕地 1.48 亩。2014 年人均纯收入 3790 元。

2629 岷阳镇中华社区

简　介：中华社区位于岷县县城的东南面，辖区总面积 1.36 平方公里，辖 5 个居民小组，共有常住户 997 户，3012 人。社区工作人员 10 人。其中协管员 6 名。按照“保民生、促三农”专项活动开展以来，社区成立了由支部书记为组长，社区主任及监委会主任为副组长的领导小组，制定了实施方案，设立了岷县人民检察院检察联络室，选聘检察联络员 1 名。

2630 西江镇结扎村

简　介：西江镇结扎村位于岷县北部，距岷县城区 15 公里，属西江镇政府所在地。现有耕地面积 1220 亩，人均耕地面积 1.5 亩；现有林地 1580 多亩，森林覆盖率约 19%。农作物以小麦、马铃薯为主，另外种植当归、党参、黄芪等中药材。全部自然村通乡村道路，交通便利。移动、联通、电信等畅通，

100% 的农户通电话（含移动电话）。农户通电普及率 100%。全村靠自来水、泉水解决人畜饮水。共有 9 个村民小组，174 户，808 人，劳动力 365 人，2013 年农民人均纯收入为2156元。劳务输出占经济收入的比重较大。2013 年全村农民人均纯收入 2156 元。新型农村合作医疗参合率 95%。2013 年，农村五保、低保供养人口覆盖全村 9 个社。村两委班子健全，办公设施较为齐备。

2631 禾驮乡酸刺坡村

简　介：酸刺坡村距乡政府 21 公里，有村民小组 3 个，97 户，625 人，有村民代表 20 人。有村干部 3 人。耕地面积 4941 亩，人均耕地面积 2.49 亩。上年人均纯收入 3252 元。村主导产业以药材为主。

2632 茶埠镇哈扎村

简　介：哈扎村位于茶埠镇东北方向岷西公路主干道，距岷县县城 10 公里。地势平坦，水资源丰富，交通发达，通讯便利。由哈扎和所里 2 个自然村组成，全村耕地面积 1008 亩，其中山地 200 亩，川地 808 亩。全村有 4 个社 312 户，1320 人，男性 763 人，女性 557 人。农业生产以种植黄芪、党参和马铃薯为主，2014 年人均纯收入为 2620 元。

2633 清水乡下崖寺村

简　介：下崖寺位于岷县县城西部 3 公里处，离清水乡政府 10 公里处，流域面积 3 平方公里，耕地 900 亩，辖 3 个社，3 个村民小组，240 户，1200 人，汉族人口占 100%，2014 年农民人均纯收入 1000 元。

2634 茶埠镇西京村

简　介：西京村位于茶埠镇西部，距镇政府 2.5 公里，共有 2 个自然村，4 个村民小组。现有耕地面积 1103 亩，人均耕地 0.82 亩，其中川台地 377 亩，山地 438 亩，梯田地 288 亩。全村 315 户，1543 人，劳动力人口为 785 人。

2635 十里镇墩背后村

简　介：十里镇墩背后村距镇政府所在地 7 公里，平均海拔 2340 米，年平均气温 5.5℃，全年无霜期 120 天，年降雨量 604 毫米；全村共有 2 个社，51 户，430 人。全村有耕地 478 亩，人均占有耕地 1.11 亩，均为旱川地。主要种植马铃薯、当归、黄芪等农作物。传统产业有擀毡等，2014 年农民人均纯收入 3942 元。

2636 麻子川乡吴纳村

简　介：麻子川乡吴纳村距县城 20 公里，距乡政府所在地 5 公里处，平均拔 2600 米，年降水量 650 毫米，年平均气温 5.4℃，无霜期 105 天。全村共有 8 个村民小组，306 户，1307 人，全村共有耕地 2016 亩，人均占有耕地 1.59 亩，均为山地和半山地，主要粮食作物有马铃薯、蚕豆，经济作物有当归、党参、黄芪、大黄、油菜等，2014 年全村农民人均纯收入 3218 元。精准扶贫工作中，吴纳村结合“千村美丽示范村”建设，依托灾后重建、“双联”行动，进一步改善基础设施，发展壮大富民产业，提升村民整体素质。

2637 岷阳镇南川村

简　介：南川村位于岷县县城南部，距离县城 1 公里，总面积 1 平方公里，背倚二郎青山，面对叠藏绿水，环境优美。辖区共有 5 个村民小组，有回、汉两个民族，448 户，1727 人，人均纯收入 3850，共有工作人员 7 人，书记 1 人，文书 1 人，社长 5 人。其中大专学历 2 人，高中学历 3 人，初中学历 2 人。

辖区内有幼儿园2所，小学1所（南川九年制学校）。村内组织活动场所180平方米，有戏院、图书室、便民服务大厅。

2638 维新乡纳子村

简　　介：维新乡纳子村距离乡政府6公里，现有6个社，265户，1080人，人均耕地面积1.2亩，2014年人均纯收入4040元。

2639 马坞乡大沟门村

简　　介：马坞乡大沟门村，距乡政府5公里，西邻秦家沟。辖5个村民小组。全村共216户，985人，耕地面积1724.5亩。

2640 寺沟乡纸坊村

简　　介：寺沟乡纸坊村位于县城南2公里处。属城乡结合部，年平均气温5.1℃，无霜期120天，年平均降水量430毫米，且降雨分布不均，主要集中在七、八、九月。土壤肥沃，适宜种植中药材、马铃薯等农作物。纸坊村总面积9.76平方公里，现有耕地面积2444亩，人均耕地面积0.87亩，现有林地2038亩，现有草地4850亩，村庄用地450多亩。农作物以中药材、马铃薯、小麦为主。全村村庄道路畅通，国道212线穿村而过，交通便利。移动、联通、电信及宽带信息畅通，80%的农户通电话(含移动电话)。农户通电普及率100%。全村有水井394眼。全村现有9个村民小组，总户数637户，总人口2897人。有劳动力约1681人，其中初中以上文化程度1142人。每年外出务工劳动力700人左右。2014年全村农民人均纯收入3096元。全村目前新型农村合作医疗参合率95%；有村文化室1个，藏书3500册（本）。村“两委”班子健全，办公设施较为齐备，有专职村干部4名。

2641 锁龙乡林畔村

简　　介：林畔村距乡政府10.5公里，全村共有2个小组，有人口87户，385人，全村耕地面积860亩，人均面积2.23亩，主要种植洋芋、蚕豆、燕麦等农作物，2014年度人均纯收入3560元。

2642 岷阳镇东照村

简　　介：东照村位于岷县县城东部距离县城1公里，212线贯穿而过，背倚东山，环境优美。辖区共有5个村民小组，有回、汉两个民族，586户，2600人，人均纯收入3800，辖区内有幼儿园1所，小学1所（东照小学）。村内组织活动场所600平方米，有图书室、便民服务大厅等。

2643 十里镇甘寨村

简　　介：十里镇甘寨村距镇政府所在地15公里，平均海拔2340米，年平均气温5.5℃，全年无霜期120天，年降雨量604毫米；全村共有5个社，475户，2227人。全村有耕地1849亩，人均占有耕地0.84亩，均为旱川地，主要种植马铃薯、当归、黄芪等农作物。2014年农民人均纯收入3962元。有村学1所，在校学生167人。

2644 西江镇长青村

简　　介：西江镇长青村位于岷县东北，距西江镇7公里。总流域面积15平方公里，现有耕地面积1794亩，人均耕地面积1.3亩。农作物以当归、黄芪、当参为主，另外种植马铃薯、大豆、小杂粮等。新建成全长7.3公里的“草张公路”贯穿全村。移动、联通、电信及宽带信息畅通，90%的农户通电话(含移动电话)。农户通电普及率100%。农村安全饮水普及率达到88%。全村现有10个村民小组，286户，1366人，全部为农业人口。

党参和黄芪种植面积占到总播种面积的一半以上，小杂粮种植面积偏小。劳务输出占经济收入的比重较大。

2645 茶埠镇湾山村

简　　介：湾山村位于茶埠镇西北方向的山区，距岷县县城4公里，由于地处山区，交通不便利。由湾山、谷布、峡家湾、瓶子埂4个自然村组成，全村耕地面积1300亩。有4个社，140户，631人，男性311人，女性320人。农业生产以种植黄芪、党参和马铃薯为主，由于农业基础设施落后，中药材种植产量不高，年人均纯收入为2480元。村里97%以上的农户有彩电等家用电器，92%以上的农户拥有移动电话。村级卫生室1个，面积达到50平方米以上，乡村医生1名，卫生室面积近40平方米。

2646 西江镇铁池村

简　　介：西江镇铁池村位于岷县北部，距岷县城区13公里，距镇政府所在地3公里。现有耕地面积1014亩，人均耕地面积0.6亩。现有林地1200多亩，森林覆盖率约13%。农作物以小麦、马铃薯为主，另外种植当归、党参、黄芪等中药材。岷维公路穿村而过，全村公路畅通。共有8个村民小组，383户，1685人，全村有耕地1014亩，人均0.6亩，2012年农民人均纯收入为2619元。该村人均土地少，全村农业种植经过结构调整，开始由传统型农业向现代型农业转变。境内种植业以小麦、马铃薯、中药材为主，劳务输出占经济收入的比重较大。2012年全村农民人均纯收入2619元。新型农村合作医疗参合率96%，养老保险基本全覆盖。

2647 寺沟乡张马路村

简　　介：寺沟乡张马路村距县城南12公里。北接本乡老鸦山村，东邻茶埠镇淡河村，南邻八步川村，西临坞麻沟村。年平均气温5℃，无霜期110天，年平均降水量500毫米，且降雨分布不均，主要集中在七、八、九月。土壤肥沃，适宜种植中药材、马铃薯等农作物。张马路村现有耕地面积3990亩，人均耕地面积2.3亩，现有林地2204亩，现有草地3903亩。农作物以中药材、马铃薯、大豆、小麦为主。

2648 清水乡小湾村

简　　介：小湾村位于岷县县城西部8公里处，西临三裕村，北接西江镇，流域面积30平方公里，耕地面积1500亩，辖7个村民小组，145户，580人，汉族人口占100%，2014年农民人均纯收入2100元。

2649 申都乡马营村

简　　介：马营村位于申都乡政府所在地以东2.5公里处，国道316线穿村而过，全村辖2个自然村，3个村民小组，共有150户，631人。耕地面积1072亩，人均1.7亩，经济作物主要种植中药材当归、黄芪等，农作物盛产蚕豆、洋芋、当归等。今年来，随着以外出务工为主的助农增收，2014年农村居民人均纯收入2865元。

2650 秦许乡大族村

简　　介：大族村距乡政府所在地3公里处，境内海拔2500米，无霜期104天，年平均气温6℃，年降水量609毫米，属高寒阴湿气候。全村共有3个村民，180户，870人；全村有耕地1120亩，人均占有耕地1.3亩。主要种植马铃薯、小麦、药材等农作物。2011年农民人均纯收入2395元。

2651 清水乡王家沟村

简　　介：清水乡王家沟村位于岷县县城北部5.4公里，西临张家堡，北接西江，流域面积50平方公里，耕地1503亩，辖5个社，5个村民小组，210户，987人，汉族人口占百分之百，2014年农民人均纯收入1550元。

2652 秦许乡杨家湾村

简　　介：杨家湾村距乡政府所在地5公里处，境内海拔2650米，无霜期96天，年平均气温6℃，年降水量609毫米，属高寒阴湿气候。全村共有2个村民小组，110户，870人，其中男452人，女418人。全村有耕地1450亩，人均占有耕地1.67亩。主要种植马铃薯、小麦、药材等农作物。全村现有大牲畜308头，牛、马、羊存栏分别为320头、12头和75只。2011年农民人均纯收入2415元。

2653 梅川镇永光村

简　　介：永光村地处县城东北，位于梅川镇南部山区。境内海拔2700米，年降雨量545毫米，年平均气温4.55℃，全年最高26.2度，集中在7-8月份，最低-16度，集中在12-1月份。全村共有5个自然社，469户，2230人，耕地面积4001亩，人均耕地面积1.79亩。农民收入以中药材种植及劳务输出为主，2012年人均纯收入3100元。

2654 秦许乡鹿峰村

简　　介：鹿峰村距乡政府所在地6公里处。全村共有10个村民小组，427户，1727人。全村有耕地2468亩，人均占有耕地1.43亩，均为山地和半山地，主要种植马铃薯、大豆、当归、油籽等农作物。2011年农民人均纯收入2415元，有完全小学1所。该村矿产资源比较丰富，座落在鹿峰村内的天昊黄金公司是目前全县最大的金矿冶炼生产企业。

2655 蒲麻镇红崖村

简　　介：蒲麻镇红崖村现有9个村民小组，494户，人口2210人，耕地面积4075亩。

2656 清水乡腊梅村

简　　介：清水乡腊梅村位于岷县县城西部13公里处，西临清水村，东接上跌马村，面积3平方公里，耕地面积1610亩，辖3个社，3个村民小组，495户，2187人，汉族人口占100%，2014年农民人均纯收入2280元。

2657 寺沟乡绿沙村

简　　介：绿沙村村委会地址位于岷县寺沟乡南部，距乡政府所在地1公里处，距县城12公里，有房屋4间，总面积240平方米。有专职村干部5名。绿沙村现有耕地面积4000余亩，人均耕地面积2.4亩；主要农作物为优质牧草、洋芋、大豆等。全村村庄道路畅通，国道212线临村而过，交通便利。移动、联通、电信信息畅通。农户通电普及率100%。全村现有总户数678户，总人口2876人，全部为农业人口。有劳动力约2466人，其中初中以上文化程度452人。每年外出务工劳动力677人左右。

2658 西寨镇冷地村

简　　介：冷地村位于西寨镇西北边1.5公里处，全村5个自然社，172户，781人，汉族人口占98%，2014年农民人均纯收入3824元。属于温带半湿润向半干旱区过渡性气候，大陆性特征明显。平均海拔2310米，降水量少且集中，年内、年际变率大，年均降水量约592毫米，年蒸发量达1500毫米左右，为降水量的3-4倍，多旱灾。多年平均气温5.3℃，绝对最低气温-26.9℃，绝对最高气温33.7℃。年平均日照时数2300小时，无霜期118天左右，多年平均最大冻土深度约0.83米。

2659 清水乡清水村

简　　介：清水乡清水村距乡政府0.5公里处，西临清水乡大路村，北接蒋家村，流域面积2.0平方公里，耕地1503亩，9个村民小组，496户，2460人，2014年农民人均纯收入3200元。

2660 茶埠镇瓦柱村

简　　介：瓦柱村位于茶埠镇西北部，距镇政府7.5公里，共有6个自然村。现有耕地面积749亩，人均占有耕地1.4亩，其中749亩全部为山地。全村共有125户，549人，劳动力人口为358人。农作物以当归、黄芪、党参、马铃薯为主，全村村民收入绝大部分来源于种植业。2014年全村农民人均纯收入为2250元。参加养老保险256人，参保率达到95%，合作医疗已基本全部缴纳。

2661 西江镇青山村

简　　介：西江镇青山村位于该镇北面，距县城35公里。总面积约6750亩，人均耕地面积3亩，其中梯田1895亩，现有林地1700亩，森林覆盖率25%，现有草地3240亩，其中人工种草1850亩，村庄用地421多亩。90%的农户通电话（含移动电话）。农户通电普及率100%。全村通自来水100户，靠泉水解决人畜饮水农户34户，有泉水50眼。全村现有6个农业合作社，总户数134户，总人口668人，绝大多数为农业人口。有劳动力约273人，其中初中以上文化程度180多人。每年外出务工劳动力100人左右。该村人均土地并不少，但土地分配不平衡，全村农业种植经过结构调整，开始由传统型农业向现代型农业转变。境内种植业以大豆、马铃薯、黄芪、当归、党参为主，2013年种植全膜黄芪1080亩，产量957吨；马铃薯200亩，产量34吨。黄芪和马铃薯播种面积占到总播种面积的一半以上。劳务输出占经济收入的比重较大。2013年全村农民人均纯收入2480元。

2662 茶埠镇大竜村

简　　介：大竜村位于茶埠镇东北面，距镇政府5公里，距县城10公里，国道316线穿境而过，交通便利，资源丰富。全村有2个自然村，有202户，812人，有耕地897亩。有村社干部4名，村民主要收入来源以当归、党参、黄芪等中药材种植和外出务工及石料运输为主，2014年人均纯收入为2500元以上，全境有河流1条，易发暴洪灾害。

2663 闾井镇八郎村

简　　介：八郎村距乡政府所在地5公里处，平均海拔2500米，全村共有6个村民小组325户，1450人，全村有耕地3091亩，人均占有耕地2.13亩，均为山地和半山地，2014年全村人均占有粮265公斤，2014年人均纯收入2350元。经济作物以马铃薯、蚕豆、燕麦为主。八郎村拥有丰富的牧草资源，草场面积达2000余亩。全村经济收入以劳务收入为主，劳动力资源丰富。八郎村具有丰富的草场资源，全村现有草场面积2000亩，发展草畜产业具有得天独厚的自然条件。通过近几年的规范化种植，农民积累了一定的马铃薯良种繁育技术，对发展马铃薯产业有成功的经验。通过劳务输转，八郎人的观念进一步转变，思想进一步解放。蚕豆种植面积初步形成规模，亟待龙头企业开发加工，延伸产业链条，提高附加值。

2664 西江镇王仑村

简　　介：西江镇王仑村位于岷县北部，距岷县城区19公里。现有耕地面积2517亩，人均耕地面积0.95亩；现有林地2000多亩，森林覆盖率约12%。农作物以马铃薯为主，另外种植当归、党参、黄芪等中药材。婆青公路绕村而过，全村公路畅通，自然村都通乡村道路。移动、联通、电信等畅通，100%的农户通电话(含移动电话)。农户通电普及率100%。全村靠自来水、井水解决人畜饮水的问题。共有14个村民小组，479户，2759人，劳动力1863人，全村有耕地2517亩，人均约0.95亩，2011年农民人均纯收入约2100元。全村农业种植经过结构调整，开始由传统型农业向现型代农业转变。劳务输出占经济收入的比重较大。2011年全村农民人均纯收入2100元。新型农村合作医疗参合率95%。

2665 岷阳镇北门社区

简　　介：北门社区位于县城西北面，与和平、南关、青年社区、岷峰村相接，回汉杂居，辖区共有居民900户，2801人，分为七7个居民小组。社区办公面积约占60平方米，辖区内共有驻岷单位、学校、企事业单位11个，北门社区共有工作人员7人，其中书记1人，主任1人，办事员2人，计生协管员2人，社保协管1人。

2666 清水乡上崖寺村

简　　介：清水乡上崖寺村位于岷县县城西部7公里处，西临下跌马村，东接下崖寺村，面积1.5平方公里，耕地面积720亩，辖3个社3个村民小组，180户，810人，汉族人口占100%，2014年农民人均纯收入1890元。

2667 梅川镇车路村

简　　介：车路村地处岷县县城东北部，位于梅川镇南部山区。全村共有9个社，541户，2710人。在校高中生42人。有2所小学，车路六年制小学共有7个班，学生217人，其中1个班是学前班，宁宁六年制小学共有6个班，学生136人。全村共有耕地面积5240亩，人均耕地面积1.93亩。农民收入以中药材种植（黄芪、党参、当归）为主，2012年人均纯收入3200元。村委会、文化室、卫生所等公共设施建设较全。梅川镇车路小学位于车路村中心地带，学校距离梅川镇12公里，辐射人口1400人，学校建于1952年2月，占地面积6000平方米，2009年建校舍，建筑面积573平方米，均为砖木结构，教室6个，面积314平方米，办公室10间，面积189平方米，厕所4间70平方米。现有在校学生194人，其中女生95人，教学班6个，教职工13人，其中专任教师7人。

2668 十里镇大沟寨村

简　　介：十里镇大沟寨村距镇政府所在地2公里，平均海拔2340米，年平均气温5.5℃，全年无霜期120天，年降雨量604毫米；全村共有10个社，762户，3322人。全村有耕地2745亩，人均占有耕地0.83亩。主要种植马铃薯、当归、黄芪等农作物。全村现有大牲畜53头，牛、马、骡子、猪、羊存栏分别为23头、10匹、20匹、603头和103只。大沟寨村民主要培养盆景等特色产业，2014年农民人均纯收入2663元。

2669 茶埠镇甫里村

简　　介：甫里村位于茶埠镇西南方，北接茶埠村，南临奈子沟村，东靠西山，西与洮河接壤，212线穿村而过，距县城6公里，距茶埠集贸市场0.5公里，地理位置优越，交通方便，有较好的经济发展优势。现有耕地面积 620 亩，人均耕地面积为 0.7 亩，全村有 202 户，890 人。全村药材小型加工户 148 户，蔬菜种植户 53 户，养殖业户 5 户，个体工商户 5 户，运输业户 4 户，油料加工 2 户，石料加工 1 户，2014 年人均纯收入 2700 元。

2670 禾驮乡石门村

简　　介：石门村距乡政府 4 公里，有村民小组 6 个，295 户，1233 人，有村民代表 16 人。耕地面积 2239 亩，人均耕地面积 1.63 亩。上年人均纯收入 3275 元，村主导产业以药材为主。

2671 秦许乡中堡村

简　　介：中堡村距乡政府所在地 7 公里处，据岷县县城 4 公里，境内海拔 2500 米，无霜期 104，年平均气温 6℃，年降水量 609 毫米，属高寒阴湿气候。全村共有 12 个村民小组，627 户，2556 人。全村有耕地 2080 亩，人均占有耕地 0.8 亩。主要种植马铃薯、当归、黄芪等中药材。2011 年农民人均纯收入 2420 元。有完全小学 1 所，教职工 10 人。另外，兰渝铁路岷县火车站在中堡村，有异地搬迁安置点 1 个。

2672 蒲麻镇包家沟村

简　　介：蒲麻镇包家沟村现有 9 个村民小组，325 户，人口 1464 人，耕地面积 5201 亩。

2673 中寨镇川都村

简　　介：川都村隶属岷县中寨镇，距中寨镇政府所在地 5 公里，距县城 28 公里，村内县乡公路穿境而过，交通方便。该村东邻古城村，南邻洮河，西邻同心村，北邻小寨村，辖麻布川、地西、坆营、堡上、街上、磨沟、麻地、庙咀等 8 个村民小组。该村种植以干旱和半干旱农作物为主，有小麦、马铃薯、中药材等农作物。由于降水量稀少，以及近年来形成的小范围集中降水给防洪治沙带来严重挑战。本村现有农户，348 户，人口 1729 人。全村耕地面积 703 亩，人均耕地 0.43 亩，林地 75 亩。2014 农民人均纯收入 4192 元；农民收入以种植业、外出劳务收入为主。

2674 闾井镇古岭村

简　　介：古岭村距乡政府所在地 2.5 公里处，平均海拔 2700 米，全村共有 5 个村民小组，298 户，1343 人；全村有耕地 2363 亩，人均占有耕地 1.76 亩，均为山地和半山地，土地贫瘠，产出量低，2014 年全村人均占有粮 256 公斤，2014 年人均纯收入 2300 元。经济作物以马铃薯、蚕豆、燕麦为主。古岭村拥有丰富的牧草资源，草场面积达 2226 亩。

2675 闾井镇哈古村

简　　介：哈古村距镇政府所在地 1 公里处，平均海拔 2580 米，全村共有 7 个村民小组，328 户，1569 人，全村有耕地 3736 亩，人均占有耕地 2.46 亩，均为山地和半山地，2014 年全村人均占有粮 240 公斤，2014 年人均纯收入 2250 元。经济作物以马铃薯、蚕豆、燕麦为主。全村共有村级主干道 1 条，均为土石路基。全村经济收入以劳务收入为主，劳动力资源丰富。通过近几年的规范化种植，农民积累了一定的小杂粮种植与加工技术，对发展小杂粮产业有成功的经验。通过近年来马铃薯的种植，马铃薯产业已初步形成规模。农户具有一定的良种繁育技术。通过劳务输转，哈古人的观念进一步转变，思想进一步解放。

2676 锁龙乡双燕村

简　　介：双燕村距锁龙乡政府所在地15公里，全村共有4个自然社，有农业人口114户，530人，耕地面积1551.8亩，主要产业为农牧业，2014年度人均纯收入3489元，天然草原面积62917亩，具有以猫尾草为主的优质牧草发展产业，畜牧业发展具有得天独厚的基础条件，全村畜牧业产值达到96.87万元。

2677 中寨镇虎龙村

简　　介：虎龙村隶属岷县中寨镇，距中寨镇政府所在地20公里，村道路为水泥路，交通方便，距县城35公里。东邻漳县石咀沟村，南邻小寨村，西邻珠治村，北邻漳县。辖哈治口、哈治沟、虎龙大庄、张哈上、白家湾、杨家湾、轱辘口、支支沟等15个村民小组。该村种植以药材为主，当归、党参、黄芪、土豆为主要农作物，部分地区适宜种植小麦、菜子、大麦、青稞等农作物。本村现有农户497户，人口2184人。全村耕地面积2522亩，人均耕地1.1亩，林地1201亩。2014年全村经济总收入831万元，农民人均纯收入4360元。该村适合种植当归、党参、黄芪、土豆、小麦、菜子、大麦、青稞等农作物，农民收入以种植业、外出劳务收入为主。

2678 梅川镇兴文村

简　　介：梅川镇兴文村位于岷县北部山区，距岷县城约30公里，距梅川镇15公里，全村共有5个自然村，11个社，全村总户数447户，总人口2127人，有劳动力948人，全村总有耕地2431亩，人均占地1.7亩。致富带头人10名。以中药材种植、育苗为主，种植品种有当归、黄芪、党参等。养殖畜牧业有户存栏在100头以上的牦牛的15户，养羊在户存栏100只以上的户37户，以种植养畜为主要产业。在2014年重建户341户，维修户85户，重建任务基本完成。

2679 西寨镇田家堡村

简　　介：田家堡村位于西寨镇东边2公里处，全村4个自然社，199户，880人，汉族人口占100%，2014年农民人均纯收入3320元。全村大力调整种植业结构，镇村积极引导，培训劳力外出务工，经济收入大幅增加。田家堡村位于西寨镇东边2公里处，全村4个自然社，199户，880人，汉族人口占100%，2014年农民人均纯收入3320元。属于温带半湿润向半干旱区过渡性气候，大陆性特征明显。平均海拔2310米，降水量少且集中，年内、年际变率大，年均降水量约592毫米，年蒸发量达1500毫米左右，为降水量的3–4倍，多旱灾。多年平均气温5.3℃，绝对最低气温–26.9℃，绝对最高气温33.7℃。年平均日照时数2300小时，无霜期118天左右，多年平均最大冻土深度约0.83米。

2680 申都乡申都村

简　　介：申都村位于申都乡政府所在地，全村共辖6个村民小组，480户，2264人，耕地3679亩，人均1.6亩，2013年农村居民人均纯收入2770元。

2681 禾驮乡卓洛村

简　　介：卓洛村距乡政府20公里，有村民小组4个，129户，896人，有村民代表23人。有村干部3人。耕地面积4941亩，人均耕地面积2.49亩。上年人均纯收入3252元。村主导产业以药材为主。

2682 清水乡三裕村

简　　介：三裕村位于岷县县城西部 26 公里处，西临西寨镇，北接维新乡。耕地面积 1260 亩，辖 6 个村民小组，163 户，840 人，汉族人口占 100%，2014 年农民人均纯收入 2400 元。

2683 清水乡五星村

简　　介：五星村位于岷县县城西部 3 公里处，西临崖王村，流域面积 7.5 平方公里，耕地 1665 亩，辖 5 个社，5 个村民小组，228 户，1008 人，汉族人口占 100%，2014 年农民人均纯收入 1000 元。

2684 锁龙乡严家村

简　　介：严家村距乡政府 12 公里，东邻红旗村，南邻古素村，西邻闾井镇线，北邻后家村，交通方便。现有 13 个社，404 户，1696 人。全村耕地面积 3100.4 亩，2014 年度人均纯收入 3580 元。主要农作物有洋芋、蚕豆、燕麦等。平均海拔 2600 米，平均气温 3℃，年降水量 630 毫米。

2685 西江镇团结村

简　　介：西江镇团结村位于岷县北部，距岷县城区 15 公里，在西江镇以南 6 公里处的细细沟。现有耕地面积 1720 亩，人均耕地面积 0.7 亩，农作物以小麦、马铃薯为主，另外种植当归、党参、黄芪等中药材。镇上至村上的乡村道路三分之二是硬化公路；移动、联通、电信等畅通，100% 的农户通电话（含移动电话）；农户通电普及率 100%。共有 9 个村民小组，242 户，1233 人，劳动力 754 人，全村有耕地 1720 亩，人均 0.7 亩，2013 年农民人均纯收入为 2900 元。该村人均土地少，全村农业种植经过结构调整，开始由传统型农业向现代型代农业转变。境内种植业以小麦、马铃薯、中药材为主。劳务输出占经济收入的比重较大。2013 年全村农民人均纯收入 3100 元。新型农村合作医疗参合率 95%。

2686 维新乡扎哈村

简　　介：维新乡扎哈村距离乡政府 7 公里，有 5 个社，147 户，647 人，耕地 904 亩，人均占有耕地 1.4 亩。2014 年人均纯收入 3550 元。

2687 维新乡麻路村

简　　介：维新乡麻路村距乡政府 6 公里，全村有 5 个社，共有 560 人，人均耕地面积 1.2 亩，2014 年人均纯收入为 4020 元。

2688 梅川镇他路村

简　　介：梅川镇他路村位于岷县北部山区，距县城 25 公里处，距镇政府 12 公里。全村共有 5 个村民小组，286 户，1380 人，全村共有耕地面积 2992 亩，人均 2.17 亩。经济收入以中药材种植、外出务工为主。2014 年人均纯收入 2560 元。

2689 蒲麻镇砖塔寨村

简　　介：蒲麻镇砖塔寨村现有 4 个村民小组，235 户，人口 1121 人，耕地面积 2230 亩。

2690 蒲麻镇吊沟村

简　　介：蒲麻镇吊沟村现有 7 个村民小组，331 户，人口 1455 人，耕地面积 4944 亩。

2691 梅川镇红水村

简　　介：红水村位于梅川镇南部，距镇政府 6 公里，全村 5 社，315 户，1480 人。全村农民以中药材加工及种植为主要经济收入来源，2014 年人均纯收入达 3250 元。

2692 维新乡池滩村

简　　介：维新乡池滩村距乡政府有2.5公里，全村有9个社，共有人口1247人，人均耕地面积1.14亩，2014年人均纯收入为4022元。

2693 中寨镇珠治村

简　　介：珠治村隶属岷县中寨镇，距中寨镇政府所在地16公里，村道路为水泥路，交通方便，距县城40公里。东邻虎龙村，南邻虎龙大庄，西邻出扎村，北邻漳县。辖珠治一社、珠治二社、珠治三社、珠治四社等4个村民小组。全村国土面积3.2平方公里，海拔2350米，年平均气温4.5，年降水量619.8毫米，该村种植以干旱和半干旱作物为主，当归、马铃薯、小麦为主要农作物。本村现有农户198户，人口1044人。全村耕地面积1347.55亩，人均耕地1.3亩，林地56亩。农民人均纯收入4350元。该村适合种植当归、马铃薯、小麦等农作物，农民收入以种植业、外出劳务收入为主。

2694 清水乡张家堡村

简　　介：张家堡村位于岷县县城西部8公里处，西临永丰村，北接西江镇红古村。耕地面积2319亩，辖9个村民小组，226户，1012人，汉族人口占99.85%，藏、回少数民族占0.15%，2014年农民人均纯收入2330元。

2695 闾井镇七孟村

简　　介：七孟村距乡政府所在地5公里处，平均海拔2700米，全村共有6个村民小组，321户，1520人。全村有耕地3381亩，人均占有耕地2.22亩，均为山地和半山地，2011年全村人均占有粮230公斤，2011年人均纯收入2000元。经济作物以马铃薯、蚕豆、当归为主。七孟村拥有丰富的牧草资源，草场面积达3000余亩，年均人工种植优质牧草800亩左右。全村共有村级主干道1条。全村经济收入以劳务收入为主，劳动力资源丰富。通过近几年的规范化种植，农民积累了一定的马铃薯、良种繁育和种植技术，对发展马铃薯产业有成功的经验。通过劳务输转，七孟人的观念进一步转变，思想进一步解放。当归种植面积初步形成规模，亟待龙头企业开发加工，延伸产业链条，提高附加值。

2696 蒲麻镇虎龙口村

简　　介：蒲麻镇虎龙口村现有5个村民小组，274户，人口1283人，耕地面积1745亩。

2697 锁龙乡拔那村

简　　介：拔那村距乡政府8公里，全村共有6个小组，有人口180户，921人。全村耕地面积1303.1亩，人均面积1.41亩，主要种植蚕豆、燕麦等农作物，2014年度人均纯收入3590元。

2698 禾驮乡甘滩村

简　　介：甘滩村距乡政府9公里，有村民小组2个，272户，460人，有村民代表15人。有村干部3人。耕地面积2851亩，人均耕地面积2.24亩。上年人均纯收入3291元。村主导产业以药材为主。

2699 西寨镇刘家堡村

简　　介：刘家堡村位于西寨镇东北方向2.5公里处，北邻洮河，南依青山，依山傍水，环境优美。全村辖8个自然社，475户，2276人，汉族人口占100%，2014年农民人均纯收入3825元。属于温带半湿润向半干旱区过渡性气候，大陆性特征明显。平均海拔2310米，降水量少且集中，年内、年际变率大，年均降水量约592毫米，年蒸发量达1500毫米左右，为降水量的3–4倍，多旱灾。多年平均气温5.3℃，绝对最低气温–26.9℃，绝对最高气温33.7℃。年平均日照时数2300小时，无霜期118天左右，多年平均最大冻土深度约0.83米。

2700 禾驮乡牛沟村

简　　介：牛沟村距乡政府5公里，有村民小组4个，185户，835人，有村民代表17人。有村干部3人。耕地面积2851亩，人均耕地面积2.24亩。上年人均纯收入3291元。村主导产业以药材为主。

2701 茶埠镇耳阳村

简　　介：耳阳村位于茶埠镇东部，距镇政府7.5公里，共有4个自然村，6个村民小组。现有耕地面积2448亩，人均占有耕地1.2亩，其中川台地240亩，山地1200亩，梯田地1008亩。全村共有429户，1924人，劳动力人口为1158人。全村主要经济来源以劳务输出、农业种植、加工贩卖、养殖业为主，农作物以当归、黄芪、党参、马铃薯为主，2014年全村农民人均纯收入为2980元。有村办公综合楼1处，面积280平方米；小学1处，面积1200平方米。有26条村内道路2.8公里，硬质路1200米，砂石路1600米。有大小型车辆205辆，农机具214台套，机电井30眼，保证耳阳台子和三社村民饮水。农民住房砖瓦化率95%，电话入户率100%，户户通电视入户率85%。有读书室1处，建筑面积30平方米；卫生所1个。农村基层组织能积极发挥作用，管理井然有序，并在2013年获岷县抢险救灾先进集体，2014年获灾后重建先进集体。

2702 茶埠镇高崖村

简　　介：高崖村距离茶埠镇5公里，全村共有3个社，4个自然村，属山区。全村共有255户，1062人，总耕地面积1721亩，人均耕地1.62亩，耕地全部为山地，人均纯收入2600元。

2703 十里镇的古录村

简　　介：十里镇的古录村距镇政府所在地4公里，平均海拔2340米，年平均气温5.5℃，全年无霜期120天，年降雨量604毫米。全村共有5个社，265户，1148人。其中男584人，女556人。全村有耕地1433亩，人均占有耕地1.6亩，均为旱川地，主要种植马铃薯、当归、黄芪等农作物。2014年农民人均纯收入3923元。

2704 西寨镇西寨村

简　　介：西寨村距县城25公里，地理位置优越，为镇政府所在地，316国道东西穿境而过，交通便利，坐落在美丽的洮河北岸。全村现有3个社，330户村民，总人口1498人。主要经济来源以经商、药材粗加工、种植经济作物和外出劳务输出为重点，其中农作物以当归、黄芪、马铃薯、菜籽、大豆为主，另外种植蔬菜、小杂粮等。2014年农民人均纯收入4000元。

2705 清水乡西峰村

简　　介：西峰村位于岷县县城西部12公里处，西临郎家，北接永丰，耕地面积861亩，辖3个村民小组，118户，518人，汉族人口占100%，2014年农民人均纯收入2532元。

2706 寺沟乡坞麻村

简　　介：坞麻沟村位于岷县寺沟乡东部，距乡政府所在地7公里处，距县城南部8公里，总面积10.56平方公里，平均海拔2450米，年降水量500-630毫米，且分布十分不均，年平均气温5.5℃，全村现有4个村民小组，151户，700人，耕地面积1658亩，人均占有耕地2.3亩。主要种植当归、洋芋、大豆等农作物。村委会现有主任1名，委员两名。

2707 梅川镇底固村

简　　介：梅川镇底固村位于岷县北部川区，距县城22公里处，距镇政府6公里。全村共有9个村民小组，389户，1863人，全村共有耕地面积2642亩，人均1.4亩。经济收入以中药材种植、外出务工为主。2014年人均纯收入2880元。

2708 蒲麻镇大寨子村

简　　介：蒲麻镇大寨子村现有5个村民小组，175户，人口944人，耕地面积3330亩。

2709 蒲麻镇石家背后村

简　　介：蒲麻镇石家背后村现有4个村民小组，110户，人口508人，耕地面积2031亩。

2710 梅川镇西坝村

简　　介：西坝村地处国道212线以北4.5公里，距镇政府3.5公里，分布于梅维公路沿线，与西江镇政府隔河相望。辖区11个社，人口2082人。全村耕地面积1486亩，人均0.74亩。农民收入以中药材种植、设施农业及外出劳务收入为主。地震共造成西坝村263户房屋严重受损，重建户263户，维修户181户。西坝村集中安置点位于西坝村五社，占地46亩，包括56户，252人的居民住房用地、公共设施用地等部分。其中每户宅基地占地面积0.44亩，房屋建筑面积106平方米。

2711 西寨镇下三族村

简　　介：西寨镇下三族村位于岷县西部，距县城20公里处，依山而居。有耕地面积999.7亩，全村共4个小组，302户，1336人。主要经济来源以劳务输出为重点，其中农作物以当归、黄芪、马铃薯、菜籽、大豆为主。

2712 禾驮乡曙光村

简　　介：曙光村距乡政府18公里，有村民小组4个，169户，859人，有村民代表11人。有村干部3人。耕地面积2711亩，人均耕地面积3.33亩。上年人均纯收入3279元。村主导产业以药材为主。

2713 西江镇牛坝村

简　　介：西江镇牛坝村位于岷县北部，距岷县城区24公里。现有耕地面积1855亩，人均耕地面积1.3亩；现有林地230多亩，森林覆盖率约13%。农作物种植以小麦、马铃薯为主，另外种植当归、党参、黄芪等中药材。全村村社道路基本畅通，多个村社道路都通乡村道路，交通基本便利。移动、联通、电信等畅通，90%的农户通电话（含移动电话），农户通电普及率100%。全村靠自来水解决人畜饮水的问题。共有9个村民小组，323户，1484人，劳动力856人。每年外出务工劳动力约650人左右。该村人均土地少，全村农业种植经过结构调整，开始由传统型农业向现代型农业转变。境内种植业以小麦、马铃薯、中药材为主。劳务输出占经济收入的比重较大。2012年全村农民人均纯收入2750元。新型农村合作医疗参合率95%。

2714 锁龙乡锁龙村

简　　介：锁龙村是锁龙乡政府所在地，距县城90公里，省道306线横贯全境，交通便利。全村 286 户，1192 人，耕地面积 1665.4 亩，2014 年度人均纯收入 3610 元，境内地势西南高东北低，高山多平川少，境内海拔较高，平均海拔 2540 米。气候高寒阴湿，年平均气温 4.3℃，全年无霜期 105 天，雨量多，年降雨量为 630 毫米。

2715 马坞乡旧庄村

简　　介：马坞乡旧庄村位于马坞乡南部，现有 7 个自然社，325 户，1750 人。耕地面积 2500 亩。

2716 中寨镇古城村

简　　介：古城村隶属岷县中寨镇，距中寨镇政府所在地 8 公里，村道路为水泥路，交通方便，距县城 27 公里。东邻梅川镇，南邻西江镇，西邻川都村，北邻小寨村。辖扎哈、令布沟、令布底、盖子、路哈、拉布、古城等 7 个村民小组。全村土地面积 10.35 平方公里，海拔 2350 米，年平均气温 4.3℃，年降水量 619.8 毫米，该村种植以药材为主，当归、党参、黄芪、土豆为主要农作物，部分地区适宜种植小麦、菜子、大麦、青稞等农作物。本村现有农户 365 户，人口 1667 人；全村耕地面积 1185 亩，人均耕地 0.80 亩，林地 325 亩。2014 年全村经济总收入 561 万元，农民人均纯收入 4295 元。该村适合种植当归、党参、黄芪、土豆、小麦、菜子、大麦、青稞等农作物，农民收入以种植业、外出劳务收入为主。

2717 蒲麻镇崖寺村

简　　介：蒲麻镇崖寺村现有 3 个村民小组，394 户，人口 1824 人，耕地面积 2720 亩。

2718 十里镇庙沟村

简　　介：十里镇庙沟村距镇政府所在地 7 公里，平均海拔 2340 米，年平均气温 5.5℃，全年无霜期 120 天，年降雨量 604 毫米；全村共有 3 个社，187 户，902 人。全村有耕地 758 亩，人均占有耕地 0.80 亩，均为旱川地，土地贫瘠，产出量低。主要种植马铃薯、当归、黄芪等农作物。2014 年农民人均纯收入 3956 元。

2719 清水乡结布村

简　　介：清水乡结布村位于岷县县城北部 15 公里，西临一心村，北接岷县西江乡，流域面积 50 平方公里，耕地 1236 亩，辖 6 个社，6 个村民小组，215 户，915 人，汉族人口占百分之百，2014 年农民人均纯收入 2350 元。

2720 茶埠镇山那村

简　　介：山那村位于茶埠镇洮河西岸，距镇政府 2 公里，共有 3 个自然村，3 个村民小组，全村共有 225 户，1005 人，男 564 人，女 441 人。现有耕地面积 1680 亩，人均耕地面积为 1.7 亩，其中山地 730 亩，川地 950 亩。现有劳动力 534 人，初中以上文化程度仅 216 人。2014 年人均纯收入为 2650 元。

2721 梅川镇牙利村

简　　介：牙利村位于梅川镇北面，距镇政府 3 公里，全村 6 个社，415 户，1988 人，耕地总面积 1384 亩，人均 0.7 亩。全村农民以农业为主要经济收入来源，2014 年人均纯收入达 2300 元。

2722 中寨镇水坪村

简　　介：水坪村隶属岷县中寨镇，距中寨镇政府所在地 16 公里，村道路为水泥路，交通方便，距县城 38 公里。东邻峪谷村，北邻兴裕村。辖踏路、坪上、阴山、上湾等 4 个村民小组。该村地形地貌复杂，地处山区，所辖区域土质多为沉积土壤，极易发生山体滑坡、泥石流等自然灾害现象。全村国土面积3.5平方公里，海拔2500米，年平均气温4.5℃，年降水量774毫米，水资源相对不足。该村种植以干旱和半干旱农作物为主，当归、红黄芪、马铃薯、党参等为主要农作物，部分地区适宜种植小麦、油菜等农作物。本村现有农户330户，人口1554人。全村耕地面积1282.5亩，人均耕地0.9亩，林地184亩。2014年全村经济总收入415万元，农民人均纯收入4650元，农民收入以种植业、养殖业、外出劳务收入为主。

2723 梅川镇山咀村

简　　介：梅川镇山咀村位于梅川镇政府北面约1公里，距县城15公里。全村共有7个社，363户，1612人，耕地面积799亩，人均0.5亩。农民收入以中药材种植、加工、贩运和劳务收入为主，2013年人均纯收入3800元。

2724 禾驮乡寨上村

简　　介：寨上村距乡政府22公里，有村民小组3个，109户，680人，有村民代表19人。有村干部3人。耕地面积4941亩，人均耕地面积2.49亩。上年人均纯收入3252元。村主导产业以药材为主。

2725 禾驮乡禾驮村

简　　介：禾驮村系禾驮乡政府所在地，有村民小组8个，512户，2368人，有村民代表32人。有村干部4人。耕地面积4871亩，人均耕地面积1.43亩。上年人均纯收入3280元。村主导产业以药材为主。

2726 梅川镇白阳坡村

简　　介：白阳坡村位于梅川镇东北处，处在212国道边上，距梅川镇政府8公里，是一个纯回民村，全村共有5个自然社，444户，2064人。耕地1414亩。白阳坡村地貌复杂，含低山及山间等各种地貌类型，山地多，平地少。气温平均为5.7度，最热的七月平均气温18度，最冷一月平均气温-8度。无霜期为90-120天。年降雨量451.4-817.8毫米。近年来，村党支部以科学发展观为指导，带领群众大力发展运输业和养殖业，使群众收入迅速增加，经济社会和谐发展。通过大力发展运输养殖、开发等支柱产业共实现经济收入1000万元。

2727 十里镇曹家村

简　　介：十里镇曹家村距镇政府所在地1公里，平均海拔2340米，年平均气温5.5℃，全年无霜期120天，年降雨量604毫米；全村共有8个社，668户，2713人。全村有耕地1849亩，人均占有耕地0.84亩，均为旱川地，土地贫瘠，产出量低。主要种植马铃薯、当归、黄芪等农作物。2014年农民人均纯收入3953元。

2728 申都乡大林村

简　　介：申都乡大林村位于申都乡政府往西北方向2公里，由原永进村分村组建，平均海拔2650米，无霜期99天，雨量充沛。全村共管辖4个村民小组，168户，690人，共有劳动力493人。全村耕地面积1311亩，人均占有耕地1.9亩，主要作物有药材（当归、黄芪、党参）、洋芋、小麦、燕麦、蚕豆等。2014年农村居民人均收入2600元。近年来在外出务工助农增收下，村民经济来源主要为农业生产和青壮年外出务工收入。

2729 中寨镇红崖村

简　　介：该行政村隶属岷县中寨镇，距中寨镇政府所在地1.5公里，村道路为水泥路，交通方便，距县城35公里。东邻中寨村，南邻马崖村，西邻马崖村，北邻大哈、扎那村。辖一社、二社、三社、四社、柴厂5社、石咀6社共6个村民小组。全村土地面积16.2平方公里，海拔2300米，年平均气温4.5，年降水量619.8毫米，该村种植以药材为主，当归、党参、黄芪、土豆为主要农作物，部分地区适宜种植小麦、菜子、大麦、青稞等农作物。本村现有农户270户，人口1254人。全村耕地面积707亩，人均耕地0.59亩，林地285亩。2014年全村经济总收入526万元，农民人均纯收入4120元。该村适合种植当归、党参、黄芪、土豆、小麦、蚕豆、大麦、青稞等农作物，农民收入以种植业、外出劳务收入为主。

2730 岷阳镇教场社区

简　　介：岷阳镇教场社区位于县城东侧，甘川公路横穿南北，居民农民杂居，与洮珠、龙潭、东照、东门、长虹5村接壤，由于地域特殊流动人口较多。辖区共有居民907户，2524人，分为6个居民小组。社区共有工作人员11名，其中社区干部5名。社保、计生、协管员共6名。社区办公场所4层，160多平方米。社区内设有党员活动室、党代表工作室、图书室、社保办、综治办、计生办等。近年来，教场社区按照上级党委的要求结合社区自身实际开展了“双联双强”工程及“在职党员双重”管理和“城乡整推”等党建示范点活动。

2731 闾井镇李家庄村

简　　介：李家庄村距乡政府所在地13公里处，平均海拔2625米，全村共有7个村民小组325户，1618人。全村有耕地3100亩，人均占有耕地1.91亩，均为山地和半山地，经济作物以马铃薯、大豆、燕麦为主，由于当地特有的地理条件和自然环境，非常适合马铃薯良种繁育，年均育种面积达350亩。李家庄村拥有丰富的牧草资源，草场面积达1800余亩，年均人工种植优质牧草400亩左右。全村共有村级主干道1条；有便民桥1座，现有新修六年制小学1座。全村经济收入以劳务收入为主，劳动力资源丰富。

2732 马坞乡新城村

简　　介：马坞乡新城村，距乡政府0.5公里，东临武山杨河乡，南与灯场村接壤，西临大沟门村，北连武山沿安乡。辖6个村民小组。全村共410户，1990人，耕地面积2100.45亩。

2733 秦许乡大族沟村

简　　介：大族沟村距乡政府所在地6公里处，境内海拔2620米，无霜期964天，年平均气温5.5℃，年降水量613米，属高寒阴湿气候。全村共有5个村民小组，207户，923人；全村有耕地1201亩，人均占有耕地1.3亩。主要种植马铃薯、小麦、大豆、药材等农作物。2011年农民人均纯收入2380元。

2734 岷阳镇池那湾村

简　　介：池那湾村位于岷县县城北5公里处，大部分人居住在岷山山顶，全村共有6个社，236户，1050人，其中壮年劳力636人，共有村干部3名，社干部6名，监委会3人。全村共有耕地1523.75亩，土地作物以当归、黄芪为主，人均纯收入2300元。

2735 岷阳镇民勤社区

简　　介：民勤社区位于二郎山脚下，南起南寺二巷，西起大南门，东起虹家桥，北至小南门，辖区占地面积约有10000平方米左右，现有社区干部4人，挂职书记1人，均为大专毕业，公益性岗位4人，其中计生协管员3人，社保协管员1人。辖区内共有9个居民小组，划分为4个网格，567户，2235人，其中回族95户，415人，流入人口56户，162人。

2736 西江镇唐家村

简　　介：唐家村位于岷县北部，距岷县城区15公里。土壤多为粉质壤土，适宜小麦、马铃薯、当归、党参、黄芪等农作物和中药材生长。现有耕地面积980亩，人均耕地面积0.6亩；现有林地400多亩，森林覆盖率约13%。农作物以小麦、马铃薯为主，另外种植当归、党参、黄芪等中药材。岷维公路穿镇而过，全镇公路畅通，每个自然村都通乡村道路，交通便利。移动、联通、电信等畅通，100%的农户通电话(含移动电话)。农户通电普及率100%。全镇靠自来水、井水解决人畜饮水。共有6个村民小组，365户，1637人，劳动力863人，全村有耕地980亩，人均0.6亩，2011年农民人均纯收入为2235元。农业种植经过结构调整，开始由传统型农业向现代型农业转变，镇区内种植业以小麦、马铃薯、中药材为主。劳务输出占经济收入的比重较大。2011年全村农民人均纯收入2235元。新型农村合作医疗参合率95%。

2737 西江镇富康村

简　　介：西江镇富康村位于岷县北部，距岷县城区15公里，属西江镇政府所在地。现有耕地面积2690亩，人均耕地面积0.67亩；现有林地1200多亩，森林覆盖率约13%。农作物以小麦、马铃薯为主，另外种植当归、党参、黄芪等中药材。岷维公路穿村而过，全村公路畅通，每个自然村都通乡村道路，交通便利。共有21个村民小组，928户，4329人，劳动力2273人，全村有耕地2690亩，人均0.62亩，2012年农民人均纯收入为2852元。全村农业种植经过结构调整，开始由传统型农业向现代型农业转变。境内种植业以小麦、马铃薯、中药材为主。劳务输出占经济收入的比重较大。2014年全村农民人均纯收入2680元。新型农村合作医疗参合率95%。

2738 西江镇南屏村

简　　介：西江镇南屏村位于岷县北部，距岷县城区25公里，属西江镇政府所在地。现耕地面积1690亩，人均耕地面积0.9亩；现有林地2000多亩，森林覆盖率约20%。农作物以大麦、马铃薯为主，另外种植当归、党参、黄芪等中药材。全村道路畅通，每个自然社都通乡村道路，交通便利。移动、联通、电信等畅通，100%的农户通电话(含移动电话)。共有6个村民小组，261户，1400人，劳动力840人，现耕地面积1690亩，人均耕地面积0.9亩，2012年农民人均纯收入为2316元。全村农业种植经过结构调整，开始由传统型农业向现代型农业转变。境内种植业以大麦、马铃薯、中药材为主。新型农村合作医疗参合率95%。

2739 闾井镇张寨村

简　　介：张寨村位于闾井镇的南部，距镇政府1.5公里，平均海拔2600米，全村共有7个村民小组，365户，1717人。全村有耕地4730亩，人均占有耕地2.3亩，均为山地和半山地，2014年全村人均占有粮240公斤，2014年人均纯收入2190元。农业产业现状。经济作物以马铃薯、蚕豆、燕麦为主，年均马铃薯种植面积维持在2300亩左右，蚕豆种植1800亩左右，燕麦种植630亩左右。张寨村拥有丰富的牧草资源，草场面积达4800余亩，年均人工种植优质牧草28亩左右。全村现有大牲畜(牛)8900头，马23匹，年末羊存栏量4300只。全村共有村级主干道1条，有便民桥1座，现有二年制小学1座。四是劳务产业现状。全村经济收入以劳务收入为主，劳动力资源丰富。

2740 梅川镇杏林村

简　　介：杏林村位于梅川镇镇区，距镇政府1公里，全村6个社，290户，1200人。耕地面积1320亩，人均1.1亩；全村农民以药材加工为主要经济收入来源，2014年人均纯收入3100元。

2741 寺沟乡杨家堡村

简　　介：杨家堡村委会地址位于县城南7公里处的半山区，所辖2个自然村，7个生产合作社292户，1269人，有劳动能力752人，有耕地面积2774亩。有专职村干部3名，主要农作物为优质大豆、当归、黄芪等。全村主要村庄道路畅通，交通便利。移动、联通、电信信息畅通。农户通电普及率100%。

2742 锁龙乡元埂地村

简　　介：元埂地村共有4个村民小组，155户，827人，有耕地1311.7亩，人均面积1.37亩，主要种植洋芋、蚕豆、燕麦等农作物，2014年度人均纯收入3525元。

2743 闾井镇林口村

简　　介：林口村距乡政府所在地4.5公里处，平均海拔2500米，全村共有6个村民小组，329户，1509人；全村有耕地2806亩，人均占有耕地2.1亩，均为山地和半山地，土地贫瘠，产出量低。经济作物以马铃薯、蚕豆、燕麦为主，由于当地特有的地理条件和自然环境，非常适合马铃薯良种繁育，年均育种面积达500亩。林口村拥有丰富的牧草资源，草场面积达3930余亩，年均人工种植优质牧草200亩左右。全村共有村级主干道1条；有便民桥1座；有村级卫生室1处，村级组织活动场所1处，办公用品齐全；现有新修六年制小学1座，幼儿园1所。全村经济收入以劳务收入为主，劳动力资源丰富。

2744 蒲麻镇赵家沟村

简　　介：蒲麻镇赵家沟村现有5个村民小组，348户，人口1589人，耕地面积1904亩。

2745 梅川镇马场村

简　　介：梅川镇马场村位于梅川镇区以北，距镇区2.5公里，村庄民居沿212国道线带状分布，交通较为便利。全村共有7个村民小组，共有382户，1820人。全村共有耕地面积790亩，人均0.4亩，农民收入以中药材种植、加工、贩运以及劳务输出为主，2013年人均纯收入2300元。

2746 梅川镇鹿扎村

简　　介：鹿扎村距梅川镇11公里，全村283户，1253人，全村耕地面积1124亩，人均耕地不足1亩，主要靠劳务输出增加经济收入，2014年人均纯收入达3254元。

2747 寺沟乡八步川村

简　　介：寺沟乡八步川村距县城10公里，辖区面积9.75平方公里，耕地面积2505亩，全村共有6个村民小组，275户，1218人。大部分村民住房建在八步川河道内高坡和山坡地带，2014年底，农民人均纯收入3150元。村委会占地面积120平方米，有6间办公室。

2748 梅川镇文斗村

简　　介：梅川镇文斗村位于梅川镇南部，距镇政府7公里，地处半川区，海拔2400米，属温带季风气候和中温带半干旱区，年平均气温5.7℃，年平均生长期152天，年平均无霜期159天，年平均日照2421.7小时，年平均降水量544毫米，降雨集中在7月至9月。全村共有8个社，388户，1722人。农民收入以中药材种植及劳务输出为主，2012年人均纯收入2660元。

2749 茶埠镇炭山村

简　　介：炭山村位于茶埠镇西部，距镇政府12公里，共有6个自然村，6个村民小组，1个合作社。东邻禾驮，南邻耳阳村，西邻高岸村，北接茶埠村。全村共有370户，总人口1664人，其中男998人，女666人。现有耕地面积2120亩，人均占有耕地1.27亩，其中山地1320亩，梯田地800亩。农作物种植以当归、黄芪、党参、马铃薯为主，其他少许。6个自然村通乡村道路。现有农用车辆80辆。全村养老保险参保人1298，占73%，医疗保险参保人数1448，占87%。2014年度炭山村人均纯收入2000元。

2750 禾驮乡安家山村

简　　介：安家山村距乡政府8公里，有村民小组5个，274户，1138人，有村民代表15人。有村干部3人。耕地面积2268亩，人均耕地面积1.77亩。上年人均纯收入3224元。村主导产业以药材为主。

2751 维新乡施旗村

简　　介：维新乡施旗村距乡政府有4公里，全村有7个社，共有人口1280人，人均耕地面积1.1亩，2014年人均纯收入为3970元。

2752 十里镇台子村

简　　介：十里镇台子村距镇政府所在地2公里，平均海拔2340米，年平均气温5.5℃，全年无霜期120天，年降雨量604毫米。全村共有4个社，395户，1875人。全村有耕地1028亩，人均占有耕地0.83亩，均为旱川地。主要种植马铃薯、当归、黄芪等农作物。2014年农民人均纯收入3966元。

2753 十里镇十里村

简　　介：十里镇十里村为镇政府所在地，平均海拔2340米，年平均气温5.5℃，全年无霜期120天，年降雨量604毫米；全村共有5个社，659户，2467人。全村有耕地1513亩，人均占有耕地0.62亩。主要种植马铃薯、当归、黄芪等农作物。2014年农民人均纯收入2821.6元。

2754 清水乡郎家村

简　　介：郎家村位于岷县县城西部14公里处，西临一心村，北接结布村，耕地面积647亩，辖4个村民小组，188户，809人，汉族人口占100%，2014年农民人均纯收入2330元。

2755 十里镇北小路村

简　　介：十里镇北小路村距镇政府所在地3公里，平均海拔2340米，年平均气温5.5℃，全年无霜期120天，年降雨量604毫米。全村共有4个社，453户，1733人。其中男804人，女900人。全村有耕地681亩，人均占有耕地1.12亩，均为旱川地，土地贫瘠，产出量低。主要种植马铃薯、当归、黄芪等农作物。传统产业为铁器加工，较为出名的为833、832菜刀等，2014年农民人均纯收入3980元。

2756 十里镇寺上村

简　　介：十里镇寺上村距镇政府所在地3公里，平均海拔2340米，年平均气温5.5℃，全年无霜期120天，年降雨量604毫米；全村共有6个社，354户，1294人。全村有耕地1536亩，人均占有耕地1.22亩，均为旱川地。主要种植马铃薯、当归、黄芪等农作物。2014年农民人均纯收入3968元。

2757 申都乡龙泉村

简　　介：龙泉村位于乡政府所在地东南方4公里处，全村共辖2个村民小组，181户，879人，男465人，女414人，劳动力525人，在外从业人员175人。耕地2023亩，人均占有2.3亩。大牲畜年末存栏1541头（口）。

2758 西江镇粗路村

简　　介：西江镇粗路村位于西江镇西北部约5公里处，区位优势独特，历史文化悠久，土地资源丰富，全村共有5个村民小组，155户，760人。全村占地面积1850亩，耕地面积789亩，主要种植经济作物，以当归、黄芪、党参为主。全村公路畅通，交通便利。移动、联通、电信等畅通，100%的农户通电话（含移动电话）。农户通电普及率100%。全村靠自来水、井水解决人畜饮水。共有5个村民小组，155户，760人，全村有耕地789亩，2013年农民人均纯收入为3150元。全村农业种植经过结构调整，开始由传统型农业向现代型农业转变。劳务输出占经济收入的比重较大。新型农村合作医疗参合率95%。

2759 麻子川乡绿源村

简　　介：绿源村位于岷县南部山区，距县城18公里，国道212线穿境而过，平均海拔2600米，年降水量650毫米，年平均气温5.4℃，无霜期80天。全村共有8个村民小组，共有331户，1185人，其中汉族7人，回族1178人，五保4户，6人。耕地面积1924亩，人均耕地面积1.63亩，均为山地和半山地，2014年全村人均纯收入3184元。

2760 麻子川乡上阳坡村

简　　介：麻子川乡上阳坡村位于距乡政府5公里处，平均海拔2600米，年降水量650毫米，年平均气温5.4℃，无霜期80天。有耕地面积1024亩，人均耕地面积4.37亩。全村共有5个村民小组，有147户，593人，其中汉族323人，回族270人，2014年全村人均纯收入3184元。

2761 锁龙乡后家村

简　　介：后家村距乡政府8.5公里，全村共有6个小组，有人口249户，1306人，全村耕地面积2047.6亩，人均面积1.98亩，主要种植洋芋、蚕豆、燕麦等农作物，2014年度人均纯收入3570元。

2762 秦许乡上阿阳村

简　　介：上阿阳村距乡政府所在地5公里处，境内海拔2450米，无霜期96天，年平均气温6℃，年降水量609毫米，属高寒阴湿气候。全村共有4个村民小组，230户，994人，其中男471人，女473人。全村有耕地1209亩，人均占有耕地1.2亩。主要种植马铃薯、小麦、药材等农作物。2011年农民人均纯收入2415元。有完全小学1所。

2763 秦许乡桥上村

简　　介：桥上村位于岷县南部，距县城14公里。水土保持条件较好，植被破坏率较低。经济收入以传统农业种植和畜牧业为主。该村农业生产以当归、洋芋、小麦、大豆为主。近年来，通过实施结构调整战略，粮经比逐年上升。2011年全村人均纯收入2260元，全村有耕地1381亩，人均占有耕地1.37亩。

全村共有6个村民小组，全村有247户，总人口1003人。

2764 梅川镇永星村

简　　介：岷县梅川镇永星村位于梅川镇南面，距离镇区12公里，全村共有6个社，284户，1286人，属半山区。全村耕地面积3656亩，人均耕地2.9亩，村民经济收入以中药材种植为主，劳务输出为辅，2013年人均纯收入3290元。

2765 秦许乡宁坝村

简　　介：宁坝村距乡政府所在地3公里处，境内海拔2600米，无霜期96天，年平均气温5.5℃，年降水量620毫米，属高寒阴湿气候。全村共有2个村民小组，145户，542人；全村有耕地620亩，人均占有耕地1.14亩，均为山地和半山地。主要种植马铃薯、小麦、当归等农作物。全村现有大牲畜28头，马、羊存栏分别为16头和54只。2011年农民人均纯收入2410元。近年来，该村设施农业发展速度较快，建成使用的塑料大棚有60多座，对发展该村经济、增加农民收入起到了推动作用。

2766 岷阳镇陈家崖村

简　　介：陈家崖村距县城大约2公里，洮河从县城和村中间穿越而过。全村共有267户，总人口1240人，劳动力620人。有耕地553亩，人均0.45亩，土地作物以当归、黄芪为主，人均纯收入4161元。全村共有4个合作社，有6个自然村，居住环境较为零散。由于地理条件便利，群众勤劳朴实，加之洮河绕村而过，因此陈家崖村发展前景良好。

2767 中寨镇马崖村

简　　介：马崖村隶属岷县中寨镇，距中寨镇政府所在地2公里，村道路为水泥路面，交通便利，距县城38公里。东邻大哈村，南邻中寨村，西邻红崖村，北邻维新乡。辖一社、二社、三社、四社、五社、马崖山等6个村民小组。全村国土面积9.5平方公里，海拔2200米，年平均气温8.2℃，年降水量700毫米，水资源、光热资源相对充足，该村种植以药材为主，当归、党参、黄芪、土豆为主要农作物，部分地区适宜种植小麦、菜子、大麦、青稞等农作物。本村现有农户315户，人口1450人。全村耕地面积2244亩，人均耕地1.5亩，林地1100亩。2014年全村经济总收入630万元，农民人均纯收入4350元；该村适合种植当归、党参、黄芪、土豆、小麦、菜子、大麦、青稞等农作物，农民收入以种植业、外出劳务收入为主。

2768 闾井镇后治村

简　　介：后治村距乡政府所在地7.5公里处，平均海拔2700米，全村共有64个村民小组，348户，1574人，气候高寒阴湿，自然条件恶劣，现有耕地面积6435亩，耕地多但产量很低，人均耕地为4亩。以种植业为主，草山资源丰富，适合发展畜牧养殖业。

2769 闾井镇小林村

简　　介：小林村距镇中心8公里，平均海拔2500米，全村共有4个村民小组220户，1008人；全村有耕地2294亩，人均占有耕地3.15亩，均为山地和半山地，经济作物以马铃薯、蚕豆、燕麦为主，由于当地特有的地理条件和自然环境，非常适合马铃薯良种繁育，年均育种面积达100亩。小林村拥有丰富的牧草资源，草场面积达2230余亩；全村现有大牲畜(牛)800头，马34匹，年末羊存栏量 1435 只。全村共有村级主干道 1 条，为混凝土硬化路面；2014 年修建桥梁 1 座。全村经济收入以劳务收入为主，劳动力资源丰富。通过近几年的规范化种植，农民积累了一定的马铃薯良种繁育技术，对发展马铃薯产业有成功的经验。通过劳务输转，小林村人的观念进一步转变，思想进一步解放。四是蚕豆种植面积初步形成规模，亟待龙头企业开发加工，延伸产业链条，提高附加值。

2770 西寨镇关上村

简　　介：关上村位于西寨镇西面，距县城 30 公里、镇区 5 公里。东邻冷地村，西邻临潭县，南北两面大山环绕。现有耕地面积 1200 亩，全村现有 5 个合作社，总户数 178 户，总人口 780 人，其中汉族人口占 96%，全部为农业人口。2014 年农民人均纯收入 4000 元。

（七）临洮县

2771 上营乡邓昌村

简　　介：邓昌村村委会建筑面积 100 平米，建筑类型为标准型。便民服务中心工作人员以驻村干部为主，乡党委派驻了 3 名驻村干部和 1 名计生专干，村干部纳入到便民服务中心工作人员队伍，参与民事代办服务。

2772 八里铺镇菜子庙村

简　　介：菜子庙村位于临洮县东北偏远山区，距县城 20 公里。属温带大陆性气候，年平均气温 7℃，无霜期 80–190 天。年平均降雨量 317–760 毫米之间，蒸发量 1400 毫米以上。70% 以上的降水集中在七、八、九月。全村现辖 11 个村民小组，农户 416 户，1457 人，劳动力 1126 人，耕地面积 5426 亩。种植业以药材、马铃薯为主，其中药材种植面积 1075 亩，占耕地面积 20%，马铃薯种植面积 1309 亩，占耕地面积 24%。全村现有养殖业圈舍面积 5186 平方米，现养殖牛 114 头，养殖羊 1356 只。近几年群众收入主要来源于种植业、牛羊养殖业和劳务收入。

2773 窑店镇中间村

简　　介：中间村位于窑店镇西南部 12 公里处，红沟门至三十铺公路以南 3 公里，属于山区村落，海拔 2000 米左右，年平均气温 6.0℃，年降水量 501.02 毫米，蒸发量 1100 毫米，无霜期 185 天。中间村现划分 7 个社（生地湾、吉家山、东果树、中间、王家山、麻子崖、涝子湾），223 户，983 人。耕地面积 3132 亩，无水浇地，粮播面积 2677。

2774 八里铺镇白茨湾村

简　　介：白茨湾村位于八里铺镇北部，距镇政府 2 公里，距县城 6 公里，现有 5 个村民小组，502 户，2089 人，总耕地面积 3100 亩，其中水浇地 1790 亩，旱地 1310 亩，人均 0.86 亩。近年来，该村依托地理区位优势，大力调整产业结构，扩大蔬菜种植面积，发展现代设施农业，2013 年全村有日光温室 10 座 7 亩，种植钢架蔬菜大棚 1550 座 775 亩，全村 70% 以上的经济收入来自蔬菜。全村现有 2500 只以上养鸡大户 10 户，10 头以上养牛大户 2 户，20 只以上养羊大户 3 户，50 亩以上苗木种植大户 4 户。新建村部 1 处，有村级农家书屋 1 个，各类图书 1210 余册，成立群众文艺队 1 个。

2775 衙下集镇刘排坪村

简　　介：刘排坪村级活动场所建设于 2012 年 6 月，位于刘排坪村刘前社，距离衙下集镇政府驻地 3 公里，占地总面积 300 平方米，砖混结构，分别设有会议室 3 间 40 平方米，计生办公室1间20平方米，农家书屋2间40平方米，便民服务中心1间20平方米，配套建设卫星模式远程教育站点1个。

2776 新添镇咀头村

简　介：咀头村在新添镇孙家村东面3公里，该村平均海拔1750米，共有6个村民小组，355户，1560人，其中60岁以上老人185人，4岁以下儿童115人，学生150人，有劳动力590人，2013年人均纯收入为4350元。有完全小学1所，村级活动场所1处，村级医疗机构（诊所）1处，农家书屋1处。总耕地面积2363亩，其中水浇地1980亩，旱地383亩。农作物种植以胡萝卜、大白菜为主，种植业收入是该村群众的主要经济来源。近年来，拓宽硬化村社道路4.1公里，衬砌渠道8.9公里，项目的实施，使该村基础条件得到进一步夯实。

2777 辛店镇大麦沟村

简　介：大麦沟村地处辛店镇东北部25公里处，村域总面积约11.2平方公里，在马啣山脚下属深山区，普银公路穿境而过，海拔2760-3680米，年降雨量400-540毫米，年平均气温5.1℃，全村共有7个社，334户，总人口1470人，劳动力730人，总耕地面积3430亩，人均占有耕地2.4亩，2012年全村农民人均纯收入3280元，粮食总产量514.5吨，人均产粮350公斤，2013年参加新型合作医疗人数达1314人，296户。参加养老保险人数1375人，304户。大麦沟村海拔高，气温低，农民收入主要靠种植业，粮食作物主要种植小麦、大麦、洋芋，经济作物有洋芋、中药材等。洋芋种植量大，是大麦沟村村民主要的经济来源，洋芋以其宜菜宜粮和优质的特点已成为全村农业和经济发展的一大重要支柱产业。大麦沟村村级组织活动场所占地90平方米，建筑面积96平方米，于2009年建成，农家书屋1处，藏书1200多册。近年来龚家嘴社村民大力种植中药材，尤其是党参种植成了龚家嘴社村民的重要的经济来源。

2778 新添镇下街村

简　介：下街村在新添镇北面，该村平均海拔1750米，共有14个村民小组，830户，3520人，其中60岁以上老人552人，有劳动力2866人，2013年人均纯收入为3750元。初级中学1所，幼儿园1所，村级活动场所1处，村级医疗机构（诊所）6处，农家书屋1处。总耕地面积2227亩，其中水浇地2227亩，农作物种植以玉米、蔬菜为主，种植业收入是该村群众的主要经济来源。近年来，硬化村社道路11公里，衬砌渠道7公里，项目的实施，使该村基础条件得到进一步夯实。

2779 上营乡下营村

简　介：下营村委会建筑类型为简易型，便民服务中心有办公桌椅、文件柜，办公、住宿、办灶都在村部。便民服务中心工作人员以驻村干部为主，乡党委派出了2名驻村干部和1名计生专干入住中心开展工作。

2780 上营乡墁坪村

简　介：墁坪村级阵地建筑为简易型。便民服务中心有办公桌椅、文件柜，办公、住宿、办灶都在村部。便民服务中心工作人员以驻村干部为主，乡党委派驻了2名驻村干部和1名计生专干，村干部纳入到便民服务中心工作人员队伍，参与民事代办服务。

2781 辛店镇上杜家村

简　介：上杜家村位于辛店镇人民政府以

东 5 公里处，属浅山区村，干旱少雨，海拔 1900–2100 米。全村共有 4 个村民小组，共有 324 户，1316 人，户籍以农业为主。耕地面积 2270.34 亩，人均耕地 1.73 面积。目前上杜家村村社之间主要道路全部为沙土路。虽然自来水的入户率达到了 99%，上杜家村的种植业以玉米，马铃薯为主，旱作农业 1000 亩，农业合作社 1 个。上杜家村有 2 家养殖小区，养殖业主要有牛、羊、猪，现有牛的存栏量有 308 头，出栏 105 头；羊的存栏量有 1200 头，出栏 800 头；猪的存栏量有 500 头，出栏 600 头。青贮氨化池 2 个。四、社会事业。上杜家村有小学 1 所，砖混结构教室 12 间 280 平方米，在校学生 62 人，专职教师 3 人，适龄儿童入学率为 100%。有村级卫生室 1 处，农村合作医疗覆盖率为 97%。上杜家村有农家书屋 1 个，图书存储量为 2000 册。文化活动广场 1 个，于 2013 年底落成。村级活动阵地 2 处。非物质文化遗产 1 处（白衣寺）。

2782 辛店镇雷赵钱村

简　　介：雷赵钱村位于辛店镇人民政府以东 1.5 公里处，距临洮县城 30 公里，属川平区村，海拔 1900–2100 米。共有 3 个村民小组。设村级组织活动场所 1 处，设党组织书记办公室、主任办公室、会议室各 1 处；2013 年人均纯收入为 4269 元。目前村社之间主要道路全部为砂土路，砂化率 90%，群众吃水以浅井水为主。全村固定电话及移动电话普及率达到 95%。洮惠渠流经全村，以自流灌溉为主，是坪区村中经济发展较好的一个村。全村以蔬菜种植为主，种植蔬菜种类有胡萝卜、大葱、大白菜、绿萝卜、大蒜等。以一年两茬种植蔬菜为主，种植模式为胡萝卜收后复种大葱、地膜马铃薯收后复种大葱、大白菜收后复种绿萝卜等。牛、羊以个别农户分散养殖，牛总计 16 头，羊 120 只。猪以养殖大户养殖为主，现有养殖大户 10 户，总计 400 多头。牛主要品种为西门塔尔，羊主要品种为小尾寒羊，猪养殖以育肥为主。

2783 站滩乡站滩村

简　　介：站滩村级活动场所建设于 2010 年 8 月，位于站滩村上街社，距离站滩乡政府驻地 200 米，距村小学 200 米，占地 572 平方米，办公用房总建筑面积 163.5 平方米，一层砖木结构，分别设有支书室 1 间 20 平方米，会议室 3 间 60 平方米，内设电信模式远程教育站点、农家书屋；便民服务中心 1 间 20 平方米，计生室 1 间 20 平方米。

2784 红旗乡上堡子村

简　　介：红旗乡上堡子村位于临洮县北部，距县城 76 公里，西隔洮河与东乡县唐汪乡相望，北与永靖县相连，地势南高北低。自然资源有砂砾和花岗岩。全村由 2 个自然村（上堡子、下堡子）组成，分为 6 个村民小组。截止 2013 年底，全村共有 443 户，1793 人。人均纯收入 4543 元，全村共有耕地 1417.75 亩。全村经济来源以务工为主，这主要是因为人均耕地稀少所导致的。近年来随着国家对三农的重视，在乡政府的支持下，该村结合自我优势发展了一些特色经济作物，有经济林果木（大枣、核桃、向日葵等），虽然不具规模，但有不断壮大的趋势。近年来在上级有关部门及乡政府的鼓励下，在畜牧养殖方面也有不断突破。截止 2013 年底，上堡子村猪的存、出栏量分别为 59、109 头，羊的存、出栏量分别为 1191、1133 头。

2785 窑店镇滩汪村

简　　介：滩汪村位于窑店镇东北部 16 公里处，耕地面积 2957 亩，海拔 2600–2900

米左右，年光照时数 23500 小时，蒸发量 1100 毫米，无霜期 185 天。全村现有耕地 2957 亩，人均 3.6 亩，全部为山旱地，以洋芋、药材为支柱产业。全村总户数 189 户，总人口 846 人，全部为农业人口，劳动力 343 人，全部为汉族，其中外出务工人员占劳动力人口的 2%。全村砖木结构房屋与土木结构房屋各占总数的 50%。

2786 太石镇甘坪村

简　　介：甘坪村位于临洮县太石镇东面，西连安家嘴，北临大庄村，南接昌木沟，东邻豁岘村，平均海拔 2600 米以上，属高寒干旱山区，距省道 213 线 18 公里，距离太石镇政府 20 公里。全村有 4 个村民小组，均为汉族，无其他民族类别。甘坪村总户数 224 户，总人口 896 人。0–3 岁儿童 50 人。60 岁以上老人 138 人。在校学生人数 178 人，劳动力 447 人，流动人口 27 人。男女比例 1：1，以农业户籍为主。甘坪村耕地总面积 4752 亩，全部为山旱地，土地面积较为平整。甘坪村以种植马铃薯为主，种植面积达 2733 亩，占 57%。亩产 100 公斤，收入 900 元。种有少量药材以及玉米，小麦、胡麻、豌豆等。无大型养殖户，牛羊存栏量不足 450 头。村内无超市。个体工商户 2 户。村内小学 1 处，为甘坪村小学，学校内共有老师五人，学生 63 人，有农家书屋 1 个。

2787 辛店镇康家崖村

简　　介：康家崖村位于临洮县辛店镇 3 公里，距县城 30 公里，兰临公路穿村而过，平均海拔 2100 米。有 6 个自然社，总面积 15 平方公里。总户数 679 户，总人口 2726 人。现有耕地 4000 亩，人均 3 亩。2013 年全村人均纯收入达到了 2700 元。全村现有过境公路（兰临路）2.5 公里，已硬化通社道路 7.2 公里。全村水利设施完备，自来水和电力覆盖率为 100%。全村移动电话普及，宽带用户不断的增加，电话普及率达到了 97%。全村群众收入来源以种养业为主，种植业以马铃薯、玉米、蔬菜为主。养殖业以牛、羊为主，存栏量分别为 120 头和 942 只。3、有着临洮县最大的农贸市场，主营马铃薯和蔬菜收购，个体工商户为 153 户。村内现有小学 1 所。康家崖村有 3 个村级卫生室，全村 2013 年参加新型农村合作医疗人数 2557 人。有 1 处农家书屋，有 1 个中型文化广场供村民娱乐健身。

2788 新添镇黄家坪村

简　　介：黄家坪村在新添镇北面 5 公里，该村平均海拔 1890 米，共有 2 村民小组，178 户，760 人，其中 60 岁以上老人 95 人，有劳动力 235 人，2013 年人均纯收入为 3600 元。幼儿园 1 所，村级活动场所 1 处、农家书屋 1 处。总耕地面积 1177 亩，其中水浇地 1177 亩，农作物种植以大白菜、玉米为主，种植业收入是该村群众的主要经济来源。近年来，硬化村社道路 7 公里，衬砌渠道 4 公里，项目的实施，使该村基础条件得到进一步夯实。

2789 新添镇冯家沟门村

简　　介：冯家沟门村在新添镇东面 8 公里，该村平均海拔 2000 米，共有 5 个村民小组，393 户，1770 人，其中 60 岁以上老人 268 人，4 岁以下儿童 116 人，学生 146 人，有劳动力 758 人，2013 年人均纯收入为 2860 元。有完全小学 1 所，村级活动场所 1 处，村级医疗机构（诊所）1 处，农家书屋 1 处。总耕地面积 4477 亩，其中水浇地 912 亩。农作物种植以玉米、马铃薯为主，种植业收入是该村群众的主要经济来源。近年来，硬化村社道路 2.5 公里，衬砌渠道 6.5 公里，项目的实施，使该村基础条件得到进一步夯实。

2790 连儿湾乡王西湾村

简　　介：王西湾村为 2014 年“1236”扶贫攻坚行动示范村，距县城约 43 公里，平均海拔 2500 米，无霜期 144 天，年均降水量 300－400 毫米，辖 12 个社（上湾、锁林、阴路坪、上大后头、下大后头、吊沟、黄玉、下湾、后湾、涝坝、白土坡、何集湾），321 户，1333 人，其中劳动力 1023 人，全村现有耕地 6823 亩，退耕还林 1700 亩。马铃薯种植面积 2500 亩，中药材种植 2000 亩，养殖暖棚 4984 平方米，羊存栏 1563 只。有小学 1 所，教师 6 名，学生 54 名。村社道路 24 公里，已砂化 11 公里。2013 年农民人均纯收入 3642 元。

2791 衙下镇红宇村

简　　介：红宇村级活动场所建设于 2005 年 6 月，位于红宇村元咀社，距离衙下集镇政府驻地 5 公里，占地总面积 300 平方米，砖木结构，分别设有会议室、农家书屋 2 间 40 平方米，支书、主任办公室各 1 间，都为 12 平方米，配套建设卫星模式远程教育站点 1 个。

2792 连儿湾乡三源村

简　　介：三源村地距县城 50 公里，距乡政府 8 公里。年平均降雨量 300－400 毫米，无霜期 130 天，多年平均气温 5℃，境内海拔 2500 米。辖 16 个社（草地、下庄、上庄、羊头湾、小岘湾、白崖、东西庄、宋家庄、党家尧、杨菜湾、刘家脑、东西坡、年家湾、杨家坪、陆固湾、王家坪），484 户，1966 人，劳动力 1046 人。耕地面积 14063 亩，退耕还林面积 2330 亩。马铃薯面积稳定在 8000 亩以上，占全村种植面积的 70%；中药材种植 300 亩。全村有养殖暖棚 6014 平方米，羊存栏 2086 只。有教学点 1 个（教师 4 名，学生 21 名）。全村道路 55 公里，砂化 23 公里。2013 年农民人均纯收入 3642 元。

2793 站滩乡古桐村

简　　介：古桐村级活动场所建设于 2007 年 9 月，位于古桐村上庄社，距离站滩乡政府驻地 5.5 公里，距村小学 20 米，占地 400 平方米，办公用房总建筑面积 83.14 平方米，一层砖木结构，分别设有支书室 1 间 20 平方米（内设便民服务中心办公场所），主任室 1 间 20 平方米（内设宿舍、农家书屋），会议室 2 间 40 平方米（内设远教室）。

2794 南屏镇靳家泉村

简　　介：靳家泉村村级活动场所建设于 2001 年 6 月，位于靳家泉村，距离南屏镇政府驻地 1 公里，距村小学 100 米，占地 330 平方米，办公用房总建筑面积 210 平方米，一层砖混结构，分别设有便民服务中心 1 间 20 平方米，支书室 1 间 15 平方米，主任室 1 间 15 平方米，农家书屋 2 间 30 平方米，卫生室 4 间 60 平方米，电教室 1 间 202 平方米，会议室 3 间 50 平方米，配套建设卫星模式远程教育站点 1 个。

2795 洮阳镇阳洼村

简　　介：洮阳镇阳洼村位于洮阳镇西南约 15 公里处，紧邻柯栳村，距临洮县城 15 公里，属山区村。该村海拔 2200－2400 米，无霜期 140 天，年平均气温 15℃，年降水量 350 毫米。全村下辖 4 个社，142 户，602 人（0－3 岁 35 人，60 岁以上 110 人），劳动力 230 人，全村耕地面积 1085 亩，主要种植农作物是中药材和食用菌。中药材种植、牛羊养殖是当地群众主要经济收入渠道。有种植大户 22 户，主要从事中药材种植。2013 年人均纯收入 3733 元。全村通社道路硬化 7.5 公里，自来水入户率 10%。有村级卫生室 1 个，村医 1 名；有小学 1 所，在校学生 3 人，配备专职教师 1 名。

2796 八里铺镇宿郑家坪村

简　　介：宿郑家坪村位于临洮县八里铺镇东部，距乡镇 5 公里，总面积 18 平方公里。全村现有 8 个社，480 户，1982 人，耕地面积 3471.75 亩，人均 1.7 亩。2012 年农民人均纯收入 3100 元。村域内以黄土地貌为主，地势较为平缓，土壤较肥沃，水源丰富，是全村的主要农作物产区。宿郑家坪村年均海拔 1850 米，无霜期 170 天，年降雨量 300-400 毫米，且分布十分不均，年平均气温 6℃。主要农作物有小麦、玉米、洋芋、小豆等，经济作物有秋菜瓜、旱地辣椒。宿郑家坪村域内无河流，地处黄土高原，前期建设了提灌设施，但是没有使用。村域灌溉主要依靠降雨。村域内劳动力主要从事耕作业及粉制品加工业，辅助进行经商；劳动力总数为 900 人，其中男劳力 500 人，女劳力 400 人。近年来，教育事业的发展，使得劳动力文化程度普遍提高，80% 都达到了初中文化程度；除了主要从事的农业生产之外，农闲时节村民们还组织起来外出打工，政府也联系内蒙、新疆等地，统一招工，为农民外出打工提供保障。

2797 辛店镇杜家沟村

简　　介：杜家沟村位于原上梁乡政府所在地，距辛店镇政府向东 19 公里处，属深山区村。杜家沟村有 8 个自然社，253 户，1080 人，全部为农业人口。现有耕地 3050 亩，人均 2.9 亩。2013 年杜家沟村农民人均纯收入 2600 元。该村群众以种养业为主，种植业以马铃薯、中药材、小麦为主，种植面积分别为到 2200 亩、400 亩和 300 亩；养殖业以牛、羊为主，存栏量分别为 180 头和 830 只；2013 年硬化曹家沟 - 杜家沟 2.1 公里道路，其余道路为农路，全部为土路。现有集雨水窖 253 眼，30% 的农户住房属于土木结构。村内现有 3 年制学校 1 所，在校生 40 名，教师 3 名，教室 6 间。基层组织基本健全，有农家书屋 1 处，1 个村级卫生室，并配备 1 名村医。全村 2013 年参加新型农村合作医疗人数 1050 人。

2798 站滩乡井儿沟村

简　　介：井儿沟村村级活动场所建设于 2010 年 6 月（始建于 2010 年 6 月，2013 年 6 月改扩建）位于井儿沟村上井儿沟社，距离站滩乡政府驻地 6 公里，距井儿沟小学 20 米，占地 1200 平方米，办公用房总建筑面积 350 平方米，一层砖木结构，分别设有支书室 1 间 20 平方米、主任室 1 间 20 平方米，宿舍 1 间 20 平方米，灶房 1 间 15 平方米，农家书屋 1 间 20 平方米，会议室 3 间 50 平方米（内设便民服务中心、远程教育站点等），配套建设村级卫生室 3 间 70 平方米，文化广场 800 平方米。

2799 站滩乡云谷村

简　　介：云谷村村级活动场所由于需新建，图为租借的云谷村临时村部。位于云谷村窑门社，距离站滩乡政府驻地 15 公里，办公用房总建筑面积 40 平方米，设有办公室 2 间 40 平方米（内设远程教育站点、便民服务中心、住宿室）。

2800 中铺镇田家沟村

简　　介：田家沟村是百合种植大村，全村

共有3个村民小组，141户，592人，耕地面积1260亩，共种植百合面积800亩，百合是我村的主要经济产物，也是支柱产业。农民人均纯收入3150元。

2801 中铺镇下铺村

简　　介：中铺村位于中铺镇镇政府所在地，距兰州37公里，全村辖有6个社。全村区域面积约为10平方公里。全村342户，1440人。现有耕地面积约为2772亩，2013年种植西瓜1500亩、辣子800亩、塑料大棚50亩，其余为玉米，小麦，胡麻等作物。禁牧面积24515亩，退耕还林100亩，林地1876亩，全村人均纯收入为3342元。全村住房以砖混结构为主，其中土木结构89户，约占总间数的26%，砖混结构161户，约占总间数的47.1%，砖木结构92户，约占总间数的26.9%。全村已硬化通村道路约1公里，占全村道路长度的25%，通社硬化道路约3公里，硬化率达75%。全村通往各乡、县及省城兰州道路畅通，交通比较便利，为全村群众出行提供了方便。户户通覆盖率达到90%以上。全村基本实现户户通电，户户通自来水。全村畜牧养殖基础较好，2013年末大牲畜存栏10头，猪存栏200头，出栏150头，羊存栏1154只，出栏285只。全村现有村部1处，卫生室1处，文化室及农家书屋1处，藏书量达732册。全村低保53户，176人。

2802 玉井镇白塔村

简　　介：白塔村位于玉井镇西北方向，距玉井镇5公里，距县城5公里。全村共有902户，3751人，全村共有15个村民小组（社），人均纯收入3805元。目前，该村以地膜马铃薯复种大葱、大白菜为主导产业。该村村级组织活动场所占地737平方米，建筑面积170平方米，于2002年建成，设党组织书记办公室、主任办公室、会议室、图书室。该村形成了以地膜辣椒、地膜洋芋复种大葱、大白菜为主的种植格局，扩大花卉繁育面积，发展食用菌和育苗的产业格局，实现了多茬种植，群众的经济收入大幅提高，村党支部的凝聚力和号召力显著增强。

2803 八里铺镇二十铺村

简　　介：二十铺村位于临洮县八里铺镇东部，距乡镇6公里，总面积1.8平方公里。全村现有6个社，477户，2189人，耕地面积1721亩，人均0.79亩。2012年农民人均纯收入4203元。村域内以黄土地貌为主，地形比较平坦，土壤肥沃，水源丰富，是全镇的主要农作物产区。二十铺村年均海拔2150米，无霜期170天，年降雨量300-400毫米，且分布十分不均，年平均气温7℃。主要农作物有蔬菜、玉米等。二十铺村村位于洮河流域，属黄河支流，纵贯整个村域。地处黄土高原，洮河水系的流量受气候和地势的影响，水流平缓，流量较大，村域灌溉依靠这一水系。村域内劳动力主要从事耕作业及养殖，辅助进行经商；劳动力总数为1363人，其中男劳力715人，女劳力648人。近年来，教育事业的发展，使得劳动力文化程度普遍提高，80%都达到了初中文化程度；除了主要从事的农业生产之外，农闲时节村民们还组织起来外出打工，政府也联系内蒙、新疆等地，统一招工，为农民外出打工提供保障。

2804 辛店镇泉湾村

简　　介：泉湾村位于临洮县辛店镇东南部山区，距辛店镇12公里，沿康朱路而居，平均海拔2100米。全村有9个自然社，总面积13平方公里，以汉族为主，藏族为辅，全村有432户，1512人。现有耕地4001.06亩，人均2.58亩。2013年全村人均纯收入2400元。全村现有过境公路（康朱路）4公里，进行道路砂化4公里。全村通电率百分之百，自来水管道已铺设完毕。全村有固话198户，移动用户367户，电话普及率90%。该村群众收入来源以种植业收入为主，种植业以马铃薯、玉米、小麦为主。本村以养殖牛羊猪为主，现有1个养殖大户，1座青贮氨化池。村内现有小学1所（泉湾小学），1个村级卫生室，新型农村合作医疗参合率稳定在95%以上。农家书屋1简，藏书2000多册。

2805 南屏镇靳家坪村

简　　介：靳家坪村村级活动场所建设于2003年6月，位于靳家坪村，距离南屏镇政府驻地3公里、村小学2公里，占地220平方米，办公用房总建筑面积120平方米，一层砖木结构，分别设有支书室1间15平方米，主任室1间15平方米，会议室2间30平方米，农家书屋2间30平方米，计生服务场所2间30平方米，配套建设卫星模式远程教育站点1个。

2806 康家集乡尖山村

简　　介：尖山村位于康家集乡以东5公里处。全村辖3个村民小组（山庄社、马坪坡社、郭家门社），区域面积5.73平方公里，人口全部为汉族，有192户，823人。耕地情况：有耕地2440亩，人均占有耕地2.9亩；退耕还林面积9.67亩。住房情况：砖混结构住房515平方米，砖木结构住房3085平方米，土木结构住房3130平方米，砖混结构住房、砖木结构住房、土木结构住房分别占全村房屋总面积的7.65%、45.84%、46.51%。村民的收入来源主要是种养殖及劳务输出，2013年全村人均纯收入2552元。

2807 峡口镇张郭家村

简　　介：张郭家村位于峡口镇北部，距镇政府13.2公里，平均海拔2400米，年均降水量300多毫米，年均气温4-8℃，无霜期约150天。全村现有6个村民小组，农户218户，787人。2013年人均纯收入为3715元。有农家书屋1处，教学点1处（小学1-3年级），教师3名，在校学生28人，砖木结构教室18间240平方米；2007年在组织部门的帮扶下，修建砖混结构村级办公用房90平方米。耕地面积4648亩，人均5.4亩，均为干旱山地、陡坡地，退耕还林870亩，农作物种植以马铃薯为主，占到全村耕地的80%以上，马铃薯是该村群众的主要经济来源。由于自然条件、种植技术和农资价格的大幅上涨等诸多因素的影响，农业增收缓慢。在2013年通过整乡推进项目扶持，新建羊棚、青贮池70座，全村基础母羊存栏500只，逐渐形成以马铃薯为主，草食畜产业为辅的经济增长模式。

2808 辛店镇石家坡村

简　　介：石家坡村坐落于辛店镇上梁沟，距离辛店镇9公里，距县城40公里。全村共有158户，598人，积极分子有4名。全村共有6个村民小组，人均纯收入2420元。石家坡村部于2009年建成，其中活动场所占地138.5平方米，建筑面积70平方米。村部中设有党组织书记办公室、主任办公室、会议室、计生办公室、农家书屋等。目前村社之间主要道路全部为砂土路，砂化率40%，群众吃水以泉水、井水为主。全村固定电话及移动电话普及率达到86%，完成危房改造1户。近几年来在村党支部领导下，全村按照做大做强集贸市场，发展村集体经济收入，扩大洋芋、玉米、中药材种植面积，拓宽农民增收渠道，努力发展经济的思路，大力实施“双培双带”工程，全村各项事业得到了很大发展。四、社会事业。石家坡村设有村级卫生室1处，于2013年建成，专业医务人员1名，2013年农村合作医疗参合率达到98%以上。石家坡村于2012年建成村级农家书屋，藏书1200余册，丰富了农民文化生活，提升了农民素养。养老保险参合率达到92%以上。

2809 上营乡瓦窑滩村

简　　介：瓦窑滩村级便民服务中心建筑面积100平米，建筑类型为简易型，办公、住宿、办灶都在瓦窑滩村部。便民服务中心工作人员以驻村干部为主，乡党委派驻了2名驻村干部和1名计生专干，村干部纳入到便民服务中心工作人员队伍，参与民事代办服务。

2810 峡口镇大山村

简　　介：大山村位于峡口镇东南部，距峡口镇12公里，平均海拔2300米，年均降水量300余毫米，年均气温4-8℃，无霜期约150天，属典型干旱山区农村。全村现辖5个村民小组，农户130户，457人。2013年人均纯收入为3840元。大山村小学于2009年撤并，小学生主要在峡口小学就读。2010年在组织部门的帮扶下，修建砖混结构村级办公用房90平方米。该村有村级活动场所1处，农家书屋1处，标准化卫生室1处。全村耕地面积3759亩，人均7.8亩，全部为山旱地、陡坡地。主要种植马铃薯、小麦、玉米等农作物，其中马铃薯种植面积占80%以上，是群众的主要经济收入来源。近年来，通过双联行动，在省农发行、镇党委、镇政府的大力支持下，鼓励群众调整产业结构，加大养殖业发展力度，增加农民收入。

2811 窑店镇阳坡村

简　　介：阳坡村位于临洮县窑店镇西南部，距县城24公里，距镇行政中心所在地2.5公里。总面积39400亩，平均海拔1980米，全年光照时数2250小时，无霜期180天，年降水量320毫米，可靠值仅280毫米，且分布不均，主要集中在六、七月，属二阴地区。全村现有耕地3183亩，人均耕地2.4亩，阳坡村现有8个社（红沟门、河湾、胡家窑、大地、阳坡、阴坡、尹上、尹下），全村共有336户，总人数1331人，全部为汉族。

2812 衙下集镇洛家窑村

简　　介：洛家窑村村级活动场所建设于2012年6月，位于洛家窑村西社，距离衙下集镇政府驻地13公里，占地总面积250平方米，砖木结构，分别设有会议室2间40平方米，支书、主任办公室各1间，各12平方米，农家书屋1间12平方米，配套建设卫星模式远程教育站点1个。

2813 康家集乡钟家湾村

简　　介：钟家湾村位于康家集乡西南14公里处。植被保护和生态环境较好，党参种植历史悠久，属典型的二阴山区，平均海拔2213米左右，年降水量300毫米左右，年均气温6摄氏度，区域面积4.82平方公里，有耕地1718亩，其中退耕还林面积30亩，人均占有耕地3.05亩。全村有5个村民小组（东坡社、亭咀社、西坡社、大山社、川地社），144户，563人，人口全部为汉族，3岁以下儿童21人，60岁以上老人87人；在校学生34人；劳动力389人；男女比例为1：1；出生率为10.1‰；人口自然增长率为3‰；其中城镇人口10人，农村人口553人。2013年全村人均纯收入2550元。

2814 连儿湾乡翟建梁村

简　　介：翟家梁村位于临洮县连儿湾乡西面，距县城约22公里，平均海拔2400米，无霜期144天，年均降水量300–400毫米，且分布十分不均，年平均气温8℃。辖9个社（阳洼、小湾、坪沿、桌椅坪、阴洼、块地、石家沟、雍家梁、翟家湾），209户，949人，其中劳动力483人。低保61户，185人，扶贫户45户，186人，耕地面积3662亩，主导产业为中药材种植。马铃薯面积763亩，中药材面积1300亩。羊存栏1413只。有村小学1所，教学点1处，教师7名，学生63名。全村道路19.5公里，已砂化12.5公里。2013年农民人均纯收入3639元。

2815 龙门镇水滩村

简　　介：水滩村位于临洮县龙门镇东北角，距县城30公里，总面积6平方公里，平均海拔2100米。全村现有6个村民小组，210户，689人，耕地面积2345亩，人均3.0亩，劳动力179人。主要种植小麦、马铃薯、中药材等农作物。全村退耕还林总面积147.1亩。全村现有大牲畜216头，猪、羊存栏分别为425头和1026只。2013年农民人均纯收入3600元。移动电话率已全镇覆盖及普及，有村学1所（水滩小学）。近几年群众收入来源主要为党参，洋芋等，其中党参占50%以上。目前，村社主要道路多为土路，群众吃水以水窖为主。

2816 窑店镇北大坪村

简　　介：北大坪村位于临洮县窑店镇西南部，距县城13公里，距镇行政中心所在地11公里。总面积8.2平方公里，平均海拔2500米，全年光照时数2350小时，无霜期180天，年降水量320毫米，可靠值仅280毫米，且分布不均，主要集中在六、七月，属二阴地区。全村现有耕地4499亩，人均耕地2.9亩，全部为山旱地，其中有梯田2900亩，占耕地面积64%。北大坪村现有7个社（北大坪社、上坪社、石家楼社、孟家湾社、对坡社、蔡家坪社、阳洼湾社），全村共有359户，总人数1428人，全部为汉族。

2817 玉井镇姚家坪村

简　　介：姚家坪村位于玉井镇东南方向，距玉井镇2.5公里，距县城13.5公里。全村共有419户，1756人，全村共有9个村民小组（社），人均纯收入3095元。目前，该村以种植玉米、秋后复种大葱、中药材为主导产业。2006年、2009年被镇党委评为先进党支部。该村村级组织活动场所占地1175平方米，建筑面积155.1平方米，于2012年6月新建，目前主体工程已经完成，设党组织书记办公室、主任办公室、会议室、图书室、党代表工作室。

2818 辛店镇红土沟村

简　　介：红土沟村地处辛店镇东北部26公里处，村域总面积约8.4平方公里，在马啣山脚下，属深山区，普银公路穿境而过，海拔2760–3680米。全村共有2个社，126户，533人。总耕地面积1383亩，人均占有耕地2.547亩。2012年全村农民人均纯收入1620元，2013年参加新型合作医疗人数达499人，118户。目前村社之间主要道路全部为砂土路，砂化率85%，群众吃水已全部饮水自来水。全村固定电话及移动电话普及率达到82%。2012年申请一事一议财政奖补项目完成过水路面1处。2013年申请一事一议财政奖补项目建设完成湾泥社道路拓宽砂化3公里。种植业以玉米、马铃薯、药材等经济作物为主，全村发展旱作农业2080亩，现有种植和养殖型农民专业合作社1个。养殖业以羊为主，全为家庭小型养殖，全村养羊600多只。朱家川村有小学1所，砖混结构教室18间400平方米，专职教师2名，在校学生32人，适龄儿童入学率为100%。2013年农村合作医疗参合率达到97%以上。

2819 新添镇潘家坡村

简　　介：潘家坡村在新添镇东面12公里，该村平均海拔2200米，共有12个村民小组，517户，2260人，其中60岁以上老人310人，有劳动力1434人。2013年人均纯收入为2230元。有完全小学2所，村级活动场所1处、村级医疗机构（诊所）1处、农家书屋1处。总耕地面积9870亩，其中水浇地140亩。农作物种植以玉米、马铃薯、药材为主，种植业收入是该村群众的主要经济来源。

2820 漫洼乡老地沟村

简　　介：老地沟村位于临洮县漫洼乡东北部山区，距县城63公里，总面积15平方公里，平均海拔2300米，年均降水量300–400毫米，且分布十分不均，年平均气温6℃。老地沟村有3个村民小组，全村现有耕地3096亩。总人口644人，劳动力347人。该村群众收入来源以种养业为主，种植业以马铃薯、中药材、小麦为主，养殖业以羊为主；种养业规模化程度不高，无农业合作社与专业协会等组织；无集体经济。全村共有村社道路6公里，现有集雨水窖120眼，65%住房属于土木结构。村内现有小学1所（老地沟小学），在校生11名，教师1名，教室12间。有1处农家书屋。

2821 辛店镇里头沟村

简　　介：里头沟村位于临洮县辛店镇15公里，距县城45公里，平均海拔2300米。有6个自然社，总面积17平方公里。总户数191户，854人，全部为农业人口，劳动力581人。现有耕地1700亩，人均2亩。2013年全村人均纯收入达到了2200元。全村现有砂化路6公里。电力覆盖率为100%。饮用水为自来水。全村移动电话几乎家家都有，电话普及率达到了96%。全村群众收入来源以种植业收入为主，种植业以马铃薯、药材为主。养殖业以牛、羊为主，存栏量分别为400头和1100只。村内现有小学1所，有1个村级卫生室，2013年参加新型农村合作医疗人数820人，有1处农家书屋，现存书量为800本。养老保险的缴纳率为97%。

2822 新添镇南坪村

简　　介：南坪村在新添镇东面6公里，该村平均海拔2002米，共有4个村民小组，256户，1096人，其中60岁以上老人154人，学生6人，有劳动力433人。2013年人均纯收入为2400元。有完全小学1所，村级活动场所1处，村级医疗机构（诊所）1处，农家书屋1处。总耕地面积2023亩，其中水浇地700亩。农作物种植以玉米、马铃薯为主，种植业收入是该村群众的主要经济来源。近年来，硬化村社道路4.7公里，衬砌渠道8公里，项目的实施，使该村基础条件得到进一步夯实。

2823 新添镇驹山村

简　　介：驹山村是偏远山区村，共有4个村民小组，182户，812人，其中60岁以上老人128人，4岁以下儿童70人，有劳动力343人。2013年人均纯收入为1100元。有小学1所，农家书屋1处。总耕地面积3282.5亩，其中半水浇地200亩左右。农作物种植以马铃薯、玉米、中药材为主，种植业收入是该村群众的主要经济来源。近年来，拓宽砂化村社道路 11.2 公里，正在实施硬化通村道路 3.1 公里，项目的实施，使该村基础条件得到进一步夯实。

2824 太石镇大庄村

简　　介：大庄村原名龚家大庄村，是临洮县原五户乡乡政府所管辖的一个村，大庄村是五户乡政府所在地，2005 年撤乡并镇后合在太石镇。2012 年初被甘肃省财政厅确定为联系村。太石镇大庄村位于临洮县东北部，距离临洮县城 62 公里，距离太石镇政府 15 公里，海拔高度 2125-2020 米之间，属马啣山山区。辖 4 个自然社，全村 238 户，856 人。太石镇大庄村土地总面积 1994 亩，其中水地 860 亩，人均 1.6 亩。2013 年人均收入 3488 元。大庄村在建卫生室 5 间，已完成主体结构，村医 1 人。幼儿园 1 所，学生 28 人，属于民办。小学 1 所，其中学生 38 人，老师 5 人。中学 1 所，学生 71 人，老师 7 人，农家书屋 1 间，藏书 2000 册。

2825 八里铺镇王家大庄村

简　　介：八里铺镇王家大庄村位于临洮县城东北 1.5 公里处，有 10 个村民小组，804 户，3000 人，耕地面积 3511 亩，其中水浇地 1900 亩，人均耕地 1.11 亩。该村农民收入以劳务输转、苗木种植、畜牧养殖及发展农家乐旅游为主。2012 年被国家农业部、国家旅游局评为“全国休闲农业与乡村旅游示范点”，被省旅游局评为“全省乡村旅游示范村”。2013 年全村人均收纯入 5039 元。今后，王家大庄村以打造全省休闲旅游养老示范基地为目标，按照“统一规划、集中居住、完善基础、有序开发”的原则，规划占地 3180 亩，分文化体验区、滨水商业区、山水度假区、生态养生区四大板块，全力打造集城市现代化气息和乡村园林风光于一体的生态宜居休闲度假养老胜地，使全村发展进入快速高效可持续发展的轨道。

2826 上营乡好水村

简　　介：好水村级阵地建筑面积 100 平米，建筑类型为标准型。便民服务中心办公用房面积 40 平米。便民服务中心工作人员以驻村干部为主，乡党委派驻了 2 名驻村干部和 1 名计生专干，村干部纳入到便民服务中心工作人员队伍，参与民事代办服务。

2827 新添镇上街村

简　　介：上街村平均海拔 1800 米，年均降水量 360 多毫米，年均气温 17℃，无霜期约 180 天。共有 20 个村民小组，1387 户，5586 人，2013 年人均纯收入为 4600 元。有完全小学 2 所，村级活动场所 1 处、村卫生室 4 处、农家书屋 1 处。总耕地面积 4837 亩，其中水浇地 4193 亩，退耕还林 646 亩。农作物种植以马铃薯、玉米、蔬菜为主，种植业收入是该村群众的主要经济来源。近年来，拓宽砂化村社道路 6 公里，硬化村社道路 12 公里，衬砌渠道 10 公里，项目的实施，使该村基础条件得到进一步夯实。

2828 峡口镇党家墩村

简　　介：党家墩村地处峡口镇西部，距镇政府 10 公里，平均海拔 2300 米，年均降水量 300 多毫米，年均气温 4-8℃，无霜期约 160 天，共有 10 个村民小组，664 户，2480 人，2013 年人均纯收入为 3984 元。总耕地面积 6521 亩，其中水浇地 4905 亩，退耕还林 438 亩。有九年制学校 1 所，村级活动场所 1 处，村卫生室 1 处，农家书屋 1 处。该村是全镇地膜辣椒和日光温室示范基地，种植业收入是该村群众的主要经济来源。近年来，通过实施整村推进项目，拓宽砂化村社道路 3 公里，硬化村社道路 10 公里，衬砌渠道 14 公里；新建日光温室大棚 70 座；新建暖棚 240 座，沼气池 240 眼，青贮池 240 个，引进投放基础母牛 240 头。在项目的带动下，群众发展养殖业的积极性倍增，进一步扩大生产规模，已基本形成小规模养殖。地膜辣椒及各种暖棚蔬菜等深受周边群众和商贩的青睐，借助交通便利，已形成党家墩村群众的主导产业。

2829 玉井镇袁家湾村

简　　介：袁家湾村位于玉井镇东南方向，距玉井镇 10 公里，距县城 19 公里。全村共有 228 户，931 人，全村共有 10 个村民小组（社），人均纯收入 3064 元。目前，该村以种植玉米、洋芋为主导产业。该村村级组织活动场所占地 192 平方米，建筑面积 83 平方米，于 2006 年建成，设党组织书记办公室、主任办公室、会议室、党代表工作室。

2830 辛店镇上滩村

简　　介：上滩村位于临洮县辛店镇东部山区，距辛店镇 22 公里，康朱路穿村而过，总面积 8.6 平方公里，平均海拔 2100 米，是典型的西北山区村。上滩村有 8 个自然社，全村有 320 户，1280 人，全部为农业人口，劳动力 649 人。全村现有耕地 4013 亩，人均 3.3 亩。2011 年上滩村农民人均纯收入 2700 元。该村群众收入来源以种养业为主，种植业以马铃薯、小麦为主，养殖业以牛、羊为主。全村现有过境公路（康朱路）4 公里，建桥两座，其余道路为土路。村内现有小学 1 所（上滩村小学），在校生 12 人，教师 1 名，教室 9 间。基层组织基本健全，有 1 处农家书屋，1 个村级卫生室，并配备 1 名村医。全村 2012 年参加新型农村合作医疗人数 1140 人，参加农村社会养老保险人数 1080 人。

2831 八里铺镇窑沟村

简　　介：窑沟村位于临洮县八里铺镇东部，距县城 11 公里，距镇政府 9 公里，属贫困干旱山区村，全村现有 11 个村民小组，301 户，1289 人，其中劳动力 750 人，总面积 11.2 平方公里，耕地面积 3585 亩，人均 2.78 亩，退耕还林面积 200 亩。种植业以马铃薯、中药材为主，养殖业以养羊为主，马铃薯面积 1743 亩，占总耕地面积的 48.6%；中药材种植 757 亩，占总耕地面积的 21.1%。全村羊存栏 2232 只，牛存栏 85 头，猪存栏 200 只，养殖暖棚 73 座 2850 平方米，小学 1 所（教师 7 名，学生 90 名），全村道路 28 公里，沙化 5.8 公里。2013 年，全村农民人均纯收入达 2570 元。

2832 漫洼乡抗日湾村

简　　介：抗日湾村位于临洮县漫洼乡西面，距县城约 70 公里，平均海拔 2300 米，年均降水量 300-400 毫米，且分布十分不均，年平均气温 5℃。有 5 个自然社，全村总户数 192 户，总人口 828 人，劳动力 427 人，60 岁以上 85 人，4 岁以下 36 人，全村现有耕地 4175 亩。农民人均纯收入 2543 元。该村群众收入来源以种养业为主，种植业以马铃薯、中药材、小麦为主，养殖业以牛、羊为主，种养业规模化程度低。全村通社道路砂化率约占 30% 左右，其余道路为土路。30% 的农户住房属于土木结构。有三年制村小学 1 所，教师 3 人，在校学生 40 名，基本能解决小学生上学问题；有村卫生所 1 处，村医 1 人；有村级活动阵地 1 处，村文化室 1 间。利用电视卫星接收设备，能收看到 30 多套电视节目，移动、联通、电信手机信号基本覆盖全村。2006 年实现了农网改造，用电能满足需求。

2833 洮阳镇荣和村

简　　介：洮阳镇荣和村位于洮河西岸，县城以北，东邻洮河，西靠兴荣村，北接边家湾村，距临洮县城13公里，属水川区村。该村海拔1800米，无霜期80-190天，年平均气温7℃，年降水量350-400毫米，地形平坦，气候干燥，地下水资源比较丰富。全村下辖荣和社1个社，184户，821人（0-3岁39人，60岁以上119人），劳动力412人，全村耕地面积368亩，主要种植农作物是玉米，劳务收入产业是当地群众主要经济收入渠道。有种、养殖大户5户，主要从事玉米种植，牛、羊养殖。2013年人均纯收入3715元。全村通社道路硬化0.5公里。

2834 中铺镇康泉村

简　　介：中铺镇康泉村地处临洮县北部边缘，北邻兰州市七里河区，距中铺镇政府30公里。全村共有205户，778人，辖6个村民小组，各社相对分散，两个最远社相距达4公里。耕地面积2560.6亩，其中百合种植面积836亩，百合产业是当地群众主要经济收入渠。

2835 龙门镇青化村

简　　介：青化村位于临洮县龙门镇北山区，距县城10公里，位于定临公路沿线，总面积15平方公里，平均海拔2000米。现有10个村民小组，424户，1540人，耕地面积5698亩，人均3.3亩，劳动力847人。主要种植小麦、马铃薯、中药材等农作物，是全镇黑地膜马铃薯示范推广种植重点村之一。全村退耕还林总面积147.1亩。全村现有大牲畜286头，猪、羊存栏分别为722头和2021只，猪、羊出栏分别为838头和1201只。2013年农民人均纯收入3508元。移动电话率已全镇覆盖及普及。有村学1所，在校学生65人。近几年，群众收入来源主要为中药材种植、猪羊养殖、劳务收入等，其中中药材收入占50%以上。

2836 洮阳镇边家湾村

简　　介：洮阳镇边家湾村位于洮河西岸，县城以北，东邻洮河，西靠排子坪，北接广河县，距临洮县城15公里，属水川区村。该村海拔1800米，无霜期80-190天，年平均气温7℃，年降水量350-400毫米，地形平坦，气候干燥，地下水资源比较丰富。全村下辖5个社，639户，2800人。劳动力1980人，全村耕地面积2720亩，主要种植农作物是玉米、蔬菜、洋芋等。劳务收入是当地群众主要经济收入渠道。有种、养殖大户15户，主要从事玉米种植，牛、羊、鸡、猪养殖。2013年人均纯收入4067元。全村通社道路全部硬化，全村未接自来水，全部饮用井水。有村级卫生室1处，村级小学1所。

2837 太石镇后地湾村

简　　介：后地湾村位于临洮县东北部，距县城约80公里，平均海拔2600米，属高原干旱地区。有5个村民小组，分别是后上社、后下社、后中社、泉湾社、汪子沟社。该村国土面积约，该村现有总户数187户，798人，劳动力495人。后地湾村耕地面积2307亩，全部为山旱地，村内建设用地约140亩，为农户宅基地和打麦场。村内粮食作物面积1800亩，主要种植大麦，产量亩均150公斤，产值约540000元。近几年，村内鼓励村民大力发展柴胡种植业，现全村年产值约三千万元。该村现有完全制小学1所，学生130余人，专职教师9人，适龄儿童入学率达到100%。后地湾村现有村级卫生室2个，专业医务人员3人，后地湾村2013年新建村级文化室90平米。

2838 洮阳镇旭东村

简　　介：洮阳镇旭东村位于县城以南约3公里处，北连五爱村，南接南园村，西靠洮丰村，东邻龙门镇四合村，距临洮县城2.5公里，属半川半山区村。该村海拔1600米，年平均气温7℃，年降水量350-400毫米，地形多为川地，部分山区，气候干燥，地下水资源匮乏，自然条件一般。全村下辖8个社，853户，3284人，劳动力2214人，全村耕地面积3913亩，主要种植农作物是洋芋、蔬菜和玉米。地膜洋芋、季节性蔬菜产业是当地群众主要经济收入渠道。有养殖大户8户，主要从事牛羊养殖。2013年人均纯收入4865元。全村通社道路硬化6公里，自来水入户率95%。有村级卫生室2个，村医2名；有小学1所，在校学生380人，配备专职教师22名。有村级集体经济2处，年收入3万元。

2839 辛店镇欧黄家村

简　　介：欧黄家村位于临洮县辛店镇北部浅山区，距辛店镇7公里，海拔2300-2600米，本村有7个自然社，全村总户数580户，总人口2482人，劳动力1300人。现有耕地5757亩，其中水地1800亩，草地面积6839亩，林地面积2000亩。2013年人均纯收入2650元。该村已砂化通社道路1.7公里，其余道路为土路。村级活动场所占地140平方米。于2006年在该村实施整村推进项目，重点扶持该村的养殖业。该村群众收入来源以种养业为主，种植业以马铃薯、玉米为主，种植面积分别为2200亩和1700亩。养殖业以牛、羊为主，该村2006年实施整村推进项目，建设养羊暖棚198座，共有5×6米的标准化养畜暖棚198座，肉牛472头，肉羊1200只，建成青贮池212座，猪1092头，鸡3000只，鸽子1800只。村内现有小学2所（欧黄家小学、西番庙小学），在校生212名，教师12名，教室14间。基层组织基本健全，有1处农家书屋，2个村级卫生室。全村2012年参加新型农村合作医疗人数2288人，参加农村社会养老保险人数1238人。

2840 衙下集镇开家沟村

简　　介：开家沟村级活动场所建设于2013年5月，位于开家沟村刘家河社，距离衙下集镇政府驻地8公里，占地总面积350平方米，砖混结构。农家书屋1间20平方米，便民服务中1间20平方米，二楼有宿舍2间40平方米，配套建设卫星模式远程教育站点1个。

2841 玉井镇店子村

简　　介：店子村位于玉井镇西面方向，镇政府所在地，距县城10公里。全村共有1198户，3390人，全村共有14个村民小组（社），人均纯收入3205元。目前，该村以苗木繁育为主导产业。1995年被中央文明办评为全国文明村、2010年被临洮县司法局评为人民调解工作先进集体、2010年被中共临洮县委评为先进基层党组织、2012年被玉井镇党委评为综合经济发展二等奖。该村村级组织活动场所占地1354平方米，建筑面积200平方米，于1995年建成，设党组织书记办公室、主任办公室、会议室、计划生育室、党代表工作室。

2842 康家集乡野雀沟村

简　　介：野雀沟村位于康家集乡西北方向，距乡镇府10公里，村域面积13平方公里，耕地面积2462亩，人均2.4亩。草原面积2560亩，林业面积1900亩。全村共有7个村民小组（寺洼社、窝窝社、罗湾社、下沟社、野雀沟社、山庄社、塔洼社），有252户，1062人。砖混结构住房305平方米，砖木结构住房5376平方米，土木结构住房7755平方米，砖混结构住房、砖木结构住房、土木结构住房分别占全村房屋总面积的2%、40.3%、57.7%。有三年制小学1所，教师1人，在校学生3人。有农家书屋1处，藏书2000余册，2013年人均纯收入2530元。

2843 窑店镇马家坪村

简　　介：马家坪村位于临洮县窑店镇西北部，距县城20公里，距镇行政中心所在地5公里。总面积8.2平方公里，平均海拔2500米，全年光照时数2350小时，无霜期180天，年降水量320毫米，可靠值仅280毫米，且分布不均，主要集中在六、七月，属二阴地区。全村现有耕地5153亩，人均耕地2.9亩。马家坪村现有11个社（东湾社、庄东社、庄西社、涝子坪社、陈一社、陈二社、陈三社、阳庄东社、阳庄西社、豁岘社、马家咀社），全村共有414户，总人数1773人，全部为汉族。

2844 龙门镇五里铺村

简　　介：五里铺村位于龙门镇边缘地带，定临路沿线，距离县城近，交通便利。村内有多家马铃薯加粉条加工厂，淀粉加工基地。岳麓山顶的魏家坪社环境优雅，安静舒适，是人民休闲娱乐的好地方。

2845 八里铺镇下街村

简　　介：下街村是八里铺镇政府所在地，总面积16平方公里。全村现有7个社，741户，2523人，耕地面积2192亩，人均0.87亩。2012年农民人均纯收入3597元。下街村是八里铺镇的经济、政治、文化中心，南接上街村，北接水渠村，距县城仅4公里，兰临高速公路、省道103线贯穿全境，交通区位优势明显，村域内以黄土地貌为主，地形较平坦，土壤肥沃，水源丰富，是全镇的主要农作物产区。下街村年均海拔1900米，无霜期170天，年平均气温7.1℃，年平均降水量561.5毫米，无霜期150-190天，属北温带半湿润中温带半干旱区。主要农作物有玉米，经济作物以苗木为主。洮河纵贯整个村域，村域灌溉主要依靠这一水系。

2846 峡口镇马家岔村

简　　介：马家岔村位于峡口镇南部，距镇政府14公里，平均海拔2400米，年均降水量300多毫米，年均气温4-8℃，无霜期约150天，现有8个村民小组，351户，1342人，劳动力899人，2013年人均纯收入为3936元。有村级活动场所1处，村卫生室1处，有教学点1处（小学1-3年级），农家书屋1处。耕地面积5302亩，人均3.7亩，均为干旱山地，退耕还林12亩，农作物种植以马铃薯为主，占到全村耕地的75%以上，马铃薯是该村群众的主要经济来源。近几年，在镇党委、镇政府的带领下，大力发展旱作农业，现已发展成为峡口镇旱作农业示范基地，通过不断探索、实践，在旱作农业大力发展的同时，通过产业结构调整，中药材种植逐渐成为马家岔村又一个群众增收的主导产业。

2847 八里铺镇周阳洼村

简　　介：周阳洼村位于临洮县八里铺镇的东部山区，距县城约16公里，距八里铺镇政府所在地约12公里，村内平均海拔2232米，年降水量350-480毫米，年均气温6.3℃。全村现有8个村民小组，238户，1050人，全村耕地面积3378亩，人均3.22亩，全部为山旱地，主要种植马铃薯、中药材、玉米；

全村现有大牲畜95头。2013年全村农民人均纯收入3057元。有小学1所，村卫生所1处，村医1人，有村级阵地1处，村文化室1处。利用电视卫星接收设备，能收看到50多套电视节目，移动、联通、电信手机信号基本覆盖全村。

2848 八里铺镇上泉村

简　　介：上泉村位于临洮县东部山区，距乡政府16公里，平均海拔2500米。现辖7个村民小组，243户，994人。全村有劳动力581人，外出务工89人。全村耕地面积2994亩，人均3.0亩，全部为山旱地。主要种植马铃薯、中药材、豆类等农作物，其中中药材种植面积1500亩以上，占耕地面积50%以上，是主导产业。全村现有大家畜70头，猪存栏230头，羊存栏650只。有六年制小学1所，在校学生1人，教师1人；有私人卫生点1处；村级活动阵地1处。近几年，群众收入来源主要为中药材种植、牛羊养殖、劳务收入等，其中中药材收入占60%以上。

2849 洮阳镇洮丰村

简　　介：洮阳镇洮丰村位于洮阳镇西南角，东邻旭东村，南接玉井镇白塔村，西靠洮河，北连木厂村，距临洮县城2公里，属于川区村。该村海拔2000米，无霜期140天，年平均气温15℃，年降水量400毫米，村内地形平坦，气候干旱少雨，但因地处洮河岸边，水资源相对丰富，土地肥沃，自然条件较优越。全村下辖8个社，758户，3228人，劳动力1863人，全村耕地面积2337亩，全部为水地，主要种植农作物是蔬菜和玉米。花木产业是当地群众主要经济收入渠道。有种、养殖大户13户，主要从事花木、蔬菜种植，鸡、猪养殖。2013年人均纯收入4853元。全村通社道路硬化4.5公里，自来水入户率约10%。有村级卫生室1个，村医1名；有教学点1个，在校学生30人，配备专职教师2名。

2850 龙门镇大寨子村

简　　介：大寨子村位于临洮县龙门镇南山区，距县城10公里，位于定临公路沿线，总面积10平方公里，平均海拔1950米。全村现有7个村民小组，370户，1315人，耕地面积3778亩，人均2.7亩，劳动力723人。主要种植小麦、马铃薯、中药材等农作物，是全镇马铃薯良种示范推广种植重点村之一。全村退耕还林总面积147.1亩。全村现有大牲畜238头，猪、羊存栏分别为690头和1995只，猪、羊出栏分别为434头和995只。2013年农民人均纯收入3500元。全村自来水入户已覆盖。移动电话率已全镇覆盖及普及。有村学1所，在校学生65人。近几年群众收入来源主要为中药材种植、猪羊养殖、劳务收入等，其中马铃薯收入占50%以上。

2851 衙下集镇杨家庙村

简　　介：杨家庙村村级活动场所建设于2010年5月，位于杨家庙村任家社，距离衙下集镇政府驻地5公里，占地总面积150平方米，砖混结构，分别设有会议室2间40平方米，驻村干部宿舍2间分别20平方米，计生办公室1间20平方米，农家书屋2间40平方米，便民服务中心1间20平方米，配套建设卫星模式远程教育站点1个。

2852 太石镇牛头沟村

简　　介：牛头沟村位于临洮县太石镇的东南部，距离乡政府7公里，距临洮县城40公里。占地面积10000亩，共有6个村民小组，150户，560人，非农业户共有20人。由于本村地处山区，大多数地为旱地，总耕地面积为 2714 亩，水旱地比例为 1：12。近年，由于雨水比较好，粮食作物种植面积也比较大，产量有所提高，本村的特色产业为马铃薯。本村有 1 所小学，老师 1 人，学生 9 人,适龄儿童入学率为 100%。村卫生室 1 名，专业医师 1 人。村文化室 1 个。

2853 衙下集镇上潘家村

简　　介：潘家村村级活动场所建设于 2010 年 5 月，位于上潘家村槐沟社，距离衙下集镇政府驻地 22 公里，占地总面积 200 平方米，砖混结构，设有会议室 2 间 40 平方米，计生办公室 1 间 12 平方米，农家书屋 2 间 40 平方米，配套建设卫星模式远程教育站点 1 个。

2854 南屏镇黎家山村

简　　介：黎家山村村级活动场所建设于 2012 年 5 月（始建于 1995 年 3 月，2012 年 5 月改扩建），位于黎家山村小庄社，距离南屏乡镇政府驻地 10000 米、村小学 10000 米，占地 210 平方米，办公用房总建筑面积 132 平方米，一层砖木结构，分别设有便民服务中心 1 间 16 平方米，支书室 1 间 12 平方米，主任室 1 间 12 平方米，农家书屋 1 间 16 平方米，卫生室 3 间 36 平方米，会议室（电教室）3 间 40 平方米，卫星模式远程教育站点 1 个。

2855 辛店镇石郭家村

简　　介：石郭家村属于定西市临洮县辛店镇，村址位于辛店镇政府驻地，属川区村。共辖 4 个村民小组 307 户，1230 人，劳动力 680 人。其中外出务工人员占劳动力人口的 10%。全村现有耕地 1456 亩，人均耕地 0.6 亩。2013 年全村人均收入 2860。在农业总产值中，粮食占 91.7%，蔬菜占 4.5%，其他作物占 3.8%。全村现有水泥硬化道路 3 公里，农路以土路为主。饮水以自来水为主，35% 的农户住房属于土木结构。广播电视覆盖率 85%，通宽带率 60%，全村通信信号基本全覆盖。集文化、娱乐、健身、老年人活动等为一体的文化活动中心正在进一步完善当中。该村群众收入来源以种养业为主，种植业以马铃薯、玉米及地膜蔬菜为主，养殖业以牛、羊为主。村内现有小学 1 所，在校生 33 名，教师 3 名，教室 12 间。基层组织基本健全，有 1 处农家书屋，1 个村级卫生室，并配备 1 名村医。全村 2013 年参加新型农村合作医疗人数 1193 人，参加农村社会养老保险 128 人。

2856 辛店镇小营村

简　　介：小营村地处辛店镇东北部 30 公里处，村域总面积约 9.6 平方公里，在马啣山脚下，属深山区，普银公路穿境而过，海拔 2760–3680 米。全村共有 9 个社，284 户，总人口 1169 人，劳动力 594 人，总耕地面积 3395 亩，人均占有耕地 2.975 亩。2012 年全村农民人均纯收入 3280 元。2013 年参加新型合作医疗人数达 1117 人，261 户。农民收入主要靠种植业，粮食作物主要种植小麦、大麦、豌豆、洋芋，经济作物有洋芋、胡麻等。洋芋种植量比较大，是主要的经济来源。小营村村级组织活动场所于 2005 年建成，设党组织书记办公室、主任办公室、会议室、农家书屋 1 处，藏书 1300 多册。马啣山的水资源、十万亩草场资源丰富，大力实施“双培双带”工程，培植一批带头人、领头雁，一人领众人，一户带百户，一村活全盘，最终形成争相致富的局面。

2857 八里铺镇雍家庄村

简　　介：雍家庄村位于临洮县八里铺镇南

部，距乡镇1公里，总面积14平方公里。全村现有8个社，508户，2099人，耕地面积2918亩，人均1.4亩。村域内以黄土地貌为主，地形较平坦，土壤肥沃，水源丰富，是全镇的主要农作物产区。主要农作物有玉米，经济作物以苗木为主。村域灌溉主要依靠洮惠渠及洮河水系。村域内劳动力主要从事耕作业及建筑业，辅助进行经商。近年来，教育事业的发展，使得劳动力文化程度普遍提高，80%都达到了初中文化程度；除了主要从事的农业生产之外，农闲时节村民们还组织起来外出打工，政府也联系内蒙、新疆等地，统一招工，为农民外出打工提供保障。

2858 连儿湾乡花麻湾村

简　　介：花麻湾村距县城23公里，距乡政府14公里，年平均降雨量380毫米，无霜期114天，多年平均气温5-7℃，平均海拔2300米。辖14个社（花麻湾、新庄、段家梁、窑坡、青土湾、九沟坪、阳坡、景湾、山庄、洼林坡、曳溪湾、米家湾、佛区、姜家山），448户，1783人，劳动力1023人，耕地面积6020亩，退耕还林面积109.2亩。砖混、砖木、土木住房结构比为1：5：4，马铃薯面积稳定在1000亩以上，占全村种植面积的16.7%；中药材种植4018亩，占全村种植面积的67%。全村羊存栏1294只，牛存栏48头，养殖暖棚3174平方米，羊存栏1294只。有小学、教学点2所（教师11名，学生85名），村级卫生室1所。全村道路36公里，已砂化6.5公里。2013年农民人均纯收入3645元。

2859 洮阳镇北街村

简　　介：洮阳镇北街村位于县城中心地带，平均海拔1600米，年均降水量350-400毫米，年平均气温6℃，交通发达，信息灵通。全村下辖5个社，603户，2010人。现有耕地603亩，人均0.3亩，2013年人均纯收入4983元。2012年底，在全县加快城市化建设的过程中，北街村被征用土地308亩，现剩余603亩可用耕地，主要种植农作物是玉米和苗木。服务产业是群众主要经济收入渠道。全村通社道路硬化为85%，自来水入户率100%。有村级卫生室1个，村医1名。

2860 玉井镇南丰村

简　　介：南丰村位于玉井镇东南方向，距玉井镇8公里，距县城20.5公里。全村共有445户，1773人，全村共有10个村民小组（社），人均纯收入2922元。目前，该村以种植玉米、中药材为主导产业。2008年被中共玉井镇党委评为计划生育先进村、2009年被县政府评为县级平安村、2010年被中共玉井镇党委评为先进村委会，该村村级组织活动场所占地600平方米，建筑面积84平方米，于2006年建成，设党组织书记办公室、主任办公室、会议室、党代表工作室。

2861 漫洼乡龙金村

简　　介：龙金村位于临洮县漫洼乡东部山区，距县城约65公里，总面积7.4平方公里，平均海拔2300米。有4个社，全村总户数154户，总人口700人，劳动力354人，60岁以上97人，4岁以下18人，劳动力344人，全村现有耕地2824亩，人均4.11亩。农民人均纯收入2135元。该村群众收入来源以种养业为主，种植业以马铃薯、中药材、小麦为主，养殖业以牛、羊为主。全村通社道路基本砂化，其余道路为土路。村内30%的农户住房属于土木结构。全村有三年制教学点1处，基本能解决小学生上学问题；有村卫生室1处，村医1人，基本能满足村民就医问题；有村级活动阵地1处。利用电视卫星接收设备，能收看到50多套电视节目，电信、联通手机信号较差。2006年实现了农网改造，用电能满足需求。

2862 红旗乡出卜拉村

简　　介：出卜拉村位于红旗乡沟岔区，有四个社，229户，总人口987人，全村流域面积20平方公里，平均海拔1762米，无霜期248.8天，年均降水量300-400毫米，且分布不均。2012年出卜拉村农民人均纯收入3491元，家庭人均收入在2300元以下的贫困人口50户，184人。该村群众收入来源以劳务收入为主，种植业以西瓜、辣椒、玉米和小麦为主；养殖业以牛、羊为主，存栏量分别为25头和326只，其中基础母羊2只，土山羊48只。

2863 南屏镇康家沟村

简　　介：康家沟村村级活动场所建设于2003年5月，位于康家沟村河滩社，距离南屏镇政府驻地12公里，村小学12公里，占地170平方米，办公用房总建筑面积80平方米，一层砖木结构，分别设有农家书屋1间20平方米，支书室1间15平方米，主任室1间15平方米，会议室2间30平方米，配套建设卫星模式远程教育站点1个。

2864 康家集乡蒲家庄村

简　　介：康家集乡蒲家庄村位于临洮县康家集乡政府西南部3.5公里处，地处偏远交通不便，总区域面积5.46平方公里，全村辖区共4个村民小组（袁家山社、沙泥沟社、蒲家庄社、扎山社），总人口有256户，1049人。全村有耕地2680亩，人均占有耕地2.5亩。退耕还林面积350亩。全村有住房砖混结构住房4812平方米，砖木结构住房5103平方米，土木结构住房3980平方米，砖混结构住房、砖木结构住房、土木结构住房分别占全村房屋总面积的34.6%、36.7%、28.7%。2013年全村人均纯收入2550元。村两委班子在不断深化对村情认识的基础上，紧密结合全村实际，提出了打造康家集乡“劳务输出转强村”、“药材种植示范村”的目标定位和“实现一个目标（到2020年全乡、全县同步进入小康社会）、严抓两大产业（中药材种植和劳务输出）、落实四大工程（生态建设工程、村内道路建设工程、民生保障工程和村民文化知识提升工程）”的发展总体思路。

2865 辛店镇刘家台子村

简　　介：刘家台子村坐落于辛店镇马啣山附近，距离辛店镇20公里，距县城50公里。全村共有168户，709人，全村共有4个村民小组，人均纯收入2100元。近几年来在村党支部领导下，全村按照做大做强集贸市场，发展村集体经济收入，扩大洋芋、中药材种植面积，拓宽农民增收渠道，努力发展经济的思路，大力实施“双培双带”工程。全村各项事业得到了很大发展。

2866 康家集乡西沟村

简　　介：西沟村位于康家集乡以东10公里处。全村辖10个村民小组（马家堡、碗扎、常家山、和岘、孟家山、杨家庄、苏家庄、任家河、任家崖、东山），海拔平均高度2400米左右，区域面积3.56平方公里。全村有306户，1188人，劳动力751人。在校学生142人；男女比例为1：1；出生率为10.1‰；人口自然增长率为3.42‰；其中城镇人口20人，农村人口1168人。耕地面积3327亩，人均占有耕地2.8亩。砖混结构住房7000平方米，砖木结构住房8000平方米，土木结构住房6000平方米，砖混结构住房、砖木结构住房、土木结构住房分别占全村房屋总面积的 33.3%、38.1%、28.6%。2013 年人均纯收入 2480 元。

2867 窑店镇四十铺村

简　介：四十铺村位于临洮县城东部 20 公里，窑店镇西部 5 公里处。全村有 8 个村民小组（四十铺、李家坪、田家庄、杨家湾、南坪、下庄、中庄、郑家坪），共有 570 户，2350 人，耕地面积 4591 亩，群众收入来源以种养业为主，种植业以蔬菜、马铃薯、药材、玉米、小麦等为主；养殖业以猪、羊为主。

2868 衙下集镇下何家村

简　介：何家村村级活动场所建设于 2009 年 5 月，位于下何家村下何家社，距离衙下集镇政府驻地 16 公里，占地总面积 450 平方米，砖混结构，分别设有支书室 1 间 12 平方米，主任室 1 间 12 平方米，农家书屋 1 间 20 平方米，会议室（电教室）4 间 80 平方米，配套建设卫星模式远程教育站点 1 个。

2869 康家集乡对坡村

简　介：康家集乡对坡村位于康家集乡西北 5 公里处，东接康家集乡汤家川村，南与大庄湾村相连，北靠合进村，西邻赵家咀村。总面积 3.96 平方公里，平均海拔 2100 米，年降雨量 450 毫米，无霜期 156 天。地形属黄土高原边缘，且分布十分不均，年平均气温 6.3℃。全村现有耕地 2791 亩，人均占有耕地 3.14 亩，共有 5 个社，220 户，888 人，有劳动力 520 人。2013 年对坡村农民人均纯收入 2757 元。全村 2013 年参加新型农村合作医疗人数 810 人，农村社会养老保险 507 人。

2870 太石镇前地湾村

简　介：前地湾村位于临洮县太石镇东北部，距离县城 65 公里，离兰州市区 43 公里，离太石镇 28 公里，海拔 2623 米，是太石镇最远的村之一。前地湾共有 5 个村民小组，国土面积 6350 亩，全部为汉族，总人数 723 人。全村有 191 户，723 人，其中健康劳动力人数 537 人，60 岁以上 86 人，4 岁以下 17 人。文化程度主要为初中，出生率 0.3%。户籍类别以农村户口为主，非农户口 17 人。全村耕地面积 2010 亩，主要种植马铃薯、百合、油菜、大麦、柴禾等作物。前地湾村基本上不存在吃水问题，生活还算稳定。有小学 1 所，村级卫生室 1 个，专业医务人员 1 名，农家书屋 1 个。

2871 康家集乡翟湾村

简　介：翟湾村位于康家集乡以北，流域面积 3.21 平方公里，距乡政府 7 公里，距临洮县城 34 公里，海拔平均高度 2200 米左右，总面积 5.8 平方公里。全村耕地面积 1150 亩，全部为山旱地，主要种植药材、洋芋、小麦，其中药材种植面积 600 亩，约占总耕地面积的 52%，户均 4.2 亩。该村种植结构上基本形成洋芋 + 药材的模式，其种植结构的调整为全乡农业结构战略性调整树立了典范。全村有 3 个村民小组，农户 142 户，594 人。目前村社主要道路基本上是砂土路，群众饮水为窖水和泉水。村民平均受教育年限为 4 年，25% 的农户住房属于土木结构。2013 年参加新型合作医疗参合率 97%，新型农村社会养老保险参保率达 94%。村内有五年制小学 1 所，教师 4 人，在校学生 18 人。有农家书屋 1 处，藏书 2000 余册。有正在建设村级活动阵地 1 处，建成后将极大的方便群众办理各项事务与举办文化活动。2013 年村上成立了翟湾村扶贫互助协会，有固定资金

20万，截至目前已向5户贫困户发放互助基金3万元。

2872 太石镇张家岭村

简　　介：张家岭位于临洮县太石镇，东靠太石豁岘村，南临牛头钩，北邻昌木沟，平均海拔2800米以上，属高寒干旱山区，距省道213线18公里，距离太石镇政府20公里。全村7个村民小组。汉族，无其他民族类别，张家岭总户数187户，总人口630人。张家岭耕地总面积3854亩，全部为山旱地。以种植马铃薯为主，种植面积达1500亩，占39%。亩产100公斤，收入900元。种有少量药材、玉米、小麦、胡麻、豌豆等。无大型养殖户，牛羊存栏量不足100头。村内无超市。个体工商户2户。村内小学1处，为石家山小学，学校内共有老师1人，学生7人，另有何家山教学点1个，老师1名，学生3个。村农家书屋1个。

2873 太石镇下梁村

简　　介：太石镇下梁村位于临洮县东北部，距县城44多公里，距太石镇政府16多公里，从太石镇政府出发，途径太石、水泉、蒋家坪3村。该村平均海拔2280米以上，属高寒干旱山区，现有7个村民小组，实际居住农户165户，697人，劳动力460人，耕地面积2529亩，人均3.7亩，全部为山旱地，主要种植小麦、马铃薯等农作物。村内现有小学1所，无学生上学，村内学生全部搬到南门小学等学校寄宿上学。全村的经济收入基本上靠天吃饭，处于温饱线上。太石镇下梁村土地总面积1994亩，其中水地860亩，人均1.6亩。水旱地比例为0.43：1，退耕还林2000亩。2013年人均收人3488元。下梁村有学校1所，学生在太石读书。下梁村在建卫生室1间，村医1人。农家书屋1间。

2874 洮阳镇老庄村

简　　介：洮阳镇老庄村位于洮阳镇以西约12公里处，东、北紧邻红窑村，南靠车刘家村，西接柯柂村，距临洮县城12公里，属山区村，该村海拔2200-2400米，无霜期140天，年平均气温15℃，年降水量350毫米，地形壑纵横，梁峁起伏，气候干旱，地下水资源匮乏，自然条件差。全村下辖4个社，182户，803人，劳动力440人，全村耕地面积2035亩，主要种植农作物是玉米和党参。中药材种植、牛羊养殖是当地群众主要经济收入渠道。有种、养殖大户15户，主要从事中药材种植、牛羊养殖。2013年人均纯收入3772元。全村通社道路沙化12公里，有村级卫生室1个，村医1名。

2875 中铺镇康家山村

简　　介：中铺镇康家山村位于七道梁沿线，北靠中铺镇湾腰子村，南面与康家沟村相邻，西依群山，东面是通往外界的唯一通道G309线。G309线到康家山村约1.5公里，康家山村距中铺镇政府约21公里，全村共有212户，共有923人。村辖4个村民小组。全村耕地面积2968亩，其中百合种植面积约1600亩，种植面积占全部耕地的54%以上，是2014年中铺镇“1236”扶贫攻坚行动百合种植示范村之一。全村公益林面积767.1亩，基本草原面积1823亩，禁牧面积1922亩。中药材的种植逐年在不断的增加，已达到近800亩，其中党参360亩，当归440亩，少量种植其他农作物（洋芋、小豆、小麦等），百合产业是当地农民的主要经济收入渠道，种植党参、当归的群众越来越多。全村的主干道已实现了砂化，给群众的通行带来了极大的便利。康家山小学有48名学生，教师6名，从教学到学校的硬件设备已基本配套全面。

2876 连儿湾乡潘家岔村

简　　介：潘家岔村距县城 47 公里，距乡政府 6 公里，年平均降雨量 300-400 毫米，无霜期 142 天，年平均气温 6℃，境内海拔 2500 米。辖 9 个社（后山、双选、西岔、新窑、上庄、关地、王家湾、庙咀、车路湾），272 户，1117 人。劳动力 681 人，耕地面积 6035 亩，退耕还林面积 1137.6 亩。马铃薯面积 4300 亩以上，占全村种植面积的 70%；中药材种植 500 亩，占全村种植面积的 9%。全村羊存栏 1500 只，牛存栏 53 只。有小学 1 所，教学点 1 所（教师 3 名，学生 28 名）。全村道路 28 公里，已硬化 5.6 公里，砂化 10 公里。2013 年农民人均纯收入 3638 元。

2877 中铺镇南家村

简　　介：南家村村级活动场所建设于 2009 年 8 月，位于南家村三社，距离中铺乡镇政府驻地 2 公里、村小学（教学点）占地 4928 平米，村部总建筑面积 1.8 亩，一层砖混结构，分别设有农家书屋 1 间 20 平米，会议室 1 间 48 平米，远程教育室 1 间 20 平米，配套建设电信模式远程教育站点、卫生室。

2878 龙门镇甜水沟

简　　介：甜水沟村距县城 25 公里，位于定临公路沿线，总面积 8 平方公里，平均海拔 2200 米。全村现有 6 个村民小组，297 户，918 人，耕地面积 3429 亩，人均 3.6 亩，劳动力 505 人。主要种植党参、马铃薯等农作物，是全镇中药材示范推广种植重点村之一。全村退耕还林总面积 147.1 亩。2013 年农民人均纯收入 3590 元。移动电话率已全镇覆盖及普及。有村学 2 所（甜水沟小学、岘头小学），初中 1 所（塔湾初中）。近几年群众收入来源主要为党参，洋芋等，其中党参占 50% 以上。甜水沟村境内有著名的麻家坟文化。

2879 新添镇曹家河村

简　　介：曹家河村在新添镇东面 2 公里，该村平均海拔 1895 米，共有 3 个村民小组，223 户，944 人。有劳动力 423 人，2013 年人均纯收入为 2530 元。幼儿园 1 所，村级活动场所 1 处、村级医疗机构（诊所）1 处、农家书屋 1 处。总耕地面积 2415 亩，其中水浇地 1220 亩。农作物种植以玉米、大白菜为主，种植业收入是该村群众的主要经济来源。近年来，硬化村社道路 1.6 公里，衬砌渠道 2 公里，项目的实施，使该村基础条件得到进一步夯实。

2880 新添镇潘家庄村

简　　介：潘家庄村潘家庄村在新添镇西面 1 公里，该村平均海拔 1890 米。共有 13 个村民小组，924 户，4054 人。其中 60 岁以上老人 568 人，4 岁以下儿童 232 人，学生 342 人，有劳动力 2876 人，2013 年人均纯收入为 3000 元。有完全小学 1 所，幼儿园 1 所，村级活动场所 1 处，村级医疗机构（诊所）3 处，农家书屋 1 处。总耕地面积 2766 亩，其中水浇地 2766 亩。农作物种植以玉米、大白菜为主，种植业收入是该村群众的主要经济来源。近年来，硬化村社道路 15 公里，衬砌渠道 11 公里，项目的实施，使该村基础条件得到进一步夯实。

2881 站滩乡官庄村

简　　介：官庄村村级活动场所建设于 2010 年 8 月，位于官庄村东川社，距离站滩乡政府驻地 18 公里，村小学 2000 米，占地 306 平方米，办公用房总建筑面积 165 平方米，二层砖木结构，分别设有支书室 2 间 40 平方米（内设便民服务中心），主任室 2 间 40

平方米，会议室 3 间 60 平方米（内设远程教育站点、农家书屋）。

2882 苟家坪村

简　　介：苟家坪村位于玉井镇东南方向，距玉井镇 7 公里，距县城 15 公里。全村共有 247 户，914 人。全村共有 5 个村民小组（社），人均纯收入 2967 元。目前，该村以种植小麦、玉米为主导产业。2012 年获得镇党委颁发的计划生育优秀奖和平安村建设奖。该村村级组织活动场所占地 330 平方米，建筑面积 55 平方米，于 2001 年建成，设党组织书记办公室、会议室、图书室。

2883 龙门镇新永村

简　　介：新永村位于临洮县龙门镇北山区，距县城 14 公里，位于定临公路沿线，总面积 15 平方公里，平均海拔 2100 米。全村现有 12 个村民小组，366 户，1363 人，耕地面积 4181 亩，人均 3.1 亩，劳动力 732 人。主要种植小麦、马铃薯、中药材等农作物，是全镇黑地膜马铃薯示范推广种植重点村之一。全村退耕还林总面积 147.1 亩。全村现有大牲畜 223 头，猪、羊存栏分别为 668 头和 1800 只，猪、羊出栏分别为 712 头和 1064 只。2013 年农民人均纯收入 3588 元。移动电话率已全镇覆盖及普及，有村学 1 所，在校学生 86 人。近几年群众收入来源主要为中药材种植、猪羊养殖、劳务收入等，其中中药材收入占 50% 以上。目前，村社主要道路全部为沙土路，群众吃水为集雨水窖收集的雨水，村民平均受教育年限为 6 年，20% 的农户住房属于土木结构。

2884 南屏镇南坪村

简　　介：南坪村村级活动场所建设于 2003 年 5 月，位于南屏村下吊林社，距离南屏镇政府驻地 15000 米，占地 1900 平方米，办公用房总建筑面积 360 平方米，一层砖混结构，分别设有便民服务中心 1 间 15 平方米，支书室 1 间 15 平方米，主任室 1 间 15 平方米，农家书屋 1 间 15 平方米，卫生室 2 间 30 平方米，电教室 1 间 15 平方米，会议室 1 间 180 平方米，宿舍 2 间 30 平方米，灶 1 间 45 平方米，配套建设卫星模式远程教育站点 1 个。

2885 红旗乡墁坪村

简　　介：墁坪村位于红旗乡北部山区，全村共有 6 个社，192 户，719 人。全村现有耕地 917 亩，人均 1.3 亩。该村地处偏远，交通不便，距离乡政府约 15 公里，全村共有劳动力 483 人，劳动力中小学文化程度者居多。今年外出务工者 500 多人（其中整户外出 93 户，兰州有房的有 33 户，临洮有房 14 户），大多从事建筑行业，年人均收入 1.8 万元。2013 年，墁坪村人均纯收入 4365 元。墁坪村种植业以玉米、葵花等经济作物为主。全村养羊户 45 户，共有羊存栏 600 头，户均 13.3 头。其中有养羊大户（50 头以上）4 户，有养羊暖棚的 2 户，其余养殖户都是一般圈舍。全村享受低保政策的农户有 45 户，176 人，占全村总户数和总人口的 18.8% 和 24.5%。大部分人都外出务工，所以该村为 2014 年劳务输出示范村。

2886 峡口镇庙湾村

简　　介：庙湾村位于峡口镇北部，距峡口镇 11.5 公里，平均海拔 2300 米，干旱少雨、自然条件恶劣。全村现有 7 个村民小组，农户 133 户，421 人，劳动力 208 人。2013 年人均纯收入为 3825 元。教学点 1 处（小学 1、2 年级），在校学生 10 名，教师 1 名，砖木结构教室 18 间 210 平方米，在上级部门的支持和帮助下，2007年，建成砖混结构村级办公用房80平方米，农家书屋1处，2011年修建卫生室60平方米。全村耕地面积3462亩，人均7.2亩，全部为山旱地，退耕还林800亩。主要种植马铃薯、小麦等农作物，其中马铃薯种植面积占80%以上，是主导产业。近几年群众收入来源主要为马铃薯种植、牛羊养殖、劳务收入等，其中马铃薯收入占77%以上。2013年通过实施整乡推进项目，新建暖棚54座，沼气池54座，引进良种基础母羊145只，庙湾村抓住机遇，大力发展草食畜产业，已形成规模养殖，成为群众增收的主导产业之一。

2887 太石镇三益村

简　　介：三益村位于临洮县太石镇北部山区，距镇政府10公里，距兰州40公里，安五路穿村而过，平均海拔2100米，无霜期170天，年均降水量300-400毫米，且分布十分不均，年平均气温6℃。三益村有6个社，全村总户数260户，总人口1024人。60岁以上的老人有160人，4岁以下的儿童有110人。共有耕地面积2552亩，农作物播种面积2333亩。粮食产量168吨。村内现有小学1所（三益小学），全村人均纯收入为3760元，以种植为主要经济来源。

2888 太石镇站沟村

简　　介：站沟村位于临洮县太石镇北部，距县城38公里，距镇政府11公里，东靠安家咀、李家湾，北临三益、大庄，西接沙塄，南北长约5公里，总面积10.59平方公里。全村共有9个社，708户，2810人。耕地面积5294亩，人均耕地面积为0.53亩，劳动力约1968人。农民人均纯收入4055元。站沟村自然条件较为优越，距甘肃省省会兰州67公里，兰临高速公路从此通过，距离安家咀高速公路出口仅有3公里，“安五路”横穿全境，区位优势明显。2011年始，站沟对六社电灌和王府庄大电灌进行了修整，以更好的使洮惠渠水灌溉覆盖整个站沟村。站沟村以种植马铃薯、玉米、蔬菜为主要经济作物。马铃薯种植已初具规模，建立了1个千亩地膜洋芋套种玉米等作物示范点，发展无公害马铃薯种植1800多亩。为实现马铃薯、玉米、胡萝卜生产保持稳定增长，站沟村通过加大种植技术科技含量，引进、推广优良品种，科学检测，防止病虫害，先后引进了马铃薯新品种克星一号、费乌瑞它等；玉米新品种玉玉等；引进的蔬菜类品种有：陇椒系列的辣椒和强实、金好大白菜等。针对农业产业经济效益低下的现状，力争在站沟村建1个马铃薯综合收购站，以提高农副产品增加值，增加农民收入，带动站沟村人民的生活水平。

2889 洮阳镇五里铺村

简　　介：洮阳镇五里铺村位于临洮县城以北约2.5公里处，紧邻统办大楼，地处城市中心地带。平均海拔1600米，年均降水量350-400毫米，年平均气温6℃，全村现有5个村民小组，613户，2220人，劳动力1210人，耕地面积1538亩，2013年人均纯收入4947元。2012年来，在全县加快城市化建设步伐中，五里铺村被征用土地520亩，现剩余920亩可用耕地，主要种植农作物是玉米和苗木。服务产业是群众主要经济收入渠道。全村通社道路硬化为80%，自来水入户率100%。

2890 窑店镇翻山村

简　　介：翻山村位于临洮县窑店镇北部，距县城34公里，距镇行政中心所在地8公里。总面积12400亩，平均海拔2500米，全年光照时数2350小时，无霜期180天，年降水量320毫米，可靠值仅280毫米，且分布不均，主要集中在六、七月，属二阴地区。全村现有耕地4230亩，人均耕地2.9亩，全部为山旱地，其中有梯田3100亩，占耕地面积74%。翻山村现有5个社（古树湾社、付家湾社、何家寺社、新庄社、阴洼社），全村共有324户，总人数1460人，全部为汉族。

2891 玉井镇番寺坪村

简　　介：番寺坪村位于玉井镇东南方向，距玉井镇4公里，距县城15公里。全村共有477户，1968人，全村共有10个村民小组（社），人均纯收入3054元。目前，该村以种植中药材为主导产业。2009年被中共临洮县委评为先进党支部、2012年被中共玉井镇评为"一事一议"项目建设先进村。该村村级组织活动场所占地330平方米，建筑面积168平方米，于2009年建成，设党组织书记办公室、主任办公室、会议室、图书室。

2892 峡口镇普济寺村

简　　介：普济寺村地处峡口镇东北部，距镇政府7公里。该村平均海拔2300米，年均降水量300多毫米，年均气温4–8℃，无霜期约150天，全村总耕地面积5624亩，灌水地1000亩，其余为干旱地，退耕还林1235亩。共有6个村民小组，316户，1106人，劳动力850人。2013年人均纯收入为3936元。现有教学点1处，村级活动场所1处，农家书屋1处，标准化卫生室1处。学校共有在职教师4名，学生36人。该村农作物种植以马铃薯为主，地膜菜花、西芹为辅助，种植业收入是该村群众的主要经济来源。近年来，通过实施整村推进项目、整乡推进项目，拓宽砂化村社道路5公里；新建暖棚50座，沼气池40眼，青贮池50个，引进投放基础母牛40头。使该村基础条件得到进一步夯实，农民生产生活条件得到极大改善。普济寺村高原夏菜种植，经过近几年的探索、实践，已形成普济寺村群众增收的主导产业，逐渐成为峡口镇特色产业之一。

2893 上营乡赵家台村

简　　介：赵家台村级便民服务中心成立于2013年8月，中心建筑面积为180平方米。村级便民服务中心工作人员以乡镇驻村干部为主，赵家台村派驻4名，驻村领导1名，驻村干部2名，驻村计生专干1名。

2894 南屏镇雨洒村

简　　介：雨洒村村级活动场所建设于1998年4月，位于雨洒村杨家社，距离南屏镇政府驻地18000米，距村小学150米，占地260平方米，办公用房总建筑面积80平方米，一层土木结构，分别设有支书、主任办公室、农家书屋、会议室、电教室，具体为支书、主任办公室各1间15平方米，农家书屋1间15平方米，会议室2间30平方米，电教室1间15平方米，卫星模式远程教育站点。

2895 辛店镇下杜家村

简　　介：下杜家村位于辛店镇人民政府东南5公里处，距临洮县城27公里，属川坪区村。通村公路康朱路，兰临高速公路，洮惠渠穿村而过。全村有5个村民小组，总户数448户，总人口1745人，全村耕地面积2651.41亩，人均耕地1.5亩，全村共有5个村民小组，2012年人均纯收入4446元。全村以大蒜，马铃薯、玉米及蔬菜为主要产业，牛羊养殖、劳务输转为副产业，大力推广玉米套种大蒜特色产业，建立全地面覆盖早熟马铃薯种植示范点。有村级卫生室2个。

2007年村上积极申请农业综合开发项目，极大地改善了灌溉条件；2011年申请“一事一议财政奖补”项目，硬化村内主巷道，有效改善了群众出行条件；全村固定电话及移动电话普及率达到98%；完成危房改造11户。村级组织活动场所于2009年建成。种植业以马铃薯、大葱大蒜、玉米、大白菜等经济作物为主，养殖业以牛、羊、猪为主。近年来，劳务输转成为全村经济新的增长点。全村现有村级卫生室2处，2013年农村合作医疗参合率达到98%以上。村级农家书屋，藏书1600余册。

2896 康家集乡吓庄村

简　　介：吓庄村位于康家集乡东南部8公里处，全村辖5个村民小组（官地山社，苏家沟社，吓庄社、龚家寨社、何家梁社），区域面积4.98平方公里。有132户，519人，劳动力311人。2013年农民人均纯收入2550元。有耕地1839亩，人均占有耕地3.54亩。退耕还林面积100亩。砖混结构住房1947平方米，砖木结构住房3894平方米，土木结构住房1947平方米，砖混结构住房、砖木结构住房、土木结构住房分别占全村房屋总面积的25%、50%、25%。

2897 太石镇五丰村

简　　介：五丰村地处临洮县太石镇东北部，距离临洮县城70公里，距离太石镇政府23公里，平均海拔2080米，属马啣山山区。太石镇五丰村所辖6个自然社；全村235户，934人，都是汉族。五丰村全村235户，934人，全部为农业人口，其中劳动力722人，其中外出务工人员占劳动力人口的4.8%。太石镇五丰村全村耕地面积为2626.2亩，人均2.8亩，其中有效灌溉面积(水浇地)500多亩，占总耕地面积的19%。作物种植以洋芋、小麦、百合为主。村内现有小学1所（五丰小学），五丰村有村级卫生室1所，面积33平方米，配备村医1人，农家书屋1间，藏书1800多册。

2898 窑店镇平线岭村

简　　介：平线岭村位于临洮县窑店镇西北部山区，距窑店镇15公里，定临公路穿平线岭村西北部而过。平均海拔2600米，无霜期127天，年均气温6℃，降水量386毫米且分布不均。地形属黄土高原边缘，且分布十分不均。全村耕地总面积3108亩，中药材种植高达1200多亩，其中党参种植占中药材种植面积的60%，黄芪苗种植占40%，马铃薯种植将进590亩。全村辖区内5个村民小组（刘家洼社、罗家梁社、平线岭社、周家咀社、五山子社），共207户，824人，以农业人口为主，非农业人口18人，劳动力445人，全部为汉族。

2899 南屏镇晨钟村

简　　介：晨钟村村级活动场所建设于2003年5月，位于晨钟村，距离南屏镇政府驻地9公里、村小学1公里，占地290平方米，办公用房总建筑面积220平方米，一层砖混结构，分别设有便民服务中心1间30平方米，支书室1间15平方米，主任室1间15平方米，农家书屋2间30平方米，卫生室4间80平方米，电教室1间202，会议室3间30平方米，配套建设卫星模式远程教育站点1个。

2900 中铺镇湾腰子村

简　　介：中铺镇湾腰子村地处七道梁沿线，G309道西侧，东靠康家山村，西接王家沟村，距镇政府32公里，全村共3个社（湾腰子社、阳洼社、甘松社），3个自然社，125户，506人。该村处于深山区，平均海拔2300米，常年风大，昼夜温差大，气候干旱少雨。该村有一条1.4公里通村砂化道路。全村现有耕地面积约为2021.6亩，2013年种植百合900亩、马铃薯300亩、全村人均纯收入为3240元。全村住房以砖木结构为主，其中土木结构42户，约占总间数的33%，砖混结构22间，约占总间数的17%，砖木结构61间，约占总间数的48%。全村通往各乡、县道路畅通，交通比较便利，为全村群众出行提供了方便。户户通覆盖率达到50%以上。全村基本实现户户通电，饮用水全部为山泉水。全村畜牧养殖基础较好，2013年末大牲畜存栏10头，羊存栏500只，出栏285只。全村现有何家山学校1处，专职教师18人，学生110人。农家书屋1处，藏书量达600册。

2901 峡口镇新集村

简　　介：新集村地处峡口镇西部，距镇政府6公里。该村平均海拔2300米，共有9个村民小组，434户，1620人。2013年人均纯收入为3960元。总耕地面积6227亩，其中灌水地2280亩，旱地3947亩，人均3.7亩，退耕还林200亩。现有完全小学1所，教学点1处，村级活动场所1处。该村农作物种植以马铃薯、玉米为主，占到全村耕地的85%，种植业收入是该村群众的主要经济来源。近年来，通过实施整村推进项目和整乡推进项目，使该村基础条件得到进一步夯实，“一村一品”的产业发展格局日趋凸显，农民生产生活条件得到极大改善。在项目的带动下，群众发展养殖业的积极性倍增，进一步扩大生产规模，已基本形成小规模养殖。建立农产品交易市场，新集村生产的无公害地膜马铃薯品质好、质量优，深受周边群众和商贩的青睐，借助交通便利，在公路沿线已形成农产品集散市场。

2902 上营乡包家山村

简　　介：包家山村村委会现有村级活动场所1处，村级阵地建筑面积100平米，建筑类型为简易型。便民服务中心办公用房建筑面积40平米，住宿两间，面积40平米，灶房20平米，有办公桌椅、文件柜，乡党委配备了高低床2套，电饭锅1个，电磁炉1个。办公、住宿、办灶都在村部。

2903 漫洼乡羊圈沟村

简　　介：羊圈沟村位于漫洼乡西南部，距临洮县城67公里。全村有5个村民小组，农户183户，798人。耕地面积3671亩，全部为山旱地。产业结构以马铃薯、中药材种植和牛、羊养殖为主，群众经济收入来源主要为种植马铃薯、柴胡，养羊和劳务收入等，其中马铃薯种植收入占60%以上。养殖业以牛、羊为主，种养业规模化程度不高。人均收入2130元。目前村社主要道路为沙土路，群众吃水为集雨水窖收集的雨水和井水。30%的农户住房属于土木结构。有教学点1处，砖木结构教室9间108平方米，在校学生23人，教师6名；卫生室1所。基层组织基本健全，有村级活动阵地1处。

2904 洮阳镇河口村

简　　介：洮阳镇河口村位于洮河西岸，北连王家咀村，南接李范家村，距临洮县城3公里，属川坪区村。该村海拔2300，无霜期170天，年平均气温7℃，年降水量750毫米，川坪区地形均较为平坦，属黄土高原气候，地下水资源较为丰富，自然条件较好。全村共有5个社，586户，2268人（0–3岁87人，60岁以上327人），全村耕地面积2149亩，主要种植农作物是苗木和玉米。外出务工、苗木产业是当地群众主要经济收入渠道。有种、养殖大户10户，主要从事苗木、蔬菜种植，鸡，牛、羊养殖。2013年人均纯收入4835元。全村通社道路硬化均已完成。有村级卫生室2个，村医2名；有幼儿园1所，在校学生22人，配备专职教师1名。

2905 窑店镇长城村

简　　介：长城村位于窑店镇东南部6.2公里处，连康公路穿村而过，村内有两个通社道路已沙化，沙化率达到百分之四十。海拔2000米左右，年平均气温7.0℃，年降水量501.02毫米，蒸发量1100毫米，无霜期185天。全村现有耕地3360亩，人均4．5亩，以旱地为主。有6个社（马家洼、林沟、黎家湾，堡子坑、窦家湾），总面积25平方公里，民族以汉族为主。

2906 中铺镇康家沟村

简　　介：中铺镇康家沟村处于七道梁沿线，G309道西侧，北靠崔家山村，西接康家山村，距镇政府25公里，全村共4个社（一社、二社、三社、前社），4个自然社，131户，627人，其分布相对凋零，两个最远社相距达2.5公里，耕地面积1869亩。其中百合种植面积600亩，百合产业是当地群众主要经济收入产业，大部分青壮年外出打工，部分群众举家迁往兰州等地谋生，劳务经济也成为群众经济收入的重要组成部分。外出务工人员大约50人左右，人均纯收入3800元。康家沟村处于深山区，平均海拔2300米，常年风大，昼夜温差大，平均气温12℃。村有一条5.4公里通村砂化道路。饮用水全部为山泉水。有1所村小学教学班，学生8人，教师1名，高年级学生到康家山小学、马家山小学或县城就读。

2907 衙下集镇兴丰村

简　　介：兴丰村村级活动场所建设于2008年6月，位于兴丰村下阳洼社，距离衙下集镇政府驻地5公里，占地总面积200平方米，砖混结构，分别设有会议室2间40平方米，支书、主任办公室各1间，分别12平方米，农家书屋1间12平方米，配套建设卫星模式远程教育站点1个。

2908 南屏镇格致坪村

简　　介：格致坪村村级活动场所建设于2007年6月（始建于1962年4月，2007年4月改扩建），位于格致坪村白家社，距离南屏镇政府驻地5000米、村小学500米，占地350平方米，办公用房总建筑面积105平方米，一层砖木结构，分别设有支书室1间12平方米、主任室1间12平方米、农家书屋1间12平方米、会议室3间39平方米、宿舍3间30平方米，配套建设卫星模式远程教育站点1个。

2909 洮阳镇红窑村

简　　介：洮阳镇红窑村位于洮河西岸，南靠老庄村，北邻康乐县，东接李范家村，距临洮县城6公里，属山区村。该村海拔2200-2400米，无霜期140天，年平均气温15℃，年降水量350毫米。全村下辖4个社，202户，790人（0-3岁43人，60岁以上135人），劳动力477人，全村耕地面积2191亩，主要种植农作物是马铃薯和玉米。种植、畜牧养殖是当地群众主要经济收入渠道。2013年人均纯收入3775元。有村级卫生室1个，村医1名；有小学1所，在校学生3人，配备专职教师1名。

2910 连儿湾乡簸箕湾村

简　　介：簸箕湾村距县城约48公里，海拔2400多米，无霜期130天左右，年平均降水量300-400毫米，且分布十分不均，年平均气温5℃。辖12个社，260户，1146人。其中劳动力618人，全村耕地面积3830亩，退耕还林、还草面积979亩。中药材种植1500亩，马铃薯种植1400亩，中药材种植占种植面积的50%，养殖业发展以羊为主，羊存栏1089只，今后产业发展的主要方向是继续大力发展中药材种植，使中药材成为群众增收的主导产业。2014年底全村中药材种植面积达到2500亩，占全村农作物种植面积的70%以上。有村小学1所，教学点1处（教师7名，学生87名）。全村道路20公里，已砂化7公里。2013年农民人均纯收入3641元。

2911 洮阳镇南街村

简　　介：洮阳镇南街村位于临洮县城南侧，紧邻洮阳镇人民政府，地处城市中心地带。平均海拔1600米，年均降水量350-400毫米，年平均气温6℃，全村现有7个村民小组，604户，2160人，劳动力1368人，耕地面积1502亩。2013年人均纯收入4976元。2012年以来，在全县大力振兴城市建设，加快城市化步伐中，南街村被征用土地260亩，现剩余1242亩可用耕地，主要种植农作物是玉米和苗木。服务产业是群众主要经济收入渠道。全村通社道路硬化为100%，自来水入户率100%。有村级卫生室1个，村医1名；有村级集体经济1处，年收入65万元。

2912 南屏镇温家山村

简　　介：温家山村村级活动场所建设于2003年3月（始建于2003年3月），位于温家山村董前社，距离南屏乡镇政府驻地10000米，距离教学点100米，占地150平方米，办公用房总建筑面积70平方米，一层砖木结构，分别设有支书室1间10平方米，主任室1间10平方米，农家书屋1间10平方米，会议室3间40平方米。

2913 中铺镇伊寺村

简　　介：伊寺村村级活动场所建设于2011年6月，位于伊寺村新农村，距离中铺乡镇政府驻地1000米，占地0.32平米，办公用房总建筑面积204平米，一层砖木结构，分别设有农家书屋1间28平米，会议室1间47平米，支书室1间15平米，卫生室3间90平米，厕所2间24平米，配套建设电信模式远程教育站点、文化广场、计生广场、远教广场、老年活动中心。

2914 衙下集镇民联村

简　　介：民联村村级活动场所建设于2010年7月，位于民联村洛家川社，距离衙下集镇政府驻地16公里，占地总面积120平方米，砖混结构，分别设有会议室2间40平方米，支书、主任办公室各1间，农家书屋1间20平方米，配套建设卫星模式远程教育站点1个。

2915 南屏镇荣丰村

简　　介：荣丰村村级活动场所建设于2008年3月（始建于2008年3月），位于荣丰村大庄社，距离南屏乡镇政府驻地4000米、村小学（教学点）100米，占地120平方米，办公用房总建筑面积75平方米，砖混结构，分别设有支书室1间10平方米，主任室1间10平方米，农家书屋1间10平方米，会议室3间75平方米，卫星模式远程教育站点1个。

2916 连儿湾乡花儿岔村

简　　介：花儿岔村为2014年“1236”扶贫攻坚行动示范村，距县城50公里，距乡政府10公里。年平均降雨量300-400毫米，无霜期144天，多年平均气温5℃，境内平均海拔2500米。辖8个社（高家窑、口子滩、阳洼台、杨家山、黄家湾、立家滩、阳坡、黑营沟），313户，1290人，扶贫户100户，490人，耕地面积7119亩，退耕还林面积2068.84亩。马铃薯面积3500亩以上，占全村种植面积的60%；中药材种植107亩，占全村种植面积的0.4 %。养殖暖棚5620平方米，养羊小区（企业）3个，全村羊存栏4992只，牛存栏180只，养鸡场1个，养殖蛋鸡2000羽。有教学点1所，教师6名，学生64人。全村道路27.5公里，砂化16公里。2013年农民人均纯收入3641元。

2917 南屏镇丁家山村

简　　介：丁家山村村级活动场所建设于2004年5月，位于丁家山村，距离南屏镇政府驻地4公里，距村小学500米，占地340平方米，办公用房总建筑面积230平方米，一层砖混结构，分别设有便民服务中心1间30平方米、支书室1间15平方米、主任室1间15平方米、农家书屋2间30平方米、卫生室4间80平方米、电教室1间202、会议室3间40平方米，配套建设卫星模式远程教育站点1个。

2918 辛店镇裴家湾村

简　　介：裴家湾村地理位置较为优越，西邻洮河，212国道和兰临公路穿村而过。下辖有3个自然社，全村总户数448户，总人口1650人。现有耕地1305亩，人均0.8亩。全村砖混结构住房为46%，砖木结构住房为34%，土木结构住房为20%。2013年全村人均纯收入达到了3456元。全村已硬化通社道路5公里，村社道路硬化率达到了100%。衬砌渠道11.5公里，旧洪水渠维修改造1700米，基本做到水利设施完备。全村电话普及率达到了97%。全村群众收入来源以种植业收入为主，种植业以蔬菜、马铃薯、玉米为主，蔬菜种植面积达到1000亩，主要为莲花菜、胡萝卜、芹菜、菠菜等。养殖业以羊为主，规模不大。村内现有小学1所，有1个村级卫生室。全村2013年新型农村合作医疗参合率达96%。有1处农家书屋，村养老保险的缴纳率为97%。

2919 衙下集镇杨家河村

简　　介：杨家河村村级活动场所建设于2012年9月，位于杨家河村杨一社，距离衙下集镇政府驻地2公里，占地总面积350平方米，砖混结构，配套建设卫星模式远程教育站点1个。

2920 洮阳镇双联村

简　　介：洮阳镇双联村位于洮阳镇西约6公里处，东邻王家咀，西接康乐，南邻三叉河，北邻广河，距临洮县城6公里，属川区村，该村海拔2200−2400米，无霜期140天，年平均气温16℃，年降水量350毫米，地形沟壑纵横，梁峁起伏，气候干旱，地下水资源匮乏，自然条件一般。全村下辖6个社，440户，1653人，劳动力780人，全村耕地面积2400亩，主要种植农作物是玉米和药材。苗木种植、畜牧养殖是当地群众主要经济收入渠道。有种、养殖大户80户，主要从事苗木种植、牛羊养殖。2013年人均纯收入3839元。全村通社道路硬化7公里，自来水入户率22%。有村级卫生室1个，村医1名；有小学2所，在校学生200人，配备专职教师27名。

2921 站滩乡五脏沟村

简　　介：五脏沟村村级活动场所建设于2006年9月，位于五脏沟村小沟社，距离站滩乡政府驻地25公里，在村小学隔壁，占地318平方米，办公用房总建筑面积107平方米，一层砖木结构，分别设有支书室1间20平方米（内设便民服务中心），会议室3间60平方米（内设远程教育站点），农家书屋1间20平方米。

2922 中铺镇下石家村

简　　介：下石家村位于中铺镇南部，距镇政府驻地约6公里，东临红柳村，南接大石头村，西靠哈拉沟村，北接南家村，辖8个村民小组，426户，1931人，集中坐落于国道212两侧，耕地面积876.8亩，种植业以西瓜为主，养殖业以合作社养殖（鸡）为主，交通便利（兰临高速井坪出口，国道212穿村而过），中铺工业园区在这里快速发展，服务业发展迅速（百货、汽修、餐饮等）。

2923 辛店镇前川村

简　　介：前川村位于临洮县辛店镇15公里，距县城45公里。兰临公路穿村而过，平均海拔2200米。有7个自然社，333户，1333人。现有耕地4265亩，人均3.2亩。2013年全村人均纯收入达到了2400元。全村现有砂化路8公里。电力覆盖率为100%。饮用水为井水和泉水。全村移动电话几乎家家都有，电话普及率达到了97%。全村群众收入来源以种植业收入为主，种植业以马铃薯、玉米为主，种植面积分别为到3000亩、1200亩。养殖业以牛、羊为主，存栏量分别为120头和300只。村内现有小学1所，有1个村级卫生室。全村2013年参加新型农村合作医疗人数1248人。基层组织基本健全，有1处农家书屋，现存书量为600本。养老保险的缴纳率为97%。

2924 洮阳镇李范家村

简　　介：洮阳镇李范家村位于洮河西岸，北邻河口村，距临洮县城约5公里，属山、坪区村。该村海拔2000-2200米，无霜期140天，年平均气温7℃，年降水量400毫米，地形山坪结合，气候干燥，地下水资源比较丰富，自然条件适中。全村下辖5个社，430户，1750人。劳动力2203人，全村耕地面积2200亩，主要种植农作物是玉米。地膜玉米、劳务收入是当地群众主要经济收入渠道。2013年人均纯收入4185元。全村通社道路硬化15公里，自来水入户率7.2%。有村级卫生室1个，村医1名；有小学1所，在校学生56人。

2925 峡口镇凡家岭村

简　　介：凡家岭村位于峡口镇东南部，距镇政府12公里，平均海拔2400米，年均降水量300多毫米，年均气温4-8℃，无霜期约150天。凡家岭村耕地面积4532亩，人均5.4亩，均为干旱山地、陡坡地，农业种植收益低。农作物种植以马铃薯为主，占到全村耕地的75%以上，马铃薯是该村群众的主要经济来源。现有8个村民小组，农户283户，986人，劳动力554人。2013年人均纯收入为3924元。村级活动场所1处，农家书屋1处，有教学点1处；2010年在组织部门的帮扶下，修建砖混结构村级办公用房90平方米。2011年，以整村推进和村级公益事业财政奖补“一事一议”项目为依托，全村拓宽砂化村社道路11.2公里，新修梯田1200亩；引进马铃薯良种300吨，推广全膜覆马铃薯种植1200亩；新建暖棚80座，沼气池80座，引进投放基础母牛80头。以此为带动，全村新增养殖户92户。同时，积极输转剩余劳动力210人次，完成收入320万元。近年来，在马铃薯市场不景气的情况下，在镇党委、镇政府的引导下，调整产业结构，加大中药材种植力度，通过学习、实践，中药材种植已形成规模，将成为凡家岭村今后农民增收的又一项产业。

2926 太石镇蒋家坪村

简　　介：蒋家坪位于临洮县太石镇，东靠罗汉山，南临辛店镇裴家湾村，西靠太石镇水泉村，北靠太石镇南门村，距省道 213 线 2 公里，距离太石镇政府 5 公里。全村 1 个村民小组，占地 15000 亩。均为汉族，无其他民族类别。蒋家坪总户数 173 户，总人口 596 人。耕地总面积 995 亩，全部为水地，都能保证提水灌溉，土地面积平整，土壤肥沃，适宜耕种。蒋家坪以种植胡萝卜为主，种植面积达 900 亩，占 90%。亩产 800 公斤，收入 14000 元。种有少量马铃薯，玉米等。无大型养殖户，牛羊存栏量不足 100 头。村内小型蔬菜收购点 2 处，无超市。个体工商户 2 户。村内小学 1 所，为水泉学校的派出点。学校内共有老师 1 人，学生 8 人。有村卫生室 1 处。村医 1 人。农家书屋 1 个。

2927 窑店镇大坊村

简　　介：大坊村位于临洮县窑店镇东南部，距县城 30 公里，距镇行政中心所在地 6 公里。平均海拔 2100 米，全年光照时数 2350 小时，无霜期 180 天，年降水量 400 毫米，可靠值仅 280 毫米，且分布不均，主要集中在六、七月，属二阴地区。全村现有耕地 2776 亩，人均耕地 2.7 亩，全部为山旱地。大坊村现有 7 个社（兰家坪社、老庄社、阳山社、小坊社、阴山社、田家山、上壕社），全村共有 246 户，总人数 1027 人，全部为汉族。

2928 中铺镇摩云村

简　　介：中铺镇摩云村一、二社处于省道 103 西侧，三、四社位于兰临高速公路七道梁洞口附近，五、六、七社处于七道梁沿线，省道 309 南侧，几个村社之间距离远，且交通不便。两年前，在撤乡并镇过程中，摩云村是由原来的摩云观、祁家岭村合并而来。该村大部分村组处于山区，平均海拔 2400 米，常年风大，昼夜温差大，气候干旱，平均降水量为 370 毫米，平均气温 12℃，属于典型的贫困干旱山区。全村辖 6 个村民小组，且 6 个社地理位置分散，相互之间距离很远。村民均为汉族。该村总户数为 267 户，1154 人，有劳动力 541 人，当地群众的主要经济收入是百合种植，2013 年人均纯收入 2150 元。

2929 峡口镇陆家湾村

简　　介：陆家湾村位于峡口镇东南部，距镇政府 15 公里，平均海拔 2400 米，年均降水量 300 多毫米，年均气温 4-8℃，无霜期约 150 天。现有 8 个村民小组，1151 人。有小康家庭 30 户，115 人；2013 年人均纯收入为 3900 元。有村级活动场所 1 处，农家书屋 1 处，教学点 1 处（小学 1-3 年级），教师 4 名，在校学生 23 人，砖木结构教室 18 间 240 平方米；2009 年在组织部门的帮扶下，修建砖混结构村级办公用房 90 平方米。耕地面积 4865 亩，人均 4.2 亩，均为干旱山地、陡坡地，农业种植收益低。农作物种植以马铃薯为主，占到全村耕地的 75% 以上，马铃薯是该村群众的主要经济来源。近年来，马铃薯市场不景气，村两委班子积极谋出路，调整产业结构，加大中药材种植，通过学习、实践，中药材种植逐渐已形成规模，成为新的增收产业。

2930 太石镇巴下村

简　　介：巴下村位于太石镇北部，距太石

镇9公里，面积4平方公里，212国道穿村而过，东连马唧山，西接洮河，南镶井坪，北临上咀。交通便利，民风纯朴，社会治安良好，村民生产生活秩序井然。改革开放以来，村民稳步富裕。全村共有5个社，510户，1780人，其中劳动力1100人。巴下村具有发展西瓜、玉米种植的得天独厚的地理条件，水利资源充足，交通条件便利，并有适宜的沙性土壤、气候、地形等自然条件。全村重点发展了西瓜种植、玉米种植。经过几年的努力，全村西瓜面积已接近2300亩，亩效益均在2000元以上。全村有小学1所；幼儿园2所；村级卫生室1个，专业医务人员2名；乡镇卫生院派出机构1个，专业医务人员6名。村部设有农家书屋1个。有民间艺术队1支。有大郎庙1座，于农历九月初九举行庙会，以表达对徐茂公的敬仰。

2931 洮阳镇王家咀村

简　　介：洮阳镇王家咀村位于洮河西岸，西邻双联村，北靠六合村，南接河口村，距临洮县城6公里，属川、坪村。该村海拔2300米，无霜期170天，年平均气温7℃，年降水量750毫米，川坪区均较为平坦，气候属黄土高原气候，地下水资源丰富，自然条件较好。全村下辖7个社，495户，1997人。劳动力978人，全村耕地面积1250亩，主要种植农作物是玉米和小麦。外出务工、苗木产业是当地群众主要经济收入渠道。有种、养殖大户5户，主要从事苗木、蔬菜种植以及鸡、牛、羊的养殖。2013年人均纯收入4197元。全村通社道路硬化均已完成。有村级卫生室1个，村医1名；有小学1所，在校学生69人，配备专职教师6名。

2932 漫洼乡三岘村

简　　介：三岘村位于漫洼乡东南部，距临洮县城70公里。全村总面积5.4平方公里，平均海拔2300米，年降水量380毫米，属高寒干旱山区。全村有5个村民小组，农户151户，总人口716人，劳动力364人。耕地面积3086亩，人均拥有耕地4.6亩，全部为山旱地。该村产业结构以马铃薯、中药材种植和牛、羊养殖为主，群众经济收入来源主要为种植马铃薯、柴胡以及养羊和劳务收入等，其中马铃薯种植收入占60%以上。养殖业以牛、羊为主，大牲畜存栏363头，猪存栏254头，羊存栏453头，种养业规模化程度不高。目前，村社主要道路为沙土路，群众吃水为集雨水窖收集的雨水和井水。30%的农户住房属于土木结构。全村现有教学点1处，砖木结构教室9间108平方米，在校学生23人，教师3名；村上无卫生室。全村参加新型农村合作医疗人数占总人口的90%以上。基层组织基本健全，有村级活动阵地1处。

2933 窑店镇窑店村

简　　介：窑店村位于临洮县窑店镇，距县城30公里，是镇行政中心村，平均海拔2500米，全年光照时数2350小时，无霜期180天，年降水量320毫米，可靠值仅280毫米，且分布不均，主要集中在六、七月。全村现有耕地3547亩，人均耕地1.5亩。窑店村现有8个社（新上社、新下社、一社、二社、三社、窑坪社、何家坪社、王家坪社），全村共有829户，总人数2351人，全部为汉族。

2934 南屏镇锁林村

简　　介：锁林村村级活动场所建设于2006年6月，位于锁林村，距离南屏镇政府驻地8公里，距离村小学2公里，占地220平方米，办公用房总建筑面积120平方米，一层砖木结构，分别设有支书室1间15平方米，主任室1间15平方米，会议室2间30平方米，农家书屋2间30平方米，计生服务场所2间30平方米，配套建设卫星模式远程教育站点1个。

2935 玉井镇中营村

简　　介：中营于玉井镇西部方向，距玉井镇2公里，距县城11公里。全村共有972户，3474人，全村共有20个村民小组（社），人均纯收入3073元。目前，该村以拱形棚蔬菜种植和苗木繁育为主导产业。曾获得玉井镇党委颁发的2011年综合经济发展一等奖。该村村级组织活动场所占地666平方米，建筑面积200平方米，于2002年建成，设党组织书记办公室、主任办公室、会议室、计生室、图书室。

2936 中铺镇马家山村

简　　介：中铺镇马家山村地处七道梁沿线、G309南侧，北靠兰州市七里河区，距中铺镇政府24公里。全村共有226户，911人，劳动力810人，辖7个村民小组（一社、二社、三社、四社、五社、六社、七社），分布相对集中。耕地面积2600亩，粮播面积2100亩，公益林面积460亩。2014年合作医疗参合人数807人。百合产业是当地群众主要经济收入渠道，百合种植面积达70%以上，是2014年中铺镇"1236"扶贫攻坚行动百合种植示范村。

2937 衙下集镇临河村

简　　介：临河村村级活动场所建设于2012年9月，位于杨家河村杨一社，距离衙下集镇政府驻地2公里，占地总面积350平方米，砖混结构，分别设有会议室2间40平方米、支书、主任办公室各1间分别12平方米、貂蝉旅行社代办点1间12平方米，配套建设卫星模式远程教育站点1个。

2938 南屏镇合好村

简　　介：合好村村级活动场所建设于2006年8月（始建于1992年5月，2006年8月改扩建），位于合好村满家庙社，距离南屏镇政府驻地8公里，距离村小学（教学点）50米，占地2500平方米，办公用房总建筑面积120平方米，一层砖木（土木、砖混、框架等）结构，分别设有支书主任室1间20平方米，会议室3间60平方米，农家书屋1间20平方米，卫生室1间20平方米，配套建设卫星模式远程教育站点1个。

2939 红旗乡石家窑村

简　　介：石家窑村位于红旗乡北部，是一个边远的偏僻山村，有5个村民小组，3个自然村，合计312户，1099人。耕地面积1082.15亩，全是旱地，人均耕地不足1亩（0.98亩）。其中种植玉米95亩，马铃薯25亩，向日葵100亩，经济林果苹果8亩，枣6亩，杏树11亩。养羊1309只，牛26头，其中规模养殖户6户，暖棚2463平方米，青贮池3700余方，铡草机8台，饲料库房850平方。2013年人均纯收入4454元，2013年已脱贫12户，50人，一般户176户，636人，全村劳动力572人，外出务工人员400多人。

2940 玉井镇白家沟村

简　　介：白家沟村位于玉井镇东南方向，距玉井镇15公里，距县城25公里。全村共有241户，986人，全村共有10个村民小组（社），人均纯收入2822元。目前，该村以种植党参、黄芪为主导产业。2012被镇党委评为综治工作先进村。该村村级组织活动场所占地300平方米，建筑面积105平方米，于2003年建成，设党组织书记办公室、主任办公室、会议室、党代表活动室、计划生育办公室。

2941 洮阳镇兴荣村

简　　介：洮阳镇兴荣村位于洮河西岸，紧邻广河县，距临洮县城约12公里，属坪川结合区村。该村海拔1730-3670米，无霜期80-190天，年平均气温7℃（最高气温34.6℃，最低气温-29.5℃），年降水量317-760毫米，地形川坪结合，气候干燥，地下水资源比较丰富，自然条件适中。全村下辖11个社，755户，3019人，劳动力2203人，全村耕地面积5047亩，主要种植农作物是地膜洋芋和胡萝卜。地膜洋芋、胡萝卜、冬小麦、冬油菜收后复种秋菜瓜等产业是当地群众主要经济收入渠道。有种、养殖大户18户，主要从事胡萝卜种植、牛羊养殖。2013年人均纯收入4185元。全村通社道路硬化15公里，自来水入户率7.2%。有村级卫生室1个，村医1名；有小学1所。

2942 中铺镇王家沟村

简　　介：王家沟村地处七道梁沿线，109省道西侧，北靠兰州市七里河区，西靠永靖县，距中铺镇政府50公里，地处深山，全村区域面积约为8.3平方公里，有4个社（咀头，马家岭，三房，阴洼），125户，503人，王家沟村是中铺镇2013年度异地搬迁村和2013年度整村推进项目实施村，种植业以百合为重，另外，大部分年轻人都外出务工，务工收入占农民收入的大部分。全村现有耕地面积约为1285亩，全为山地，2013年种植百合600亩、马铃薯100亩、谷子100亩，基本草原面积6687亩，公益林面积4399.95亩，全村人均纯收入为4024元。全村住房以土木结构为主，约占总间数的95%。全村的通村和通社的路为沙化路和土路，交通极为不便，全村畜牧养殖基础较好，2013年末大牲畜存栏80头，羊存栏1000只，出栏85只，有50只以上规模养殖户4户。村小学有教师1人，学生3人，村农家书屋藏书量达1500册。现已在中铺镇下铺村的王家沟新农村搬迁区建成农户住宅98户，道路硬化，排污管网埋设，养殖暖棚建设等配套项目正在紧张建设中。

2943 龙门镇四合村

简　　介：四合村位于龙门镇南部7公里，总面积7平方公里，属纯山区。临达路穿境而过。平均海拔2180米，年降水量400-500毫米，平均气温5-8℃，无霜期150-200天。我村以种植小麦、洋芋、玉米为主，成为我村村民主要经济来源。全村退耕还林总面积147.1亩。全村现有大牲畜168头，猪、羊存栏分别为451头和940只，猪、羊出栏分别为485头和470只。2013年农民人均纯收入3125元。全村自来水入户已覆盖。移动电话率已全镇覆盖及普及，全村现有5个村民小组，216户，770人。60岁以上老人111人，4岁以下儿童27人，孤儿1户，1人。现有耕地2966亩，劳动力423人。现有小学1所，教师5人，在校学生36人，村级卫生室1所。目前，村社主要道路全部为沙土路，群众吃水为集雨水窖收集的雨水，村民平均受教育年限为6年，30%的农户住房属于土木结构。

2944 站滩乡红泉村

简　　介：红泉村村级活动场所建设于2005年6月，位于红泉村牛圈沟社，距离站滩乡政府驻地30公里，距离村小学3000米，占地1600平方米，办公用房总建筑面积150平方米，一层砖木砖木结构，设有支书室1

间20平方米（内设远程教育站点），主任室1间20平方米（内设宿舍），农家书屋1间20平方米，便民服务中心1间20平方米，会议室4间60平方米。

2945 连儿湾乡大湾村

简　　介：大湾村距县城28公里，距乡政府10公里，年平均降雨量380毫米，无霜期114天，多年平均气温5–7℃，境内海拔2400米。辖14个社（旧庄湾、眼塔坪、翟家对坡、东社、西社、怀沟、郭家洼、苟家渠、徐家坪、柏杨林、石家山、小湾、牟家对坡、上庄），391户，1652人。劳动力834人，耕地面积5500亩，退耕还林面积838.8亩。砖混、砖木、土木住房结构比为1：5：4，马铃薯面积稳定在1000亩以上，占全村种植面积的18.2%；中药材种植3200亩，占全村种植面积的58.2 %。全村羊存栏1278只，牛存栏65只，养殖暖棚8700平方米，养羊企业1个，羊存栏80只。有小学、教学点2所（教师13名，学生125名），村级卫生室1所。全村道路24公里，已硬化1.1公里，砂化7.8公里。2013年农民人均纯收入3643元。

2946 辛店镇祁家沟村

简　　介：祁家沟村位于辛店镇人民政府以东约15公里处，属深山区村，干旱少雨，年平均降雨量300–450毫米，年平均气温5.8℃，海拔2300–2600米。全村共有5个村民小组，230户，892人。耕地面积2300亩，人均耕地2.6面积，能灌溉的水地约60亩，其余全部为旱地。近几年，祁家沟村的经济有了很大的发展，再加上国家危房改造项目的扶持，我村的住房情况有了很大的改善。目前祁家沟村村社之间主要道路全部为沙土路。我村自来水的入户率达到了95%，4个社的农户已全部吃上自来水。祁家沟村的种植业以马铃薯、玉米为主，旱作农业2300亩，近两年由于药材价格稳定，经济效益好，一部分农户开始种植药材，以黄芪、党参为主，2013年种植面积约150亩，种植户每亩比马铃薯增收2000元。祁家沟村有小学1所，教室3间180平方米，在校学生35人，教师5人，适龄儿童入学率为100%。有村级卫生室1处，农村合作医疗覆盖率为96%。祁家沟村有农家书屋1个，储量图书约2000册。

2947 康家集乡大庄湾村

简　　介：康家集乡大庄湾村位于康家集乡政府以南3公里处，东接蒲家庄村，西南与渭源县上湾乡元树村相邻，北与对坡村相邻。总面积4.13平方公里，平均海拔2300米，年降雨量500毫米，无霜期156天。地形属黄土高原边缘，且分布十分不均，属于典型的二阴山区。土壤类型黑麻土、红壤土，适宜党参、当归种植。年平均气温6.2℃。全村辖6个村民小组（大庄社、山庄社、阴洼社、阴洼山社、麻家咀社、八十社），共179户，804人，种植党参、当归和养羊是该村主要经济来源。全村现有耕地2135亩，人均占有耕地2.62亩。2013年参加新型合作医疗715人，占总人口的96%。

2948 龙门镇二十铺村

简　　介：龙门镇二十铺村距县城7.5公里，位于定临公路沿线，是龙门镇政府、卫生院、中学等镇直各单位所在地，总面积15平方公里，是陇西李氏故里所在地就，辖区内有李仲翔汉墓群、安乐堡遗址、寺门遗址等省市县重点文物保护点。全村有11个村民小组，747户，3342人，耕地面积6271亩。主要种植小麦、马铃薯、玉米、辣椒等农作物，是全镇旱作农业示范推广种植重点村，全县地膜辣椒种植重要生产基地。

2949 洮阳镇杨家店村

简　　介：洮阳镇杨家店村位于洮河西岸，南邻祁家滩村，北靠车刘家村，距临洮县城5公里，属川、坪区村。该村海拔1800米，无霜期80–190天，年平均气温7℃，年降水量350–400毫米，地形川、坪结合，气候干燥，地下水资源匮乏，自然条件干旱少雨。全村下辖5个社，348户，1500人，劳动力840人，全村耕地面积2100亩，主要种植农作物是玉米。蔬菜大棚种植产业是当地群众主要经济收入渠道。有种、养殖大户18户，主要从事蔬菜种植、猪牛养殖。2013年人均纯收入4158元。全村通社道路硬化7.5公里，自来水入户率100%。有村级卫生室1个，村医1名；有学校1所，在校学生257人，配备专职教师40名。

2950 龙门镇三十铺村

简　　介：三十铺村位于临洮县龙门镇东部，距县城20公里，总面积10平方公里，平均海拔1900米，无霜期170天，年均降水量300–400毫米，且分布十分不均，年平均气温6℃。全村现有6个村民小组，779户，2807人。耕地面积7055亩，人均2.4亩，劳动力1544人。主要种植小麦、马铃薯、玉米等农作物。全村现有大牲畜410头，猪、羊存栏分别为1126头和3552只，猪、羊出栏分别为3072头和2016只。2013年农民人均纯收入3800元。全村自来水入户已覆盖。移动电话率已全镇覆盖及普及。有村学1所，在校学生90人。近几年群众收入来源主要为地膜洋芋、玉米、养殖、劳务收入等，其中洋芋收入占50%以上。

2951 连儿湾乡东升村

简　　介：东升村距县城35公里，距乡政府6公里。辖6个社（崆峒湾、叠家坪、上庄、下庄、曹家湾、阅人关），210户，814人，劳动力421人，耕地面积4827亩，人均耕地面积4.8亩，退耕还林面积629亩。砖木、土木住房结构比为1.4：1。年平均降雨量380毫米，无霜期210天，平均气温6℃，境内海拔2510米。马铃薯面积2000亩以上，占耕地面积的51%；中药材种植1500亩，占耕地面积的40%。全村羊存栏1250只，牛存栏55只，养殖暖棚5267平方米，养羊小区、企业各1个，羊存栏400只。有教学点1所（教师2名，学生25名）。全村道路15公里，已硬化3.3公里，砂化6.1公里。2013年农民人均纯收入3639元。

2952 八里铺镇火石沟村

简　　介：火石沟村位于临洮县八里铺镇东部，距县城10公里，距镇政府8公里。全村14个村民小组，525户，2278人，劳动力1284人。总面积25平方公里，耕地面积6312亩，人均耕地面积2.8亩，退耕还林面积300亩。年平均降雨量300–400毫米，无霜期145天，年平均气温4.5℃，境内平均海拔2000米。种植业以马铃薯、中药材为主，养殖业以养羊为主，马铃薯面积稳定在2000亩，占总耕地面积的31.7%；中药材种植2000亩，占总耕地面积的31.7%。全村羊存栏4527只，牛存栏175头，猪存栏398只，养殖暖棚389座9162平方米，养羊小区（企业）1个，羊存栏3500只。小学1所（教师7名，学生35名），教学点1个（教师1名，学生6名）。全村道路35公里，硬化6.8公里。2013年，全村农民人均纯收入达3125元。

2953 玉井镇宋家沟村

简　　介：宋家沟村位于玉井镇东部方向，距玉井镇12公里，距县城22公里。全村共有178户，667人，全村共有7个村民小组（社），人均纯收入2930元。目前，该村以中药材种植为主导产业。该村村级组织活动场所占地336平方米，建筑面积140平方米，于2006年建成，设党组织书记办公室、会议室、图书室。

2954 红旗乡红旗村

简　　介：红旗村位于红旗乡中部，有7个村民小组，总共410户，1678人，全村群众收入来源以外出务工、种植业和养殖业为主，种植业以玉米、马铃薯、葵花为主，我村现有小学1所（红旗民德小学），6个班，在校学生84人，教师7人，教学楼1栋。基层组织健全，有1个农家书屋，1个村级卫生室，并配备1名村医。

2955 窑店镇黑石湾村

简　　介：黑石湾村地处窑店镇北部，距县城37公里，平均海拔2300米，距镇行政中心所在地12公里。平均海拔2300米，全年光照时数2350小时，无霜期180天，年降水量330毫米，可靠值仅280毫米，且分布不均，主要集中在六、七月，属二阴地区。全村现有耕地4557.75亩，人均占有耕地3.73亩，全部为山旱地，其中有梯田3300亩，占耕地面积72.4%。全村有6个村民小组（黑石湾社，小庄社，李家窑社，柯柴社，董家咀社，阳洼社），279户，1222人，全部为汉族。

2956 中铺镇崔家山村

简　　介：崔家山村村级活动场所建设于2008年，位于崔家山村三社，距离中铺乡镇政府驻地25公里，办公用房总建筑面积92平米，一层砖木结构，2013年对活动场地进行了翻修硬化，分别设有农家书屋1间16平米、会议室1间48平米，综合办公室1间24平米。

2957 洮阳镇西街村

简　　介：洮阳镇西街村位于临洮县城西南，紧邻城市金街，属城区村，该村海拔1600米，无霜期180天，年平均气温9℃，年降水量400-450毫米，地形平坦，年降雨量适当，温带大陆性气候明显，地下水资源丰富，自然条件一般。全村下辖6个社，960户，2486人，劳动力1021人，全村耕地面积1823亩，主要种植农作物是玉米和苗木。劳务输出产业是当地群众主要经济收入渠道。有种、养殖大户5户，主要从事苗木种植、家禽养殖。2013年人均纯收入4982元。全村通社道路硬化80%，自来水入户率100%。有村级卫生室3个，村医3名；有小学2所，在校学生302人，配备专职教师62名。

2958 红旗乡扎马圈村

简　　介：扎马圈村为红旗乡最北部，距县城81公里，南北长2公里，东西宽3.5公里，地势东高西低。该村最显著的特点是气温高、光照足、降水少、海拔低，全年平均气温8.6℃，年降水量不足290毫米，平均海拔1820米。自然资有砂砾和花岗岩。全村4有个村民小组，全村共有212户，808人，其中劳动力603人，耕地898.05亩，人均纯收入4434元。截止2013年底，扎马圈村猪的存、出栏量分别为136、214头，羊的存、出栏量分别为1925、450头。

2959 衙下集镇单家山村

简　　介：单家山村村级活动场所建设于

2008年5月，位于单家山村单上社，距离南屏镇政府驻地13公里，占地总面积450平方米，砖混结构，分别设有支书室1间12平方米，主任室1间12平方米，农家书屋1间20平方米，会议室（电教室）4间80平方米，配套建设卫星模式远程教育站点1个。

2960 洮阳镇瑞新村

简　　介：洮阳镇瑞新村位于县城以北，地处城市中心地带，属城区村。该村平均海拔1600米，年均降水量350-400毫米，年平均气温6℃，全村现有3个社，410户，1309人，劳动力784人，耕地面积627亩，截止2013年底，2013年人均纯收入4994元。2012年底，在全县加快城市化建设的过程中，瑞新村被征用土地623亩，现剩余627亩可用耕地，主要种植农作物是玉米和苗木。服务产业是群众主要经济收入渠道。全村通社道路硬化为85%，自来水入户率100%。有村级卫生室1个，村医1名；有村级集体经济1处年收入24万元。

2961 衙下集镇张家寺村

简　　介：张家寺村村级活动场所建于2012年7月，距离衙下集镇政府驻地5公里，占地600平方米，办公用房总建筑面积200平方米，砖混结构，一楼分别设有便民服务中心1间20平方米，老年人活动室1间20平方米，主任室1间20平方米，农家书屋1间20平方米，配套建设卫星模式远程教育站点1个。二楼设有会议室3间80平方米，支书办公室1间20平方米。

2962 八里铺镇上街村

简　　介：上街村位于洮河东岸，距临洮县城北3公里，103省道南北贯通，地处城乡结合部。全村现有8个村民小组，816户，3145人，有劳动力2350人，其中外出务工500人。耕地面积2717亩。人均0.86亩，全部为水浇地。自来水入户率100%，村社道路和居民巷道基本硬化。移动、联通通信网络全覆盖，有线电视入户10%以上。上街村主要从事种植业、养殖业、加工业（伟昌铝材、兰临涂料等）、以及劳务输出、个体经营等行业。

2963 峡口镇上王家村

简　　介：上王家村位于峡口镇东北部，距镇政府7公里，平均海拔2400米，年均降水量350多毫米，年均气温4-8℃，无霜期约150天，全村现有8个村民小组，农户390户，1452人。有小康家庭30户，115人；2013年人均纯收入为3876元。有教学点1处（小学1-3年级），教师5名，在校学生37人，砖木结构教室18间270平方米；2010年在组织部门的帮扶下，修建砖混结构村级办公用房100平方米，农家书屋1处。耕地面积6607亩，人均4.55亩，均为干旱山地、陡坡地，农作物种植以马铃薯为主，占到全村耕地的85%以上，养殖业以养羊为主，种植、养殖业是该村群众的主要经济来源。近年来，在镇党委、镇政府的带领下，逐渐调整产业结构，发展养殖业、中药材种植，逐渐形成规模，已成为上王家村发展的主导产业之一。

2964 上营乡墁坪村

简　　介：墁坪村级阵地建筑面积80平米，建筑类型为简易型。便民服务中心办公用房面积40平米，住宿面积20平米，灶房20平米。有办公桌椅、文件柜，乡党委配备了高低床2套，电饭锅1个，电磁炉1个。办公、住宿、办灶都在村部。便民服务中心工作人员以驻村干部为主，乡党委派驻了2名驻村干部和

1名计生专干，村干部纳入到便民服务中心工作人员队伍，参与民事代办服务。

2965 中铺镇哈拉沟村

简　　介：中铺镇哈拉沟村处于中铺镇西北部，距镇政府5公里，现有总户数227户，总人口1065人，总耕地面积2209亩，公益林面积50.25亩，草原禁牧面积14055亩；本村共有5个社，分上社、下社、堡子社、新庄社和老庄社；2014年参合人数为1001人。哈拉沟村干旱少雨，村里耕地多是旱地，主要农作物以西瓜、籽瓜、洋芋、小麦、玉米为主，主要经济收入依赖于西瓜种植。人均纯收入3060元。

2966 太石镇安家咀村

简　　介：安家咀村位于临洮县太石镇南部，交通便利，地势平坦，自然条件优越。全村有6个村民小组，占地10平方公里。人口均为汉族，无其他民族类别。安家咀村总户数498户，农业人口1876人，城镇人口90人，劳动力1120人，以农业户籍为主。安家咀村耕地总面积3244亩，以川坪水地为主，无退耕根还林。村内小学1处，有村卫生室1处。村医1人。农家书屋1个。

2967 上营乡漆家沟村

简　　介：漆家沟村级便民服务中心办公用房面积60平米，住宿40平米，灶房20平米。有办公桌椅、文件柜，乡党委配备了高低床2套，电饭锅1个，电磁炉1个。办公、住宿、办灶都在漆家沟小学。便民服务中心工作人员以驻村干部为主，乡党委派驻了2名驻村干部和1名计生专干，村干部纳入到便民服务中心工作人员队伍，参与民事代办服务。

2968 八里铺镇孙家大庄村

简　　介：孙家大庄村位于八里铺镇正北方向，距八里铺镇政府1公里，距县城5公里。年均降水量290毫米，年平均气温6.8℃。全村共有6个村民小组，608户，2620人，其中劳动力1552人；总耕地面积2595亩，人均0.95亩。孙家大庄村农民经济收入以种植业、养殖业、农村剩余劳动力外出务工为主。种植业以种植苗木和玉米为主，养殖业以养鸡为主，以自产自销为主，务工是除苗木种植、鸡养殖收入之外的另一主要经济收入。2013年，全村农民人均纯收入达3825元。孙家大庄村民风纯朴，社会秩序良好，近年来干部群众致富奔小康的热情和愿望很高。

2969 南屏镇三甲村

简　　介：三甲村村级活动场所建设于2008年6月，位于三甲村三集社，距离南屏乡镇政府驻地3000米、村小学（教学点）100米，占地500平方米，办公用房总建筑面积80平方米，一层砖木（土木、砖混、框架等）结构，分别设有会议室、农家书屋室、支书主任室。具体为农家书屋1间20平方米，会议室1间40平方米，支书主任室1简20平方米，配套建设2011年（按照实际情况说明，包括电信或卫星模式远程教育站点。

2970 南屏镇安川村

简　　介：安川村村级活动场所建设于2002年7月，位于安川村，距离南屏镇政府驻地5公里、村小学800米，占地360平方米，办公用房总建筑面积270平方米，一层砖混结构，分别设有便民服务中心1间30平方米，支书室1间15平方米，主任室1间15平方米，农家书屋2间30平方米，卫生室4间80平方米，电教室1间202，会议室3间40平方米，配套建设卫星模式远程教育站点1个。

2971 辛店镇宋家湾村

简　　介：宋家湾村位于临洮县辛店镇32公里，距县城62公里，平均海拔2800米。有5个自然社，85户，375人。全村现有耕地2071亩。2013年全村人均纯收入达到了2250元。全村现有沙化路5.5公里，已沙化通社道路7.2公里。自来水和电力覆盖率为100%，电话普及率达到了85%以上。全村群众收入来源以种养业为主，种植业以马铃薯、玉米、百合、药材为主，种植面积分别为到1200亩、400亩、200亩和275亩。养殖业以牛、羊为主，存栏量分别为20头和442只。村内现有教学点1处，有1个村级卫生室。全村2013年参加新型农村合作医疗人数347人。基层组织基本健全，有1处农家书屋，现存书量为1200本。养老保险的缴纳率为97%。

2972 龙门镇农盟村

简　　介：农盟村位于龙门镇以北，总面积8平方公里。全村辖区内有6个村民小组，359户，1288人。现有耕地面积3899亩。村主干道路1条，主干道路部分硬化，村社道路6条。2013年粮食作物种植面积3821亩，主要经济作物以马铃薯、中药材为主，产量726吨，注册农民合作社1家。2013年末大牲畜存栏237头，猪存栏486头，出栏410头，羊存栏2312只，出栏1156只。2013年人均纯收入达到3840元。全村共有小学1所，在校学生65人。有村级农家书屋1个，各类图书1210余册，全村1288人参加了农村合作医疗，参保率91.6%。

2973 红旗乡何家湾村

简　　介：何家湾村位于红旗乡以北7公里，南邻红旗村，东、北依次与红旗乡墁坪村、上堡子村相邻，西临洮河与唐汪乡隔河相望，南北长3公里，东西宽4公里，地势东高西低。该村最显著的特点是气温高、光照足、降水少、海拔低平均海拔1820米。全村有7个村民小组，372户，1583人，其中劳动力797人，耕地1592亩，其中水田1402亩，粮食作物有玉米、小麦、豆类、马铃薯等（以玉米为主）。全村现有小学1所，学生78名。

2974 玉井镇朱家坪村

简　　介：朱家坪村位于玉井镇中南方向，距玉井镇5公里，距县城15公里。全村共有475户，2071人，全村共有11个村民小组（社），人均纯收入3130元。目前，该村以种植玉米、养殖鸡为主导产业。2012年获得玉井镇党委颁发的道路建设优秀奖、文化工作一等奖。该村村级组织活动场所占地1000平方米，建筑面积180平方米，于2011年建成，设党组织书记办公室、主任办公室、会议室、图书室、计划生育室、党代表工作室。

2975 龙门镇咀下村

简　　介：咀下村位于临洮县龙门镇南山区，距县城15公里，总面积6平方公里，平均海拔1900米，无霜期170天，年均降水量300–400毫米，且分布十分不均，年平均气温6℃。全村现有5个村民小组，195户，660人，耕地面积1855亩，人均2.7亩，劳动力363人。主要种植小麦、马铃薯、中药材等农作物。全村退耕还林总面积147.1亩。全村现有大牲畜186头，猪、羊存栏分别为436头和1248只，猪、羊出栏分别为442头和624只。2013年农民人均纯收入3158元。全村自来水入户已覆盖。移动电话率已全镇覆盖及普及。有村学1所，在校学生52人。近几年群众收入来源主要为马铃薯种植、猪羊养殖、劳务收入等，其中洋芋收入占50%

以上。

2976 中铺镇何家山村

简　　介：何家山村村级活动场所建设于2013年6月，位于何家山村新农村，距离中铺乡镇政府驻地200米，村幼儿园（教学点）占地0.32亩，占地面积3000平米。办公用房建筑面积1200平米，四层砖混结构，分别设有农家书屋1间30平米、会议室1间55平米。支书室1间20平米，卫生室2间90平米，厕所2间24平米，配套建设电信模式远程教育站点、文化广场、老年活动中心。

2977 红旗乡牟家村

简　　介：牟家村位于红旗乡东部川区，全村共有4社，312户，1216人。全村现有耕地共892.4亩，人均0.73亩。该村地处红旗乡与东乡交界处，交通相对便利，距离乡政府约10公里。村部建筑面积12间900平方米，拥有村级卫生所、农家书屋、文化广场。设有村党支部，村民委员会，村务监督委员会。灵石学校共有学生360人，幼儿园学生54人，教师27人。全村共有劳动力608人，其中男306人，女302人。劳动力中小学文化程度者居多。今年外出务工者约500人（其中整户外出17户，在兰州有房的有5户，在临洮有房的有8户），大多从事建筑行业，年人均收入1.2万元。致富能人搞建筑的17人，在家发展养殖10户。留守劳动力基本从事传统的种植业和养殖业。2013年，牟家村的人均纯收入4380元，位居全乡第三。从产业比重来看，牟家村主要经济收入来源于外出务工，种植业次之，养殖业最小。

2978 窑店镇黄家川村

简　　介：黄家川村位于临洮县窑店镇东南部，距县城30公里，距镇行政中心所在地5公里。总面积125平方米，平均海拔2500米，全年光照时数2350小时，无霜期180天，年降水量320毫米，可靠值仅280毫米，且分布不均，主要集中在六、七月，属二阴地区。全村现有耕地2806.91亩，人均耕地2.2亩，全部为山旱地。黄家川村现有9个社（康家湾社、黄家川社、罗家湾社、股子坪社、阳洼沟社、河东社、加槽梁社、黄家坡社、孟家咀社），全村共有270户，总人数1170人，全部为汉族。

2979 太石镇壑岘村

简　　介：太石镇豁岘村位于临洮县东北部，距离县城50余公里，属于干旱贫困片区，平均海波2800米，共有7个村民小组，全村共有247户人，全部为汉族，农村人口946人，农村劳动力725人。豁岘村有村级小学1所，共有耕地面积3225亩，农作物播种面积2387亩。粮食产量398吨。主要种植马铃薯、小麦、大麦、百合、黄芪、当归等农作物，其中重点培育品种为百合，全村共计种植面积300多亩。有村级卫生室1所，村医1名。

2980 中铺镇红柳村

简　　介：红柳村村级活动场所建设于2009年6月，位于红柳村四社，距离中铺乡镇政府驻地6公里，村小学（教学点）占地2.5亩，办公用房总建筑面积90平米，一层砖混结构，分别设有农家书屋1间21平米，会议室1间48平米远程教育室1间21平米，配套建设电信模式远程教育站点、老年活动中心。

2981 辛店镇白杨村

简　　介：白杨村位于辛店镇东南18公里

处，康朱路穿村而过，总面积 5.8 平方公里，平均海拔 2100 米。境内沟壑纵横，梁峁起伏，水土流失严重，干旱少雨，是典型的西北山区村。白杨村有 3 个自然社，169 户，693 人，全部为农业人口，劳动力 377 人。全村现有耕地 2100 亩，人均 2.9 亩。目前村社之间主要道路全部为砂土路，砂化率 20%，群众吃水以井水为主。全村固定电话及移动电话普及率达到 83%。2012 年申请一事一议财政奖补项目建设完成康朱路硬化 1.2 公里，完成危房改造 1 户。该村群众收入来源以种养业为主，种植业以马铃薯、小麦为主；养殖业以牛、羊为主。村内现有小学 1 所（白杨小学），有 1 处农家书屋，1 个村级卫生室。全村 2013 年参加新型农村合作医疗人数 634 人，参加农村社会养老保险人数 471 人。

2982 康家集乡汤家川村

简　　介：汤家川村是康家集乡政府所在地，全村现有 11 个社（沟泥社、康东社、康西社、白崖社、油夫社、塔上社、张家坪社、吓河社、锅盖良社、吊地社、洼泥社），500 户，1963 人。耕地面积 4328 亩，全部为旱地，山林面积 3900 亩。全村通村道路全长 16 公里，目前硬化（砂化）8 公里，通社道路 11 条 8 公里，目前硬化（砂化）1 条 3 公里。全村现有农家书屋 1 处，藏书 1000 余册。

2983 洮阳镇五爱村

简　　介：洮阳镇五爱村位于临洮县城南郊，北连南街村，南接旭东村，距离县城 1.5 公里，属川区村。该村海拔 1730-3670 米，无霜期 80-190 天，年平均气温 7℃（最高气温 34.6℃，最低气温 -29.5℃），年降水量 317-760 毫米，地形平坦，气候干燥，地下水资源较丰富。全村下辖 7 个社，762 户，2863 人，劳动力 1606 人，现有耕地 1803 亩，人均 0.6 亩，2013 年人均纯收入 4866 元。全村通社道路硬化为 75%，自来水入户率 95%。全村人多地少，由于位于县城规划范围内，全村 60% 以上的农户从事建筑、建材等行业，农业种植方面以玉米种植为主。

2984 南屏镇光明村

简　　介：光明村村级活动场所建设于 2012 年 5 月，位于光明村余家社，距离南屏镇政府驻地 14 公里，距离村小学 1000 米，占地 450 平方米，办公用房总建筑面积 102 平方米，一层砖混结构，分别设有便民服务中心 1 间 20 平方米、支书室 1 间 20 平方米、主任室 1 间 20 平方米、农家书屋 1 间 12 平方米、会议室（电教室）3 间 30 平方米，配套建设卫星模式远程教育站点 1 个。

2985 新添镇刘家沟门村

简　　介：刘家沟门村在新添镇北面 1 公里，该村平均海拔 1895 米，共有 14 个村民小组，740 户，3353 人，有劳动力 2027 人。2013 年人均纯收入为 2560 元。有完全小学 1 所，幼儿园 1 所，村级活动场所 1 处、村级医疗机构（诊所）4 处、农家书屋 1 处。总耕地面积 2575 亩，其中水浇地 2500 亩。农作物种植以玉米、马铃薯为主，种植业收入是该村群众的主要经济来源。近年来，硬化村社道路 8.5 公里，衬砌渠道 7 公里，项目的实施，使该村基础条件得到进一步夯实。

2986 漫洼乡漫洼村

简　　介：漫洼村位于漫洼乡中部，距临洮县城 65 公里。全村总面积 6.9 平方公里，平均海拔 2300 米。全村有 5 个村民小组，农户 250 户，农业人人口 1105 人，城镇人口 208 人，劳动力 557 人。耕地面积 3801 亩，人均拥有耕地 3.5 亩，全部为山旱地。产业结构以马铃薯、中药材种植和牛、羊养殖为主，群众经济收入来源主要为种植马铃薯、柴胡，养羊和劳务收入等，其中马铃薯种植收入占60%以上。养殖业以牛、羊为主，种养业规模化程度不高。人均收入2133元。距新定临路1公里，首漫公路穿村而过。村社主要道路为沙土路。移动、联通、电信及宽带信息畅通，80%的农户通电话(含移动电话)。农户通电普及率100%。农村安全饮水普及率低，主要依靠集雨水窖收集的雨水和井水解决人畜饮水，有水窖196眼。目前30%的农户住房属于土木结构。全村现有六年制学校1所，在校学生251名，教师17名；有卫生院1处，医务工作人员19名，村级卫生室1处，从业医师1人。

2987 漫洼乡广丰村

简　　介：广丰村位于漫洼乡北部，距临洮县城56公里，距漫洼乡政府5公里，东临安定区内官镇，西接连儿湾乡，南临老地沟村，北接站滩乡。现有店滩、上庄、沟口、沟老4个村民小组，首漫路穿境而过。全村现有耕地4600亩。该村群众收入来源以种养业为主，种植业以马铃薯为主，养殖业以羊为主；全村总人口1063人，劳动力539人，60岁以上117人。村内现有小学1所（广丰小学），在校生80名，教师6名，教室6间，宿舍7间。基层组织基本健全，有1处农家书屋，1个村级卫生室，并配备1名村医。

2988 新添镇崖湾村

简　　介：崖湾村在新添镇北面2公里，该村平均海拔1890米，共有10个村民小组，1228户，5464人，其中60岁以上老人840人，4岁以下儿童320人，学生867人，有劳动力2680人。2013年人均纯收入为4320元。有完全小学1所，幼儿园1所，村级活动场所1处、村级医疗机构（诊所）2处、农家书屋1处。总耕地面积4935亩，其中水浇地4935亩。农作物种植以玉米、大白菜、韭菜、胡萝卜为主，种植业收入是该村群众的主要经济来源。近年来，硬化村社道路13.5公里，衬砌渠道16公里，项目的实施，使该村基础条件得到进一步夯实。

2989 徐家铺村

简　　介：徐家铺村位于窑店镇行政中心东南3公里处，临渭路穿境而过，全村有户数264户，分7个村民小组，分别是吴家湾社、徐家铺社、董家坪社、袁家山社、大湾社、杨家湾社、袁家湾社，其中董家坪社、袁家山社、大湾社、杨家湾社、袁家湾社地处山区。有1120人，2350亩耕地，大牲畜327头。徐家铺以中药材党参、黄芪、柴胡为主要种植作物，另外种植有黄芩、当归等中药材。

2990 衙下集镇刘家湾村

简　　介：刘家湾村村级活动场所建设于2008年5月，位于刘家湾村阴一社，距离衙下集镇政府驻地8公里，占地总面积250平方米，砖混结构，分别设有便民服务中心1间12平方米、貂蝉旅行社便民服务室1间12平方米，农家书屋1间20平方米，会议室（电教室）3间60平方米，配套建设卫星模式远程教育站点1个。

2991 玉井镇录丰村

简　　介：录丰村位于玉井镇南部方向，距玉井镇7公里，距县城17公里。全村共有299户，1320人，全村共有10个村民小组（社），人均纯收入3140元。目前，该村以种植玉米、小麦，养殖鸡为主导产业。2003年被中共临洮县委评为先进村党支部、2006年被中共玉井镇委员会评为先进村、

2008年被中共玉井镇党委评为先进党支部。该村村级组织活动场所占地400平方米，建筑面积120平方米，于2001年建成，设党组织书记办公室、主任办公室、会议室、计划生育室。

2992 辛店镇下寨子村

简　　介：下寨子村位于原上梁乡政府所在地，距辛店镇政府向东18公里处，有9个自然社，213户，954人，全部为农业人口。全村现有耕地2929.8亩，人均3亩。2013年下寨子村农民人均纯收入2700元。该村群众收入来源以种养业为主，种植业以马铃薯、中药材、小麦为主；养殖业以牛、羊为主。全村现有过境公路3.8公里，其余道路为农路，全部为土路。现有集雨水窖80眼，20%的农户住房属于土木结构。现有九年制学校1所，有农家书屋1处，1个村级卫生室。全村2013年参加新型农村合作医疗人数881人。一是大力培育发展特色优势产业。二是大力加强农村基础设施建设。三是大力改善生态人居环境。四是大力提高村民整体素质。

2993 龙门镇桑家庙村

简　　介：桑家庙村位于临洮县龙门镇北山区，距县城35公里，位于定临公路北方，总面积10平方公里，全村现有9个村民小组，288户，1066人。耕地面积3946亩，人均3.3亩，劳动力586人。主要种植马铃薯、中药材等农作物，是全镇马铃薯示范推广种植重点村之一。全村退耕还林总面积147.1亩。2013年农民人均纯收入3560元。有村学1所，在校学生30人。近几年群众收入来源主要为中药材种植、羊养殖、劳务收入等，其中中药材收入占50%以上。

2994 上营乡刘下村

简　　介：刘下村村级阵地建筑面积100平米，建筑类型为标准型。便民服务中心办公用房面积40平米。便民服务中心工作人员以驻村干部为主，乡党委派驻了2名驻村干部和1名计生专干，村干部纳入到便民服务中心工作人员队伍，参与民事代办服务。

2995 八里铺镇王家磨村

简　　介：王家磨村位于临洮县八里铺镇东部，距乡镇7公里，总面积18平方公里。全村现有7个社，468户，2069人。耕地面积1791亩，人均0.85亩。2012年农民人均纯收入4250元。村域内以黄土地貌为主，沟壑纵横，梁峁起伏，东峪沟横贯全村，两侧地形较平坦，土壤肥沃，水源丰富，是全村的主要农作物产区。主要农作物有小麦、玉米、洋芋、小豆等，经济作物有秋菜瓜、旱地辣椒。王家磨村位于褚家沟流域，属洮河支流，纵贯整个村域。地处黄土高原，褚家沟水系的流量受气候和地势的影响，水流平缓，流量仅夏季较大，村域灌溉主要依靠这一水系。村域内劳动力主要从事耕作业和养殖业，辅助进行经商；劳动力总数为1020人，其中男劳力520人，女劳力500人。近年来，教育事业的发展，使得劳动力文化程度普遍提高，80%都达到了初中文化程度，除了主要从事的农业生产之外，农闲时节村民们还组织起来外出打工，政府也联系内蒙、新疆等地，统一招工，为农民外出打工提供保障。

2996 康家集乡合进村

简　　介：合进村位于康家集乡以东8公里处，全村流域面积3.72平方公里，有6个村民小组，共计248户，982人。全村耕地面积2589亩，人均占有耕地面积2.63亩。山林面积1200亩。适龄儿童36人，在校学生80人。优军优属10人，计生两户29户，整户外出13户32人。现有劳动力543人，老年人口157人。合进村有小学1所，教室12间，老师1名，学生6名。2013年人均纯收入为2373元。经济结构以种植业（洋芋、小麦、玉米、药材）、畜牧业（牛、羊）为主。2013年全村粮食总产量472.35吨。目前，全村大牲畜存栏148头，猪存栏48头，羊存栏323头，洋芋种植面积达724多亩，占总耕地面积的28%，药材种植面积430多亩，占总耕面积的17%。

2997 新添镇阴山子村

简　　介：阴山子村在新添镇东面5公里，该村平均海拔1895米，共有6个村民小组，449户，1900人。有劳动力790人，2013年人均纯收入为4200元。有完全小学1所，村级活动场所1处、村级医疗机构（诊所）2处、农家书屋1处。总耕地面积3063亩，其中水浇地450亩。农作物种植以玉米、马铃薯为主，种植业收入是该村群众的主要经济来源。近年来，硬化村社道路4.1公里，项目的实施，使该村基础条件得到进一步夯实。

2998 衙下集镇联合村

简　　介：联合村村级活动场所建设于1995年7月，位于联合村蒲上社，距离衙下集镇政府驻地4公里，占地总面积150平方米，砖混结构，一楼设有便民服务中心2间40平方米，支书、主任办公室1间20平方米，农家书屋2间40平方米，计生办公室1间20平方米。

2999 南屏镇石晶岩村

简　　介：石晶岩村村级活动场所建设于2002年6月，位于石晶岩村南方社，距离南屏镇政府驻地12公里，距教学点50米，占地2500平方米，办公用房总建筑面积120平方米，一层砖木结构，分别设有支书主任室各1间20平方米，会议室3间60平方米，农家书屋1间20平方米，卫生室1间20平方米，配套建设文化广场、卫星模式远程教育站点各1个。

3000 上营乡黎明村

简　　介：黎明村级便民服务中心建筑面积120平米，建筑类型为简易型。便民服务中心办公用房面积60平米。便民服务中心工作人员以驻村干部为主，乡党委派驻了2名驻村干部和1名计生专干，村干部纳入到便民服务中心工作人员队伍，参与民事代办服务。

3001 站滩乡马莲滩村

简　　介：马莲滩村村级活动场所建设于2012年9月，位于马莲滩村大庄社，距离站滩乡政府驻地6公里，村小学200米，占地828平方米，办公用房总建筑面积130平方米，一层砖木结构，分别设有主任室1间20平方米（内设宿舍），便民服务中心办1间20平方米，会议室3间50平方米（内设远教室、农家书屋），村卫生室1间20平方米，金融服务点1简20平方米。

3002 南屏镇英武村

简　　介：英武村村级活动场所建设于2007年9月，位于英武村闫上社，距离南屏镇政府驻地10公里、村小学0.01公里，占地252平方米，办公用房总建筑面积90平方米，一层砖木结构，分别设有实际支书室1间15平方米，农家书屋1间30平方米，会议室3间45平方米。

3003 八里铺镇张家庄村

简　　介：张家庄村辖5个村民小组，476户，1778人，人均纯收入4100元。有劳力1300人，主要从事第一产业和外出务工。张家庄村位于八里铺镇北部川区，有耕地面积1470亩，人均0.98亩；公益林面积114.45亩，草原奖补面积119亩。外出打工人员达756多人。主要产业以种植苗木和玉米为主，养殖方面以鸡为主，目前，养鸡1000只以上的有10户；种植苗木300多亩。通村的3公里道路全部硬化，全村电话和有线电视入户率均达到100%。

3004 新添镇孙家村

简　　介：孙家村在新添镇北面5公里，该村平均海拔1895米，共有8个村民小组，602户，2474人，其中60岁以上老人312人，有劳动力1907人。2013年人均纯收入为2700元。有完全小学1所，村级活动场所1处，村级医疗机构（诊所）3处，农家书屋1处。总耕地面积2276亩，其中水浇地2276亩。农作物种植以玉米、大白菜、蒜苗、为主，种植业收入是该村群众的主要经济来源。近年来，硬化村社道路12公里，衬砌渠道4公里，项目的实施，使该村基础条件得到进一步夯实。

3005 玉井镇岚观坪村

简　　介：岚观坪村位于玉井镇中南方向，距玉井镇3公里，距县城13公里。全村共有697户，2900人，全村共有15个村民小组（社），人均纯收入3081元。目前，该村以玉米和马铃薯为主导产业。2008年获得县级平安村称号、2008年获得全县先进人民调解委员会称号、2005年获得县委颁发的“五个好”党支部称号。该村村级组织活动场所占地799.2平方米，建筑面积200平方米，于1988年建成，设党组织书记办公室、主任办公室、会议室、远教室、计生室、党代表工作室。

3006 龙门镇马家湾村

简　　介：马家湾村位于临洮县龙门镇南山区，距县城20公里，总面积8平方公里，平均海拔2100米。全村现有6个村民小组，285户，1005人，耕地面积3753亩，人均3.4亩，劳动力553人。主要种植小麦、马铃薯、玉米、辣椒等农作物。全村退耕还林总面积147.1亩。2013年农民人均纯收入3208元。全村自来水入户已覆盖。移动电话率已全镇覆盖及普及。有村学2所（马家湾小学、白家湾小学），在校学生8人。近几年群众收入来源主要为地膜洋芋、药材、劳务收入等，其中洋芋收入占50%以上。

3007 站滩乡庙背村

简　　介：庙背村村级活动场所建设于2012年8月，位于庙背村阳洼社，距离站滩乡政府驻地3公里，距离庙背村小学500米，占地775.1平方米，办公用房总建筑面积148平方米，一层砖木结构，分别设有主任室1间20平方米（内设宿舍、灶房），会议室3间60平方米（内设远教室、农家书屋），便民服务中心办公场所1简20平方米，计生室1间20平方米。

3008 龙门镇韩家湾村

简　　介：韩家湾村位于临洮县龙门镇北山区，距县城20公里，位于定临公路沿线，总面积6平方公里，平均海拔2100米，无霜期170天，年均降水量300–400毫米，且分布十分不均，年平均气温6℃。全村现有4个村民小组，173户，578人，耕地面积2569亩，人均4.04亩，劳动力318人。

主要种植小麦、马铃薯、中药材等农作物，是全镇白条党参推广种植重点村之一。全村退耕还林总面积 147.1 亩。全村现有大牲畜 169 头，猪、羊存栏分别为 426 头和 982 只，猪、羊出栏分别为 437 头和 491 只。2013 年农民人均纯收入 3500 元。移动电话率已全镇覆盖及普及。近几年群众收入来源主要为中药材种植、牛羊养殖、劳务收入等，其中中药材收入占 50% 以上。

3009 辛店镇辛店村

简　　介: 辛店村属于定西市临洮县辛店镇，村址位于辛店镇政府驻地，属川区村。半干旱少雨，海拔 1500-1800 米。全村共辖 6 个村民小组，501 户，2218 人。全村现有耕地 1416.14 亩，人均耕地 0.64 亩。2013 年全村人均收入 4920。全村现有水泥硬化道路 9 公里，农路以土路为主。饮水全部自来水，35% 的农户住房属于土木结构。广播电视覆盖率 85%，通宽带率 60%，全村通信信号基本全覆盖。该村群众收入来源以种养业为主，种植业以马铃薯、玉米及地膜蔬菜为主；养殖业以牛、羊为主，种养业规模化程度不高，无集体经济。村内现有小学 1 所(辛店小学)，中学 1 所，基层组织基本健全，有 1 处农家书屋，2 个村级卫生室。全村 2012 年参加新型农村合作医疗人数 1185 人，参加农村社会养老保险 720 人。

3010 红旗乡后庄村

简　　介: 后庄村距离乡政府 8 公里。我村有 5 个村民小组，总共 232 户，978 人，劳动力 500 人，其中外出务工 263 人，占劳动力人口的 52.6%。整户外出 24 户，101 人；全村现有耕地 1002.66 亩，其中水地 408.12 亩，旱地 594.54 亩，人均 1.025 亩。2013 年人均纯收入 4337 元。全村收入来源以外出务工、种植业和养殖业为主，外出务工人员缺乏技术，多属于体力劳动。种植业以玉米、西瓜为主，2014 年我村种植西瓜 402 亩，玉米 380 亩，马铃薯 151 亩，胡麻 68 亩，百合 23 亩，小麦 22 亩，葵花 276 亩，药苗 3 亩。养殖业以养羊为主，全村羊存栏 584 只，猪 22 只。五社和二社部分巷道硬化 2.4 公里。有 1 个农家书屋，全村 2014 年参加新型农村合作医疗人数 877 人，到目前为止有 161 位老人领取养老保险，441 人参加城乡社会养老保险。

3011 衙下集镇中川村

简　　介: 中川村村级活动场所建设于 1995 年 7 月，位于中川村沙滩社，距离衙下集镇政府驻地 2 公里，占地总面积 150 平方米，砖混结构，一楼设有便民服务中心 1 间 20 平方米、支书、主任办公室 1 间 20 平方米，农家书屋 1 间 20 平方米，配套建设卫星模式远程教育站点 1 个。二楼设有综合办公室 3 间 80 平方米，三楼设有会议室 2 间 40 平方米。

3012 漫洼乡簸箕台村

简　　介: 簸箕台村位于临洮县漫洼乡东北部山区，距县城 63 公里，总面积 18.9 平方公里，平均海拔 2300 米，年均降水量 300-400 毫米，且分布十分不均，年平均气温 6℃。有 7 个自然社，全村总户数 342 户，总人口 1607 人，劳动力 874 人。全村现有耕地 5600 亩，人均 3.6 亩。该村群众收入来源以种养业为主，种植业以马铃薯、中药材、小麦为主，养殖业以羊为主；种养业规模化程度不高，无集体经济。全村共有村社道路 23 公里，现已砂化 20 公里，现有集雨水窖 150 眼，25% 住房属于土木结构。村内现有小学 1 所（簸箕台小学），2011 年新建小学教室

6栋，在校生47名，教师5名，教室18间。有2处农家书屋。

3013 衙下集镇衙下村

简　　介：衙下村村级活动场所建设于2006年3月，位于衙下村衙下社，距离衙下集镇政府驻地500米，占地总面积90平方米，砖混结构，分别设有会议室2间40平方米，计生办公室1间20平方米，农家书屋1间20平方米，配套建设卫星模式远程教育站点1个。

3014 连儿湾乡连儿湾村

简　　介：连儿湾村距县城40公里，年平均降雨量300-400毫米，无霜期130天，年平均气温5℃，境内海拔2500多米。全村辖15个社（蒿家湾、小湾社、阴洼滩、华尖坪、赶羊路、小岔、塌窑湾、罗家脑、高窑沟、连儿湾、连达沟、上窑坡、大红沟、老庄咀、豁岘口），417户，1523人，劳动力890人，耕地面积8624亩，退耕还林面积2645亩。砖混、砖木、土木住房结构比为5：3：2。马铃薯4000亩以上，占全村种植面积的60%；中药材种植1500亩，占全村种植面积的17%。全村羊存栏1600只以上，户均达到4只以上。现有5只以上养殖户168户，牛存栏10只，养羊企业1个，羊存栏90只。有小学1所，教学点1处（教师15名，学生358名），村级卫生室1所。全村道路20.4公里，已砂化12公里。2013年农民人均纯收入3642元。

3015 辛店镇桑南家村

简　　介：桑南家村位于辛店镇以东，距离辛店镇镇政府4公里，距离临洮县城34公里。共有4个村民小组，164户，659人。耕地面积1444亩，人均耕地2.2亩，以旱地为主。村级组织活动场所1处，2013年人均纯收入为3046元。目前村社之间主要道路全部为砂土路，砂化率90%，群众吃水以泉沟水为主。全村固定电话及移动电话普及率达到98%。桑南家村以种植洋芋、大葱为主导产业，现有种植农民专业合作社2个。桑南家村有小学1所，有村级卫生室1处。2013年农村合作医疗参合率达到97%以上。

3016 玉井镇韩家寨子村

简　　介：韩家寨子村位于玉井镇东南方向，距玉井镇8公里，距县城19公里。全村共有223户，941人，全村共有7个村民小组（社），人均纯收入2983元。目前，该村以种植中药材、养羊为主导产业。2011年被玉井镇党委评为党建经济工作三等奖，2004年获得梯田建设先进村称号（镇），2005年获得道路建设先进村称号（镇），2006年获得基层组织建设先进党支部称号等（镇）。该村村级组织活动场所占地438.7平方米，建筑面积141.04平方米，设党组织书记办公室、主任办公室、会议室、计划生育室、党代表工作室。

3017 衙下集镇潘家集村

简　　介：潘家集村村级活动场所建设于2004年5月，位于潘家集村潘中社，距离衙下集镇政府驻地12公里，占地总面积240平方米，砖混结构，设有便民服务中心1间20平方米，支书、主任办公室1间20平方米，农家书屋1间20平方米，计生办公室1间20平方米，配套建设卫星模式远程教育站点1个。

3018 衙下集镇临河村

简　　介：临河村村级活动场所建设于2009年7月，位于临河村王一社，距离衙下集镇政府驻地2公里，占地总面积250平方米，砖混结构，分别设有综合会议室2间40平方米、支书室、主任室各1间分别10平方米、农家书屋1间20平方米，配套建设卫星模式远程教育站点1个。

3019 连儿湾乡羊嘶川村

简　　介：羊嘶川村为2014年“1236”扶贫攻坚行动示范村，距县城44公里，距乡政府4公里，年平均降雨量300–400毫米，无霜期145天，年平均气温4.5℃，境内海拔2500米。全村6个社（上庄、西坡、下庄、怀岔、白家湾、花满沟），244户，995人，劳动力477人，耕地面积6280亩，退耕还林面积1767亩。马铃薯面积3000亩，占全村种植面积的70%；中药材面积60亩，占全村种植面积的2%。全村羊存栏1691只，牛存栏8只，养殖暖棚50座，1555平方米，养羊企业1个，羊存栏60只。教学点1所（教师5名，学生47名）。全村道路14公里，已硬化5公里，砂化7公里。2013年农民人均纯收入3643元。

3020 新添镇三十墩村

简　　介：三十墩村在新添镇南面1公里，该村平均海拔1840米，共有11个村民小组，998户，4387人，其中60岁以上老人581人，4岁以下儿童108人，学生178人，有劳动力2234人。2013年人均纯收入为2300元。有完全小学1所，幼儿园1所，村级活动场所1处，村级医疗机构（诊所）3处，农家书屋1处。总耕地面积3607亩，其中水浇地3110亩。农作物种植以玉米、大白菜、韭黄为主，种植业收入是该村群众的主要经济来源。近年来，硬化村社道路13公里，衬砌渠道14公里，项目的实施，使该村基础条件得到进一步夯实。

3021 新添镇梁家村

简　　介：梁家村在新添镇北面3公里，该村平均海拔1840米。共有7个村民小组，780户，3573人，其中60岁以上老人448人，有劳动力1890人。2013年人均纯收入为4200元。有完全小学1所，初级中学1所，幼儿园1所，村级活动场所1处、村级医疗机构（诊所）2处、农家书屋1处。总耕地面积3067亩，其中水浇地3046亩，旱地20亩。农作物种植以甘蓝、大白菜为主，种植业收入是该村群众的主要经济来源。近年来，拓宽硬化村社道路15公里，硬化村社道路11.2公里，衬砌渠道6条5公里，项目的实施，使该村基础条件得到进一步夯实。

3022 太石镇李家湾村

简　　介：李家湾村位于太石镇北部，面积3平方公里，212国道穿村而过，西连洮河，北连上咀，南连安家嘴。距太石镇5公里，交通便利。全村下辖6个村民小组，全部为汉族。全村共491户，总人口1710人，其中城镇人口11人，农村人口1699人，劳动力1256人。全村共有耕地面积2370亩，人均耕地面积1.39亩，全为水地。主要种植蔬菜包括：菜花、白菜、萝卜、大葱等，其中菜花种植占总收入70%以上。本村位于洮河边，有丰富的水资源可以开发利用。有菩萨庙、弥陀寺、莲花池等特色文化。村内小学1处，为李家湾村小学，有农家书屋1个。

3023 南屏镇打石坪村

简　　介：石坪村村级活动场所建设于2002年8月，位于打石坪村上大庄社，距离南屏镇政府驻地7公里、村小学7公里，占地260平方米。办公用房总建筑面积120平方米，一层砖木结构，分别设有支书室1间15平方米，主任室1间15平方米，会议室2

间30平方米，农家书屋2间30平方米，计生服务场所2间30平方米，配套建设卫星模式远程教育站点1个。

3024 南屏镇裕丰村

简　　介：裕丰村村级活动场所始建于2006年5月，2012年11月扩建村级卫生室，位于裕丰村蔡家滩社，距离南屏镇政府驻地15公里，距离村小学（紫松希望小学）1公里，占地约1300平方米，办公用房总建筑面积94.5平方米，全为一层砖木结构，设有会议室3间45平方米，农家书屋1间25平方米，计生办公室1间24.5平方米，村级卫生室4间80平方米，配套建设卫星模式远程教育站点1个。

3025 辛店镇刘宋家村

简　　介：刘宋家村位于临洮县辛店镇4公里，距县城31公里，洮惠渠穿村而过，平均海拔2100米。有2个自然社，166户，655人。现有耕地777亩，人均1.2亩。2013年全村人均纯收入达到了3336元。全村现有通村公路3公里，已硬化通社道路3公里。村社道路硬化率达到了100%。全村水利设施完备，灌区分布到每个社、每块地。自来水和电力覆盖率为100%。全村移动电话几乎家家都有，宽带用户也在不断的增加，电话普及率达到了95%。群众收入来源以种养业为主，种植业以马铃薯、玉米、蔬菜为主。养殖业以牛、羊为主。刘宋家村有1个村级卫生室，全村2013年新型农村合作医疗参合率为97%。基层组织基本健全，有1处农家书屋，现存书量为600多本，另有1个小型文化广场供村民娱乐健身。养老保险的缴纳率为96%。

3026 康家集乡中庄村

简　　介：中庄村位于临洮县康家集乡政府以南，是一个边远的偏僻山村，全村流域面积6.12平方公里，7个村民小组，合计259户，1103人。耕地面积3438亩，全部为旱地，山林面积2023亩。各类社会保障户68户，188人。全村劳动力525人，其中小学文化255余人，初中文化120人，高中文化150人。2013年农民人均纯收入2550元。经济结构以种植业（洋芋、小麦、玉米、药材）、畜牧业（牛、羊）为主。2011年全村粮食总产量572.65吨。目前，全村大牲畜存栏261头，猪存栏435头，羊存栏1004头，洋芋种植面积达1000多亩，占总耕地面积的29%左右，其它粮食作物种植面积达600多亩，占总耕地面积的17%左右，药材种植面积800多亩，占总耕面积的23%，该村种植结构上基本形成“洋芋＋药材”的“两种”模式。

3027 洮阳镇祁家滩村

简　　介：洮阳镇祁家滩村位于洮河西岸，北邻杨家店村，南靠马家窑村，距临洮县城4.5公里，属半川半山区村，该村海拔1600米，年平均气温7℃，年降水量350–400毫米，地形为川坪结合，有部分山区。全村下辖8个社，346户，1512人，劳动力859人，全村耕地面积2261亩，主要种植农作物是洋芋和玉米，地膜玉米是当地群众主要经济收入渠道。有养殖大户1户，主要从事奶牛养殖。2013年人均纯收入4028元。全村通社道路硬化5公里，自来水入户率95%。有村级卫生室1个，村医1名；有小学教学点1处，在校学生10人，配备专职教师2名。

3028 太石镇沙塄村

简　　介：沙塄村位于国道212线66公里处，北临安家咀，南临太石，东临甘坪。距兰州市64公里，县城40公里，是全国劳动模范石建全的故乡。村民居住集中，地势平坦，交通便利，自然条件优越。全村有10个村民小组，961户人，3282人。全村水地耕地面积共有5229亩，无旱地。粮播面积3771亩，总产量1356吨。人均纯收入4168元，沙塄村交通便利，村级道路全部已硬化，并且直通各家各户，道路状况良好。村容村貌整洁，村民热情好客，沙塄建有村委会1处，坐落于沙塄村一社；建有沙塄小学1座，坐落于沙塄村三社。村内有农家书屋，可供村民农闲时阅读，增长了村民农业科技方面的知识，同时丰富了村民的文化生活。沙塄有金龙殿和宝绝寺两大寺庙，每年通过唱戏、唱歌、跳舞等娱乐方式，来举办两次庙会，吸引很多人来烧香拜佛，庙里香火旺盛，体现了沙塄村浓厚的民俗文化。沙塄村的重要经济作物为小香葱、胡萝卜和马铃薯，村民的经济收入以大棚蔬菜为主，种植的小香葱、胡萝卜和马铃薯深受广大商户的好评。

3029 康家集乡赵家嘴村

简　　介：赵家嘴村位于康家集乡西南12公里处，距临洮县城28公里。境内沟壑纵横，地形支离破碎，是典型的黄土高原地貌。人工林较多，植被保护和生态环境较好。有国家公益林744.8亩，有耕地3080亩，均为山旱地，其中退耕还林面积50亩，人均占有耕地2.9亩。全村有8个村民小组（达家湾社、赵家嘴社、西庄社、上朱家社、李家屲社、陆家庄社、阳洼社、豁岘社）257户，1033人（非农业户3户），人口绝大部分为汉族（仅有8人是藏族）。主要种植业洋芋、药材、小麦、玉米，其中洋芋种植面积达800多亩，占总耕地面积的25.97%，其它粮食作物种植面积达900多亩，占总耕地面积的29.22%。经济作物以当归、党参等中药材种植为主。2013年中药材种植面积1000亩，其中当归种植面积200亩，党参种植面积700亩，其他药材种植100亩，占总耕地面积的32.47%，本村种植结构基本形成“洋芋＋药材”的“两种”模式。2013年底全村大牲畜存栏170头，羊年末存栏150只，生猪年末存栏50头。近年群众收入来源主要为中药材、牛羊养殖、劳务收入，其中中药材收入占70%以上。2013年全村人均纯收入2550元。

3030 红旗乡富业寺村

简　　介：富业寺村距离乡政府5公里。有4个村民小组，总共275户，1104人，全部为农业人口，劳动力610人，其中外出务工395人。全村现有耕地1279.47亩，其中水地519.13亩，旱地761.22亩，人均1.16亩。2013年人均纯收入4369元。全村群众收入来源以外出务工、种植业和养殖业为主，种植业以玉米、马铃薯为主。养殖业以养羊、养猪为主。巴红公路贯穿全村，但由于大车的压损，路面不平整。通社巷道已全部硬化。275户全部使用自来水，现有小学1所（富业寺小学），有1个农家书屋，1个村级卫生室。全村2014年参加新型农村合作医疗人数1035人，到目前为止，有161位老人领取养老保险，549人参加城乡社会养老保险。

3031 窑店镇杨家山村

简　　介：杨家山村位于临洮县窑店镇东南部，距县城30公里，距镇行政中心所在地7公里。总面积200平方米，平均海拔2500米，全年光照时数2350小时，无霜期180天，年降水量320毫米，可靠值仅280毫米，且分布不均，主要集中在六、七月，属二阴地区。全村现有耕地5030亩，人均耕地2.6亩，全部为山旱地。杨家山村现有8个社（杨家山、池湾、阴洼滩、山良、魏家山、黑古路、李七洼、表录坪），全村共有 390 户，总人数 1700 人，全部为汉族。

3032 辛店镇朱家川村

简　　介：朱家川村位于辛店镇人民政府以东 15 公里处，距临洮县城 35 公里，共有 10 个村民小组，436 户，1603 人。耕地面积 4484.52 亩，人均耕地 2.8 亩，以旱地为主。2013 年人均纯收入为 2732 元。目前村社之间主要道路全部为砂土路，砂化率 90%，群众吃水以河流水为主。全村固定电话及移动电话普及率达到 98%。2012 年申请一事一议财政奖补项目建设完成湾泥社道路拓宽砂化 3 公里，完成危房改造 7 户，新建“一池三改”沼气池 14 眼。种植业以玉米、马铃薯、药材等经济作物为主，全村发展旱作农业 2200 亩，现有种植和养殖型农民专业合作社 3 个。养殖业以羊为主，全为家庭小型养殖。朱家川村有小学 1 所，有村级卫生室 1 处。2013 年农村合作医疗参合率达到 96% 以上。2013 年建成村级农家书屋，藏书 20000 余册，丰富了农民文化生活，提升了农民素养。

3033 康家集乡大头山村

简　　介：大头山村位于康家集乡以东 8 公里处，东接康家集乡西沟村，南与吓庄相连，北靠尖山村，西临中庄村。地形属黄土高原边缘，且分布十分不均。全村辖 5 个村民小组（大头山社、万崖社、羊角湾社、吴家湾社、常家坡社），区域面积 5.43 平方公里，共有 221 户，823 人，全村现有羊养殖户 98 户，牛养殖户 101 户。全村现有耕地 2924 亩，人均占有耕地 3.7 亩。经济结构以种植业（洋芋、小麦、玉米、药材）、畜牧业（牛、羊）为主。砖混结构住房 1450 平方米，砖木结构住房 5520 平方米，土木结构住房 5435 平方米，砖混结构住房、砖木结构住房、土木结构住房分别占全村房屋总面积的 11.7%、44.5%、43.8%。2013 年全村人均纯收入 2550 元。

3034 上营乡上营村

简　　介：全乡辖 12 个行政村，112 个村民小组，4663 户，18200 人，共建村级便民服务中心 10 个。村级便民服务中心工作人员以乡驻村干部为主，每村 4 名，驻村领导 1 名，驻村干部 2 名，驻村计生专干 1 名，村“两委”班子成员、住社干部一并吸收纳入便民服务中心工作人员队伍，参与民事代办服务，村级便民服务中心主任由乡驻村领导担任。主要做法。一是驻村组长为中心主任，总体负责中心事务。二是全面推行民事代办制度。

3035 龙门镇石家铺村

简　　介：石家铺村位于临洮县龙门镇北山区，距县城 20 公里，位于定临公路沿线，总面积 8 平方公里，平均海拔 2150 多米，无霜期 170 天，年均降水量 200 毫米，且分布十分不均，年平均气温 6℃。全村现有 10 个村民小组，330 户，1047 人，耕地面积 4404 亩，人均 3.3 亩，劳动力 576 人。主要种植小麦、马铃薯、中药材等农作物。全村退耕还林总面积 147.1 亩。全村现有大牲畜 270 头，猪、羊存栏分别为 832 头和 1574 只，猪、羊出栏分别为 791 头和 787 只。2013 年农民人均纯收入 3588 元。移动电话已全镇覆盖及普及。60 岁以上老人 438 人，4 岁以下儿童 48 人，有村学 2 所，在校学生 38 人。近几年群众收入来源主要为中药材种植、猪羊养殖、劳务收入等，其中中药材收入占 60% 以上。目前，村社主要道路全部为沙土路，群众吃水为集雨水窖收集的雨水，村民平均受教育年限为 6 年，30% 的农户住房属于土木结构。

3036 衙下集镇赵家集村

简　　介：赵家集村村级活动场所建设于2006年5月，位于赵家集村三社，距离衙下集镇政府驻地6公里，占地总面积90平方米，砖混结构，分别设有会议室2间40平方米，计生办公室1间20平方米，农家书屋1间20平方米，配套建设卫星模式远程教育站点1个。

3037 衙下集镇下何家村

简　　介：何家村村级活动场所建设于2009年5月，位于下何家村下何家社，距离南屏镇政府驻地16公里，占地总面积450平方米，砖混结构，分别设有支书室1间12平方米，主任室1间12平方米，农家书屋1间20平方米，会议室（电教室）4间80平方米，配套建设卫星模式远程教育站点1个。

3038 衙下集镇紫松村

简　　介：紫松村村级活动场所建设于2004年6月，位于紫松村马家塄社，距离衙下集镇政府驻地2公里，占地总面积300平方米，砖混结构，分别设有会议室2间40平方米，支书、主任办公室各1间，各为20平方米，农家书屋1间20平方米。

3039 玉井镇宋家坪村

简　　介：宋家坪村位于玉井镇北部方向，距玉井镇9公里，距县城20公里。全村共有247户，880人，全村共有4个村民小组（社），人均纯收入3036元。目前，该村以种植地膜玉米为主导产业。2004年获得人口与计划生育先进村称号，2006年获得水利建设先进村，2007年获得旱作农业推广先进村，2008年获得社会治安先进村等称号。

3040 南屏镇苟家滩村

简　　介：苟家滩村村级活动场所建设于2003年5月，位于苟家滩村小庄社，距离南屏镇政府驻地4公里、村小学100米，占地340平方米，办公用房总建筑面积230平方米，二层砖混结构，分别设有便民服务中心1间30平方米，支书室1间15平方米，主任室1间15平方米，农家书屋2间30平方米，卫生室4间80平方米，电教室1间平方米，会议室3间40平方米，配套建设卫星模式远程教育站点1个。

3041 红旗乡红咀村

简　　介：红咀村为临洮县红旗乡人民政府所在地，位于临洮县红旗乡中部坪区，距离最近的集市（达板集）6公里，距离县城64公里，总面积19平方公里，平均海拔1632米。红咀村有7个自然社，全村总户数528户，总人口2072人。现有耕地1927.5亩，其中水地1616.94亩，旱地311.58亩，人均占地0.93亩。2013年人均纯收入4336元。全村农民收入来源以外出务工、种植业和养殖业为主，外出务工主要从事体力劳动。种植业以玉米、葵花为主；养殖业以养羊为主。

3042 站滩乡新寨村

简　　介：新寨村村级活动场所建设于2006年6月，位于新寨村新坪社，距离站滩乡政府驻地20公里，距离新坪小学50米，占地596平方米，办公用房总建筑面积197平方米，一层砖木结构，主任室1间20平方米（内设宿舍），会议室3间50平方米（内设便民服务中心办公场所、远教室），支书室1间20平方米。

3043 洮阳镇北关村

简　　介：洮阳镇北关村位于临洮县城以北

约2公里处，紧邻统办大楼，地处城市中心地带。平均海拔1600米，年均降水量350-400毫米，年平均气温6℃，全村现有5个村民小组，486户，1933人，劳动力924人，耕地面积1247亩。2013年人均纯收入4944元。2012年以来，在全县大力振兴城市，加快城市化建设步伐的进程中，北关村土地被征用623亩，现剩余150亩可用耕地，主要种植玉米和苗木。服务产业是群众主要经济收入渠道。全村有75%的通社道路已硬化，自来水入户率达100%。有村级卫生室2个，村医2名；有村级集体经济2处，年收入8万元。

3044 玉井镇孟家坪村

简　　介：孟家坪村位于玉井镇东北方向，距玉井镇7公里，距县城16公里。全村共有242户，1042人，人均纯收入2994元。目前，该村以种植地膜洋芋、玉米、核桃树为主导产业。2012年被中共玉井镇党委评为宗教事务发展先进村。该村村级组织活动场所占地260平方米，建筑面积189平方米，于2001年建成，设党组织书记办公室、主任办公室、会议室、农家书屋室。

3045 洮阳镇马家窑村

简　　介：洮阳镇马家窑村位于洮河西岸，南邻衙下集镇、北靠祁家滩村，距临洮县城9公里，属川、坪区村。该村海拔1800米，无霜期80-190天，年平均气温7℃，年降水量350-400毫米，地形川、坪结合，全村下辖3个社，362户，1574人，劳动力543人，全村耕地面积1982亩，主要种植农作物是中药材和玉米、劳务收入是当地群众主要经济收入渠道。有种、养殖大户15户，主要从事中药材种植以及猪、牛、羊养殖。2013年人均纯收入4052元。全村通社道路硬化4.5公里，自来水入户率97%。有村级卫生室2个，村医2名；有小学1所，在校学生80人，配备专职教师12名。

3046 八里铺镇沿川子村

简　　介：沿川子村位于临洮县八里铺镇东部，距乡镇8公里，总面积18平方公里。全村现有12个社，468户，1592人，耕地面积5042亩，人均3.1亩，东峪沟横贯全村，两侧地形较平坦，土壤肥沃，水源丰富，是全村的主要农作物产区。主要农作物有小麦、玉米、洋芋、小豆等，经济作物有秋菜瓜、旱地辣椒。沿川子村位于褚家沟流域，属洮河支流，纵贯整个村域。因地处黄土高原，褚家沟水系的流量受气候和地势的影响，水流平缓，流量仅夏季较大，村域灌溉主要依靠这一水系。村域内劳动力主要从事耕作业和养殖业，辅助进行经商；劳动力总数为1020人。近年来，教育事业的发展，使得劳动力文化程度普遍提高，80%都达到了初中文化程度；除了主要从事的农业生产之外，农闲时节村民们还组织起来外出打工，政府也联系内蒙、新疆等地，统一招工，为农民外出打工提供保障。

3047 峡口镇峡口村

简　　介：峡口村是镇政府所在地，该村平均海拔2340米，年均降水量300多毫米，年均气温4-8℃，无霜期约150天。共有10个村民小组，512户，2105人，其中60岁以上老人284人，4岁以下儿童140人，有劳动力1136人，2013年人均纯收入为3948元。有完全小学1所，初级中学1所，幼儿园1所，村级活动场所1处，村卫生室1处，农家书屋1处。总耕地面积7367亩，其中水浇地2122亩，退耕还林131亩。农作物种植以马铃薯、玉米为主，种植业收入是该村群众的主要经济来源。近年来，拓宽砂化村社道路15公里，硬化村社道路5公里，衬砌渠道7.5公里，项目的实施，使该村基础条件得到进一步夯实。

3048 辛店镇杨柳庙村

简　　介：杨柳庙村位于临洮县辛店镇4公里，距县城31公里，洮惠渠穿村而过，平均海拔2100米。有2个自然社，196户，807人，全部为农业人口，劳动力510人。现有耕地1033.5亩，人均1.3亩，水旱地比例为3：1。2013年全村人均纯收入达到了3350元。全村现有通村公路3公里，已硬化通社道路3公里。全村水利设施完备，自来水和电力覆盖率为100%。全村移动电话几乎家家都有，宽带用户也在不断的增加，电话普及率达到95%以上。全村群众收入来源以种养业为主，种植业以马铃薯、玉米、蔬菜为主，养殖业以牛、羊为主。村内现有小学1所，有1个村级卫生室，2013年新型农村合作医疗参合率为96%。有1处农家书屋，现存书量为600多本，另有1个小型文化广场供村民娱乐健身。养老保险的缴纳率为96%，杨柳庙村党支部依托优越的自然位置优势，积极带领群众大力调整产业结构，培育特色主导产业，形成了以全地膜覆盖玉米，种大蒜，全膜覆盖马铃薯，收后以种大白菜为主的种植模式，以肉牛、肉羊、生猪为主的养殖模式。

3049 八里铺镇王高庙村

简　　介：高庙村位于临洮县八里铺镇东部，属贫困干旱山区村。现有9个村民小组，全村总户数328户，总人口1329人，总耕地面积4542亩，人均3.5亩，全村现有大牲畜438头，牛、羊存栏分别为120头和942只。2013年农民人均纯收入3026元，距县城15公里，总面积15平方公里，平均海拔2200米，境内沟壑纵横，全部属山旱地。该村依托“梯田化”优势，大力调整产业结构，扩大洋芋、药材种植面积，发展特色农业。2013年，全村种植洋芋1000亩，药材1500亩，总收入960多万元，全村80%以上的经济收入来自洋芋、药材，有10亩以上药材种植大户11户。

3050 太石镇太石村

简　　介：太石村位于甘肃省临洮县北部，距县城35公里，距甘肃省省会只有50多公里，也是太石镇人民政府的所在地，东接牛头沟村，西濒洮河，南接南门村，北临沙塄村，兰临高速公路从此通过，还有洮河也穿村而过，是交通是很方便的一个村。共有7个村民小组，总人口2493人，人均纯收入达到4300元。总耕地面积为2807.7亩，其中水地2047.7亩，占总耕地的72.9%，旱地760亩，占总耕地的27.1%。本村水利水电比较方便，全村有洮惠渠和民主渠两大渠道，90%的农田都可以进行灌溉，灌溉面积约为2500亩，自来水入户率也达到了80%，目前只有江家坪上的六社和七社共96户还没有接通自来水，本村以种植蔬菜为主，有辣椒、茄子、甘蓝、菜花、胡萝卜等，设施农业为塑料大棚蔬菜种植基地，有两个小型的蔬菜交易合作社，给村民们的蔬菜交易带来了很多方便。六、七社主要种植马铃薯和洋芋，近几年引进了多种马铃薯新品种，以致马铃薯的产量也提高了很多。本村有两所学校，分别是太石小学和临洮三中，有1个村级卫生室，2005年建立了1个村级农家书屋，建有1个民间艺术队，使得村民们的农闲生活也很丰富。

3051 八里铺镇水渠村

简　　介：水渠村位于临洮县城北部，距县

城 8 公里，总面积 6 平方公里。全村现有 4 个社，516 户，1846 人，耕地面积 1300 亩，人均 0.9 亩。2012 年农民人均纯收入 3300 元。水渠南接雍家庄村，北接孙家大庄村，西临下街村交通区位优势明显，村域内以黄土地貌为主，水渠村年均海拔 1900 米，无霜期 170 天，年平均气温 7.1℃，年平均降水量 561.5 毫米，无霜期 150-190 天。水渠村域灌溉主要依靠洮河水系洮惠渠，村域内劳动力主要从事耕作业及建筑业，辅助进行经商；劳动力总数为 1218 人，其中男劳力 599 人，女劳力 619 人。近年来，教育事业的发展，使得劳动力文化程度普遍提高，80% 都达到了初中文化程度；除了主要从事的农业生产之外，农闲时节村民们还组织起来外出打工，政府也联系内蒙、新疆等地，统一招工，为农民外出打工提供保障。

3052 辛店镇苟家山村

简　　介：辛店镇苟家山村位于辛店镇人民政府以东 22 公里处，属深山区村，干旱少雨，海拔 2760-3680 米。辖周家湾、马家山、麻家窑、苟家山社共 4 个村民小组，202 户，916 人，其中 60 岁以上老人 126 人，二女户 9 户，独生子女户 2 户。全村共有耕地 2166 亩，人均耕地 2.3 亩，全部属于旱地。种植业以马铃薯为主，养殖业以牛、羊为主。2013 年全村人均纯收入为 3450 元。全村村社道路共计 6.5 公里，2013 年由县政府组织协调硬化 2.3 公里通村道路，3 公里通社道路，其余全部为沙化道路。自来水全部入户，入户率达到 100%。2013 年协调“一事一议”项目，建成马家山社填沟坝 1 处，项目建设已全部完成。结合“联村联户，为民富民”行动，加速调整全村落后的产业结构，发展特色产业培育，重点突出“一村一品”。全村有村级小学 1 所，有村级卫生室 1 处，农村合作医疗覆盖率达到 96% 以上。全村有农家书屋 1 处，社会养老保险覆盖率达到 90% 以上。

3053 峡口镇学校湾村

简　　介：学校湾村位于峡口镇东南部，距镇政府 7 公里，平均海拔 2400 米，年均降水量 300 多毫米，年均气温 4-8℃，无霜期约 150 天。全村现有 7 个村民小组，农户 192 户，698 人。劳动力 51 人，2013 年人均纯收入为 3864 元。有教学点 1 处（小学 1-3 年级）。2013 年联系单位省农发行资助及相关部门协助新建村级活动场所 1 处，标准化卫生室 1 个，农家书屋 1 处。耕地面积 4600 亩，人均 6.15 亩，均为干旱山地、陡坡地，农业种植收益低。退耕还林 800 亩。农作物种植以马铃薯为主，占到全村耕地的 75% 以上，马铃薯是该村群众的主要经济来源。近年来，群众通过种植中药材，增加农户收入，逐渐形成多元化增收产业。2004 年实施整村推进项目，新建羊棚 150 座，2013 年通过项目新建羊棚、青贮池 20 座，草食畜产业逐渐形成规模养殖，是学校湾群众增收的另一种主导产业。

3054 南屏镇张家坪村

简　　介：张家坪村村级活动场所建设于 2008 年 5 月，位于张家坪村庞家坪社，距离南屏镇政府驻地 5 公里，距离教学点 300 平方米，办公用房总建筑面积 145 平方米，一层砖木结构，分别设有支书室 1 间 15 平方米，主任室 15 平方米，农家书屋 1 间 25 平方米，卫生室 2 间 30 平方米，电教室 1 间 20 平方米，会议室 1 间 40 平方米，配套建设卫星模式远程教育站点 1 个。

3055 上营乡窑坡村

简　　介：窑坡村部二层，村级阵地建筑面

积85平米，建筑类型为示范型。便民服务中心办公用房面积45平米，住宿面积20平米，灶房20平米。便民服务中心工作人员以驻村干部为主，乡党委派驻了3名驻村干部和1名计生专干，村干部纳入到便民服务中心工作人员队伍，参与民事代办服务。

3056 衙下集镇刘家庙村

简　介：刘家庙村村级活动场所建设于2007年5月，位于刘家庙村刘南社，距离衙下集镇政府驻地15公里，占地总面积80平方米，砖木结构，分别设有会议室2间40平方米，计生办公室1间20平方米，农家书屋1间20平方米，卫生室1间20平方米，配套建设卫星模式远程教育站点1个。

3057 新添镇大坪村

简　介：大坪村在新添镇东面2.5公里，该村平均海拔1920米。共有5个村民小组，260户，1132人，其中60岁以上老人678人，有劳动力435人，2013年人均纯收入为3500元。有完全小学1所，村级活动场所1处、村级医疗机构（诊所）2处、农家书屋1处。总耕地面积3273亩，其中水浇地1750亩，旱地1073亩。农作物种植以洋芋、玉米为主，种植业收入是该村群众的主要经济来源。近年来，拓宽硬化村社道路12公里，衬砌渠道5公里，项目的实施，使该村基础条件得到进一步夯实。

3058 康家集乡邢家山村

简　介：康家集乡邢家山村位于康家集乡西南，流域面积6.28平方公里，距乡政府6公里，距临洮县城39公里，海拔平均高度2400米左右。全村有170户，692人，有5个村民小组，劳动力355人。有耕地面积2129亩，药材种植面积1512亩。2013年农民人均纯收入为2630元。主要种植药材、洋芋、小麦。该村种植结构上基本形成洋芋+药材的模式，其种植结构的调整为全乡农业结构战略性调整树立了典范。村内有五年制小学1所，有林地面积1947.7亩，草地566亩。近几年群众收入来源主要为中药材、牛羊养殖、劳务收入等，其中中药材收入占80%以上。目前村社主要道路基本上是砂土路，群众吃水为集雨水窖收集的雨水，村民平均受教育年限为6年，20%的农户住房属于土木结构。2013年参加新型合作医疗657人，占总人口的95%。

3059 峡口镇大咀村

简　介：大咀村位于峡口镇东南部，距镇政府10公里，平均海拔2400米，年均降水量300多毫米，年均气温4–8℃，无霜期约150天。全村现有7个村民小组，农户185户，690人，劳动力528人，2013年人均纯收入为3852元。有教学点1处（小学1–3年级），教师1名，在校学生7人，砖木结构教室12间160平方米；2010年在组织部门的帮扶下，修建砖混结构村级办公用房90平方米，农家书屋1处，村级标准化卫生室1个。耕地面积3736亩，人均5.04亩，均为干旱山地、陡坡地，农业种植收益低。农作物种植以马铃薯为主，占到全村耕地的75%以上，马铃薯是该村群众的主要经济来源。近年来，通过双联行动，在省农发行、镇党委、镇政府的大力支持下，鼓励群众调整产业结构，适度压缩马铃薯种植面积，加大中药材种植力度，增加农民收入。

3060 上营乡包家山村

简　介：包家山村委会现有村级活动场所1处，村级阵地建筑面积100平米，建筑类型为简易型。便民服务中心办公用房建筑面积 40 平米，住宿两间，面积 40 平米。便民服务中心工作人员以驻村干部为主，乡党委派出了 2 名驻村干部和 1 名计生专干入住中心开展工作，村干部纳入到便民服务中心工作人员队伍，参与民事代办服务。

3061 玉井镇杨家台村

简　　介：杨家台村位于玉井镇镇西北方向，距玉井镇 4 公里，距县城 6 公里。全村共有 990 户，4226 人，全村共有 14 个村民小组（社），人均纯收入 3810 元。目前，该村以钢架塑料大棚种植为主导产业。2010 年被中共定西市委评为全市村级组织活动场所建设项目先进村、2011 年被中共临洮县委评为先进基层党组织、2011 年被中共临洮县委评为“三进三讲一排查”活动先进集体奖、2012 年被临洮县司法局评为人民调解工作先进集体、2012 年被中共玉井镇党委评为综合经济发展一等奖。该村村级组织活动场所占地 300 平方米，建筑面积 266 平方米，于 2010 年建成，设党组织书记办公室、主任办公室、会议室、图书室、卫生室、便民服务点。

3062 洮阳镇闫吴家村

简　　介：洮阳镇闫吴家村位于洮河西岸，南靠李范家村，西接红窑村，北连河口村，东邻临康公路，距离临洮县城 3.5 公里，属坪区村。该村平均海拔 1947 米，年均降水量 350-400 毫米，年平均气温 6℃，交通发达。全村下辖 6 个社，426 户，1715 人，现有耕地 2397 亩，人均 1.3 亩，2013 年人均纯收入 4187 元。主要种植农作物是玉米和苗木。外出打工是群众主要经济收入渠道。全村通社道路硬化为 75%，自来水入户率 97%。有村级卫生室 1 个，村医 1 名。

3063 漫洼乡红庄村

简　　介：红庄村位于临洮县漫洼乡东南部山区，距县城 68 公里，总面积 18 平方公里，平均海拔 2430 米，年均降水量 300-400 毫米，且分布十分不均，年平均气温 5℃。红庄村有 7 个自然社，全村总户数 350 户，总人口 1550 人，劳动力 803 人。全村现有耕地 7809 亩，人均 5 亩。该村群众收入来源以种养业为主，种植业以马铃薯、小麦、玉米和中药材为主，马铃薯种植面积 4200 亩，小麦种植面积 2000 亩；养殖业以牛、羊为主，存栏量分别为 200 头和 1100 只；种养业规模化程度不高，无农业合作社与专业协会等组织；无集体经济收入。乡通村道路为砂化公路，通社道路全为土路。现有集雨水窖 100 眼，现有小学 1 所（红庄小学）和 1 个教学点，在校生 92 名，教师 8 名。基层组织基本健全，有 1 处农家书屋，并配备 1 名村医。全村 2012 年参加新型农村合作医疗人数 85%。

3064 太石镇梁家湾村

简　　介：梁家湾村位于临洮县太石镇，与榆中县相连，山大沟深，村民居住分散，距太石镇 34 公里。全村 6 个村民小组，占地 16000 亩。汉族，无其他民族类别。梁家湾村总户数 276 户，总人口 982 人。梁家湾村耕地总面积 3960 亩，全部为旱地。梁家湾村以种植马铃薯为主，种植面积达 400 亩，占 70%。亩产 400 公斤，收入 1000 元。种有少量百合、大麦等。无大型养殖户，牛羊存栏量不足 100 头。村内小学 2 处，有村卫生室 1 处，农家书屋 1 个。

3065 洮阳镇东街村

简　　介：洮阳镇东街村位于县城东侧，紧邻东五里铺，地处城市中心地带，属城区村。

该村平均海拔1600米，年均降水量350-400毫米，年平均气温6℃，全村下辖5个社，669户，2043人，劳动力1412人，耕地面积1035.39亩，2013年底人均纯收入4989元。2012年底，在全县加快城市化建设的过程中，东街村被征用土地400亩，现剩余600亩可用耕地，主要种植农作物是玉米和苗木。服务产业是群众主要经济收入渠道。全村通社道路硬化为75%，自来水入户率99%。有村级卫生室3个，村医3名；有村级集体经济2处，年收入3万元。

3066 辛店镇白李袁村

简　　介：白李袁村位于辛店镇人民政府以东北3公里处，距临洮县城30公里，属浅川区村，年平均降雨量450-500毫米，年平均气温5.8℃，海拔1900-2100米。共有3个村民小组，各村民小组之间相距1公里。全村172户，672人，劳动力300人。耕地面积1478亩，人均耕地2.1亩。目前，白李袁村设村级组织活动场所1处，占地300平方米，建筑面积70平方米，设党组织书记办公室、主任办公室、会议室各1处；2011年获得道路养护工作二等奖、设施农业实施项目二等奖等。2013年人均纯收入为3046元。目前村社之间主要道路全部为砂土路，砂化率90%，群众吃水以浅井水为主。全村固定电话及移动电话普及率达到95%。2012年的小水利项目水渠衬砌5公里。完成危房改造3户。种植业以玉米、马铃薯、蔬菜等经济作物为主，全村发展旱作农业800亩，现有养殖型农民专业合作社1个和德阳农业开发技术有限公司1个。养殖业以羊为主，全为家庭小型养殖，全村养羊700多只。白李袁村有小学1所，砖木结构教室18间200平方米，专职教师4名，在校学生25人，适龄儿童入学率为100%。设有村级卫生室1处，于2010年建成，专业医务人员1名，2013年农村合作医疗参合率达到97%以上。白李袁村于2012年建成村级农家书屋，藏书2000余册，丰富了农民文化生活，提升了农民素养。养老保险参合率达到96%以上。

3067 太石镇上咀村

简　　介：太石镇上咀村位于甘肃省临洮县北部，距县城40公里，距甘肃省省会兰州仅有50多公里，兰临高速从此通过，212国道穿越整个村庄，为本村的经济发展奠定了基础。上咀村共有6个社，沿212线分布5个社，而巴子坪社就在阿干镇农场附近，共有507户，总人数1706人，劳动力有1305人。耕地面积2579亩，其中旱地不足120亩，其余全部为水地，上咀村在农业方面以林果业为主，其次是种些蔬菜之类的。洮河从上咀村旁边流过，为这里的灌溉创造了有利的条件，其次上咀村又是一个风水宝地，万安人文纪念园落于上咀村巴子坪社附近，背靠旭日，面朝洮河。还有一座庙名叫法胜寺，里面供奉的是齐天大圣，每年的8月15日祈福还愿的人们络绎不绝，香火鼎盛，此文化的流传也造福了本方的人们。

3068 漫洼乡新尧村

简　　介：新尧村位于漫洼乡南部，距漫洼乡乡政府7公里，该村辖6个社，农村户数202户，897人。劳动力469人，60岁以上139人；全村总耕地面积4023亩，人均耕地面积4.25亩，种植作物以马铃薯为主，兼种小麦、豆类等农作物，养殖业以养羊为主，规模小，人均纯收入为2130元。现有小学1所，在校学生78人；农路砂化约6公里，其他道路均为土路；村委会现借用车站房屋办公。

3069 窑店镇武家村

简　　介：武家村位于临洮县窑店镇西北部，距县城24公里，距镇行政中心所在地3公里。总面积36400亩，平均海拔1980米，全年光照时数2250小时，无霜期180天，年降水量320毫米，可靠值仅280毫米，且分布不均，主要集中在六、七月，属二阴地区。全村现有耕地2793亩，人均耕地2.15亩，武家村现有4个社（渭初社、大坪社、包武社、田家坪社），全村共有306户，总人数1294人，全部为汉族。

3070 漫洼乡百花村

简　　介：百花村位于临洮县漫洼乡东部山区，距县城约70公里，平均海拔2300米，年均降水量300−400毫米，且分布十分不均，年平均气温5℃。全村有10个自然社，全村总户数307户，总人口1356人，劳动力687人。全村现有耕地5840亩，人均4.33亩。群众收入来源以种养业为主，种植业以马铃薯、中药材、小麦为主，养殖业以牛、羊为主，全村通社道路砂化率约占30%左右，其余道路为土路。现有集雨水窖330眼，30%的农户住房属于土木结构。全村有六年制村小学1所，教师7人，在校学生83名，基本能解决小学生上学问题；有村卫生所1处，村医1人，基本能满足村民就医问题；有村级活动阵地1处（14间），移动、联通、电信手机信号基本覆盖全村。2006年实现了农网改造，用电能满足需求。

3071 玉井镇曹家岭村

简　　介：曹家岭村位于玉井镇最东部方向，距玉井镇12公里，距县城22公里。全村共有389户，1669人，全村共有13个村民小组（社），人均纯收入2822元。目前，该村以种植中药材为主导产业。2010年获得玉井镇党委颁发的基层组织建设奖。该村村级组织活动场所占地200平方米，建筑面积78平方米，于2010年建成，设党组织书记办公室、主任办公室、会议室、计生室、便民服务站，2009年新建养殖小区1个（志同专业合作养殖社）总投资20万元，涉及农户48户，有效带动了当地群众的增产增收。

3072 站滩乡庙滩村

简　　介：庙滩村村级活动场所建设于2009年6月，位于庙滩村庙跟前社，距离站滩乡政府驻地23公里，距离村小学20米，占地170平方米，办公用房总建筑面积96平方米，一层砖木结构，分别设有主任室1间20平方米（内设宿舍），会议室3间50平方米（内设远教室、农家书屋），便民服务中心办公场所1简20平方米。

3073 龙门镇蔡家庄村

简　　介：蔡家庄村位于临洮县龙门镇南山区，距县城20公里，位于临达公路沿线，总面积10平方公里，平均海拔2200米，无霜期170天，年均降水量300−400毫米，且分布十分不均，年平均气温6℃。全村现有7个村民小组，375户，1398人，耕地面积3974亩，人均2.71亩，劳动力769人。主要种植小麦、马铃薯、旱地玉米、中药材等农作物。全村退耕还林总面积147.1亩。全村现有大牲畜96头，猪、羊存栏分别为476头和1556只，猪、羊出栏分别为560头和778只。2013年农民人均纯收入3508元。全村自来水入户已覆盖，移动电话率已全镇覆盖及普及。有村学1所，在校学生70人。近几年群众收入来源主要为中药材洋芋种植、猪羊养殖、劳务收入等。

3074 洮阳镇木厂村

简　　介：洮阳镇木厂村位于县城西南角，东北接连县城，南与洮丰村接壤，东与西街村相连，西邻洮河，兰临高速公路南北向穿村而过，距临洮县城3公里，属川区村。该村海拔800米，无霜期260天，年平均气温15℃，年降水量300毫米。全村下辖5个社，425户，1870人，劳动力989人，退伍军人1名。全村耕地面积967亩，主要种植农作物是玉米和蔬菜。蔬菜、劳务输出是当地群众主要经济收入渠道。有种、养殖大户2户，主要从事蔬菜种植、鸡养殖。2013年人均纯收入4985元。全村通社道路硬化6公里，未通自来水。有村级卫生室1个，村医1名；有小学1所，在校学生190人，配备专职教师13名。有村级集体经济2处，年收入11万元。

3075 玉井镇陈家咀村

简　　介：陈家咀村位于玉井镇东南方向，距玉井镇7公里，距县城18公里。全村共有645户，2710人，全村共有11个村民小组（社），人均纯收入2985元。目前，该村以种植中药材、养猪为主导产业。2011年获得玉井镇党委颁发的中药材种植先进村奖。该村村级组织活动场所占地1200平方米，建筑面积80平方米，于2007年建成，设党组织书记办公室、主任办公室、会议室、社会治安管理室、沼气管理室、计划生育室、党代表工作室。

3076 衙下集镇寺洼山村

简　　介：洼山村村级活动场所建设于2012年5月，位于寺洼山村陈家坪社，距离衙下集镇政府驻地1公里，占地总面积200平方米，砖混结构，分别设有会议室2间40平方米，支书、主任办公室各1间，农家书屋1间12平方米，配套建设卫星模式远程教育站点1个。

3077 太石镇上梁村

简　　介：上梁村距离镇政府20公里，距离县城50公里，海拔2800米，年降水量300–400毫米。全村有8个社，分别为甘沟社、上梁社、板地沟社、祁边家社、华林社、刘家山社、华林坪上社、华林坪下社，分布零散。现有农户数268户，人口945人，无霜期150天，面积0.38平方公里，现有耕地3427亩，其中人均3.6亩，该村耕地全为山地。本村有1所小学，村卫生室1个，建有农家书屋1个

3078 龙门镇塔湾村

简　　介：塔湾村位于临洮县龙门镇北山区，距县城30公里，全村总面积9平方公里，平均海拔2150米，无霜期180天，年均降水量300–420毫米，且分布十分不均，年平均气温6℃。全村现有7个村民小组，252户，886人，耕地面积3144亩，人均4.5亩，劳动力487人，全部为山旱地，主要种植马铃薯、中药材等农作物，其中中药材种植面积占50%以上，是主导产业。全村退耕还林总面积147.1亩。全村现有大牲畜115头，猪、羊存栏分别为617头和1392只，猪、羊出栏分别为770头和696只。2013年农民人均纯收入3548元。移动电话率已全镇覆盖及普及。有村学1所，在校学生48人。近几年群众收入来源主要为中药材种植、劳务收入等，其中中药材收入占50%以上。

3079 太石镇水泉村

简　　介：水泉村位于临洮县太石镇南部，与辛店镇裴家湾村相连，交通便利，地势平坦，自然条件优越。全村9个村民小组，占地10平方公里。水泉村总户数816户，

3514人，其中农业人口3433人，城镇人口81人，劳动力2557人，以农业户籍为主。水泉村耕地总面积3884亩，以川坪水地为主，无退耕根还林。水泉村以种植大棚、地膜蔬菜为主，尤其胡萝卜种植是水泉村农作物种植中的特色产业，量大面广，收益可观。占全村农作物种植的80%以上，户均种植面积达3亩左右，每亩收入可达1万元左右。是本村农民发家致富的“摇钱树”。村内小学1处，学校内共有老师8人，学生234人。有村卫生室2处。村医2人。农家书屋1个。

3080 中铺镇上铺村

简　　介：上铺村是中铺镇第一大村，位于中铺镇的中心地带，共有10个村民小组，556户2398人，劳动力1295人，耕地面积2372亩，粮播面积1570亩，草原禁牧面积44571亩，公益林面积363.3亩。土地以旱地为主，主要种植玉米，农民人均纯收入4789元，是中铺镇劳务输出强村之一，全村有大中型车辆150多辆，主要以实物运输作为经济来源。

3081 新添镇寨子村

简　　介：寨子村在新添镇东面7.5公里，该村平均海拔2100米，共有9个村民小组，463户，2017人，其中60岁以上老人323人，学生87人，有劳动力678人，2013年人均纯收入为2780元。有完全小学1所，村级活动场所1处，村级医疗机构（诊所）2处，农家书屋1处。总耕地面积5717亩，其中水浇地278亩。农作物种植以玉米、马铃薯为主，种植业收入是该村群众的主要经济来源。近年来，硬化村社道路3.8公里，项目的实施，使该村基础条件得到进一步夯实。

3082 辛店镇大营村

简　　介：大营村地处辛店镇东北部25公里处，村域总面积约6平方公里，在马啣山脚下属深山区，普银公路穿境而过，海拔2760−3680米，年降雨量400−540毫米，年平均气温5.1℃，自然条件差异较大。全村共有4个社，160户，总人口680人，劳动力425人，总耕地面积2536亩。林地面积5158亩，草地面积4753亩。2012年全村农民人均纯收入3280元，粮食总产量629.31吨，人均产粮550公斤。大营村村级组织活动场所占地80平方米，建筑面积75平方米，农家书屋1处，藏书1200多册。马啣山的水资源、十万亩草场资源丰富，在培养养殖业对象上，坚持把综合素质高，带动能力强的致富能人作为首选对象，在培养内容、方式上，突出针对性，对养殖业致富能人侧重进行思想教育引导。村党支部培养了一批懂种植技术、能调整产业结构的新型党员农民，使他们将学习到的知识传授给更多的农民群众。2013年参加新型合作医疗人数达650人，156户。参加养老保险人数580人，147户。

3083 康家集乡黄家顶村

简　　介：黄家顶村位于临洮县康家集乡政府以南，是一个边远的偏僻山村，全村流域面积8平方公里，6个村民小组，合计177户，679人。耕地面积3177亩，全部为旱地，山林面积2122亩。全村劳动力340人，其中小学文化255余人，初中文化120人，高中文化50人，2013年农民人均纯收入2550元。经济结构以种植业（洋芋、小麦、玉米、药材）、畜牧业（牛、羊）为主。2013年全村粮食总产量562.95吨。目前，全村大牲畜存栏13头，猪存栏166头，羊存栏779头，洋芋种植面积达728亩，占总耕地面积的22.9%左右，药材种植面积2223亩，占总耕面积的

70%，该村种植结构上基本形成“洋芋+药材”的“两种”模式。

3084 新添镇机场村

简　　介：机场村村平均海拔1970米，共有3个村民小组，366户，1667人，2013年人均纯收入为2566元。有完全小学1所，村级活动场所1处，村卫生室1处，农家书屋1处。总耕地面积1556亩，其中水浇地731亩，农作物种植以马铃薯、玉米为主，种植业收入是该村群众的主要经济来源。近年来，拓宽硬化村社道路1公里，衬砌渠道10公里，项目的实施，使该村基础条件得到进一步夯实。

3085 太石镇中坪村

简　　介：太石镇中坪村位于太石镇北部，距离镇政府13公里，距离临洮县城60公里。海拔平均高度2150330毫米左右，年日均气温8.6摄氏度。本村现有3个社，3个社集中居住，区域面积约占0.05平方公里，民族类别以汉族为主，共有421人。全村118户，农村人口421人。总耕地面积1650亩，其中山地897亩，水地733亩，2013年人均纯收入3752。本村有一独特的优势就是洮惠渠贯穿本村，这给本村耕地灌溉带来很大的方便，人畜饮水主要靠庭院水窖储存，燃料以农作物秸秆为主。本村以种植业为主，农作物有洋芋和玉米，蔬菜类有辣椒、菜花、大白菜、其他还有西瓜和百合种植。2013年菜花和辣椒的市场价很乐观，给农户带来丰硕的经济收入。

3086 中铺镇康泉村

简　　介：中铺镇康泉村地处临洮县北部边缘，北邻兰州市七里河区，距中铺镇政府30公里。全村共有205户，778人，辖6个村民小组，各社相对分散，两个最远社相距达4公里。耕地面积2560.6亩，其中百合种植面积836亩，百合产业是当地群众主要经济收入渠。

3087 辛店镇墩子村

简　　介：墩子村属山区村，海拔1900—2100米。有7个村民小组，238户，1125人。全村耕地面积2714.93亩，人均耕地2.4亩。以玉米、洋芋种植为主产业，牛、羊养殖为副产业。2011年人均纯收入3085元，该村有五年制小学1所；有村级卫生点1处。在“联村联户，为民富民”行动中，辛店镇19名镇干部联系墩子村22户特困户。目前村社之间主要道路全部为砂土路，砂化率90%，群众吃水以浅井水为主。全村固定电话及移动电话普及率达到98%。2013年申请一事一议财政奖补项目，建设完成一事一议渠道衬砌3公里；完成危房改造7户。种植业以玉米、马铃薯、油料等经济作物为主，全村发展旱作农业1200亩，现有洋芋购销种植农民专业合作社3个。养殖业以羊为主，全为家庭小型养殖，全村养羊700多只。四、社会事业。墩子村有小学1所，有村级卫生室1处。2013年农村合作医疗参合率达到97%以上。于2012年建成村级农家书屋，藏书2000余册。养老保险参合率达到96%以上。

3088 太石镇南门村

简　　介：南门村位于临洮县太石镇南部，北与水泉村相连，南与太石村相连，交通便利，地势平坦，自然条件优越。全村8个村民小组，占地2平方公里。南门村总户数768户，3468人，其中农业人口3350人，城镇人口118人，劳动力2480人，以农业户籍为主。南门村耕地总面积3486亩，以川坪水地为主，无退耕根还林。南门村以种植大棚、地膜蔬菜为主，尤其胡萝卜、甘蓝种植是南门村农作物种植中的特色产业，量大面广，收益可观。占全村农作物种植的80%以上，户均种植面积达3亩左右，每亩收入可达1万元左右。是本村农民发家致富的“摇钱树”。村内小学1处，学校内共有老师9人，学生234人。有村卫生室3处。村医3人。农家书屋1个。

后　记

在甘肃进行全面性的文化资源普查属于首次，将普查成果汇编成大型的文化资源名录在国内也属于前列。《甘肃省文化资源名录》是按照《甘肃省文化提升行动协调推进领导小组工作方案》和《甘肃省文化资源普查和分类分级评估工作实施方案》要求推出的重要成果。经过甘肃省文化资源普查和分类分级评估工作领导小组办公室组织40多名专家学者，在甘肃省文化资源普查平台数据库基础上，历时两年精心编排，终于完成书稿，这是参与全省文化资源普查的所有工作人员集体智慧的结晶。

甘肃省委原常委、省委宣传部原部长连辑，甘肃省委常委、省委组织部部长梁言顺，甘肃省委常委、省委宣传部部长陈青，先后领导和部署了本名录的编辑出版工作。省委宣传部原副部长、省社科院原院长范鹏研究员协调推进了本名录的编写。甘肃省社科院院长王福生研究员组织实施了本名录的策划设计、内容编排、审定并最终定稿。甘肃省社科院副院长马廷旭研究员负责了审稿、统稿和出版发行事宜。刘玉顺同志全程负责了书稿编排工作。

在《甘肃省文化资源名录》面世之际，感谢甘肃省文化提升行动协调推进领导小组各位领导的大力支持与关心，感谢参与普查工作的各市（州）县（区）、有关省直厅局的鼎力相助，感谢参与普查的专家学者和基层工作人员的辛勤付出，感谢中国书籍出版社为本名录的出版所做的努力，感谢所有关心关注本名录的人们。《甘肃省文化资源名录》是从盘清全省文化资源家底的角度入手，收录范围极其宽泛，有部分内容还存在缺项，有的资源没有资源简介，有的资源缺图片等等，给该书的出版留下了遗憾（该套丛书普查数据截至2012年12月31日）。同时，由于我们的水平有限，可能还有错讹疏漏之处，恳请读者随时批评指正，以便在将来进一步完善和修订。

甘肃省社会科学院

2017年7月

甘肃省文化资源名录

总书目

甘肃省文化资源名录

总书目